〔意〕V.帕累托（Vilfredo Pareto）/著
田时纲/译

普通社会学纲要

COMPENDIO DI SOCIOLOGIA GENERALE

（修订版）

SSAP 社会科学文献出版社
SOCIAL SCIENCES ACADEMIC PRESS (CHINA)

Vilfredo Pareto
Compendio di sociologia generale

本书根据意大利 Einaudi editore 1978 年版译出

《社科文献精品译库》学术顾问委员会

（按姓氏笔画排序）

《社科文献精品译库》出版者话

中国现代哲学社会科学的发展是同解放思想、改革开放、吸收世界各国的先进文明成果密不可分的，其中国外优秀学术著作的引进、译介和出版成为一个重要的组成部分，发挥着前导、推动和促进的作用。对于欧美现代哲学社会科学的引进和译介可以追溯到1839年林则徐组织翻译的《四洲志》和1842年魏源汇编的《海国图志》。但较为系统地介绍和传播西方学术文化及其方法论和世界观，则肇始于19世纪末和20世纪初，其代表人物是严复、梁启超、蔡元培和高君武等一批著名思想家。他们的学术活动和对于译著的积极倡导，取得了丰硕成果，为中国的民主革命运动做了舆论和理论准备。毛泽东在《论人民民主专政》中把严复与洪秀全、康有为、孙中山并列，称之为“代表了中国共产党出世以前向西方寻找真理的一派人物”。而马克思主义经典著作的引进和译介在中国革命历史上的丰功伟绩更不待言。毛泽东曾经称赞《反杜林论》的译者“功不在禹下”。早在延安时代，中共中央就作出了“关于翻译工作的决定”。回顾从清末民初到“五四”运动，从中国共产党建立到20世纪30年代，从抗战胜利到中华人民共和国的诞生，从共和国初期到“文革”前夕，从“拨乱反正”到改革开放，从反对教条主义和极“左”思潮到今天的文化和学术的进一步繁荣的整个历程，体现了“解放思想、实事求是、与时俱进”作为马克思主义精髓的伟力，同时也可以看到国人的思想解放、心智跃升与哲学社会科学领域里的国际交流、吸纳、融合、批判、抵御和斗争形成一种密切的互动态势。

社会科学文献出版社以“创社科经典、出传世文献”为己任，在创建之初就把编辑出版反映当代国外学术思潮，特别是马克思主义的发展、哲学社会科学新兴学科、边缘学科及跨学科研究等学术动态的译著，作为其重点之一，先后推出了《社会理论译丛》、《资本主义研究丛书》、《政治理论译丛》、《当代西方学术前沿论丛》、《全球化译丛》、《阅读中国》等系列丛书，单书品种达300有余，产生了广泛的社会影响，形成了自己的品牌特色。本着选择精品，推陈出新，持之以恒的精神，以及权威、前沿、原创的原则，以20周年社庆为契机，我们在整合、提升和扩充既有资源，开拓创新的基础上，隆重推出《社科文献精品译库》，作为奉献给学术界和广大读者的新礼物。

《社科文献精品译库》作为一项长期的系统工程，力求展示三方面的主要特色。其一是时代意识。众所周知，20世纪特别是第二次世界大战结束以来的半个多世纪中，在科学认识的普遍进步和一浪高过一浪的科技革命的推动下，国际学术界思潮迭起，此消彼长，哲学社会科学经历着不断分化和整合的过程，无论在理论和方法论方面，或者在研究的方式、工具和手段上，都发生了革命性的变革。《社科文献精品译库》将突出当代的这种革命性变革，把译介比较系统、深入地梳理和论述这种变革的富有代表性的著述，当作首要的努力方向。

其二是问题意识。哲学社会科学领域里的理论内容的突破，引起理性认识和理论思维的基本方式的改变，促使科学认识中自觉的主体性原则日益突出，并导致整体认识论与个体认识论的融合，使人们有可能以具体化和定量化的方式来描述世界的普遍联系，从而要求学科知识本身的不断革新，学科之间——不仅是哲学社会科学本身的各个学科之间，而且包括哲学社会科学与自然科学的各个学科之间——的开放和广泛合作，以及问题意识、跨学科意识和应用意识的不断加强。《社科文献精品译库》将以问题、思潮及其代表人物为主线，打破学科的单一界限和分类，整合成多个系列，突出理论和方法论研究本身的多重视角。

其三是开放意识。科学发展的意义本质上在于从不知到知的飞跃，逐步超越认识的局限性和相对性，不断接近客观真理。开放性成为一切科学研究的显性特征，尤其是在科学技术飞跃发展、社会变革不断深化、全球化浪潮席卷世界的今天。《社科文献精品译库》坚持在马克思主义理论和方法指导下的开放和兼容并蓄的编辑方针，促进不同学派之间及每个学派内部的不同观点的对话和讨论，激励新见解、新观点和新思想的涌现。同时，在学科的类型布局上，也不拘泥于传统的范围和分类，更加侧重向多学科和跨学科综合性研究及著述开放。

我们将始终坚持把“弘扬科学精神，服务理论创新，译介世界精品，借鉴先进文明”作为编辑《社科文献精品译库》的基本理念。殷切期望学术界同仁、专家学者以及广大读者给予支持，不吝赐教和指正。

社会科学文献出版社

2005 年 6 月

目　　录

译序 …… 1

第一章　导　论 …… 78
第二章　非逻辑行为 …… 91
第三章　学说史中的非逻辑行为 …… 107
第四章　超验的理论 …… 120
第五章　伪科学理论 …… 157
第六章　剩余物 …… 174
第七章　派生物 …… 215
第八章　剩余物与派生物的特性 …… 251
第九章　社会的一般形式 …… 309
第十章　历史上的社会平衡 …… 375

意汉术语对照表 …… 420
意汉人名对照表 …… 425
汉意术语索引 …… 430
汉意人名索引 …… 446
帕累托生平著作年表 …… 451
初版译后记 …… 459
二版附记 …… 461
修订版新记 …… 462

译　序

维尔弗雷多·帕累托（Vilfredo Pareto，1848～1923）是20世纪意大利著名经济学家和社会学家。任何一部严肃的有关西方经济学、社会学和政治思想史的著作都不会遗漏他的名字。因为理论成果是思想家人生经历的体验和感悟，是对时代的反思。因此，很有必要了解帕累托所处时代的特征，认识他在时代大潮中的活动、文化背景和思想发展的轨迹，考察他对自由主义、社会主义、马克思主义和法西斯主义的态度。

一

（一）剧变与动荡的时代

帕累托生活在意大利和西欧社会发生巨大变革和动荡不定的时代。在1815年维也纳会议之后，封建势力在意大利复辟，只有威尼斯和热那亚两个共和国幸存，但自由与独立的精神已深入人心。马志尼领导的青年意大利党从事秘密革命活动，其纲领是建立统一的资产阶级民主共和国；而居多数的温和民族主义者（以撒丁王国首相加富尔为代表）主张以撒丁王国为基础建立君主立宪政体。帕累托的父亲拉斐莱·帕累托（Raffaele Pareto，1812～1882）出身于热那亚的名门望族，因积极参与政治活动，被萨沃亚统治家族视为危险的激进分子，被迫流亡法国。拉斐莱·帕累托同法国平民姑娘玛丽·麦泰涅（Marie Metenier，1816～1896）结婚。1848年7月15日，小帕累托在巴黎出生。当时的意大利被西欧强国瓜分，北部的伦巴第和威尼托大区由奥地利统治，南部是西班牙统治下的两西西里王国，中部是教皇国，其余有数个大小不等的王国和大公国。就在帕累托出生前4个月，在威尼斯和米兰爆发反抗奥地利统治的武装起义。虽然起义被残酷镇压，但从此点燃了意大利民族复兴运动的烈火。在经历两次独立战争，无数次大小战役和武装起义，尤其在民族英雄加里波第的“红衫军”始于西西里的势如破竹的北伐后，又利用法军因普法战争失利被迫从罗马撤军的历史机遇，于1870年9月20日攻占罗马，建立以罗马为首都的意大利王国，意大利最终完成民族统一大业。

新生的意大利王国百业待兴，但问题与困难重重：各地区间政治与经济差异甚大，尤其是经济较发达的北部、中部同经济相当落后的南方的差异，此时出现贫苦农民向美洲大规模移民，南方问题日益严重。与此同时，意大利为了同其他欧洲强国竞争，在非洲推行殖民扩张政策，用武力侵占厄立特里亚（1885~1896）、索马里（1889~1905）、利比亚和爱琴群岛（1911~1912），并在1902年在中国获得以天津为中心的租界（面积1500平方英里）。

意大利从收复罗马到参加第一次世界大战（1870~1915），全国经济和社会领域得到全面发展。此时平静的国际政治形势有利于意大利调整经济结构和进行行政机构改革。铁路网和基础工业往往利用外资得以发展。同时，意大利竭力加强其国际政治关系（同德、奥组成三国联盟）和贸易联系，即使最终不得不采用贸易保护政策保护仍然脆弱的国民经济。农业由于国内市场价格下跌、大部分农村条件落后以及疟疾流行而遇到重重困难，但工业却取得全面增长。纺织、冶金和机械工业因得到充足水电供应而欣欣向荣。

在此期间，南方频频发生农民反抗沉重捐税负担（如臭名昭著的磨房税）的抗议活动；工业无产阶级纷纷组成工会和政党：1891年在米兰成立劳动联盟，1892年在热那亚成立意大利劳动者党，第二年改称意大利社会党。1897~1901年，爆发“世纪末危机”。1898年5月，米兰人民为反抗物价飞涨举行抗议示威活动，遭到军队的炮轰和血腥镇压。政府通过战时法，各种政治组织被解散，其主要领导者被捕。1900年大选左派获胜，1904年意大利社会党组织第一次全国总罢工。1912年召开的意大利社会党代表大会上，党的路线实现革命转折，右翼改良派被清除出党。

1913年意大利实行普选制，但妇女仍被排除在外。在第一次世界大战前夕，意大利同统一初期相比，经济政治实力同欧洲强国的差距缩小。在第一次世界大战中（1915~1918），意大利先是保持中立，在领土要求遭奥地利拒绝而得到英、法支持后，才公开退出三国联盟，加入协约国。意大利虽然在大战中获胜，但实力消耗殆尽，经济千疮百孔，物价飞涨，民不聊生，政治危机接连发生，社会动荡不定，罢工斗争此起彼伏。当时软弱的政府无力控制局势。战后相继成立斯图尔佐的人民党（1919），葛兰西领导的共产党（1921）和墨索里尼领导的“战斗的法西斯”（1919）。与此同时，社会党力量壮大，在1919年大选中同人民党一起获胜；社会党获156个议席，成为议会第一大党。到1920年社会矛盾日益尖锐：产业工人举行总罢工，并占领工厂；社会党人在米兰和博洛尼亚掌权。

1919年3月，被社会党清除的墨索里尼成立“战斗的法西斯”时，力量并不大。但由于当时的焦利蒂政府妄图利用法西斯扼制社会党；资产阶级对俄国“十月革命”胜利感到恐惧，希望强有力的政府克服无政府状态；民族沙文主义者对战后安排不满，要求领土扩张；而墨索里尼恰恰适应这些需要，因此发展很快。1919年法西斯战斗运动只获4000张选票，1921年大选中就翻了两番，获得35个议席，改组成国家法西斯党。法西斯党徒加剧反对社会党人和工会的暴力行为。由于这些暴力行为未受惩罚，墨索里尼更加肆无忌惮，在1922年10月28日组织武装游行——“向罗马进军”。29日晚，国王拒绝签署实行紧急状态，反而任命墨索里尼组织内阁。墨索里尼上台初期，尚保留议会民主制的形式。在帕累托逝世的1923年，随着多数选举法的通过（获得25%选票的政党，可以获得2/3的议席），墨索里尼就为实行独裁统治扫除障碍。1924年6月10日在暗杀反对派领袖马泰奥蒂后，墨索里尼取缔所有反法西斯政党。从此，墨索里尼在对内实行独裁统治、对外侵略扩张的罪恶道路上越走越远。

（二）都灵岁月

1854年，6岁的帕累托跟随父母第一次踏上祖国的土地。他的父亲在热那亚皇家海军学校教授法语。帕累托11岁时全家迁往卡萨莱蒙菲拉托（Casale Monferrato），其父在当地著名的技术学校农艺系任会计学和农学教师。年轻的帕累托在该校学习物理和数学，同时跟家庭教师学习古希腊文和拉丁文（为大学入学考试科目）。在父亲的指导下，帕累托饶有兴趣、刻苦地学习算术、几何和物理，并取得优异成绩——年级第一，还跳一级，直升三年级。

1862年，帕累托全家迁往北方工业重镇都灵。帕累托在都灵皇家技术学校学习三年，1864年7月以各科满分的优异成绩通过中学毕业考试。校长在全体教师面前表扬帕累托：学校为能把这样优秀的学生送往大学感到骄傲，而且他是班级年龄最小的毕业生，才刚刚 16 岁。随后他又参加都灵大学入学考试，以总分 27 分（满分为 30 分）的好成绩被该校数学系录取。

刚刚踏入大学校门，勤奋好学的帕累托偶然读到波舒哀和巴师夏（F. Bastiat）的著作。他不喜欢波舒哀，而巴师夏的《和谐经济》对社会主义和保护主义的尖锐批判让帕累托印象深刻并深受启发：确信自然规律的力量，人们竞相朝着永远达不到的伟大最终结果前进，并越来越接近这个结果，它是所有阶级向越来越高水平的无限接近；换言之，是个人在普遍改善中的平等。这种信念巩固了帕累托的知识形态，并且影响其未来看法。20 岁时他阅读了巴克尔（H. T. Buckle）的著作，立即被其吸引，他感觉在社会科学中没有更多的价值；在其中他发现曾在大学学习过的物理学应用的方法；他还感到很惊奇：竟有人那么无知和迷信，以致不能理解那些学说。从另一观点看，巴克尔使他确信：即使历史事实，即社会现象的集合系列，受一致性的并在统计学上可证实的规律的制约。帕累托追随巴克尔，他认为，同智力与经济原因相比，人们的道德水准在决定社会进步上所起作用不大。他赞成巴克尔的意见：人们的智力，其整体认识及其智慧的发展，是决定进步的主导因素。

与此同时，帕累托满怀激情地关注当时关于科学的激烈论战：关于欧几里得的第五公设的讨论，关于逻辑上完美的几何学能否以非欧平行性概念为基础的争论，关于有限量值代数学能否被集合论代替的辩论。

帕累托在都灵饶有兴趣地关注法国数学家柯西（Cauchy）的大胆尝试：通过严格界定函数积分概念和确定条件，以使无限算法能产生一个数值作为其有限价值。在都灵大学的师生中，挪威数学家阿贝尔（Niels Henrik Abel）产生广泛影响，帕累托深刻认识到阿贝尔对椭圆函数和交换群的研究具有重大意义。

恰恰在那几年力学逐渐成为无穷小分析的分支学科，帕累托非常喜欢听力学课。他总把原籍法国的意大利数学家拉格朗日（J – L. Lagrange）的《分析力学》放在自己的书桌上，反复阅读并激动不已，拉格朗日的理论成为有待模仿和追随的模式。当德国数学家及物理学家克劳修斯（R. Clausius）最终证明一个物体在经过一系列变化后，又回复到初始条件时，帕累托最终确信，若把现象纳入力学基本规律，就可获得合理解释。

因此，那些勇敢捍卫力学的都灵大学教授深受帕累托爱戴和崇敬就绝非偶然：安杰罗·杰诺吉（Angelo Genocchi）教授是分析和微分学专家；罗塞利尼（F. Rosellini）教授是杰出的代数学家；库里奥尼（G. Curioni）教授对平衡理论造诣颇深，这种理论把平衡理解为对立又并存的力量间的平衡，这里潜在的转换代数值是无，潜在的不转换代数值是负数。

1869年，帕累托恰恰在库里奥尼教授指导下，准备工程系毕业论文。这篇论文涉及应用力学和应用水力学、市政水利建设、蒸汽机和铁路（借助克劳修斯的平衡论，证明热力学第二定律）、实用几何学、建筑学和经济学等问题。论文长达40页，题目是《论固体弹性论基本原理和关于决定固体平衡微分不等式的研究》。

这篇论文明显反映帕累托的思想倾向和基本看法。他在论文的开头写道："我以为精心研究分子力学永远是理性地解决问题的最佳方法"，"每当尝试将数学应用于物理学，就需要从它意味着的原则和公理出发"。这样的公理是类似于纯数学的，即抽象的公理，还是从经验中发掘的呢？他的答案十分清楚："我相信我们同胞学者莫莱肖特（Moleschot）教授的看法，数学同其他所有科学一样，是以经验为基础的，不存在真正的公理，它们是长期经验使我们认识的真理。"譬如，"长期经验""引导我们相信"物质是"由极微小部分或原子构成，而各个部分相结合则因分子引力的原因"。从这种"真理"出发，他构建自己的固体弹性论；该理论认为"分子引力不仅在原子间起作用，而且在我们称作分子的原子组合中也起作用"。

在他尝试解决微分不等式的积分法问题（在函数和变量中确定变差）后，最终给平衡下了定义。

同经济平衡论及社会系统平衡论的相似给人留下深刻印象，多年后正是在此基础上形成其经济平衡论和社会系统平衡论。将一个领域的理论类似应用于另一领域，是物理学家的典型方法，这是读过孔德的《实证哲学教程》和穆勒（Stuart Mill）的《政治经济学原理》的物理学家的典型方法。其后，帕累托阅读穆勒的《逻辑体系》后，穆勒的归纳方法，和谐、差异、剩余及并存变化的法则使他备感亲切，并引起他对斯宾塞和贝恩（Alexander Bain）著作的兴趣。他一再阅读贝恩的《兴奋与意志》和《感觉与智力》，尤其是《精神与道德哲学》更令他爱不释手。从这些著作中，他发掘出对行为的区分：理性行为和本能行为（或剩余行为）；本能行为恰恰是人类生活的一组持续、普遍兴奋的表现。

至于斯宾塞，帕累托熟习其全部著作并特别推崇其方法，通过这种方法可以确定系统的实证基础并得出进化的定义——由运动耗散伴随的物质的补充。

在都灵，帕累托对达尔文主义十分熟悉；尤其在那些年，都灵成为意大利传播达尔文理论的中心。因为达尔文的理论对物种变化成功提供“科学”解释，并从对物种变化的经验认识上溯其原因，在年轻的理工科大学生帕累托眼里，远比孔德的哲学更具吸引力。这些大学生和青年学者确信力学和勇敢走上工业化道路的世界。生存斗争的概念或更显著的自然选择的概念，由于它使适者生存不适者灭亡，展现出伦理学前景，不能不令青年资产阶级学者欣喜若狂并满怀希望。数年后，帕累托写道：“正像对动物来说，生存斗争是促进从低级形态向高级形态进步的主要因素之一，由于它进化规律才起作用，我觉得它对人类社会也不可或缺，这一普遍规律延展到人类社会。若我们对冠以生存斗争之名的现象进行考察并深思熟虑后，准备好的结论既不少也不轻松，这些结论因其新奇可能被多数人拒绝，而科学家认为那些都是正确推理得出的结论。当然，某些结论似乎不太可笑，但真理自身具有的价值，不是由于我们认为在其中发现对我们的自爱心、激情或情感所说的恭维话。地球靠人的自夸，一度被视为宇宙的中心，现在科学证明它不过是最卑微星球的卑微卫星。”（请读者注意，后来帕累托在形成自己的社会学体系时，继续坚持这种实验—经验的认识论路线，但批判了自己曾信仰的社会达尔文主义。）

总之，青年时代的帕累托，其文化构成的主要因素是理论力学和达尔文主义。

1870 年，不满 22 岁的帕累托在毕业论文顺利通过后，又以各科满分成绩获得都灵大学工程系毕业证书。随后，他赴佛罗伦萨，在意大利铁路公司动力材料服务部任见习工程师，月薪 150 里拉。

（三）托斯卡纳年代

以佛罗伦萨为首府的托斯卡纳地区是风光秀丽、人才辈出的地方；这里涌现出但丁、马基雅维利、列奥纳多·达·芬奇、米开朗琪罗、伽利略等文化巨人。帕累托在地灵人杰的佛罗伦萨从事技术和管理工作的同时，积极参与文化与政治活动，他的文化结构主要是文学、哲学、政治学和政治经济学。他出入当地著名文化沙龙，结识文化界和学术界名人，参加学术讨论并作报告。

1874 年帕累托升任国家铁路公司工程师，1880 年年仅 32 岁的帕累托被任命为公司总经理，他在这个位置上一直干到 1890 年。然而，日益尖锐的劳资矛盾、管理体制的弊端、官僚制度的腐败，使帕累托深感工作艰难和困惑，一再要求辞职。

1874 年 7 月连续发生的两件事使他对社会主义运动产生恶感。一次，公司派他到炼铁厂宣布辞退一个工人；结果被那名工人用铁钳击伤右臂。另一次，他夜里两点下班回家，被埋伏好的五个人挡住去路。他迅速从口袋中掏出左轮手枪，走到他们之中，对方才没有动手。帕累托认为这都是第二国际在工厂煽风点火造成的。进而他对左派抱有偏见：左派“不知自己想要什么，不知如何达到预期目的，沦为小的、令人讨厌、痛苦和难以忍受的反对派”。

帕累托虽为公司总经理，但“影子内阁”凌驾于他和董事会之上，只有两个头儿说了算，责任却要大家承担。帕累托在致友人的信中写道：“我很遗憾，因为我准备做好工作，但是每走一步都会遇到障碍，从而导致我的工作能够达到的水平不高。然而，若由于工作本身既美好又迷人，我们就不应抱怨由无知、无信、恶意设置的障碍（它们使工作部分无效），那么我确实不具有这样的美德。我是个凡人，不是圣徒。谁要想退隐沙漠只靠野草和树根生活并宣扬基督教屈从，那就决意做好了。我想生活在社会中，具有人的激情和人的意愿。”帕累托认为人应有责任感和道德力量：“我要感谢上帝，总让我找到足够力量以履行自己的职责。诚然，我可能犯错；但拒绝自己良心判断、接受他人判断，就能保证少犯错误吗？我相信人生真正唯一幸福在于，确定无疑地认识我们的责任”。在人与人的关系中，帕累托崇尚理性，主张充分尊重他人的意见和信仰，为此也要求他人对他的意见和信仰也有点宽容：“我说的是宽容而不是冷漠，因为宽容丝毫未损害友谊之情，相反没有宽容就不会有真诚的友谊，而冷漠扼杀友谊之情”。

在托斯卡纳期间，帕累托从未放弃政治。1880 年 5 月他在蒙泰瓦尔吉（Mentevarchi）选区首次尝试竞选参议员，他声明持温和派立场——“我既不赞同右派观点，也不赞同投机商人，我赞同一种使命，它至少保持温和路线”；结果没有当选。1882 年 8 月 31 日，他再次决定作为中派（温和派）候选人参加皮斯托亚—普拉托—圣马尔切罗选区立法选举。帕累托认为皮斯托亚山区所有选民和普拉托企业家都会支持他；然而他只获得 1957 张选票，再次落选。似乎是对两次落选的补偿，1883 年 8 月 12 日，由工农商大臣提名，王国政府授予他意大利王冠骑士勋章。

19 世纪 80 年代，意大利政府开始实行殖民扩张政策，发动侵略厄立特里亚和索马里战争。帕累托对这种政策持否定和悲观态度；他指出政府在推行修筑铁路等工业化措施后，需要为那些种田人和使国家致富的人们找到另外的活动。但民众所受教育水平不足以理解政府行为的后果；政府要用征伐非洲激起民众的自尊心，而民众欢呼雀跃，并未想到冒险行动将付出沉重代价。他痛斥当时的德皮雷蒂斯（Depretis）政府是意大利和其他代议制国家中最腐败的政府，揭露那些投机取巧的政客“都是些菜汤和软面包，是耗尽国家财富的蠹虫，一些人为了政治野心，另一些人为了捞钱，他们既无信仰也无原则……”1889 年 10 月 10 日，帕累托在杰欧戈菲利（Geogorfili）学院作报告，严厉谴责意大利政府的非洲政策，他认为意大利人民本质上热爱和平、反对殖民战争。多年后，他还一针见血地指出“欧洲国家在中国的强盗行径决不比阿提拉在罗马帝国的暴行逊色”。这表明帕累托一贯反对帝国主义侵略与殖民政策。帕累托还旗帜鲜明地反对君主制和教权主义，他说“那些在白天不厌其烦地宣扬世界上最好的政府是君主制、王朝的政府”、“教皇代表国际利益”的人，“肯定不是好人”。

1886 年 9 月 22 日，帕累托遭到卡尔洛·阿莱桑德利（Carlo Alessandri）伯爵的恶毒攻击，后者在佛罗伦萨到处散布说维尔弗雷多·帕累托不属于热那亚的帕累托侯爵家族。为此，帕累托提出同伯爵决斗。后来他承认一位民主主义者为贵族头衔决斗实在可笑，实际上那头衔“不值一个无花果干”。当然，这件事也反映了帕累托坚毅果敢的性格：“我爱见到朋友，但我不怕身处敌人之中，甚至饶有兴趣地身处其中。假若我惧怕某个人，我认为自己太渺小、太卑劣。我走我的路，若有人找我的麻烦，他将付出代价。语言、铁和铅总能给予像我这样的不幸者正义”。24 日，伯爵承认错误，并向帕累托道歉，取消决斗。

1889 年 12 月 23 日，41 岁的帕累托在佛罗伦萨同 29 岁的俄国姑娘阿莱桑德拉·巴枯宁（Alessandra Bakunin）结婚，新娘是著名无政府主义者巴枯宁之女。

1890 年 1 月，帕累托结识意大利著名经济学家潘塔莱奥尼

（M. Pantaleoni），这对他致力于经济学研究产生深远影响。两人兄弟般的真挚友谊保持终生。7月，意大利铁路公司总部迁往罗马，帕累托不能前往，于是离开总经理职位，改任技术顾问。帕累托感到如释重负："我真太高兴了，多年来压得我喘不过气来。我进入公司那天就该诅咒!"不久，他迁往菲索莱（Fiesole），距佛罗伦萨8公里幽静的山区小镇，把大部分时间用于学习。

帕累托在菲索莱居住期间反复阅读穆勒、贝恩、斯宾塞和白哲特（Bagehot）的著作。他在阅读卢伯克（Lubbok）的《史前时期和文明化的起源》、巴克尔5卷本《英格兰文明史》法译本后，认真思考并记下笔记。通过对这些著作的学习，帕累托坚信：只有科学、对自然规律的科学认识，才给予人们行动手段。尤其是巴克尔，他使日趋完美理性进步到对自然精确研究，而斯宾塞则克服了自然科学和人文科学的差异，这些都对帕累托的思想产生广泛影响。

帕累托在佛罗伦萨时还开始撰写关于比例代表制和普选制的文章。这些文章明显受到穆勒影响，尤其是《自由》和《对代议制政府的考察》的影响处处可见。

对帕累托来说，正像对穆勒来说一样，自由总要施以恩惠，自由促使个人人格的向善，并因此促使文明的提高。

选举制改革和普选权扩大（显然要依靠一定程度的教育），变为扩大个人自由的手段，而不是使社会民主化的手段。在这一点上，帕累托仿佛比他的导师更暧昧不清："我觉得应到保障人类社会及其发展的必要性中探寻政府权力的确定起源；代议制的目的应该是研究能更好引导实现预想目标的途径"。然而，由于多数的权威和社会影响导致司法和非司法强制形态产生并日趋扩大，这就赋予政府重要的调节权力，需要尝试限制这些危险，承认富有教养和进步的少数被代表的权力。帕累托进而写道："在这方面人们更多地表明，必须由深刻的思想家和形形色色意见的最好代表构成立法议会，以便从激烈辩论中产生照亮错综复杂问题的光芒，这样的光芒往往由社会科学代表。"

这种自由主义，在民主中只看到数量的力量，而在数量中只看到最落后并带统治倾向的意志表现，因此本质上是对"实际自由"的否定。它迫使帕累托大声疾呼："不，你们的正义不是我的，不应由力量来支撑社会，使意见获胜的不应是监狱与断头台。这不是我那种正义，它让各得其所；

而你们的正义成为任何滥用权力的帮凶，只要打着合法性幌子去干。”

无疑，帕累托主张自由主义作为这样一个社会阶级的学说和政治实践来介绍；该阶级认为：为了社会利益，它已超越利益、社会地位、阶级处境的差异性；它以公共利益和普遍福利的名义，凭借“天生”旗手素质，可以调解冲突。换言之，帕累托的学说完全无视意大利社会、经济制度的历史进程；完全无视社会划分为阶级，一个阶级对其他阶级实行统治和剥削，各个社会阶级和政党制定和捍卫不同目标。它相信人类利益的自然和谐，确信多数人的利益自然地源于个人利益的实现，假设以人类行为抽象合理为基础的团结和一致性。在这样的背景下，政府行为应该是“纯粹被动的”，应局限于“直接地阻止恶的有限界限”。为了控制这种行为，需要“产生一个议会，由全民族最有教养、最聪明的人士组成”，目的在于“既避免芸芸众生的平庸才智，又避免他们携带的偏见和错误，若缺乏对他们的教育，就不能解放大多数”。仿佛智慧和文化源于“人性”赋予的才能，并借助这种才能才获得，而不是由社会出身和所属集团背景决定的社会建构。

显然，政府行为和作用不能不是对事物自然秩序的扰乱。政府对事物自然秩序的干预是恶劣的：扰乱平衡，败坏市场信誉，破坏为实现个人利益和达到集体最佳状态的条件，总之，致使个人不可能同社会相适应和相一致。有限的政府调控，契约可能的无限扩展，对私人积极性的保护与加强，这些是社会生活良性运行的可靠保障；这是因为，正如斯宾塞在《社会学原理》中所说，“社会组织形态由人类本性决定，并且只有随着人类本性的完善，社会组织形态才能变得更好”。

帕累托确信：“为了获得国家利益，除有此愿望外，还应认识这种利益并知道实现目的的方法。我们还承认（有些适当保留），第一个条件在现代政府中已完成，而第二个条件在现在和过去的政府中都未实现，而且在多数情况下，人们不知道在人类社会中运用哪些手段能获得确定效果”。

帕累托以法国政府采取的工业措施为例加以说明：“当蒸汽锅炉在法国开始广泛使用时，法国政府不失时机地制定出新规则，它甚至想要规定锅炉壁的厚度。目的极好：保护公民的生命。手段也值得称赞：权威的数学家致力于研究蒸汽压力，政府为锅炉壁的厚度确定了公式，自然这是在当时所能获得的最好公式。然而此公式有一个缺陷，这也是一般立法规定的共同缺陷；它静止、僵化、不动，而世界在前进。许多事物的进步是缓慢的，有时刚刚能感觉到，但冶金学在最近几年取得惊人进步，锅炉制造技术迅速改善。法国锅炉制造者无任何理由研究用于该国锅炉的高质量钢板，因为无论钢板质量好坏，法律强加同一厚度，自然钢板好的锅炉价格高于坏的；然而对于出口国外的锅炉，却选择质量好、厚度薄的钢板。现在事实是这样：钢板越厚质量越差，就越易出问题，损害其耐久力。由此可见，法国制定的法规获得一个同其目的截然相反的结果：并未增加使用锅炉时的安全度，反而降低安全度。”

因此，当国家干预关注于确定经济行为的规则和范围时，其干预是有害的。当国家奢望代替私人积极性时，其干预变得十分危险：“被私人饲养者改良或创造的动物良种并不少见，尤其在英国；然而由意大利政府改良的良种马从未听说。”帕累托对意大利政府对铁路干预政策的严重后果有切身体验：领导层缺乏创见，层出不穷的内耗，管理混乱，效率低下。他怀着激愤的心情写道：“为什么意大利人，尤其领导阶级不向明显的良知让步？”

良知和历史，都向我们证明这点。帕累托写道：“国家机关和私人公司的性质和生命截然不同，正如历史所证明，当私人公司手握司法和维护公共秩序大权时，更关注自身而不是国民的利益，就做了糟糕试验；同样，经验让我们看到，当国家超越自己的范围，想要侵占工业领域，不会取得比私人公司更好的结果，相反几乎总是更糟。这些可从我们引证的军火制造商和其他类似企业家的证据证实。”①

在那些年代，意大利社会结构发生翻天覆地的变化：连绵不断的社会动荡，文化与思潮的更新，民众或多或少的觉醒。帕累托的信念是：“若每个政党都想利用国家政权为自己的目的服务，很可能任何政党都达不到目的，只能严重地扰乱国家；在这个国家内，将会看到人们轮流执政，今天是被压迫者，明天就成了压迫者，在连续的行动和反行动中消耗其祖国的有生力量。若把国家视为中立区域，而公共权力的活动只用于维护社会的共同利益，那么在斗争之中总保留某些稳定和肯定的东西。在这样的条件下，当人们未超越合法性界限，当人们只期待着胜利从推理和说服中获得，最终当对手的权力不断地被尊重，那么斗争就不是无益的，而是丰饶

① 帕累托：《政治论文集》第1卷，都灵出版协会，都灵，1974，第86页。

和有益的；由于胜利不是属于最强者，不管他们是谁，而是属于最相称者。”①

（四）自由贸易主义者的批判

从1878年至1890年初，帕累托从自由贸易主义者立场出发，对当时意大利政府的经济政策进行猛烈抨击。他首先把矛头指向保护劳动和企业主要对劳动者工伤负民事责任的法律。帕累托认为这类法律同制定时的初衷相左，忽视经济学规律，类似于乌托邦；人们需要牢记：“自然规律是命定的，无法逃避的，不会像人类规律那样遭受算计和欺骗；谁要违犯自然规律，肯定会给自己带来应得的灾难，他就会愚蠢地控告政治经济学残酷，仿佛科学不是对事物之间必然联系的认识，而是别的什么，仿佛科学有时可能有害，而不是总有益。因此，我们充分相信科学，对未来充满信心，因为我们知道真理是永恒的，真理必然胜利。”

其后，帕累托从满怀激情、充满希望逐渐变得忧郁、怀疑、悲观，甚至有点犬儒学派色彩。总之，帕累托曾说过的那个时代一去不复返了：“在意大利，成就我们父辈伟业的自由精神萌芽尚未被破坏；即使大家开始对集体女神顶礼膜拜，但我要指出还活着另一种宗教，另一种信仰。”

帕累托越来越坚信国家没有能力管理经济事务，对此他深感痛苦和不可忍受。1887年意大利政府决定征收海关税，促使帕累托发生上述转变，以前他怀着对牛弹琴的情感，现在他具有凝视蠢人世界的印象。他认为征收海关税的目的只有一个：为政府获取新财富，用以实施旨在益于少数人而损害劳动群众的政策。“露骨的利己主义，中产阶级的近似盲目，让我们隐约看到未来阴暗的前景。”

帕累托认为，自由贸易以任何产品都在使用最少劳动的地方生产的方式自然促使再生产，另外通过交换，每人都能以最低价格获得自己所需要的东西；“在保护主义的名义下，一切扰乱导致一种平衡，它们直接结果就是在总体上，人们不得不增加劳动以获取等量的产品或享受”。

1888年，因意大利政府决定提高粮食税率，从而使局势更加恶化。帕累托尖锐地指出，提高粮食税率“以补偿农场主十分之一的收益……只吃面包的穷人能为大臣投票以换取大臣的恩惠吗？为此，他们付的税每时每

① 帕累托：《政治论文集》第1卷，都灵出版协会，都灵，1974，第132~134页。

刻都在增长。农场主拥有选票可做交易，因此得到减税并让其同胞为购买小麦付更多的钱”。

帕累托认为，不仅扩充军备、征伐非洲，而且修筑铁路、盲目扩大公共服务设施建设也消耗大量财富。而议会中那些不懂经济规律、缺乏良知的人，主要是商人和机会主义者要对这种经济形势负责。

不应说帕累托对经济与贸易危机的社会后果不够关注。为解决经济危机，他只想到古典方法：重建贵金属储备，削减政府开支，实行财政紧缩政策。换言之，“一种贸易危机是滥用信贷的后果，其偿付可通过反向的反作用得以实现”。

帕累托预见，社会主义浪潮将席卷欧洲大陆，社会主义进步到处直接导致领导阶级对经济自由和正义的限制。对经济自由的冒犯，或迟或早将结出苦涩的果子。不幸预见不可抗拒，灰心丧气可以预见：国家由于腐败，逐渐解体，一切败坏，一切卑劣；“在意大利，没有一个企业家，没有一个银行家不想谋取政府的恩惠，为达到这一目的，不惜使用最不道德的手段”。正是由于使用不道德手段成为司空见惯的事情，现在人们似乎感觉它们很自然。

银行丑闻，战事失利，滥用权力，贪污和牟取非法利润，议会中的政治交易，社会非正义，都受到帕累托的强烈谴责。但这种批判从未超越道德层面，根本不是对资本主义生产方式，即大厦基础的自觉批判，从未表现为实际、具体的代替，总之没有作为国家的，即要实现现代化并让公民满怀希望的国家的政治纲领。帕累托确信，损害国家的一切灾难都源于“减少意大利出口的海关保护政策，相当可观的国家资本投入无用的建筑和铁路中去”。他从各个方面考察问题，结论总是一个：“贸易保护破坏的财富总额超过付给受保护企业工人的工资总额。于是，当有人向我们说他们想保护国民劳动，我们可以回答说这是一种幻想。”帕累托认为，国家干预的本质不是刺激经济并给劳苦大众一点希望，“一种不可抗拒的力量驱使国家每天都扩大其职能，但这种力量通常是腐败和欺软怕硬。它对社会产生致命的后果”。

从上述批判可见，帕累托对走上现代化之路国家的种种社会问题考察过于简单化。他把经济自由主义看作一个僵化、麻木国度里人与人关系的基础与实体，这种对经济自由主义的类似宗教的崇拜，有时具有某种经济浪漫主义的色彩。但这是自由贸易主义者的推理：受保护的工业企业获取可供支配的少数资本，这些工业企业靠消费者和未受惠（可能大胆创新）的经济部门而繁荣，农产品价格下降和出口减少加重南方的悲剧，劳动群众的生活日益贫穷。

毋庸置疑，意大利在统一后确实出现种种弊病，但同样不能否认当时的意大利是个经济欠发达的国家：进口的少数工业设备尚未还本，缺乏本土技术人员和技工（并非偶然，当时企业的技术人员几乎都是外国人），既无可观的国内市场，也无可靠的国外销售市场，还未建立有效商业网。总之，意大利不具备条件生产参与国际竞争的商品。假如意大利自由进口所有日用必需品和基础商品，对于处于萌芽状态的民族工业和正在形成中的国内市场将会产生什么后果？不少经济学家指出，意大利保护主义政策对意大利工业发展未产生重要影响，但正是凭借它意大利工业化才得以实现。

一个本质上的农业国，没有资本，缺乏技术基础设施，没有企业家阶级，当它不得不对抗外国强大企业和受强大海关壁垒保护的国家生产的商品的竞争时，又能怎样努力呢？当然，国家干预不仅对建立民族工业，而且对巩固基础设施都具有决定性意义。然而，杂乱无章地进行干预会付出沉重代价也是不可否认的事实。但是，帕累托所建议的基于经济自由和国际分工的经济发展模式，能使意大利摆脱经济落后状况吗？显然，这似乎是乌托邦的看法。

（五）社会主义和马克思主义

帕累托 32 岁时曾受到社会主义的强烈吸引。在他看来，社会主义者都是有理想、道德高尚的人，他们是社会非正义、残酷剥削、政治腐败的死敌。他们为理想英勇斗争的精神使他深受感动。他们的理想虽然在统一后的意大利似乎行不通，但他们执着地争取更加和谐、更少剥夺及不公正的社会发展，这种发展最终对广泛阶层有益，并益于自由的扩展与实施。

帕累托受到社会主义的吸引，就完全赞同社会主义者对社会形势所作的分析吗？社会主义者认为，一切弊病和罪恶都是由资本主义生产方式造成的，而资产阶级是罪魁祸首。为此，社会主义者主张根本改变生产和财富分配制度，“剥夺剥夺者”，把生产资料交由全体劳动者所有。帕累托的回答明确无误：对自由确定市场的任何干预，都不可避免地造成不平衡和失调，因此扰乱事物的自然秩序，损害财富的生产，不可补救地破坏资本，最终社会的弱者和穷人的境遇更悲惨。显然，此时他对社会主义的看法有所改变。

换言之，社会主义以其理想的不妥协精神，对迫害和压迫的英勇反抗，对现存制度的彻底批判，强烈吸引了帕累托；但作为社会主义学说基础的经济学说，帕累托认为是错误的。他不赞同社会主义者对社会弊病原因的分析，也不接受他们开出的治疗药方，因为这些都同帕累托根深蒂固的思想和信念相抵触。那么，怎么办呢？帕累托认为，需要摒弃马克思主义学说，即社会主义理想的精髓，然后把社会主义变为纯粹理想，即四分五裂、分崩离析的现代社会所需的强大理想。

显然，帕累托的方案既非新颖也非独创。社会学的创始者早已形成其雏形；这也是当时欧洲文化界的时髦话题，从柏姆－巴维克（Bohm－Bawerk）、涂尔干到韦伯，从克罗齐到唯心主义和实证主义哲学家，他们不约而同地希望促进社会与科学进步，与此同时要求驱逐魔鬼。最典型的例子莫过于艾乌杰尼奥·利尼亚诺（Eugenio Rignano）和西奥多·赫尔兹卡（Theodor Hertzka），前者痴迷于对社会主义同经济自由主义相结合的研究，后者颇为浪漫地想象一个理想社会：该社会既建立在尊重个人自由创造性和自由竞争的基础上，其社会关系又是社会主义的。

帕累托或许比许多“改良主义者和革新家”在实现方案时更少幻想。实际上，意大利社会主义逐渐地形成自己强大的政治运动，在统一的组织内包容各个派别的政治战略和策略，从革命到改良，从议会斗争到总罢工，应有尽有。为此，帕累托也根据实际情况修改自己的方案。

在 1891 年初，帕累托对自己和他人提出这样一个严酷的问题：社会主义是否永远作为自由的象征和工具？他犹豫不决地回答：一切社会主义倾向都致力于实现唯一目的：改变即革新社会结构，与此同时改变所有制和家庭的基础，旨在改善穷人的生活条件。为了完成这些任务，需要颇为可观地扩大国家的权力，相应减少个人自由。国家权力的扩大，个人自由的减少，个人创造性的减少，都是由于中央集权越来越危险的干预造成的，不可避免的后果不是罪恶的自由竞争和私有制所致。因此，帕累托称“公民政府的制度可以说是一种资产阶级社会主义，这种社会主义不同于所谓真正社会主义，因为它只帮助卑鄙者，而不是倾向于改善穷人的命运”。

在这种资产阶级社会主义之旁，还存在其他形态的社会主义，那些社会主义或多或少同马克思、恩格斯的历史唯物主义相联系。带马克思主义色彩的社会主义，因其典型的理想目的，不同于资产阶级社会主义。资产阶级社会主义几乎总是道德、政治和实践上的机会主义，而马克思主义的社会主义，虽然其众多流派各具特色，但都为争取实现平等和人类博爱的理想而斗争，总之它忠实于学说的革命原则。

但是，当社会主义者开出医治当时社会弊病的药方时，至少其大多数，仅限于模仿，其后甚至接受资产阶级社会主义体制，即使这样的体制也可以为穷人服务。

这样一种事实，在帕累托看来，使社会主义实际应具有的独创性和革新性大打折扣。经济与社会条件的改善，不是通过剥夺富人、掠夺现存财富，而是通过其他途径获得。那么，通过哪些途径呢？帕累托首次提出一种思想，数年后它以“帕累托法则”闻名于世。

这种思想可如此陈述：为了改善穷人的生活条件，或扩大国民财富的生产，但不能让人口按相同比例增长；或改变财富分配方式，将富人消费超过穷人平均消费的部分或全部收益交给穷人。

然而，国民财富的增长就可视为一般生产率的提高吗？或相反视为现有财富更平等的再分配吗？对帕累托来说，这是毫无疑义的：只有生产增长才能解决社会贫困。但为什么社会主义者却关注财富的再分配，把它视为医治社会弊病的唯一灵丹妙药呢？为了回答这个问题，帕累托对社会主义者为组织人类社会生活提出的建议进行了研究。其研究成果以书名为《社会主义与自由》的专著发表，按制度或社会结构类型学形式介绍。这种研究的结论是独特的。他把社会制度分为两大类型：在第一类型中包括合法使用强制权力以改变财富自由分配的所有社会政治制度和体制；在第二类型中包括公开摒弃强制的那些制度。归于第一类型的制度被界定为“社会主义—保护主义”制度；相反，归于第二类型的被称作“自由的”制度。其后，帕累托又把社会主义制度划分为形而上学的、宗教—形而上学的、历史—实验的三种；把自由制度区分为实验的、保守的和进步的三种。社会主义制度以更高理想秩序的名义旨在改变现存秩序、改变功利主义原则、改变自然平衡。帕累托认为，这些都是极其危险的。自然秩序和明智利己主义比利他主义更有益，利他主义毁坏和浪费社会财富，长期下去会造成贫困和灾难。“斯宾塞说得有理，工商业不仅不发展反而反对利他主义情感。我们经历一生同竞争者斗争：他们的不幸是我们的幸福，我们竭尽一切手段去除他们的工作，并且显然这种行为具有的精神越来越远离利他主义。”

由于议会表现出对社会主义思潮的压力特别敏感，帕累托认为，为了防止平等思想的传播，需要限制议会的权力。因此，保障自由的唯一方法在于防止民主。

帕累托的反议会制度立场在对代议制的不信任中找到了根源，因为代议制不能有效阻止国家干预经济事务。由此可见，他不是纯粹反对议会的低效、低能和改良主义。最终，帕累托把民主进程简化为对正确行动的偏离、对自由秩序的扭曲。他没有发现：国家发生的巨大变化（尤其在1882年以后），要求制定背离自由功利主义原则的政策，结果另一种秩序逐渐代替现存秩序。这种新秩序很难界定，并且让在动荡、社会变革时期所能观察到的腐败、投机、掠夺、丑闻和一切恐怖现象空前泛滥，然而又具有不可替代的价值。

在私人投资和工人失业增长时期，帕累托开始理解解决经济危机的干预政策的作用。但帕累托却不理解：个人主义和自由主义不能变为纯粹理性，社会主义不能变为激情。设想为对立物的社会主义和自由，实际上最终不可调和吗？

帕累托在离开祖国前往瑞士前撰写的一篇重要论文，再次探讨社会主义和自由的关系问题。他为拉法格编辑的《资本论》摘要所写的序言（恩格斯对这篇序言大加嘲讽）中，一再重申：社会主义只是永不满足的贪婪的国家主义。完成这样的进步，就连资产阶级本身也不能幸免：“侵占我们社会的资产阶级社会主义，源于想要取代它的人民社会主义的相同原则。前者滥用权力，将预见，甚至指出那也将是后者的滥用权力。”总之，在1893年他不再抱太大幻想：“反对社会主义者时……我一点也不想承担保护政客—经济学家的职责，因为从逻辑上同社会主义者斗气是站不住脚的，因为他们想要人为改变财富的分配，其后接受某些冒牌经济学家按他们意愿所作有益于他们的人为变化。”

他在给挚友潘塔莱奥尼教授的信中补充说：“亲爱的朋友，我们温和派的卑劣贪婪没有止境！你知道我反对社会主义，你还知道我从未写过一行支持国家干预的文字，但我要对你说，我一千倍地情愿在一场革命中同社会主义者一起被杀死，也不愿同那帮恶棍相处一小时；他们一言不发，除非是赚钱的露骨意图，而钱财是国家剥夺纳税人后赠予他们的。”

总之，在他看来，社会主义者都是好人，他们为自己的事业英勇斗争，然而是个错误的事业，并且对社会发展是危险的事业。他使得其理论前后一致，同时又保持同社会主义者的联系。1886 年他积极支持工人有罢工自由的权利。1892 年他积极参加创建佛罗伦萨劳动联盟的游行示威。1893 年在米兰主持和平大会时结识意大利社会党总书记屠拉蒂，后一直保持通信联系。

1893 年 4 月，帕累托因潘塔莱奥尼教授向瓦尔拉（Warlas）教授推荐，被聘为洛桑大学政治经济学见习教授，离开祖国前往瑞士。第二年，他被沃州议会任命为洛桑大学政治经济学教授。从此直至逝世，除不多几次回国外，一直在瑞士从事教学和研究工作，长达 30 年之久。

然而，到瑞士后，帕累托的理论体系出现某些矛盾。即使瑞士这个管理井井有条、经济充分自由的国家，社会主义也在缓慢发展。社会主义不再明显地反对滥用权力和社会不公正，而是转而反对军国主义和保护主义，在理想纲领中还有什么呢？什么也没有，只有可怕的混乱和可怕的暧昧。因此，他对于瑞士社会主义者没有丝毫崇敬之情，甚至没有给予对意大利社会主义者那样的认可。观察到瑞士工人温和、微弱的运动，即是说观察到在一个社会、经济上比意大利先进得多的国家的社会主义运动，使帕累托确信，社会主义理想的实现是不可避免的，尽管它的实现注定导致财富的巨大破坏，甚至普遍的贫困。为什么社会主义者敢于冒险，为什么他们想要根除建立在私有制基础上的经济制度？要知道这样的制度也产生过文明并能实现人类伟大、美好事业。他们简直疯了！帕累托认为，需要证明社会主义的空洞和无用。可能社会主义的经验已经证明，“因为恰恰从证据可见，人民从社会主义中获取的好处不多”。

这样确证的理由似乎未涉及学说的基础，也不可能具有范例的价值。它们本质上只限于意大利的政治实际：“意大利政府是个资产阶级社会主义政府，它剥夺纳税者并使他们贫困，以利于统治国家的小集团。对我来说，我一千倍地更喜欢人民社会主义，而不是这种狼狈为奸，因为至少人民社会主义的目的是好的，而人们不知道是资产阶级社会主义的意图还是行为更坏。”

以后，帕累托盛赞“历史唯物主义标志着巨大的科学进步，因为它正确地揭示某些现象——如道德和宗教的暂时性”；他还肯定历史唯物主义指出经济现象和其他社会现象相互依存也是真理。然而，他对马克思的经济学说持批判态度是错误的。

（六）帕累托法则

帕累托被任命为洛桑大学政治经济学教授，对他的学术生涯具有决定性意义。在洛桑，远离那个令他激动或激愤的喧嚣世界，使他能够开始在一部纪念碑式的著作中将思想结构化，以形成系统的社会理论。什么是系统？“考察用弹性钢丝相连为一体的众多小铅片，这些铅片可以交织成一千种形态……你不可能移动一个小铅片而不改变整个系统的形态……需要表达使系统处于平衡的条件。”

譬如，社会主义者说凭借更合理的收益分配可以纠正社会不公平。然而他们不知道，科学证明财富的分配变化极小，不言而喻，仅限于我们所熟悉的时代和国度。财富分配取决于人的本性，而人的本性何时何地都是如此。帕累托一再重复，自由的人总能以或多或少的和谐方式找到构成自己或他人利益的方法，否则将引起混乱、造成不可克服的困难。

帕累托根据西欧主要国家较为完备的统计资料，得出的结论总相同：“扣除部分民众的一定数额财富，以便将它分配给享受保护恩惠的好同伙，或在无用的开支中摧毁它。另一方面，社会主义者想要减少富人的财富，其数额大致同前，以便将它分配给穷人。前一件事等同于后一件事。主要是一种人的问题，而同原则毫无关系。”

在 1896 年，帕累托的研究进一步深化。他发现在任何国家任何时代，财富的分配都具有螺旋曲线的形式。帕累托认为，螺旋曲线应是独立基本力量的产物，而那些力量受普遍规律制约。穷人构成围绕垂直轴沿螺旋线延展的下部；而富人居上部。他发现，最低收入的增加和收入不公平的缩小，不可能创造财富总额增长超过人口增长的条件。富人人数增长并不必然意味着社会总财富的增长；同样穷人人数的增长也不意味着国家一般贫困的加剧。换言之，财富分配不公和减少贫困是截然不同的两码事，它们之间没有联系。显然，财富分配的差距可以缩小——“削峰填谷”。帕累托的看法是，山峰削去的土方总超过填充山谷的土方，富人的财富损失明显超过穷人增加的财富。结论很简单：穷人生活改善的问题，即社会公平问题，首先是个生产问题。对帕累托来说，古典政治经济学不关注财富分配问题很有道理，相反社会主义者错误地忘记，改善穷人命运的唯一办法主要不是由财富分配决定，而是取决于超过人口增长的生产增长。

综上所述，帕累托根据对一些国家历史统计资料的考察，提出一个以经验材料为基础的关于资本主义国家国民收入分配的“法则”，即无论从不同国家或同一国家的不同时期来看，如果按收入水平分组，国民收入在各组之间的分配情况，显现一种极为稳定的关系，由此得出的结论是：除非能使收入平均水平提高，即国民收入增长超过人口增长，否则要缩小收入分配不均的程度是不可能的。这就是著名的“帕累托法则”。显然，帕累托法则及其解释，把完全由资本主义生产方式造成的收入分配不公现象，归结为自然的和不可改变的现象，是完全错误的。另外，帕累托法则也受到一些学者的质疑。譬如，帕累托收集的资料是性质不同的所得税数据，从而不能把它们放在一起比较；同时，他对资料的处理也有错误。一些统计学家也指出，由于收入曲线本身在变动，无法得出一条稳定的分配曲线。[①]

帕累托自己很清楚他的法则和收入分配曲线只适用于资本主义国家。尽管有这种保留，帕累托的问题还是未能解决：根据这种曲线决定分配的原因是什么？为什么这种曲线在国家与时代之间差异不大？他从未提供令人满意的回答。在不同场合，唯一的一次回答建立在令人怀疑的假设之上：“收入分配的不公平似乎……主要由人的本性而不是社会组织决定。”然而，为什么只有少数人受益？什么在驱使人行动？

于是，产生对社会行为的最初疑问，此时的回答是对话式的：“人因其本性，热爱常规，若不被强迫，则不改变习惯。竞争必然使人艰难地改变习惯或者毁灭。你们让人逃避这种强制和类似其他责任，你们将看到人一点不改变其心爱的习惯。”

（七）《政治经济学教程》

确切地说，帕累托1896～1897年完成的《政治经济学教程》（*Cours d'Economie politique*）是研究社会行为或社会行为经济部分的成果。恰恰在此书的两章中，作者开始重视那些超越经济活动的东西。如果科学能为人们照亮前进的道路，为什么有人偏走黑暗的崎岖小路，而不走宽敞、安全的阳关大道呢？什么驱使他们这样做呢？帕累托独创的“满足欲望能力”（ofemilita）概念，成为《政治经济学教程》的起点。“满足欲望能力”是一种主体性质，此性质“表示一种利益关系，由于这种关系，某个

① 参阅1988年版《中国大百科全书·经济学》“帕累托”条目。

事物满足某种需要或某个愿望，包括合法和不合法的需要和愿望”。他认为，满足欲望能力恰恰是经济学研究的对象。只有循序渐进、连续不断地接近，才能在总体上描述经济实在。

帕累托假设存在某种经济人（homo oeconomicus），他们把商品变为其他商品，或生产或交换，他们被一个商品同另一个商品相比的满足欲望能力的标准引导。在研究满足欲望能力个人最大值的推动下，确立一般平衡，它可在一个共时方程系统中表示。正如瓦尔拉所为，帕累托把平衡称作一种有利形势，在这种形势下，各种力量不足或相互补偿，以至于要改变形势本身。换言之，帕累托在均等的含义上，但也在积极与消极要素相互适应和不同要素构成比例的含义上理解平衡。然而，由于在平衡中活动力量的总和，在相互对抗中补偿或积极地中立化，从而不可避免地自动恢复稳定。

在《政治经济学教程》中，稳定平衡和非稳定平衡的区分已呈雏形。但这两类平衡假设的作用中的不同力量中立化的原则未变。因此，一个社会存在和运转的条件变化缓慢。对倾向改变社会的内外力量的反抗如此，最终，运动弱化，以至社会永远处于平衡状态：“所有已知事实益于强调社会的物理、经济、智力、道德的条件相互依存。在大多数情况下，不可能确定这种依存取决于什么”。

尽管社会由异质的阶级和个体组成，但构成一个同质的整体。“无疑同定性分析结合”的定量分析，“创造研究事物间必然关系的必要前提，或代替对实在的抽象”。这里，他再次显露其通常的无条件的自然主义：“自然规律在人们的偏见和情欲之上飞翔。它们是永恒不变的，是创造力的表现，代表存在的、应在的、不能不如此的东西。人们最终认识自然规律，但不能改变自然规律。”实际上，他觉得人类的行为如同构成真正自然规律的“一致性”。这些行为可以分为三种：一、给人带来某种愉快感觉的行为（满足欲望能力）；二、给人带来某种健康、身体和智力发展条件的行为（个人效用）；三、为整个集合体获得这些条件并帮助保障不断产生的行为。这三种人类行为的研究构成社会科学的对象。在《政治经济学教程》中，平衡观念是基本观念，这种平衡观成为帕累托在未来数年不断反思的焦点。

在世纪之交的数年里，帕累托个人生活并不“平衡”，而是发生了巨大变化。1898 年 3 月，在临近“知天命之年”，帕累托前往热那亚接受巨额遗产，这是他叔父多米尼克（Domenico）临终时留给他的。1899 年 6 月，他向洛桑大学提出放弃教学工作的申请，以便全力以赴地投入社会学研究。他的申请未获批准，但所任课时减少。1900 年 11 月，沃州议会批准他每周只上一节课（一小时）。12 月，他在日内瓦湖边的切里尼镇（Celigny）购置一处别墅，并在此定居。迁居主要因为沃州税收管理严格，而日内瓦州税收政策较为宽松。另外，还出于安全考虑："我的未来一切未卜，我不知道将做什么，也不知道死于何处。我只想要世界一隅，在那儿使我免除社会主义者的暴力，正如免除反对派的暴力一样；然而我怕这恰恰是个乌托邦。" 1901 年 11 月，帕累托接受了索列尔的邀请前往巴黎，主讲数理经济学。他早在五年前就结识了索列尔，并一直保持通信联系。趁着帕累托在巴黎讲学之机，其妻阿莱桑德拉·巴枯宁和管家一起逃往俄罗斯。1902 年 2 月，帕累托邂逅 23 岁巴黎姑娘雅娜·瑞丽（Jeanne Regis），4 月起诉同妻子离婚。1903 年 12 月，佛罗伦萨法庭判处帕累托同其妻离婚。1904 年 7 月，在完成《政治经济学手册》撰稿工作后，同雅娜·瑞丽一同度假。但直到 1906 年 12 月，帕累托才决定同雅娜·瑞丽在切里尼共同生活；半年后他因心脏病发作申请辞去教职（但未获批准）。

（八）社会学问题

如果经济学考察意志产生的行为（意志是驱使完成这一或那一行为的力量），那么心理学应研究完成那一行为的不同力量，应确定这些力量如何决定意志，其后再确定意志如何决定行为。为了这样做，需要选择不同力量，并大规模地在纯粹经济学中考察，不因它们的起源而带有偏见，"不管它们起源哪里，它们存在着，让我们研究它们同社会组织的关系"。帕累托准备考察情感，即和行为一致并产生行为的力量，情感作为异质的量，相互之间不能转化。帕累托摒弃行为是需要的产物的看法，他也拒绝行为是愿望的结果的观点；他主张行为是众多原因的总和：需要、愿望、道德、正义等。

在同一时期，帕累托在内在现象与外在现象之间作了区分。当内在现象同外在现象一致时，我们就说现象是真的，否则就是假的。他还提出探寻清晰区分假设东西与证实东西的方法论的要求，主张使用含义严格确定的术语。只有这样，才能描述人的社会活动，并在普遍心理上指出哪些变差符合人的不同的道德、宗教状况。帕累托说，每门特殊科学研究一种变差，但所有研究社会现象不同范畴的特殊科学，可以说都被另一种科学所统一，它在总体上考察社会现象，这种综合科学就是社会学。社会学主要研究在时空中施加影响的因素间的相互依存。社会行为概念成为众多相互依存和相互联系的统一模式。

1898 年帕累托在洛桑大学主持讲座“如何提出政治经济学问题”，在系列讲座中他竭力严格界定这种分析模式。帕累托坚决否定在逻辑概念和经验实在之间存在同一性。他甚至补充说，需要习惯于两种明显矛盾的术语。帕累托把社会行为划分为四种基本类型：一、经验的和逻辑的行为；二、经验的和非逻辑的行为；三、非经验的和逻辑的行为；四、非经验的和非逻辑的行为。

1899 年 4 月，帕累托在洛桑大学主讲社会学时，主张必须研究社会体制的起源和进化，但主要构建社会事实静态或动态的有效理论；没有这样的理论，就不能发现这些事实间的关系和它们显现出的一致性。譬如，如果我们想要评估实际政府同给予集合体最大繁荣政府之间可能存在的关系，就必须运用一系列理论，去除某些决定现象的条件，保留其他条件，我们才能回答这个问题。

因此，社会学同时是假设和描述的科学，正如理论力学研究实在运动（实际发生的运动）和潜在运动（在确定的假设下可能发生的运动）。对实在运动的研究导致对社会起源和进化的研究，本质上是描述性的；对潜在运动的研究考察可能性。前者是综合性的，后者是分析性的。社会学应当在更高的综合研究中将二者结合。

在 1900 年 7 月，帕累托发表重要论文《社会学理论的应用》。此时他不再关注认识论和方法论的范畴，不再关注经济与理论、历史性与共时性的关系，只关注社会行为的性质。

“人的大部分行为不是起源于逻辑推理，而是起源于情感；这千真万确，主要由于行为具有非经济目的。经济行为，尤其是大商业和大生产的行为不是这样。虽然人被非逻辑动因驱使行动，却乐于把其行为同某些原则联系起来，因此他从果溯因地想象原则为其行为辩护……用自己断言如此欺骗他人的人也开始欺骗自己，他坚信自己断言的东西。由此可见，任何社会学现象都有两种截然不同的形式，即一种客观形式（它确定实际对象之间的关系）和主观形式（它确定心理状态间的关系）……因此，假如我们想认识客观现象，就需要不满足于主观现象，而应从主观现象及时地推断出客观现象。在深入研究两种现象和它们的一致性后，社会学的任务是确定客观现象如何作用以改变主观现象，主观现象如何作用以改变客观现象。”①

因此，社会学现象显现出客观面貌，当它研究实在对象关系时；而当它研究心理状态关系时，则显现出主观面貌。要让事情这样发展，需要从人实施社会行为的观念出发；但为抵达实际关系，还需继续前进。譬如，人们说到民主、团结和博爱，并根据接近还是背离那些理想来判断各个政府。现在分析清晰地表明，“除短暂时间间隔外，各个民族并不总受贵族统治……由于终极时刻生理学规律，贵族不会长命百岁，以致人类历史是那些贵族轮换的历史；当一人崛起时，另一人倒台。这是实际现象，虽然它往往以另一种形式向我们显现。新贵族想要驱逐旧贵族，或只想参与旧贵族的统治和分享荣誉，但没有清晰表达这样的愿望，而是率领所有被压迫者，宣扬不是为着自己的利益，而是为着大多数人的利益：不再以人数有限阶级权利名义，而是以几乎所有公民权利名义发起进攻。显而易见，当新贵族获胜之后，就给同盟者戴上桎梏或至多给后者做点形式上的让步。”②

因此，需要从观念上溯到事实，在心理现象与实在现象之间确立一致性，随后确证实在现象如何有效地作用以改变主观现象，或相互作用以改变对方。关于这方面，帕累托断言：“人们说，以‘团结’名义，A 应把钱给 B，因为 A 应把自己的快乐建立在 B 的幸福之上；但由于相同动因，仍然以‘团结’名义，B 应当拒绝剥夺 A、给 A 带来巨大损害和不快。人们观察到，人类社会是有机整体，社会整体部分 B 的不幸会对部分 A 产生影响，从而推断出 A 应当帮助 B 并以某种方式帮助。结论不是逻辑的：一、A 可消灭 B，正如有人切除开始坏疽的下肢；二、假若帮助 B 的那种方式促使不适应环境的退化个体大量繁殖，那么 B 提供的帮助不仅对部分 A，而且对整个社会造成灾难。空洞无物的著作是对这些虚假推理的证明，由于求助于这类推理的人们不是被它们所折服，而是绞尽脑汁构想它们，以便从果溯因地辩护早已确信的东西……除少数例外，无论如何，那些人的信仰不会改变，那种信仰有截然不同的起源。”③

① 帕累托：《社会学论文集》，都灵出版协会，都灵，1966，第 233 ~ 235 页。

② 帕累托：《社会学论文集》，第 240 页。

③ 帕累托：《社会学论文集》，第 253 ~ 254 页。

换言之，需要避免幻想的迷惑，由主观现象与客观现象之间持续存在的分歧造成的幻觉的迷惑。

（九）《社会主义体系》

1902年帕累托发表用法文撰写的专著《社会主义体系》（*Les sistemes socialistes*）。他试图回答：人们为什么信仰和向往社会主义？怎样建设社会主义？什么是社会主义？

在两卷本《社会主义体系》中，帕累托仿佛很欣赏自己关于社会主义的定义：社会主义是消灭私有制，扩大国家权力以损害个人自由。他认为，社会主义成功的原因是，由发展和在国民上层人道主义情感传播所引起的心理变化，在国民下层日益扩大和巩固的尊严和本质平等的情感。社会主义清晰地表达了这样的情感，或帮助确立这样的意识，它将这样的意识转换为政治公式，即将个人行为结构化为旨在实现确定目的的运动。利益、情感、变换的多重参与理性化和系统化为一种学说，其后该学说显现为一种世界观。

帕累托认为，实际社会主义体系可以划分为三种类型。第一种旨在实现生产资料和生产财富的社会化，这是共产主义；在政治层面上，同这种经济组织相一致的是专制主义。共产主义促使一个精英阶级的诞生，它将保障对经济、政治和社会的统一和绝对领导。第二种只是旨在实现生产工具的集体化，这是社会主义；这种经济组织形式转化为不断扩大的国家垄断、日益僵化的集权和官僚化，因此导致国家行为同其能力不成比例的膨胀。这种经济组织形式促使产生一个精英阶级，它将政治活动、经济活动和文化活动混为一谈。第三种想把生产的财富集体化，人为分配生产财富；这是资产阶级社会主义。这种社会主义促使寡头集团的形成，这个集团毫无原则并肆无忌惮，总是蛊惑人心和机会主义，它总把权力铭记在心，从而产生政治改良主义。

应当说，帕累托对社会主义体系的分类很粗略，他未能确切认识经济制度与政治制度，而不分青红皂白地把任何形式的国家干预都说成是社会主义的。但帕累托试图用其分析证明，所有实际制度都同其起源或理想纲领不同，同后者相比表现为某种偏离或退化。

帕累托将理论社会主义体系区分为形而上学共产主义体系、形而上学伦理体系、混合体系和科学体系。

他认为，形而上学共产主义体系缺乏科学基础。实际上，是建立在诡辩、含义模糊空洞的概念、从伦理领域收集并错误地移至经济领域的命题之上的。形而上学共产主义从社会工程学的想象形式受到启示，提出建设理想国家、乌托邦和自然国家。它们从人类社会可以塑造，就像机械制造或建筑工程一样的原则出发。它们假设根据纲领就能建成理性占优势、人类幸福盛行、腐败和暴力消逝的理想社会。

形而上学伦理体系同样建立在含义模糊的概念之上，但它们缺乏社会工程学的建构。戒律、判断、普遍而抽象的规则，既不符合实际事物，又未被理性地思考过。它们像诗歌一样被感觉和表现。

混合体系奢望科学，但在现实中只关注创造一种宗教，对科学进步未做一丝贡献。它们想要解决社会组织问题，旨在创建人道天国或伟大存在王国，从而把性质截然不同的事物混杂起来。

科学体系是从对现存条件或多或少完整的批判出发，指出其弊病和缺陷，以便随后通过对立或取代加以解决。所有科学的社会主义体系都把我们社会生活的弊病归于市民社会经济组织类型。因此，一切罪恶和弊病都是资本主义制度的必然产物。帕累托认为，把一切都归于一个原因——生产方式，意味着把部分错当成整体，即是说病症诊断错误、处置错误，从而导致资本的破坏、能量的浪费、墨守成规和官僚化。

帕累托指出，在所有科学体系中，最理想的靶子莫过于马克思主义了。他严厉批判这一学说的“逻辑和语言错误”，甚至想证明历史唯物主义方法论的错误、经济解释的脆弱性。然而，帕累托的批判根本站不住脚。譬如，帕累托为廓清价值概念，将价值混同于价格，从而很容易证明马克思学说前后矛盾。众所周知，价值不能混同于价格，由于价格增长或降低而价值却保持不变；投资资本可直接影响商品价格，但从不影响其价值，因为价值是劳动创造的。然而，帕累托承认“在马克思那里有一部分社会学，它超过其他社会学，往往同现实相符合……阶级斗争现实；这种观念启示其实际行动，其全部理论研究都服从阶级斗争观念”。此外，在帕累托看来，这种观念非常接近社会达尔文主义，因此“它深刻真实，应当欣赏马克思解释的独特魅力”。

帕累托说，统治阶级竭力否认阶级斗争，他们掩盖阶级斗争真相，妄图分散被统治阶级的注意力并消耗其力量。但是，阶级斗争构成社会生活的动力，由于阶级斗争社会不会静止不动，最富朝气的阶级终将表现出自己的价值。阶级冲突的起源并不总是经济的，还源于人的不同个性，因此重新组织经济不足以消除冲突。帕累托在《社会主义体系》的结尾写道："许多人认为，只要找到一个药方，就可使劳动和资本之间的冲突消除，随之阶级斗争也将消逝。这是一种幻想，属于把形式同实体相混的那种常见幻想。阶级斗争只是为了生存的一种斗争形式，称作'劳资冲突'的斗争只是阶级斗争的一种形式。在中世纪人们可能会相信，若宗教冲突消除，社会将会变得太平。那些宗教冲突只是阶级斗争的一种形式；它们消除，至少部分地被其他社会冲突所代替。你们设想，集体主义已经确立，资本不再存在，显然那个时代不再有劳资冲突；但消逝的只是阶级斗争的一种形式，其他形式的阶级斗争将取而代之。在社会主义国家中，不同类型劳动者之间、知识分子和非知识分子之间、不同类型的政治家之间、政治家与行政人员之间、改革派与保守派之间，也会发生冲突。真正有人严肃地确信：社会主义事业完全穷尽社会革新之泉吗？人的想象力不再产生规划，利益不再驱使人们实现规划，人们不再希望在社会中获取一个优越位置？为生存和幸福的斗争是生物的一种普遍现象，我们所知的一切，使我们认识到它是物种保存和改良的最强大要素之一。因此，可能性极小：人们可以避免阶级斗争，尤其当这种阶级斗争对他们有利时。我们对现象的实体毫无作为，我们的一切努力只能略微改变其某些形式。"①

帕累托认为，社会秩序是稳定并很少变化的。不变的事实是个人价值体系的异质性，从而使社会划分为阶级，从占少数的统治阶级到占大多数的被统治阶级。帕累托对社会主义革命的前景表示怀疑："很不幸，这种真正的革命，应当带给人们真正幸福，只是诱人的幻想，它不会成为现实；它类似于千年的黄金时代：它永远被期待着，又总在未来的迷雾中消逝，就在其信徒确信将要看到的时刻又消逝了。"

因此，对社会科学来说，真正的问题是研究少数派形成的过程、其循环或交替。其余都是意识形态公式和幻想。

《社会主义体系》提出许多问题，实际上不可能解决。譬如，没有告诉我们需要如何理解主观真理同客观真理的关系或逻辑行为同非逻辑行为的关系。为使客观真理能促使并推动行动，这种真理需要作为主体接受的

① 帕累托：《社会主义体系》，都灵出版协会，都灵，1954，第787～788页。

主观确定性吗？相应地，为能促使行动，客观真理必然要变成主观真理吗？

（十）统计与数学研究

1898年9月26日，帕累托在致屠拉蒂的信中说："譬如，你设想在一张图表中标出某国每年人口出生数；并设想你已得到曲线AB。譬如，1800～1820年出生人口数上升；1820～1840年出生人口数下降等。结论是上升还是下降？并且是如何得出结论的呢？通过比较数年平均值以解决这个问题；但这样可能陷入严重错误。于是，一位作者用临近1820年的平均值同临近1840年的平均值进行比较，将会说出生人口下降。相反，另一位作者用临近1840年的平均值同临近1880年的平均值进行比较，将会说出生人口增长。这不是假设的情况……人们早就知道，要解决这个问题，需要找到表示现象一般进程的曲线。但确定此曲线是个相当艰难的问题，只有数学造诣精深的人才能解决。现在我已对许多表格进行了计算，即使缺乏数学实践的人也能用它们发现曲线；我希望这样会对致力于统计学研究的人们有益。说真的，我更喜欢这类研究，胜过那些直接研究的人们。"

从最后一句话可以感到帕累托的失望：人们的研究很糟糕，以致很难效法；同时表达这一思想——为建构科学语言，需要具有数学那样的唯一语言结构。从这一观点出发，帕累托一系列旨在量化社会现象的论文，在社会学史上具有重要地位。

帕累托提出的问题是这样的：怎样把经验提供的数据形式化，为什么要把它们形式化？形式化能促使清晰地提出问题，能清楚准确地记住符号和数据，能使相距遥远的要素相联系。所有这一切又促使人们发现一致性，接着从这些一致性中推断出可能的结论。其后，推断出的种种结论同已认识的所有经验数据进行比较，这样循环往复以至无穷。然而，如何把经验提供的数据形式化呢？即如何从映像、概念、印象过渡到现象的标志，再从标志过渡到指数？

帕累托认为，正确的量化还可建立在质的关系上。譬如，类型学是这样一种手段：它为使某些整体一致，旨在归于某些性质以发现关系，旨在将符号给予现象并根据规则控制现象。说到底，对帕累托来说，不是把数学方法简单应用到社会科学中，而是旨在构建能够清晰准确表达、正确观察，甚至正确预见的严密语言的逻辑方法。为使这种语言适应挑选的标准，需要不断地验证、批判和改变此种语言。显而易见，帕累托强调的是智力活动——选择、决定、比较、分类、转化，而不是那些数字、计算的死气沉沉的概念。

帕累托关于方法论著作的另一重要性，是不仅把数学视为逻辑方法，而且看作独特的逻辑方法。为了给形式系统补充一个对象，那个对象的特性不必是系统的逻辑结论，只要对象的特性不同系统的逻辑结论相矛盾即可。这就使得数学在社会科学中大有用武之地。帕累托认为，我们还要应用数学另一独特方法，即广泛应用类比，正是凭借类比，人们才能脱离符号、映像、模式进行思维，根据历史材料做社会学实验。

（十一）《政治经济学手册》

帕累托经济学和社会学著作的哲学基础是：存在缓慢改变的人性；永恒轮回的历史，因此循环不可避免。那么，原子论和社会静态结构并不必然地包含个体——自由学说中的经济人的对立面？

1905 年在米兰出版的《政治经济学手册》恰恰为解决困扰他的这一问题。在这部新作中，他尝试重新解决方法论问题，譬如关于指数功能的精辟论述就提出人的行为实际条件的新问题。

革命、平等、正义、社会主义、自由、自由主义是什么？它们是为动员和主宰认同的语言和公式，是为夺取政权的武器。政权是什么？政权是人们行动、战斗并为之牺牲的唯一目标。在此种含义上，夺权的斗争显现出价值连续性，虽然通过残酷性（理想伴随这种残酷性才得以拓展）。

然而，自由原则和自由主义也是意识形态、政治公式吗？帕累托的回答并不明晰准确，但可以推断出。他认为自由主义是同社会主义相似的一种意识形态（由于其出身、所受教育和政治倾向，他自然偏爱自由主义），但因为它基于理性而不是情感，其说服力远不及社会主义。社会主义、集体主义和保护主义不再抽象地受到批判：它们是精英阶级循环得到保障的手段。

帕累托写道："可以科学地证明，保护政策造成财产的破坏。通过对过去、现在事实的研究，证明保护政策通过人的活动可获得占有他人财富的好处。但这样就足以具体地批判保护政策吗？绝对不能；还需要注意这种政策产生的其他社会结果，只有在研究之后才能决定……我们到处可见，作者们认为和平、经济自由和政治自由是为人民争取幸福的最佳手段……那种超验信仰，至少现在，其大部分起源于情感。”

帕累托认为，社会主义要求社会平等，但任何社会都由少数人统治，面对这种现实此种要求破灭；但社会主义可以成为构建、发展和维护精英阶级的政治公式。

这里，不宜讨论《政治经济学手册》在经济思想史上的地位。仅就社会学分析来看，该书的头两章“一般原则”和“社会科学导论”最为重要。

这两章的核心是把人的行为理解为个人利己主义的产物。人的行为通过心理学可分解为基本要素。其后，帕累托尝试确定主观关系的特性，人们凭借对事物的描述，对某些抽象进行思维。研究这些情感的性质及其客观存在，探究它们是否取决于人的智慧差异或是否服从这样的差异，弄清它们如何产生，如何维持主观关系，有时如何变为客观关系和实际社会效果，这就是《政治经济学手册》头两章探讨的论题。

相反，帕累托对社会的考察不多。这里值得一提的是：“显然，每个个体都憎恨同类的社会不能存在并将解体。因此，对自己同类应有最低程度的仁爱之情，因为这是维持社会所必需。还存在另一最低情感，它高于前者，即社会成员表现出互助，以便他们能够抵抗其他社会的撞击。在最低程度情感之上，仁爱之情可多少变化。”还有“在决定一般道德格言的事实中，社会性本能最重要……因此我们现在作为初始事实接受它，超越它我们再不能追溯”。

这样的解释，在精确地深化并展开后，以后构成帕累托对社会行为分析的模式。

（十二）第一次世界大战与战后

第一次世界大战及战后的形势令帕累托忧心忡忡，但也为他提供深入观察、验证其社会学理论的极好机会。他发现交战各国政府都用派生物为社会行为，尤其为“增税、增加贷款和扩大纸币发行量”的经济政策辩护。实际上，这种政策一方面刺激消费，但另一方面又阻碍生产，因为会减少投资。

帕累托在1915年3月提出：“至于如何结束战争有两种可能：一、交战各方力量均衡或近乎均衡，以和平结束，显然在此种情况下只能是停战；二、以交战一方完全、彻底、绝对胜利而结束。如果是协约三国获胜，将看不到如何削弱德国的力量……如果同盟帝国获胜，也看不到它们如何摧毁庞大的大英帝国、阻止它将肢解的肢体重新组合以渴望雪耻和复仇……财阀的、民主的或蛊惑人心的统治演化可能在所有文明国家发生；这种统治将结束，它将损害自身，因为它将同源于自身演化的障碍相冲突。"①

新闻出版审查，社会动荡，战争结果引起的财富重新分配，被所谓新时代激起的幻想，让帕累托撰写了十分精彩的战争日志，这些日志显露出悲伤但有点幽默的笔调。一个幽灵困扰他："无论哪方获得绝对胜利，都可能造成一个民族奴役多个民族的后果；不彻底的胜利可能引起各民族的独立。"

战争结束与和平前景，未能使帕累托高枕无忧，战后无法摆脱的困难和巨大变革，启示他暴风雨越来越猛烈，"正如所有衰落的精英阶级，我们的资产阶级丝毫未想抵抗令它解体的运动……一个新的精英阶级，将可能从人民阶级中诞生，并将拯救我们的文明"。然而，现在一切含糊不清，一切混乱不定。人们只听到社会解体的破碎声，预感到严重的社会动荡和剧变将来临，看不到近期或不太遥远的将来出现和平繁荣的希望。在俄罗斯布尔什维克的新经验，令他感兴趣，但他对其发展及后果感到恐惧。

在世界舞台上发生的事情——外交手腕、战争赔款、战胜国的狂妄、战败国的怨恨——使帕累托痛苦地感到其社会学理论得以证实，他为此撰写大量论文，结论总是一个："在 19 世纪鼎盛的蛊惑人心财阀统治，可能濒临没落；我们的资产阶级也将自掘坟墓，就像西塞罗时代的罗马资产阶级、大革命时期的法国贵族所发生的那样；谁要认为社会在新秩序中停滞不前，将大错特错。对于社会，可以如莱奥帕尔迪对自然所说的那样，'要走漫长的路'。面前的动荡之后，还有其他动荡，而且动荡会无限期地出现，未来梦想总被驱逐到遥远将来。"②

所有这些观察引导帕累托概括出社会现象波动说，随后他又对这一学说深入说明，譬如波动的发展：小、中、大、极大。在帕累托看来，社会现象要经过两个时期：繁荣时期和衰落时期。但繁荣和衰落的原因相互依存和相互干预，以致很难明晰地加以区分。尽管如此，对它们相互依存和相互干预的整体性研究，对复杂波动周期的研究，使得我们接近现象，从而使我们能够做出并非不重要的预见。

---

① 帕累托：《社会学论文集》，都灵出版协会，都灵，1966，第 704～705 页。

② 帕累托：《社会学论文集》，第 851 页。

（十三）《民主的改变》

从1920年起，帕累托尤其关注民主政体性质及运行机制的改变，1921年他将系列论文集册在米兰出版，书名为《民主的改变》。帕累托发现代议制国家权力的平衡因统治阶级国家意识的削弱而遭到破坏，统治阶级制定政策只考虑同这一或那一集合体的情感一致。促使中央权力集中的向心力被强大离心力逐渐抵消。中央权力，无论是君主制还是寡头统治或是民主制，因受离心倾向影响，正在崩溃之中；正在丧失其最重要属性——实效性。自然，政权害怕真空；因此个人和集合体只要处于从属地位，就试图占据空缺的位置。在多数情况下，他们能够实现自己的目的，从而在实践中行使实际、有效权力，虽然在法律上这种权力并不存在。

国际冲突是破坏国家权力的又一因素。众所周知，国际冲突可以一次次地破坏或加强中央政权。有时，一次国际冲突的失败会导致政权的倒台；相反，一次国际冲突的胜利会益于政权的巩固。然而，当胜利付出代价太大时，中央政权会受到猛烈冲击。千真万确，至少战胜国政府可以承受多年冲突的严峻考验，虽然公民已筋疲力尽、心神不定、犹豫徘徊。

帕累托认为，工会是另一具有离心功能的力量。工会利用劳动群众提高工资减少劳动时间的意愿，从不考虑社会经济后果，对政府不断施压；而政府没有其他选择，只能步步退让。未入工会的劳动者最终也要反抗，从而使冲突更加激烈、残酷。结果，统治阶级再不能维持自己的特权和特惠。被剥削阶级奋起造反，资产阶级越表现出软弱、顺从和妥协，造反行动就越剧烈。从社会动荡、社会经济制度剧变中，将涌现出新精英阶级，它将毫不留情地驱逐旧精英阶级，一往无前地抓住权杖。

帕累托还发现议会不再实际代表国家，也不再行使国家统治权受托者的职能。议会制定并投票通过各种法律，但不具有让它们实行的手段，说到底并不希望它们实际实行。工人们公然违犯现行法律，以尚未制定和已成文的权利的名义占领工厂。政府不是去捍卫秩序并迫使人们遵守法律，反而同违犯者进行谈判。这样，工人阶级力量日益壮大，有时使用暴力，有时利用对手的软弱或怠惰，逐渐地夺取政权。

由此可见，财富分配不平等，富有的投机家和工人阶级力量的壮大，非投机家的统治阶层不可遏止的衰落，下层阶级为争取自己利益使用暴力，成为社会经济动荡的重要特征。另外，从情感和信仰的角度看，下层阶级显现出力量和大无畏精神，而那些蛊惑人心的财阀集团成员则完全缺乏力量和勇气。

说实话，面对纷纭复杂的社会现象，帕累托犹豫不决：或许政权解体注定加剧直至接受命运考验，或许政权解体将放慢速度。但无论哪种情况，形势都很严峻，都不可避免地造成生产下降、消费增长。于是，无论流血与否，都不可避免地引起新周期的开始。或许可将潜在危机从国内移至殖民地；意大利实际存在这种可能性吗？其后，即使存在这种可能性，在压迫民族和被压迫民族之间的平衡能维持多久？最终说来，决定命运的冲突可能延迟，但不会消除：在动荡即将终结时，大灾难就要爆发。

帕累托是一位具有坚定自由主义立场的资产阶级教授，他对危机和灾难感到恐惧。他常常问自己："我们向何处去？""我们将迎接新中世纪，还是工商业繁荣的新时代？"他冷静地回答道："缺少任何规则，希腊人的准则，拉丁人的法律；古代法律不再存在，新的法律尚未诞生。无论什么法律，不仅对文明民众而且对半文明民众，都是不可或缺的；不仅为了繁荣，而且仅为消除极端贫困，都不可缺少法律。因此，法律一定会出现。只是有待知道，法律最终是由卡蒂利纳[①]口授，还是由奥古斯都·屋大维口述，是从广场骚乱中，还是从罗马军团力量中产生。"

帕累托最终断言："历史教导我们，没有认同和暴力，任何政府都不能维持。我们多届政府正是缺乏认同和暴力。不仅在国际关系中，而且在国内关系中，统治者都应该善于并能够保护臣民、制伏高傲者。然而有的政权不保护臣民、让他们遭受暴力和私人抢掠的折磨，反而征收苛捐杂税成为抢劫者同谋；这样的政权也没有战胜高傲者，反而让他们合法地建立国中之国：他们合法地控制铁路、邮政、电报、电话；合法拥有自己的对外政策；不受惩罚地侵占土地、房屋、船舶、工厂；合法地占有商品；合法地强加价格；合法地招募自己的军队……合法地设立法庭，对犯错自耕农施以罚款，后者的过错只是种植自己土地，收割小麦并打场，挤自家牛奶……所有这一切都因执政者缺陷造成；在这种情况下，最容易的补救办法就是替换他们。造成上述局面的原因既深刻又严酷，其中主要原因是腐化的资产阶级的情感，他们胆小如鼠，惧怕为捍卫法律和国家而流血；他

① 卡蒂利纳（公元前 108 至前 62），罗马贵族，阴谋篡夺政权；阴谋被西塞罗挫败后逃离罗马。

们甚至不能鄙视违犯法律者，反而用奴颜婢膝的屈从等待厄运的来临。因此，局势会急转直下，未来危机日益临近。”①

（十四）法西斯主义

1921 年当焦利蒂内阁想利用法西斯势力对付社会主义运动以加强国家权力时，帕累托对法西斯的力量还持怀疑态度，“今天还不能说法西斯主义将产生什么。今天它还缺少确定并强大的理想、神话和社会政治体制积极纲领。当它变成一个重要政党时，将可能获取一切；也可能未能成为重要政党，那就会沦为压制极端社会主义权势的否定力量”；“只要法西斯主义不具有一种理想、一种神话、一个纲领，就不能变为一个政党。可以相信法西斯主义者已经并仍将是手段，而不是目的”。1922 年 8 月，帕累托被任命为罗马林琴学院通讯院士；但他谢绝了这一任命。此时他对法西斯态度略有改变，“我觉得墨索里尼很清楚，问题在于法西斯主义是否成为有机政党，要有自己的神话，自己的目标，自己统治、战胜和大获全胜的意志……谁要想打乱秩序，在取得胜利后若半途停下，就会丧失成果并开始走向失败。共产党人占领农庄和工厂后就是这样做的；现在对法西斯主义也可能这样发生，但也可能不发生”。

在 1922 年 10 月 28 日墨索里尼组织“向罗马进军”的军事政变后，11 月 19 日，帕累托写道：“我们希望墨索里尼革新意大利。他是杰出的国务活动家，但他有待战胜艰难无比的重重困难。”如果我们知道坚定的反法西斯主义者克罗齐直至 1924 年也对墨索里尼抱有幻想，就不会对帕累托的立场感到意外。克罗齐写道：“当时仿佛有一股新的年轻力量投入意大利政治生活，给被长期战争搞得贫乏衰竭的政治阶级注入新血液。当时鲜为人知的墨索里尼，被描绘成一位暴烈的平民，但又是一位大公无私的爱国志士。”显然，他们都是从维护资本主义秩序需要出发，认为法西斯主义是使国家摆脱无政府状态的唯一出路。1922 年 12 月 22 日，墨索里尼提议帕累托出任意大利驻国联裁军委员会代表（后因健康原因，他未能赴任）。帕累托在 12 月 27 日称“墨索里尼日益显现是杰出国务活动家”。另一方面，墨索里尼初登政治舞台，还有所顾及，首届内阁由法西斯党同人民党、自由党、社会民主党、国家主义党联合执政，使帕累托（甚至克罗

---

① 帕累托：《社会学论文集》，都灵出版协会，都灵，1966，第 1059～1060 页。

齐）对法西斯主义的反动性和欺骗性低估。

1923 年 3 月 1 日，国王任命帕累托为意大利王国参议员。由于帕累托拒绝向参议院呈交所需文件，资格审查委员会未能批准任命。帕累托本人把此事看得很淡——“只是到了 75 岁高龄才获得意大利政府的好感；我这种情况，正如常言所说：‘当有牙时缺面包，当有面包时缺牙。’尽管我向政府一再表示不要为我做任何事，它仍想任命我为参议员。这只是个形式上的荣誉，由于高龄和健康状况，我不可能去罗马。”

在生命的最后一年，帕累托对法西斯主义滥用暴力有所觉察——“在意大利出现征兆，比人们希望要差的未来征兆。陷入滥用暴力的危险……滥用是指超过限度。特别当它企图破坏表达思想的能力，将是严重的灾难，即使是煽动性思想！拿破仑三世政府及无数事实告诫人们”。帕累托建议法西斯当局“果断地使用权力，但要有节制；避免任何软弱，但也要防止任何过激”。他确信法西斯政权迟早进行宪法改革，他希望改革时应借鉴英国经验：“仅靠多数人，即使大多数人的认同，也不能执政，因为需警惕持不同政见者。仅靠暴力也不能长期执政。因而，需要了解是否有认同，至少内含多数人的认同。因此，一个议会非常有用（还有公民投票非常有用），广泛新闻自由也不可或缺。”

至于帕累托对墨索里尼的影响是不言而喻的，但决不是决定性和唯一的。1902 年墨索里尼在洛桑流亡，曾听过帕累托的一些课，但帕累托并不认识他。墨索里尼是否读过帕累托的著作不得而知。显然，当时流亡并自学的社会主义者不可能只读帕累托的书。墨索里尼广泛阅读马克思、达尔文、马基雅维利、索列尔、莫斯卡、尼采、克罗齐、金蒂莱等人著作。对法西斯主义意识形态的形成，尼采、马基雅维利、索列尔、莫斯卡、克罗齐、金蒂莱的影响不会小于帕累托。法国社会学家雷蒙·阿隆（Raymond Aron）认为，只有在考察法西斯主义中马基雅维利主义要素时，帕累托的影响才是重要的。

1923 年 6 月 19 日，帕累托同同居多年的雅娜·瑞丽结婚。两个月后，8 月 19 日 13 时因病逝世。21 日，没有举行葬礼，帕累托遗体在切里尼小公墓下葬。墓碑上刻着：“维尔弗雷多·帕累托　1848～1923”。

二

帕累托的国际声誉主要同一部社会学巨著《普通社会学总论》（以下

简称《总论》）（*Trattato di sociologia generale*）相连。1916 年，佛罗伦萨巴尔贝拉出版社出版《总论》，立即引起轰动。其后，1917 年和 1919 年在瑞士洛桑连出两个法文译本。但因《总论》篇幅过长（上下两卷，每卷 800 余页，共 13 章，2612 节，数千个注释），极不利于普及；为此，帕累托的追随者和朋友建议他搞个节选本。尽管帕累托赞成这个建议，但感到由自己删节非常困难。正巧，1919 年《总论》告罄，巴尔贝拉出版社决定为大学生出个普及本。佛罗伦萨考古博物馆馆员、30 岁的古埃及学学者朱里奥·法利纳（Giulio Farina）毛遂自荐任编者。法利纳用几个月编完书稿，于 11 月送交帕累托审阅；从 12 月到第二年 3 月，帕累托认真地审稿，只做几处次要修改，做点小补充。从总体上看，帕累托对法利纳的选本很满意。应该说法利纳的工作卓有成效，他严肃认真、一丝不苟。1920 年 6 月书稿送交出版社，9 月上旬《普通社会学纲要》（以下简称《纲要》）（*Compendio di sociologia generale*）面世，很快销售一空，获得极大成功。

同《纲要》在读者中受到热烈欢迎的情况形成鲜明对照的是，学术界反映平平，《总论》的拥护者认为《纲要》编辑缺乏科学性，帕累托的反对者更是抓住《纲要》恶评。正是由于都灵大学著名法哲学教授诺贝托·博比奥（Norberto Bobbio，1909—2004）的研究工作，使《纲要》受到公正评价，战后一再重印，特别适应没有充裕时间阅读鸿篇巨制《总论》的读者需要，因为毕竟《纲要》保留《总论》的本质东西，便于他们清晰把握和理解帕累托的社会学体系。

《普通社会学纲要》共分十章，分别是：导论，非逻辑行为，学说史中的非逻辑行为，超验的理论，伪科学理论，剩余物，派生物，剩余物与派生物的特性，社会的一般形式，历史上的社会平衡。我们着眼于原著的精要义理，剖析内在逻辑联系，着重论述帕累托社会学思想的三大理论：一、行为理论，主要涉及人的非逻辑行为；二、精英理论，主要探讨社会分层和统治阶级循环问题；三、社会系统理论，主要研究社会动态平衡问题。

（一）非逻辑行为

逻辑行为

要理解帕累托的社会学理论，必须严格区分和说明逻辑行为和非逻辑行为这两个概念。帕累托认为，就其形式说，任何人类知识都是主观的。

但就其内容说，可划分为两种："客观的"知识，即同事实相符并在事实中证实的知识；"主观的"知识，即同事实不符、仅同某些人的认识一致的知识。同样，人们的行为也可划分为两种：逻辑行为和非逻辑行为。我们把手段同目的逻辑地连结起来的行为称为"逻辑行为"，这不仅对行为主体而言，而且对既主观又客观地考察的他人而言。帕累托举例说，希腊海员笃信祭祀海神波塞冬会一帆风顺，对希腊海员来说，祭祀波塞冬和划桨动作一样，都是航海的手段，都是"逻辑地"联结在一起。然而，对客观地考察的他人来说，祭祀波塞冬仅是主观上的航海手段，而客观上并不是航海的"逻辑"手段，因此，希腊海员祭祀波塞冬不属于逻辑行为。真正的逻辑行为是指客观目的与主观目的同一的行为，或指客观上和主观上都有逻辑目的的行为。

帕累托认为，在文明民族那里存在不可胜数的逻辑行为。艺术和科学技术活动，至少对认识它们的人们来说，属于逻辑行为。被政治经济学研究的行为大部分也属于逻辑行为。此外也包括某些军事、政治、司法等活动。

我们知道，在成为社会学家之前，帕累托有过工程师和经济学家的经历。因此，要领会什么是逻辑行为，最简单的办法莫过于观察工程师和企业家的行为了。譬如，建筑工程师对自己要达到的目的十分清楚——建一座国家大剧院。那么，一位合格的建筑师的行为必然是逻辑的。他要牢记维特鲁威的建筑三原则——实用、坚固和美。他对建筑类型（文娱建筑）、建筑设计、建筑技术（石料、钢铁、混凝土等建筑材料和墙、梁柱、拱顶等的建筑方法）和建筑表现（即建筑美学、建筑风格）均有深刻认识。总之，他能够预先考虑到手段与目的的关系。他所想象的手段和目的的关系同客观上的手段和目的关系之间有种一致性。从认识论的角度看，这位建筑师所掌握的建筑学知识属于客观性知识，即同客观实际相符并能在客观实际中证实的知识。由此可见，行为主体的主观认识符合客观实际并能在客观实际中证实，成为逻辑行为的认识论基础。

企业家们的行为是经济主体的典型行为，具有同样的性质。企业家们有一个显而易见的目的——赚取利润。在自由竞争的情况下，各个企业家结成垄断集团，则他们的行为就变为逻辑行为。他们会在集团内部运用改进技术、降低成本、科学管理、提高效率等手段，从而达到提高利润的目的。在经济全球化的今天，大跨国公司往往把劳动密集型产业转移到原料和劳动力价格低廉的不发达国家。这样，手段与目的之间的逻辑关联存在于行为主体的意识中和客观实在中。

非逻辑行为

帕累托指出，客观目的同主观目的相异的行为属于非逻辑行为。但这并不意味着所有非逻辑行为都不合逻辑。此种行为可具体划分为四类。

第一类，在客观上和主观上，行为都没有逻辑目的。此类行为是不合乎逻辑的，也就是说手段在实际上和意识中都未与目的联系起来。这种手段不会导致能够堪称与手段有逻辑联系的任何结果。另外，行为主体甚至没有想过手段与目的之间的关系。帕累托举例说，赫西俄德的“请勿往江河入海口撒尿”的箴言属于此类。因为人们看不到避免这种恶习的行为的任何客观目的和主观目的。出于礼貌或习俗要求的大量行为也可归于此类。应该说，此类行为在人类中极为罕见。因为不管行为多么荒谬，人们总能进行理性思考，总要竭力赋予它某种目的；于是，它就变成第二类。赫西俄德主张，未做祈祷和未在河中洗手不能过河，属于第一类；但他接着补充说，诸神将惩罚未洗手过河者，此行为就变成了第二类。

第二类，客观上行为无逻辑目的，但主观上行为有逻辑目的。此类行为范围广泛，数不胜数。行为和行为将产生的结果无逻辑联系，但行为主体却误认为其手段能够导致所期望目的的实现。譬如，希腊海员祭祀波塞冬企望一帆风顺，仅是主观是有逻辑目的的行为。又如罗马农民撕裂半只白公鸡放在田头，期望暴风雨勿降临以毁坏庄稼；中国农民祭祀龙王祈求下雨，也都属于此类行为。出于礼貌和习俗的行为，在提出任何动机为其辩护时，就变成了此类。所有巫术活动（当不附加其他活动时），希腊人和罗马人的祭祀（当无助于对他们神祇实在性的信仰时），赫西俄德的每月 13 日适宜栽种不宜播种等清规戒律，也都属于第二类。在此种情况下，手段和目的在主观上存在某种联系，尽管在客观上并不存在。

第三类，客观上行为有逻辑目的，但主观上行为无逻辑目的。帕累托举例说，赫西俄德“请勿弄脏喷泉”的教诲属于此类：存在一种赫西俄德当时不能认识而现代人认识了的客观目的，即避免某些疾病的传染。帕累托认为，第三类是非逻辑行为的典型类型。在原始人和野蛮人那里存在许多第三类和第一类行为。现代人类的此类行为也很多。比如生理反应就归于此类，它类似于动物的本能。此类行为产生和所用手段有逻辑联系的结果，但行为主体在主观上并未想象过手段与目的的关系。

第四类，客观上和主观上行为都有逻辑目的。此类行为会产生与运用的手段有逻辑联系的结果，行为主体主观上也设想过手段与目的之间的某种关系，不过客观的结果并不符合主观的目的。

帕累托进而指出，在第三类、第四类非逻辑行为还应划分为两型：α型，如果行为主体认识客观目的，就接受此目的；β型，如果行为主体未认识客观目的，就不接受此目的。这里所指客观目的是直接目的，而不是间接目的。客观目的是一种实在目的，处于观察与经验的领域，而不是在此领域之外的想象目的。想象目的仅是一种主观目的。

帕累托举例说，在罗马占卜官观察星象后，将公民大会召开日期推迟，当人们仍确信星象学的真实性时，就属于第四类α型行为——祈愿诸神帮助阻止他们认为危害全体或部分罗马人民的决定的实施（在罗马共和国末期，当人们不再迷信星象学时，这种行为就成为逻辑行为，成为达到预想目的的一种手段）。一般说来，上述行为（尽管以极不完善的方式）同当代为阻止实施上议院或下议院未经认真讨论就颁布的决议而采取的措施完全一致：上下两院的协议作为二三个连续的决议实施。这样，人们就会发现祈愿行为往往属于第四类α型。大部分按传统进行的政治活动，以人民或某个人使命自诩而从事的政治活动，都属于第四类行为。普鲁士国王威廉一世和法国皇帝拿破仑三世都自认为是“按天意行事”的人。但是，前者确信其使命给自己的国家带来幸福和荣誉，而后者认为命运注定他为人类谋取福利。前者完成了第四类α型行为，后者进行了第四类β型行为。帕累托还举了经济现象的实例，在自由竞争的状况下，企业家的部分行为属第四类β型行为，即行为的客观结果同主观目的并不相同。譬如，企业家竭力降低成本，客观上造成也降低商品价格的结果，因为自由竞争总要平衡这两种价格。

众所周知，帕累托是从经济学转向社会学研究的，其社会学理论是参照经济学确定的。帕累托认为，经济学本质上研究逻辑行为，而社会学主要研究非逻辑行为。因此，我们在全面理解、准确把握帕累托的社会学思想时，必须阅读并研究其经济学著作，尤其要阅读《政治经济学教程》和《政治经济学手册》。

帕累托认为，在上述四类非逻辑行为中，对于社会学家来说，第二类和第四类非逻辑行为最为重要；而第一类和第三类行为缺少主观目的，对人类毫不重要。由于人类特别喜欢给自己的行为涂上一层逻辑油彩；于是几乎所有非逻辑行为都成了第二类和第四类。第二类和第四类非逻辑行为之所以重要，拟有两个层面的原因：第一，从量上看，第二类和第四类占到所有非逻辑行为的绝大部分；第二，从对社会平衡和精英循环起的作用看，第二类和第四类非逻辑行为最重要。因此，帕累托在《普通社会学纲要》一书中，细致入微地分析第二类和第四类非逻辑行为，而对第一类和第三类非逻辑行为则一笔带过。

用逻辑手段研究非逻辑行为

“用逻辑手段研究非逻辑行为”这句话出自帕累托本人之口，因为他意识到用非逻辑手段研究非逻辑行为的危险：他似乎认为以往社会学著作大都对非逻辑行为进行非逻辑分析，甚至企图让非逻辑行为带上逻辑色彩；与上述态度相反，帕累托尝试科学地研究非逻辑行为，即研究本来面目的非逻辑行为，而不让非逻辑行为具有逻辑的外表。为了了解帕累托如何科学地研究非逻辑行为，首先要理解他提出的逻辑—实验科学的概念。

帕累托认为：逻辑—实验科学就是观察的科学，它同客观实际一致，其规律仅是观察的一致性并受观察的时空的限制；逻辑—实验科学摒弃任何超验和形而上学教条、基于情感的推理。因此，逻辑—实验科学追求的是真理，而不是效用。

罗马的将军在出征前到冈比多里奥山丘祭祀战神，用祭品——动物内脏——占卜。这是一种非逻辑行为，至少当将军们确信占卜结果预示战争胜负时如此。如果占卜结果预示胜利时，这一预示又告知广大士兵，就会使士兵士气大振。与古代情况不同，今天人们不再关注占卜的结果，但热衷预见未来。政治家向战士宣布：“历史潮流，不可阻挡；敌人必败，我们必胜。”这同样会激发战士们的斗志。

逻辑—实验科学对预知未来持怀疑主义态度。因此，用逻辑手段对非逻辑行为进行研究可能背离某个特定集团的利益，甚至背离整个社会的效用。帕累托指出，《普通社会学纲要》揭示事实本来面貌，背离社会平衡。因为社会平衡要求一种整体性情感，而帕累托则认为这种情感不是反逻辑的就是非逻辑的。帕累托断然拒绝把一种理论的社会效用同其实验真理结合起来的倾向。至于实验真理同社会效用是否统一，只能通过对事实的观察才能确定。无数证据表明，实验真理同社会效用毫无关系。他进而强调说，实验真理和社会效用是完全不同的两个范畴，当断言一种理论荒谬时，并不意味着它对社会无益。同样，当断言一种理论的社会效用时，也不意味着它拥有实验真理。由此可见，帕累托认为，同一种社会理论，从经验角度可能被摒弃，但从社会效用角度可能被接受。帕累托的这种观点同涂尔干大相径庭：涂尔干称不能改善社会的社会学毫无价值；帕累托称涂尔干的命题将科学目标和社会行为目的混为一谈，前者探索真理，后者追求效用，二者并非必然统一。

逻辑—实验科学摒弃一切超验的和形而上学的概念。逻辑—实验科学使用的所有概念都应符合观察到或可观察到的事实，一切概念都可被事实直接证实或可由基于实验的事实确证。因此，宗教、神学、形而上学、哲学的诸种概念，不属于事实范畴的概念，它们都处在逻辑—实验科学领域之外。一般说来，形而上学家把对事物本质、原则（诸如进步、平等、人道等）的认识称之为“科学”。帕累托强调，《普通社会学纲要》不仅避免指出本质和原则，甚至不知道这些概念的含义是什么。因此，把逻辑行为称作理性行为、非逻辑行为称作非理性行为毫无意义。为了简便，我们不妨把逻辑行为称作 X，非逻辑行为称作 Y。

任何超验的东西都不属于逻辑—实验科学，所有超验的（宗教的、神学的、形而上学的、哲学的）概念都不能作为科学研究的对象，而应以客观实在（事实）作为科学研究对象。然而，这并不意味着科学只是对客观实在的摹写和重复。相反，科学是一种创造性的思维活动。其本质特征是简化。大自然现象丰富多彩、人类社会现象错综复杂，科学不可能一劳永逸地把握它们；而是循序渐进地、越来越接近认识它们，这就需要从简化开始。人们通过观察以把握现象的各个侧面，再严格界定它们的概念，从而建立这些概念蕴含的现象之间的关系；进而将这些关系组合，以重构纷繁复杂的现象。帕累托正是运用这一科学的方法论，通过观察，先对非逻辑行为进行简化，再严格界定非逻辑行为概念，从而进行分类、陈述现象、说明原因。同错综复杂的社会现象相比，这样的分类只是大致和简单的。由此可见，科学总是不够完美的，不可能穷尽全部现象。科学的社会学也不可能像涂尔干设想那样，提出道德基础以取代宗教信条。应该说，涂尔干的思维方式是非逻辑的。帕累托说，科学无法满足人们感受到的伪逻辑推演的无穷需要。科学只能使一个事实同另一个事实发生关系，因此它总停留在某个事实上。

总而言之，逻辑—实验科学旨在揭示客观现象（事实）之间的一致性，即现象间具有规律的关系。但他认为这种一致性并不包含哲学家所热衷的因果必然性，只涉及观察到现象之间规律性的可靠程度。

帕累托把用于研究非逻辑行为的逻辑手段概括为几个命题，这也是逻辑—实验科学的方法论：一、不关注任何宗教、神学、形而上学的信仰或道德、哲学真理；二、研究范围仅限于经验和观察的范围；三、从事实出发提出理论；四、一切研究提供的可能性或大或小，至多是非常可能的结果；五、只思考事物，而不关注其名称激起的情感；六、只在经验和观察中探寻命题的证据，摒弃同情感、良心发现一致的证据；七、只使用符合事实的词语，严格界定其尽可能准确的含义；八、先在整体上研究，再考虑细节。

帕累托首先肯定逻辑行为，至少就其主要部分来说，均为逻辑推理的结果；而非逻辑行为源于确定的心理状态——情感、潜意识等。帕累托强调科学地研究非逻辑行为应先从研究心理状态开始，但又要把握分寸，避免“侵犯”心理学领域。

非逻辑的核与逻辑的解释

上文提及罗马人为引起或避免暴风雨，破坏或保护收获的非逻辑行为。在多数情况下，罗马人相信通过某种仪式能呼风唤雨或驱风逐雨。有时人们不知道为什么会产生这种效果，就说成是观察的结果；有时又声明这是信仰的缘故，是对某些力量活动进行理论解释的结果。一般说来，气象现象被罗马人认为从属于最高权力（神、上帝）的某些实践。

帕累托指出，从上述研究中可推演出如下结论：一、存在一个非逻辑的核，某些具有确定功效（诸如引起或避免风暴、破坏或保护收获）的行为和语言简单地结合在这种核内。二、众多逻辑解释的分支从这些核出发。而且不能不承认，一般说来，解释只是为了了解呼风唤雨或驱风逐雨、破坏收获或保护收获这些事实而想象出来的。人们例外地观察到相反的现象，根据此种现象，逻辑理论将导致对事实的信仰。这样的解释往往交织在一起，听信这些解释的人们通常并不确切了解对应的部分。三、逻辑解释具有它们得以产生的时代最为流行的形式，它们就仿佛那个时代时兴的服饰。四、纯粹非逻辑行为并未直接变为具有逻辑形式的行为，而是同从它派生出的其他行为共存。我们不可能确定用何种方式产生从非逻辑行为到具有逻辑形式行为的变化。譬如，不能确定如何从行为及事实（拜物教）的简单组合过渡到神学解释、形而上学解释和实证主义解释。这种序列在时间上并不存在。能被称作拜物教的、巫术的、神学的、形而上学的、实验的解释往往混合在一起，甚至相信这些解释的人们也未能加以区分。他们只知道一定行为必然具有一定事实，但对这一情况如何发生则不感兴趣。

一般说来，随着时间的流逝，人们的受教育程度和知识水平的提高，对现象的认识和非逻辑行为都会产生影响；但二者之间没有持续不变的联系。毫无疑问，17 世纪的意大利人、西班牙人、法国人和德国人的科学文化水平远高于罗马人，但前者屠杀了大量的巫师和女巫，后者没有用火刑处死他们。同样，在 12 世纪末和 13 世纪初那些倒霉蛋并未受到迫害，但显然那个时代的科学文化发展水平大大低于 17 世纪。

帕累托认为，首先，并不是通过教会、政府或其他组织的逻辑技巧将信仰注入非逻辑行为中，而是非逻辑行为需要逻辑技巧用以解释这些行为。其次，这些逻辑技巧反过来能强化对非逻辑行为的迷信，并在它们尚未存在的地方产生。这最后的归纳引导人们理解类似现象如何发生，告诉人们只用非逻辑行为的逻辑层面认识它们就会犯错，实际上将逻辑层面并不具有的重要性赋予它们。

帕累托进而分析说，在业已考察的涉及暴风雨的大量事实中，存在着一些共同、不变的东西，即情感，它通过一定手段能作用于暴风雨；其次，存在变化不定的部分，即手段及存在的理由。无疑，第一部分最重要；当它存在时，人们不难或毫不费力就能找到另一部分。

帕累托正是通过考察非逻辑行为的不变部分和可变部分，才概括出“剩余物”和“派生物”这两个概念。

剩余物，意大利文为“residui”，其含义之一是“经化学或物理处理后剩余的物质”；这里帕累托专指非逻辑行为或伪科学理论去掉逻辑“油彩”后所剩余的东西，即那种不变的非逻辑的核，是本能、情感或潜意识的表现（中介物）。派生物，意大利文为“derivate”，其含义之一为“经化学变化由一种物质衍生出的另一种物质”；这里帕累托专指对非逻辑行为的逻辑解释，它们是由非逻辑的核派生出来的，包括通常称作意识形态或辩护性理论的东西。

帕累托写道：现在我们专门研究因素（a）——由某些情感表现构成，因素（b）——由逻辑推理、诡辩及为从因素（a）进行推演采用的其他情感的表现构成。“因素（a）或许同人们的某些本能相符，因为它没有客观实在性，因人而异；可能正因为它符合这些本能，在现象中它几乎保持不变。因素（b）符合于头脑为使因素（a）合乎理性而进行的工作，因为它反映想象力的工作，因此多变不定……但是，如果因素（a）部分符合某些本能，也远没有包括一切本能，这从人们发现它的方法可以见出。我们分析了推理，并探寻了不变部分，因此，我们就只能找到产生推理的本能。于是，一切简单的欲望、趣味、倾向，在社会事实中人们称之为‘利益’的这个非常主要的类别均置于其外”。①

简而言之，一、因素（a），即剩余物，不是情感或心理状态，而是我们没有直接认识，或许甚至不能间接认识的情感与行为（现象）之间的中介物。二、剩余物（a）与人的本能有关，但不包括所有本能，因为采用的方法只能发现导致推理的本能。

不难看出：一方面，剩余物（a）比情感或心理状态更接近行为，因为人们可通过对行为的分析发现剩余物（a）；另一方面，剩余物（a）不是自在本体，不能像暴风雨那样体验到。此外，剩余物（a）是情感和符合它的本能的表现，不能将二者混为一谈。就像温度计的读数（剩余物）是温度（情感或某些本能）的表现，二者不是一回事一样。

为什么帕累托把欲望、趣味、倾向和利益从剩余物排除呢？雷蒙·阿隆认为，欲望、趣味、倾向可与动物的本能相比，无须推理和逻辑解释。而利益驱使人们进行逻辑行为——经济活动和政治活动等，这些行为不同于由剩余物驱使的非逻辑行为。当然，在进行社会学综合研究时，我们不仅要考察由剩余物驱使的非逻辑行为，也要考察由欲望、趣味、倾向和利益驱使的行为。

帕累托把剩余物分为六种：一、组合的本能；二、集合体的持久性；三、用外在行为表现情感的需要；四、同社会性有关的剩余物；五、个人及其附属物的完整性；六、性剩余物。在每一种剩余物中，他又划分为许多类和型。在这六种剩余物中，帕累托认为，第一种——组合本能和第二种——集合体的持久性最为重要。如果说因组合本能促使社会打破平衡、不断革新和发展的话，那么集合体的持久性则促使社会保持稳定、平衡、停滞。

索罗金（Pitirim Sorokin）指出：初看，帕累托对剩余物的分类显得不够精确；然而，当研究它们的起源时，它们的欠精确性将大大减弱。在每

① 帕累托：《普通社会学纲要》，三联书店，2001，第125～126页。

个社会都能发现这样的剩余物，它们似乎成为任何社会系统的不变要素。

帕累托把派生物分为四种：一、断言；二、权威；三、情感和原则的一致；四、口头证据。在每种派生物中，又划分为许多类型。

应该说，帕累托主要从逻辑解释可能具有的说服力的主观方面来概括并研究派生物。在对派生物的研究中，他提出不少十分深刻的思想。譬如，早在纳粹德国出现之前，他就说过“不厌其烦地重复一种不具丝毫逻辑—实验价值的派生物，往往比严密的逻辑—实验证明更有价值”。[①] 因为，基于理性的活动，至多能改变对情感效果微少的派生物，而基于情感的活动能改变剩余物。因此，政客们对自己的宣传是否合乎理性并不感兴趣，重要的是给人以合乎理性的印象，这方面最无耻最露骨的当属纳粹宣传部长戈培尔，他声称“谎言重复多遍，就变成真理”。帕累托的派生物理论是对政治领域内人际关系与组织关系心理学的一大贡献，以后受其影响的心理学家更加深入地剖析政客们强奸民意的卑鄙手段。

帕累托对传统权威派生物的分析发人深省。他指出：“传统权威派生物数不胜数。没有一个国家、民族、特殊社会不拥有传统；因此，传统对任何社会生活都至关重要。用传统解释事实轻而易举，因为在现有的或需要时可创造的众多传说中，由于或多或少的近似，由于同情感或明或暗的一致，可以毫不费力地找到适合‘解释’事实的传说。”[②] 但有时人们将风俗习惯同传统混为一谈，在许多情况下，某人追随一种习俗，又找不出其他理由，就说“发扬传统”或“大家都这样做”。帕累托认为，传统可以构成独立的剩余物，如果这些剩余物足够强大，就会使社会僵化，以致使它几乎拒斥任何新生事物。但往往传统是派生物，在此种情况下，社会可或多或少地革新，即使同传统的主旨对立，也能维持形式上的一致。譬如，许多基督教教派常常发生此类现象。另外，传统派生物是灵活多变的。譬如，从一部讲述传统的著作中，人们可以随心所欲地发掘一切。希腊人在荷马那里，罗马人在维吉尔那里，意大利人在但丁那里，都能发现各种事物。从《圣经》和《福音书》中可以产生形形色色互相矛盾的理论。然而，每个教派都确信把握“真实”的解释，并义愤填膺地摒弃其他解释。但此种“真理”同实验真理毫无共同之处。要判断谁是谁非，缺乏精确标准，这是一场充斥律师，却没有法官的诉讼。两千多年来，历代文

---

① 帕累托：《普通社会学纲要》，三联书店，2001，第239页。

② 帕累托：《普通社会学纲要》，第192～193页。

人墨客对儒家经典《论语》的解释也是仁者见仁、智者见智。

不难看出，帕累托对派生物的分类，表明让人们接受派生物的理由同派生物本身证明毫无关系。接受派生物的人们并非被推理所折服。另外，帕累托对剩余物与派生物的区分不够清晰。某些派生物似乎可以归入剩余物的类型。因此，考察剩余物和派生物的作用，一定要同社会效用联系起来，这是至关重要的。在帕累托看来，在历史进程中剩余物的变化很小，就像人类语言一样。无论如何，必须密切关注逻辑—实验思想的缓慢进步，在剩余物中表现的情感的波动，正是这些波动引起并决定剩余物的变化。这意味着剩余物——情感的表现，是受内在因素的影响，是受社会心理的影响。

将非逻辑行为逻辑化——超验理论

帕累托指出：理论家们惯于用逻辑行为代替非逻辑行为。因为，如果设想某些行为是逻辑的，再将这类行为变为理论绝非难事，要知道每人头脑中都有用以进行逻辑推理的手段。然而，对于非逻辑行为来说，则需要求助于对大量事实的观察，在时间和空间上扩展研究，并且时刻警惕由于材料的残缺而导致错误。总之，这是一种长期而艰难的工作。

此外，大多数理论家认为逻辑至高无上，即使刚刚承认非逻辑行为，也立即忽视、忘却它们而转向逻辑行为。他们往往把非逻辑行为视为应该用理性彻底消除的迷信。为了消灭非逻辑行为，人们使用普通语言（普通语言不具有科学的精确性）对非逻辑行为进行逻辑解释，从而将非逻辑行为逻辑化。与此同时，他们形成了种种伪科学理论（超验理论）。

帕累托写道："迄今对各种理论所作的长时间的研究，使我们认识到具体理论至少可分为两个部分，其中一部分比另一部分稳定得多……我们用（c）指示具体理论，在这些理论中，除事实资料外，还有两个因素或主要部分：本质因素或部分，我们称之为（a）；偶然因素或部分，我们用（b）表示。（a）部分符合非逻辑行为，是某些情感的表现。（b）部分是人们感到需要逻辑的表现，它以某种程度符合情感的非逻辑行为，却给它们披上逻辑推理或伪逻辑推理的外衣。（a）部分是人们头脑中存在的原则，（b）部分是对这一原则的解释和推演。"①

譬如，有一种心理状态或情感，可以说由于它，某些数字（三、六、

① 帕累托：《普通社会学纲要》，三联书店，2001，第118～119页。

七、八、九、十）受到崇拜，它就是现象的主要部分（a）。但人们并不满足于仅把崇拜的情感同数字概念相连，还试图“解释”这一切如何发生，想“证明”这是逻辑力量所致；为此，（b）部分进行干预——为什么某些数字是神圣的，从而形形色色的“解释”与“证明”应运而生。

帕累托指出：在社会科学各学科中，说服力量主要源于情感，通常由于逻辑推演同情感相符才被接受。相反在逻辑—实验科学中，情感部分趋于零，随着科学的逐渐完善，其说服力量全部源于逻辑部分与事实。尽管逻辑—实验科学与情感无关，但情感还是多少渗透到此领域。而社会科学中的大部分理论都接近包含非实验实体部分的类型，但它们却盗用实验理论的形式和外观；实际上，它们大都属于超验理论或伪实验理论（c）。

在超验理论或伪实验理论（c）中，理论家们很少严格、清晰地区分（a）部分和（b）部分，通常将它们混为一谈。

帕累托进一步分析：从实践的角度看，同时思考（a）和（b）可能有用。如果原则（a）都是确定的，接受这些原则的人们也就接受它们的逻辑结果（b）；但由于它们缺少确定性，人们只能从中提取所期待的东西；因此，只有当同情感一致时，推演（b）才可以被接受，于是推演（b）受到情感的制约。

从科学角度看，理论的每一次完善都同（a）、（b）两部分尽可能清晰的区分相联系。由此可见，坚持这种区分从未过分。艺术由于要综合研究具体现象（c），所以一般不能将（a）、（b）两部分分开；此外，这也是说服人的强有力手段，几乎所有人都习惯于综合，很少或根本不进行科学分析；但谁要想构建科学理论，就必须进行科学分析。

因此，当人们阅读一位理论家的著作时，并想从科学角度对其理论做出判断，就需要首先将（a）、（b）两部分区分开，但理论家自己很少这样做。在任何理论中，一般都需要把前提——原则、公设、情感和根据前提进行的推演严格区分开。

帕累托提醒人们注意：通常给经验补充某些东西的理论，其前提至少部分不言明，即理论的（a）部分没有表现出来，或没有完全表现出来。为了认识此部分，需要对它进行探究。

从逻辑—实验角度看，前提不言明，即使仅部分如此，也会成为荒谬绝伦的源泉。表现这些前提的一个事实，就足以促使人们探究，是否欢迎和如何欢迎这些前提。同时，如果前提不言明，人们就浑浑噩噩地接受它们，认为它们很严密，而它们远非如此，很难发现它们的确切含义。理论家通常对经验之外的前提保持沉默；当他们公开承认这些前提时，往往企图在它们和经验的结果之间制造混乱。

帕累托认为，社会达尔文主义就是伪经验理论的典型。社会达尔文主义主张：某个社会制度同社会环境完全相符（暂时动荡除外）；如果该社会制度不具有这一性质，它最终将灭亡。人们发现社会达尔文主义往往对事实做出空洞无物的解释。社会制度和生物的任何形式都不得不用它产生的效用来解释，为达此目的，人们又把随意的、想象的效用这些陈年旧货拾起。然后不知不觉地倒退到终极原因的古老理论。社会达尔文主义同真正的科学理论相距甚远，为了同事实一致，就不得不削足适履。社会达尔文主义并未确定制度的形式，只是指出这些制度不能逾越的限度。

帕累托还对斯宾塞学派社会学理论进行了剖析：它有一个原则（a），即所有社会都趋向于一个极限，近似于渐近线的曲线；一旦认识社会制度的历史沿革，就可确定其极限。而原则（a）易接受科学推演（b）的影响，因此使学说的主体扩展。并且最终说来，结论是从事实中得出；但事实是经理论家的情感筛选的，因此由事实确定的极限同理论家靠自己情感期待的极限完全吻合。如果理论家是像斯宾塞一样的和平主义者，令人满意的事实向他证明：人类社会接近世界和平的极限。如果他是民主主义者，人类社会就接近民主的绝对胜利的极限。如果他是集体主义者，人类社会就接近教条主义的极限。依此类推，不一而足。于是，人们疑惑不解，且疑云难消：事实仅是用来掩饰说服的强大动因。正因为实证主义者这样使用的动因同实在不符，就把他们根据这些动因进行的全部推演败坏了。

同样，把经验请进神学和形而上学大厦，这一建筑会慢慢解体；在自然科学中神学和形而上学大厦就是这样崩溃（至少大部分崩溃）的，但在社会科学中它却屹立不动并在社会实践中继续坚守阵地。帕累托认为，这是由于社会效用的介入，使社会科学的神学—形而上学大厦未受经验的冲击。人们感到太需要这类大厦，一旦崩溃，立即用相同材料重建一幢。“于是，经年累世，通过世人、政府、生活方式与规范，新神学、新形而上学总是代替旧神学、旧形而上学；每种新的都被认为比旧的更‘真’更‘好’。如果理解为更符合社会效用，可能在某些情况下实际‘更好’；如果意味着同实验实在一致，则绝不更‘真’。没有任何信仰比另一信仰更科学；多神教超越实验实在，如同基督教，包括天主教、新教、‘自由派’和现代派及其他教派；如同无数形而上学派别，包括康德派、黑格尔派、柏格森派以及孔德、斯宾塞和其他精英的实证主义派，不排除社会连带主义者[①]、人道主义者、反教权主义者、进步崇拜者的信仰，也不排除过去、现在、将来存在的无数其他信仰。完善无缺、强大无比的朱庇特[②]相当超验，就像《圣经》中的雅赫维[③]、基督教的上帝、伊斯兰教徒的真主；就像新基督教的抽象，绝对命令，真理、正义、人道、多数四女神，人民之神，进步之神以及神学家、形而上学家、实证主义者、人道主义者的那些数不胜数的云集奥林匹斯山[④]的众神。”[⑤]

（二）精英循环论

何谓精英

帕累托的“精英”范畴的含义独特，特指形形色色的人类活动中的佼佼者。他认为，在每一项人类活动中，都可以给每人打一个类似于考试时得的分数。譬如，给最优秀的专业人员打 10 分；给门可罗雀者打 1 分；给笨蛋打 0 分。给无论如何挣得巨款成百万富翁者打 10 分；给生活优裕的中产阶级打 6 分；给数米而炊、一贫如洗者打 1 分；给病魔缠身、负债累累者打 0 分。根据鉴赏力，给大诗人如但丁或歌德打 9 分或 10 分；给刚一开口朗诵自己的大作听众就纷纷离场的蹩脚诗人打 0 分。给颇有政治才干的女人，诸如路易十四的曼特农夫人、路易十五的蓬巴杜夫人，由于她们善于赢得持掌大权的男人的宠爱，可打 8 或 9 分；而给以色事人、只满足统治者肉欲而对政权未施加任何影响的婊子，可打 0 分。根据棋手在哪些比赛获胜及获胜次数、名次，也可给他们打精确分数。

这里，需要指出的是：

第一，帕累托的“精英”不看其从事活动的善恶，只看其活动“技能”的高超。譬如，根据上当受骗者和诈骗钱财的多少，可给大诈骗犯分别打 8、9、10 分；给只骗得餐馆老板一副餐具就被宪兵抓住的可怜小骗子

---

① 社会连带主义，资产阶级社会学理论，20 世纪初开始流行于法国。认为利害相关的社会组织以社会成员的相互依存为基础。

② 朱庇特，罗马神话中的主神。

③ 雅赫维，犹太教所崇奉之神的名字。

④ 奥林匹斯山，希腊神话中的圣山，是众神居住的地方。

⑤ 帕累托：《普通社会学纲要》，三联书店，2001，第 99 ~ 100 页。

打 1 分。帕累托写道：“有人崇拜拿破仑一世，把他视为上帝；也有人对他深恶痛绝，视同恶贯满盈的坏蛋。谁有理呢？我们不想解决这个内容完全不同的问题。不管善恶与否，拿破仑一世肯定不是蠢材，也不是微不足道的常人，这样的常人有数百万之众；他具有超凡的品质，这足以让我们将他列入精英之列，但决不想妨害关于这些品质的伦理学问题以及社会效用问题的解决。”①

第二，帕累托的“精英”只看其从事活动的实际状态，不看其从事活动的潜在状态。

正如考官面对考生，不因考生说“我英语可学得很好，但我不想学，所以没学好”，就给他一个高分，考官会回答：“你不会，我就给你 0 分，你不会的原因我不感兴趣。”

正如在考试中要区分开及格者和不及格者；在年龄上分为童年、青年、老年。人们从事活动的高下也需要用级差大的间断变化代替不易觉察的微小变化。显然，由在自己活动领域拥有高分者（事业成功者）构成的“精英阶级”，同其他民众分开的界限并不精确、也不可能精确；它不像将青年同老年区分的界限那样分明、精确。

为了益于社会平衡理论的分析，帕累托将人群划分为两个阶层：下层阶层，即占多数的非精英阶级；上层阶层，即占少数的精英阶级。而精英阶级又可一分为二：执政的精英阶级和不执政的精英阶级，即统治（政治）精英阶级和一般精英阶级。譬如，一位著名棋手肯定属于精英阶级；但他作为棋手的功绩并未为其开拓通向政坛之路；因此，如果他未因其他品质从政，他就不属于统治精英阶级。同理，至高无上统治者的情妇或因其天生丽质或因其聪明才智，通常属于精英阶级，但只有某些极富政治才干的情妇才属于执政的精英阶级。

帕累托接着分析名分对精英阶级的作用：名分可勉强给每人在精英阶级中定位。譬如，律师的名分指示他应通晓法律，将军的名分指示他应擅长军事；但有时也不尽然。与此类似，在执政的精英阶级中，拥有很高公务名分者，诸如部长、议员、局长、法院院长、将军、上校等，均有一定比例的名不副实的人。而且，这些政界名不副实者所占比例远比靠自己智慧成功的专业人员（律师、医生、工程师、艺术家等）和企业家、商人所

① 帕累托：《普通社会学纲要》，三联书店，2001，第 297 ~ 298 页。

占比例要高得多。此外，对精英阶级来说，部分名分是世袭的，譬如像富有的名分。“在以往时代，执政精英阶级中也有世袭职衔，今天只保留君主的名衔；但世袭若直接地消逝，那间接地它仍很强大。一笔巨额遗产的继承者，在某些国家极易被任命为参议员，或被选为众议员，只要他贿赂选民，还标榜自己是彻底的民主主义者、社会主义者、无政府主义者，以取悦于选民。在其他许多情况下，财富、亲缘、关系都会使人受益，使不称职者获取一般精英阶级的名分，或特殊执政的精英阶级的名分。”[①] 应该说，帕累托的分析真是入木三分：在资本主义制度下，即便最民主的国家，财富也是步入政坛的通行证，从而使不少庸才窃取高位。历届当选美国总统从未忘记用驻外大使等类似官位来酬谢缺乏政治才干、但为总统竞选慷慨解囊的富翁。多位美国总统先后任命长大的童星秀兰·邓波儿为美国驻加纳大使、国务院礼宾司司长、美国驻捷克斯洛伐克大使。

帕累托进而写道：“凡社会单位是家庭的地方，家长名分对家庭成员有用。在罗马，成为皇帝者一般会把其被释奴提升到上层阶级，甚至往往把他们升至执政的精英阶级……在我们时代，单位是个人；但个人在社会中的地位同样使妻子、儿女、亲朋好友受益。”[②] 正如常言所说“一人得道，鸡犬升天”、“一人做官，福及三代”。请看典型实例：在社会主义国家苏联，一个不学无术的家伙，仅靠着亲缘——总书记勃列日涅夫的乘龙快婿，就一路顺风，年纪轻轻当上将军和内务部副部长。一个东欧国家总统、执政党总书记，让其妻当党的监察委员会书记，其子当共青团书记，搞起了“家天下”，最终导致执政党和自己家族的灭亡。

精英循环

帕累托认为在考察精英阶级循环时，一般不需要指明民众的不同集团是如何混合的，只需考察两个集团：精英阶级和非精英阶级。首先要注意：第一，在同一集团中名不副实者占整个集团的比例；第二，在不同集团之间，从这一集团向那一集团过渡的方式和运动的强度或循环的速度。

帕累托认为，对这种循环的速度，不仅需绝对地考察，还要同某些因素的要求与供给联系起来考察。譬如，一个长期处于和平状态的国家，在统治阶级中需有少数武士，并可能供大于求。当该国处于长期战争状态，需要大量武士，尽管他们的数量保持不变，可能供不应求。这正是许多贵

① 帕累托：《普通社会学纲要》，三联书店，2001，第299页。

② 帕累托：《普通社会学纲要》，第299页。

族瓦解的原因之一。

帕累托指出，不能把权利状态同事实状态相混：在法律上封闭的种姓中，事实上往往发生大量的渗透。相反，如果缺乏获准进入的条件，一个法律上开放的种姓实际上会是封闭的。如果任何人只要发财致富，就能进入统治阶级行列，但社会环境致使无人发财致富，那么这个统治阶级就似乎是封闭的；如果只有少数人发财致富，那么法律似乎为进入统治阶级设置重重障碍。譬如，在罗马帝国的末期法律规定发财致富者可进入元老院，但是只有极少数人能发财。这表明罗马帝国末期的统治精英阶级是封闭的，精英循环的速度是缓慢的。

在社会阶层中，第一种、第二种剩余物发生的变化，对精英循环起到重要促进作用。在临近罗马共和国末期，上层阶级的宗教情感十分微弱。下层阶级人士、外国人、被释奴以及罗马帝国曾经引进的其他人，为上升到上层阶级，宗教情感明显增强。在罗马帝国末期，当政权掌握在出身下层阶级的官僚和平民武士手中时，宗教情感重新增强；这是第二种剩余物——集合体持久性剩余物占优势的时代，表现为文学、艺术和科学的衰落及东方宗教、尤其是基督教的入侵。

16 世纪的新教改革，克伦威尔时代的英国资产阶级革命，1789 年法国大革命，都是产生于下层阶级吞没上层阶级的怀疑论的宗教狂潮。在 20 世纪的美国，使下层阶级升迁的运动迅猛异常，向世人展示了第二种剩余物威力无穷的民族。在这个民族中产生大量邪教，还制定许多虚假法律以约束道德，它们类似欧洲中世纪那些法律。

帕累托指出，历史是埋葬贵族的坟墓。贵族并非永为贵族。无论何种原因，一定时期之后贵族销声匿迹是不可避免的。雅典人对奴隶和外国移民来说是贵族：他们没有留下后代就消逝得无影无踪。形形色色的罗马贵族消逝了；野蛮人的贵族也消逝了；在法国，法兰克征服者的后裔不见踪影；在英国，只有极少数贵族家族可上溯到征服者威廉；在德国，现在大部分贵族出身于古代绅士的陪臣。从几百年来的历史长河看，欧洲各国人口增长迅猛；但贵族却未按相同比例增长。

什么是贵族？帕累托认为，在统治精英阶级中的某些集合体叫贵族，有时这样的集合体并未完全确定。在某些情况下，大部分贵族成员具有留驻其中的素质；相反，在另一些情况下，数目可观的成员丧失或根本不具有这样的素质。通常，他们在统治精英阶级中居主导地位，但有时也被排除在统治精英阶级之外。譬如，起初，武士、教士、商人、富豪，肯定属于精英阶级，有时构成整个精英阶级。百战百胜的武士，事业发达的商人，财源茂盛的富豪，恰恰在各自领域胜过常人。应当说，他们是名副其实的精英。但随着时间的推移，出现名实分离的现象，一般很明显，有时更严重。与此同时，某些起初在统治精英阶级中居主导地位的贵族，最终沦为该阶级中无足轻重的因素。譬如，主要发生在武士阶级中那样。第一，武士贵族成员必须在战场上拼杀，不少成员牺牲，造成数量上锐减。第二，掌权的武士贵族安于现状、贪图享乐，其素质迅速衰退。所有贵族都享受社会特权和优越的生活条件，他们易接受第一种剩余物——组合本能，投身于智力组合活动，有时甚至沉湎于物质或精神的享受，从而丧失统治和管理国家的能力。帕累托认为，18 世纪末的法国贵族就陷于山穷水尽的境地，而路易十六成为法国贵族衰败的典型。法王路易十六意志薄弱、优柔寡断，既不能预先防止大革命爆发，也未能在大革命爆发后抓住时机巩固王权。他未能同中产阶级改革派结成联盟，建立君主立宪政体，1789 年后却竭力维护教士和贵族的特权。他盲目认为大革命会自生自灭。在历史的关键时刻，充分暴露出自己的怠惰、昏庸、愚昧，沉湎于狩猎、制锁和做泥瓦匠以自娱。“法王路易十六在不到一季的时间内就将祖传对君主政体的挚爱、崇敬和近乎宗教般的崇拜耗竭，他一再退让，简直可称作革命的国王。”① 第三，贵族的后代丧失或不具有统治精英素质。他们窃据高位源于父辈赋予的社会特权，而不是像其父辈靠自己坚毅果敢成为统治精英。满族贵族八旗子弟的衰败堕落的历史事实就说明这一点。“如果人类的贵族像经过精选的动物良种，能长时间繁殖具有近乎相同品质的后代，人类的历史就会截然不同。”②

正是由于旧贵族不仅在数量上锐减，而且更重要的在素质上衰退；统治阶级不仅在数量上，而且更为重要的是在素质上由下等阶级的优秀分子重新构建，他们给统治阶级带来活力与朝气，以及为维护政权所需的相应的剩余物。统治阶级只有淘汰其最衰败的成员，才能恢复元气。

如果上述两个方向的运动中的一个停止，甚至更为糟糕，两种运动都停止，统治阶级就开始走向毁灭，往往还会引起整个民族的崩溃。在下层阶级中优秀分子的聚集，或相反在上层阶级中低劣分子的聚集，是破坏社

① 帕累托：《普通社会学纲要》，三联书店，2001，第 304 页。

② 帕累托：《普通社会学纲要》，第 303 页。

会平衡的重大动因。

帕累托指出，统治阶级总要通过种种手段以消灭从下层阶级中涌现出的威胁政权的新精英。最常见的手段有：一，处死。这是最保险的手段，也是最不人道的手段，然而在历史上统治阶级通常采用。18 世纪俄国女皇叶卡捷琳娜二世残酷镇压普加乔夫农民起义军，被俘农民领袖绑在马尾上在地上拖拉、再被肢解。20 世纪 60 年代，印度尼西亚苏哈托将军为维护统治，屠杀几十万共产党人和革命志士。这种手段对精英阶级危害最大，任何人类种族都不能长期经受这种选择并消灭其优秀分子。二，未达死刑的迫害：监禁、破产、撤职。因为这样会不断涌现烈士，而变为烈士往往比他们活着更为危险。所以对统治阶级益处不大或毫无益处；但对考察的精英阶级整体（统治阶级和被统治阶级）损害不大，有时甚至能有益；因为迫害往往激发下层阶层的精神力量和坚强性格，而衰老的精英阶级恰恰缺乏这样的品质，于是被迫害阶层最终推翻统治阶级的统治并取而代之。三，流放、放逐。此类手段相当有效。在现代流放几乎成为对政治犯的唯一刑罚，对于维护统治的统治阶级来说，利远大于害；譬如，雅典的贝壳放逐法既未带来巨大效用，也未造成巨大损害。19 世纪和 20 世纪初叶沙皇俄国通常采用此种手段对付革命者；但造就了列宁、斯大林、托洛茨基等“十月革命”领袖人物。应当说，这类手段对精英阶级素质的提高很少损害或毫无损害。这也是最为人道的手段。四，吸纳为统治阶级服务的新精英。对统治阶级构成威胁的新精英分子，只要答应为统治阶级服务，就要把他们吸纳到统治阶级队伍中。对于统治阶级来说，这种手段非常有效。许多民族在各个时代都采用这种手段。英国统治阶级最善于吸纳心怀不满、潜在的革命者，几个世纪以来，向出身下层阶层的新精英敞开大门，保障了政权稳定（冲突减少）。在现代几乎成为富豪统治集团采用的唯一手段。当工人运动高涨时，西方富豪统治集团变本加厉地收买工会上层、革命意志不坚定的工人运动领袖，以达到其不可告人的目的。帕累托强调，当新精英改变自己的本质所在，由敌人变为盟友和奴才，精英循环的要素就被消灭——这正是腐朽统治阶级收买新精英的险恶用心。因为，精英阶级循环之所以发生，恰恰当精英阶级外的优秀分子成为此阶级成员，并把他们的意见、性格、美德和倾向带到精英阶级中。因此，这种手段对精英阶级有害，因为它使此阶级中偏执性格更为突出，另外，这种手段导致腐败，使精英阶级意志极度消沉，从而为善于及企图使用暴力者开辟道路，以摆脱统治阶级的桎梏。

譬如，统治阶级拥有丰富的第二种剩余物（集合体持久性），并且感到缺乏第一种剩余物（组合本能）的痛苦，就将需要具有相反比例剩余物的新精英。这些新精英可由自由循环提供。但相反统治阶级若只向类似自己行动者开放，或者后者满怀新教徒的热忱，走过了头，此阶级拥有的剩余物的有害比例会更加严重，并从此走向毁灭。相反，正如现代的富豪统治集团严重缺乏第二种剩余物、但拥有丰富的第一种剩余物，将需要吸收拥有少量第一种剩余物和大量第二种剩余物的新精英。当富豪统治集团只向为私利而背叛信仰和良心的新人开放，并向效劳者广施恩惠时，所吸收的新人无助于振兴它最需要的东西。虽然，除掉敌手的某些领袖人物，使统治集团受益匪浅；但它未吸收新鲜血液以使自己朝气蓬勃。当它能运用权术谋略和贿赂时，很可能所向披靡；但它若用武力和暴力干预，极易败北。在罗马帝国的衰落时代就发生过类似情况。

当因某种原因长期分离的国家各个阶级突然融合，或者更为一般，当停滞的精英阶级循环突然变得惊人地频繁，几乎总能发现这个国家文化、经济、政治获得令人瞩目的繁荣，于是从寡头政体向民主政体的过渡期往往就是繁荣期。如果这种现象因国家政体变更产生，只要新政体存在，此种现象就应该延续；但人们往往没有发现此种情况：它只持续一段时间，随后就改变。在伯里克利时代，雅典政体是共和制，但雅典却从繁荣迅速走向衰落。西庇阿时代罗马的繁荣持续很长时间，但在共和国末期衰落已初见端倪；伴随帝制出现短暂繁荣，接着立即开始衰落。为了具体描述此种现象，可以设想存在两个分离的实体，合二而一则生机勃勃；分离刚止即面貌一新，但此状态不能永久持续。在一段时期内，因为统治阶级衰败，精英阶级循环减弱，繁荣指数降低；在短暂时间段，发生革命或任何使精英阶级循环增强的事件，繁荣指数突然上升；但随后精英阶级重新衰败，繁荣指数再次降低。

帕累托认为，精英阶级循环的减弱或增强既可定性也可定量。譬如，在雅典两种事实此起彼落，因为雅典公民构成一个封闭或几乎封闭的种姓，他们不容许长期定居的外国人进入此种姓；外国人即使战功赫赫也不能成为统治阶级成员。在罗马，经过数代之后，被释奴使天生自由民阶级恢复生机；但在共和国末期，阴谋和贿赂成为进入统治阶级的主要手段。伴随罗马帝国的建立，为进入统治阶级，优秀素质重新发挥作用，但此时显露出更为严重的衰落。现代富豪统治集团并未对精英阶级循环设置障碍（比如在其数量上），因此由循环造成的繁荣会持续很长时间。但当它不把精神力量和坚毅性格视为统治阶级不可缺少的品质时，繁荣指数就可能下降。

帕累托指出，正是由于精英阶级循环，统治精英阶级就像一条流淌的河流，处于一种连续和缓慢的变动状态，今天执政的精英阶级已不是昨天的那个。有时人们发现这种变动就像洪水泛滥、迅猛异常；其后新生统治精英阶级又持续开始缓慢地变化：河水已归入河道，重新开始正常流淌。

如果精英阶级循环缓慢或停止，就会爆发革命。此时上层阶级中低劣分子聚集，他们不再拥有用以维护政权的剩余物，并且放弃使用暴力；相反在下层阶级中优秀分子增加，他们拥有用以执政的剩余物，并且准备使用暴力。人们还发现，在历史上的历次革命，往往由上层阶级某些人士指挥下层阶级，因为前者具有运筹帷幄的聪明才智，但缺少由下层阶级提供的剩余物。帕累托认为，理想的社会能保障精英阶级循环持续不断、井然有序地进行。

不仅如此，帕累托还把精英循环论提升到历史观的高度。他认为，如果只对某个短暂历史时期进行观察，只能发现诸如起义、政治、社会要求及压迫等偶然现象，而普遍的现象是，执政精英阶级竭力维护自己的统治，与此同时，新生精英阶级则试图领导大多数民众推翻前者统治以取而代之。当反对派精英阶级掌权后，又会形成一个新精英阶级反对新执政的精英阶级。帕累托认为，历史学家总把种种冲突解释为“贵族”同“平民”的斗争；但从本质上看，是“新贵族”同“旧贵族”的斗争。执政精英阶级走向衰败，朝气蓬勃的新精英阶级取而代之。在政权更迭后一段时期，通常会出现经济、文化和政治的繁荣；但这不像历史学家所说归功于人民，而是执政的新精英阶级出于维护政权的需要，施行开放政策、促使精英阶级循环的结果。[①] 这里不难发现，帕累托把政治斗争解释为精英阶级之间的斗争，就抹杀政治斗争即阶级斗争的本质，因为任何精英集团都是代表本阶级利益、情感和倾向的。此外，帕累托只用精英阶级心理学而不用经济和社会结构确定社会制度的特性，就贬低历史差异性的价值，几乎剥夺历史发展的任何意义。在此种意义上，帕累托的精英循环历史观同历史唯物论格格不入。

---

① 马斯泰罗内：《欧洲政治思想史》，社会科学文献出版社，1999，第453页。

（三）社会系统论

社会要素及相互依存

在《普通社会学纲要》最后两章“社会的一般形式”和“历史上的社会平衡”，帕累托全面地、整体地分析社会系统。在帕累托看来，社会系统是某种异质同生系统，他所说的社会系统类似于今天常用的社会结构。他受到斯宾塞“人类社会和动物界都具有自然平衡与和谐的特性”的启示，将社会系统视为有机体，具有某种还原论的倾向。

帕累托首先界定了“社会平衡状态”。他认为社会平衡状态类似物质系统力平衡状态，更类似于生命有机体的平衡状态。他举例说社会平衡状态 X 类似于一条河流状态，而状态 X1、X2 同上述河流每天的状态相仿。河流不会静止不动，它流淌不息，其形式和流淌方式的任何微小变化，都会引起趋向恢复原状的反作用。同样，社会系统也是如此。

帕累托随之对社会一般要素进行分类：一、外在要素，诸如土地，气候，植物群，动物群，地理位置，矿产资源；二、一个社会对其他社会的作用，或超越空间，或时间超前；三、内在要素，诸如种族、社会异质性，剩余物，派生物，利益、倾向、兴趣，知识状况。

帕累托认为，大部分社会要素相互依存。社会系统由社会要素确定，以一定形式构成；但反过来又作用于社会要素。在此意义上，还应认为这些要素同此社会相互依存。于是，社会结构的形式决定社会生活的性质，社会生活的性质反过来又作用于社会结构。为了深入研究社会体制（社会结构形式），至少应当考察决定这些体制的主要要素，忽略那些作用不大的次要要素。帕累托主要考察内在的要素，把剩余物、人们的倾向和利益等作为考察对象。

帕累托写道：“无论我们考察的要素数量多少，我们设想它们构成一个系统，并称为‘社会系统’，我们将研究它们的特性。这种系统随时间的推移改变形式和性质；因此当给社会系统命名时，我们理解为它不仅要在某一确定时刻，而且要在某一确定时期内发生的连续变化中考察。正如给太阳系命名时，想要在某一确定时刻内以及构成或长或短时期的连续时刻内考察这一天体系统。”①

① 帕累托：《普通社会学纲要》，三联书店，2001，第 306～307 页。

为了更好地理解第一种性质的相互依存和第二种性质的相互依存之间的差别，我们应考察一个特定的社会。它的存在已是一个事实，另外随之发生的还有其他事实。如果我们一起考察这两种事实，将说它们都是相互依存的。如果把它们区分开，我们将说后种事实之间相互依存是第一种性质的，即社会要素之间的相互依存；后种事实和前种事实相互依存是第二种性质的，即社会要素整体和社会结构形式（体制）的相互依存。譬如，罗马人在实际生活中对对形式主义的偏好发生作用，使得这种形式主义在宗教、法律、政治中产生、巩固和发展，反之亦然。这里存在第一种性质的相互依存。罗马人借助政治形式主义（它避免了无政府主义危险）能保持对独立的偏爱这一事实，提供了第二种性质的相互依存的实例。

从第二种性质的相互依存作用的方式本身可发现，它的作用往往比第一种性质的相互依存的作用慢得多；因为首先需要发生对社会平衡的破坏，然后这种破坏反映到其他剩余物。另外，由于相同的动因，在有节奏的社会运动中，第二种性质的相互依存所占比重大于第一种性质的相互依存。

帕累托认为，所有社会要素都决定社会平衡状态，但在决定社会平衡时，某些要素可视为在相当长时间内不变，另一些要素在较长时间内不变，还有些要素变化不定。他认为，情感和反映情感的剩余物是在相当长时间内不变的要素。“为了更好地理解相互依存，我们将补充说情感取决于经济条件，正如经济条件取决于情感，其他要素也存在类似依存”。[①]

帕累托指出，要想考察决定社会平衡的要素整体，如果不是全部，至少应包括最为重要的四种要素：剩余物（a），利益（b），派生物（c），社会异质性（d）。而重要要素之间的相互依存可分为四种组合：一，（a）作用于（b）（c）（d）；二，（b）作用于（a）（c）（d）；三，（c）作用于（a）（b）（d）；四，（d）作用于（a）（b）（c）。

帕累托认为，组合一是社会现象中最重要的部分。以伦理学为社会基础或让“观念”支配事实的理论朦胧地、大致地直觉到此种组合。

组合二也很重要，这正是历史唯物主义所强调的——利益决定剩余物和派生物。但帕累托认为，剩余物（情感的表现）和派生物（意识形态）对经济行为和经济体制也具有反作用；所以经济决定论用部分代替整体，

① 帕累托：《普通社会学纲要》，三联书店，2001，第318页。

犯了忽视其他组合的“错误”。在此种组合中，利益（b）对社会异质性（d）产生的直接效果最大。帕累托的“社会异质性”类似于马克思所说的“阶级”，尤其特指“贵族”与“平民”、精英与非精英、统治者与被统治者。譬如，工业保护政策的动态效果不仅使具有技术天才的人致富，而且先使具有金融组合天才者或善于玩弄手腕并受到政客庇护者发财。其中某些人天资过人，变得富有、强大并成为统治精英。那些擅长适时出售保护政策好处的政客也是如此。另外，性格完美超过技术、金融天资者，或者他们不擅长玩手腕、使诡计，就会沮丧颓唐，因为他们未从保护政策中受益，反而为它付出代价。工业保护政策的静态效果并不同一，而仅类似；如果它使人们致富程度不大，由于已为上述人杰和枭雄开拓大展宏图的道路，往往损害农业。在此种组合中，利益（b）似乎对剩余物（a）作用很小，这也有剩余物（a）变化缓慢的缘故。相反，对派生物（c）产生效果显著，人们不难发现捍卫保护主义的经济学理论空前繁荣，其中多数可同以往时代为获得庇护奉献给富豪、贵族的题词与颂诗媲美。

组合三通过文学为人们所熟悉，它享用的重要性远远超过实际，在所有组合中价值最小。在此种组合中，派生物（c）对剩余物（a）的作用很小或毫无作用，对利益（b）的作用小，对社会异质性（d）的作用大一些，因为在每个社会正人君子在颂扬强者时都能被吸收到统治阶级中。假如施穆勒（Schmoller）① 是个自由派人士，他不可能被任命为普鲁士贵族议会议员。相反，英国自由派人士受到所谓“自由”政府的恩宠。

组合四早就被柏拉图和亚里士多德阐明，直至今天仍很显著，它是非常重要的现象。一般地讨论组合四，利益（b）对剩余物（a）的直接和间接的作用不应忽视；如果多年施加影响，甚至可能变得很显著。在一个只倾向于关注经济利益的民族中，符合组合的情感受到赞扬，符合集合体持久性的情感受到压抑；在这两种剩余物中的类型在改变，尤其是剩余物得以表现的形式——派生物在变化。“尽善尽美仿佛要等到将来，相反在过去它已被提出，进步上帝住在奥林匹斯山上；人道主义获得胜利，因为现在最好用欺诈而不是暴力牟取利益；围绕着障碍转圈，而不是用暴力克服它们，已变成共同的原则。”②

① 施穆勒（1838～1917），德国庸俗经济学家，新历史学派和讲坛社会主义的主要代表，上院议员。

② 帕累托：《普通社会学纲要》，三联书店，2001，第348～349页。

作用与反作用永无休止地相继发生。譬如，当（a）变化时，由于组合一，其他要素（b）（c）（d）也发生变化，可称之为“直接作用”；但是，由于其他组合，（b）（c）（d）的变化也会引起（a）的变化；因此（a）的这种变化反映到组合一并重新引起（a）（b）（c）（d）的变化，可称之为“间接作用”。其后，多种组合的效果交织在一起，因此，人们在社会中观察到的具体平衡状态是全部要素全部作用与反作用的结果。

剩余物与社会平衡

帕累托指出，第一种剩余物与第二种剩余物在个体中的比例，是确定社会平衡的主要要素之一。这种比例通常可大致从如下三方面考察：一、在各个国家的国民之间；和在同一国家不同时代的国民之间。二、在社会阶级之间，主要在统治阶级和被统治阶级之间。三、同某国精英阶级循环的关系。

帕累托强调，不能把剩余物的比例视为原因，将社会现象看作结果；剩余物与社会现象的关系是相互依存关系而不是因果关系。此外，在依存关系中避免把一种剩余物比例的条件视为唯一条件，尤其不能把这种条件和必要的充分条件相提并论。主要讨论第一种剩余物和第二种剩余物，只是为了简明扼要地大致把握现象；显然，还需要关注其他种剩余物。幸好，社会性、个人完整性等剩余物在集合体持久性中都有自己的对应物；因此在考察第二种剩余物时，也就间接考察了它们。譬如，V种α类剩余物——反对破坏社会平衡的情感，就和第二种剩余物相对应。当实际平衡或想象平衡被破坏或设想被破坏，社会个体感到痛苦万分，虽然他们并未因平衡遭到破坏而受损，有时反而受益。正是由于这种情感，当一种社会平衡被破坏，会产生试图恢复它的力量。把第二种（集合体持久性）剩余物补充到这类剩余物，就会形成具有重要社会意义的复合剩余物，它们符合生动、活泼的情感，类似于用“正义的理想”表达的情感。

把各种剩余物的比例同其他社会现象联系起来，就像把现代军队中火炮同与其他武器的配置和胜利可能性联系起来一样。首先，这种条件不是唯一的；还存在许多其他条件，军队不仅配备有装备和食品。其次，如果在某些情况下，这一条件是必要的，但从不是充分的：光有火炮和其他武器的合适配置远远不够；还需要士兵会使用它们。最后，还要注意到火炮需要牵引车或军马、训练有素的士兵、士官、军官、数量充足的装备等。由此可见，在统治阶级中第一种和第二种剩余物比例适当远远不够；还需要它们适当地发生作用。显然，譬如，如果组合本能不是应用于经济或军事活动，而是应用于巫术活动，恰恰毫无意义；如果这种本能在沙龙式的阴谋诡计中耗尽，而不是运用于政治活动中，同样意义不大。最终，如果集合体持久性蜕化为禁欲的、人道主义的或类似情感，那么它们的功效可同用木制大炮装备的炮兵媲美。当在一支军队中士兵们均能熟练准确使用各种武器时，这些武器的合适配置才能长期有效；同样，只有当各种剩余物更好地促进社会繁荣时，具有剩余物合适比例的政权才能持久。

帕累托在比较法国公民的第一种剩余物和第二种剩余物的比例差异时，指出此种差异从1209年爆发的阿尔比人战争时代就存在。现在，法国南方居民第一种剩余物远超过其他种剩余物，而北方居民那里第二种剩余物占优势；今天法国政府中大部分部长和政客都是南方人。哪里盛行权术谋略，哪里第一种剩余物就具有价值；相反，哪里盛行暴力，哪里第一种剩余物价值大大减弱。而对于第二种剩余物则恰恰相反。

帕累托指出，文艺复兴时代的意大利人的例证更典型。早在中世纪末，意大利在人类活动的各个领域远远超过其他欧洲国家，但难以置信它未能重现罗马帝国的辉煌，反而遭受蛮族入侵。论财富，意大利银行家贷款给欧洲的君主和商人。论文学和艺术，意大利空前繁荣，欧洲其他国家大为逊色。论探险，马可·波罗游历神秘的亚洲，哥伦布发现美洲新大陆。威尼斯的外交，梅迪契的政治实践，马基雅维利的政治理论，都是举世无双。法国和西班牙的国王竞相争夺安德列亚·多里亚以统帅他们的海军。然而，为什么意大利却被别国征服呢？一种回答：意大利分裂。但意大利为什么分裂？法国和西班牙也同样分裂，但能够团结一致；为什么意大利做不到？另外，由于相同原因，意大利才拥有财富、文化繁荣、精湛的政治和军事艺术等众多优势。真正原因是：在意大利组合本能的重要性远远超过集合体持久性本能。而在法国和西班牙组合本能的比例离保障最强实力的比例不远；如果它们同意大利交战，必然战胜并入侵意大利；正像罗马同希腊交手时所发生的那样。

帕累托说：德国的宗教改革运动是第二种剩余物占优势者反对第一种剩余物占优势者的运动，是暴力和德意志宗教虔诚反对天赋、权术谋略、意大利理性的斗争。因为使用了暴力，前者获胜；如果未使用暴力，后者将获胜。如果中世纪德意志帝国能持续至今并扩展到意大利，可能当代意大利人统治这个帝国，正如南部法国人现在统治法国一样。

他还讲：长期受帝国主义列强侵略压迫的中国，靠极其微弱的第一种剩余物能继续存在。在甲午海战之后，受日本明治维新的启示，逐步走上革新图强的道路，即扩大第一种剩余物的部分。

帕累托进一步指出：一般说来，在统治阶级中存在丰足的第一种剩余物，凭借它们可以巧妙地使用被统治阶级中存在的第二种剩余物。罗马人战胜希腊人和迦太基人，主要因为罗马人的集合体持久性情感比希腊人和迦太基人强烈，而这种情感又以爱国心著称于世，其他情感又帮助、强化爱国心。哪里第二种剩余物无比强大并被足智多谋的统治者保持不变，这样的统治阶级又善于利用它们，那里的国民就心甘情愿承受军备的重负和战争的巨大牺牲。相反，哪里第二种剩余物非常微弱或被只顾眼前物质利益而无远见卓识的统治者削弱，那里的国民就拒绝承受军备的重负并惧怕战争的牺牲。如果认真地研究历史，就会发现走向失败或毁灭的民族并非对这条危险之路毫无觉察，而鼠目寸光的统治者也不是对这种危险毫无警觉。因此可以说存在促使国民采取措施避免失败的力量，但此种力量所起作用大小取决于其强度，而其强度主要取决于统治者中第二种剩余物的强度，根据被统治者中第二种剩余物强度大小，这种力量会遇到或大或小的抵抗。

正如马基雅维利所说，政治家应具有狮子和狐狸的品格；帕累托也认为，统治者应擅长使用暴力和计谋，即拥有第二种剩余物和第一种剩余物的合适比例。他援引罗马帝国的例证——不仅依靠暴力才取得建立帝国的胜利。恺撒和屋大维除擅长使用暴力外，广泛地使用权术谋略，恺撒也不缺少富豪集团的巨大支持。相反，罗马共和国的叛乱者卡蒂利纳却因有勇无谋而招致失败。卡蒂利纳是个肆无忌惮的野心家，在这一点上，类似于马略、苏拉、克拉苏、庞培、恺撒和奥古斯都・屋大维。但他只准备使用暴力，具有大无畏精神，而对权术计谋一窍不通。投奔他的叛军多为苏拉的老兵，他们因其出身，擅长使用暴力，对政客的神妙莫测的权术了解不多。后来，破产者、债务人等也纷纷投奔他，他们想通过暴力改变自己的命运。由缺乏第一种剩余物的统帅和士兵组成的叛军必然以失败告终。因此，从某种意义上说，是使用暴力的野心家被机敏狡诈的野心家击败，是狮子不敌狐狸。

在资本主义时代，工商业利益占优势，导致充斥狡诈阴险之徒并拥有大量组合本能（第一种剩余物）者的统治阶级富有，而使拥有大量集合体持久性本能（第二种剩余物）的统治阶级贫穷。如果认真考察历史，可以发现靠组合本能和权术计谋进行统治、第一种剩余物占优势的阶级的政权可以长期维持；但为了统治还需要暴力，随着执政时间的延续，在统治者内部第一种剩余物逐渐增加，第二种剩余物逐渐减少。当统治者很少使用暴力并变得软弱无力时，社会平衡就不稳定；当被统治者奋起造反，就爆发革命，从而破坏社会平衡。威尼斯政治体制延续很长时间，因为其贵族善于保持为使用暴力所需的集合体持久性情感。第二种剩余物占优势的民族，或通过渗透——精英阶级循环，或通过革命突然地将此种剩余物带至统治阶级中。

在现代资本主义国家，工商业发展速度日益加快，需要大量的储蓄。而且，资产阶级政府主要靠黄金、而不是暴力统治。因此，富有冒险精神、不懈追求新组合又挥金如土的人们，需要气质不同、勤俭节约的人们作为维持统治的基础。法国统治阶级主要在本国妇女中发现这种人，在她们那里第二种剩余物仍然占优势。她们为法国和其他国家提供巨额储蓄。如果统治者在本国找不到这种人，就会到国外去寻找。正如美国在 19 世纪那样，大量消耗欧洲的储蓄。

在现代社会中，从经济收入的角度，帕累托把人们分为两类——S 类人和 R 类人。S 类人，即收入不固定并能发现收入来源的人们，所有此类人都直接或间接地参与投机，并善于利用形势，挖空心思地增加自己收入；主要是企业家、银行家、工商业股票持有者、投机的房地产商以及从投机活动中获利的政客、自由职业者等。R 类人，即不参与投机、收入固定、无论如何也不能使自己收入增加者；主要是广大工薪阶层、银行和基金会储蓄持有者、公债券持有者。在 S 类人中，第一种剩余物占优势。在 R 类人中，第二种剩余物占优势。这两类不同的人群在社会中发挥截然不同的功能。如果说 S 类人是社会变革和经济、文化进步的促进者的话，那么 R 类人则是保持社会稳定的因素。如果在一个社会中，R 类人个体占绝对多数，这个社会必然停滞僵化。相反，如果 S 类人占绝对多数，该社会则处于不稳定的平衡状态，缺乏稳定性。由此可见，一个社会既要保持稳定又要不断发展，就需要该社会中 R 类人和 S 类人具有适当比例。换言之，在一个社会中，主要拥有第二种剩余物和第一种剩余物的人们保持适当比例。

为了保持社会稳定，即避免爆发革命的危险，就要求统治精英阶级拥有相当丰富的第一种剩余物，要求广大被统治阶级拥有更多的第二种剩余物。一个厚颜无耻的格言表达类似意思："平民应有宗教，贵族应有智慧。"然而，即便对统治精英阶级来说，第一种剩余物也不能过多，不能不拥有一定量的其他种（尤其第二种）剩余物。因为，随着第一种剩余物的增加，社会的个体会更加关注个人利益，变得更加自私。所以，统治精英阶级必须具有高超智慧和坚定意志、大无畏精神，既追求自身利益又具有责任感和使命感。

一般说来，在社会阶层中，第一种、第二种剩余物发生的变化，对于决定社会平衡具有非常重要的意义，会引起社会平衡状态的破坏。譬如，在某些时代上层阶层的"宗教"情感逐渐减弱，在另一些时代逐渐增强，并且这种波浪式变化曲线同显著社会变化一致：每当上层阶层第二种剩余物减少些许，下层阶层就相应增长，最终达到高潮，就会爆发革命。帕累托认为，统治精英和被统治者拥有剩余物的波动决定相互依存的循环。历史正是由怀疑主义、文明及智慧阶段同爱国或宗教信仰无穷循环交替构成。

暴力与认同

帕累托指出；到处都有统治阶级，即使在专制暴君那里也有，只是表现形式不同罢了。在专制政府中表现为君主，在所谓民主政府中表现为议会；但在幕后总有人主要实施实际统治，如果有时他们不得不暂时屈服于君主和议会的意志的话，其后靠他们卓有成效的行动变得坚忍不拔。在某些情况下，君主和议会并未发觉自己被诱使所干的事情；享有主权的人民更未发觉，还以为按自己的意志办，实际上是按其统治者的意志办。而统治阶级是不同质的：它有一个政府、一个领袖、一个成员更少的阶层、一个委员会，实施实际统治。有时事实显而易见，譬如斯巴达的民选五长官、威尼斯的十人委员会，是专制君主的拥护者、议会的主宰；有时事实若隐若现，比如英国的政党决策委员会、美国的党代表大会、在法国和意大利活跃的"投机者"。

从人类全部历史可发现，从远古时代的国王直至现代民主政体，一切统治者都无一例外地把暴力和认同作为统治手段。换言之，到处存在一个人数不多的统治阶级，它部分靠暴力，部分靠人数众多被统治阶级的认同来维持政权。主要差别仅在于：从实质上看，统治阶级使用暴力和认同的比例；从形式上看，统治阶级使用暴力并获得认同的方式。

如果全民一致认同统治，统治者就无须使用暴力；但这种假设现象在历史上从未出现。相反极端情况却颇为常见：专制暴君用自己的军队残酷镇压造反的民众以维持政权，甚至借助外国武力来奴役不屈不挠的人民。前种情况中的平衡状态比后种情况中平衡状态更不稳定，这是由于各方拥有不同剩余物所致。一般来说，暴君的帮凶同被奴役的民众拥有的剩余物没有本质区别；因此他们都缺乏支持和阻止使用暴力的信仰；就会如古罗马禁军、土耳其近卫军、古埃及马穆鲁克雇佣兵所作所为，肆无忌惮地行使权力；或者抛弃与民众为敌的暴君，不再充当鹰犬。相反，一般来说，统治民族同被奴役民族的风俗习惯不同，有时语言和宗教也不同；因此剩余物也不同，它们并不缺乏使用暴力的信仰。在被奴役的民族中，同样不缺乏为反抗压迫所需的信仰。恰恰由于此原因，统治民族竭力同化被奴役民族，如果他们能实现自己的目的，肯定是维护统治的最好战略；但他们往往以失败告终，因为他们妄图用暴力改变被奴役民族的剩余物，而不是利用后者拥有的剩余物。不仅如此，所有统治者越是善于利用被统治者拥有的剩余物，政权就越巩固；当他们妄图用暴力改变后者拥有的剩余物时，其效果甚微甚至毫无效果。这就是统治者维持统治成功与否的原因所在。

根据维护政权的暴力和认同的两种手段，统治者通常利用被统治阶级分子作为帮凶。这些帮凶分为两类：一类使用暴力，充当士兵、警察、宪兵等打手；另一类充当玩弄权术和摇唇鼓舌的政治门客。从古至今，这两类帮凶连绵不断；但他们所占比例变化不定，并且表面比例还不同于实际比例。在禁军时代的古罗马，实际统治手段是暴力，帮凶几乎均为打手。在 20 世纪的美国，实际统治手段主要是认同，所以帮凶主要是政治门客。

帕累托接着指出：从本质上看，统治者都竭力利用手中的权力保住自己的宝座，甚至滥用权力牟取特殊利益，但他们总说成是政党利益，甚至是民族利益。从而他得出结论：一，不同政体之间的差别意义不大，实质差别存在于国民的情感中；哪里国民正直，政府就近乎正直。二，统治者越滥用权力干预私人事务，剥夺的财富就越多。三，统治者剥夺他人财富，不仅为自己，还要奖赏充当打手和门客的帮凶。四，通常统治者和帮凶对自己违犯社会现行道德毫无觉察，或用维护政权的目的为之辩解。巧舌如簧的政治门客鼓吹统治者在捍卫正直、道德和公众利益，实际上是为其主子竭力掩饰追逐金钱的卑鄙伎俩。五，统治者以各种方式消耗一定数量财富，这笔财富不仅同干预私人事务攫取财富总量有关，而且同统治者维护政权所使用的两种手段有关，因此同第一种和第二种剩余物在统治者和被统治者中所占比例有关。

从历史上看，统治者的政府主要有两种：一，主要使用物质力量和宗教情感力量或类似力量的政府。二，主要玩弄权术和谋略的政府。

譬如，“暴政”时代的希腊城邦政府、斯巴达政府、奥古斯都·屋大维和提比略时代的罗马政府、威尼斯共和国在最后几百年的政府、18世纪许多欧洲国家政府，可归于第一种政府。这种政府类型中的统治者，其第二种剩余物同第一种剩余物相比更占优势。精英阶级的循环一般缓慢。这种政府开支并不大；但由于其憎恶新生力量，又不重视通过精英阶级循环吸收更具经济天赋的优秀分子，也没有促进经济的发展。然而，如果经济组合本能在国民中持续存在，政府又不设置障碍，经济就会颇为繁荣，兴盛时期的罗马帝国就是这样。但往往随着时间的推移，这种政府致力于形成僵化的民族，必然设置障碍。虽然，它们可靠对外征服致富，但由于不生产新财富，这种富有并不稳定（斯巴达、罗马）。此外，这种政府通常蜕化为腐败的军人政府，比如古罗马禁军、土耳其近卫军政府，它们都擅长大肆挥霍社会财富。

第二种是主要玩弄权术和谋略的政府。在这种政府中，统治者的第一种剩余物超过第二种剩余物，因为只有具有高超组合本能，才能游刃有余地运用权术和谋略，以影响利益和情感。它又分为两类：（一）如果权术和谋略首先用以影响情感，可视为神权政府。古希腊和古代意大利国王可能接近此类政府，现在已绝迹。（二）如果权术和谋略主要作用于利益，但又不完全忽视情感的政府。共和国不同时期的罗马贵族政府、许多中世纪共和国政府、现代西方“投机者”政府，则属于此类。在第一类中，精英阶级循环过于缓慢。此类政府开支不大，却未能促进经济发展。它们并不明显地使用暴力，也不能用被征服之地的经济弥补自己的不足；却极易成为善用暴力的邻国的猎物。因此，或被邻国征服，或因内部腐败，这类政府消逝了。在第二类中，精英阶级循环速度快，在当代“投机者”政府中循环速度极快。此类政府开支很大，但往往生产超过消费以保障国家繁荣；然而在特定形势下，随着消费的增长，第一种剩余物可减少甚至短缺。此类政府可蜕变为狡诈的懦夫政府，并很容易被国内或国外的暴力推翻；罗马共和国和威尼斯共和国崩溃时大致如此。

在具体政府中可发现不同类型的组合。第一种占优势、又有相当比例的第二种第二类的混合型政府，可以长期存在，它们善于用暴力巩固政权，又能促进经济繁荣。盛期的罗马帝国就接近这种混合类型。但此类混合型政府有蜕化为第一种和急剧减少第二种第二类所占比例的双重危险。虽有少量第一种但比例可观的政府也可长期存在，因为它们也不缺少捍卫政权的暴力，还会促进经济繁荣。然而，此类型政府有蜕化为第二种第二类和急剧减少第一种所占比例的双重危险，从而置于外族入侵的危难境地——迦太基的毁灭，希腊被罗马征服。在对外关系中主要使用武力、在内部关系中玩弄权术的政府是第一种和第二种第二类的混合型政府。共和国强盛时期的罗马贵族政府就接近此种类型。

帕累托重点考察了从 19 世纪初至第一次世界大战后欧美社会的新特点。他认为主要是经济利益占优势和精英阶级循环频繁。欧美各国的对外政策几乎成了经济政策，甚至国内政治可概括为经济冲突。另外，除极个别国家外，不仅精英阶级循环的所有障碍消逝，而且精英阶级循环受到经济繁荣的刺激，变得非常频繁。现在，几乎所有组合本能剩余物（第一种剩余物）丰富者，都擅长在艺术、工业、农业、商业、建立金融机构等方面发挥天才，不论是合法地还是不合法地发挥；他们卑鄙地欺骗善良的储蓄创造者，肆无忌惮地剥削不够机敏的公民；他们借助政治、海关和其他保护政策、各种优惠，通常总能发财致富，还为自己赢得荣誉和权力，总之成为统治精英阶级的成员。

一般说来，经济飞速发展期对统治者更为有利，比经济停滞期更易于实施统治。从历史上看，歉收和饥荒往往迫使农民起义；近代法国大革命也不是同歉收和饥荒毫无关系。饥荒迫使民众造反，正如饥饿驱使狼群走出森林。但在经济飞速发展的民族，经济条件和民众情绪的关系变得非常复杂。对这些民族，主要考察利益（b）对社会异质性和精英经济循环（d）的作用及（d）对（b）的作用的有限周期。简言之，可以说现代西方政府为了维持政权使用暴力越来越少，使用耗费巨大的权术越来越多。这些政府特别需要经济繁荣以推行自己的内外政策，并且越来越感受到经济繁荣引起的巨大变化。当人人都感受到贫困这一残酷现实时，主要使用暴力的政府岌岌可危，因为由绝望产生的另一巨大暴力对抗政府的暴力；但只要变化的经济条件尚未达到极限，政府还可维持；与此相反，哪怕经济条件的微小变化，往往就可动摇耗费巨大的使用权术的政府变化不定的体制。要驱使民众造反，必须使经济痛苦远远超过反对政府的选举能造成的痛苦。因此，很容易理解，如果经济周期尚未达到贫困的极限，如果它们在主要依靠暴力的政府下运行，同它们一致的社会和政治状况，同在依靠权术、求助经济组合的政府下实际观察到的社会和政治状况差异不大。

现代西方政府恰恰为了刺激经济以易于统治，惯于使现在开支超过收入允许的限度，差额从明债、暗债中获取，正是通过借债保障今天享受开支的益处，而把开支的负担推给未来。这一未来越是遥遥无期，经济发展越迅速；由于通过经济繁荣可提高现有企业的产品数量，不用增加苛捐杂税，国家未来预算的节余可以、至少部分可以支付过去的亏空。这样的政府习惯于这种对自己既舒适又有益的事情，以不同方式有规则地预料未来预算的增加。有些政府除一般预算外，还设立特别预算和临时预算，设想将新债的产品列入国家收入，确定某些国家机构作为自己开支数额的债务人并设想这些数额成为国家的信贷，结果国家既是债务人又是债权人，这样就使本应消极地消费变为积极地消费。其后，它们运用形形色色的诡计，将实际的亏空变为虚构的盈余，再由被高价收买的记者负责向人们宣布财政繁荣的令人振奋的消息，如果有人对这种财会评估表示怀疑，就指控他“诋毁国家”。

譬如，第二次世界大战后的意大利历届政府，无不实行赤字财政政策，不断增加政府开支，以刺激经济增长。1951 年，预算开支与国内生产总值的比率为 24.8%；到 1969 年迅速上升到 36.7%。意大利政府为了弥补庞大的财政赤字，除大量增发纸币外，还毫无顾忌地举债，发行形形色色的巨额国债券——“子食卯粮”。同期，意大利经济实现快速增长，50 年代国内总产值年平均增长率为 5.5%，60 年代为 5.1%；意大利政局也相对稳定，政权牢牢掌握在代表垄断财团利益的天民党手里。

应当说，在经济迅速增长期，这种经济政策并未引起严重困难；预算收入的自然增长掩盖过去的鬼把戏，把挽救现在的鬼把戏的任务交给未来。但在经济萧条期就会出现困难，如果经济紧缩期持续时间较长，困难会变得更大，没有一个西方政府可幸免于难，接着出现可怕的灾难，那将是空前绝后的严重灾难。如果经济萧条期延长，因现在收入增长很难，就不能用现在收入支付过去的开支，也很难再超前消费。于是，统治者对自己帮凶的恩惠减少，对被统治者的剥夺加剧。另外，经济循环和精英阶级循环停滞，就会缺少奖励那些经济与政治组合天才者的手段。这些因素都使得统治者难以维持统治。

然而，在经济迅速增长期，对 S 类人——“投机者”十分有益。他们会发财致富并上升为统治阶级（如果尚未成为该阶级成员的话）。与此同时，他们同 R 类人——“收入固定者”形成鲜明对照：或因商品价格的自然增长，或因在享有经济、政治恩惠方面不敌投机者，R 类人日益贫穷衰落。由此可见，当经济迅速增长期超过经济停滞期时，统治阶级中日益充斥“投机者”，他们渴望将第一种剩余物带至统治阶级中；统治阶级内“收入固定者”日益减少，他们一般拥有较强的第二种剩余物。统治阶级构成中的这种变化促使各个民族日益转向重视经济、发展经济、繁荣经济，如果不是由于战争、革命或突发事件，这一进程会持续下去。

帕累托进一步指出，议会民主制本质上是富豪集团民主制。富豪集团由企业家、银行家、“投机者”等构成，在代议制国家实际行使统治权。该集团更多地使用权术而不是暴力进行统治，更多地用收买而不是肉体消灭对付被统治阶级中的精英。

应当说，帕累托的这一观点具有普遍性与前瞻性。我们看 20 世纪 90 年代中期的俄罗斯，随着私有化和议会民主制的建立，势力庞大的工商业与金融业“七巨头”形成。“七巨头”不仅影响俄罗斯经济，而且能操纵舆论，左右议会和总统选举。1996 年，新闻媒介大王古辛斯基、汽车大亨别列佐夫斯基和金融巨富波塔宁一起出钱资助叶利钦竞选连任总统，他们从中获取许多经济利益与政治特权。

意大利首富贝卢斯科尼的例证更为典型。他作为米兰人，用帕累托的话说，凭借丰裕的第一种剩余物——组合本能（主要是经济组合）剩余物，抓住机遇，利用“计谋”，在 20 世纪 70 年代成功实现“米兰二城”建筑工程，接着创办并扩展三大商业电视台，在 1978 年在罗马组建菲宁维斯特财团并任总裁。1986 年担任 AC 米兰足球俱乐部主席。1991 年他又收购意大利著名的蒙达多里出版社，还在全国成功推行“收费电视”制度。此时，菲宁维斯特财团已经涵盖通信、电子、电影、电视、声像、出版、建筑、广告、金融等部门，下辖 150 个公司。巨大的经济实力使贝卢斯科尼的政治抱负剧增，在“净手”运动引起天民党等传统执政党危机后，他在一年内迅速组建意大利力量党。凭借雄厚的财力，强大的媒体造势，政治门客的出谋划策，以贝卢斯科尼（拥有丰富政治组合本能剩余物）为首、力量党为核心的右翼联盟（“自由一极”）在1994年和2001年的政治大选中先后两次战胜左翼联盟（“橄榄树联盟”），贝卢斯科尼先后两次出任内阁总理。在战后西方代议制民主国家中，贝卢斯科尼成为首位担任政府首脑的大富豪，他不是在幕后而是在前台、不是间接地而是直接地实施垄断财团统治。

帕累托在暴力与权术之间做了比较，认为使用权术谋略比使用暴力更有效，用暴力反对权术谋略是无益的。他曾提到卡蒂利纳叛乱（暴力）因为缺乏谋略才失败。在历史上，善于并想要使用暴力者，一般拥有强大的第二种剩余物（集合体持久性），他们用暴力推翻“投机者”和擅长组合艺术者的统治，于是开始一个新时期，那些失败者一次次地反扑、重掌政权，然后重新开始夺取政权；如此循环往复，以至无穷；这一时期往往长达数百年。

帕累托指出，除S类人和R类人之外，还要第三类人——善于并想要使用暴力者。R类人和S类人都惧怕并且不善于使用暴力。第三类人可以轻而易举地剥夺R类人，但要剥夺S类人则困难重重，因为他们（“投机者”）拥有丰富组合本能剩余物，擅长权术谋略；“第二类人（指S类人）今天被战胜并解体，明天会东山再起并称雄一时”。①

帕累托举例说明：譬如，在一个国家，统治阶级A吸收了全民中的谋略家。于是，被统治阶级B极端缺乏谋略家，因此击败A方希望渺茫或毫无希望，除非B方也吸收谋略家并用谋略作战。如果权术谋略加暴力，A方的统治将永恒。正如但丁所言“如果心灵的机能加上恶意和力量，人类就防不胜防”。然而，在历史上只有少数人做到这点；多数谋略家很少使用暴力，反之亦然。因此，如果A方聚集谋略家，B方必然聚集暴力者。运动如此运行，平衡趋向不平衡；由于A方求助于权术谋略，不想使用也不拥有暴力；而B方拥有并想使用暴力，但不通晓使用艺术。之后，如果B方吸收源于A方持不同政见者，作为自己的领袖；因为这样的领袖精通权术谋略，B方就有能力战胜A方并取而代之。从历史上看，率领被压迫阶级起义造反的领袖人物，往往是统治阶级中的叛逆者。

由此可见，无论是A方对B方，还是B方对A方都使用暴力。然而，A方是为维护社会一致性——社会制度和社会秩序，B方是为违犯社会一

---

① 帕累托：《普通社会学纲要》，三联书店，2001，第375页。

致性——改变社会制度和社会秩序使用暴力。那么，到底哪种暴力必要并有益呢？帕累托认为，首先要对社会一致性进行定性考察，哪些对社会有益，哪些对社会有害；然后再对社会一致性效用进行定量分析：其有益效用大得足以抵偿为维护它使用暴力造成的损害；或者其有害效用如此巨大，超过为破坏它使用暴力所造成的损害。譬如，法国大革命时期第三等级为推翻封建制度使用暴力造成的损害远远低于这一制度对社会造成的损害。

帕累托还揭露富豪统治集团的虚伪性："赋予自己一种新的神权：反对以往的政府的起义是合法的，因为它们建立在暴力基础之上；而反对建立在'理性'基础之上现代政府就不再合法。或者：反对国王和寡头统治的起义是合法的，而反对'人民'的起义就不合法。还有：哪里不存在普选制，就可发动起义；哪里已有这种灵丹妙药，就不能再暴动了"。[①]

三

帕累托是20世纪西方著名经济学家和社会学家，他对现代西方经济学、社会学和政治理论及统计学均做出重要贡献。帕累托的理论渊源主要是斯宾塞、穆勒、马基雅维利、瓦尔拉和索列尔。

帕累托首先是一位经济学家，他在19世纪末20世纪初提出效用序数论、最优状态论，对20世纪30年代中后期建立并发展的新福利经济学做出划时代贡献。旧福利经济学是由英国著名经济学家马歇尔的学生庇古于1920年出版《福利经济学》一书而创立的。"福利"一词是指人们所获得的效用和满足。庇古的福利经济学有两个基本立论：每个人都力图使自己的满足最大；收入分配平均化有利于增进社会福利。庇古采用马歇尔的基数效用论进行分析：人们对于物品的满足程度可以用1、2、3、4等基数表示，可以用货币多少来计量。但不少经济学家发现庇古的福利经济学在理论上存在漏洞：个人满足的程度是一种主观感觉，某甲不能以自己的心理感觉衡量某乙的心理感觉，因此人们的满足程度不能比较。直至20世纪30年代中期，英国经济学家希克斯等人把帕累托的效用序数论和最优状态论介绍到英语国家，人们才发现帕累托理论的光辉。

---

① 帕累托：《普通社会学纲要》，三联书店，2001，第339～340页。

帕累托的效用序数论认为，人们对于物品的满足程度或效用的感觉，不能用1、2、3……具体数值单位表示，只能用第1、第2、第3……序数表示并比较，比如面包、苹果、衣服等物品给消费者带来的满足程度分别排第一、第二、第三……帕累托认为在个人之间比较效用没有科学基础，提出用偏好顺序来代替效用计量。他主张采用无差异曲线以确定每个人在既定价格收入条件下所达到的最大偏好状态。帕累托提出的社会福利最优理论影响深远。他认为，当生产要素配置的任何变动，已经不可能使任何一个人的处境变好，而不使另一个人的处境变坏；换言之，社会已经达到这样一种情况，即任何变革都不可能使任何人的福利有所增进，而不使其他人的福利减少，就意味着资源要素的配置已经使得社会经济福利达到最大值。后来经济界把这种状态称作帕累托最优。

西方福利经济学研究普遍采用了帕累托的效用序数论和无差异曲线分析方法，都围绕帕累托提出的最优状态进行讨论。帕累托最优理论被当代经济学广泛使用。研究帕累托最优（或最大值）的目的在于提高资源配置的经济效率。人类的需求永无止境，而地球上用以满足需求的资源，包括生态资源，是有限的。只有合理利用和分配资源，使资源在各个生产部门的配置达到最优状态时，才能取得最大的经济效果。无论是国家还是个人，都必须在这一过程中做出选择，这正是研究帕累托最优的现实意义和出发点。维持生态环境质量如同生产商品，社会需要投入一定数量的资源，任何在现有技术与经济条件下，以最少的投入，取得最大的生态经济效益，达到经济上最佳的生态平衡状态，这是帕累托最优理论在生态经济研究中的应用。①

帕累托认为，有着良好管理和组织以取得最高经济效益的社会主义经济，在本质上并非同资本主义经济截然不同。同资本主义一样，社会主义经济也只能建立在交换和经济核算的基础上。帕累托还认为不同社会制度基本经济问题存在同一性、经济组织存在亲缘性，他是预言社会主义经济制度可能成功的第一位西方经济学家，如果社会主义市场经济能有效运转，那么私有制对经济核算就并非绝对不可或缺。帕累托的这些观点后来被E. 巴罗纳发展，成为O. 兰奇、F. 泰勒等经济学家批判F. A. V. 哈耶克（Hayek）、L. 鲁宾斯等人在社会主义制度下不可能进行经济核算论点的理

① 见《中国大百科全书·经济学》“帕累托”条目，中国大百科全书出版社，1987。

论基础。兰奇—泰勒学派认为，社会主义如果保留消费市场和议定工资的自由的话，就会比资本主义制度更合理、更接近由纯粹、完美竞争产生的理想境界。因此，从某种意义上讲，帕累托是西方第一位拥护社会主义市场经济的经济学家。[①]

帕累托继承并发展瓦尔拉的一般均衡论；他在运用数学分析经济现象、现代价值论、选择论方面也做出杰出贡献；他被公认为西方新福利经济学和数理经济学的鼻祖。总之，帕累托是在基础性理论上做出创造性成果的经济学家，他的经济学观点对当代西方经济学仍有很大影响。另外，帕累托在进行经济学基础原理的研究中，涉及比经济学更深刻、非经济学所能处理的问题。正是由于经济学研究引发更高的追求，帕累托不满足已取得的辉煌成就，从经济学转向更为广阔、更具挑战性的社会学领域。

帕累托对西方社会学的贡献首先表现在研究方法论上。一是采用实验科学方法。帕累托主张建构如化学、物理学那样的纯粹经验的社会学，研究的要素是社会事实，通过分类以发现事实之间关系的一致性（规律）。因此，必须以经验与观察作为向导，而不应当从神学、形而上学等不符合实际的原则出发，也不能受情感的干扰（他认为实验科学无教条，建立在情感上的推理，如同形而上学推理，缺乏精确性）。帕累托本人在这方面也做了大胆尝试：他运用数学和统计学对社会现象进行量化。意大利共产党创始人、杰出马克思主义理论家安东尼奥·葛兰西在《狱中札记》中提到，帕累托显现创造一种“纯粹的”或“数学的”语言的倾向。应该说，帕累托对西方社会学向实证主义和应用实验科学方法的方向发展起了促进作用。二是采用综合研究方法。帕累托把社会学界定为“诸如法学、历史学、政治经济学、宗教史”等专门学科的综合学科，“并专注于一般地研究人类社会”。帕累托学识渊博，其社会学著作内容丰富、无所不包，历史学、宗教史、经济学、政治学、哲学、心理学应有尽有。这种强调社会生活本质的一致性，同现代专业化的社会科学训练形成鲜明对比。

帕累托的社会学思想，尤其是社会系统理论对美国社会学家帕森斯产生重要影响，并成为20世纪50年代西方社会学占主导地位的结构功能主义的理论来源之一。帕累托在把人类社会生活同生物有机体作类比时，把社会视为一个系统，从而形成社会平衡和社会秩序思想。帕累托认为，任

① 雷蒙·阿隆：《社会学主要思潮》，上海译文出版社，1988，第637页。

何社会系统主要有四个方面的特征：经济生产力水平、政治权力的分布状态、意识形态的性质、不平等的模式。如果社会系统的某一方面的特征的变化充分，整个社会系统就将相应地发生变化，以达到一种新的平衡；如果社会系统的某一方面变化不充分，它就要受到来自社会系统其他方面的压力，使社会系统维持原来的平衡状态。帕森斯在20世纪40年代形成结构功能分析学说。帕森斯认为，社会系统的各部分存在着相互依存和相互交换的关系，使社会系统趋于均衡。适应（A）、目标达成（G）、整合（I）、潜在模式维系（L）——这四种基本必要功能的满足，使系统得以保持稳定性。当系统出现越轨和偏离常态的现象时，可通过系统本身的自动调解机制，使系统回复到新的正常状态。[①] 这里，不难发现帕森斯同帕累托的师承关系。正是帕森斯高度评价帕累托的理论贡献，称系统概念以及同其相连的结构、功能等概念在帕累托的著作中已出现。正是由于帕累托把社会作为系统研究及对社会行为深入研究，帕森斯把帕累托同涂尔干和马克斯·韦伯并称杰出社会学家。

瑞士心理学家皮亚杰强调帕累托的平衡、相互作用和交流等概念的重要意义。美国经济学家、社会学家熊彼特（J. Schumpeter）和法国社会学家雷蒙·阿隆指出，帕累托对非逻辑行为的研究是对政治进程进行分析的钥匙。自美国经济学家西蒙（H. A. Simon）开始形成的数理社会学，把握了帕累托的后分析总体性以及其他直觉的概念，并在系统模式的研究中使它们开花结果。帕累托还受到组织社会学家和工业社会学家的高度评价，称帕累托是当之无愧的认识社会学和意识形态理论社会学的奠基人之一。正是从此观点出发，意大利学者诺贝托·博比奥重新评价帕累托的贡献（因为在意大利对帕累托的研究远不及法语和英语国家），强调帕累托对理智主义和政治幻想主义进行批判的意义。然而，意大利社会学家皮佐尔诺（A. Pizzorno）认为：帕累托社会学理论的现实性在于，他将科学领域同信仰（派生物、意识形态）领域加以区分，在科学领域人们可以超越矛盾进行交流，可以从人类冲突本能的内心痛苦中解救出来。建立在程序和定义一致基础之上的科学交流，趋于实现这样一个世界——人们不必为说服和强迫他人而斗争；即是说，趋于实现一个在冲突之外的世外桃源——这里理性优越性和潜在普遍性得到保证。

---

① 见《中国大百科全书·社会学》“帕累托”条目，中国大百科全书出版社，1987。

雷蒙·阿隆还指出，尽管帕累托的方法不是心理学的，但他在探寻剩余物分类时，不时接近对心理学机制的分析。特别在研究说服和鼓动他人的手段时，帕累托对现代宣传术和广告心理学做出了贡献。[①]

帕累托在《普通社会学纲要》第 277 节写道："对一个非常简单的事实的叙述，很难再准确地复述一遍。刑法学教授往往有这样的体验：学生们在场时发生某事，当请他们叙述此事时，有多少学生就有多少形形色色的报告。你同一个少年，或同一个想象力丰富的成人参与某个事件，你让他们描述这事件，就会发现他们总要添枝加叶，或对其概貌的介绍有过之而无不及。在重复耳闻事件时也发生这种情况。不仅如此，由于叙述一般总有言过其实之处，倾听叙述者最终要打些折扣；因此，为使他产生符合实际的印象，需要使用一些言过其实的术语。如果你看到十人中有九人大笑，并且想造成同实际相符的印象，你最好说：'大家都笑了'；因为你如果说：'只有一部分人笑了'，造成的印象就会不及事实。"

作为帕累托社会学理论重要内容的精英循环论，更多地被政治学家和政治思想史家引述和研究。英国政治学教授约翰·麦克里兰（F. S. McClelland）在其 1996 年的巨著《西方政治思想史》中把帕累托作为精英主义学派代表人物介绍。意大利著名政治思想史家、佛罗伦萨大学教授萨尔沃·马斯泰罗内（Salvo Mastellone）在《欧洲政治思想史》中，把帕累托同莫斯卡一起考察，但他同时强调帕累托同莫斯卡的不同：莫斯卡是法学家，而帕累托是经济学家，后者的精英理论主要从生产范畴考虑。美国学者阿瑟·列文斯顿早在 1938 年就明确指出：在帕累托的精英理论同莫斯卡的统治阶级理论之间没有渊源的和历史的联系。从渊源方面看，莫斯卡的统治阶级理论产生于对多数人统治原则的批判，是对泰纳的方法的概括；而帕累托的精英理论源于对财富分配与社会阶级差异之间关系的研究。从历史角度看，直至 1906 年帕累托还未读过莫斯卡的《政治学原理》。帕累托的《政治经济学教程》与莫斯卡的《政治学原理》都是在 1897 年出版的，只相差几天。他认为莫斯卡对帕累托的真正影响值得怀疑。[②] 葛兰西认为莫斯卡的"政治阶级"概念有待向帕累托的"精英"概念靠拢；而"精英"概念是说明知识分子的历史现象及其在国家和社会生活中作用的尝试。[③]

---

① 雷蒙·阿隆：《社会学主要思潮》，上海译文出版社，1988，第 509 页。

② 莫斯卡：《统治阶级》（"英译本前言"），译林出版社，2002，第 32 ~ 35 页。

③ 葛兰西：《知识分子和文化组织》，联合出版社，罗马，1979，第 22 ~ 23 页。

无疑，墨索里尼受到帕累托的精英循环论的启发和激励，帕累托的社会学思想成为法西斯主义的理论渊源之一。但正如上文所说，这种影响不是决定性的和唯一的。我们应记住帕累托是大学教授和学者，不是政治家；其社会学巨著《普通社会学总论》是多年刻苦研究的成果，成书于1916年，那时法西斯主义还未出现。如果说它使墨索里尼受到启发，构成负面影响的一面；同样它也引起葛兰西的思考，构成其正面影响的另一面。

我们知道领导权理论是葛兰西政治思想的精华，而“认同”（consenso）范畴成为这一理论的起点。正是帕累托最早提出“认同”概念的。在《普通社会学纲要》中，帕累托写道：“在全部历史中，作为统治手段，认同和暴力总交织在一起，从远古时代的国王直至现代民主政体。到处存在一个人数不多的统治阶级，它部分靠暴力，部分靠被统治阶级的认同维持政权。”葛兰西把作为统治手段的“认同”提升到国家本质的高度。葛兰西认为，国家不仅是暴力机器，还是市民社会；国家 = 政治社会 + 市民社会。统治阶级不仅靠暴力，还靠市民社会行使对被统治阶级的文化及意识形态的领导权，从而使后者认同“合法”统治。帕累托进而分析统治阶级的差别：从本质上看，是暴力与认同的比例；从形式上看，是使用暴力或获得认同的方式。葛兰西先进行横向考察，将“暴力—认同比例说”提升到“政治社会—市民社会强弱说”，来总结“十月革命”胜利后西方无产阶级革命接连失败的沉痛教训。东西方社会结构不同：在东方，政治社会就是一切，市民社会是原始的；在西方，存在强大的市民社会。因此，西方无产阶级仅仅夺取政权是不够的，而要首先攻占市民社会的一切阵地。葛兰西后进行纵向考察，指出随国家发展，政治社会呈减弱、市民社会呈增强趋势；在社会主义制度下，国家的暴力和强制因素逐渐减弱，领导权和积极认同因素逐渐增强，故社会主义民主越来越重要。

帕累托反对自由民主主义，也反对社会民主主义；因为他认为二者的国家化社会制度同自由经济的个人主义格格不入。帕累托还对代议民主制持反对立场，从积极方面看，他揭露了西方议会民主制的虚伪性——资产阶级财阀民主制，“所有政府都使用暴力并且都断言它以理性为基础。事实上，无论有无普选制，总是寡头政治集团在统治，并且善于将自己期待的表述强加给‘人民的意志’”。[①] 但从总的历史作用看，主要起消极作用：

① 帕累托：《普通社会学纲要》，三联书店，2001，第340页。

当时意大利在政治上尚未成熟、真正的民主政府尚未建立，从而对意大利政治发展进程产生不少危害。尤其在法西斯独裁建立后，这种观点更容易被墨索里尼所利用。在辞世前，帕累托似乎觉察到这一点，一改以前立场，充分肯定议会和言论自由的必要性和重要性。

从某种意义上讲，帕累托的社会平衡理论，关于经济效用同社会效用统一的思想，对于建设社会主义和谐社会具有一定的现实意义。他的精英循环论对于提高执政党的执政能力也有一定参考价值。

田时纲

2006 年 10 月 15 日，一稿

2015 年 10 月 25 日，二稿

第一章　导　论

1. 人类社会是诸多研究的对象。有些研究构成专门学科，诸如法学、历史学、政治经济学、宗教史，等等；另一些研究包含的学科还很混杂；一门学科，即它们的综合，并专注于一般地研究人类社会，可以称之为社会学。

2. 这个定义并非完美无缺，但似乎也不会改进多少，由于包括数学在内的全部科学，均无一个十分严格的定义。这是由于我们认识的对象只是为了方便才被划分为不同的部分，并且随着时间的流逝，这种人为的划分会变化无常。我们认为纠缠于词语问题是徒劳无益的，还是让我们考察事物本身吧！

为此，我们不想讨论社会学是否为一门自主的科学，是否有别于历史哲学，我们主要致力于探寻社会事实所显现出的那些一致性，以及贯穿于这些事实间的相互依存的纽带。至于这类性质的研究，随便称它为什么都可以。

3. 我们的论题所应遵循的某些规则，宁愿在这里作为导言提出，而不留待适当时机再慢慢处理。我们仅限于列举某些命题，而对它们的论证将随著作的展开进行。

4. 一位作者可以用两种截然不同的方式陈述所应遵循的原则：（1）可以要求人们作为已经证明的真理接受，这样，它们的任何逻辑推论也将被认为是证明了的。（2）可以将这些原则视为对人们可能遵循的条条道路之一的简单指示。在此种情况下，它们的任何逻辑推论都未被具体地证明，而仅仅是假设，是展开的前提。因此，人们往往应避免应用这些推论，而应直接地探寻事实之间的关系。

5. 经验告诉我们第二种方式对其他科学研究有益，因此，我们想尝试着将其运用于社会学研究。我们不想把某些教条作为研究的前提，陈述这些原则，只是为了在条条有待选择的道路中指出我们要走的那条路。因此，我们的同路人丝毫用不着放弃选择其他的路。

6. 迄今，人们几乎总是教条式地陈述社会学。所以，不应对孔德加于他的社会学的“实证的”这个字眼产生错觉。“实证社会学”同波舒哀[①]的《关于宇宙历史的报告》一样教条。它们是不同的宗教，但毕竟都是宗教，并且我们在斯宾塞[②]、德·格雷夫[③]、勒图尔诺[④]和其他作者的著作中都能找到这类宗教。“人道主义”的社会学著作浩如烟海；形而上学的社会学著作，我们也未感到匮乏之苦；基督教、天主教之类的社会学著作也有一些。我们丝毫不想归罪于所有这些值得重视的社会学，只请允许我们在此陈述一种如同化学、物理学以及类似科学的纯粹实验的社会学。

因此，在后文中，我们有意选取经验与观察作为入门向导。经验与观察这两个概念要在自然科学中所具有的意义上理解，而不具有目前流行的表达含义——内省的、基督教的经验，等等，后种经验不过是古代形而上学家的自我观察的别名。

为了简略起见，这里经验与观察一致，说到其中一个就是指它们两个。同样，当我们提及实验科学，也就是指观察的科学。

7. 在一个集体里流传着描述性、感受性之类的命题，诸如：“他人之物勿贪图”“爱邻如爱己”“居安思危、节俭防穷”。此类命题逻辑地或伪逻辑地联系起来，并用各种叙述加以补充，就构成了理论、神学、宇宙学、形而上学，等等。

8. 对于受情感支配而确信此类理论、神学、宇宙学、形而上学……的人来说，它们应分为两类——真理论和假理论，但这两类理论的界限并不分明。

9. 往往还需补充三个公理：

（1）每个智者都应该欢迎真命题，摈弃假命题；

（2）每种真理论都是有益的，每种假理论都是有害的；

（3）一种理论不能只对一些阶级有利，而对另一些阶级有害。

10. 如果尚未对这些命题的内在本质——诸如怎样从信仰中产生——

① 波舒哀（1627～1704），法国作家。曾任主教和家庭教师。著有说教词 140 余篇，宣扬天主教教义。——译注

② 斯宾塞（1820～1903），英国哲学家、社会学家，实证主义主要代表之一。——译注

③ 德·格雷夫（1842～1924），比利时社会学家。——译注

④ 勒图尔诺（1831～1902），医学博士，巴黎人类学学院教授，斯宾塞进化论的信徒。——译注

进行探求的话，我们可以外在地将所有这些命题和理论看作实验事实。这些事实存在于社会中活动的诸因素，并且显现出人们的志趣与倾向。

11. 假如设法对它们进行分类，立即就会发现理论由两部分组成——材料和联系。前者是描述性的公理部分，是具体或抽象的、实在或想象的存在物的参与；后者是逻辑或伪逻辑的推理，是对情感的祈求，是伦理、宗教诸因素的参与。此外，还会发现理论类似于生物，即是说它们也要产生、生长和死亡。关于这点我们将在后文讨论。

12. 当考察理论的不同方面并把握住材料性与联系性的可能组合时，可以将它们作如下划分：

（1）客观方面，即不由其创造者或欢迎者决定的独立性。

第一类，实验材料：

①逻辑联系：包括全部逻辑—实验科学理论；

a. 仅由实验材料和逻辑联系构成的真正纯粹类型。抽象与一般原理——结论可以从中逻辑地推演出——仅从经验中抽取，并受经验制约。

b. 显然，材料总是实验的，联系总是逻辑的。但抽象、一般原理具有超验的价值，并支配着经验。

②非逻辑联系，即逻辑上的诡辩，或用以欺骗他人的装腔作势的推理。

第二类，非实验材料：

①逻辑联系；

②非逻辑联系。

当然，这种划分取决于我们的认识。甲认为某些因素是实验的，论据是合乎逻辑的；乙的看法截然相反。他们对理论的分类肯定不同。

另外，具体说来，一种理论中实验部分与非实验部分、逻辑部分与非逻辑部分可以共存。

（2）主观方面，即与创造或欢迎某一理论者有关联的性质。

①某一确定理论被某一确定的人创造的原因；

②某一确定理论被某一确定的人欢迎的原因。

此类问题也会扩展到集体中。

（3）效用方面，包括创造这一理论的情感，以及反过来用以产生、强化、改变某些情感的这一理论活动。

①由一种理论所表达的情感的效用或损害：

a. 对于创造这一理论者来说；

b. 对于欢迎这一理论者来说。

②某一确定理论的效用或损害：

a. 对于创造这一理论者来说；

b. 对于欢迎这一理论者来说。

此类考察也要扩展到集体中。

13. 概括说来，譬如，用命题 A = B，我们应该解决如下问题：

(1) 客观方面。这一命题是否与经验一致？

(2) 主观方面。为什么有些人陈述 A = B？为什么另一些人确信 A = B？

(3) 效用方面。命题 A = B 所表达的情感对其陈述者有何益处？对其欢迎者又有何益处？理论 A = B 对其陈述者有何益处？对其欢迎者又有何益处？

在非常情况下，人们对第一个问题做出肯定回答，对其他问题则补充说："人们陈述、确信 A = B，因为这是真的"，"这样表达的情感是有益的，因为它们是真实的"，"理论本身有益，因为它真"。逻辑—实验科学的命题存在于这种非常情况中，因此，真就意味着同经验一致。但在这种非常情况下也存在根本不属此种科学的命题。因此，真的含义完全不同，往往表示同论点捍卫者情感上的简单协调。

在以后各章的研究中，我们往往会看到下述情况：

①同经验一致的命题，因与情感一致而被陈述并受到欢迎；这些情感对个人和社会或有益或有害。

②同经验一致的命题，因与情感冲突而受到摈弃；但如果这些命题受到欢迎，将危害社会。

③同经验不一致的命题，因与情感一致而被陈述并受到欢迎；这些情感对个人和社会有益，有时益处匪浅。

④同经验不一致的命题，因与情感一致而被陈述或受到欢迎；这些命题对某些人有益，对另一些人有害，对社会或有益或有害。

我们对这一切都不可能先天地知道，只有求助于经验的教导。

14. 仅就客观方面，我们把命题和理论划分为两类：第一类未脱离实验领域，第二类在某种程度上是超验的。如果想让推理严密一些，有必要将它们明确区分。一般说来，每类都有自己的推理方法和将其自身再划分为两种的特殊标准：一种包括同选择标准逻辑地一致的命题——称之为真命题；另一种包括不能同选择标准一致的命题——称之为假命题。由此可见，真与假这些词语同选择标准密切相关；如果试图赋予它们绝对意义，就会脱离逻辑实验领域，进入形而上学领地。

第一类命题的真实性标准完全从经验与观察中汲取；第二类命题的真实性标准是在客观经验之外，这一标准可在神祇的启示中找到，在通常所说的人类精神源于自身、无须求助于客观经验，源于人们的普遍认同等观念中找到。

15. 一般说来，形而上学家把对事物本质、原则的认识称之为科学。假如我们暂时接受这一定义，就不能不说本书根本不是科学著作；我们不仅避免指出本质和原则，甚至不知道这些概念是什么意思。

当形而上学从绝对原则下降到具体境况，实验科学却从具体境况上升到普遍原则（不是绝对原则、本质，它们对实验科学来说并不存在），这些原则的产生取决于另一些更为普遍的原则，依此类推。

16. 在简化的形式中，加于认识本质的偏见关注通过普遍原则论证特殊事实，而不是由这些事实推演出普遍原则。这样，仍把对事实的证明同对其起因的证明相混淆。譬如，从某些观察中我们可以得知事实 A 的存在，进而指出 B、C、D……是 A 的可能起因。证明结果这些起因并不有效，由此得出结论——A 不存在。假如从经验中推演出 B、C、D……的存在，并由此得知 A 的存在，这种论证就是无可指摘的；相反，若观察直接给定 A，论证则缺乏令人信服的力量。

17. 人的思想是综合性的；只有科学推理习惯才允许少数人在分析时将整体划分为部分。这种倾向使得表达命题者和倾听命题者极难区分开实验标准与非实验标准，而多数人趋向于把这两种标准混淆。正如我们将在后文看到的那样，社会学上的许多重要事实都可用此种现象进行解释。

18. 综合之前的分析，对于研究具体现象的各个部分、对于从理论返回到具体事实的必要性（人们最终在自然科学中理解），尚未在社会科学中被多数人所认识。

因此产生司空见惯的错误——否定一种理论的真实性，因为它未能解释某一具体事实的各个部分。同样的错误以另一种形式出现——试图将所有其他类似理论甚至外在理论都纳入这一理论中。

19. 譬如，它是政治经济学理论。具体现象 O 不仅有经济学部分 e，而且还有社会学部分 c、g……；像许多人所做的那样，试图将社会学部分 c、g……纳入政治经济学是一种错误。需要用给定 c、g……的其他理论补充而不是代替给定 e 的经济理论。

20. 这样，在政治经济学中应当用应用经济学理论补充而不是代替纯粹经济学或数量经济学理论。数量经济学的主要目的是揭示经济现象的相互依存。

21. 相反，一位奇才试图用心理学代替政治经济学，因为有众多经济现象取决于人的意志。但为什么到此止步，而不用地理学甚至天文学代替政治经济学呢？因为，最终说来，经济现象也由海洋、大陆、江河决定，尤其取决于太阳，是它使“这个美好的动植物家族繁荣昌盛”。

有人把这种煞费苦心的活动称之为政治经济学，真值得赞誉，因为令人发笑从而使人心宽体胖。

22. 进而，要把对社会一致性的简单认识同变革社会的行为区分开十分困难，甚至几乎不可能。如果有人专门致力于认识存在的东西，则需不惜一切代价具有一个实际目的；而由于缺少这一目的，最终要杜撰一个。

23. 要不超越作者思想表达的范围，不将他从未构思过的其他内含的命题附加到他陈述过的命题上，同样十分困难。如果你在 A 物上观察到某个缺陷或某个长处，人们就会认为你在整体上诋毁或赞誉此物。这对于宣传性演说或同情感一致的推理（第 197 节）来说，还可以，至少可以部分地理解；但当人们试图从对一致性的简单描述或研究中得出结论，推理就不正确，因为根据逻辑—实验方法客观地进行推理的人无须表达自己的情感，且不管是明确地还是含蓄地表达。

24. 我们假设给定一定数量的事实：发现这些事实的理论这一问题就不仅有一种解答。不同的理论都能充分满足问题的条件，那么到底选择哪种理论可受主观动因启示，譬如简单化。

25. 在逻辑—实验科学中，理论仅是从某些被称作原则的一般、抽象命题逻辑地推演出的结论，在这些原则中积淀着许多事实的共性。这些原则、这些理论以及它们的推论皆隶属于事实；它们除了再现事实外，不会有其他真实性标准；它们仅当同事实一致时才有效，人们应坚决摒弃那些同事实不一致的原则、理论及它们的推论。

26. 当将假说作为研究结论的手段、而结论总有待用经验确证时，并未脱离实验领域。只有在任何实验确证之外，将假说作为证明结论的手段时，才脱离实验领域。

27. 当一种假说的许多结论被经验所确证时，一个新结论很可能也被经验所确证，但实际上人们根本没有证明就纷纷承认这一新结论。这就解释了为何在许多人的头脑中将受经验支配的假说同凌驾于经验之上的假说相混淆。实际上总存在一些境况，肯定使某些假说的结论能被接受。譬如，现在人们对理论力学的一些原理提出质疑，至少由于速度比我们实际上观察的快得多；但机械工程师丝毫用不着冒犯错误的危险，能够继续承认这些原理，因为机器部件变化的速度远比力学原理应改变的速度慢得多。

28. 我们放弃探求科学规律是否具有必然性（第 209 节）。在此论题上，观察与经验毫无作为；规律只指出某些一致性，并受到观察与经验赖以扩展的时空的限制。这一条件总是不言明的，当它不是陈述定理的前提时仍然如此。谁要是忘记这一点，他就不能很好地理解此书的内容。

29. 同样，我们放弃讨论三段论的必然性问题。譬如，逻辑命题的三段论："一切人都要死，苏格拉底是人，所以苏格拉底也要死。"按实验面貌应当说："我们所能认识的一切人都要死，根据众所周知的苏格拉底的性质我们把他同这类人归于同一范畴，所以苏格拉底很可能也要死。"

30. 这种或然性在其他境况下还会扩大，因而成为比能在发现澳大利亚之前进行的如下的三段论大得多的或然性："我们所能知道的一切天鹅都是白色的；一只鸟具有天鹅的全部属性，但不知道它的颜色，应当把它归于天鹅的范畴；所以这只鸟很可能是白色的"。

31. 正如某些人所为，断言"奇迹"是不可能的，因为它同自然规律的永恒性相悖；用论点本身来证明论点，成了十分流行的推理方法。如果奇迹能被证明，那自然规律的永恒性不就即时被摧毁了吗？因此问题的症结存在于对这种事件的证明中，证明越严密，我们离认识的事实范围就越远。我们只提醒：断言者要担起证明的重负。

32. 因此，在我们看来，科学规律仅仅是实验的一致性。就这一方面来说，它们在不同科学中没有差别。差别主要存在于这些规律结果的或多或少的交织中。幸好天体力学只研究一种规律（一致性）的结果。但这些结果可能无助于发现由它们所显现出的一致性。相反，幸好太阳的质量比行星的质量大得多，这样就可以简单的方式发现一致性，尽管严格说来它并不真实。人们起初设想行星围绕着不动的太阳运动，但随后就纠正了草率观察所犯的错误。化学、物理学、力学往往能研究彼此分离的规律，或至少可以用人工手段将规律的结果隔离开；但在某些境况下，它们的交织显得很难解体。在生物学、地质学，尤其在气象学和社会科学中，这种交织成倍增长。

33. 科学规律的其他差异性就在于能否运用经验（这里指与观察相对立的经验）手段分离开它们的结果。化学、物理学、力学、生物学对经验的运用十分广泛；其他科学运用有限；有的很少运用或根本不用，比如社会科学；有的只用一点，比如天体力学，至少涉及星球运动时是这样。

34. 任何规律，包括经济规律和社会规律都毫无例外——不一致的一致性没有意义。被庸俗地称作例外的现象是将一个规律的结果凌驾于另一规律的结果之上。就这一点来说，科学规律，甚至数学法则都有例外。地球表面的一切物体都趋向地心，但一根羽毛随风飘远，充满氢气的气球徐徐升空。某些科学研究的艰难性就在于形形色色的一致性纵横交织。

35. 往往考察另一些中间现象比考察被观察的个别现象更受益。在中间现象中，某些一致性的效果弱化，另一些一致性的效果强化。譬如，我们不能知道明年 6 月 15 日的精确气温，但可以大致知道 6 月的平均气温，数年某一季度的平均气温把握得更准确些。但需注意这些平均气温部分地为我们的需要而随意组合的，不应把它们视为独立于事实的一种存在、形而上学的实体。它们往往仅是内插法的第一级。

36. 在最初的近似值中，我们可以满意地知道，相对于其他具有重大意义的结果，勉强地消除了某些具有微小意义的结果。一旦许可，赋予“重大”“微小”等词确切的含义，了解何物消除、何物保存，将获益匪浅。如果能够认识实际现象（事实）和我们通过中介或理论所获得的此现象的样态间的差异界限，就更好了。但这并未否定第一步——将具有微小意义的结果同具有重大意义的结果区分开——的巨大价值及其艰难性。它毕竟为以后的步伐开拓了道路，但颇具学究气——因不了解各门科学的效用，对各门科学一无所知。

37. 不可能认识一个具体现象的各个细节，有时在物质上似乎还有一些剩余。一种理论不可能设想各种现象的全部细节，所以分歧不可避免，我们只能将分歧缩小到最低限度。这点引导我们考察一系列近似值。科学是不断生成的过程，即是说在一种理论之后总跟随着一种更接近实际事实的理论。

38. 鉴于没有一种理论享有绝对权威，在可供选择的诸种理论中，我们更喜欢那种同过去事实差异最小、能更好地预见未来事实，并能延伸到大多数事实的理论。

39. 我们只在经验与观察中探寻对自己命题的证明，并运用它们产生的逻辑结论。而任何通过同情感一致、外在明显性及良心发现进行证明的方法都在摒弃之列。

40. 听人陈述命题者，只因感到此命题同其情感一致才接受它；甚至，这往往使人觉得是最为明显的接受方式。涉及社会效用，多数情况下，这样做未必不好。但对实验科学来说，某一命题同某些情感的一致性却很少具有、并往往不具有价值。

正是由于我们不想脱离这一科学领域，所以竭力不以任何方式求助于读者的情感；我们将只陈述事实及其结论，只根据事物而不根据事物激起的情感进行推理。我们将把这些情感作为外在事实进行研究。

41. 我们不想步唯物论形而上学家的后尘——凭借为情感所接受的教条的强大力量和至高无上去构建逻辑和经验；我们力求做到分解，而不是比较，更不是判断。总而言之，不想脱离实验领域者唯一有待利用的东西就是经验；如果不是有人常将经验与信仰、推理与情感混为一谈的话，我们这样说就成了毫无用处的同语反复了。

42. 实验科学没有教条，也没有用经验才能解释实验事实这一教条。万一观察的结果相反，实验科学就会接受任何其他观察的结果。实际上它欢迎如下命题——虚构有时从非实验原则中获取好处，因为这一命题同经验的结果一致。但迄今人类认识史向人们展示：在论证方面，用源于宗教或形而上学原则的命题解释自然事实的一切企图都失败了。

43. 我们不以任何方式关注任何宗教、信条、形而上学或道德的信仰蕴含的真理，因为这些东西已经越过我们喜欢在此滞留的界限。但正如我们不侵犯他人的领域一样，也不允许他人侵犯我们的领域。如果我们认为用经验反对超验的原则既愚蠢又徒劳，同样我们拒绝承认这些原则对经验的主宰。

44. 通俗语言词汇缺乏精确性，这是由于精确性只伴随着科学严密性。

建立在情感之上的推理，如同形而上学推理，缺乏精确性；因为情感本身就缺乏精确性，而且名称决不会比事物更精确。此外，这种推理旨在掩盖逻辑缺陷并说服别人，必然借助于通俗语言的不精确性。

相反，建立在客观观察上的实验推理，应当使用剔除任何暧昧性并尽可能精确的语汇。因此，要准备好专门技术语言，即具有确切意义的语汇，它们克服了通俗语言的不精确性。

由于旨在进行逻辑—实验推理，我们竭尽全力使语汇极为准确，以尽可能小的误差同事物相符合，即是说对实验领域的微小偏离可以忽略。

这里需要指出语汇指示概念，概念能同事物或者不同事物保持一致，但这种一致从未是绝对的。具体说来，不仅不存在像直线、圆等那样的几何实体，也不存在纯而又纯的化学元素，动植物物种和名词说明的个体；因为还需要指出在哪个时刻被考察：如果温度和电势①等有变化，铁就不会保持不变。② 总之，需要在偶然的意义上解释那些命题，它们在通俗语言中似乎具有绝对性；需要在通俗语言往往使用质的差异的地方用量的差异代替。

45. 人们从通俗语言中提炼他们的科学有两个原因。首先，因为他们设想必有一事物同词语一致，以至名称就是一切，并常带有神秘性。其次，每个人都把所需要的东西化为己有，这样构建科学易如反掌，而无须长期、艰难的研究。

46. 相反，实验科学只关注事物，它从词语中得不到任何好处，只能从中受到损害。一方面因为词语激起情感，另一方面因为它们能让人们将想象的实体确信为实在的实体，最终因为根据词语推理缺乏精确性。

47. 有一种简单手段，用以发现一种推理是求助于情感或在通俗语言中积累的多少欠精确的概念，还是求助于实验科学。只需用简单的字母 a、c、d……代替事物的名称就够了，如果推理丧失全部力量，就属于前种；如果仍保持力量，则属于后种。

48. 为了避免社会科学中迫在眉睫的危险——他人企图在通俗意义或词源学上，而不是在这些词给定的客观定义中探寻词语的意义，我们情愿用序数词和 21 个字母③代替布告用语，适当时候我们将实际这样做。但为了不使推理枯燥无味和晦涩难懂，我们也将使用通俗语言的词语，并准确地指出它们应当表示的事物是什么。

49. 在这部著作中，我将使用某些力学中采用的术语，并向读者交代它们确切的含义。

---

① 亦称“电位”，描写电场的一个物理量。——译注

② 铁在低于 911℃ 时为 α 铁，呈体心立方点阵；911℃ ~1392℃ 时为 γ 铁，呈面心立方点阵；1392℃ ~1536℃ 时为 δ 铁，又呈体心立方点阵。——译注

③ 原文为字母表的字母，意大利语字母表共有 21 个字母，故如是译。——译注

50. 某些事物 A、B、C……具有对社会经济现象产生影响的能力，为简明起见，可称之为力 A、B、C……

力 A、B、C……可在其活动并未结束或全部完结时考察。在前种情况尚未达到平衡，在后种情况实现了平衡。譬如，A 为某个人要喝酒的热望，B 为他对喝酒有害的恐惧。此人喝了一杯又一杯酒，然后不喝了。因为恐惧成功地抑制热望。喝了第一杯后，现象还没有结束，因为无论是热望还是恐惧都未完成自己的使命。显然，当我们考察一个现象时，需要指出，当 A、B 还作用时，或 A、B 的作用完结时，如何考察这一现象。

在力学中也存在类似现象，但并非完全一样；正因为相似，我们才使用“平衡”这个词。更多的解释将在后文中提供。

51. 只有以一定的条件作为前提，我们才能研究某一现象。譬如，要研究一个社会的形式，就需要维护私有制存在的条件。

这些条件在力学的类似现象中被称作“键”。

我们考察受某些键制约的质点系统，力 A、B、C……作用于此系统，质点以后的位置将由同键共存的力决定。

我们考察一定个体的集合体：存在一定的条件，诸如私有制、自由或奴隶制、技术知识、科学知识、财富、宗教，等等；此外人们的一定意愿、利益、偏见等也起作用。集合体以后的状态可以设想由同上述条件并行不悖地活动着的事物决定。简言之，我们可以将这一集合体称作社会系统，并指出一定的力作用于此系统，这些力同键共同决定系统内各点的位置。

52. 在力学中，将由一种状态过渡到另一种状态叫做“运动”；在社会学中同样如此。

因条件与力一定，其后的不同阶段是确定的。这样的运动被称作“实际的”。由于研究的原因，我们设想去掉一些条件，阶段就会与实际的不同，被称作“潜在的”。

53. 可将社会系统的键与力综合起来，并将这一整体称之为“条件”。决定论主张系统的状态完全由条件决定，系统伴随着条件的改变而改变。

我们并未先天地接受这一理论，仅仅在考察的时空限度内，经验教导我们，在众多境况下正是如此，但并不排除存在其他境况——这一理论不能被接受。

54. 人们常常就历史学和社会学中可能的事物和不可能的事物展开讨

论。根据决定论，一切发生的都是可能的，一切没发生的都是不可能的。其实，我们在相对于实际运动的两类潜在运动间作了区分。在第一类中，人们设想取消在被考察的实际运动中并不缺少的某些键，但在其他机遇里又发现缺少这些键；在这样的机遇里被观察的实际运动就等同于现在考察的潜在运动；因此，在普通语言中就叫做“可能的”。第二类设想去掉某些从未被发现缺少的键，因此实际运动也从未作为潜在运动被观察；这在普通语言中叫做“不可能的”。

55. 研究潜在运动的目的主要可能有两个：

（1）如果被考察的运动在一种境况下是潜在的，在另一境况下作为实际运动被观察，那么对它们的研究就可用来预见实际运动的性质。这可预见一条规律或任何一项措施的效能。

（2）对潜在运动的思考能用以探寻一定社会状况的特点和属性。

56. 说“A 决定 B”或“如果没有 A 就没有 B”，表示同一事实。在第一种方式中根据 A 的性质，在第二种方式中根据潜在运动的形式。

57. 但在运用潜在运动时，需要特别小心谨慎，因为我们往往不了解取消某些条件将会产生什么效果。

还应记住：条件并不是独立的，多数条件相互作用，产生的效果随后又作用于条件本身。

因此，竭力猜测若某事件没有发生会发生什么事、以再现历史的企图形同儿戏，幼稚可笑，我们并不了解假设中会发生的全部变化。如果拿破仑一世在滑铁卢大胜，那会发生什么事？对此我们确实无可奉告。

可能有一天，对社会一致性研究的成果将有助于预见社会未来的进程。

58. 我们研究的要素是社会事实，而不管它们如何，即使表面看来毫无意义或可笑的事实也包括在内。我们试图将它们分类，目的在于发现它们之间关系的一致性（规律）。

59. 我们尽可能地设法用量的考察代替质的考察。但由于我们缺少一种尺度，应满足于用随事物本身升降的指数标量。尽管这一方法不尽完善，但也不会有更多的改进。

60. 我要通知读者，本书只按实验方法客观地进行分析、推理。我不应表现出可能有的丝毫情感，并且如果我对事物的一部分做出客观判断的话，则一点也不想对综合考察的事物在整体上做出类似判断。我不准备以任何方式提供药方和箴言，以谋得人类的幸福、利益和福利，或者它们之中的一部分。我的唯一目的是研究社会的一致性（规律），并在本书展示此种研究的结果。因为我认为，鉴于有限的读者及其科学文化的准备，这些研究成果不会招灾引祸。谁要是有不同的看法，就会找到浩瀚的书籍，并请丢开我这本书。正如薄伽丘[①]提及自己小说所说的那样，决不追着任何人推销自己的作品。

① 薄伽丘（1313～1375），意大利文艺复兴时期著名的文学家，杰出的人文主义者，代表作为《十日谈》。——译注

第二章　非逻辑行为

61. 任何人类知识都是主观的，但可划分为两种：根据我们的看法，一种同事实相符并在事实中证实；另一种同某些人的认识一致。第一种可称作“客观的”，第二种可称作“主观的”。希腊海员笃信祭祀波塞冬[①]会一路顺风，罗马人迷信求签而反对收获。我们想把这两种现象同航海活动和焚烧庄稼的行为分开。如果人们发现祭祀波塞冬使航海受益匪浅的话，祭祀的性质就需改变了。

62. 一些行为存在于适应目的的手段中，它们把手段同目的逻辑地连接起来；另一些行为不具有这种特性。根据客观角度或主观角度考察，这两种行为截然不同。从主观角度看，几乎所有人类行为都属于第一种：对希腊海员来说，祭祀波塞冬和划桨动作一样，都是航海的逻辑手段。

然而，我们将把手段同目的逻辑地连接起来的行为称作“逻辑行为”，不仅对行为主体来说，而且就思路更为开阔（即主观地和客观地思考）的人们而言。其他行为我们称作“非逻辑行为”，但并不意味着不合逻辑。这后一种行为包括许多类。

63. 最好提供一个分类一览表：

种与类	行为有逻辑目的吗	
	客观的	主观的
第一种　逻辑行为:客观目的与主观目的同一	有	有
第二种　非逻辑行为:客观目的与主观目的相异		
第一类	无	无
第二类	无	有
第三类	有	无
第四类	有	有

① 波塞冬，希腊神话中的海神与地震之神。——译注

第三类与第四类分为：

3α、4α　如果主体认识客观目的，就接受此目的。

3β、4β　如果主体未认识客观目的，就不接受此目的。

这里所指的目的是直接目的，而不考察间接目的。客观目的是一种实在目的，处于观察与经验的领域，而不是在此领域之外的想象目的。想象目的相反可以是一种主观目的。

64. 文明民族的逻辑行为不可胜数。艺术和科学活动，至少对认识它们的人们来说，属于逻辑行为。对于只执行首领指令的物质性活动实施者来说，只存在第二种第四类行为。被政治经济学研究的行为大部分也属于逻辑行为。此外还应包括某些军事、政治、司法等活动。

65. 这样归纳表明在社会现象中存在大部分非逻辑行为。为了更好地认识这些行为，我们考察少数例证，大量其他例证留待以后几章讨论是适宜的。

请看第二种行为。

第一类和第三类行为缺少主观目的，对人类毫不重要。人们特别喜欢给自己的行为涂上一层逻辑油彩；于是几乎所有此种行为都成了第二类和第四类。出于礼貌或习俗要求的大量行为可属第一类；但人们往往提出随便什么动机为此类行为辩解，结果使它们又进入第二类。

如果我们姑且不谈间接动机，由人因背离共同习俗并遭诅咒和白眼这一事实，就会发现一些行为有待放到第一类和第三类。赫西俄德[①]说："请勿往江河入海口撒尿，往喷泉里也勿这样做，必须避免此种行为。请勿在这些地方大便，因为这样更好。"[②] 请勿在入海口弄污江河的箴言属于第一类：人们看不到避免这一恶行的行为的任何客观目的和主观目的。请勿弄污喷泉的教诲属于第三类：存在一种赫西俄德当时不可能认识、而现代人认识了的客观目的，即避免某些疾病的传播。很可能原始人和野蛮人那里存在一些第一类和第三类行为；但旅行家们想不惜一切代价认识他们所观察的行为的动机，最终以这种或那种方式获得某些答案，从而把上述行为归入第二类和第四类。

66. 由于我们认为动物不会推理，所以几乎所有称作本能的动物的行为都属于第三类；某些行为可以划入第一类。

---

① 赫西俄德（公元前8～前7世纪），古希腊诗人。——译注

② 赫西俄德：《工作与时日》第757～758行。

第三类是非逻辑行为的纯粹类型，我们研究动物的非逻辑行为，正是为了更好地认识人类的这种行为。艾米利奥·布兰查德提及称作筑瓶形巢马蜂[①]的昆虫时写道，这种昆虫像其他膜翅目昆虫一样，“当发育成成虫时，就去花粉中吸蜜。但其幼虫只靠活猎获物为生，正如黄蜂和蜜蜂的幼虫，由于它们均属无足目，没有能力自己进食，一旦被遗弃，就会立即死亡。由此将要发生的事情就在预料之中了。母亲需要为其幼子备好食物。这种只靠花汁为生的勤劳的小动物，为了保障其后代的生存，准备同其他昆虫开战。膜翅目昆虫差不多总是为给自己的窝搞到食物而袭击一种特殊昆虫，并且会准确无误地找到那些我们认为极为稀少不易发现的食物。雌虫用蜇针刺入猎物，并把它们带到自己窝里。如此受伤的昆虫并未立即死去，而是处于一种完全麻木的状态，使它既不能活动也不能自卫。那些幼虫分布在母亲辛辛苦苦积蓄的食物旁边，在自己那份里找到适当的营养，其丰裕足够整个幼虫期享用。再没有比所有雌虫这种无疑完全出于本能的非凡预见更令人惊奇的了。它们在产卵时，都为自己的幼虫准备食物，但雌虫永远看不到幼虫，因为一旦幼虫脱壳，雌虫立即死亡。”[②]

另一种膜翅目昆虫——节腹泥蜂属袭击鞘翅目昆虫。这里主观上的非逻辑行为成了某种神奇的客观逻辑行为。让我们倾听法布尔[③]的意见吧！他观察到，膜翅目昆虫为使猎获物麻痹无力，必须找到鞘翅目昆虫——其胸腔的三个神经节相距很近，或后两个神经节衔接在一起。“（第 72 页）这就是节腹泥蜂属所需要的猎获物。这些鞘翅目昆虫凭借运动中枢彼此靠近直至相互接触，它们之间紧密连接，聚合为一个整体；只需用蜇针刺一下，它们便同时瘫痪；或者，如果需要用刺血针多扎几下的话，那么所有神经节都要扎，至少聚积在箭头下的神经节要扎。”[④] 其后接着写道：“（第 73 页）在大量鞘翅目昆虫中节腹泥蜂属能够施之劫掠的只有两种——象鼻虫和吉丁属，它们具有不可缺少的条件。这两种昆虫都远离污染肮脏的地方栖息，它们的微妙的猎人也对这样的地方有着不可抑制的厌恶。它们的众多代表形体大小千差万别，同其不同掠夺者的形体恰成比例，这样后者可以随心所欲地选择猎物。它们比其他任何鞘翅目昆虫更易受攻击，膜翅

① 拉丁学名为 eumenes。——译注

② 布兰查德：《昆虫史》第 1 卷。

③ 法布尔（1823～1916），法国科学家。——译注

④ 法布尔：《昆虫学的回忆》第 1 组第 67～79 页。

目昆虫的蜇针仅在一点上就能成功地刺入，因为爪与翅的运动中枢在这里积聚，极易被‘箭’射中。象鼻虫的三个神经节在这里非常接近，后两个甚至接触了；吉丁属第二、第三两个神经节合为一体，同第一个神经节相距不远。我们看到恰恰是吉丁属和象鼻虫，绝对不是其他猎物，被八种节腹泥蜂属所捕猎，这证明后者只用鞘翅目昆虫为自己提供营养！”①

67. 此外，动物的部分行为显现出某种推理性，更确切地说，当环境变化时，它们使手段适应目的。法布尔——我们常常引述他，因为他比其他任何作者对这一主题的研究都精深——说：“（第 165 页）对本能来说不存在困难，只要行为按动物的不变的循环运行；同样，对本能来说不存在容易，如果行为脱离了习惯运行的轨迹。曾因其高度的清醒使我们惊叹和恐惧的昆虫，过了片刻，面对一个极其简单、外在于其日常实践的事实，因其愚蠢又使我们困惑不解。”② 在此之前他写道：“（第 65 页）在昆虫的心理中应当区分两个截然不同的部分。第一个部分是本意上的本能（第 66 页），主管动物在其灵巧性方面完成最令人惊叹的行为的无意识的冲动……正是这种本能而不是其他别的什么，使母亲创建她不知道的家庭，并建议给陌生人支付佣金，使箭朝着猎物的神经中枢发射……以保证储备充足的给养。但运用人们还未理解的关于昆虫的严密科学，如果只有纯粹的本能（第 67 页），就会使没有经验的昆虫处于同环境的不断的冲突之中……需要一个制导系统以便探寻、接受、拒绝、选择，钟爱这个而不留恋那个，最终从机遇能提供可利用性这一点受益。昆虫当然拥有这种制导系统并具有很高水平。这是它心理的第二个部分。这里，它是自觉的并凭借经验可臻完善的。我不敢将这种才能称作初步的智力，对它来说太过誉了，我把它称之为‘觉察力’。”③

68. 从质上看，这些现象对人来说也是如此；但从量上看，动物的逻辑行为领域十分狭小，而人的逻辑行为领域则变得十分广阔。然而在动物之间已出现逻辑萌芽。法布尔在叙述如何欺骗某些不愿完成无用行为的昆虫后补充道：“（第 176 页）这里请记住，黄翅泥蜂不会让它在拒斥蟋蟀的游戏中永远受骗。它们之中有一些杰出的部落——硬头部落，后者在经历了多次屈辱后，识别了操作者的恶意并学会对付这种恶作剧。但这些追求

① 法布尔：《昆虫学的回忆》第 1 组。

② 法布尔：《昆虫学的回忆》第 1 组。

③ 法布尔：《昆虫学的回忆》第 1 组。

进步的革命派只占少数；而固守陈俗旧习的保守派占大多数，真是成群结队！”

请读者铭记这一观察结果；因为这种组合——革新倾向同感觉集合体持久性——保守倾向间的冲突，可为解释人类社会的许多事实指明道路（第九章）。

69. 人类语言形成的超凡绝妙决不亚于昆虫的本能行为。认为语法理论先于语言实践是荒谬的；语法理论肯定在语言实践之后，人们并不知道语法就业已创造了精细的语法理论。

我们以希腊语为例。如果想要上溯悠远，考察希腊语起源的某些印欧方言，必将令人生厌，因为语法抽象变得总不可靠。不能认为一天希腊人聚集在一起颁布他们的动词变位法，只有对其应用才产生杰作。按雅典风格我们增加了（这是历史时代流逝的标志）音节外，为了无比微妙的细微差别，还增加了时态，只需延长词首元音。不定过去时的概念及其在句法中的功能的发明应归功于最杰出的逻辑学家。动词形式的多样，它们在句法中功能的精确，令人叹为观止。

70. 在罗马被授予兵权的将军离城前必须到冈比多里奥山丘[①]根据飞鸟行动占卜。只有在罗马他们才能这样做。不能认为这一行为起初具有后来附加的实际政治目的：“（第 114 页）只要完全由公民大会的意愿决定已有兵权的延长，如果不凭借冈比多里奥山丘上鸟占者的咨询，因而在城市职权范围内完成一个行为……并超越宪法组织起另一职权，这样也就超越了给最高公民大会规定的界限的话，就不可能将军事指挥全权授予新的将军。在抵抗特别军事权力方面，宪法提供的某些保障远没有将军的鸟占者提供的更耐久；然而这一规定毕竟被废弃，或至少被推翻。在现代，法律假设将城外的任何一块土地附加于罗马城，似乎罗马城坐落在城墙以外的空地上，并进行所需要的鸟占。”[②]

很久以后，苏拉[③]不仅废除了对鸟占的保障，甚至使它根本不可能进行，因为他迫使地方行政官只有在其任期届满时，即当他不能鸟占时，才能接受命令。保守派苏拉这样做当然不想使自己的宪法失效；就像允许在首都进行鸟占，并不旨在防止对共和国宪法的攻击。实际上后种情况属非

① 罗马七座山丘之一，古罗马时代为宗教活动中心，现为罗马市政厅所在地。——译注

② 蒙森：《罗马公法》第 1 卷。

③ 苏拉（公元前 138 ~ 前 78），古罗马统帅、独裁者。——译注

逻辑行为 4α 类，苏拉的情况属非逻辑行为 4β 类①。

在经济现象中企业家的事实更为明显，他们在自由竞争的状况下，其行为部分属非逻辑行为 4β 类，即行为的客观目的同主观目的并不相同。相反，如果这些企业组成一个垄断集团，这些行为就变为逻辑行为。

71. 人类行为与动物行为之间的另一最重要差别，似乎由于我们仅从外部观察动物的行为，而我们往往根据人们对自己行为的判断、根据这些行为对他们产生的印象、根据他们主观想象或杜撰的引起这些行为的动因来认识人类的行为。因此，本来属于第一类和第三类的行为就过渡到第二类和第四类了。

当不附加其他行为时，巫术活动属第二类行为。罗马人和希腊人的祭祀也属此类，至少从无助于对他们的神祇的实在性的信仰时是这样。赫西俄德主张，没有祈祷和没在河中洗手，就不能过河。这属第一类行为。但他接着补充说，诸神将惩罚未洗手就过河者，这样行为又变成第二类。

这种行为方式是司空见惯的。赫西俄德还说，每月的 13 号不宜播种，但这一天最适合栽种。他还提出了许多类似的戒律。这些行为属第二类。在罗马占卜官观察星象后，能将公民大会推迟到另一天召开。罗马共和国末期，当人们已不再迷信星象学时，这种行为就是逻辑行为，成为达到预想目的的一种手段。但当他们仍确信星象学的真实性时，这就属于第四类行为，即 4α 类行为——祈愿诸神帮助阻止他们认为危害全体或部分罗马人民的决定的实施。

一般说来，上述行为（尽管以极不完善的方式）同当代为阻止实施上议院或下议院②未经认真讨论就颁布的决议而采取的措施完全一致：上下两院的协议作为二三个连续的决议实施。这样，人们就会发现祈愿行为往往属于 4α 类。

大部分按传统进行的政治活动，以人民或某个人使命自诩而从事的政治活动，都属第四类行为。普鲁士国王威廉一世和法国皇帝拿破仑三世都自认为是“按天意行事”的人。但是，前者确信其使命给自己的国家带来幸福和荣誉，而后者认为命运注定他为人类谋取福利。前者完成了 4α 类行为，后者进行了 4β 类行为。

人们一般要制定普遍准则（道德、习俗、法），4α 类和 4β 类行为起

① 参看本章第 63 节。——译注

② 原文为 un'assemblea，直译为一个议会，即指上议院或下议院。——译注

因于这些准则。

72. 逻辑行为，至少就其主要部分来说，均为推理的结果；非逻辑行为首先源于一种确定的心理状态：情感、潜意识等等。专注于心理状态的研究属于心理学。我们的研究从心理状态开始，但并不想走得太远。

73. 在动物中，行为 B（这是我们唯一能观察的活动）同假设的心理状态 A〔图 1（Ⅰ）〕有联系。在人类那里，这种心理状态不仅通过行为 B 得以表现〔图 1（Ⅱ）〕，而且用情感 C 来表现，这些情感往往在道德、宗教及类似理论中得以发展。

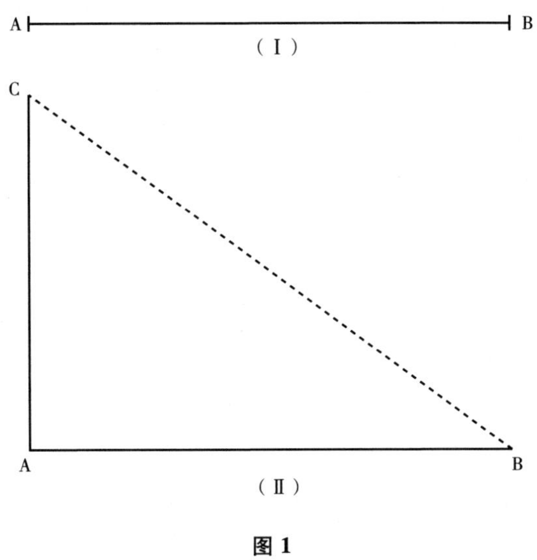

图 1

人们特别倾向于将非逻辑行为变为逻辑行为，并被诱使相信 B 是“动因”C 的结果。这样就确立了直接关系 CB，而不是 AB、AC 两种联系表现出的间接关系。

有时关系 CB 确实存在，但往往不像人们所确信的那样。促使人们避免实施行为 B（关系 AB）的情感，推动人们创造一种理论 C（关系 AC）。譬如，某君惧怕凶杀 B，并且自己放弃这样做，就说神祇将对凶杀进行惩罚，这就构成了理论 C。

74. 这里不仅要讨论质的关系，而且要讨论量的关系。我们假设，某一时刻推动某人完成行为 B 的力量指数等于 10，那些人能否完成行为 B 就取决于阻止他进行此种行为的有效力量指数低于或高于 10。有如下几种情况：

（1）联合 AB 的力量指数高于 10；在此种情况下，足以阻止某人完成行为 B。联合 CB 即使存在，也是多余的。

（2）联合 CB 如果存在，其力量指数又高于 10；就足以阻止行为 B 的完成，即使 AB 力量等于 0。

（3）譬如，联合 AB 的合力指数等于 4，联合 CB 的合力指数等于 7，指数总和为 11，行为 B 就不会实施。联合 AB 力量指数等于 2，另一联合力量指数为 7，总和为 9，行为 B 将会实施。

联合 AB 代表某人对实施行为 B 的厌恶，AC 代表理论，根据该理论诸神将惩罚行为 B 的实施者。某些人由于单纯厌恶而放弃实施行为 B（第一种情况）；另一些人则由于惧怕诸神的惩罚而放弃（第二种情况）；还有人因上述两原因而避免实施行为 B（第三种情况）。

75. 下述命题因过于绝对不能不假：“行善的天性足以阻止人们作恶。永恒惩罚的威慑足以使人改恶从善。道德独立于宗教。道德是宗教的必要附属物。”

可以假设 C 为法律规定的制裁。促使人们规定这一制裁的同一情感，阻止他们实施行为 B。对一些人来说，对实施行为 B 的厌恶就阻止他们进行这一行为；对另一些人来说，放弃实施行为 B 的原因是惧怕制裁 C；对其余人来说，两种原因交织在一起。

76. 已经考察的 A、B、C 之间的关系是基本的关系，但远不是唯一的关系。起初，理论 C 的存在反作用于心理状态 A，并在多数情况下用以强化这种心理状态；因此，它沿着 CAB 的轨迹作用于 B。另一方面，放弃实施某些行为 B 反作用于心理状态 A，沿着 BAC 的道路进而反作用于 C。接着，C 对 B 的行为又作用于 A，这样又回到对 C 的作用。譬如，我们设想，制裁 C 被认为对罪行 B 过于严厉。实施这一制裁（CB）改变了心理状态 A，由于这一改变，制裁 C 被另一不甚严厉的制裁所代替。

心理状态的改变首先表现为某些罪行的增加；这种增加又改变了心理状态 A，且这种改变又导致了 C 的变化。

直至在某种程度上，可以将 B 同某种宗教崇拜，将 C 同宗教神学相提并论：这两者都源于某种心理状态 A。

77. 我们考察由这种心理状态决定的某些行为 D（图 2）。崇拜 B 并未直接作用于 D，而是直接作用于 A，然后通过 A 再作用于 D；同样，通过

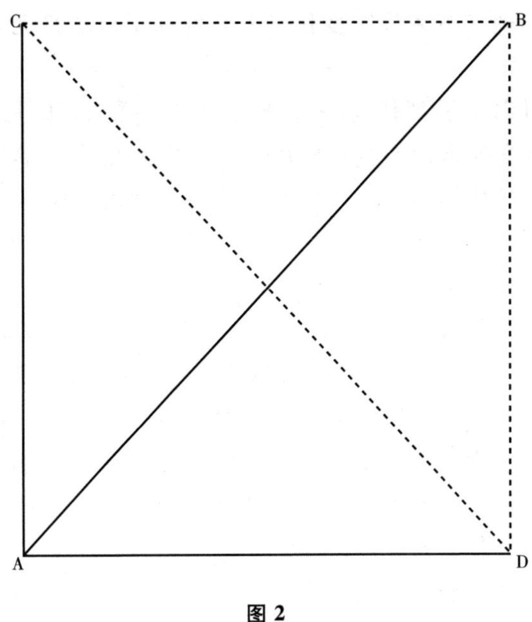

图 2

A 还作用于 C，C 反过来（通过 A）作用于 B。也可能存在直接作用 CD。神学 C 对 A 的作用通常相当微弱，因此对 D 的作用也很弱，因为作用 CD 一般很微弱。因此，当设想神学 C 为行为 D 的动因时，一般说来，就犯了一个严重的错误。人们常常听到如下命题："此国人民如此行动，因为他们相信这一行动。"这类命题绝少真的，几乎都是错的。逆命题："人民相信这一行动，因为他们如此行动"，一般说来大部分是真理；但又过于绝对化，故其部分错误。信仰和行为千真万确不是独立的；但它们绝不似同一棵大树上的两枝树枝那样依存（第 97 节）。

这一论题我们将在第八章深入展开。

78. 古代罗马的宗教在遭到希腊诸神的入侵之前，还不具有神学 C，只沦为某种崇拜 B。但这种崇拜 B 因其对 A 的反作用，对罗马人民行为 D 的影响十分强烈。且不仅如此。直接联系 BD 即使存在的话，在我们现代人看来，其存在方式也是十分荒谬的；相反，联系 BAD 在某些情况下可以非常理智，并对罗马人民有益。一般说来，神学 C 对 D 有直接功效，但比对 A 的功效要弱。因此，仅从宗教神学的逻辑价值或理性价值来判断该宗教的社会价值，就必然铸成大错（第 13 节）。当然，如果神学变得荒谬绝伦，以致对 A 的作用很强，那么它对 D 的作用也很强。但这种情况很少发生，并且仅当心理状态 A 发生变化，人们发现了以前毫无觉察的某些荒谬性时才会发生。

这些考察可以扩展到任何一种理论中去。譬如，C 是自由交换理论，D 是某国对自由交换理论的具体实施，A 是主要由个人的经济、政治、社会利益以及他们所生活的环境产生的一种心理状态。C 与 D 之间的直接联系一般很弱，为改变 D 而作用于 C 会导致毫无意义的结果。相反，A 的改变可以反过来影响 C 和 D。于是，人们将看到整体变化。一个浅薄的观察者可能认为，由于 C 发生了变化，D 才变化；而经验丰富的学者证明 D 与 C 并不直接取决于对方，它们二者都取决于一个共同的动因 A。

79. 因此，理论讨论 C 对直接改变 D 并非十分有益；但对间接改变 A 可能益处颇大。而为达到此目的，需要更多地借助于情感而不是逻辑和经验。我们说，为了作用于人们，推理需要变为情感，这种表达方式因太绝对而不准确，但能打动人心。

理论 C 有一些逻辑结论，一定数量的结论存在于 B 中，其余的结论则不。如果 B 是 C 的直接结论，那么人们就会在 B 中发现所有结论。但由于 C 和 B 仅是某种心理状态 A 的结果，它们之间的逻辑一致性就不可能完美无缺。因此，设想通过确立此种一致性就能从 C 推演出 B，只能钻入死胡同。为了认识 A，然后就能从中推演出 B，需要从 C 出发。这里将会遇到极其严重的困难，甚至只有克服这种困难，才有希望对社会现象具有科学认识。

80. 我们并未直接认识 A，而是认识 A 的某些表现——B 和 C，我们应当从这些表现上溯到 A。困难会越来越大，因为如果 B 极易受精确观察的影响，C 几乎总是以不确定的方式表现，没有丝毫的精确性。

81. 民众解释或至少多数集体解释的境况为人瞩目；C 代表科学家构建的理论这种境况在许多点上并不一致。当推理并非完全科学时，C 就受构建理论的科学家的心理状态的影响发生变化。如果这些科学家属于实施行为 B 的集体，他们的心理状态就同该集体其他成员的心理状态有某些共同点（不合群者的极个别情况除外），并且 A 还作用于 C。这说明此种境况同前述境况有共同点。相反，如果科学家们形成另一些集体人们所实施的行为的理论，无论它们属某个外域国家或截然不同的文明，还是发生在遥远过去的历史事实，他们的心理状态 A′或多或少与 A 不同，甚至与 A 完全不同，因此 A 对 C 的影响极微弱。

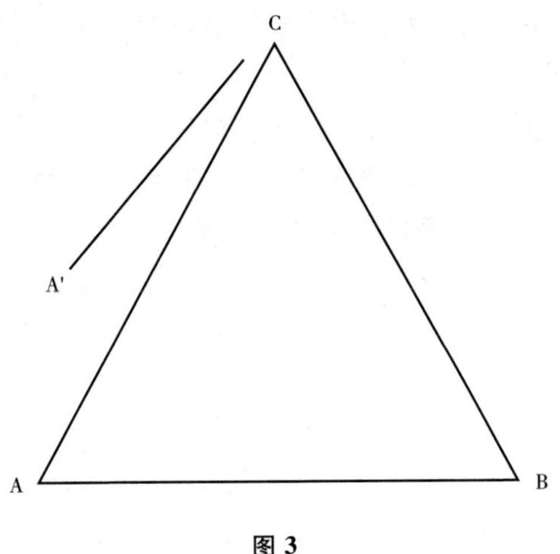

图 3

如果我们不了解 A 或 A′的活动，我们就会停留在对事实 B 的纯理论解释上。如果 C 是一个严密精确的原则，并以逻辑推理同 B 相联系，没有任何误解，那我们就会获得科学的解释。

82. 我们还要考察其他范畴。C 可能是一个不确定的原则，缺乏精确性，有时甚至缺乏实验意义。另外，C 可以用缺乏逻辑根据的推理同 B 相联系，此种推理依据类比进行，借助于情感，漫无边际含混不清。在此种情况下，我们有些理论很少具有或根本不具有逻辑—实验价值，尽管它们可能具有巨大的社会价值（第 13 节）。这样的理论为数不少，我们将在以后几章里进行深入讨论。

83. 通过其他感觉 P、Q、R 等建立并维持感觉与事实之间的一定联系，是一种非常重要的心理状态。这样的感觉可能是连续性的（这大概是动物本能得以表现的方式之一），或者可能同时产生，至少被认为如此；它们的结合是构成社会平衡的巨大力量之一。

我们不想给这样的心理状态起个名称，以避免（如果可能的话）从这个名称中推演出事物的意义（第 48 节），并继续用字母 A 表示此种心理状态。既需要静态考察，也需要动态考察。实际上，认识一个民族的制度实体部分如何变化十分重要。（1）它只能艰难缓慢地变化，具有保持同一的明显趋向。（2）能轻而易举地大规模地改变，但方式不同，即：α. 形式像实体一样容易改变：新形式对新实体；因此，把感觉 P、Q、R 等分开并不难，因为它们之间的结合力 X 很弱，这因为即使这种力很强，但它受着另一更强的力的制约。β. 实体比形式改变容易：旧形式对新实体；因此，把感觉 P、Q、R 等分开不易，这因为它们之间的结合力 X 很强，还因为即使此力较弱，但同另一较强的力并不冲突。

感觉 P、Q、R 等能从某些事物中产生，并随后作为这些事物的抽象——原则、准则、箴言等向个人显现。它们构成一个集合体。我们将在第六章详尽讨论此种集合体的持久性。

84. 一个肤浅的观察家能将境况（2β）同第一种境况相混淆；而实际上它们之间有着根本差别。被称为“保守派”的人民只是涉及形式（境况 2β）时如此，或者关系到实体（境况 1）时如此。被称作“形式主义者”的人民可以保留形式和实体（境况 1），或者仅仅保留形式（境况 2β）。被称作“在某种状态中僵化”的人民属于第一种境况。

85. 当力 X 巨大无比，而推动革新的力 Y 极其微弱或等于零，我们就有动物的本能现象，接近在其体制中僵化的斯巴达状态。当力 X 很强，而力 Y 也同样可观，保存形式而实体发生更新；我们的状态就如同古代罗马：想方设法改变体制，极不可能打乱联合 P、Q、R 等，但让其形式存在。就这一方面看，罗马人民在其历史的某一时期可以称为“形式主义者”，英国人民也是如此。这两国人民都厌恶更新形式联系 P、Q、R 等，还可以把他们称作“保守派”；但只要注意实体，就会发现并非保存实体，而是改变实体。在古代雅典人民那里就像在现代法国人民那里一样，力 X 相对微弱。很难断言力 Y 在雅典人那里比在罗马人那里更强烈，在法国人那里比 17 世纪至 19 世纪的英国人那里更强烈。如果效果以不同形式得以表现，那主要取决于力 X 的强烈程度，而不是力 Y 的强烈程度。

我们设想对两个国家的人民来说，力 Y 相同，而力 X 不同。在一国力 X 微弱，为了革新，那里的人民将联系 P、Q、R 等一扫而光，并用其他关系取而代之；在另一国力 X 强烈，那里的人民尽一切可能保留联系 P、Q、R 等，并改变它们的意义。此外，这些联系在前国人民那里比在后国人民那里幸存机会小得多。由于力 X 微弱，根本不能阻止被认为无用的联系 P、Q、R 等的消逝；而当力 X 强烈时，即使这些联系被认为无用，它们仍将保留下来。

只要观察心理状态 A 的表现，就会得出这些结论。我们拥有大量的关于罗马的事实，让我们看一下宗教。现在毋庸置疑：在古罗马的初期不存在神话，或者它特别贫乏；而且罗马古典神话，其大部分是给予古代神祇的一种希腊形式，或是外域神祇的侵入。古代罗马宗教本质地存在于某些宗教实践同生活行为的结合；它是 P、Q、R 等结合的类型。西塞罗[①]能够说“罗马人民的全部宗教划分为崇拜和鸟占，再加上种种预言——出自天下奇才之口，并由女预言家解释者和鸟占者加以解释”。

86. 观念和某些行为组合的显著持久性反映在语言据以对于事物具有一种神秘的力量。

语言得以作用于事物的行为属于那类活动，在普通语言中被含糊地称为巫术活动。

极端的类型是某些语言和某些行为，由于未知的长处，具有产生某些功效的能力。其后，逻辑层面的最外层用最高存在、神祇的干预解释这一能力。继续下去就会发展到另一极端类型——百分之百的逻辑表达：譬如中世纪的迷信，这种迷信认为将自己的灵魂出卖给魔鬼的人具有伤害他人的能力。

谁要是只考察逻辑行为，当遇到类似现象时，就会忽视它们、贬低它们，认为它们是反常的状态，并对它们毫不关注。但谁要是了解非逻辑行为在社会生活中占多大比重，就应当精心研究这些现象。

87. 我们假设归因于魔鬼的巫术活动获得巨大成功的事实众所周知。我们就能真正接受逻辑解释并说道：“人们相信巫术活动的效能，因为他们相信恶魔。”这样的结论大体上并没有由于认识到其他事实而改变——任何神性代替魔鬼的事实；而是由于认识到那些完全独立于任何神祇干预的事实才被推翻。于是，这些现象的基础显现在将某些语言、祈求、仪式同所企望的功效相联系的非逻辑行为中，而神祇、魔鬼、幽灵的干预只是赋予这些事实的逻辑形式。逻辑形式用以将 C 同 B 联结起来（第 73 节）。

还请注意，当实体保持完整无损时，一些形式可以在同一个体中共存，而此人并不了解属于各个形式的部分。忒奥克里托斯[②]的女巫凭借着

① 西塞罗（公元前 106～前 43），罗马共和国末期著名的雄辩家、政治家和哲学家。——译注

② 忒奥克里托斯（公元前 310～前 250），希腊诗人，出生于西西里岛的叙拉古城。作品中留存下来的有 30 多首田园诗，25 首铭辞和一些片断。他的田园诗多以神话为基础，脱离现实生活。——译注

神祇的干预和巫术仪式的功效，并未很好区分这两种力量活动的方式。她要求艾卡泰准备下比客耳刻、美狄亚和金发女郎贝利美德的媚药更坏的媚药。如果她只信赖神的干预，大可直接求神帮助取得所企望的媚药的功效。当她反复吟唱“把这个男子拖到我的闺房”时[①]，显然她在魔鸟和希求的功效间发现了某种神秘的联系。

长期以来人们相信诸如此类改头换面的无稽之谈，就是今天仍有人为此劳神，只是近二三世纪像琉善[②]那样嘲笑此种做法的人越来越多；但唯灵论、心灵感应、“基督教科学”以及诸如此类的事实足以说明这些及类似情感势力多大。

88. 在《普通社会学总论》[③]（第 186～215 节）中我们深入探讨了引起或避免暴风雨以及破坏或保护收获的非逻辑行为。在多数情况下，人们相信通过某些仪式能呼风唤雨或驱风逐雨。有时人们不知道为什么会产生这种效果，就说成是观察的结果；有时又声明这是信仰的缘故，是对某些力量活动进行理论解释的结果。一般说来，气象现象被认为从属于最高权力的某些实践。

89. 从上述研究中可推演出如下的特性：

（1）存在一种非逻辑的核，某些具有确定功效（诸如一切风暴或对收获的破坏）的行为和语言简单地结合在这种核里。

（2）众多逻辑解释的分支从这些核出发。不能不承认，一般说来，解释只是为了了解呼风唤雨或驱风逐雨、破坏收获或保护收获这些事实而想象出来的。人们例外地观察到相反的现象，根据这种现象，逻辑理论将导致对事实的信仰。

这样的解释常常交织在一起，听信这些解释的人们并不确切了解对应的部分。

（3）逻辑解释具有它们产生的那个时代最流行的形式，它们可以比拟于那个时代人们的服饰。

（4）直接进程绝对不像图 4 所示，而是像在图 5 的形式中：纯粹的非逻辑行为并没有变成具有逻辑形式的行为，而是同从它派生出的其他行为共存。

---

① 忒奥克里托斯：《田园诗》卷 2 第 17 页。——译注

② 琉善（2 世纪），古希腊讽刺作家。——译注

③ 帕累托 1916 年完成的社会学巨著，《普通社会学纲要》即该书的缩写本。——译注

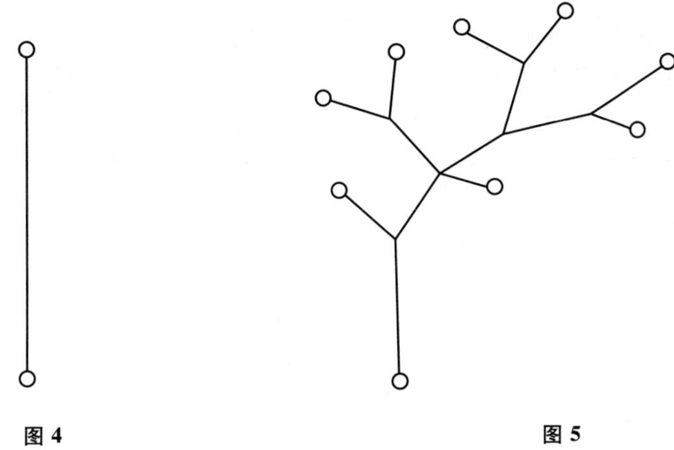

图 4　　　　图 5

不可能确定用何种方式产生这种变化，譬如，想要确定如何从行为及事实（拜物教）的简单组合过渡到神学的解释、形而上学的解释，最终到实证主义的解释。这种序列在时间上并不存在。能被称作拜物教的、巫术的、实验的或假实验的解释往往混合在一起，就连接受这些解释的人们大概也未能加以区分。他们知道一定行为必然具有一定的事实，但对认识这一情况如何发生不感兴趣。

（5）一般说来，随着时间的流逝，人们的受教育程度当然要对现象产生影响；但这二者之间并没有持续不变的联系。无疑，罗马人的科学进步水平要比 17 世纪的意大利人、法国人、德国人等低得多，但前者并没有用火刑处死巫师和女巫，而后者屠杀了大量的巫师和女巫。同样，在 12 世纪末和 13 世纪初那些倒霉蛋并未受到迫害，但显然那个时代的知识与科学的发展水平远低于 17 世纪。

（6）并不是通过教会、政府或其他什么的逻辑技巧才将信仰注入这些非逻辑行为中，而是非逻辑行为需要逻辑技巧用以解释这些行为。另外，这些逻辑技巧反过来能强化对非逻辑行为的迷信，并在它尚未存在的地方使其产生。

这最后的归纳引导我们理解类似现象如何发生，懂得为什么当我们只用非逻辑行为的逻辑层面认识它们就会搞错，我们将逻辑层面并不具有的重要性赋予了它们。

90. 在业已考察的涉及暴风雨的大量事实中，存在着一些共同、不变的东西，即情感，它通过一定手段能作用于暴风雨；其次存在变化不定的部分，即手段及其存在的理由。无疑，第一部分最重要；当它存在时，人们不难或毫不费力就能找到另一部分。因此可能是这样：由于社会形式的确定性，现已发现的不变部分的类似部分都比另一部分重要得多。现在我们什么也不能确定；归纳使我们认识了一条有待尝试的道路。

第三章　学说史中的非逻辑行为

91. 如果非逻辑行为真正具有前一章所归纳的重要性，就不能不感到惊异：那些致力于人类社会研究的天才人物竟然对这类行为毫不重视。他们可能受错误理论的偏见影响，心不在焉地一瞥即止；但难以置信他们会完全避开这类行为。为此，我们将探寻事实的真相。

92. 只有为数极少的作者完全忽视非逻辑行为。它们一般被视为天生爱好时才显现，作者有意无意地都必须承认这是人所共有的。但逻辑行为像日食那样转眼即逝；此处才消逝，彼处又显现；至少它们沦为那些爱好，可以设想人们从中得出逻辑结论并遵照这些结论行事。

93. 总而言之，理论家们用逻辑行为替代非逻辑行为的根本动机就在于此。如果设想某些行为是逻辑的，再将这类行为变为理论绝非难事，因为每个人头脑中都有用以得出逻辑推论的手段，而不需要其他东西。相反，对非逻辑行为来说，则需求助于对众多事实的观察，在时空中对研究的扩展，并时刻警惕因资料的残缺而导致的错误。总之，这是一种长期而艰难的工作。

94. 还有其他动机致使理论家们远离非逻辑行为领域而进入逻辑行为领域。大多数理论家不局限于研究是什么，而想知道并主要使他人知道，应该是什么。在后一种研究中，他们认为逻辑至高无上，因此他们刚一承认非逻辑行为存在，就立即转向，往往仿佛忘却了它们。总之，忽视它们并转向了逻辑行为。

95. 同样，当把非逻辑行为或明或暗地视为应受到斥责的事物，或者在一个秩序井然的社会里不应出现的行为时，它们就被消除了。譬如，把它们视作应用理性彻底消除的迷信。在实践中，无人认为个人的生理特征和道德水准在决定行为方面不起作用；但理论创造者却认为人只遵照理性行动，情愿闭上双眼，不看日常实践。

96. 因为普通语言在科学上不完善，才能够对非逻辑行为进行逻辑解释。

97. 这[①]同那种常见的混淆并非无关：只因两种现象在一起相遇，就提出它们是因与果。我们已经指出过这类错误（第 77 节），但需对其做更深入的研究，因为它对社会学来说并非不重要。

正如在第 77 节所指出的那样，C 是一种信仰，D 是某些行为。通俗语言不是简单地说“某些人实施行为 D 并信仰 C”，而是附加某些东西，并说“某些人实施行为 D，因为他们信仰 C”。此命题在严格意义上理解往往是虚假的；而其反命题倒要真实得多——“某些人信仰 C，因为他们实施行为 D”；但在许多情况下，只可能说“某些人实施行为 D 并信仰 C”。

还可删除在第一个命题中应用的“因为”这个词的逻辑严格性，并摈弃此概念在那一命题中在 C、D 之间确立的某种因果关系。因此可以说：“我们可以认为，某些人实施行为 D，因为他们信仰 C，用此信仰恰恰表现出促使他们实施行为 D 的情感。”即如图 2 所示，因为他们具有一种由 C 显现的心理状态 A。在此种形式下，命题很接近真，正如我们在第 77 节所看到的那样。

98. 图 2 还可分解为另外三种形式（见图 6）：

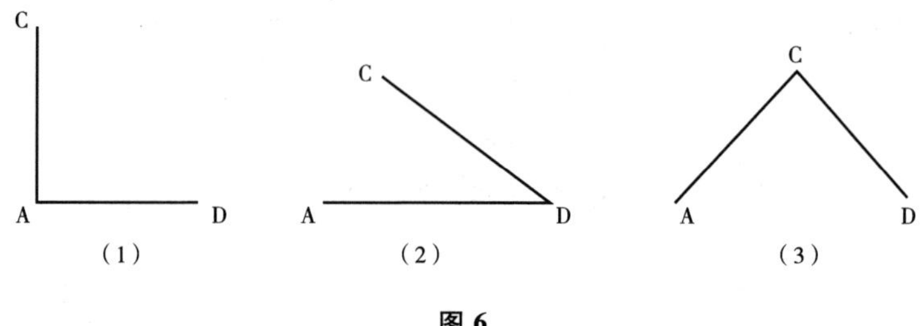

图 6

（1）心理状态 A 产生信仰 C 和行为 D，而 C、D 之间没有直接联系。上节提出的第三个命题就表示这种情况。

（2）心理状态 A 产生行为 D，而行为 D 又产生信仰 C。第二个命题表示这种情况。

（3）心理状态 A 产生信仰 C，而信仰 C 又是行为 D 的动因。这种情况符合第一个命题。

---

① 指用逻辑解释非逻辑行为。——译注

尽管第三种情况不是唯一的，也不是最常见的，但人们倾向于相信它是普遍的，并将情况（1）和情况（2）同它混为一谈，很少或根本不想考虑前两种情况。由于普通语言缺乏精确性，也促成了这一错误。因为人们在明确地说明情况（3）时，并没有发觉他们还思考着情况（2）和情况（1）。于是，常常在不同的命题中，将这三种情况混为一谈。

99. 现在我们研究非逻辑行为得以消除而逻辑行为得以保留的手段。一般来说，我们从研究对象的分类入手。

A 种，非逻辑行为的原则被设想为缺乏任何客观实在性（第 100 节至第 104 节）。

Ⅰ类，非逻辑行为完全被忽视（第 100 节）。

Ⅱ类，非逻辑行为被视为荒谬的偏见（第 101 节至第 102 节）。

Ⅲ类，非逻辑行为被视为计谋（第 103 节至 104 节）。

B 种，非逻辑行为的原则被设想为具有或多或少的客观实在性（第 105 至第 136 节）。

类与型

Ⅰ类，客观实在性是完整而直接的（第 105 节至第 122 节）。

α 型，伴随部分想象的制裁的教规（第 107 节至第 115 节）。

β 型，拟人化的上帝或人格化的抽象物的干预（第 116 节至第 117 节）。

γ 型，为在上述类型内考察的简单干预添加传说和逻辑推论（第 118 节）。

δ 型，实在性归于某种形而上学实体（第 119 节至第 120 节）。

ε 型，实在性置于诸原则同某些情感的一致之中（第 121 节至第 122 节）。

Ⅱ类，客观实在性既不完整也不直接。它间接地存在于人们所谓尚未仔细观察和深入了解的事实中（第 123 节至第 134 节）。

α 型，设想人们观察得极不完善，却根据这类观察逻辑地推演出结论（第 124 节至第 130 节）。

β 型，某一神话是以不同方式隐匿的历史实在性的反映，或者是一种简单的模仿（第 131 节至第 133 节）。

γ 型，某一神话由两部分组成，即由一个历史事实和一个想象附加物组成（第 134 节）。

Ⅲ类，非逻辑行为的原则是隐喻（第 135 节至第 136 节）。

C 种，设想非逻辑行为对进步毫无作用，甚至反对进步；因此在只致力于进步的研究中它们有待消灭（第 137 节至第 138 节）。

下面我们考察这些不同类型。

100.（A 种Ⅰ类）可以完全忽视非逻辑行为，因为它们不属于实在。柏拉图笔下的苏格拉底在论及民族崇拜时就是这样做的。[①] 人们问他怎样思考波莱阿劫持艾莱泰奥的女儿奥利齐娅一事，他开始回答说，摈弃试图在神话中探寻实在事实的人的逻辑解释（B 种Ⅱ类 γ 型）。接着发表如下看法：这类探究既精细又无用，但人民信仰正是基于此才充满活力。这种人民信仰也是德尔菲城神谕的根源，它规定遵循此城的做法就是对神祇的顶礼膜拜。当然这种神谕丝毫不想说这些做法同非实在事物一致；但本质上似乎正是如此，因为它们完全排除对实在事实所施的验证。最好补充一句：这种考察信仰的方式常常导致将它们看作非逻辑行为，无须解释就肯定无疑地被如此认可，只注重认识它们同其他社会事实可能有的关系。许多国务活动家或隐或现地采用这种考察方式。

101.（A 种Ⅱ类）只能注意非逻辑行为的形式，这似乎不合乎情理，并只能把非逻辑行为看作荒谬的偏见，而这些偏见作为人类家族不折不扣的疾病，只值得研究其病理学方面。为数不少的学者在对待法律形式和政治时发挥了这一天赋，主要对待宗教，尤其对待崇拜时更是如此。这种天赋还表现在把我们对基督教的立场视为反教权主义，并使一个无法理解社会现象的狭隘头脑在这方面更加愚昧。

最典型的当数某些人那些使宗教更“科学”的论文了（第 13 节），他们论述的前提是非科学的宗教荒谬绝伦，理应受斥责。在以往时代，人们同样试图用精细的解释，删除传说内及对异教神祇崇拜里那些被视作非逻辑的部分。宗教改革时代的新教徒正是这样做的；现在自由派新教徒通过乞灵于假经验，为前辈的努力锦上添花。现代主义者对待天主教也是此种态度；社会主义激进派对待马克思主义也是如此。

102. 谁要将某些非逻辑行为视为荒谬，谁就能特别强调其可笑之处；这简直成了一种十分有效的武器，以反对由这些非逻辑行为所产生的信仰。从琉善到伏尔泰经常运用这一武器反对现存的宗教。

---

① 柏拉图：《费德罗篇》第 229 页。

103. （A种Ⅲ类）确定某些行为是非逻辑的，但试图把它们变为逻辑的，即想使每种人类活动都变为按逻辑进行；可以断言非逻辑行为的基本原则由旨在服从自己或国家的、某个社会、人类的利益的人们所确立。这样，内在的非逻辑行为，同人们想要达到的目的相联系，就变成了逻辑行为。

反对第13节所示的极端立场，即断言只有同（逻辑—实验的）事实一致的理论才能于社会有益，这里应当承认某些非逻辑—实验理论同样于社会有益；如果确信它们起初并非逻辑行为的产物（由于允许不同经验相符合），但涉及经验教我们于社会有益的目的，它们倒成了逻辑行为的产物。于是，得出如下结论："与事实不符的理论能够于社会有益，为了达到这一目的，它们可以逻辑地形成。"

104. 将非逻辑行为放在外在（公开）学说结论中的那些解释也属于此种类型，这种外在（公开）学说用来掩盖内在（秘传）学说。这样，表面上的非逻辑行为，实际上是逻辑行为。

105. （B种Ⅰ类）这种特例承认非逻辑行为的性质，因此这里不应有它的位置；但我们将谈论它，因为它是许多将非逻辑行为变为逻辑行为进程的出发点。

在盲目信仰者实施的宗教行为中可观察到此类型；这些行为同其他逻辑行为极少或根本没有差别。某人被说服，为了航海安全，需要祭祀波塞冬并备有一艘不漏水的船；于是他照办了，祭祀了海神，并堵住了船底的漏洞。

106. 这类学说有时比其他学说更接近科学学说，它们同科学学说的区别只限于一个附加物，即想象原则的实在性；相反许多其他学说，同科学学说的区别，除此附加物外，还有幻想的或不精确的推论。

107. （B种Ⅰ类α型）这一类型包括对无制裁或"禁忌"的教规这一简单类型的补充解释。简单类型不属于此类，因为它确认而不是摈弃对非逻辑行为的考察；相反，恰在这简单类型中，它们能被观察得更真切。

108. 赖纳赫[①]写道："禁忌是一种禁止；禁忌物是一种禁止物。禁止可涉及身体接触或视觉接触；还能使禁忌物避免得以命名的违犯的特性。在希腊和罗马，在多数国家民众那里，都存在类似的禁止；那里，这类禁止

① 赖纳赫（1858～1932），法国考古学家。——译注

被如下观念一般地解释：对一个名词的认识允许用有害意图乞灵于它所表示的力量。对于某些时代来说，这种解释可以是真实的，但肯定不是最初的解释；寻根究底，禁止是以同禁忌物接触的名义表示的令人生畏的名词自身的神圣性。”①

赖纳赫有理由把对名词的认识对事物施加影响的考察视为一种补充；但对“神圣性”的考察也是一种补充；甚至，遵循此禁忌的大部分人可能不知道抽象的“神圣性”为何物。在他们看来，简单地说，禁忌就是非逻辑行为，是对禁忌物的一种厌恶——接触、审视和命名。然后，人们试图对这种厌恶做出解释并申明理由，于是发明了赖纳赫谈论的那种力量，或曰神圣性。

我们的作者接着写道：“禁忌的概念比禁止的概念要狭窄。首要的差异在于禁忌从未申明理由。”② 太好了！这正是非逻辑行为的特性。但恰恰为此，赖纳赫不应该在一特殊场合，用考察“神圣性”为禁忌申明理由。

赖纳赫继续写道：“表达捍卫它的意思，就暗含着理由——仅为禁忌本身，即宣布致命的危险。”③ 这样，他再次删除已作过的让步，试图返回逻辑行为领域。并未暗含原因，禁忌在于绝对厌恶从事某事。我们想在当代人中举一例：我们见过某些神经敏感的人终生没有宰过一只鸡。这里没有原因：为了不去宰鸡，厌恶就足够了。不知为何赖纳赫认为对违犯禁忌的处罚是一种致命的危险。就像我们将要指出的那样，他本人提供了相反的例证。接着赖纳赫从头返回非逻辑行为领域并很好地观察到：“流传到当代文明中的禁忌均陈述了成立的理由；但这些理由是在相对临近的日子里想象出来的〔说得再好不过〕，并带有现代观念的印记。人们这样说：‘太平间内请勿大声喧哗〔这里禁忌丝毫没有把致命危险作为制裁〕，以保证对死者应有的尊敬。’原始禁忌在于不仅避免接触，而且同样避免对尸体的接近〔仍然缺少致命危险的证据〕。就在今天，在对孩子们的教育中，没有指出原因就陈述了一些禁忌，只满足于对禁止进行简单的分类：‘请勿脱掉上衣，因为这样不好’。赫西俄德在《工作与时日》一书中（第725行）禁止朝着太阳撒尿，但未附带说明禁止的原因〔非逻辑行为类

① 赖纳赫：《崇拜，神话和宗教》第1卷，第1～2页。

② 赖纳赫：《崇拜，神话和宗教》第1卷，第2页。

③ 赖纳赫：《崇拜，神话和宗教》第1卷，第2页。

型〕。大部分关于美好形象的禁忌，未经思考就一世纪接一世纪地流传下来。”① 并没有关于致命危险的威胁！

这里我们把对违犯禁忌的制裁看作变非逻辑行为为逻辑行为的手段。在以后的章节我们将把它们看作说服遵守禁忌的手段。

将其他类似现象同禁忌放置在一起是适宜的，这里逻辑解释已减少到最小程度。

109. 教规同禁忌相似。教规没有制裁就可成立：“请做此事！”这是一个简单的非逻辑行为。当人们说：“你应该做此事。”就有一个小的，有时很小的解释行为，这一解释行为就包含在“devi”（你应该）这个词内，此词提及责任的神秘实体。其后往往附加一个实际的或想象的制裁，并实际存在逻辑行为，或仅产生如此印象。因此，一部分教规刚刚可在我们现在分类的事物中找到位置。

110. 一般可将教规按下列方式区分：

a）纯粹教规，没有动因或论证。命题不是省略的。没有提供论证，因为没有或未要求。于是，只有纯粹类型的非逻辑行为。此外，人们具有一种逻辑解释的狂热，往往附加上一些看来幼稚可笑的解释。“做此事”，是个教规。如果问：“为什么我应做此事？”譬如，回答说：“因为习惯如此”，这就成了具有很少价值的逻辑补充。当说违犯习惯就招致处罚时价值更小，但在此种情况，逻辑原因已不再是习惯而是处罚。

111. b）论证是省略的。论证有效或无效地存在着。它曾被取消，但能恢复。命题只具教规的外观。因命题是没有外来干预行为产生的结果，可以取消“应该”“需要”及类似词语，并可使教规变成一种实验或假实验定理。“为了得到 A，需要从事 B”，这是此类教规的典型；或者以否定形式表示：“不想得到 A，就不应该从事 B”。第一个命题同如下命题相同：“当从事 B 时，A 就随之而来”；第二个命题亦然。

112. 如果 A 和 B 是实在事物，且它们的联系真是逻辑—实验的，那就有外在于我们正在分类的事物的科学命题。如果联系不是逻辑—实验的，那命题就是伪科学的，且部分命题用来将非逻辑行为变为逻辑行为。譬如，如果 A 为航海平安，B 为祭祀波塞冬，它们的联系是想象的，非逻辑行为 B 由将其同 A 联系起来的关系申明理由。相反，如果 A 为航海平安，

---

① 赖纳赫：《崇拜，神话和宗教》第 1 卷，第 2 页。

B 为建造次船，我们只有一个错误的科学命题，因为建造次船不是非逻辑行为。

如果 A 和 B 都是想象的，我们完全置身于实验领域之外，我们就不应谈论这类命题。如果 A 是想象的，而 B 是实在事物，那就有非逻辑行为 B，并由托词 A 为其辩解。

113. c）命题真正是教规，但附加一个实在的制裁，这制裁由外在、实在的原因所致。于是，我们有了逻辑行为：从事某事以避免制裁。

114. d）命题如同上节的教规，但制裁是想象的，或由想象的力量实施。于是，存在用制裁辩解的非逻辑行为。我们将在后文（第七章）广泛深入地加以解释。

115. 因为通俗语言的词汇很少是精确的，“制裁”这个词可有或多或少宽泛的含义。这里在狭义上使用。如果想取其广义，则可以说制裁永远存在。譬如，对科学命题来说，制裁可以是正确推理的欢悦，错误推理的不悦。但期待着推理的缜密则只是浪费时间。

116. （B 种Ⅰ类 β 型）禁忌或纯粹教规的极简单的补充，通过拟人化的上帝或某个化身，如自然的干预得到。它们的意志将非逻辑行为强加于人，这样，非逻辑行为就被逻辑地解释。这种发生方式有时并不分明。“上帝、自然想要人们这样做。”“但如果不这样做呢?”这一问题有时没有回答。相反，人们常常断言：上帝、自然将惩罚违犯教规的行为。在此种情况下，存在附带（d）种制裁[①]的教规。

117. 当希腊人说“外国人和乞丐从宙斯那里来”[②]，简明地指出他们热烈欢迎外国人和乞丐的倾向，宙斯被重新提起只不过给这一行为提供一个逻辑框架，既把热烈欢迎解释成是对宙斯崇敬的标志，又设想此行为是逃避宙斯对违犯教规者处罚的一种手段。

118. （B 种Ⅰ类 γ 型）前述补充未用大量的传说和逻辑推论的情况极少。由于这些传说和逻辑推论，才产生了神话和神学，而神话和神学使我们离非逻辑行为概念越来越远。思考如下情况将受益匪浅：神学恰恰仅在一个狭小的阶层中得到传播，并使我们离开人民解释领域进入学者解释领域。

基督教教父们的解释就属于此种类型，他们把异教神都视为魔鬼。

---

① 参看第 114 节。——译注

② 荷马：《奥德赛》第 6 卷，第 207～208 页。

119. （B 种Ⅰ类 δ 型）实在性归于某种形而上学实体。不再是上帝、某个化身，而是真、善、美、美德、正直、道德、自然权利、人道、团结、进步，或反义的抽象，指挥或阻止着某些行为。于是，这些行为变成了这些抽象的逻辑结论。我们将在后文（第 584 节及其后）考察其细节。

120. 根据（B 种Ⅰ类 β 型）的解释，上帝个人能够实施处罚，因为他想这样做，而自然的惩罚是作为行为的自发结果。这是相当不错的逻辑解释。相反，形而上学抽象则以极小逻辑方式进行干预。如果对某人说："你应该做此事，因为这是行善。"而那人回答说："我不想行善。"那么，劝诱者被解除武装，因为尊敬的善先生不会像宙斯那样掷出闪电。

121. （B 种Ⅰ类 ε 型）实在性存在于原则同某些情感的统一之中。这种思考事实的方式，与其说是言明的，不如说是不言明的。于是，对于新基督徒来说，基督的实在性似乎存在于他们关于基督的概念和他们的某些情感的统一之中。他们离开了客观领域，完全抛弃了基督的神性，似乎对他的历史实在性也并不特别留意。他们满足于断言他是人性的最完美的典型，即是说，根据他们的情感，他们关于基督的概念同人的最完美典型相吻合。一旦他们走上这条路，就将任何神学、任何崇拜抛到一边，最终断言"宗教就是生活"。①

122. 由此看来，他们向非逻辑行为概念靠近，但仍与之截然分离，因为他们寻求的不是是什么，而是应该是什么。为了给予这一责任以绝对性——完全置于实验领域之外，他们去掉责任的服从性（第 111 节），在某些情况下，这样做是允许的。实质上，他们的理论只是旨在给非逻辑行为涂上逻辑的油彩。

123. （B 种Ⅱ类）实在性不再是直接的。也就是说不再有上帝、一个化身、一个抽象等，从它们逻辑地推演出非逻辑行为。设想这些行为自发地产生，由于根据或好或坏地观察的事实进行正确或错误的推理。此类型同前一类型存在根本性的差别，因为前一类型将实在性归于实验领域之外的本体，而这一类型则将假设的本体归于实验领域，只怀疑事实是否真正被观察并从中得出可接受的结论。"宙斯派乞丐到我们这里"是第一类型的解释。我创造了一个实体——宙斯，并设想他是实在的，从他的存在我得出一些结论。"款待乞丐者必幸福"是第二类型的解释。我设想观察到

① 萨巴蒂艾尔：《过去的宗教与精神宗教》，第 440 ~ 441 页。

有人款待乞丐很幸福，并从中推演出，他人照这样做，照样会幸福。我未曾创造任何实体，而使用了实在事实并随意将它们拼凑在一起。

124.（B种Ⅱ类α型）这种推理方式旨在摈弃在前提上的逻辑—实验的不可否认的缺点。我们有一些结论明显地同逻辑—实验科学相矛盾。我们可以允许这一情况发生，因为对它们所作的推理不是逻辑的，这样，我们就处于非逻辑行为领域。或者我们可以认为推理是逻辑的，但由于从同逻辑—实验科学矛盾的前提出发，导致可观察到同样矛盾的结论。这样一来，我们停留在逻辑行为领域。

125. 几乎所有研究诸如宗教、道德、法律等社会现象的理论内都或多或少地存在着类似概念。学者们现在都情愿接受非逻辑行为，但他们注意尽可能在过去摈弃这些行为。

126. 在这些理论中可能存在某些真实的东西，因为它们指出复杂现象的某些简单类型。错误在于试图从这些简单类型中推演出复杂现象，更糟糕的是把这种推演设想为逻辑的。

127. 我们暂时忽略社会现象的复杂性，并设想实际上存在我们现在观察的某些现象P的起源A。如果进程依连续线ABCDP发生，那么，至少以某种方式，可以将中介现象B、C、D之一，作为现象P的起源或原因去掉。譬如，上溯到我们的历史知识所能达到的时代，会发现P类的现象B，但要简单得多，把它看作P的起源或原因并非特别严重的错误。

128. 很不幸，对于社会现象和一部分生物现象来说，进程按连续线发生的假说同事实根本不符，它似乎更按图8所示带许多分枝的线发生，此图仍忽略各种现象的复杂性，以致使我们很难将社会现象P同其他现象相区分（第196节）。

图7所示的事实B、C、D……不再在一条连续的直线上，而是在许多网结或分枝的顶点上，并再不能把（譬如）C或E或其他类似过去被观察的事实设想为我们现在观察的P的起源或原因。即使作为粗劣地近似于事实的假说也不行。

129. 为了引证一个具体事实，萨洛莫内·赖纳赫在禁忌中看到宗教的起源。这样一来似乎处于图7所示的状况，现在，B是禁忌，P是宗教。但还可设想宗教现象可以同其他现象区分开，那就处于图8所示状况，禁忌B处于一个分枝的顶点。不能把禁忌作为宗教的起源而取消，而能把它们视为各种宗教C、Q、P——复合类型——现象的简单类型。这就是在赖纳赫理论中那些带真理性的东西，并且是十分重要的东西，因为它澄清了宗教现象中的非逻辑行为部分。

130. 需要指出对社会现象起源的研究往往像古代词源学那样进行，[①]即是说设想、虚构中介过渡 C、D……（图 7）以从 B 达到 P，并往往情愿探究事实应怎样继续，说得更确切些，事实曾怎样继续。在这种情况下，这类探究就脱离了实验实在性，但并非毫无用处，因为有益于在用想象原则解释 P 的伦理的和先验的理论内打开一个缺口。现在这一事业业已完成，它应为纯粹实验的理论让位。

131. （B 种Ⅱ类 β 型）不提起源和进程，设想每一神话均为某些实在事物的变形映像。我们在后文（第 288 节及以后）将研究的、冠之以艾维梅罗主义[②]之名的著名解释就属此种。的确，有过被神化了的人，错误在于，从一开始，就把个别事实普遍化，进而将图 7 的 B 点同图 8 的 B 点相混淆，即设想一个事实仅因在时间上先于另一事实，就把它说成是另一事实的起源。我们（在第 283 节）还要讨论的帕莱法泰的解释也属于目前这一类型。

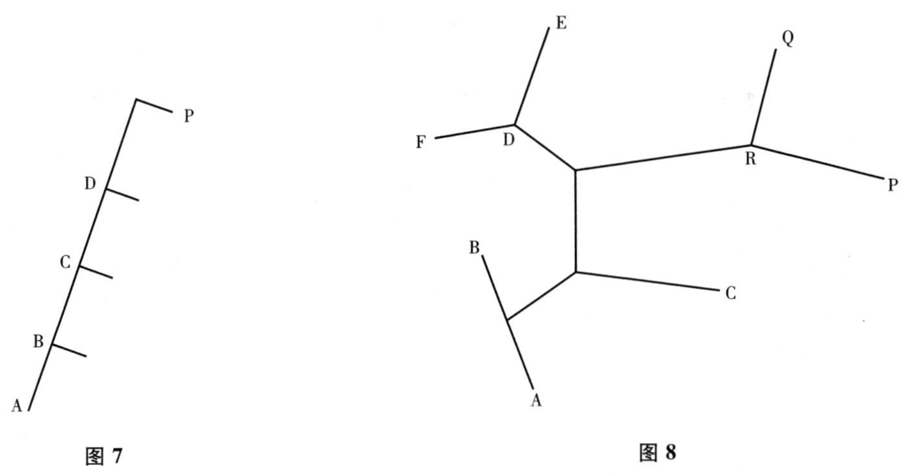

图 7　　**图 8**

① A. 博拉盖特：《法语历史语法》，第 293～294 页。

② 艾维梅罗（公元前 4～前 3 世纪），古希腊学者。他认为神是智慧的人，或被后人神化了的昔日的英雄。这一学说被称作艾维梅罗主义。——译注

132. 一般地说，做出类似的解释极其容易，只要随意改变神话中旨在获得实在映像所需的东西就行了。譬如，可以有在《疯狂的罗兰》① 中的阿里奥斯托的半鹰半马的带翅怪兽。当在如下意义上解释寓言：半鹰半马的带翅怪兽是一匹速度极快的奔马，因此说它生出翅膀，这怪兽才真实可信。但丁看见弗兰西斯卡和她的小叔被地狱里永不停止的狂飙猛力席卷着飘荡，② 可以解释为这是一个爱情的形象，类似于狂风，冲击着两个情人。沿着这条思路走，人们从不会遇到任何微小的困难（第283节）。

133. 在此类型中可以提出如下理论：在一个确定社会里存在的非逻辑行为被看作是对其他社会非逻辑行为的模仿。这样，的确不是所有的非逻辑行为都被消灭，只是减少了它们的数量，因为一些非逻辑行为被还原为模仿一种非逻辑行为。我们将在后文（第307节及以后）提供这类解释的例证。

134. （B种Ⅱ类γ型）在此类型中我们向实在性接近了一点。设想在每一神话中，传说都有一个实在的、历史的核心，并被大量想象附加物所掩盖，需要去掉这些附加物，发现下面的核心。许多工作都是按这一意图完成的。就在不久以前，古希腊—罗马传给我们的所有传说都是按此种方式处理的。后文（第五章）我们将涉及一些这类解释。

前述的Ⅱ类β型是此类型的特例。在神话中可能有某些实在的东西，这些东西或大或小，当它减少并消失时，就出现了Ⅱ类β型。

135. （B种Ⅲ类）非逻辑行为的原则是隐喻。这类行为真正是逻辑的，但显得像非逻辑的，只因寓意限于字面上理解。这些假设还需增添另一个：在语言的寓意中找到错误的根源。马科斯·穆勒③写道：“赫西俄德那里有许多神话。”为将其中的神话语言变为逻辑语言，我们只应用助动词代替完整动词。赫西俄德把夜称作命运之母，黑暗（毁灭）称作死亡、睡眠和梦乡之母。应用我们现代表达方式，如同说：“当夜幕降临星光灿烂时，我们入睡、做梦、死亡，深夜我们将冒些风险……我们将赫西俄德

① 长篇叙事诗《疯狂的罗兰》是意大利文艺复兴时期伟大诗人阿里奥斯托（1474～1533）的代表作。——译注

② 弗兰西斯卡是拉文纳封建主之女，为政治需要，被迫嫁给里米尼封建主简乔托。简乔托跛脚、貌丑、举止粗野，其弟保罗是个美少年，后来叔嫂二人私下相爱，简乔托发现后，当场把他们杀死。这一事件发生在1283～1285年间，曾轰动一时。但丁在《神曲·地狱篇》第五章中对他们的不幸遭遇表示了深切同情和怜悯。——译注

③ 马科斯·穆勒（1823～1900），德国语言学家，比较神话学创始人。——译注

的语言译成思想和叙述的现代形式。”①

136. 于是一切神话都是文字谜。似乎不可能的是：如此明显虚假的理论竟然还有众多的信徒。弟子比老师干得更糟，明显的神话变成了对任何可能的传说的舒适和普遍的解释。

137. C种。在这种中，非逻辑行为真正未被解释以变为逻辑行为，但仍被消灭了，这样只剩下了逻辑行为：同样达到了目的。这类意见在我们时代很普通，对许多崇拜被他们称作科学的威力无比的女神的人们来说，甚至成了易懂的信条。为数不少的人道主义者也属于这一种族。

138. 其他人推理正确些，至少部分地如此，在指出科学有益于文明化后，这是千真万确的，他们走过了头，想说明只有科学才能有用，这就与事实不符了。

① 马科斯·穆勒：《比较神话学本质》。行文中的希腊名称全用拉丁字母拼写。

第四章　超验的理论

139. 在涉及社会的各学科中，人们一般应用一种使他们远离逻辑—实验领域的语言。在这种语言内有什么真实的东西？我们应首先考察清楚。

人们在普通语言中谈论宗教、道德、法律的种种现象，值得社会学注意并具有巨大价值。数世纪以来人们围绕着这些术语争论不休，但未能就它们的含义取得一致看法。如果人们就它们提出大量定义，而这些定义并不一致，那等于用相同的名称表示不同的事物。为使人们互不理解，还能有比这更好的手段吗？这一事实的根源何在？我们难道不应该尝试给已有的大量定义添加一个新定义吗？要认识上述现象的性质，或许没有更好的路可走。

140. 让我们考察一下宗教这一术语。因为对它的考察对后文我们常常议论的道德、法律等类似术语近似有效。先验地承认宗教、道德、法律等的存在，导致探寻这些事物的定义。相反，探寻它们的定义者就承认他想界定的事物的存在。特别值得注意的是：迄今任何探寻这类定义的尝试均告失败。

在展开论题之前，回忆一下（第 52 节）关于实际运动与潜在运动的定义，以便提醒读者现在只研究前一类运动，而将对后一类运动的研究放到后面进行。换言之，我们只关注存在的东西，并不关注为达到某一确定目的而应该存在的东西。

141. 开始我们就指出：对宗教、道德、法律等词语的应用通常存在混乱。人们不仅将适才区分的两类运动的研究混为一谈，而且当自认为已作了区分并声明只关注前一类运动的研究时，实际上并未将两方面（或更多方面）区分开，或区分得极不清楚。

142. 实际上需要将理论同实践区分开。在某个时代，某国人民那里，存在着一种理论宗教、一种理论道德、一种理论法律（我们说一种，是为了节省时间。即便表面看来它们是单一的，其实数不胜数）和一种实践宗教、一种实践道德、一种实践法律（为了准确，需用不小的数目代替这里所说的单一，第 177 节及其后）。上述事实不容否定，但人们惯于对这些事实所具有的重要性轻描淡写。

143. 我们继续谈论宗教并扩展到道德、法律等时，就会发现人们设想存在某种宗教——信徒所说的真正宗教——被考察的理论宗教正为此种宗教的偏离，而实践宗教又为这些理论宗教的偏离。譬如，存在某一几何定理，对其证明可能精确或不够精确，于是出现理论偏离，对其理解可能正确或不够正确，于是出现实践偏离。但这一切并未损害该定理陈述的严密性。

144. 如果能将比较进行到底，那么宗教、道德、法律等术语的意义将可能无比精确。它们可能代表具体的类型，这些类型还可能——不同于几何定理——从现存事实（去粗取精）中推演出来，或如进化论者所期待的那样，围绕一定界限探索时展开那些事实。

145. 很不幸，并非如此。每个人都坚信，他的宗教、他的道德、他的法律是真正的类型，但没有任何实验手段说服他人，也未求助于一般经验或逻辑推理中的特殊经验。在两位化学家的争论中有一位法官：经验。在一位穆斯林和一位基督徒的争论中，谁来充当法官？无人抛开情感充任这一法官（第 14 节）。

146. 在当代有些人确信放弃超自然物就能绕过上述暗礁，他们认为分歧只存在于此领域。但这是自欺欺人。就像以往基督教不同教派那样，他们原以为由于对《圣经》的解释不同才产生分歧，然而任何争论都将《圣经》束之高阁。

147. 从逻辑—实验角度看，用形而上学原则代替超自然物徒劳无益；无论前者还是后者均可肯定或否定，而无须平息争吵的法官（第 14 节）。

148. 求助于公愤毫无用处。当路德教徒同天主教徒论战时，有人讲《圣经》在逻辑—实验方面同赫西俄德的神谱学具有同等价值，结果激起普遍的甚至全欧洲的义愤。现在如有人敢怀疑社会的唯一目的是为“多数人”造福，每个人都有义务自我牺牲为“小人物和卑贱者”造福这一教义，同样激起如不是普遍的、至少也是多数人的义愤。但科学问题只能用事实解决，而不能靠少数人、多数人、甚至所有人的义愤来解决。

149. 可见，沿着这条路，我们不可能给定这些术语十分精确的含义。然而，若想利用科学事实成果进行推理，这又是首先要做的事情。因为若同一术语按不同的含义被理解，那么任何严格的推理都不可能。

150. 另外，这种推理方式会将严重缺陷带给定义。仅当术语界定后，人们会准确指出所要讨论的事物时，分歧才可能产生。

151. 若有人说想给“真正的”宗教、“典型的”宗教、“有局限的”宗教下定义，显然不能让论敌对这些定义随心所欲。因为这些定义内含定理，即断言被界定的事物是符合真理的、典型的、有局限性的。相反，物理学家决不奢望就给定的 X 射线这一名称进行辩论，或化学家就镭这一名称，天文学家就众多小行星之一的名称展开论战（除非发现者本人有此嗜好）。现在要竭尽全力讨论为宗教界定的方式。

152. 譬如，赖纳赫写过一本《宗教通史论文集》，似乎称作《按德雷福斯间谍案[①]观察的宗教通史》更合适。他认为天主教，甚至基督教的教义都是虚假的，而他的人道—民主的宗教教义都是真实的。他可能正确或者错误，我们不想就此论战。我们也不相信实验科学能有助于解决此类问题。无论如何，这类问题只能由各自不同的定义独立地处理。而赖纳赫却竭力让人接受一个益于达到自己目的的定义。

他的论敌从天主教中汲取力量。而他却想证明，从本质上看，天主教只存在于劣等民族的禁忌中。因此他要从定义就消灭之，以尽量符合智力上高超的概念。他这样做很内行。因为，他提供的定义[②]距事实并不太远（第 386 节）。但他的命题，或真或假，都应存在于公理中（因其性质易引起争论），而不存在于定义中，此定义至少部分地寓于提出者的意志之中。

153. 另一方拉格兰杰神父确信天主教教义的真理性；他宁可自杀，也不能接受赖纳赫的定义。他写道：“赖纳赫似乎认为，一个好定义应尽力拓展滥用某术语所具有的含义。”[③] 这里存在“典型”宗教的概念；当你从典型中走出，就要走向滥用；而拉格兰杰神父却未注意：他认为是典型的东西，他人认为是滥用，反之亦然。

他接着写道：“由于人们喋喋不休地谈论（在修辞学里形象被称作借用）光荣的宗教，这一定义应包括在一般宗教的定义中。”[④] 对，应该包

① 德雷福斯（1859～1935），犹太血统法国军官，法国总参谋部诬陷他向德国出卖军事机密，被判处流放圭亚那。后平反并恢复名誉。——译注

② 《宗教通史论文集》第 4 页：“我提议为宗教下一个定义：妨碍我们能力的自由发挥的所有顾忌……我在宗教定义中提到的顾忌具有一种特殊的含义……我称之为禁忌……”

③ 拉格兰杰：《赖纳赫著作评论》，第 9 页。

④ 拉格兰杰：《赖纳赫著作评论》，第 9 页。

括，如果想给人们称作宗教的东西下定义的话。就像不规则动词变位的定义应包括在动词变位的一般定义中一样。如果想给语法学家称作动词变位的东西下定义，又不探察是否滥用不规则动词变位的定义，甚至规则动词变位的定义的话。不，不应该包括，若首先明确排除某些事实的话，因拉格兰杰神父恰恰未这样做。我可以说拉丁语第一变位法的主动态动词将来时的构成为—abo、—abis、—abit 等。因为，当说到“第一变位法的主动态动词”时，从一开始就明确地排除了其他动词。但我不能断言一般动词也是如此，当有人向我指出动词“Lego”的将来时是“Legam、Leges……”时，我就坚持说这是滥用以摆脱困境。

总之，拉格兰杰神父想要给什么东西下定义？人们称之为宗教（语言事实）的东西，或是其他东西？那其他东西又到底是什么呢？若他不告诉我们这点，我们就无从知道他的定义是好还是坏。

154. 拉格兰杰神父接着写道：“在这一宗教定义中可见‘所有顾忌妨碍我们能力的自由发挥’。赖纳赫似乎从中受益，因为他很快就以胜利者的天真发现他的定义从宗教的基本概念里清除了人们一般地称作宗教感情对象的东西。”①

155. 可见拉格兰杰神父似乎探寻人们一般称作宗教的东西。这样我们又回到了语言事实，但请注意“一般地”这个词最靠不住。它的含义是什么？我们对人们的意见做过统计吗？是活着的人的，还是死去的人的？是欧洲人的，还是在地球上生活或生活过的人们的？我们统计过这些意见并做过计量评价吗（第 253 节）？在第二种情况，采用什么样的天平？拉格兰杰神父似乎想要称量这些意见，因为存在他称之为滥用的东西，但在这种情况下，若他选择了天平，天平将按他的意愿称量；若他的论敌选择天平，称量结果就会完全不同。接着请注意，除了这“一般宗教”外，还有“特殊宗教”。我们怎么办吧？为了排除那些“特殊宗教”，我们需要回到“典型”宗教理论。

156. 拉格兰杰神父补充道：“这如同说定义是令人生厌的。无疑逻辑学家只承认人们赋予一个词的含义，而背离一般意见去界定一术语，则是一种危险的游戏，甚至是一个阴谋。”②

且慢，并不十分准确。譬如，化学家的水同常人所说的水完全不同，

① 拉格兰杰：《赖纳赫著作评论》，第 9 页。

② 拉格兰杰：《赖纳赫著作评论》，第 9 页。

化学家的金也不是常人所说的金子。对常人来说，一枚金币是金的，对化学家来说，金币是金、铜及多种其他元素构成的合金。“背离一般意见”界定化学元素，不是“幼稚可笑”的事情，甚至是构成堪称科学的化学的唯一手段（第 44 节）。赖纳赫确是“背离一般意见”给宗教下定义的主角，只需做到：（1）下一个明晰准确的定义；（2）由他界定的事物不要同冠以同一名称的其他事物相混淆；（3）证明这一新定义的效用，作为我们不辞辛劳永远铭记赖纳赫的宗教而非他人的宗教的补偿。甚至，为使我们免除辛劳并避免任何混淆的危险，最好不用流行的术语，而使用另一术语（第 44 节）。譬如说，“我把妨碍我们能力自由发挥的所有顾忌称作 X”之后，只有这之后（第 150 节），才会产生一个公理并据此可说：“X 在人们称之为宗教的所有东西内，而不在别处。”还可用事实验证此命题是真或是假。

157. 我们现在做的正是此事，因为它是实验科学能够考察此类问题的唯一角度。化学家告诉我们水是氢氧化合物。从上节所列第一个条件看是令人满意的。第二个条件亦然，因为任何一篇化学论文都未将化学上讲的纯水同常人讲的水相提并论。第三个条件也是如此，因为精确认识的效用显而易见：何为称之为水的实体。然后再说：化学上讲的水构成井水、湖水、河水、海水、雨水的主要成分，即常人称之为水的全部实体。我们验证并发现这是真的。若有人再补充道：化学上讲的水不是常人未称之为水的主要成分，那验证结果就会相反，因为水确为葡萄酒、啤酒、糖浆等的主要成分。

158. 为了避免语义含糊不清，我们给赖纳赫界定的事物命名，称之为宗教 α，若宗教 α 同简单宗教同一，对赖纳赫的理论再好不过了。我们不会因带有宗教 α 这一名称就批评其理论，因为它不过是能指示该理论的标记（第 48 节）。

159. 当然，许多宗教，诸如印欧多神教、犹太教、基督教、伊斯兰教、拜物教，均包含着宗教 α。但所有命名的宗教，除拜物教外，至少部分地包含另一事物，我们将称之为宗教 β（第 48 节），而拉格兰杰神父称为“对能与之增进关系的最高权力的信仰”。[①] 那么，在常人所说的那些宗教中，什么是主要成分：宗教 α，还是宗教 β？为了回答这一问题，必须

① 拉格兰杰：《闪族宗教研究》，第 7 页。

知道“主要”这一词语的确切含义。当将化学上的水同河水比较时，“主要”是指重量最大部分而言。对河水进行化学分析后，可发现化学上的水在重量上远超过其他成分。但我们怎样分析各种宗教并称量它们的成分呢?

160. 可以说：“主要部分是对最高权力的信仰，因为从这种信仰中逻辑地产生赖纳赫指出的顾忌。”对此可以回答：“主要部分是顾忌，因其存在才产生人们对最高权力的信仰。”请记住这两个格言：“若有神祇，则有占卜”；“若有占卜，则有神祇”。注意“主要”在这儿似乎指“在先”。现在，还证明了：首先出现的是对最高权力的信仰，然后才出现顾忌。这就不能说以后只剩下顾忌，或顾忌构成最积极的部分。一旦承认顾忌的先在性，也就不能根据证明的东西再把首位让给对最高权力的信仰。

161. 若有人问：“在所有称之为宗教的现象里，存在宗教 α 还是宗教 β 呢?”需要回答不。从一方面讲，宗教 α 比宗教 β 范围要广。因为，若不是全部，至少在部分拜物教和禁忌中，正如在现代自由思想中，在孔德的实证主义中，在人道主义宗教中，在形而上学宗教中，均有顾忌而没有最高权力，或至少不明显。的确，孔德最终创造了一些虚假东西，而在理论领域它们也未变化。这只证明：哪里存在顾忌，人们就倾向于用最高权力加以解释。

162. 另一方面，若宗教 β 导致承认最高本体的存在，还会存在没有宗教 α 的某些宗教 β 情况，或至少宗教 α 不由宗教 β 所决定。譬如，伊壁鸠鲁主义者的宗教具有价值。① 若有人说，这类宗教该遭斥责，不应受到重视。我们将回答说：我们不探寻备受赞誉的宗教如何构成，而探寻所有称作宗教的信仰。若有人指出伊壁鸠鲁主义者也有顾忌，我们反驳说这是企图将此含义赋予宗教 α。实际上，宗教 α 到处存在，因为世界上的任何人都不能不顾忌。由此可见，宗教 α 什么也没有界定，因为它什么都界定。

163. 存在一个佛教教派，在此教派中找不到宗教 β 定义的第二部分，即同最高本体的密切关系，甚至直截了当地排除这种关系。②

企图维护宗教 β 定义两部分——即对最高本体的信仰及可同这些最高本体密切关联的迷信——的统一，就不得不说在我们已引证的两种宗教中没有宗教 β。因此，我们不知道把它们置于何处，因为在宗教 α 定义下面，

① 西塞罗：《论神性》卷 I，第 19、51 页。

② 《吉美博物馆年鉴》第 1 卷，第 337 ~ 344 页。

它们也不能成立。

164. 于是我们得出结论：一般说来，通俗语言语汇不适用于严格的分类。化学、物理学、力学等并不是通过对通俗语言语汇的研究及其分类形成的，而是通过对事实的研究和分类形成的。我们想方设法对社会学也这样做。

165. 与此同时，我们发现赖纳赫和拉格兰杰总是通过归纳（他们自己没有觉察）力求用他们的定义给不同的事实分类：第一类是某些精神状态，第二类是对它们的解释。一般说来，这两个序列的事实有利于区分、分类和研究吗？我们将看到，这里存在一种本质的差别，而不是在通俗语言中形式的差别。现在我们继续已开始的研究。

166. 准备为法律和道德下定义者的困难不会小于试图为宗教下定义者遇到的困难。甚至找不到将法律同道德区分开的方式。我们见到一个极端拙劣的经验主义定义。有人告诉我们：法律由政府当局强令颁布的制裁规则构成，而道德是仅由良心制定的规则构成。这样的定义对于律师或法官的实践目的来说，再好不过，但不具有丝毫科学价值。因为它将偶然的和变化不定的因素作为标准，这无异于根据羽毛颜色对鸟类进行分类。根据立法者的意愿或兴趣，一个行为可从法律范畴转到道德范畴，或是相反。因此这种分类只能使我们认识如此意愿和兴趣，而不能实现我们的目的：认识行为的内在性质。另外请注意：当最高行政长官不干预协助制定私法时，就像古代发生的那样，这种分类就毫无用处。在现代文明国家内，有一种成文法，因此很容易知道任何一种行为是否合法。现在提供的定义是实验的、明晰而准确，但价值不大，因为没有对正在考察的事物分类。

167. 相反，人们试图内在地考察这些事物，主要探寻它们的本质。这样就逐渐远离实验领域，升上天空，在形而上学的云雾中飘荡，走到另一个极端——任何客观实在性都消逝了。

168. 关于自然法和人类法的论述是缺少精确性的另一个最好例证。许多思想家具有一种情感，其后勉强用一些词语表达，并想方设法将这一情感同他们要达到的实际目的相联系。通常，他们通过使用含义不确定的词语在此类作品中获益匪浅，这些词语同事物不符，但同情感一致。现在我们恰恰考察这些论述能否同实验实在性相一致，但不要把将得出的结论硬要移到另一领域，因为同实验实在的一致性独立于社会效用（第 23 节）。自然法对于使用者来说是再好不过的术语了，但不能公开这样讲，最好用点小技巧，再加点推理。

169. 对讲授自然法者可能提出的异议，这样遭到驳斥："——为什么我应听从你们的意见？——因为这是根据理性。——而我也使用理性但与你们的思想不同。——是这样，但我们的是'正确的理性'。——你们少数几个人怎么能认识'正确的理性'呢？——我们并不是少数，我们的意见得到'普遍认同'。——但有人不这样认为。——我们说的是君子与智者的认同。——就算是这样，不是你们，君子和智者，发明了自然吗？——根本不是，它是大自然、上帝赦给我们的。"

170. 自然法的捍卫者在作品中使用的材料主要是：正确的理性，带附属物的自然，即理性自然，自然状态，符合自然，社会性等；所有人的认同，或部分人的认同；神意。

171. 有两个问题尤其要考察：自然法的作者是谁？如何向我们揭示自然法？上帝可直接是，或通过其执行者——正确理性、自然，从而间接是自然法的作者。自然可直接成为，或最好将自然法（或法律）铭刻人脑，从而间接成为其起源。其后，自然法又被正确理性，或由公众舆论或精英探索发现。还可这样思辨：人处于"自然状态"，无人发现，然而形而上学先生们的认识如此完美，以至于从自然状态就能直接认识眼前的一切。最终，正确理性可独立指挥对自然法的遵守。

172. 自然法可以是上帝的直接启示（通过受他启示的著作），但此种情况并不多见。它也可通过观察所有人或部分人的认同得到直接揭示，实际上这种方式很少或根本不被采用。于是，向我们揭示自然法的职责就特别地落在正确理性身上；自然法或作为正确理性的产物，或作为自然或上帝的动机，或作为普遍认同或部分认同的结果。

173. 从实质上看，可以断言自然法概念通常存在于人的头脑中；往往还要附带指出此概念的起源，外加普遍认同或精英对它的确认。一般说来，几乎全部材料都集于一册，因为这有益于最大限度地运用情感。由于同样的原因，不同的揭示方式还被说成是一致的。

174. 为协调情感的主观推理近乎如下：人们直觉到法律不是随心所欲的产物，但也不是纯粹逻辑的产物，存在某种人们不易发现、内容充实的东西。如此归纳同事实相符，并应作如下表述：存在某些非逻辑行为原则，人们从中提取法律。这些原则（或剩余物，第六章）同人们在其中生活并随之变化的全部条件有关。

175. 但此种推理形式，因揭示了原则的相对性、主观性和非逻辑性，很令形而上学家、神学家以及研究社会现象的学者反感。他们要探求绝对性、客观性和逻辑性，并总通过使用含义不确定的词语和不正确的推理（派生物，第七章）达到目的。我们现在看到的是：他们在多数人或所有人的认同中，在同自然的一致中，在神意中，探寻绝对性、客观性和逻辑性。在他们看来，这些是同自然法（另一尤物）相一致的极好东西，而逻辑应为它们的联系提供纽带（第 197 节）。在他们的理论中，经常显露出某些稳定、优异的东西（自然法）同另一些易变、平庸的东西（实效法）之间对立的观点。他们及其追随者的信念主要源于这种对立（第 198 节）。

176. 根据学者的偏爱，这种或那种材料占据首位。自然，没有上帝，基督徒一事无成，但让上帝干预与其说是直接的，不如说是间接的。这可能由于在这些材料中，形而上学家比基督徒更重要。纯粹的形而上学家满足于正确理性。

177. 至此，我们考察了一种宗教、一种法律，但正如我们已指出的，人们不能接受这种唯一性。不仅存在形形色色的宗教、迥然不同的道德和各种各样的法律等，而且当能考察这些实体的某些类型时，有待注意那些在具体现象中同它们一致的偏离物。

我们设想，即使不是普遍地，至少在一个狭小的集体里存在某种理论类型，信仰和实践应用都可视为其偏离物。譬如，存在一部民法的地方，可设想：（即使不全正确）根据同此民法接近的（有时相反的）法学理论制定的判决，或因错误、无知或其他原因由法官们宣布的判决，均为此民法条款的简单偏离物。

178. 假设这是一个天主教徒集体。我们可以观察到三种类型的偏离。

（1）信徒完全真诚，但他犯罪了，因他的肉体太软弱；他悔过自新、痛恶自己的罪行。这是理论与实践的完全分离。著名诗句表述过这一事实："我看到并承认最好的，但我随从最坏的。"（奥维德，《变形记》第七章第 20 ~ 21 行）实践毫不奢望成为理论。所有倾听忏悔的神父都知道，在这方面人们之间存在明显差别：同样的罪行，有人屡犯不止，有人极少重犯。显然，这两个集体均信仰同样的理论，但在实践中可根据前一类和后一类的人数加以区分。

（2）信徒信仰动摇，忽视其宗教的教规并对此很少或根本不感到内疚。这里，一种理论分歧正处于萌芽状态。一些信徒仅仅是冷漠，对他们来说，理论的偏离最小。其他人认为此种缺欠会以某种方式得到补偿，还有人不承认其为缺欠，争论不休，苦思冥想，甚至求助于解答疑难学。这样，理论偏离就像寄生在正统信仰上的植物得以生长。还有，伴随着理论偏离，还会出现实践偏离，只是这种偏离还未达到教会分裂的程度。

（3）理论分歧加剧。教会发生分裂，异端部分或全部否定此理论类型。偏离发展到极点就不再为偏离，而成为一种新的理论类型。一般说来，这类偏离发展的级差很小。

179. 在社会学研究中，对理论类型偏离的忽视成为许多严重错误的根源。再没有比根据某人的神学评价其宗教著作更荒谬了。譬如，有人这样进行推理："基督教教规中有宽恕辱骂，因此生活在中世纪的人们——那些大慈大悲的基督徒，都宽恕辱骂行为。"这一结论同事实大相径庭。类似的错误还有：根据某人的理论表述判断其道德的社会价值。

认为在某些国家的法庭里是根据成文法进行判决的——其错误不大但仍很明显。古代拜占庭帝国皇帝的宪法往往是一纸空文。在今天的意大利和法国，成文的民法至少能提供实践民法的近似概念；但刑法典及其成文条款同实际判决根本不符，往往天差地别。这里我们不谈宪法，因为关于宪法的理论与实践的关系问题，仅在少数碌碌无为的理论家的头脑中若隐若现。

一个实践事实是众多其他事实的结论，这些事实的一部分又形成种种理论，这些事实因其理论而令我们瞩目。譬如，根据陪审团的裁决宣判刑罚。这一事实的众多原因可列举如下：（1）成文法在刑罚方面往往微不足道。（2）对某些诉讼案件有时施加的巨大政治影响。（3）陪审员的人道主义倾向（如人道主义理论和文学所表现的）。（4）陪审员社会主义的、社会的、政治的激情（同样由理论与文学表现）。（5）所有专制主义，包括帝王、寡头、人民的专制主义都普遍认为，法律并不约束"君主"：统治者可用自己的意志随时代替法规；断言法律应当"灵活多变"、应当适应"人民的意识"等理论也反映了这种观念，但这些理论不过是掩饰当权者个人意志的委婉说法罢了。（6）不可胜数的其他倾向，似乎并不普遍地活动，但可在陪审团的十二个成员那里个别显现，他们通常较为愚笨、缺乏教养、道德水准低下。（7）这些公民的特殊利益。（8）某些重大事件对我们产生的暂时印象，譬如，强盗的大吵大闹使陪审员在一段时间内变得更为严厉。总之，刑罚由社会中某个时期存在的利益与情感决定，也由个人心血来潮和偶然情况决定，很少，有时甚至根本不由法典或成文法决定。

所有这些事实，当具有普遍性且作用强烈时，就形成了种种理论。恰恰为此，我们要研究这些理论，与其说是直接认识它们，不如说是通过它们认识它们得以产生的那些倾向。

180. 在第11节里我们注意到：理论材料应同理论联系区分开；从而，对每一理论来说，都有两个一般问题和两个特殊问题。一般地：（1）各种理论运用哪些要素？（2）这些要素靠哪些联系统一起来？特殊地：（1）某一确定理论运用哪些要素？（第181节）（2）这一理论的要素靠哪些联系统一起来（第202节）。我们正是根据这些问题的解决情况确定理论的类型（第12节）。现在我们应将刚刚提及的研究深入下去。

181. 理论的要素。如果精心观察，我们就会发现各种理论运用两类截然不同的材料。各种理论运用置于观察和客观经验之下的事物（第12节），或用严密的逻辑从观察和客观经验中推演出来的事物；另一类事物超越观察和客观经验，其中还有自我观察和主观经验产生的事物。第一类事物称作“实验实体”，第二类事物称作“非实验实体”。简言之，我们用“经验的”这一词语特指经验和客观观察（第6节）。

182. 请注意：某些实体好像是经验的，但实际上并不是。冷、热、干、湿、高、低和古代自然科学家通常使用的其他词语就是这样。伊壁鸠鲁①的原子、火和卢克莱修②的诗可给人以经验的印象，但实际上根本不是。

有时，人们明确承认这些实体是非经验的，并自认为提高了它们的地位。有时，又想使他人相信它们是经验的。有时，甚至在两个概念之间游移，往往没有一个清晰的概念，正如政治家和实践者通常发生的那样，他们凭借这些实体仅为表达其思想。无论使用这些实体的人声明与否，它们都被置于经验领域之外。请记住：这里只客观地研究各种理论，并不探寻表述这些理论的人们的内在思想；使理论脱离它们的作者，仅把理论看作理论。

183. 在我们指出的两类材料之间可以有三种组合形式：

Ⅰ. 经验实体和经验实体；

① 伊壁鸠鲁（公元前341～前270），古希腊唯物主义哲学家。——译注

② 卢克莱修（约公元前99～约前55），古罗马诗人，唯物主义哲学家。——译注

Ⅱ. 经验实体和非经验实体；

Ⅲ. 非经验实体和非经验实体。

184. 在我们所关注的方面，即同经验的一致，可以认为只有第一种组合才如此；因为其他两种都摈弃任何实验确证。任何争执都需要一位法官，而经验断然拒绝了解及涉及第二种和第三种组合的争执。

185. 请读者注意：社会学科中流行的大部分理论都接近包含非实验实体部分的类型，但它们却盗用实验理论的形式与外观。

186. 当我们置身于形式逻辑领域，若不考虑前提的有效性，最强有力的命题首先是第三种组合的命题，其次是第二种组合的命题。显然，在命题“A 是 B”中，A、B 两个词语都处于实验领域之外；对此，想滞留实验领域者没有、绝对没有什么可反驳的。当圣托马斯[①]断言一位天使向另一位天使述说，[②] 仅信赖经验者就没什么可说的了，尽管按逻辑进行推理并得出各种结论。圣托马斯并不满足于这一断言，他还想加以证明，接着说道：“由于一位天使面对另一位天使，他头脑里的概念才可表现；同理，某人有一观念，借助他的愿望，可向另一人表达这一观念，包括一位天使向另一位天使述说。”实验科学在这段论述中什么也得不到，这段论述完全超越实验领域。众多形而上学推理同这很相似；而其他众多推理与此有别，也仅因使用了一些实验领域的术语。

187. 第一种组合包括全部科学理论，但还包括那些相当引人注目的伪科学理论。仅为建立某些关系而采用一个非实验实体，然后再去掉它，就产生了伪科学理论；否则，在实验实体之间，它们将不可论证。有人断言《圣经》是上帝启示的产物，置身逻辑—实验科学领域者对此无以反驳。有人乞灵于神灵启示，进而为在实验实体间建立某种关系而采用神灵启示，譬如为了断言不存在对跖地；逻辑—实验科学内在地判断这些命题，忽视经验之外的动因，正是由于这些动因，命题才得以陈述。同样，“团结”的形而上学理论也逃避逻辑—实验科学的驳难；这一经验之外实体的作者们企图利用它在实验实体间建立关系，主要为了骗取他人钱财。逻辑—实验科学应对这些关系和实验操作做出内在的判断，而不关注主张“团结”的教父们的梦想及欢娱。

188. 如下一般公式可概括这些特例。两事物 A 与 B 属于实验领域，另

---

① 指托马斯·阿奎那（1225～1274），意大利中世纪神学家和经院哲学家。——译注

② 托马斯·阿奎那：《神学大全》第 1 卷。

一事物 X 置于实验领域之外。可将 X 作为中项进行演绎推理，然后将它废除，只剩下 A 与 B 之间的关系。在实验方面，无论是演绎推理的大项还是小项，在经验之外、通过术语 X，都不能被接受；因此，A 与 B 之间的关系，仅具有实验外观，也不能被接受或被摒弃。相反，在情感的逻辑（第 533 节）中，通过同情感的统一进行推理，三段论可无懈可击；因为，鉴于通俗语言的那些含义不确定的词语，若由词语 A 引起的情感同词语 X 引起的情感一致，且由词语 X 引起的情感同词语 B 引起的情感相同，结果会是：由词语 A 引起的情感同词语 B 引起的情感相一致。

189. 必须警惕两个可能犯下的反向错误：

（1）接受通过上述推理、消除 X 才得以产生的 A 与 B 之间的关系，没有纯实验的确证；

（2）实验地发现 A 与 B 之间的关系，再根据实验科学，从而得出结论：X“存在”；或在否定意义上，根据实验科学，X“不存在”（第 199 节）。

190. 另外，根据逻辑—实验科学，摒弃因消除 X 而产生的 A 与 B 关系的理由，一部分是形式的，我们可以不予考虑，若 A 与 B 的关系可由经验确证。最终说来，这是理论的目的，至于为达到此目的采取什么手段又有什么要紧？

191. 这里有必要区分：

（1）对存在事物，即实在运动的研究（第 192 ~ 199 节）；

（2）对给定一定条件才发生的事物，即潜在运动的研究（第 200 节）；

（3）对应存在事物的研究（第 201 节）。

192. 至于存在事物，由经验决定。迄今已考察的推理几乎不会导致其后由事实确证的关系（第 42 节）。

193. 让我们看一下对跖地的实例。在地球上存在对跖地吗？良知应把解决这一问题的使命交给经验；相反，圣奥古斯丁[①]想用先验的动因解决它。他的推理决不比今天被接受的那些推理逊色；如果不是别的，至少还具有明白易懂的优点。圣徒[②]说：“没有任何理由相信存在海外奇谈式的对跖地，即是说生活在地球另一面（当我们这里日落时，那里日出）的人们的脚踏着我们足迹的对面。”历史并未提供这一事实的证据。在地球的另

① 圣奥古斯丁（354 ~ 430），罗马帝国基督教思想家，教父哲学的主要代表。——译注

② 圣奥古斯丁：《上帝之城》第 16 章，第 9 页。

一面可能覆盖着水，故无人居住。即使未覆盖着水，“丝毫不证明必有人在。因为无论如何不能将《圣经》视为谎言，天下万物的生成已证实它对远古描述的正确。另外，说一些人跨越浩瀚的海洋，可从地球的此面抵达彼面，可谓荒谬绝伦”。此类推理无懈可击，如若愿意，还可以更为缜密，但同事实冲突。它的命运也决不比众多类似推理好些，那些推理已证明不存在、不可能存在对跖地。

194. 拉丹齐奥①说：“可能会有如此庸才相信人们的脚比头还高？或在这儿是平卧的，在那儿（对跖地）就成了悬挂的？庄稼和树木朝下长？雨、雪、雹都从地里往上升吗？”② 这里的错误究其根源可能是神学的，但至少在形式上是形而上学的。拉丹齐奥像个黑格尔主义者那样推理。他发现，大家也将同他一起发现：高、低、上、下这些概念（我们生活的地方所具有的概念）同对跖地的存在不相容。实际上他很有道理：想象人们头朝下脚朝上走路可笑之极。但如不根据概念而根据事物推理，并把名称看作指示这些事物的标记（第 48 节），立即就会发现：走到地球的另一面，朝下、朝上的标记应互换，这样相信对跖地存在就不再可笑了。

请读者注意：如果在自然科学中，类似拉丹齐奥的错误已消逝或几乎消逝；相反，在社会科学中却极为普遍，许多人都遵循与此相同的推理方式。

195. 这些夸夸其谈如若仅因某位作者的心理状态所致，那大可不必为精神不健全者的离题万里操心费神；但许多人对这类空谈十分欣赏，在社会科学中其等值物仍然享有盛名；因此需要把它们作为一种重要的社会现象加以考察。

196. 轻信此类荒谬推理者的心理状态同迷信神话、神学抽象者的心理状态相差无几。进程不按连续线进行（第 128 节）这一事实又有了新证据。现有 A、B、C 三种心理状态，可设想形成一连续整体；但还有 p、q、r 等实验知识分支，或 M、N 等神话、神学幻想分支。

197. 这些认识把我们带入情感的逻辑领域，在第 188 节已经提到过这种逻辑。庸俗的推理将下列命题混为一谈：

（1）A 等于 X，X 等于 B，因此 A 等于 B。

（2）事物 A 的名称 a 同词语 X 对某人激起同样的情感，事物 B 的名称

① 拉丹齐奥（3～4 世纪），原籍非洲的拉丁基督教作家。——译注

② 拉丹齐奥：《神祗的教导》第 3 卷，《论骗人的智慧》。

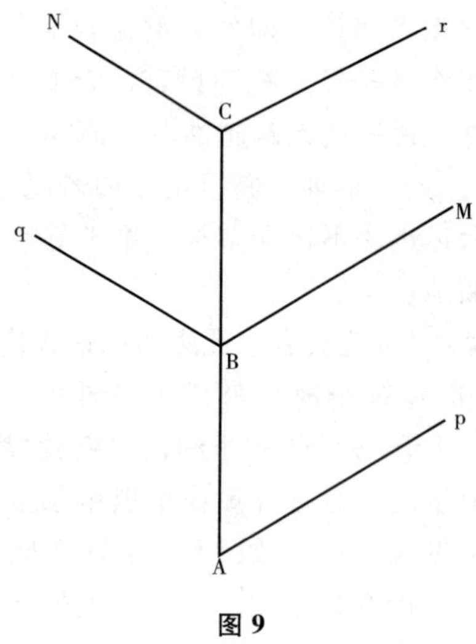

图 9

b 也激起了与此相同的情感，因此名称 a 激起的情感同名称 b 激起的情感相同。

（3）前提同命题（2），但结论是“A 等于 B”。

从实验角度看，命题（1）同经验相符，当 A、X、B 为实际事物并相当确定时，更是如此。当事物 A、X、B 不是实际事物，则不能说同经验一致。（第 188 节）

由词语 a、X、b 激起的情感是实际事物，故命题（1）同命题（2）相似，若 A、X、B 为实际的，则命题（2）也像命题（1）同经验相符。但 a、X、b 的含义往往极不确定，故这种相符通常极不严格。

命题（3）不具有逻辑价值，因为结论中出现的事物 A、B 同作为前提的名称 a、b 不同。为使此命题具有逻辑价值，A、X、B 仅为十分确定的实际事物还不够，概念 a、X、b 间的和谐应当同事物 A、X、B 之间关系完全相符。形而上学同逻辑—实验科学的分歧就在于此：前者先验地承认这种相符，后者认为相符与否要经经验证明。

在情感的逻辑中，命题（3）实际上是各种推理的典型方式，无疑还被视为“真命题”。这种类型还可具有演绎推理的各种形式。譬如，可以说：“词语 a 对我激起的情感同词语 X（指示普遍的一级）对我激起的情感相同，词语 X 对我激起的情感又同词语 b 对我激起的情感相同；故同词语 a 一致的事物 A，具有同词语 b 一致的事物 B 的属性。”但还有更为混乱不清的推理，其主要形式为：“a 对我激起的情感同 X 对我激起的情感和谐，X 对我激起的情感同 b 对我激起的情感和谐，故 A 具有 B 的属性。”这是逻辑缜密的演绎推理形式，并通过对上述命题的翻译可以得出。命题“a 对我激起的情感同 X 对我激起的情感和谐”，译为“A 属于 X 一级”。命题“X 对我激起的情感同 b 对我激起的情感和谐”，译为“X 具有 B 的属性”。于是，根本用不着形式逻辑，就可得出“A 具有 B 的属性”这一结论。这样的推理运用相当广泛，甚至可以说很普遍，只是逻辑—实验科学除外。平民百姓运用此种推理，似乎只有此种推理才能说服他们。尤其在政治、社会各学科中此种推理居统治地位（第 247 节）。

从逻辑—实验的角度看，错误的原因有以下几点：

（1）即使 A、X、B 是实际事物，在实验上也不能接受上述命题的翻译。

（2）不知道词语 a、X、b 到底同什么确定事物相符。当这些词语（没有明显的不确定性）同实际事物相符时，最利于实验确证（无须通过情感说服）。于是，上述命题的翻译或多或少符合实际，结论也近乎由经验确证。然而，a、X、b 同实际事物间的一致可能极不确定；若某些事物成为不实际的，甚至就不存在这种符合。人们在推理时并未发现这点，因为仅根据词语 a、X、b 进行推理，即使对应的实际事物消逝，它们也依然存在。这就是造成此类推理谬误的主要原因。

（3）某些情感同另一些情感的和谐，这些情感同那些情感的一致，均为不确定的关系，缺乏任何精确性；因此，类似“a 对我激起的情感同 X 对我激起的情感相和谐”诸命题，大部分都是随意的。最终需要注意：在普通逻辑中，先有前提，后有结论；但在情感逻辑中，先有结论，后有前提。也就是说，进行推理者像接受推理者一样，开始就确信 A 具有 B 的属性；然后再试图为确信装上逻辑框架并去探寻两个前提：“a 激起的情感同 X 激起的情感和谐，X 激起的情感同 b 激起的情感和谐”，旨在证明结论的正确无误，由于名词及动词“和谐”所表明的关系的不确定性，毫不费力就可找到这样的前提。

198. 因此，同在逻辑—实验推理中相反，在通过情感一致进行的推理中，词语含义越是不确定，就越好。这正好说明像“好”“美”“对”等词语被这种推理广泛采用的原因（第 175 节）。同 a、X、b 对应的概念越是不确定，就越易于通过情感形成概念 a 与概念 X 的一致，概念 X 与概念

b 的一致。譬如，若 X 是概念“完美”，其含义是这样不确定，以致易于形成同其他确定或不确定的概念 A、B 的一致。“天体运动是完美的”，为什么不呢？情感并不阻碍两个概念的接近（第 608 节）。

199. 在考察具体事实时，通过归纳又回到了第 12 节以假设方式提及的那点：即我们发现，在促使理论形成并让人们接受的过程中，存在众多强有力的情感主观动因，而根本不考虑它们的逻辑—实验价值（第 101 节）。这一论题留待以后详细讨论（第七章）。

与此同时，我们还注意到另一常犯的严重错误（第 14 节）。这一错误是由于将仅在逻辑—实验领域内有效的结论移至该领域之外造成的。为使实验词语 A 和 B 建立关系，废除一个非实验词语 X；至于这种关系确证与否，与证明或反驳 X 的存在毫不相干。实验世界与非实验世界之间毫无共同之处。从这个世界到那个世界得不出任何结论，反向亦然。

在很长时间内，人们试图从《圣经》中推演出科学命题；譬如涉及地球和天体运动的那些命题；现在反向进程颇负盛名，即由这些科学命题的虚假推演出《圣经》神学的虚假。想滞留实验领域者不会欢迎这两种推理方式（第 189 节）。《圣经》的科学错误仅表明不应向神学企求实验事实间的关系，正如黑格尔的科学错误表明在为我们提供这些关系方面他并不比形而上学更高明，这就是一切。对于神学和形而上学想在实验领域外形成的学说，这什么也不能证明。

200. 当潜在运动（第 191 节）属于实验领域时，对这些运动的研究就成为考察实验关系的一种方式，因此上述的论述也适用于这些研究。为潜在运动命名的词语处于实验领域之外，仅当它们企图通过废除自身回到经验领域时，我们才关注它们；在这种情况下又回到实验事实间的关系。

201. 最后考察应做的事，或曰教规（第 110 节及其后）。这种关系可完全置于经验之外，即使充斥实验词语，“应该”这一词语也能将它逐出，因为“应该”不与任何具体实在相对应。人们总能提出如下问题：“如果某人没干大家认为应做的事，将会发生什么事情?”这个问题引导人们对潜在运动进行考察。

202. 理论要素的联结纽带。现在让我们回到第 180 节提出的第二个问题，并从列举某些实例开始。让我们看一下原子论盛行时的化学。从某些假设开始，可最终说明许多已知的化学事实，预见未知的化学事实，其后用经验加以证实。全部科学理论都有这一共性，尽管它们各具特色。

203. 现在再举一个其性质截然不同的被称作道德理论的实例。它缺少任何经验确证；它探寻事物应该怎样存在，并进行这一研究，旨在在事物间找到存在着的某些关系，或希望存在的某些关系。设想一位化学家说："一氯化汞遇光可自变为二氯化汞（致命的毒药）是最大的不幸；因此，我要探寻一种化学理论，让这种变化不可能发生。"在道德理论中诸如此类的例证比比皆是。

204. 根据理论表明的性质，应把它们分为两类。第一类：联结纽带仅为事实的逻辑结论；第二类还应附加超验的东西：必须、应该或诸如此类的概念。最终，为搞个水落石出，还需要考察极少或根本没有逻辑联系的那些命题，它们是些简单的描写或叙述。于是，可有如下三类：

（1）描述性命题；

（2）肯定实验一致性的命题；

（3）对实验一致性附加东西的命题，或忽略这种一致性的命题。

205. 科学理论由第一类和第二类命题构成。有时还增添第三类命题，如果非实验附加物是多余的，则于科学性无害；如果非实验附加物影响理论的结果，则对科学性有害。迄今社会学理论和许多经济学理论广泛应用对科学性有害的第三类命题；若想让社会学或经济学具有逻辑—实验科学的性质，就必须清除这类命题。

206. 第一类：描述性命题。

譬如："我在760毫米水银柱的大气压下，测量纯水的密度；我发现温度为4℃时，密度最大。"又如："古罗马人的婚姻，一次为一个女人和一个男人的结合。"描述可随心所欲地扩展；但稍一展开，就有其他类命题混杂其间的危险。人们感受到进行纯描述的巨大困难，并受到补充说明的吸引。说"希腊人热情欢迎商人"，仅为描述；但说"希腊人热情欢迎商人，因为他们认为商人从宙斯那里来"，就给描述附加了说明。当说"希腊人热情欢迎商人；有人断言应该这样做，因为他们从宙斯那儿来"，似乎又回到单纯的描述。这一命题看似差别极为微小，实则具有重要意义；因为将说明掩饰在描述之间，是使人接受没有逻辑—实验根据的说明的常用方法。这里我们不想花费过多时间考察上文使用的"希腊人"这一一般性词语的不确定性程度。

207. 第二类：肯定实验一致性的命题。

在肯定一致性时，除对过去事实的描述之外，还有对将来事实或多或少的可能预见。如果我说："在760毫米水银柱的大气压下，温度为4℃时，水的密度最大。"我说的内容比上节这一描述性命题所表达的要多，那一命题表达了水置于此种条件，可以观察到其在温度4℃时密度最大。

此节的命题还有一些内含的判断，即只有大气压和温度才制约密度。譬如，若大气的电离状态起作用，这一描述性命题就不完整，因为我应着重指出这种状态；而肯定一致性的命题也就成了假命题，因为在电离状态这一不同条件下做实验，就不会发现温度4℃时的最大密度。

208. 下面不是假想的，而是实际的情况。如果我说："我将一温度计置于纯水之中，观察到温度0℃时水结冰。"我的命题不完整；我还应指出其他条件，如大气压。如果我说："纯水在温度0℃时结冰。"又未暗含某些条件，那这一命题就是假的。詹姆斯·汤姆森①发现在16.8个大气压下，纯水在温度为-129℃时才结冰。我们刚才提及的命题，严格说来是假的，但在物理学中普遍采用；因为暗含着在760毫米水银柱大气压和物理学中其他已知条件下取到的经验。在这种情况下，它并未产生弊病。但当暗含的条件不十分明确，稍微变化不定时，就应断然拒绝这一命题。那些试图引进不能明确地获取的条件的人正好利用类似的不确定性。

209. 形而上学家设想实验科学拥有绝对性命题（第28节），因为他们认为"水在温度0℃结冰"这一命题不仅为经验的简单综合，而且还是一种必然性原则。但因基础不牢，这一大厦坍塌了。该命题仅指示迄今被观察的现象。此现象在将来极其可能仍会如此（第28节）。

210. 如果有人说："这一命题忽略了太阳及其行星所处的空间位置，好在迄今这点并没对水结冰的温度产生影响，但有谁能说将来也不影响呢？"我们只能回答："无可奉告。"若有人断言，太阳在其高速运行中，给我们带来四维空间中的一天，在这里物理学和化学的规律都将变化。我们对此只能给予同样的回答。请注意任何科学命题都应理解为有如下前提："在我们所知晓的时空限度之内"；超过这个限度，有时可能性大些，有时可能性小些，仅此而已（第28节）。

211. 认为像物理学和化学这样先进的科学尚不可缺少这种限制，而如此落后的社会学倒不需要，简直要贻笑大方。无论如何，我们不想挑起争论。那些了解事物本质（第15节）和事实间必然关系的人们真是幸运之

① 詹姆斯·汤姆森（1826~1902），丹麦化学家。——译注

至；我们卑微得多，只探寻由经验显现出的关系；如果这些精英确实有理，就是说我们将非常艰难地发现形而上学之光向他们揭示的东西；如果他们已知晓的关系确为必然的，那我们就不可能再发现与此有别的其他关系。

212. 形而上学家惯于强调：一个精细准确的观察足以在化学或物理学中确定一致性，因此为得出结论需要一个最高原则，这样就不需要众多事实，仅一个事实就够了。他们完全错了，因为其他众多事实恰同已观察的事实相似。为什么仅一个化学分析就足以认识两种元素构成一种化合物时的比例？因为这一现象属于向我们显示确切比例一致性的事实的极大范畴。为什么准确观察一次就可以了解一种雌性哺乳动物从怀孕到分娩的时间？因为它属于向我们揭示时间实质的巨数范畴。

213. 恰恰为此，当一个事实虚假地涉及上述范畴，结论就错了。譬如，有人观察葡萄根瘤蚜的一个雌体和一个雄体，就得出结论说，所有葡萄根瘤蚜都由一个雄体和一个雌体繁衍后代，因为他把此种情况同有性生殖的无数其他情况联系起来，就错了。相反，应当把葡萄根瘤蚜的生殖现象置于单性生殖范畴内。不存在指导我们的最高原则；只有经验告诉我们：除了有性生殖情况外，还有单性生殖情况。

214. 在肯定一致性的命题中，还包括对一个事实进行实验说明的那些命题。这种说明仅在于将有待说明的事实同其他事实联系起来。这样，热学这门科学解释为什么晶体像水一样有熔点，且当气压加大时，一部分晶体熔点降低，而另一部分晶体熔点增高。解释仅在于将晶体的此种特性同其他特性建立一致性的关系。其他性质的科学解释并不存在。

215. 天体力学用万有引力解释天体运动，这种说法是十分错误的。天体力学提出假说：天体运动满足动力学方程。迄今按此方程计算出的天体的位置，同人们观察的结果相同（在可允许的误差限度内）。如果情况总这样，最好还维持此假说；一旦情况有变，再纠正也不迟。

216. 现在考察在社会学中如何应用事实，并如何从事实中获取一致性。说实话，这正是本书的目的所在，我们逐渐探寻并找到这些一致性，并将对此适应的手段同对此不适应的手段区分开。为此不得不留待后文讨论；这里最好对这一学科提出总的看法并观其概貌。如下考察的目的正在于此。

217. 事实。

存在由历史批评筛选并讨论的各种原始材料揭示的有名事实。这里，我们不致力于历史批评所进行的研究；我们仅关注与社会学紧密相关的某些特殊题目。

218. 事实的数量。

显然，能够掌握的事实越多越好。最理想的情况莫过于能引证考察某类问题所具有的全部事实；因为这不可能，故仅存在多少的问题。

219. 事实的价值。

事实的价值比事实的数量更重要；一个观察精细、描述准确的事实胜过千万个观察草率、描述粗略的事实。

220. 不要理睬在实验科学中不存在的绝对确定性，仅思考或大或小的可能性；并应承认这种可能性对许多历史事实来说很小，对另一些历史事实来说又很大，对有的历史事实来说更大，几乎等于通俗语言中所讲的确定性。在此意义上，许多历史事实在总体上是确实的，在局部上又是不确实的。譬如，确曾有过萨拉米纳战役，[①] 但此战役的各个阶段并不像希罗多德[②]所描述的那样；甚至，通过同相似描写类比，对于某些战役场面的描述极有可能是错误的，只是我们尚不明了。在近代肯定发生过滑铁卢战役，但关于此战役的细节描述我们则不敢苟同。

根据第 226 节提及的方法，很容易确证：在关于某一事件的不同报告中，其细节总是相互抵触；我们可以识别出某些报告的细节是错误的（第 279 节），若将它们理解成正确的，我们就会上当受骗。

有待避开两大暗礁：其一，主要根据某类事实构建理论，正如在探寻起源时所常干的那样；其二，拒斥所有没有确实事实支持的理论，正如某些学究所期望的那样，因为这样一来全部理论都将受到摒弃。需要正确地采取中间立场，即通过筛选事实，谨慎地构建理论，并警惕任何理论（包括最易被人接受的理论）免遭错误的染指，从而谨慎地使用理论。经常有人指责经济学和社会学的科学理论忽略某些细节。相反，这倒是它们的优点：开始应把握现象的总体概念，对视为干扰的细节忽略不计；其后再考察这些细节，从最重要的开始直至不太重要的。

221. 某作者的一部或多部文本可从以下三方面进行考察：

（1）作者的思想，其心理状态及此心理状态是如何确定的；

---

① 萨拉米纳战役，公元前 480 年波斯人与希腊人在萨拉米纳海峡进行的海战。——译注

② 希罗多德（约公元前 484～前 425），古希腊历史学家。——译注

（2）在某个段落，他想说什么；

（3）某一集体或某一时代的人们理解了什么。

从社会平衡角度看，从第一方面到第三方面重要性越来越大。从客观角度看，几乎只有第二方面才值得考察，只要在提供的证据和客观实在之间建立相当确定的关系。第一方面涉及作者本人；第二方面是无人称的，客观的，可以脱离作者独立考察某一段落；第三方面涉及从文本中获取知识的人们。

（1）一位作者的思想并不总保持一致，不仅因为随时间而改变，像在圣奥古斯丁的《忏悔录》和其他类似情况中可发现的那样，还因为特别涉及情感的论题，作者在同部文本中可能表达不同的思想，甚至是矛盾的思想，而他本人对此毫无觉察。由此可见，探寻作者对某个论题如何思考，有时可以说在探寻根本不存在的东西。

当然，某作者的思维方式同他生活于其中的集体内存在的情感有关，在一定限度内，可从他的思维方式推演出那些情感，亦即社会平衡的要素。但显然这样操作仅使缺乏天赋的通俗作者获益匪浅，而才华横溢的作者则收效甚微；因为他们从凡人中脱颖而出，故对平民百姓的思想、信仰和情感缺乏认真精细的思考。

（2）当我们知道作者在文本中想要表达的东西，就有理由认为证明此文本相当真实，从此文本我们可以获取某些事实的知识。从实质上看，所有所谓历史文献都是如此。

（3）除了通常如此叙述的事实外，还有强迫我们认识的其他事实。

我们已发现，说得更确切些，是将发现：由人们的信仰和思想表现出的情感有效地影响并决定着社会现象。由此可见，情感及其表现，对社会学来说，是如行为一样“重要的”事实。

对伊帕柯[①]被阿莫迪奥和阿里斯托基托内[②]谋杀一事，修昔底德[③]一反雅典平民的看法，断然否定伊帕柯是暴君。对雅典的社会形式来说，平民的观念比事件本身更令人关注，在强烈影响决定社会形式的力量中无疑有雅典人在高唱赞歌时所表达的情感，他们赞颂阿莫迪奥和阿里斯托基托内“诛杀暴君，伸张正义”。于是可以得出如下结论，表面看来自相矛盾：对

---

① 伊帕柯（公元前 6 ~ 前 5 世纪），雅典暴君。——译注

② 阿莫迪奥和阿里斯托基托内为雅典青年，公元前 514 年共同谋杀伊帕柯。——译注

③ 修昔底德（约公元前 460 ~ 前 396），雅典历史学家。——译注

决定雅典社会的形式来说，确定诛戮暴君是否传说无关紧要，认识雅典人围绕此事件形成的观念更为重要。

类似的是：某作者的文本有效，与其说是由于他想说的东西，不如说是由于某时某地人们在阅读它时所理解的东西。对同一文本的不同认识存在根本差别：一种将它视为由作者本人观察并理解的事物的证据，且用以追寻这些事物；另一种将它看作对了解它的个体起作用的作品，且用以认识这些个体的思想与行为。在前种情况，主要涉及认识作者想要表达的东西；在后种情况，上述考察近乎无用，相反应突出认识它如何被理解，即使被错误理解。

但推崇绝对真实本文叙述以便在正确意义上理解的人们不接受这一切，因此他们要探寻真正的意义，其实仅为他们所喜欢的意义，并斥责同他们意见不同的人。

222. 在某些情况下，确切地（极大可能地）认识思想表现的事实远比认识行为的事实容易得多。可以怀疑我们掌握的文本的正确性，但最终疑云消散，我们所要关注的事实近在眼前，并不仅根据他人的提示进行思维。在现有文本中，我们关于西塞罗对卡蒂利纳[①]评述的认识，极大可能超过卡蒂利纳的某些行为。

223. 一般说来，类似童话的虚构的文学作品在历史事实或地理知识方面的价值极小。有时，由于文献的奇缺，我们又不得不使用关于茫然不知的远古时代的这类文学作品；在使用时需加倍小心。关于此问题，我们将应用第 226 节提示的方法。

224. 相反，这类文学作品往往能使我们认识情感，从而具有很高价值；有时，一个这类的间接证据胜过众多直接证据。譬如，艾隆达[②]在其《抑扬格诗剧集》中为我们提供了在法庭上雄辩的讽刺小品。雄辩家实际上指出：如果他的对手将小麦运进城（或他，雄辩家，未把小麦运进城），这不应使他在法官面前受到损害。由此可见，那时的公众舆论倾向于法官应根据仁爱或恶意的动因判决，而被告的功绩同这些动因无关，否则这一讽刺小品就毫无意义。这一证据比其他众多证据更有价值（第 237 节）。

这样，大量小说使人了解存在的意见，往往当这些意见符合某些事

① 卡蒂利纳（公元前 108～前 62），罗马贵族，阴谋篡夺政权；阴谋被西塞罗挫败后逃离罗马。——译注

② 艾隆达（公元前 3 世纪），古希腊诗人。——译注

实，它们提供的关于这些事实的综合观念，远优于能从众多混乱的直接证据中获取的综合观念。一本书有众多读者，极大可能同他们的情感相适宜，因此此书对于我们认识这些情感大有用处。

另外，沿此路走应当格外小心，因为靠解释走过了头，就会跌入荒谬的深渊。

225. 解释。

恰恰因为直接认识事实极为罕见，解释就成为不可或缺的了。如果有人想脱离解释大干一场的话，大可不必致力于历史学和社会学；但需要研究何时、如何、直至何处，用颇大的可能性能够应用解释。我们应凭借经验进行这种研究，正如实验科学的一切研究一样。

226. 如下方法在多数情况下能取得好结果。A 为过去的一个事实，我们不了解对它的“说明”，于是我们把事实 A 同另一事实 B 联系起来，并通过某种解释，最终掌握了对它的“说明”；我们还要探寻这一解释能否导致可信的结论。因此，如果我们在现时成功地找到与 A 相似的事实 a，用众所周知的方式同另一事实 b 相联系，b 尽人皆知且与 B 相似，使用我们的方法来“说明” a；如果得到 b 的有效说明，这将有益于这一方法；如我们能有许多其他类似情况，就有理由认为此方法能提供相当可信的结果。但如果想要说明 a，又找不到 b，这足以使我们对此方法产生怀疑；它提供了一个例外，还可能有其他例外。当这种例外达到相当数量，可能性就所剩无几了。在本书中我们将常常运用此种方法，因此这里就不再举例。

227. 一般说来，应该用已知的东西说明未知的东西；因此，用现在说明过去，胜过用过去说明现在，正像社会学初创阶段大多数人所为，接着许多人又步其后尘。

228. 几乎总需要某种解释，因为人们总用自己的语言提及某一事实，并将自己的情感或多或少地添加到事实上。为了追寻事实，我们应剔除叙述中的添加物，这件事做起来时难时易，往往必须做，或至少有用。旅行家用自己的语言把异国人民语言表达的观念译成自己的观念；因此，他们的叙述往往或多或少偏离真实意义。如果可能，需要再翻译回去，旨在找到给我们以知识的异国人民的实际观念。

229. 与此类似：在多数情况下，社会学根据译文进行研究很困难；如有可能，需要借助于原文。一般说来，不要从一个极端走到另一个极端，在有些情况下，只需阅读简明的纲要。为了做出抉择，需视结论是否由一个或多个词语的含义决定；如是，则需翻阅原文。

230. 理解过去时代、他国人民的事实的最大困难，源于我们根据本民族、当代的思维习惯进行判断。譬如，生活在由政府当局颁布成文法的时代和国度的人民，就很难理解那些只有不成文法的国度里人民的状况，在那里政府当局既未颁布也未让人民遵守成文法。博学之士凭借他们的研究，部分地生活在过去的时代，他们的头脑最终把握住那个时代的部分风貌。他们对事实的理解远胜过缺乏此种修养的人们。同样，我们这里，在某些情况下，事实同权利分离了，譬如财产事实同财产权的分离。存在过事实同权利相混淆的时代与国家；以后它们逐渐区分开，但进展迟缓，要想对那些中介状态之一有清晰的概念极为困难。

231. 但所有这些困难都无法同由情感、愿望、某些利益及经验之外的实体的介入（正如形而上学家和神学家所为）所造成的困难相比。不要满足于它们给事实强加的外观，这一外观往往诱人上当，要追寻到事实本身，为此展开现在的研究，并不得不走上一条漫长而艰难的道路。

232. 结论的概率。

我们应实际解决靠计算概率解决的问题之一，称之曰“原因概率”。譬如，缸里有一百个球，部分白球，部分黑球。我们不知道各占多少比例，但知道任何比例先验地同样可能。取出一只白球，据此可知所有球不都是黑色的，但在任何可能的组合中至少有一只白球。所有球都是白色的概率为 2/101，故概率极小。若白球至少五十个的概率为 765/1010，即约 0.75。

根据假说法则，我们设想所有球都应是白球。取出一只白球，就意味着对此法则一种情况的确证。这一确证给予此法则一极小的概率，即约 2%。多数情况此法则得以确证，少数情况此法则未以确证，其概率并不很大，但至少约为 3/4。

233. 当开始学习计算概率时，人们总期望掌握精确的规则，旨在发现原因的概率。但这种期望是骗人的，因为缺少把握从缸中取出一个或多个球等实际情况的手段。我们很少或根本不知道各种组合的先验概率。因此，我们只能通过其他考察，粗略地估算概率。

234. 第 212 节提及的情况是一种特殊情况。我们缸内的球可能会是同种颜色。只要取出一只球，就非常可能了解全部球的颜色。譬如，我们知道所有元素在构成化合物时的比例一般不变。这一元素构成比例类似球的颜色。一次取球足以确定颜色。一次实验足以确定化合物中元素构成比例（第 30 节，第 212 节）。

235. 当能把事实 A 同其他事实相提并论时，可能由此先验地产生相同的法则，一个法则得以确证，实际上被考察的其他法则极有可能也适用于 A（第 212 节）。因此，不断地指出类似并进行确证，成了旨在发现实验法则通常使用的方法之一。牛顿就是这样做的。他将已知的地球物体运动定律作为假说扩大到天体，然后用月球围绕地球的运动确证了这些定律，最终揭示了天体运动定律。他的后继者又成功地确证了天体运动定律，因此现在这些定律极有可能是正确的。

但确定类似非常困难，因为相似不是微小难察，就是随意失真；只有观察和实验才能为我们提供准确的信息。古代著作家常犯的错误之一就是根据名称相似得出与事物相似的结论。

236. 为了提高或然性，再没有比直接确证、进行真正的实验更有效了。化学、物理学和天文学规律的巨大或然性就在于此，在天文学中，通过实验确证星体是否占据理论委派给它们的位置。不易确证的规律的或然性在提高，虽说幅度不大，但总还明显，表明这些规律至少同其他规律相似，由于其他规律，这些规律才得以成立。

237. 譬如，有如下命题："在雅典，法官的政治见解和利益会影响对私事的判决。"（第 224 节）我们掌握的少量司法文献提供了直接证据。通过间接证据，就像阿里斯托芬[①]和艾隆达所提供的那些证据（第 224 节），提高了其可靠程度的或然性。今天在意大利和法国发生的类似情况，又极大地提高了此种或然性。如果有人怀疑，政治能极大地影响对私人诉讼的结果，可对此直接检验。请他认真地阅读报纸并注明显现此影响力的事件，那么每年都会发现不少例证，另外还会发现，因多种原因，不可能把所有例证一一指明。还请询问这些事件的实践者，只需要让他们讲真话，就会发现通过间接途径，直接归纳得以确证。

238. 第三类：对实验一致性附加某些东西的命题，或忽视这种一致性的命题。

我们将探寻经验之外的原则作用于那些理论的方式，这些从客观角度

① 阿里斯托芬（约公元前 446 ~ 前 385），古希腊最著名的喜剧作家。——译注

考察的理论是非实验材料的理论（第 12 节）。将非实验材料的干预言明的情况（A），同这种干预不言明的情况（B）加以区分获益匪浅。后一种情况更为普遍，因为在具体境况中，各种类型可能混杂。这里我们从实验一致性附加物或忽视这一附加物的角度考察这些类型，在第六章和第七章，我们将发现其中部分类型，并将研究无须逻辑—实验推演，即能获得某些结论的方法（第 527 节）。可见，这里从实验一致性附加物的角度考察权威，相反在第六章和第七章，将从用以获取结论的角度考察权威。对普遍认同、多数人认同和精英认同的考察也按此步骤进行。

239. 现按我们考察的角度，可分为以下几种类型：

（A）人们探寻的抽象实体在经验之外被独立地认识。这种认识高于实验认识（第 240 ~ 266 节）。

（Aα）经验只占很少部分或根本没有（第 244 ~ 254 节）。

（$A_{\alpha1}$）权威。由一人或多人认识的权威。一人或多人的权威（245 ~ 249 节）。

（$A_{\alpha2}$）经计算、经度量的多数人的认同，或一个抽象头脑的认同（第 250 ~ 254 节）。

（Aβ）抽象和原则的存在在经验之外被独立地承认。经验从属地确证它们的存在（第 255 ~ 264 节）。

（Aγ）经验占有很大部分，或设想经验占很大部分，但总是从属的（第 265 ~ 266 节）。

（B）人们探寻的抽象实体不接受经验之外的言明起源。它们是由经验随意推演出来的简单抽象，或者它们拥有不言明地能是非实验的实在（第 273 ~ 319 节）。

（Bα）神话、传说和诸如此类的东西是历史事实（第 275 ~ 283 节）。

（$B_{\alpha1}$）根据文字理解，没有丝毫改变（第 280 ~ 282 节）。

（$B_{\alpha2}$）在文字表达上有轻微、随意的变化（第 283 节）。

（Bβ）神话等为历史部分和非实在部分的混合体（第 284 ~ 287 节）。

（$B_{\beta1}$）神话等有其历史根源，叙述随时间的推移而变形（第 288 ~ 290 节）。

（$B_{\beta2}$）神话等为错误解释经验的产物，为对事实进行虚假推演的产物（第 291 ~ 300 节）。

（$B_{\beta3}$）历史事实为对某类型的偏离，或构成具有极限和渐近线（数学意义上）的系列（第 301 ~306 节）。

（$B_{\beta 4}$）神话等为对其他类似物的模仿。两个或多个类似体制相互模拟（第 307 ~309 节。）

（Bγ）神话等完全是非实在的（第 310 ~319 节）。

在本章我们仅研究（A）类，在下一章将研究（B）类。

240. 人们探寻的抽象实体在经验之外被独立地认识。这种认识高于实验认识。

这为此类的最主要特征。譬如，谁若从经验中得出进化是唯一的这一定理，就创造了第一类——实验材料——的一个理论（第 12 节）。谁若先验地接受此定理，就创造了第二类——非实验材料——的一个理论。一般说来，在此种情况下，人们并不情愿从实验领域里剔除这一原则。人们欣然接受，并走过了头。这样，形成了（B）类的一个理论。相反，譬如有人接受自然状态决定的自然法，然后可随心所欲地求助于经验；其理论总停留在（A）类，因为自然状态总置于经验之上，他可期待经验对其陈述的确证，而不是诘难。

241. 确信某些抽象实体在经验之外独立存在，它们并非部分随意抽象的产物；此种确信在多数人的头脑中根深蒂固，似乎显现了对应的非逻辑情感的巨大力量。于是，我们发现了在决定社会平衡方面，对事实进行有用分类的原则之一。另外，由于这一确信伴随着人类社会的进步，就产生了疑问：若从实验角度看它是错误的，对社会实践它还能有用吗？这一问题现在我们无力解决；但又不能不提出疑问，以便使人了解：我们通常从实验角度摒弃这一信念，并不想从社会角度也批判它。

242. 为给（A）类理论分类，我们可将它们包含的实验推演数量差异作为标准，从极端（α）——包含极少实验推演，到（β）类——经验同其他思想混合，再到另一极端（γ）——实验考察表面上占主导地位。

这里的“经验”（第 6 节）专指经验和直接观察。有人会说：当他在《圣经》中探寻是否触及天主的石棺就使人猝死，也利用了经验（或观察），但接受了这种说法，又不敢于提出疑问和进行批判。即便如此，我们不想就名称争辩；为了使人理解我们，仅告知这不是给定词语“经验”（和观察）的含义，它等于直接观察，或借助筛选、讨论、批判的证据，看触及那石棺的人是死还是活。

243. 我们接受一种意见的动因或为外在或为内在。外在的动因，除严格意义的科学经验（这里不讨论）外，主要是权威和他人的认同，这种认同或为实际的，或由抽象的头脑想象的。于是，我们有了（$A_{\alpha1}$）和（$A_{\alpha2}$）两类。内在动因沦为同我们情感的一致。它们向我们提供的现象中没有经验的成分，就像那些狂热的迷信现象：因其荒谬绝伦，才确信不疑。这里我们不应关注此问题，因为我们只研究使非逻辑物像逻辑物的方法。适才提及的狂热迷信是非逻辑的，但又不想具有逻辑的外观。

在没有惩罚的禁忌的具体情况内，首先占优势的因素是狂热信仰，为此人们认为无须探寻动因；随后可以看到逻辑解释（纯粹口头）的萌芽，简言之："人们这样干，因为应该这样干。"还可在（A）类中找到这方面的例证，我们把对它们更全面的研究放到第七章里，这里我们一般地考察人们为自己的行为做出的解释。

内在动因为我们提供了其他现象，它们似乎包含部分经验，于是有了（Aβ）类和（Aγ）类，以及（B）类的主要或次要的一个要素。

或因设想由经验确证的东西，实际上是情感的产物，或因将客观经验同我们情感的表现相混淆，从而获得表面的经验。这种推理方式达至极端，将向我们提供形而上学家的自我观察，或换个新名称，新基督徒的宗教经验。这样，一个理论的创造者，也就同时成了此理论的法官和当事人。他的情感因由同一情感创造的理论进行判决，因此情感同理论不能不完美和谐，宣判结果不能不对自己有利（第250节）。当客观经验充当法官时，事情进程截然不同，它可以否定由情感构建的理论（正如经常发生的那样）：法官不再是当事人。

244.（Aα）经验只占很少部分或根本没有。

从本质上看，这一类型是神学和形而上学的基础。极端例证是我们曾提及的没有惩罚的禁忌，说"人们这样干，因为应该这样干"。随后添加伪逻辑的枝叶，枝繁叶茂，构成冗长的传说和论文。权威和人们的认同，作为证明手段，这些伪逻辑的枝叶被广泛应用。

245.（$A_{\alpha1}$）权威。

这里仅将权威视为给非逻辑行为和这些行为根源的情感提供逻辑外观的手段。在第七章里我们再全面展开此论题。

神的启示，因未被视为一个历史事实（Bα），属于此类型之一。神的律令，神的预言，也属于此类，因为最终只有靠人们传播。只要仔细观察，就会发现：在神意的可能动因中，仅有这样一种解释——权威让予公认的神意阐明者。穆罕默德[1]的追随者接受他的权威，如同昔日文明人接受亚里士多德[2]的权威；前者因神的启示而顶礼膜拜，后者因斯塔吉茹斯[3]人的渊博学识而大为折服，两大权威都是对性质相同的事实的解释。因此可以理解：在蒙昧时代，令人崇拜的文学家维吉尔[4]变成了神奇的巫师维吉尔，二者融为一体。

246. 权威往往添加其他证明，此情况用如下句子表达：“我们援引的事实众所周知，我们的推理令人信服，故所有人都接受，或至少所有有教养的聪明人都接受。”为证明女巫、幽灵的存在，此种推理方式应用很广。留待后文（第549节以后）再讨论。

247. 仅注意推理的逻辑—实验力量者可以认为：这样当我们自备公设时，就应选择那些既准确无误又适于严格推演的公设。但经验已证明并非如此；认识情感的逻辑（第167节）的人对此不会大惊小怪。为了说服他人，最好的公设莫过于毫无准确含义的公设，因为它们可具有一切含义；事实上人们发现，从这些公设可以得出种种不同的结论，有时甚至是截然相反的结论。在多数情况下，公设（α_1）同公设（α_2）相互混杂并融为一体。公设（α_1）的逻辑部分优于公设（α_2）。

248. 准确前提的缺点说明为何从这些前提可得出不同的结论，但又不是为了得出这些结论；在多数情况下存有疑问：权威是信仰的根源；或者相反，信仰——说得更准确些，同信仰一致的情感——是权威的根源。在更多情况下，似乎是一系列的作用与反作用：某些情感促使接受一种权威，权威接着转而强化情感或改变情感，循环往复。

249. 权威可是一人或多人的，并且它通过直接观察得以证明，还没脱离（α_1）类型。但需注意这些人的认同并不来自直接观察，而从肯定认同者的某些情感演绎推断出来；这样，我们就有了（α_2）类型的事实。譬如，当人们谈论普遍认同时，就是这样。因为肯定无人能保证取得地球上死去的和活着的所有人的认同；相反，在大多数情况下，大部分被提问的人根本不理解那些问题，而提问者却期待着他们做出同样的回答。由此可见，一位作者断言的普遍认同，应该译作：“我觉得应该是普遍的认同”

---

① 穆罕默德（570～632），伊斯兰教和阿拉伯帝国的创立者。——译注

② 亚里士多德（公元前384～前322），古希腊哲学家、逻辑学家和科学家。——译注

③ 斯塔吉茹斯，古希腊城市，亚里士多德的故乡。——译注

④ 维吉尔（公元前70～前19），古罗马诗人。——译注

或“我觉得应该是健康、通情达理、机敏聪明的人们的普遍认同”。这同前面的断言毫无共同之处。

250.（$A_{\alpha2}$）经计算、经度量的多数人的认同，或一个抽象头脑的认同。

为了证明某些事物不可理解，可以引用这种认同：譬如一条“无限”直线。这种认同恰为科学抽象的或形而上学的，这里我们不讨论。或许其逆命题极易理解，就像神的存在一样；现在我们应考察这种逆命题。

如果普遍的认同，或多数人或少数人的认同明确求助于经验的证明，我们就有了对实验科学的陈述；或许为证明超验，就产生（B）类陈述。这里涉及认同靠自身力量作用于经验的种种情况。在这些情况内，（1）认同的事实，（2）事实的结果，均可置于经验之外。

251.（1）认同的事实。

进行一次统计就可证明的事实，询问一定数量的人，并一一记下他们的回答。在这种情况下，事实似乎是实验的。但一般来说，人们并不走这条路：人们的认同被推断出，至多靠些许浮泛的实验调查或伪实验调查加以确证。另外，当人们议论所有人的认同时，绝对排斥实验检验，即使谈到“所有人”，也仅限于活着的人，排除了死去的人（第249节）。对于大多数人也可这样讲，即便全体，也仅限于一个小村庄。

为了避免类似困难，人们惯常添加修饰语，谈论所有聪明、理智、正直的人们的认同，或他们中大多数人的认同。其后，只有那些有幸具有普遍认同意见的人们才心照不宣，又靠缜密的循环推理，证明他们的看法实际上受到普遍认同。

要不进行循环推理，有待询问看法的人们所应具有的素质必须同他们的看法无关，而仅取决于他们的一般知识，比如对某一学科的认识程度。譬如，一位农夫对种植某一作物的意见，对此作物种植有研究的农学家的看法，诸如此类，不一而足。但这样一来就由现有议题转到权威议题。为摆脱不陷入循环推理就不能对认同进行统计的麻烦，让一个不确定的也不可能确定的抽象头脑介入。从实质看，它就是断言普遍认同者的头脑，普遍认同又由其头脑的认同推演出，其头脑不过以抽象头脑的名字受洗。于是，就产生了形而上学家和新基督徒后继者的自我观察。由经计算的认同（不可能认识）到用随意天平称量的认同，逐渐缩小认同者数量，甚至减到为证明自己的理论所必需的人数（第169节以后）。这把我们引导到经验之外，经验应使我们认识多数人，或所有人，或用与所问意见无关的条件确定的某些人断言的认同。

252.（2）事实的结果。

我们提出最利于实现人们关注目标的假设，设想认同事实以颇大可能从经验获取。正如已说过（第250节）的那样，我们不讨论恰可从认同推断经验可能存在的情况。一般人们推断：靠自身力量，由认同表现的概念应该必然符合实在，甚至对某些形而上学家来说，它本身就是实在。当我们只限于肯定同实验实在的必然一致性时，就走出了经验领域，因为这种一致性根本未证明大多数人的意见切合实际。相反，从太阳投入大洋到数不胜数的巫术，很多人把这些谬误当真理。由此可见，仅因非实验动因，就可确信一个主张。

这里循环推理又大有可为。如果有人反驳我们说：大多数人都相信女巫，我们将回答：他们不是具有聪明才智和丰富经验的人。又问：怎样识别具有聪明才智和丰富经验的人，我们再答：他们只相信实际存在的事物。这之后，我们可以肯定地断言：具有聪明才智和丰富经验的人的思维总符合实际。

当涉及确认事实时，如为了避免循环推理，可采用已提及的权宜之计。即考察"有能力"人们的认同，而这种能力并不由所要求的意见决定，同时认为这些人的认同总同实在一致，同样滞留在经验之外。与此相反，往往根本不一致，科学史就是"有能力"人们的错误史。仅作为某种理论同实在一致的标记，根据表达意见者的科学修养与能力，作为一种或大或小或然性的符号，才能使用这种意见。该意见根本不能作为理论的实验证明，这一证明只有经验才能（直接或间接）提供。如果不了解这点，就会远离逻辑—实验领域。于是法官的职能由经验行使，但在某些情况下，可由"有能力"的人们代理，只要他们不是照要求的答案选择，向他们提出的问题表述十分清楚，他们真正像有经验的代理人那样行动，从不将一种信仰强加于人，最终，他们的判决总要提交经验终审。

253. 当我们开始肯定普遍认同靠其自身能力成为实在、"创造"实在时，通常是说：这已不是有血有肉的人们的认同，而是一个理想人的认同；不是许多个别头脑的认同，而是被称作"人的头脑"——抽象的认同。由于形而上学家按自己方式塑造"人的头脑"，显然为了表达对其创造者的感激之情，它将同创造者的观点完全一致。从而产生了诸如此类的公式：“不存在不可思议的东西”，或为了认识一个事物应“思考它”。抽象头脑（即理论创造者的头脑）的思维同实在明显一致，一方面，因为这些思维本身就是实在；另一方面，当给经验一立足之地，理论创造者的头脑同时行使法官和当事人的职责（第 243 节）。

254. 在实践中人们很难将（α_1）和（α_2）两种类型区分开，一般来说，它们互帮互助。此外，还需添加（β）类。一个主要因权威被接受的事物，其后要靠同“理性”和经验一致加以确证。譬如，自我观察提供一个原则，该原则靠自我观察者的权威、靠他人取得的认同（正如人们所见）确证，有时还由伪实验论题确证。

255. （Aβ）抽象和原则的存在在经验之外被独立地承认。经验从属地确证它们的存在。

终于艰难地脱离了整个实验领域，但迟早试图返回此领域。因为，最终说来，生活的实践比其他任何事物都令人关注。因此，神学和形而上学并不完全摒弃经验，只要经验充当它们的婢女，它们还扬扬自得地显示自己那些由事实证实的伪实验推演。宗教信徒和形而上学家早在任何实验调查之前就知道，验证的结果定会非常好，因为一个最高原则不能接受相反结果。靠了超越实验偶然性的调查，他们满足了认识与其说存在和存在过的事物，不如说应存在和应必须存在的事物的需要（在许多人那里，这种需要十分急迫）。与此同时，他们摆出对经验重视的姿态，尽管不引人注目，还是摆脱了反对科学追求甚至良知的恶名。但他们所关注的事实是根据为自己创造的理论辩护这一确定目的加以选择的，与其说是辩护的需要，不如说是使证据更充分。有时经验部分微不足道，有时又显得很重要，但总受到这些限制和条件的制约。孔德和斯宾塞的学说就属于后一类型。

256. 这些学说鼻祖的信徒认为他们信奉的学说完美无缺，不可能不如此，因为他们的智力与情感同宗师一致，还由于他们认为，一种满足智力和情感需要的学说不可能遭到非议，况且该学说还承蒙伪实验确证的帮助。

257. 为了取得科学进步，不再从逻辑—实验角度、而从教学角度看，这些学说可能有用：它们是仅建立在盲目信仰或神学的、形而上学的、伦理学的概念上的理论同纯然实验理论之间的过渡。前类理论和后类理论之间有一道鸿沟，很难跨越，需要架设一座桥梁。当人们留给经验一席之地时，却未在其意识中发现什么，或在自以为发现的东西面前止步不前，这座桥梁架设好了。仅把经验作为从果溯因的确证才接受它，要走的路程还很漫长，多数人——从在睡梦中猜想中彩彩票号码的人到绝对命令[1]的信徒都未能迈出一步。

258. 把经验请进了神学和形而上学大厦，这一建筑开始慢慢解体。这无关紧要，人们总是根据涉及实验领域的那部分来理解，而另一部分未受到经验的冲击。如若实验上虚假学说的社会效用这一重要事实不介入的话，大厦解体不可避免。为了理解在自然科学中神学和形而上学大厦如何崩塌（至少大部分崩塌），而在社会科学中它却屹立不动并在社会实践中可能继续坚守阵地，我们将在后文（第九章）详尽讨论这种社会效用，这里仅限于提一下。人们感到太需要这类大厦，一旦崩塌，立即用相同材料重建一幢。古老的形而上学崩溃了，立即在实证主义形式下东山再起，实证主义只是无数的形式之一。现在它又面临坍塌的危险，另一形而上学建筑正准备取而代之。因为人们执意不肯将与经验一致的东西同对个人或社会有用的东西区分开，并试图把称之为“真理”的本体神圣化，这类事总会发生。A 是由某一确定学说或信仰 P 建议或强加于人的对社会有用的事物之一，如果想让某国的多数人接受，它就不是实验的并往往不能是实验的。它会在一个或长或短的时期占据统治地位。但当实验科学刚刚取信于人，立即有人断言所谓的学说或信仰应同经验一致。人们正是从考察效用开始，达到这一认识，但往往对此并未觉察。之后，其他人奋起批驳这一论断，同它作战并嘲笑它。由于不能缺少事物 A，它成为径直代替学说或信仰 P 的学说或信仰 Q（也同经验不一致）的一部分。于是，经年累世，通过世人、政府、生活方式与规范，新神学、新形而上学总是代替旧神学、旧形而上学。每种新的都被认为比旧的更“真”、更“好”。如果理解为更符合社会的效用，可能在某些情况下实际“更好”。如果意味着同实验实在一致，则绝不更“真”。没有任何信仰比另一信仰（第 14 节）更科学。多神教超越实验实在，如同基督教，包括天主教、新教、“自由派”和现代派及其他教派；如同无数形而上学派别，包括康德派、黑格尔派、柏格森[2]派以及孔德、斯宾塞和其他精英的实证主义派，不排除社会连带主义[3]者、人道

① 绝对命令：德国哲学家康德用以表达普遍道德规律和最高行为原则的术语。——译注

② 柏格森（1859～1941），法国哲学家，生命哲学和现代非理性主义的主要代表。——译注

③ 社会连带主义，资产阶级社会学理论，20 世纪初开始流行于法国。认为利害相关的社会组织是以社会成员的相互依存为基础。——译注

主义者、反教权主义者、进步崇拜者的信仰，也不排除过去、现在、将来存在的无数其他信仰。完善无缺、强大无比的朱庇特[①]相当超验，就像《圣经》中的雅赫维，[②] 基督徒的上帝、伊斯兰教徒的真主；就像新基督教的抽象，绝对命令，真理、正义、人道、多数四女神，人民之神，进步之神以及神学家、形而上学家、实证主义者、人道主义者的那些数不胜数的云集奥林匹斯山[③]的众神。这并未妨碍对部分神，甚至对所有神的信仰在当时可能有用，或现在可能仍有用。关于这点无从先验地得知，只有留待经验来教导我们。

资产阶级伦理学形而上学受到社会主义伦理学的进攻而濒临死亡。后者反过来先受到工团主义伦理学形而上学，现在又受到布尔什维主义的进攻。战役的结局使我们接近把握这些伦理学的实验概念，即或明或暗地发现它们的偶然性。资产阶级道德得到宗教的支持，过去具有绝对真理的性质。一个世纪来，在许多幸运的敌手的冲击下，已部分丧失这一性质。

259. 在自然科学中，这一解体过程较为平缓，源于如下事实：科学家也生活在社会中，该社会的舆论、信仰和偏见也会或多或少影响他们。起初经验羞答答地在科学中露面，现在它成了科学的主宰，并驱逐了妄图与之对抗的先验原则。今天我们认为科学自由是天经地义的，因为我们生活在科学享有充分自由的时代。但不要忘记直至两世纪前、甚至更晚，一位科学家必须首先申明他仅将经验作为信仰的材料，才能谈论自己的科学。当时采取此种屈从立场十分有用，因为这是把摧毁要塞的敌人引入要塞的唯一方法。现在，世界大战[④]时期，有新闻检查和囚禁之苦，人们若不首先申明拥护爱国主义和圣战，就不能发表任何见解。

260. 涉及社会生活的科学不能享受自然科学享受的自由。的确，性宗教也没有这种自由，俗权不再直接惩罚异教徒和不信教者，相反企望维护某些原则或偏见的公众的愤怒之情和敌视态度使得他们一蹶不振。但在许多情况下，这类东西对社会福利有用。政府当局使在科学中背离现政权教条的人们间接感受到压力。

261. “历史”方法打开了经验进入部分这类科学的通道，这类科学远

---

① 朱庇特，罗马神话中的主神。——译注

② 雅赫维，犹太教所崇奉之神的名字。——译注

③ 奥林匹斯山，希腊神话中的圣山，是众神居住的地方。——译注

④ 指第一次世界大战。——译注

离经验，因此它只是一种过渡。在单纯逻辑—实验方面，为使社会学接近自然科学所达到的水平，需要这种过渡。在许多人的头脑中，将历史方法和实验方法明显混淆。前种方法如是纯粹的（此种情况极少），又未掺杂形而上学的、情感的、爱国主义的思考，仅为后种方法的一部分：仅注重在后一种方法的范围内研究某些关系，即某些事实向其他事实的渐进、发展，但留待以后认识在某一确定时刻存在于当代事实间的关系，往往还有随后事实的关系，几乎总有所有事实的相互依存关系。

当我清楚了解小麦产自何种作物，它的生长分几个阶段，我同样清楚了解人怎样出生，人的发育成长分几个时期，那我有待认识：在某个国家某个时期，人们在每公顷土地上种植小麦的产量及小麦种植同人类生活事实间的无限关系。当我了解了货币的历史，还未确切了解货币在经济现象中的功能，应用货币同其他经济、社会事实的从属关系。当我精通化学史，这可能使我受益，但并不能使我对新化合物的性质有所了解（第 19 节）。

不要认为在政治经济学和社会学中，“历史方法”同形而上学方法对立，即使在个别情况下，有纯而又纯的“历史方法”，也是如此。只有实验方法才同形而上学方法对立。

262. 神学往往把预言和奇迹作为伪实验确证。不言而喻：

每种宗教都认为自己的预言最灵验，自己的奇迹最真实，相反其他宗教的预言不灵、奇迹不真。于是，再指出如下情况就显得多余：当事实在历史上是真实的，且并非偶然时，关于宗教的超自然物，从逻辑—实验角度，这些事实什么也没有证实。即使是靠天方夜谭式的解释宣告已实现的先知的预言，即使是没有足够历史证据的奇迹，它们却卓有成效地强化了信徒们的宗教信仰，这一切的动因根本不是逻辑—实践证明，而主要是由于那些事实或那些无稽之谈给予它们创造者的权威在扩大。

263. 靠心灵感应和类似巫术，在过去奇迹总会发生，时至今日仍在发生。我们并不缺少宗教先知，尤其在美国和英国，意大利要逊色得多，人们可以在我国报纸第四版读到先知们煞费苦心搞的毫无意义的东西（他们受强烈的博爱之心驱使，这种博爱之心同为己牟利的欲望水乳交融），让读者预先知道近期中彩彩票的号码。至少三十年来，人们阅读着这类预告，并总有人对这类预言深信不疑，正如这些可尊敬的先知为刊登这些预言支付的费用所证明。

264. 鉴于我们生活在一个怀疑一切的时代，关于中彩彩票号码的预言又有天方夜谭式解释相助，短期内即可兑现预言，就不难理解在迷信时代，凭借可加以随心所欲解释的语义暧昧的词语，又有待于到遥遥无期的未来证实那些宗教预言，人们对此类预言的迷信经久不衰。

265. （Aγ）经验占有很大部分，或设想经验占很大部分，但总是从属的。

通过不易觉察的级差，从前类过渡到此类，此类中经验似乎是至高无上的君主，但它仅是立宪君主，其权力被限制得所剩无几。一般说，具体理论都包括这两部分，[①] 并往往很难将它们分开，还由于理论的创造者未表明，通常也不知道由他提出的原则是凌驾于经验之上还是服从经验。为避免对同一理论重复考察，我们将在下一章讨论（γ）类，那章还将研究（β）类。

266. 这一切仅因实践原因才发生，它丝毫未改变分类标准的理论价值。人们仿佛感到：经验之外原则的统治言明与否远不如为分类说明理由重要。相反，言明与否是需首先搞清的情况，发现这点将获益匪浅。因为，如果统治是言明的，通向经验的道路被封闭了；相反，如果是不言明的，道路畅通无阻。譬如，斯宾塞的道德理论，包含先验原则，但因这些原则不言明，可毫无阻碍地修正它们，并在走了很长一段路程之后，达到科学理论的水平。相反，在人道主义者希图构建的道德理论里，有着以言明方式表述的超验原则，诸如应为“大多数人的幸福”自我牺牲。简直不能想象诸如此类的命题可由经验确证，因此在任何情况下都不能应用经验：这是信仰行为，它将把我们带到同实验领域迥然不同的另一领域。

① 寓指立宪国王和宪法。——译注

第五章　伪科学理论

267. 在（A）类理论中，非实验原则的干预显而易见；在（B）类理论中，这种干预或隐或现。理论并非逻辑—实验的，却试图给人造成这样的印象。在某些情况下，剔除非实验部分，又未过分改变理论的结论，实际上它们可以成为逻辑—实验理论。如果不可能剔除非实验部分，理论又不能改变，那它们在逻辑—实验理论中就没有立足之地。

268. 这里主要考察（B）类理论，将其中的逻辑—实验部分同非逻辑—实验部分区分开。如下两方面的探究十分重要：（1）这类理论同变形的事实相符，如果能区分出逻辑—实验部分，我们就能找到那些变形事实的真实形式。（2）如果在某些此类理论中，非逻辑—实验部分是附属的，一旦剔除了此部分，我们将得到逻辑—实验理论。

269. 因此，无论是叙述文本还是理论文本，我们都可以考察如下两个问题：（1）假设在此文本中或多或少存在形而上学、随意的推演，神话和比喻部分，那么有可能从此文本追溯到作者真正想表达的概念，他想叙述的事实，他想确立并如何确立的逻辑—实验关系吗？（2）可能采取哪些步骤，才能从这些神话、比喻等形而上学、随意的推演中得出预期的结论？

270. 情况用图表示更清楚：（1）现有理论 T，假设表达了某些事实 A，设想文本起源于事实 A。认识 T 就意味着找到 A。当从文本 T 出发为抵达 A，如进展顺利，将通过道路 TA。但若事与愿违，进展不顺利，找到了 B 而不是 A，并且认为 B 是 T 的起源，尽管并非如此。现代批评从某一时代的不同手稿上溯到原始文本，其做法大同小异。原始文本是 A，各种手稿构成整体 T。（2）从理论、文本 T，人们期待得出通常已众所周知的结论 C，并且通过非逻辑—实验推演，从 T 达到 C。

在前一问题内，人们探寻 A。在后一问题内，人们探寻的不是 C，而是抵达 C 的道路。人们有时有意如此，尽管知道 C 不是 T 的结果，却仍然坚持 C 是 T 的结果。于是，一种自欺欺人、以假乱真的技巧、逻辑行为应

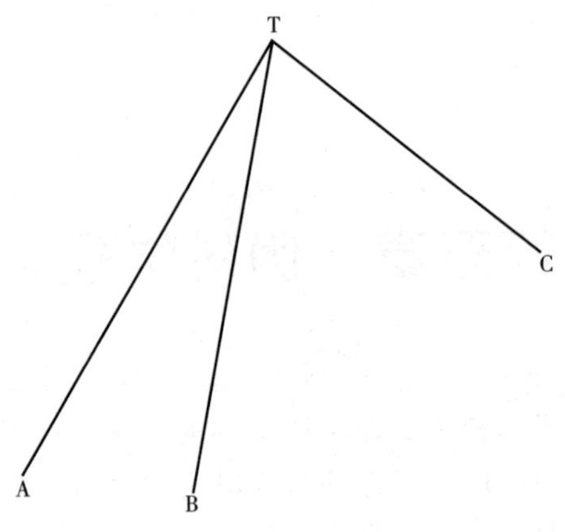

图 10

运而生。但对从 T 到 C 道路的探寻往往是无意识的：在凭借 TC 道路的研究者的头脑中，对 T 的信仰和抵达 C 的强烈愿望水乳交融，而本人意愿并非如此。这是一种非逻辑行为，准备说服他人者，首先要不使用任何技巧说服自己。在前一问题内，当人们探寻 A 时，虽然往往通过同情感的一致取得进展，至少可设想他们试图应用逻辑—实验推演。实际上，它们在科学中才被采用。由此可见，道路 TA（如果人们犯错，或为道路 TB）是给定的，或设想给定的，人们仍要探寻 A。在后一问题内，即人们有意无意地探寻道路 TC 时，虽然往往装作并认为应用了逻辑—实验方法，但实际上几乎总是靠同情感的一致才有进展。人们探寻的道路 TC 可通往预期的目的地 C，有待被说服的人极易接受这条道路。

一般不是如此，两个问题密不可分，人们完成了对道路 TC 的探寻，却坚信只探寻 A。像往常一样，总要给非逻辑行为装上逻辑框架。譬如，T 是《福音书》的文本，可以探究其起源的事实 A，这是历史批评的任务。有人不运用或不仅仅运用历史批评，他试图从《福音书》中得出自己的结论，为达到预想目的而采用一种解释 TC。他已知道：应当确信 T 与 C，并且探索如何将这两个确定的术语联系起来。

271. 在逻辑—实验科学中，从事实推演出理论，先是通过了道路 TC，其后从这一理论推演出预见的事实，又通过了道路 TA。在同科学相距甚远的文学创作中，有时通过道路 TB，经常总是通过道路 TC。另外，T 通常是未确定的，从中人们可得到所期待的东西。道路 TC 往往同逻辑毫无关系。从本质上看，人们从某些未确定的情感 T，推演出所期待的东西，即 C。

272. 如下现象相当普遍。从多数人的情感 A 中挖掘出未确定的表现 T，其后，某个作者从中推演出某些结论 C。恰恰因为 T 未确定，他才能从中挖掘出所期待的东西（第 197 节），并自认为，还使他人相信得出了一个客观结果 C。事实上，他接受 C，仅因它同其感受 A 的方式一致。但他未走这条直接的捷径，而走了一条间接的、往往漫长的道路 ATC，从而满足他本人和他人的逻辑需要。

273. （B）人们探寻的抽象实体不接受经验之外的言明起源。

另外，我们不得不在此种类型中再次考察形而上学先验原则，并为把它们的参与减到最低限度感到满意。如果我们想完全摈弃它们，那此类型中将空无一物，因为那些原则横竖以各种方式渗透到社会科学各学科中，它们同人们的强烈情感相一致。此外，这些学科从未把揭示一致性作为研究的唯一目的，还存在为求实际结果、为宣传、为先验原则辩护的目的。

274. 抽象实体是由经验随意推演出的简单抽象。

这是实验科学的特征，也是识别这些抽象的符号。只要人们情愿，可以完全舍弃这个符号。不使用宇宙抽象的概念（正如我们已说过，人们竭力用事实证明假说：天体按动力学方程运动），仍可展开全部天体力学。同样，没有力的概念，也能阐述全部力学。没有亲和力概念，也能阐述化学。在政治经济学中，没有最优化原理、[①] 价值及类似概念，同样可以展开经济平衡理论，就是忽略资本概念的抽象也未尝不可。至于社会学，本书可用简单的字母代替非逻辑行为、剩余物、派生物等术语，而全部推理未受丝毫损害，仍然站得住脚。我们有待处理的是事物，而不是词语，或由词语激起的情感（第 47 节）。

275. （Bα）神话、传说和诸如此类的东西是历史事实。

对从文本上溯到其起源——事实这一问题的解决再没有比这更简单更容易了。人们由于狂热的迷信而接受这种解决方式，他们甚至吹嘘自己对天方夜谭也确信不疑。关于这点，我们已指出（第 243 节），这里不再讨论。或者如同任何其他历史叙述，作为伪经验的结果而被接受，叙述如果经过严格的历史批评或任何其他必要的实验确证，伪经验本可以变为真

① 帕累托独创的政治经济学概念，有人译作“满足欲望能力”，也有人译作“经济满足”。——译注

正、纯粹的经验。靠此种解决方式给定的理论同（A）类理论的差异在于：在（A）类理论中，叙述是由某个非实验力量作为信条展开的，一般由于一个人的权威而得以传播（第 245 节），并且靠这种力量的干预提供期待的“解释”。相反，在（Bα）类型中，理论因其明显的伪经验性而被接受。从科学的角度看，区别是根本性的（第 266 节）。实际上，如果叙述作为信条给定，只要置于逻辑—实验科学领域之外就足够了，再不需要为了接受还是反对它而争论不休。相反，如果叙述仅仅展示自身权威与显赫，那就完全置于逻辑—实验科学领域内，而同信仰无关。接受叙述者很少进行这种区分，很难了解他将它视为历史叙述，还是作为受其他原因驱使的信仰展示于人。因此，在大多数具体情况下，（A）类理论同（B）类理论鱼龙混杂。譬如，历史叙述作者并不缺少非实验权威。

276. 如果有待解释的文本是历史叙述，至少可将它视为对其介绍的事实的近似描述（第 221 节及其后）。

277. 另外，就是这种情况也不缺少差异。譬如，对一个非常简单的事实的叙述，很难再准确地复述一遍。刑法学教授往往有这样的体验：学生们在场时发生某事，当请他们叙述此事时，有多少学生，就有多少形形色色的报告。你同一个少年，或同一个想象力丰富的成人参与某个事件，你让他们描述这事件，就会发现他们总要添枝加叶，或对其概貌的介绍有过之而无不及。在重复耳闻事件时也发生这种情况。

不仅如此。由于叙述一般总有言过其实之处，倾听叙述者最终要打些折扣；因此，为使他产生符合实际的印象，需要使用一些言过其实的术语。如果你看到十人中有九人大笑，并且想造成同实际相符的印象，你最好说：“大家都笑了。”因为你如果说：“只有一部分人笑了。”造成的印象就会不及事实。

278. 不需众人传播，只需一人重复，就可使一个叙述变形。譬如，说某事物伟大，在其后的复述中一次次变得更伟大；说某事物渺小，每重复一遍就更为渺小：人们受相同情感的驱使，每次都添加剂量。

279. 事实同叙述的差别可以是微不足道的，也可能增长、扩展（第 220 节），直至二者毫无共同之处。于是，产生了幻想的历史、传说和传奇，人们不知道其中有多少是对真实事实的提示，也不知道它们到底是何物。就是非传说性著作和历史论文，也可能脱离事实，面目全非。

280. （$B_{\alpha1}$）神话和叙述应根据文字理解。

人们盲目信仰，长期接受《圣经》故事，甚至把《圣经》看作历史著作，就是此类的典型例证。相反，把它视为上帝启示录，就有理由相信其中包含的历史故事，于是形成了 IIIA 种理论。在包含历史故事的多数传说中，诸如关于罗马建城及类似传说中，存在其他类似类型。

281. 人们不会轻易放弃他们的传说，并竭力拯救尽可能大的部分。通常的做法是改变不可接受部分的意义，最终剔除特别显著的不可能性。

282. 词语变为事物或事物特性的实例举不胜举，往往整个传说就建筑在被宽泛解释的一个术语上。在有性的区别的语言中，用阳性名词使阳性拟人化，用阴性名词使阴性拟人化（第 628 节及其后）。有时，从名称上溯到事物可能发生。但应注意：仅当有充分证据说明从事物到名称实施了转化，才能这样做。当然，当人们探求一个术语的含义时，渴望略微改变其含义，从而展示隐蔽的解释，并将事物同名称联系起来，显现出自己的聪明才智。但过去的经验告诫我们：如果这样做，他们就陷入谬误的泥潭（第 226 节）。甚至，解释者越是机敏聪慧、博学多闻，就容易陷得更深。正是这些惨痛教训驱使人们探寻尚未为人所知的道路。从名称到事物是从事物到名称的逆行道。只有拥有正行道的丰富信息，才能有可靠把握探索逆行道。我们将在第七章讨论这一问题。

283. （$B_{\alpha 2}$）在文字表达上有轻微、随意的变化。

帕莱法泰的那些传说是这类解释的典型。传说仅在文字上保留了下来，众多术语的含义已变化，足以剔除不可信的全部东西。

我们都了解赫西俄德关于神祇——克罗诺斯神的后裔同泰坦诸神——大战的精彩描写。无疑，作者不想标新立异，有别于简单叙述。克罗诺斯后裔诸神有布里亚莱欧、科托、吉杰等作为盟友，他们都长着一百只手和五十个头。请看帕莱法泰如何解脱：“因为他们是人，才讲他们拥有一百只手。为什么不认为这滑稽可笑呢？真正原因是：他们居住在一座名叫百手的城市里，现在叫奥莱斯蒂亚德，因此，人们称呼科托、布里亚莱欧和吉杰为百手。他们应克罗诺斯后裔诸神召唤，把泰坦诸神从奥林匹斯驱逐出去。”①

284. （Bβ）神话为历史部分和非实在部分的混合体。

这是最重要的类型之一，作为其组成部分的解释在过去应用很广，现

---

① 《论历史的不可信性》，第 20 页。

在尚未废弃。许多人具有如下特长：将对传说的钟爱同对历史精确性的渴望熔为一炉。另外，一般他们还善于充分利用文献资料，可以从中轻而易举地找到所希求的东西。由于历史部分同传说部分区分的标准极不确定，人们对此毫无觉察，他们往往各取所需。

285. 实验科学不能以先验否定反对这些先验肯定，需要用经验并仅用经验探究，看看建议的方法能否使我们在传说中发现历史事实（第 226 节）。

286. 经常采用的方法是从叙述中剔除全部貌似精彩的部分，保留其历史部分。这一方法被采用，不是作为解释，而是旨在剔除文本中的附属部分，以突出其历史特征。这种方法不仅有用，而且在多数情况下不可或缺。极少古代文献未在历史事实上添加神奇的成分。如果为此而拒绝历史事实，那我们对古代将一无所知，甚至对近代也知之不多。

287. 另外，常有这种情况，以这种方式剔除可疑部分、保留貌似历史部分时，恰恰避开真实部分（或至少可能如此），保留真正虚假部分。

288. （Bβ1）神话等有历史根源，但叙述随时间推移而变形。

迄今对（β）类型所作的观察也适用其部分的（β1）类型。我们可以把此类型称作古代的艾维梅罗主义，以同斯宾塞的新艾维梅罗主义相区分。

289. 属于此类的解释不计其数，它们旨在剔除叙述中的不可信部分、拯救其余部分。因此，譬如，神祇所生变为常人所生，正如但丁所言："基利诺从卑贱的父亲降生，而世人竟认他为马德的儿子。"[①]（《神曲·天堂篇》第 8 歌第 131～132 行）

290. 某些理论主张从名称的词源学可推演出事物的性质与特征（第七章），这样的理论就属于此类型。这些理论具有前提，至少是不言明的，即开始就给定每个事物一个符合其性质的名称。形而上学家还可以给这些前提添加其他不言明的前提，他们认为事物本身就像人脑想象的那样，因此根据名称进行推理就等于根据事物进行推理。总之，这只是人们将客观存在赠予主观情感的许多情况之一。从柏拉图的《克拉底鲁篇》可了解这种理论的荒谬达到何种程度。

在另一类解释，即（Bγ）类型，还会应用词源学。稍后（第 313 节及其后）我们将予以考察。

---

① 基利诺即建罗马城之罗慕路，其出身不为人知，后人因其功业以为战神马德所生。——译注

291.（Bβ2）神话等是对经验错误解释的产物，是对实在事实进行虚假推演的产物。

此类与前类的区别在于将大部分给予经验，至少好像如此，在于其冗长、缜密、精巧的伪实验推演。

292. 泛灵论在此处出现。这一理论具有多种形式。其最精确的形式断言：原始人类认为，人、动物、植物和非生物都有灵魂。宗教现象的起源和发展就是这一观念逻辑推演的结果。其欠精确的形式说："我们可以断言，儿童和野蛮人都是泛灵论者，即他们将自己的意志外化，将灵魂赋予世界，尤其是周围那些具有生命和类似情感的客体。"

无疑，前一形式的推演比后一形式要深入得多，但后一形式也不缺少推演。为使后一形式简化为同非逻辑行为相符的情感，需要更换其术语，并说儿童和野蛮人在多数情况下，文明人在某些情况下，将人类、生物及与他们有关系的客体视同一律。

293. 当人们试图给这些非逻辑行为装上逻辑框架，就需添加一些推演。有人说："我这样做，因为我认为动物、植物及与我有关系的客体具有意志，就像我和他人一样。"或者可以扩展推演，给意志提供一个动因，使它成为称作"灵魂"的实体，再断言其他存在都像人一样具有灵魂。

294. 首先，我们不能将在儿童那里观察的现象归于泛灵论现象。当然，他们同自家的狗和洋娃娃对话，就好像它们能懂人话，但他们远未把握"存在""精神"这些术语所表达的真正含义。猎人也同自己的猎犬对话，但若问他们是否将猎犬作为精神本体对待，他们定会瞠目结舌、大惑不解。实际上，我们拥有非逻辑行为，某些倾向的表现，但决非逻辑推演的结果。

295. 关于野蛮人，什么也未证明。我们应直接考察涉及野蛮人的事实。

一般存在两大错误：（1）人们在谈论灵魂——形而上学抽象时，仿佛它是实在的事物。长着眼睛的人看见太阳，就可探寻它的概念，这一概念往往暧昧不清；但有人说到灵魂概念，先要了解他的头脑中是否真正存在同这个术语相符的概念。（2）我们用关于当代文明人的概念构建关于野蛮人的理论。这样，我们得到的将不再是关于野蛮人的理论。如果我们忽略某些概念和知识，仅根据保留下的概念和知识进行逻辑推理，所形成的理论就会面目全非。

296. 我们不探寻野蛮人应该如何推理，相反探寻他们实际上如何推理。我们不想效法卢梭及其信徒珍视的方法——摈弃事实，相反我们尽可能远离想象、贴近事实。无数证据证明：野蛮人很少或根本没有进行抽象推理的才能，也没有解决形而上学或哲学问题的愿望，甚至往往缺少好奇心。

297. 这一切并不排除：有的民族曾拥有同泰勒[①]提及的理论类似的泛灵论理论，这甚至是确定的事实，但并未证明这一现象就是宗教的“起源”，也未证明这是较复杂宗教的一种简单形式。

298. 人们曾确信图腾崇拜中存在“宗教”的起源。尽管人们发现的结果同此现象相距甚远，仍确信证明此现象的存在。赖纳赫援引大量例证，弗雷泽[②]就更糟糕，他认为提到动物就是图腾崇拜。

299. 同往常一样，我们看一下经验的教诲（第 226 节）。我们设想人们在许多世纪里对佛罗伦萨共和国知之甚少。后来发现该共和国供养雄狮，古代城市街道称作雄狮路，而这街名延续了几个世纪。此外，佛罗伦萨的地下挖掘发现了被称为马尔佐科[③]的小石狮，人们还知道该共和国从别国掠夺了领土，就在新领土上矗立起马尔佐科凯旋柱。还有什么？各种传说将表明，正如图腾崇拜原则所希求的那样，佛罗伦萨人尊崇雄狮。[④]于是，人们将拥有不少证据，它们比在类似情况下令图腾崇拜鼓吹者兴高采烈的证据更重要，若追随他们的推演，人们就应承认共和国时代佛罗伦萨人的图腾是雄狮。我们确信事实并非如此，在罗马共和国时代或更悠远的时代也没有丝毫可能性。由此可见，若在此种情况下，大量的证据尚且不能证明图腾崇拜，那么在类似情况下，少量缺乏说服力的证据又能证明什么呢？

300. 一些作者认为，图腾崇拜[⑤]具有 A、B、C、D 等不同特性。现在我们发现，如果某个民族那里存在 A，就不能得出那里也存在 B、C、D 等这一结论。反之亦然，如果不存在 A，不能断言也不存在 B、C、D 等。

---

① 泰勒（1832～1917），英国人类学家。——译注

② 弗雷泽（1854～1941），英国人类学家。——译注

③ 马尔佐科（Marzocco），佛罗伦萨共和国古老的徽章，一只雄狮抬起前爪持带百合图案的盾牌。——译注

④ G·韦拉尼：《编年史》卷 6，第 69 页。

⑤ 像称作大象的动物一样，不存在称作图腾崇拜的东西。一些作者将不同的精神状态熔为一炉，并称之为“图腾崇拜”。在一定限度内，这种熔合是随意的。

301. （Bβ3）历史事实是对某些类型的偏离，或构成一极限系列。

这类理论的作者认为，它们往往拥有一个高于经验的原则，因此应将它们置于Ⅰ类（γ）型，但由于它们仅作为实验理论被展示，所以在此找到位置。

302. 我们假设完善的宗教具有原始状态，在一种当代宗教中可以发现这种状态，这种当代宗教自然是真正的宗教，其他使我们认识历史的宗教是此类的劣化偏离。还有相反的假设：历史上不同的宗教是不完善的，它们日趋完善。这种完善是终点，各种偏离物向它靠近。在前种假设中，完善是起点，各种偏离物远离它。围绕着完善宗教原始状态的争论，对于攻击和捍卫犹太—基督教具有重要意义，因此，这些争论已部分地超出了社会学的领域。

303. 我们应该对这场争论采取超然物外的态度，要投身于实验科学领域。笃信宗教者也可置身于实验科学领域，只要他想将信仰同经验分开。拉格兰杰神父在其《闪米特宗教研究》一书中就声言想这样做，而把进步奉若神明的人们，如欧拉尔、[①] 巴叶特等先生却背道而驰。[②]

304. 我们若想尊重事实，就会发现现象并不按 ab 直线增长或减少，而是按 pqrst 曲线，有时升有时降（图 11）。

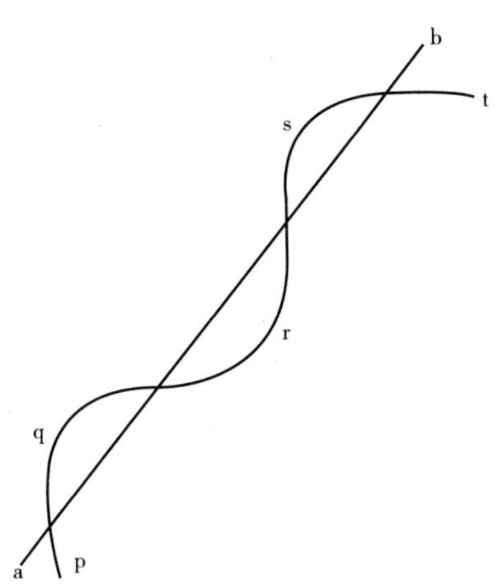

图 11

① 欧拉尔（1849～1928），法国历史学家，他应用历史批判主义法则研究法国大革命。

② 欧拉尔：《法国大革命政治史》；巴叶特：《伦理学中级教程》，巴黎，1909。

305. 将完善置于终点的理论，一般要和另一理论相结合，根据后一理论，当代野蛮人非常接近文明人的史前祖先。因此，为了确定进化线，需有两个定点。当使此线充分延长时，人们得到或确信得到在未来接近的极限。

306. 正像通常发生的那样，从一个极端跑到另一个极端。现在不少人断言野蛮人代表人类种族的衰老，而非童年。这里确信完美状态是进化的起点，而非终点。但事实同这些先验原则毫无关系。比如被罗马人征服以前的高卢人，人们只想把他们同野蛮人或当代法国人相比较，就会发现高卢人更接近前者而不是后者，并且不能断言当代野蛮人同古代高卢人的差别大于同当代法国人的差别。

307. （Bβ4）神话等是对其他类似物的模仿。

根据这一原则，无论何地发现两个制度相似，可认为此是彼的摹本。这里的错误也在于试图将特殊情况下真实可靠的事实普遍化，这样就超越了经验。

308. 人们同样谈论叙述、事实描述和事实本身的相似。它们的共同点是拥有一个核。关于这种核，我们已经见过一个具有呼风唤雨或驱风逐雨的能力的实例（第 89 节及其后），在下一章我们将发现这种核是普遍的（第 374 节）。但叙述、描述、事实除拥有一个核这一共性外，还有其他特性，使它们差别各异并构成不同范畴。因此，它们可以划分为许多种类，并且可按数种分法，这要根据为分类选择的标准。

309. 可以找到许多这样的实例：制度相似，但彼此并不模仿。希罗多德记述过埃及的灯节，类似中国的一个节日，我们还可说同佛罗伦萨的纸灯节相像。但无疑这三个节日之间没有丝毫模仿关系。

310. （Bγ）神话等完全是非实在的。

在这一类型中，我们有许多关于寓意的重要理论，关于太阳的神话理论等。这些理论在过去很流行，今天也仍有其追随者。机敏、聪慧、富有想象力的头脑十分珍视这些理论，它们还期待着意外的发现。另外，这些理论在笃信宗教和不信宗教之间形成一个有用的过渡。人们抛弃再不能捍卫的东西，并竭力拯救尽可能多的古代神话。

311. 另外，事实上古代神话很少或根本未被拯救。过去的经验告诫我们，企图使古代信仰更“有理性”，不会有多少收获，多数情况是加速其衰亡。抽象、缜密、精巧的推理在维持构成信仰实体的非逻辑情感方面作用极小。

312. 为给寓意添加某些实在的东西，要求助于词源学，于是产生迄今仍应用的解释法。甚至，一种解释法，对太阳的神话进行解释的方法，至今享有普遍的认同。对社会学来说，这种方法受到的欢迎比其内在价值重要得多，因为这种欢迎表现一种引人注目的精神状态，它标志着在对传统和过去制度的研究中反科学倾向仍占上风。

313. 马科斯·穆勒及其追随者将寓意—词源学解释法推至极限。他们的做法是，为了论证，利用穆勒通常从梵文中挑选的词语的不确切、极宽泛的含义，然后很少或根本不进行严密的推理，就得出精确缜密的结论。

314. 注意此类型如以下推理般拙劣将受益匪浅："轮子在转动，太阳在转动，故伊克西翁的火轮[①]就是太阳。"此方法通常是这样的：人们想证明 A 等于 B。他们选择对 A 和 B 都合适的术语，竭力在当代人身上激发起相当类似的感觉，并得出结论：对过去时代的人们来说，A 确定无疑地等于 B。为达此目的，述说不应太短，而要不厌其烦地摇唇鼓舌，足以使那些感觉产生并强化，足以掩饰推理的虚妄。

315. 如果某人遇到一位传说中的历史人物，不知道他是否确实存在，最终总要把他变成太阳神话般的人物。

316. 对这种方法的嘲讽莫过于指出它想用一个神话来解释拿破仑一世的历史。[②]

绝非开玩笑，有位作者[③]非常严肃地指出，《福音书》关于基督生平的叙述是一种太阳的神话，它类似希伯来人和巴比伦人的神话。

所有这些并不旨在否定太阳的神话存在，但只强调应由历史证明其存在，而不再以一篇叙述的不确定的，并被随意解释的细节同神话本身的一般性质的相似作为根据。

317. 一般地说，肯定存在过多种比喻，除了解释者矫揉造作的作品，还有在民间自发形成的寓意。然而，现象的演化往往同假设相反：不是寓意源于名称，而是名称源于寓意。不是因为一位少女面颊红润，才称她为

---

① 希腊神话称伊克西翁为拉皮泰人之王，曾杀死其岳父，又引诱赫拉。受到宙斯惩罚，被打入地狱，缠在永远转动的火轮上受折磨。——译注

② "这里就如同拿破仑从未存在一样，在 19 世纪的历史中需要指出大量的错误，"巴黎，1827。第五版作者署名 J·B·佩雷斯，他是阿肯的图书管理员。1909 年的新版附有达沃伊斯编辑的文献目录和作者生平。

③ 耶森：《世界文学中的吉尔伽美什史诗》。

“玫瑰花”，而是“玫瑰花”这一自然现象启示了面颊红润的寓意。

318. 一切简单、先验的解释把我们带出实在领域，这里存在的事实远比叙述的神话复杂得多。在这些神话中，既有真实事实的回忆，又有奇妙的想象，它们按不同比例熔为一炉。在拥有文学和文学记载的国度，还需添加各种不同理论，从最幼稚的到最玄妙的比喻、寓意等。然后不要忘记传说自发地聚集在原始的核（第 308 节）周围，并交替运用不同进程。

319. 譬如，命题“阿波罗是太阳神”就包括谬误与真理。之所以有谬误，是因为在一组史诗，如《伊利亚特》中，阿波罗并不是太阳神。之所以有真理，是因为在另一组史诗中，太阳的神话同尚未成为太阳神的阿波罗的神话相互融合，最终阿波罗成了日与光的化身。

320. 迄今对各种理论所作的长时间的研究，使我们认识到具体理论至少可分为两个部分，其中一部分比另一部分稳定得多。为尽可能避免不是根据事实而是根据词语推理（第 48 节），我们将用字母表中简单字母称谓所要研究的事物，在下一章再用名称代替欠恰当的符号。因此，我们用（C）指示具体理论，在这些理论中，除了事实资料外，还有两个因素或主要部分：本质因素或部分，我们称之为（a）；偶然因素或部分，我们用（b）表示（第 89 节、第 197 节）。

（a）部分符合非逻辑行为，是某些情感的表现。（b）部分是人们感到需要逻辑的表现，它以某种程度符合情感的非逻辑行为，却给它们披上逻辑推理或伪逻辑推理的外衣。（a）部分是人头脑中存在的原则，（b）部分是对这一原则的解释和推演。

321. 譬如，有一种心理状态或情感，可以说由于它某些数字才受到崇拜，它就是现象的主要部分（a），我们将在后文（第 383 节）研究。但人们并不满足于仅把崇拜的情感同数字概念相连接，还试图“解释”这一切怎样发生，想“证明”这是逻辑力量所致。为此，（b）部分进行干预，为什么某些数字是神圣的，各式各样的“解释”与“证明”应运而生。

322. 现象的主要部分，即（a）部分，显然人们要尽全力把握并竭力为之辩护，因此在关于社会平衡的研究中我们将格外关注此部分。

323. 尽管（b）部分是次要的，对平衡仍起作用。有时这种作用可能很小，近乎为零。譬如，当人们为数字“六”的完美辩护时，说它等于两个平均值之和。但有时这种作用很显著，如宗教裁判所对犯有神学推理错误的人施以火刑。

324. 我们讲过（第 320 节）情感和逻辑推演按不同比例构成（b）部分。立即指出如下情况将会受益匪浅：在社会科学各学科中，说服力量主要源于情感，通常由于逻辑推演同情感相符才被接受。相反在逻辑—实验科学中，情感部分趋向于零，随着科学的逐渐完善，其说服力量全部源于逻辑部分与事实。在这一极端，（b）部分性质显著改变，我们将用（B）指示它。另一极端，有些情况下逻辑推演并不清晰，如在所谓法的“潜在原则”① 现象里就是如此。生理学家用下意识活动或其他方式解释这种情况；这里我们不想扯得太远：我们只关注事实，将解释留给他人。所有具体理论都处于中间状态，或多或少接近两极端之一。

325. 尽管逻辑—实验科学与情感无关，但情感还是多少渗透到此领域。如果暂时不考虑这一事实，我们用（C）指示逻辑—实验科学的全部具体理论，这些理论属于第 204 节所述第二类，它们可以分解为两部分：（A）部分——实验原则、描述、实验论断构成；（B）部分——逻辑推演构成。为从（A）部分进行推演，要将实验原则和描述补充到逻辑推演。

具有情感部分的理论（c）给经验补充某些东西，就成了超验的理论，即属于第 204 节所述第三类。它们可近似分解为（a）部分——由某些情感表现构成，（b）部分——由逻辑推理、诡辩及为从（a）进行推演采用的其他情感的表现构成。

这样，在（a）与（A）、（b）与（B）、（c）与（C）之间存在一致。这里，我们只关注理论（c）而将实验科学理论（C）放置一旁。

326. 在超验或伪实验理论（c）中，作者极少严格、清晰地区分开（a）、（b）两部分，通常将它们混为一谈。

327. 从实践角度看，同时思考（a）与（b）可能有用。如果原则（a）都是确定的，接受这些原则的人也就接受它们的逻辑结果（b）。但由于它们缺少确定性，人们只能从中提取所期待的东西，因此，推演（b）可以被接受，仅当同情感一致时，这样推演（b）受到情感的制约。

328. 从科学角度看，理论的每一次完善都同（a）、（b）两部分尽可

---

① 杰赫林：《罗马法的精神》卷 1，第 30 页。

能清晰的区分相联系。由此可见，坚持这种区分从未过分。艺术应该综合研究具体现象（c），因此不能将（a）、（b）两部分分开，这很好。另外，这也是说服人的强有力的手段，几乎所有人都习惯于综合，很少或根本不会进行科学分析。但谁要想构建科学理论，就不能不进行科学分析。

329. 当人们阅读一位作者的著作，并想从科学角度对其理论作出判断时，就需要首先把（a）、（b）两部分区分开，作者本人很少这样做。在任何理论中，一般都需要把前提（原则、公设、情感）和根据前提进行的推演严格区分开。

330. 需要注意：通常给经验补充某些东西的理论（第 325 节），其前提至少部分不言明，即理论的（a）部分没有表现出来，或没有完全表现出来。为了认识此部分，需要对它进行探究。适才我们附带进行的就是这种研究，稍后我们还要专门探讨。

331. 从逻辑—实验角度看，前提不言明，即使仅部分如此，也会成为荒谬绝伦的源泉。表现这些前提的一个事实，就足以促使人们探究，是否欢迎和如何欢迎这些前提。同时，若前提不言明，人们就浑浑噩噩地接受它们：认为它们很严密，而它们远非如此，很难发现它们的确切含义。

作者通常对经验之外的前提保持沉默，当他们断言这些前提时，往往企图在它们和经验的结果之间制造混乱。

332. 一旦接受（a）部分，就可用演绎法构建（b）部分，说得更准确些，是构建（B）部分。因此，对（b）部分的研究远比对（a）部分的研究容易得多。对（b）部分的研究使得两门社会科学——司法结构学和纯粹经济学不断发展并日趋严密（第 778 节）。这种研究越是仅由逻辑构成，就越完善；越是渗透和包容非实验原则，也就越不完善，这些原则本应留在（a）部分。另外，由于（a）部分，或（A）部分，产生或可产生疑问和不确定性，故此部分越小，从中推演的科学也就可越严密。

333. 通常可以随意接受某些原则（a），只要它们是确切的，从这些原则可以获得学说（c）的主体；如果那些原则（a）同实在毫无关系，显然（c）部分同具体事物从不搭界。因此，为了构建一门科学，最好通过判断选择原则（a），以使科学尽可能接近实在，但要记住：理论（c）不可能在每个细节上都复制实在（第 37 节）。

334. 人们试图运用其他社会学理论构建严密的科学学说的主体。但很不幸，这一目的不会实现，因为作为推演根据的原则离经验太远（第 781 节及其后）。

335. 这类理论之一是社会达尔文主义。如果承认：某个社会的制度同社会环境完全相符（暂时动荡除外），而社会制度不具有这一性质，该社会最终将消亡。这样，一个适于接受重大逻辑发展，并能构建一门科学的原则应运而生。这种研究业已进行，在一段时间内，鉴于推演部分（b）已由事实确证，人们曾希望最终形成社会学的科学理论（c）。但这一学说随其渊源的达尔文的物种起源理论而衰落。人们发现这一学说往往顶多对事实做出空洞无物的解释。社会制度和生物的任何形式都不得不用它产生的效用来解释，为达此目的，人们又把随意的、想象的效用这些陈年旧货拾起。然后不知不觉地倒退到终极原因的古老理论。社会达尔文主义同完善学说（c）相距甚远；它为同事实一致，就不得不削足适履。社会达尔文主义并未确定制度的形式，仅指出这些制度不能逾越的限度（第 668 节）。

336. 历史唯物主义是另一理论（b）。如果它认为一个社会的经济状况完全决定其他社会现象，那就有了原则（a），据此可进行许多推演以形成一种学说。历史唯物主义标志着巨大的科学进步，因为它正确地揭示某些现象——如道德和宗教的暂时性，过去、现在不少人把它们说成是绝对的。另外，它指出经济现象同其他社会现象的相互依存，也肯定是真理，它的错误在于将这种相互依存关系变为因果关系。

337. 历史唯物主义还同另一理论——阶级斗争理论相结合，这一次要情况扩大了其错误程度。其实，历史唯物主义可完全独立于阶级斗争理论。另外，后一理论用大胆的二分法将阶级简化为两个。这样，为了到小说王国去漫游，它离科学领域越来越远。社会学变为一种非常容易把握的科学，不用费时费力就可发现现象间的关系，它们的一致性。任何事实都叙说历史，任何制度都描述历史，任何政治、道德、宗教制度都使人认识历史，“资产阶级剥削无产阶级”的行为和无产阶级对剥削的反抗，成了一切一切的唯一原因。如果事实同这些推演一致，我们将拥有比任何其他人文科学更完善的科学。但很遗憾，理论和事实分道扬镳、各行其路（第 718 节）。

338. 还有另一理论，即斯宾塞及其追随者的理论。如果剔除他们作品中充斥的形而上学部分，可将这一理论称之为极限的理论。它有一个原则（a）：所有社会制度都趋向于一个极限，近似于渐近线的曲线。一旦认识制度的历史沿革，就可确定其极限。它甚至比在数学上确定渐近线这样非常简单的问题还要容易。因为数学上确定渐近线，仅仅认识曲线的几个点是不够的，需要认识曲线的方程式，即认识曲线的内在性质。相反，只要给定代表一个制度的曲线的少数几个点，就可以，或说得更准确些，认为可以确定其极限。

339. 这一原则（a）易接受科学推演（b）的影响，因此它扩展了学说的主体。在斯宾塞的社会学和其他类似著作中可以发现这些学说。若不考虑这些著作中的形而上学部分，应用这些学说，我们很接近实验方法，由于最终说来，结论是从事实中得出的。可惜，除了事实，还有另一原则的干预，该原则是：制度都有极限，但只认识制度的少数连续状态，远不能确定该极限。

另外，一个真正奇特偶然的情况：作者设想的极限仅由事实确定，这一极限会同作者靠自己情感期待的极限完全吻合。如果作者是像斯宾塞一样的和平主义者，令人满意的事实向他证明：人类社会接近世界和平的极限。如果他是民主主义者，人类社会就接近民主的绝对胜利的极限。如果他是集体主义者，人类社会就接近集体主义的极限。依此类推，不一而足。于是，人们疑惑不解，且疑云难消：事实仅是用来掩饰说服的强大动因。

无论如何，实证主义者这样使用的动因同实在不符，这就把他们根据这些动因进行的全部推演败坏了。还有更为严重的缺陷，随时光的推移可能纠正：我们现在远没有掌握为使用此种方法而不可或缺的历史信息。

340. 那些具有完全缺乏精确性、未确定、模糊的原则（a）的理论同我们提过的理论性质完全不同。这类理论运用表面严密的逻辑从原则（a）中得出结论。这些结论除反映推理者的情感外，什么也不表现；除了将它们同（a）连接起来的推理外，不具有任何证明力。实际如下情况很普遍：某人从原则（a）中得出一些结论，另一人根据同一原则得出截然相反的结论。一般说来，关于推理，没有什么可指摘的。相反，原则不适于作为前提，更可悲的是，它被人们随心所欲地发挥。

341. 理论（c）不可能具有某种程度的科学形式，若原则（a）不具有某种方式的精确性的话。鉴于此，某种人为的精确性远胜过绝对缺乏精确性。在法学学科中，这一缺陷可靠“假设”[①] 加以纠正。在其他科学中，这种方法可用以探寻陈述定理时的简约性。譬如，在数学中，定理“任何代数方程都有同其次数相同的根”，在此形式下，通过在根数中不仅计算那些实根，也计算那些想象的根，真是既有用又便利！

① 这一术语在苏美尔·麦奈的《古代法》第25～26页的含义上使用；其含义也可更普遍，指明显虚假的断言，当定律、学说、定理的结论改变时，为使它们保持不变，就需求助于它。

第六章 剩余物

342. 我们已经看到（第 325 节），在逻辑—实验科学理论中会遇到因素（A）、（B），它们同半逻辑—实验理论中的因素（a）、（b）部分相似，部分相异。

在社会科学中，正如迄今所研究的那样，人们发现更接近（a）而不是（A）的因素，因为并非避免情感、偏见、信条以及公设、原则等类似倾向的干预，它们外在于逻辑—实验领域。

343. 社会科学的推演部分，正如迄今所研究的那样，有时很接近（B），也不缺少这样的例证：如果前提（a）具有精确性（否则推理将不严密），运用严密的逻辑，就会使此部分同（B）完全吻合。但在这些科学中，推演部分往往更接近（b），因为它包含许多非逻辑、非实验原则，倾向、偏见等，对其影响很大。

344. 现在我们专门研究因素（a）和（b）。因素（a）或许同人的，说得更准确些，同人们的某些本能相符，因为它没有客观存在性，因人而异；可能正因为它符合这些本能，在现象中它几乎保持不变。因素（b）符合于头脑为使（a）合乎理性而进行的工作，因为它反映想象力的工作，因此多变不定。我们在前一章（第 342 节）已看到（b）部分不得不再划分，从一个极端——这里是纯逻辑，向另一极端——这里是本能与幻想——运行。我们在第七章里将讨论这一情况。

345. 但是，如果（a）部分符合某些本能，也远没有包括一切本能，这从人们发现它的方法可以见出。我们分析了推理，并探寻了不变部分，因此，我们就只能找到产生推理的本能。于是，所有简单的欲望、趣味、倾向，在社会事实中人们称之为“利益”的这个非常重要的类别均置于其外。

346. 另外，可能我们仅发现（a）类事物之一的一部分，因为另一部分尚为一种简单的欲望。譬如，如果性本能仅趋向于两性的接近，在我们的探寻中，它将不会显现。这种性本能往往被掩盖，隐藏在禁欲主义外衣下：有人宣扬及时抑制两性结合欲念的美德。当我们考察他们的推理时，将会发现符合性本能的（a）部分和（b）部分，即掩饰性本能的推理。当我们精心探寻时，或许发现对食物、饮料渴望的类似部分，但对这些渴望来说，无论如何，简单本能部分比另一部分重要得多。

347. 一位政客受到追求金钱、权力、荣誉欲望的驱使而捍卫团结理论。在对这一理论的研究中，这种欲望一现即逝，而这一欲望几乎为所有政客所共有，无论他们怎样断言，相反，他们却把用以说服他人的原则（a）放在首位。显然，如果政客说："你们相信这一理论吧！因为它对我有用。"定会贻笑大方，并且不能说服任何人。因此，他不得不从听众所能接受的某些原则开始。

如果我们仅限于这一观察，可以认为，在已考察的情况中，（a）不存在于理论得以被捍卫的原则中，而存在于理论得以被接受的原则之中。如果再深入观察，会发现这种区分并不成立，因为想说服他人者往往先说服自己，即使主要从自身利益出发，最终确信是从他人的利益出发。无神论者很少或根本不适宜说服，大多数宗教信徒最适宜说服，且说服越有效，信仰越坚定。因此，理论的（a）部分既在其接受者，又在其捍卫者那里存在，但应将利益补充到二者的（a）部分。

348. 当我们分析理论（c）时，需将在第 12 节提及的从主观方面和客观方面的探究严格区分开。但人们往往将它们混为一谈，因而产生两大根本错误。首先，我们以往常谈到，将理论的逻辑—实验价值同其说服力或其社会效用相提并论。其次，这尤其是现代的错误，在探寻学者如何和为何形成某一理论时，用主观研究代替客观研究。这往往由对学者权威的尊崇所致，因为人们受感情的驱使，先验地接受他所思考的东西，并确信必然应是"真"。因此，在逻辑—实验科学中，研究学者的思想，等于考察他想说的是否"真"，即是否符合经验。

349. 对某一理论（b）部分的研究恰恰是对主观部分的研究，但它还可一分为二，即需要将一般原因与特殊原因区分开，正是由于这些原因，一种理论才得以形成并拥有信徒。一般原因是那些在较长时间内起作用，并对相当多的个人有效的原因，特殊原因是那些偶然起作用的原因。一种理论一旦形成，因它对一个社会阶级有益，就产生了一般原因，但如果由于学者被收买，或因他表现出对论敌的蔑视，理论才得以产生，就有了特殊原因。

在对理论（b）的研究中，我们将只关注一般原因，对特殊原因的研究是次要的，可放到后面。

350. 对社会体制有相当影响力的事物促使理论的形成，因此，在探寻事物（a）时，也就找到了理论。正如我们说过的那样，对这些事物还需补充欲望和利益，这样，我们就把握了在确定社会体制方面起明显作用的所有事物（第345节）。但要注意：社会体制还要反作用于事物，因此它们之间不是因果关系，而是相互依存关系。假如我们设想，这似乎可能，动物没有理论，对它们来说，不可能存在（a）部分，可能也不存在利益，仅剩下本能。野蛮民族即使同动物很接近，也拥有某些理论，因此对他们来说，存在（a）部分，肯定更存在利益与本能。文明民族拥有关于他们大量的本能与利益的理论，因此，几乎在他们全部社会生活中都可发现（a）部分。

351. 在此章中，我们将要专门研究（a）部分。

在一些情况下（第88节及其后，第308节），我们已将（a）、（b）两部分区分开，它们在同一现象（c）里交融混杂。于是，我们踏上了发现指导进行这类分析的规则的征途。这一点用例证说明看得更清楚，进而再系统地展开这一研究。

352. 例证一，基督徒实行洗礼。

谁若只了解这一事实，就不知道是否能并如何能分解为其他事实。另外，我们有一种解释：我们被告知，他们施行洗礼，是为了摆脱原罪。这还不够，如果我们对类似行为一无所知，将很难把一个复杂现象分解为几部分。然而，我们了解类似行为。异教徒也用圣水进行精神净化。我们不能在此止步，仅将水的应用同精神净化的事实联系起来。相反，其他事实向我们表明，使用水并不是此类现象的不变部分。可以用血和其他物质进行精神净化。不仅如此，为达到同样目的，存在不同的实践方式。对违犯禁忌来说，人们采用某些实践以去掉在某些情形下沾染的污点。实践的范围总在扩大，实践的手段及其功效的解释千变万化，通过某些实践能够恢复个人完整性的情感持续不变（这种完整由于实在的和想象的原因而变质）。因此，具体现象是由不变部分（a）和可变部分（b）构成，（b）部分包括为恢复完整性的手段及用以解释其功效的推理。人们有一种含混不清的情感：水可以洗刷道德上的污点，就像清除物质的污秽，但通常它并未说明用水恢复完整性的理由，它太简单，人们便去探寻更复杂的解释，更深入的推理，从而易于找到所期望的东西。

353. 现在发现的核（a）由不同部分构成。首先，我们从中辨认出组合的本能：人们“想做某事”，将某些事物和某些行为组合起来。其次，存在如此想象的联系的持久性：每天都尝试一种新的组合，但只有一种组合，即使是幻想的，居主导地位，有时还成为独有；它在时间上持久。最后，存在一种本能，它驱使人们确信某些组合在实现某一目的方面的功效。可以说，实际具有功效的组合，如用火石点火，驱使人们确信想象组合的功效。现在，我们并不关注这种或那种解释，承认事实的存在足矣，让我们就此止步。在以后的研究中，我们将尽量走得远些，能用其他事实解释我们到此停步的事实，而其他事实又用另外的事实来解释，依此类推，不一而足。

354. 例证二。

在第二章（第 88 节及其后），我们看到人们确信能呼风唤雨或驱风逐雨的情况。仅从这些情况之一，我们根本不能或很难进行推演，幸好我们了解许多情况，并且在所有情况中均显现一个不变的核。让我们暂时忽略核这部分，它涉及某些组合的持久性和对其功效的迷信。正如在前一例证里，我们发现一个不变部分（a），它符合存在神性的情感，可使神性用千变万化的手段对暴风雨进行干预。这是另一类型，人们确信用本身毫无意义的实践也能获得效果。譬如，撕裂一只白公鸡，将其一半放置田边，人们期望暴风雨不要光顾农田。这样，范围扩大，显现另一不变部分（a），它符合组合的本能，凭借这种本能，为了获取某种效果，人们将事物与行为偶然地结合在一起。

355. 例证三。

天主教徒认为星期五不吉利，有人说这是因为基督在这天受难。如果我们只了解这一事实，就很难判定二者之中，不吉利或基督受难，哪为主哪为次。幸好我们还掌握许多其他类似事实，罗马人有过不吉利的“恐怖日”和“恶兆日”。譬如，7 月 18 日，罗马人在阿里亚战役[①]中败北。这就是（a）种，即视不幸事件纪念日为不吉利的情感。不仅如此，罗马人和希腊人还曾有并无特殊原因的吉日和凶日，正如前述情况一样。因此，

① 阿里亚河是罗马北部台伯河的支流，公元前 390 年，高卢军队统帅布雷诺在此地大败罗马人。——译注

存在一个（a）种，包括上述的（a）类，它符合将日子及其他事物同吉兆、凶兆结合起来的情感（第369节）。

356. 在展开研究之前，最好为事物（a）、（b）和（c）命名，因为用字母指示它们，既妨碍讨论，又使讨论变得含混不清。由于这一原因而不是另一原因（第48节），我们将把事物（a）称作剩余物，事物（b）称作派生物，事物（c）称作派生论。但需要永远记住：从这些名称的本意中，从它们的词源学中无可挖掘；它们的含义仅为事物（a）、（b）、（c）。

357. 正如我们早已看到的，剩余物（a）构成众多事实整体，根据它们呈现的相似之处有待分类，于是，产生了种、类、型。派生物（b）也是如此。

358. 剩余物符合人们的某些本能，因此便常缺少精确性和严格限定。甚至，它们的这一特征几乎永远用来同事实或科学原则（A）区分开，它们同后者很相似。不止一次，（A）是通过对（a）的精确化才产生的。这样，术语“热”是不确定的，使用这一术语，可以说“冬季井水热，夏季井水冷”。物理学术语“热”符合用温度计测量的温度，是确定的；人们会发现，按此术语的含义，冬季井水并不比夏季热，因为当把温度计置于井内，冬季和夏季的读数近似相同，或冬季比夏季水温低。

359. 总之，剩余物不能作为严密推理前提的首要原因就在于它们的相互依存；相反，如同命题（A）在科学中能作为严密推理的前提。

360. 需要特别注意，勿将剩余物同情感或符合剩余物的本能相混淆。剩余物是它们的表现，仅为了使论述更简短。譬如，我们说，除欲望、利益外，剩余物在决定社会平衡方面起主要作用。相反，也可详尽地述说：“符合剩余物的情感或本能，除了那些符合欲望、利益等的情感与本能以外，在决定社会平衡方面起主要作用。”

361. 经过分析，研究对象可以分解为（a_1）、（a_2）、（a_3）……不同的剩余物，而个人那里存在符合（a_1）、（a_2）、（a_3）、（a_4）、（a_5）等组合的情感。此情感比其他简单的情感要复杂，它们是组合的。

（a_1）、（a_2）……也可以分解为更为简单的因素，但太一般的命题最终不具有任何意义。

362. 时有发生：人们从剩余物（a）运作，通过派生物（b），抵达派生论（c）。派生论（c）反过来又变为其他现象的剩余物，并且需经派生。譬如，十三人同席有凶兆，可能是犹大死后，由对其背叛行为的恐惧之情得出的派生论。但现在反过来又变成剩余物，人们确信十三不吉利，但不再想到犹大。从剩余物，通过派生物，可以得到派生论（c）；它可在社会中实际观察，也存在其他派生论（γ）观察不到，尽管它像（c）一样，也由剩余物严密推演出。

363. 对社会现象起源的探究，迄今构成社会学的大部分内容，它们往往是对剩余物的研究，尽管学者们对此没有觉察。他们承认，但不够准确，简单事物应在复杂事物之前，剩余物在派生物之先。当斯宾塞在人类的神化中发现宗教的年代学起源，他确信找到宗教现象的剩余物，即为我们今天观察的复杂现象的起源的简单现象。

364. 关于这点需要进行两种观察：（1）没有任何证据证实对剩余物的认识在时间上先于对派生物的认识这一假说，这一观察十分有益。有时是这样，有时则完全相反。在化学中，先认识化合物起源的元素后，才认识化合物；但也有许多化合物在此之前就为人所知。（2）即使对剩余物的认识先于对派生物的认识，若走一条同熟路截然相反的路将受益匪浅。探寻不同时代的剩余物非常困难，往往不可能，因时代悠远缺少文献，将不允许我们用现代人的想象力与“良知”去弥补、代替。虽然这样做，可以产生天才的理论，但它们很少或根本不符合事实。试图在原始时代发现剩余物（a），而现代可观察到的现象（c）就起源于（a），这等于想用未知之物去解释已知之物（第 227 节）。需要从透彻了解事实反向推演出了解甚少事实，竭力在现在观察到的现象（c）中发现剩余物（a），然后看历史文献中可否找到（a）的踪迹。这样，人们发现，（c）尚未认识时，（a）已经存在。可以得出结论：（a）先于（c），在此情况下，起源同剩余物浑然一体。但是，这里缺少证据还不允许将它们混为一谈。

365. 我们先给剩余物分类，然后再给派生物分类。请不要忘记：在社会现象中，除由剩余物表现的情感外，还有欲望、倾向等（第 345 节）。这里我们只关注符合剩余物的部分。在此部分往往可找到许多，有时无数的简单剩余物。情况是这样：石头包含多种化学元素，经化学分析将它们区分开。存在具体现象，其中一种剩余物比其他剩余物占优势，因此可以大致描绘这一剩余物。我们现在的分类是从客观角度进行的（第 348 节），但有时应补充主观看法。

第一种，组合的本能（第 366 节至第 389 节）。

（Ⅰ种 α 型）一般组合（第 369 节至第 370 节）。

（Ⅰ种 β 型）相似或对立事物的组合（第 371 节至第 379 节）。

（Ⅰ种 β1 型）一般相似与对立（第 374 节）。

（Ⅰ种 β2 型）稀少事物与独特事件（第 375 节至第 376 节）。

（Ⅰ种 β3 型）恐怖事物与事件（第 377 节）。

（Ⅰ种 β4 型）同好事物相连的幸福状态，同坏事物相连的不幸状态（第 378 节）。

（Ⅰ种 β5 型）被视为相似的事物产生和本身性质相似的效果，而很少产生相反效果（第 379 节）。

（Ⅰ种 γ 型）某些事物和某些行为的神秘运作（第 380 节至第 383 节）。

（Ⅰ种 γ1 型）一般神秘活动（第 382 节）。

（Ⅰ种 γ2 型）神秘地约束事物的名称（第 383 节）。

（Ⅰ种 δ 型）将剩余物统一的需要（第 384 节）。

（Ⅰ种 ε 型）逻辑发展的需要（第 385 节）。

（Ⅰ种 ζ 型）迷信组合的功效（第 386 节至第 389 节）。

第二种，集合体的持久性（第 390 节至第 418 节）。

（Ⅱ种 α 型）某人同他人及地方的关系的持久性（第 389 节至第 406 节）。

（Ⅱ种 α_1 型）家庭和类似家庭的关系（第 399 节至第 404 节）。

（Ⅱ种 α_2 型）同地方的关系（第 405 节）。

（Ⅱ种 α_3 型）社会阶级关系（第 406 节）。

（Ⅱ种 β 型）生者与死者关系的持久性（第 407 节至第 409 节）。

（Ⅱ种 γ 型）死者同生前事物关系的持久性（第 410 节）。

（Ⅱ种 δ 型）抽象的持久性（第 411 节至第 413 节）。

（Ⅱ种 ε 型）一致性的持久性（第 414 节）。

（Ⅱ种 ζ 型）变为客观实在的情感（第 415 节）。

（Ⅱ种 η 型）拟人化（第 416 节）。

（Ⅱ种 θ 型）新的抽象的需要（第 417 节至第 418 节）。

第三种，用外在行为表现情感的需要（第 421 节至第 424 节）。

（Ⅲ种 α 型）通过组合进行表现的需要（第 421 节至第 422 节）。

（Ⅲ种 β 型）宗教狂热（第 423 节至第 424 节）。

第四种，同社会性有关的剩余物（第 425 节至第 460 节）。

（Ⅳ种 α 型）特殊社会（第 426 节）。

（Ⅳ种 β 型）一致性的需要（第 427 节至第 435 节）。

（Ⅳ种 β1 型）作用于自身获得的一致性（第 428 节至第 430 节）。

（Ⅳ种 β2 型）强加于人的一致性（第 431 节至 433 节）。

（Ⅳ种 β3 型）新恐惧症（第 434 节至第 435 节）。

（Ⅳ种 γ 型）怜悯与残酷（第 436 节至第 440 节）。

（Ⅳ种 γ1 型）联想到他人的自我怜悯（第 438 节）。

（Ⅳ种 γ2 型）对痛苦的本能厌恶（第 439 节）。

（Ⅳ种 γ3 型）对无谓痛苦的理性厌恶（第 440 节）。

（Ⅳ种 δ 型）为他人的幸福强使自己受苦（第 441 节至第 446 节）。

（Ⅳ种 δ1 型）甘冒生命危险（第 443 节）。

（Ⅳ种 δ2 型）使自己利益成为他人利益的组成部分（第 444 节）。

（Ⅳ种 ε 型）等级的情感（第 447 节至第 454 节）。

（Ⅳ种 ε1 型）上等人的情感（第 449 节）。

（Ⅳ种 ε2 型）下等人的情感（第 450 节至第 451 节）。

（Ⅳ种 ε3 型）集体赞誉的需要（第 452 节至第 454 节）。

（Ⅳ种 ζ 型）禁欲主义（第 455 节至第 460 节）。

第五种，个人及其附属物的完整性（第 461 节至第 497 节）。

（Ⅴ种 α 型）反对破坏平衡的情感（第 462 节至第 466 节）。

（Ⅴ种 β 型）下等人的平等情感（第 467 节至第 470 节）。

（Ⅴ种 γ 型）用同经受变质的主体有关的行动恢复完整性（第 471 节至第 490 节）。

（Ⅴ种 γ1 型）实在主体（第 486 节至第 487 节）。

（Ⅴ种 γ2 型）想象主体或抽象主体（第 488 节至第 490 节）。

（Ⅴ种 δ 型）用同损害完整性者有关的活动恢复完整性（第 491 节至第 497 节）。

（Ⅴ种 δ1 型）实在冒犯者（第 492 节至第 495 节）。

（Ⅴ种 δ2 型）想象或抽象冒犯者（第 496 节至第 497 节）。

第六种，性剩余物。

366. 第一种，组合的本能。

此种由符合组合本能的剩余物构成，人类的这种本能很强烈，它可能是文明的有效原因。大量现象为剩余物提供将某些事物组合的倾向。科学家根据某些准则、假设、看法组合，有时很有道理，有时纯属偶然：部分地完成逻辑行为。无知者根据类似组合，这些类似大多是幻想的、幼稚的、荒谬的，往往纯属偶然，即根据我们不了解的动因：他们的行为大部分是非逻辑的。此种组合下分几个类型，主要是：（1）对组合的偏爱；（2）对视为最优组合的探索；（3）倾向于确信组合的功效。

367. 另外，存在被动部分——在此人们承受组合和主动部分——在此解释或生产组合。对组合的偏爱是一种普遍的不分明的情感，它被动又主动地活动；在所有民族的游戏中此种情感很强烈。对视为最优组合的探索显然是主动的。倾向于确信组合的功效既被动又主动：一方面，人们可确信 A 必然同 B 相连，并观察到 A 应接续 B；另一方面，当人工炮制 A 时，结果也生产了 B（第 386 节）。

368. 在具体现象中，人们还可一起发现其他种剩余物，尤其是第二种剩余物，它们巩固强化了由组合本能、探寻最优组合、对组合功效的迷信所提供的材料。然后，对组合功效的迷信又进行干预，驱使人们运用它们。在多种现象中，尤其在文明民族那里，逻辑行为、科学推演、非逻辑行为、情感活动熔为一炉，这里我们要通过分析加以区分。

369. （Ⅰ种 α 型）一般组合。

一般组合的动因确实存在，就像（Ⅰ种 β 型）组合或其他组合，如果有用，（α）型组合还可划分。《梦之书》为我们提供了许多这种类型组合的例证，将梦中出现的事物一一编号。确实有人尝试用逻辑和经验为这种一致辩解，但不难理解，为何仅对某些组合的迷信就能造成这种一致。大普林尼[①]的《自然史》和所有民族的民间医学提供无数为治病而发现的组合。这里主要的仍不是经验，而大部分为随便的组合，当它们的实验价值荡然无存时，它们仍得以保留。许多发现就是事物和活动组合的结果，这些组合没有预想蓝图，并且往往其效果同试图达到的不同。譬如，对磷的发现就是这样。吉日与凶日有时显现为此类型与其他类型混合剩余物。驯养动物可能也是如此：在某些情况下，可以是有精确目的活动的结果；在其他情况下，可以是简单组合的结果。此类型剩余物在某些巫术活动的毫无意义的话语里非常突出。

370. 此类型剩余物十分坚固。在任何时代、任何国家，不论愚昧无知

① 大普林尼，古罗马作家，著有 37 卷《自然史》，为古代科学知识百科全书。——译注

的民族，还是高度文明的民族，不论迷信者还是无偏见者，在那里我们都发现了此类型剩余物。

371.（Ⅰ种 β 型）相似或对立事物的组合。

事物的相似与相异，即使是想象的，也是组合的一个强大动因。当注意由这些事物激起的观念联合时，就会立即理解其原因。非逻辑推理往往是进行观念联合的推理。

372. 请注意：如果 A 与 B 是相似事物，C 和 D 是相斥事物，同 A + B 相反的现象不是 C + D，而是组合的缺少。这样，信仰魔鬼同信仰上帝并不对立，而缺乏这两种信仰才与之对立。带着恐惧心情谈论性行为者的精神状态同对性行为津津乐道者的精神状态并不对立，对此漠不关心，就像对肉体的其他需要一样漠不关心者才与之对立。长期以来，文学家也不厌其烦地重复说：爱情的对立面是冷漠，而不是憎恶。

373. 顺势疗法的原则，“similia similibus curantur”[①] 将相近事物连接；对立原则“contraria contrariis”[②] 将对立事物连接。不拥有先验原则的实验科学反对上述两原则，它在任何情况下都让经验来确定。

374.（Ⅰ种 β1 型）一般相似与对立。

此类型剩余物是大量的，往往在巫术中存在。人们将相似的事物和相似的活动相连接：当对一个人、一个动物或一个事物的一小部分发生作用时，也就对它们的整体发生作用；人们将对立事物相连接，在许多情况下似乎某些情感发生作用，驱使人们再次探寻对立物。

譬如，巫术中实行将小蜡像熔化，表示享用了情人的爱情；用匕首刺穿一个小塑像，意味着刺穿一个敌人；把黄金、宝石埋入地下，为了获取更多的黄金、宝石。利用对某些存在物或真正或寓言般的憎恶来驱逐另外一些存在物；对崇拜行为的拙劣模仿（送葬弥撒）。还比如为了避开“神祇的妒忌”而举行的仪式。剩余物还存在于聚集的情感中，这些情感使我们将东西按生物对待，东西和动物按理性存在物对待。总之，在驱使我们为证明而使用类比的情感中存在一部分剩余物，因此，在派生物中还会发现它们。

375.（Ⅰ种 β2 型）稀少事物与独特事件。

一种本能使人们确信：稀少事物与独特事件同其他稀少事物与独特事

① 拉丁文，意为相似相益。——译注

② 拉丁文，意为相反相克。——译注

件密不可分，或仅仅同强烈渴望得到的东西紧密相连。

376. 事物的稀少性可以是内在的或外在的，即事物或行为，可以属于稀少事物、行为这一类，或者它们的稀少性纯系偶然或想象所致。预兆与奇迹提供了此类型剩余物，尤其是某些人物或英雄，在他们诞生或逝世时、在他们一生中的重大时刻发生的预兆与奇迹。

377. （Ⅰ种 β3 型）恐怖事物与事件。

譬如，根据某些作家记载，在卡蒂利纳的同伙宣誓时伴随的怪异行为中就显现过。在“春天祭神典礼”中，在非常时刻，如汉尼拔奇袭罗马时也出现过。在某些庄严的巫术仪式中，甚至拿儿童作祭品。

378. （Ⅰ种 β4 型）同好事物相连的幸福状态，同坏事物相连的不幸状态。

当人们确信状态 A 幸福，就倾向于将所有认为好的事物同它相连。相反，若确信状态 B 不幸，就倾向于将一切坏事物同它相连。一种制度、理论的反对者往往把一切恶都归罪于该制度或理论。相反，其拥护者把所有善都归功于它。此类例证真是随时随地举不胜举！

379. （Ⅰ种 β5 型）被视为相似的事物产生和本身性质相似的效果，而很少产生相反效果。

当人们将某些事物视为相似时，就掌握了它们的性质。维达人①的“苏摩汁”②，新西兰的“瓦杜阿液”，艾莱夫西斯城③举行的秘密宗教仪式中使用的“契科内水”，形形色色的圣礼和神水都属于此类型。

380. （Ⅰ种 γ 型）某些事物和某些行为的神秘运作。

它符合使事物与行为具有神秘的（通常不确定的）力量的情感。在许多巫术活动中，在护身符中，以某物起誓时，在神意裁判中，在有制裁或无制裁的禁忌现象中，都存在此类型剩余物。其主要部分是组合的本能，上述神性的干预是旨在解释这种本能并为它辩解的派生物。

381. 将（Ⅰ种 γ2 型）特殊范畴同（Ⅰ种 γ1 型）一般范畴区分开会十分有用，在（Ⅰ种 γ2 型）中，人们设想事物的名称对这些事物具有神秘的力量。

382. （Ⅰ种 γ1 型）一般神秘活动。

---

① Veda，斯里兰卡的原始民族，公元前 6 世纪就是那里的土著居民。——译注

② Soma，植物名，其汁液为古代印度吠陀教祭奠中所使用的主要祭品。——译注

③ Eleusi，古希腊城市。——译注

以确定形式、确定地点或确定事物起誓，圣物、许多巫术活动、魔力或恶毒的眼光[①]等构成此类型剩余物。

383.（Ⅰ种 γ2 型）神秘地约束事物的名称。

可以具有两种方式，即：无实验动因，它们神秘地约束事物；或者它们使人记起事物的某些实验的或想象的特性。第一种方式产生此类型剩余物，第二种方式产生集合体的持久性剩余物（Ⅱ种）。某些“完美”的数字：三、六、七、十，就是后一种的例证。

384.（Ⅰ种 δ 型）将剩余物统一的需要。

人们往往感到需要将头脑中的剩余物统一起来：这样表现出综合的倾向，此种倾向在实践中不可或缺。另外，人们很反感将信仰同经验分离，他们期望一切即成，并且没有不一致的特征。当人们在使用某些不确切的词语时（他们自认为同实在事物相符合），就感受到这种需要。于是，在仁或善这一词语中，就包含着人们爱好的东西，有益于健康的东西，某些其他道德上的感觉，形成一整体剩余物，它并不令人生厌，而应对人有吸引力。知识分子将善、仁、美、真、人道、利他主义、团结放在一起，它们形成一整体，它[②]激起他们的温情，其后，通过集合体持久性剩余物，它又成为独立存在，并且还可拟人化。

385.（Ⅰ种 ε 型）逻辑发展的需要。

对逻辑的需要，既可用严密的逻辑，也可用伪逻辑来满足。实际上，人们期望推理，很少关注推理的好坏。用逻辑外观掩饰非逻辑行为的需要，后文我们将谈到的用伪逻辑满足这一需要的派生物，都源于此。此类型剩余物，如果是偏离真理的形而上学和神学的起源，同样也是实验科学的起点。

386.（Ⅰ种 ζ 型）迷信组合的功效。

如果 A 显现同 B 相连，时间一长，在人的头脑中就产生一种情感，它将 A 与 B 不可分割地连接起来。进行探索的科学家不会听任先入之见的摆布，他们等待由事实确证其情感，无论如何，仅限于推演出关系的或大或小的或然性。相反，普通人不应用实验方法，而是跟着情感走（尽管情感由他人转述的间接经验产生），还忽视实验确证（另外，一般说来，它未能限制其信仰）。他们很少或根本不将有效组合同无效组合加以区分，就

① 一种迷信，认为这种眼光使人倒霉。——译注

② 指剩余物整体。——译注

像好样的大加图[1]那样，用相同信仰说明巫术疗法和农业活动。

387. A 和 B 往往是不确定的事物或行为，甚至是数种事物或行为，通常同（β）型和（γ）型一致。无论起源于实验、伪实验或迷信 A 与 B 结合的幻想，借助集合体持久性的剩余物，它[2]得以强化并变得稳定持久。无论在消极意义上，还是在积极意义上，它都强有力地作用于情感与行为。

388. 在消极意义上，如果人们观察到 AB 组合的一个因素，就会倾向于确信整个组合的存在；因此，如果 A 在 B 前，当观察到 A 时，就会期待 B（就像天空出现彗星，按一般的预兆，人们期待着即将发生的事件）；当观察到 B 时，人们就确信它应在 A 之后，以致以某种方式发现 A（譬如，在那些预兆某些罗马皇帝将拥有帝国权力的事件里）；最终，如果 A 与 B 属于过去，它们就会结合，即使没有丝毫关系（正如历史学家所叙述的预兆，而那些预兆并非杜撰）。

389. 在积极意义上，人们被说服确信：当产生 A 时，就得到 B。占卜的消极科学变成巫术的积极科学。

390. 第二种，集合体的持久性。

某些组合构成一个集合体，也就是几部分紧密结合为一体，它最终以这种方式具有自己的性质，往往将拥有自己的名称。由于设想事物符合名称的剩余物的作用（第七章），这一名称反过来又使集合体品格的概念持之有据（第 397 节）。

符合集合体的情感可以几乎持续不变，或其强度与范围可变化不定。这些情感得以表现的形式，即派生物，更是变化无常。

391. 集合体一经构成，一种本能，就像一种机械的惰性，用多变的力量，用连接事物，反抗由其他本能推动的运动；如果集合体的解体不可避免的话，最好保留下它的偶像。

392. 一成即逝的组合不能构成拥有自身坚固性的集合体；但当它们能持续存在时，最终具有这一性质。

393. 不仅由于抽象，才具有这种品格，另外，如果抽象没有客观存在性，可有主观存在性，这点对社会平衡至关重要。我们设想观察到：某些

① 大加图（公元前 243 ~ 前 149），古罗马政治家，第一位重要的拉丁散文作家，他流传于世的唯一著作是《农书》。——译注

② 指 I 种 ε 型剩余物。——译注

人将一条河神化。这一事实可用多种方式解释。(1) 可以说这些人凭借抽象将理想的河同具体的河分离，他们把理想的河视为“一种自然力”，为此才受到崇拜。(2) 可以说将同人的近似性、人的灵魂赋予河流，并且把这一灵魂神化。(3) 可以说这条河引起人们不同的感觉，至少部分感觉不十分确定，但相当强烈。这些感觉持续稳固，通过主体，在整体上构成一事物，他们给该事物命名，就像为其他受到主体关注的事物命名一样。这个具有名称的实体还受到其他类似实体的吸引，可以在万民瞩目的万神庙[①]中占据一个位置，就像在爱国者集合体内紧靠旗帜占据一个位置一样（譬如，德国的莱茵河），或者在诗人的行囊里。不能排除现象的三种形式中的任何一种；但是，第三种解释的事实远比第一种多，因此，其剩余物也远比另两种的应用广泛。

394. 这样，我们就理解了古罗马神祇中的许多抽象。粗野民族的最缜密、敏锐的推理者，将它们之中的强者错当成“自然力的化身”。同理，也就不难理解阿诺娜女神[②]、被奉为神明的罗马皇帝及以大量其他将人神化的情况。

395. 人们观察到：某些习俗流传下来，但作为其起源的原因却消逝得无影无踪。这种持久性可以归因于对立面力量的微弱；或者由于其对立面力量相当可观，但它们受到比其更强的力量的帮助。譬如，在许多习俗中，异教的节日、“迷信”或明或暗地渗透到基督教，这种现象十分明显。

396. 于是，由某些观念联合和行为构成的剩余物，从古罗马一直延续至今，它们具有连绵不断、形形色色的形式。用希腊的神人同形同性论也未能改变，在它看来，喷泉变成了拟人化的神性。当上帝或女神变成圣徒和圣女时，用基督教也未能改变。并行不悖的是：形而上学变形将“自然力”或“神力的表现”等抽象形式赋予此类型剩余物；但不是由于平民，而是由于文学家和哲学家的使用，它才延续下来。由于剩余物积淀在数不胜数、形形色色的事件中，才充分显示了它的力量。不言而喻：在决定社会平衡方面，考察剩余物本身远比考察其变化无常、暂时的时代外观重要得多。

397. 剩余物起源于某些事实的持久性，其后又有助于维持这种持久

① Pantheon，古罗马著名建筑，公元前 27 年始建，初为敬奉众神的庙宇，后为名人陵墓。——译注

② 古罗马人信奉的收获女神。——译注

性，直至该持久性遇到某些障碍，使其终止或变化。存在一系列的作用与反作用（第 390 节）。事实强化了剩余物，剩余物又强化了事实，直至对前者、对后者、对二者的新作用力没有招致不同的存在方式。否则，情况将变化。

398.（Ⅱ种 α 型）某人和他人及地方的关系的持久性。

人们常说的对家庭、财产的情感，爱国主义感情，对自己的语言、宗教、同志的热爱均属于此类型剩余物，这些剩余物有时被人们添加的派生物和逻辑解释所掩盖。

这些剩余物还同某些对“财产”有情感的动物一样，即在动物那里存在着将它们同地方或事物联系起来的情感，在人们和其他动物“喜爱”的对象里存在将它们同动物和人们联系起来的情感。这一类型还可划分为三，它们性质相似，以致剩余物极其容易相互混淆并相互代替。

399.（Ⅱ种 α_1 型）家庭和类似家庭的关系。

同动物不同，可能还由于子女需要父母的时间较长，人类种族从这种关系中产生重要的，有时非常强大的剩余物。

400. 它们符合家庭社团（它们在其中诞生）的形式，其后又强化或改变了这种形式。由于贵族家庭类型最为著名，我们仅深入认识同它一致的剩余物，但今天在野蛮人那里发现其他家庭类型，即使在古典文献中也极少记载。

401. 无论何种原因，在许多民族那里形成了某些集体，人们认为它们同土地紧密相连、时间上经久不衰，因为死去的个人不断地被他人代替。还发生这种情况：这些集体的核心由有血缘关系的个人构成。上述集体的存在这一事实同情感存在的事实相互依存，那些情感有助于集体的延续，并以各种不同方式表现，其中最主要的表现方式就是人们所说的宗教。人们以三种方式解释历史现象，我们并不了解这些现象的起源，但了解不断发展的状态，甚至还有衰退的状态：（1）当人们想到核心时，就说这些集体以家庭作为起源，由于此类型的偏离和滥用才会如此。（2）当人们注意到集体中存在，并强化集体的情感时，就把宗教作为它们的起源，用宗教教义解释家庭的核心：某些宗教行为是由具有血缘关系的个人完成的。（3）可以确信这些集体完全是人为的，是由一位立法者炮制的。

402. 还有第四种假设，能更好地解释著名的事实。它将这些集体看作由一个核心构成的自然形态，一般来说这个核心就是家庭，还有各式各样的附属物（门客、家人），由于它们的延续，某些情感、剩余物（宗教等）才得以产生并强化，这些情感、剩余物反过来又保障了集体的存在与延续。

403. 这种一般认识也适用于罗马氏族、希腊 γϛνοέ[①]、印度种姓及封建集体等个别情况。

404. 同在希腊和罗马非常相似的剩余物，拥有同这两个民族气质不同的派生物；构成家庭宗教的剩余物稍加变化，就成为城市宗教（对火和威斯塔[②]的崇拜，佩那忒斯[③]和阿诺娜，城市以其姓名命名的英雄和神圣的缔造者）。这些剩余物完全符合整体键，即是说它们阻碍使社会细胞存在并充满活力的能力的自由发挥。

405. （Ⅱ种 α_2 型）同地方的关系。

此类型剩余物往往同前类型及（Ⅱ种 β 型）剩余物相混。在古代希腊—拉丁民族那里，地域关系同家庭、集体、死者的关系结合起来，以形成一整体剩余物。现代人常将家庭所在地和度过童年的地方称作“出生地”，而“祖国”这一名词启示了一系列情感：人们确信血统、语言、宗教、传统、历史等相同。这一情感整体就像宗教、道德、正义、善、美等整体，不具有非常确定的形式，并靠集合体的延续才未离析。

406. （Ⅱ种 α_3 型）社会阶级关系。

生活在一个确定的集体，会在头脑中铭刻下某些概念、某些思维与行为方式、某些偏见、某些信仰，其后它们延续下来并成为伪客观存在，正如许多其他类似实体。相应的剩余物往往具有家庭关系剩余物的形式；社会阶级、民族本身被设想为某个实际的或神秘的作者的众多后裔；自己的神祇，其他集体的敌人也是如此。今天，这最后一种派生物已不再使用。在种姓、社会阶级、派别、种族、职业诸现象中，在反对外国人、野蛮人、低级种族、劣等民族等概念中，我们都会发现这些剩余物的表现。通常差别仅反映在情感的强弱上。

407. （Ⅱ种 β 型）生者与死者关系的持久性。

由于抽象，某人和他人的众多联系，在他缺席或逝世后仍会延续。于是，我们拥有许多现象的剩余物。它们同（Ⅱ种 α 型）剩余物部分相似，

---

① 希腊语，意为阶层。——译注

② Vesta，罗马的火神与灶神。——译注

③ Penati，罗马的守护神。——译注

这就是它们经常同此类型剩余物，诸如通过家庭、种姓、爱国主义、宗教相联系的原因所在。在涉及死者荣誉的所有现象里，都会发现同（Ⅳ种 δ2型）剩余物相连，它们驱使我们将自己的东西属于所钟爱或祝福的人。

408. 确信死者显现提供一个明显形式，类似情况还扩展到神性和其他拟人化的本体。

409. 最终说来，这种永存概念仅仅是另一个强大概念的延长，即个人在从童年到老年岁月流逝中身体与心理统一的概念。

410. （Ⅱ种 γ 型）死者同生前事物关系的持久性。

某人同他生前拥有的事物的关系，在他死后，仍然存在于生者的头脑中。为此才广泛应用陪葬、殉葬风俗：将生前属于死者的东西同尸体一起埋葬，或焚烧，或摧毁；将死者的妻妾、奴隶、牲畜杀死殉葬。对死者转世所作逻辑解释仅为一种变化无常的派生物。

411. （Ⅱ种 δ 型）抽象的持久性。

当关系按第 390 节所述方式，或以其他方式聚集起时，就产生了相应的抽象，它可以延续，于是新的主观存在应运而生。

412. 这些剩余物是神学和形而上学的基础，神学和形而上学恰恰可以界定为这些剩余物的派生物的聚集。如果它们不像逻辑科学那样具有价值，就像符合强大社会力量的剩余物的表现具有很大价值。

413. 现在与过去，事实中的差异仅涉及抽象的拟人化，过去这种拟人化很普遍。我们将在后文（第 416 节）讨论这一问题。

414. （Ⅱ种 ε 型）一致性的持久性。

这是抽象的持久性的一种重要情况。人们观察一个事实，用抽象方式表达它。这一抽象延续下来，并成为一个普遍规则。因此可以将普遍性赋予一个事实或个别一致性。很少有人以特殊形式表达特殊事件，很少有人善于将这种表达和产生普遍规则的另一种表达区分开，很少有人善于将普遍规则（经受实验确证的研究方法）同另一规则（试图凌驾于这一方法之上，第 29 节）区分开。形而上学原则、自然原则、事物的必然联系等是统治经验的这些抽象的极端情况（第 212 节）。

415. （Ⅱ种 ζ 型）变为客观实在的情感。

无数这些剩余物是通过情感进行主观证明的基础，它们非常有效地作用于理论得以产生并受到欢迎的动因。譬如，在形而上学家的自我观察中，在基督徒的经验及诸如此类东西中，均可发现它们。

416.（Ⅱ种 η 型）拟人化。

首先为抽象、一致性、情感命名，这样将它们变为客观个体。进而逐渐完成人格化，达到拟人说，再加上性剩余物，使它们变为男人或女人。最终它们才可被神化。在罗马崇拜中有这样的例证，如果不在拟人说派生物领域，就在剩余物领域，在对社会主义、进步、民主、和平主义的信仰中，也不乏其例。

417.（Ⅱ种 θ 型）新的抽象的需要。

当某些抽象衰亡或因任何原因而受到摈弃，对抽象的需求又持续不断，就必须取代那些消逝或衰弱的抽象。在文明阶级那里，富有知识的、精致、深奥的神话代替民间神话；超自然抽象让位于形而上学抽象、伪科学抽象；情况无穷无尽，形式多变，对具有持久性抽象的需求持续不断。

418. 人们不仅需要抽象，而且需要它们发展，并在头脑中永生不亡。于是，恰恰发生如下情况：一种宗教越是兴盛，异教也就越活跃和强大。存在对抽象的静态和动态需要。

419. 第三种，用外在行为表现情感的需要。

强烈情感一般总伴随着某些行为，它们同情感没有直接关系，但它们满足了运作的需要。在动物中也可观察到此类现象：猫看到鸟摇晃颌；狗看到主人摇尾；鹦鹉拍击双翅，诸如此类，不一而足。

420. 表现情感的行为强化了情感，还可使缺少此情感者产生此情感。众所周知的事实是：如果某个身体状态表现一种感受，一个人置于这种状态中，就能在自身产生同此状态相符的感受。于是，此种剩余物用作用与反作用的完整链条同感受、情感、激情联系起来。

421.（Ⅲ种 α 型）通过组合进行表现的需要。

我们恰恰拥有此类型混合剩余物，实际上其中可发现第一种剩余物。在这类现象中，我们的剩余物，也就运作的需要，是主要方面，组合是次要方面。这些组合的规则，即第一种剩余物的派生物，一般是偶然的和微不足道的。

422. 符合此类型剩余物的运作需要引发了自然艺术、巫术、宗教等活动。在治愈病人的直接操作中提供了大量例证。

423.（Ⅲ种 β 型）宗教狂热。

当强度加大时，平静、深思熟虑的运作需要甚至可达到狂热、激昂、疯狂的程度。在癫狂状态下实施的宗教歌曲、舞蹈、柔术、毁损肢体，和萨满教、“高卢人国家的复兴”、先知预言等，都属于此类型。

424. 宗教狂热往往使人确信不疑：某些人同神祇直接交流，往往还在超自然世界里发生远足、升天、将灵魂奉献给主。

425. 第四种，同社会性有关的剩余物。

此种由同社会生活有关的剩余物构成，还可以将同纪律有关的剩余物归于此种，如果承认相应的情感由社会生活强化。

426. （Ⅳ种 α 型）特殊社会。

在许多民族那里可发现驱使人们构建性质截然不同的特殊社会的情感。从这种联系[①]的事实中产生出强烈的情感，它们符合任何类型的剩余物，尤其是（Ⅱ种 α_3 型）剩余物（第406节）。

427. （Ⅳ种 β 型）一致性的需要。

在社会里生存的动物也存在这种需要，野蛮人的这种需要比文明人强烈得多。在人类社会里，某个民族所寻求的一致性可以是普遍的，或该民族的不同群体寻求的一致性是千差万别的。当形形色色的集体试图将自己的一致性扩展到其他集体时，就会发生冲突。每人都对自己集体的一致性感到满意，并尊重其他集体的一致性时，冲突就不会发生。

428. （Ⅳ种 β1 型）作用于自身获得的一致性。

在社会现象中很普遍的模仿属于此类型：某人模仿他人；某个集体、某个民族模仿其他集体、其他民族。相似事物并不是总取决于模仿，因为它们可能是相似原因的结果。有时还发生这种情况：模仿用以强化相似，譬如，不同民族都有反对偷窃的法律，它们源于相似原因。当这些民族发生联系，他们能相互模仿这些法律的某些形式。

429. 在“时尚”的一致性和禁忌中，此类型剩余物显现得近乎纯粹。

430. 模仿有时为了获取某些被认作有用的事物，而当应用他人实施手段时，恰恰得到这些事物，就形成了逻辑行为。若不存在上述目的，即使多次企图赋予模仿以逻辑外观，一般也只是非逻辑行为。

431. （Ⅳ种 β2 型）强加于人的一致性。

人们为自己为他人寻求一致性，谁违犯这种一致性，就会招来麻烦，引起敌对情绪，受到谴责，往往还被施以暴力。

432. 一致性的需要在各个方向存在不同。罗马人，根本不是神学家，

① 指情感与构建社会的联系。——译注

他们仅仅为了崇拜的外在行为强加一致性。现代国家政府没收刊载裸女形象的报纸，却让那些宣扬抢劫、纵火、屠杀平民的报纸发行。

433. 另外，正如一切类似本能的表现，一致性本能的表现毫无规律、缺乏理性。在雅典对亵渎神灵的起诉很少，而渎神者很多。罗马对基督徒的迫害既无结果又无章法。天主教会使一致性的主要内容规范化，并附加上点儿逻辑。之后在某些政府对待性宗教和反军国主义等异端的立场中，它又消逝了。

434. （Ⅳ种 β3 型）新恐惧症。

这是阻碍改革的情感，而改革会破坏一致性。在野蛮民族那里它非常强烈；在文明民族那里也相当可观，仅能被组合的本能（第一种剩余物）战胜。

435. 在许多人的头脑里，对某些一致性的新恐惧症剩余物同与其他事物对立的进步宗教剩余物并存。

436. （Ⅳ种 γ 型）怜悯与残酷。

这些相反情感应放在一起研究。正如我们所观察到（第 372 节），和两种情感对立的一种是冷漠。

437. 将怜悯之情和只具其形式的其他众多情感区分开绝非易事。譬如，对罪犯的全部恻隐之情可分解为几部分：（1）性剩余物。在几乎所有对所谓“情欲罪行”的判决中均可见到。（2）宗派、爱国主义及类似的情感的剩余物，使我们对自己集体的成员宽容，却对圈外之人冷漠和敌视。（3）第二种剩余物。另外，有待了解有人为了自己受益而表示怜悯，这已经是逻辑行为。得以延续并涉及怜悯的剩余物可划分为三种类型：第一种类型，由自身痛苦到对他人痛苦同情的情感占上风（Ⅳ种 γ1 型）；另两种类型，情感并非个人的，它导致对他人痛苦的本能的厌恶（Ⅳ种 γ2 型）或理性的厌恶（Ⅳ种 γ3 型）。

438. （Ⅳ种 γ1 型）联想到他人的自我怜悯。

感受到不幸者易同情所有受苦受难的人们，对他们仁爱宽容。由于人们倾向于控告所处环境——社会的恶，人道主义、“幸福权”等理论应运而生（对通奸持宽宏大量的态度，对 souteneurs[①] 也抱点儿仁爱之情），它们鼓动造反和颠覆当局。

① 法语，意为靠妓女生活的人。——译注

439. （Ⅳ种 γ2 型）对痛苦的本能厌恶。

这种情感是看到痛苦时的厌恶，毫不注意它是否有用。在弱小、卑贱、缺乏活力者处经常可见此类型，当他们成功地摆脱这种状态时，相反变得极端残酷。某些和平主义者与走下坡路的精英们也是如此。

440. （Ⅳ种 γ3 型）对痛苦的理性厌恶。

这种情感恰恰为强者、充满活力者所拥有。他们了解自己的愿望，善于恰到好处地实现有用的目标。词语“有用”与“无用”都是主观的：指示使用者的一种情感。在某些情况下，它们可以具有客观价值。但在大多数情况下，这点尚不确定，社会学还远未能确定这点。

441. （Ⅳ种 δ 型）为他人幸福强使自己受苦。

在人类和动物那里，由同集体和家庭的关系产生一种个体间相互友爱的或强或弱的情感，它表现为为了他人幸福自己受苦，从而互相帮助、相互捍卫。

442. 驱使完成某些行为的这些情感，也促使对完成行为者的赞同，这样直接作用于个人：个人行为还往往受取得他人赞同和避免他人谴责这一愿望驱使。

443. （Ⅳ种 δ1 型）甘冒生命危险。

由于社会性情感，还由于预见到会受到他人赞赏，人们铤而走险，甚至献出生命。

444. （Ⅳ种 δ2 型）使自己利益成为他人利益的一部分。

从前种形式毫无觉察地过渡到较轻松的形式，在此形式中人们仅仅放弃某些享受。动物和人类中这样的例证数不胜数。

445. 此类型剩余物同第二种剩余物相结合，形成奉献给无生命体或生命体、死者、神祇的牺牲。在更为复杂的现象中，除此之外，可以补充其他原因。

446. 若浮浅地看问题，人们可能确信：在维护被统治阶级利益的统治阶级的一切成员处都可遇到此类型剩余物，但事实并非如此。他们可以划分为如下几类：（1）为了获得政治、财政或其他利益而率领被压迫阶级者。（2）顺应潮流，为个人事业奋斗者。（3）诚心诚意地乐善好施者，因其本能地懂得付出少、得到多。（4）缺少活力、孤陋寡闻、毫无见识的“知识分子”，他们像前三类人那样慷慨陈词，但他们人数不多。（5）人数极少的佼佼者，他们精力充沛、知识渊博、远见卓识，他们捍卫社会和团结的理论，他们受自己利益同他人利益一致这一愿望驱使。寻求他人的赞赏，丝毫未损害由此类型剩余物表现的情感的重要性（第 442 节，第 452 节及其后）。

447.（Ⅳ种 ε 型）等级的情感。

无论下等人，还是上等人，都有等级的情感；在动物界可观察到它，在人类社会更为普遍。甚至由于人类社会相当复杂，似乎缺乏这些情感，它们就不能继续存在。等级可以变化，但在社会中永远存在，尽管它们宣布人人平等：这里形成某种暂时的封建制，从最高统治者到最卑贱的臣民应有尽有，譬如，在法国和意大利所看到的那样。我们可以把个人感受到对参加的集体或其他集体的差异情感、被它们赞同和欣赏的愿望，放在等级情感之中。

448. 一切社会体制都存在一个等级集团，如罗马的平民，中世纪的手工工匠、封建领主、君主，它们部分地靠相互友爱的情感维系。仅当一等级集团濒临消亡并让位给另一等级集团时，才停止自发地维系，而是仅靠或主要靠暴力支撑。但是，肯定从未放弃使用暴力。

449.（Ⅳ种 ε_1 型）上等人的情感。

这是保护和仁爱的情感；往往还要补充统治和高傲的情感。统治和高傲的情感确实可同表面卑微的情感并存，正如人们在宗教社团和苦行者那里看到的一样。

450.（Ⅳ种 ε_2 型）下等人的情感。

这是依附、敬爱、崇敬、畏惧的情感，它们成为构建动物和人类社会，驯化、蓄养动物所不可缺少的条件。就在那些被称作无政府主义者的人们中间，也存在充当首领者（他们不这样称呼），或医生的、卫生学家的，往往还有江湖庸医的权威流行。权威情感的表现数不胜数、千差万别。人们接受具有或自诩具有优越性符号（实在的或想象的）者的权威：年长、老练、博学、高贵、强壮，君主、神父、妇女，甚至自由妇女、政客、庸医等。

451. 由于抽象的延续（第 441 节），权威情感可多少脱离人，并可贴附在实在的或自诩的权威符号上。对于享用权威者来说，保持自己的威望和表面优势的好处就源于此。权威情感可完全脱离人并转向无生命物，譬如，不少人对手稿、印刷品顶礼膜拜（第 545 节）。此类型剩余物在其他现象中，如拜物教、圣物崇拜等，也存在一部分。

452.（Ⅳ种 ε_3 型）集体赞誉的需要。

这是最能显现情感及其表现——剩余物之间差异的情况之一。由我们正在考察的各种类型的剩余物表现的社会性情感，几乎总伴有争取受到他人赞誉的情感，因此后种情感对人类社团的作用极强。但它并不以相同频率由对应的剩余物表现，因为它潜移默化地起作用，往往未被表现。譬如，在诚心诚意的苦行者那里就可观察到这些。

453. 相反，有时此剩余物掩盖了其他剩余物。当一个人要做或是不做一件事时，说道“这件事好，或这件事坏”，人们并不知道这句话意味着“这件事受到集体赞誉，或受到集体谴责”，或者“这件事同我的情感一致，或不一致”。两个原因可以一起起作用，集体的赞誉或谴责可以强化个人已拥有的情感（第 74 节）。

454. 还有这样的情况：个人并未或并未完全受到符合此剩余物的情感驱使，而是完全或部分受获得集体赞赏、避免集体谴责的愿望驱使。这些情况同样表明前述情感的重要性。因为，即使这种情感并未直接作用于个人，也通过他人赞赏或谴责间接作用于个人。由于这种情感在集体中很强烈，他人赞赏或谴责才具有威力。一个极端虚伪的苦行者在集体中表现苦行主义的威力，他非常关注集体的意见。因为虚伪具有功效，并仅当苦行主义受到这一集体的赞同、欣赏时才会产生功效。相反，若这一集体对苦行主义很冷漠，虚伪就毫无目的。

455.（Ⅳ种 ζ 型）禁欲主义。

此种现象的核由只在人类中可观察到的情感构成，这类情感驱使人们甘心受苦、放弃享乐，而没有任何有用的目的，恰恰同追求幸福、逃避痛苦的人的本能背道而驰。

456. 还有一些情况：一个人在苦修，因为他确信会受到上帝的欢迎并赎罪。这里，剩余物可能是宗教情感，而苦修是其逻辑结果。但在其他众多情况下，不变部分是放弃生活的幸福，可变部分是苦修的理由。在古埃及异教苦行者中间，在犬儒主义者、佛教徒、艾塞尼教派①、伊斯兰教隐士和伊斯兰教马蒂派信徒中间，在大量当代“崇尚美德的多明我修士②”

---

① 公元前 2 至公元前 1 世纪的一个犹太禁欲主义的教派，主要在巴勒斯坦和埃及活动。——译注

② 多明我会，又名布道兄弟会。1215 年由西班牙教士多明我创办。他主张为争取人们摆脱异端，教士必须过严格的苦修生活，赤足走路，甘于清贫。——译注

中间，均可观察到这点。

457. 在此类具体现象中，正如在一切社会现象中，存在形形色色的剩余物：除了纯禁欲主义剩余物外，还有高傲、优越性剩余物（第五种），这种优越性恰恰由其欣赏者承认（第 453 节）；宗教剩余物；驱使将禁欲主义强加于人的一致性剩余物；实在的或想象的效用剩余物；驱使人们赎罪的人格完整性剩余物；上文提到的、在虚伪的苦行者处有的（Ⅳ种 ε_3 型）剩余物；组合本能剩余物（第一种）。

458. 禁欲主义的行为大部分拥有同社会生活有关的剩余物，当这些行为不再有用时，仍能延续，或者获得它们有用之点的强度。因此，禁欲主义剩余物可置于同社会性有关的剩余物中，并往往表现为此种情感的扩大。

459. 这后一种情况说明禁欲主义者往往非常自私的原因。禁欲主义超过限度，就把个人社会性的全部本能集于一身，它再没有对他人，甚至对自己家庭存有一点仁爱之心。

460. 如果禁欲主义的核是同社会性有关的某些本能的扩大，围绕它还有同这些本能无关的其他表现。戒除对他人有用的东西，如服装、食品等，通过模仿学习无用甚至可笑的行为，譬如住在高柱上苦行修道的基督徒的行为。或者对集体有害的行为，如许多苦行者的卑鄙下流的行径。

461. 第五种，个人及其附属物的完整性。

此种由涉及个人及其附属物的完整性的情感构成，因此，从某种意义上讲，它是对前一种的补充。保护自己的东西和设法扩大其数量，是两种经常混淆的活动，于是，捍卫完整性和发展个性差异甚小，也常相混。人们称作“利益”的所有情感都具有与此类剩余物情感一致的相同性质并归于此类，若它们对社会平衡具有十分重要的意义，提示我们不要将它们同剩余物分开考察。

462.（Ⅴ种 α 型）反对破坏社会平衡的情感。

当实际平衡或想象平衡被破坏或设想被破坏，个人痛苦万分，即使他并未因破坏这一事实受到丝毫损害，极少情况下，他甚至还从中获利。

463. 当一种社会平衡状态存在，如果它被破坏，会产生试图恢复它的力量（第 821 节及其后）。这些力量首先是由我们正在研究的此类剩余物表现的情感。从消极意义上说，它们使我们感受到平衡的破坏；从积极意义上说，它们驱使我们去消除破坏平衡的原因，因此，它们变成了（δ）型情感（第 491 节）。由社会平衡动荡产生的情感，几乎总是在一种特殊形式下，即平衡状态存在时曾具有的完整性受到痛心疾首的破坏，而被社会成员所感知。通常这些感受同其他剩余物一起属于所谓“正确”“不正确”这些不确定的范畴。有人说“这件事不正确”，表明这件事同他的情感冲突，正如他生活在社会平衡状态下存在的那些情感。

憎恨的情感，尤其是一个集体对另一个集体、一个民族对另一个民族的憎恨的情感，也属于此类。往往，憎恨的对象显得并不重要，需要憎恨最重要，即对某种平衡状态需要强烈反对。有时，亲睦之情与憎恶之情能做到水乳交融，但此种情况极为罕见。

464. 社会平衡的不同部分未被清楚地区分开，尤其是当社会科学尚欠先进时，因此，反对破坏社会平衡的情感将无足轻重部分的破坏和极端重要部分的破坏视同一律。一位妇女身着男装，即便在今天所谓文明民族那里，也会令人反感，就像严重违犯社会秩序一样。

465. 如果这种情感不存在，对社会平衡起初的任何破坏（这种破坏很轻微），或这一破坏加剧，但尚未危害大多数人的直接利益并引起强烈抗拒，都不会遭到反对，或很少遭到反对。在任何社会这种情况均以一定规模发生。由于对破坏平衡的厌恶之情的干预，这种规模缩小，不管受到损害的人数多少，社会平衡都变得更加稳固。

466. 将第二种（集合体的持久性）剩余物补充到这类剩余物，就会形成具有重要社会意义的复合剩余物，它们符合活跃、强烈的情感，恰恰类似那些用“正义的理想”术语极不精确地指示的情感。从本质上看，它表达了一种暧昧不清、不自觉的情感，即反对破坏社会秩序并不由受到损害者的数量直接引起，而具有与此数量无关的重要价值这一效用的情感。

467.（V 种 β 型）下等人的平等情感。

这种情感往往是对属于下层阶级的个体完整性的捍卫，是使其提高到上层阶级的方法。但是感受到此情感者对实际目的与表面目的之间的差异并不了解。他们并不实施自己的利益，而是实施其社会阶级的利益，仅因为它是表达自己思想的共同方式。

468. 仿佛自相矛盾的两种独特倾向就起源于这种情感的性质。一方面，存在个体为自己要求尽可能多的优秀人才参与的倾向；另一方面，存在尽可能缩小人数的倾向。如果看到这种倾向是使所有具有优秀品质的人参与，他们的活动能有效地使之具有优势，以便他们干预的成果远远超过付出的代价。并且排除其活动并无功效或功效甚少的人们，以便使付出的代价更少，这样，矛盾也就不复存在了。

469. 另一表面的矛盾是，下等人渴望同上等人平等，但不允许后者同他们平等：要求平等总是要求个别特权。若看到这种平等的要求仅是为争取特权的隐秘的造反，这里的矛盾就消失了。在任何时代任何地域此类例证数不胜数。

470. 极不适宜地称之为“平等情感”的情感生动、鲜明、强烈，恰恰因为并非如此。它并不涉及一种抽象，像少数天真烂漫的“知识分子”所确信的那样，而关系到那些想要摆脱与其对立的不平等，并建立于其有利的另一些不平等的人们的直接利益。

471. （V种 γ 型）用同经受变质的主体有关的活动恢复完整性。

由于完整性以某种方式变质，人们关注于恢复它，如果这可能，或感受到变质要获得补偿。在我们讨论的此类型中存在净化，它在古代社会和今天的野蛮民族中广泛应用，在文明民族中很少应用或完全废弃。

472. 现在要使存在过的不曾存在决不可能，但可以用另一大小相等、方向相反的力作用于某力，与之平衡并抵消其效果。可以用另一行为对某行为补偿，消除该行为的印象：某人成了落汤鸡，把他擦干；他若感到冷，让他取暖；他若肮脏不堪，让他沐浴、清洁如初。由于抽象的持久性，这些物质活动扩展到人们的思想和道德部分，并结出各种行为的硕果。

473. 完整性可以严重变质或轻微变质，对其恢复可以靠整整一代人的努力，或一个简单的行为就可以补救给人带来污点的行为。求签损害了牺牲者的完整性，但不像谋杀那样，是个不可磨灭的污点。总之，尤其是对那些严重变质，恢复完整性的目的是引导个人回复原初状态。

474. 人们设想存在的污点，可以视为某些行为的物质结果，用其他行为可从物质上清除；或者靠补充其他剩余物并借助派生物（仿佛由某些条件决定，这些条件中往往有个人的意志）要求清除污点所需的相同或类似条件。

475. 作出某些区分、考察一些现象将受益匪浅：a）关于个体或事物方面，包括实在的或想象的，这是客观方面；b）关于为恢复完整性而干预的人们的情感方面，这是主观方面。

476. a）客观方面。

需要进一步区分。

（1）承受变质的主体。这里还存在各个不同方面。

主体的性质：主体可以是实在的，人、动物、植物、事物、建筑物、城市、领土、集体，或是想象的。

在空间的扩展。不洁可从患者传染给同其有关系的他人，从父母到子女；从个体到集体，到动物，到物体。当家庭被视为社会的细胞，其某一成员的完整性的任何变质，在空间和时间上，波及整个家庭。在因一家庭成员的罪行而危及整个家庭的刑罚中，存在一种逻辑行为，由于力求影响人们设想的此成员对家人的爱，但仍存在把家庭视为社会单位的剩余物。恰恰当个体成为社会单位，正如现在的欧洲，这种集体刑罚消逝了；而在中国继续存在，因为那里家庭是单位。如果一个男人既无儿又无女，那么家庭的完整性遭到破坏（女儿可以忽略，家庭靠男子维系）。需要恢复这种完整性。因此，形形色色的规定允许其妻不生育的丈夫再娶，抛弃前妻或继续保持夫妻关系。如果男人没有子嗣就离世，在雅典规定寡妇需嫁给亡夫的哥哥，犹太人规定寡妇应嫁给亡夫的弟弟。

扩展到动物，无灵魂物，抽象或想象的存在。

集合体的持久性促使扩展到这些对人类有用的实际本体。但并不缺少反向道路。所有这些本体均可像人一样看待，其完整性也可蒙受变质。

在时间中扩展。

当变质在物质上没持续到恢复的行为，由于两个活动连续，人们不言明地设想主体是唯一的（第 409 节）。如果一个人因其罪行而苦修赎罪，可以设想犯罪者和赎罪者的统一。在其他情况下，变质与恢复扩展到祖先，又扩展到后代。这就是原罪概念的起源。另一扩展超越了现世生活的界限，涌现出轮回、涅槃、好灵魂升天堂和坏灵魂下地狱、赎救原罪等诸如此类的现象。

（2）变质。

可以是实在的变质或想象的变质，物质变质或概念变质。为此，前面考察的多种扩展才对人们有益。

传播变质的方式。可以是一次接触；可以是主体间某些关系的结果，譬如血统；可以是一个具有实在或想象结果的行为，等等。实在方式的概念，通过集合体的持久性，扩展到想象方式。

（3）变质采用的手段及恢复采用的手段。

这些手段也可以是实在的或想象的。组合剩余物的干预，为变质提供形形色色有效实践，为恢复完整性提供大量卓有成效的活动。在这些手段中，应列入巫术活动、许多宗教活动。应牢记手段的选择对于社会效用具有重要意义。在身患时疫的情况下，古人靠频繁沐浴来净化；生活在中世纪的人们想靠列队游行和悔过苦修来净化，结果肮脏如初。这是同一情感的不同表达方式；但前种可对人类有益，后种对人类无益，甚至通常有害。

477. 为了恢复完整性，可以采用纯粹物质的手段，仿佛污点是自然的；或者采用纯粹道德和智力的手段；或者两种手段兼用，正如通常发生的那样。通常似乎存在一种演化过程：起初，物质手段补充上道德、精神概念，结果只是这些概念居主导地位，相反物质手段倒仿佛成了简单的符号。但认为它们总是如此，就大错特错了。水可以去掉物质污点，人们设想也能去掉道德污点。人们根据来源于第一种剩余物的无数组合，或物质地，或口头地给水补充一些东西。在净化时还采用血、硫黄和其他物质。净化概念的扩大十分明显，据此人们认为洪水是对地球的净化。

478. 人们往往没有注意到从实在变质向想象变质的过渡，今天人们仍不能运用现代科学加以确定。人们可以在想象的境况中探寻信仰的起源，而观察到信仰是由实在境况形成的，有时发生这种情况；但人们一般不能承认，因为重要事实证明人类认识是从想象认识向逻辑—实验认识发展，而不是相反。古人的箴言包括真正有效的治病良方和想象有效的灵丹妙药。显然，开始人们并未认识前者，其后有效概念扩展到后者。但人们同时认识二者，有时开始认识后者，然后上溯到前者。

479. 实在境况有助于暧昧不清的一般信仰的产生，这一信仰同时包容实在的和想象的东西。其后这一信仰得以强化，一方面靠对实在境况的观察，另一方面靠想象境况的假设效果，正如通过对某些事物厌恶的本能，而人类和动物的这种本能的起源还是个未知数。其后，派生物广泛地干预，扩大了具体现象的复杂性。

480. b）主观方面。

从求助于完整性的人们的情感方面，我们作如下区分：（1）个体完整性的情感及因已指出的扩展（第466节）而产生的自己附庸的情感；（2）这样的完整性如果变质，可以恢复的情感；（3）驱使人们使用某些手段以达此目的的情感。

481. 这些情感的差异从第一种到第三种越来越大。

（1）完整性变质的情感一开始就暧昧不清。其后，不同种类的完整性才一点一点地逐渐区分：物质的、道德的、政治的完整性，人的、动物的、事物的完整性等。不同的理论也应运而生。至于造成完整性变质的原因也同样存在混乱；其后，才区分开这一原因是源于其本人完整性变质的个体的行为还是源于他人行为；稍晚，运用一点形而上学，还区分开有意原因和无意原因。持续变质原因或暂时变质原因是另一重要区分。

482.（2）关于恢复完整性，也存在同样的混乱和其后同样的区分。一个极端是：用外在机械行为恢复完整性，甚至在完整性有待恢复者并不知道的情况下就完成了；另一个极端是：完全用个体内在、有意的行为恢复完整性。居中存在许多中介情况，在文明民族中常见。

483.（3）驱使选择符合组合剩余物（第一种）的手段的情感，这些剩余物通过派生物提供了无数不断扩大的手段。有时还存在这种情感：应该存在一种手段，若不能确定它是什么时，则依靠不确定的东西；或者采用了一些手段，希望其中有合适的手段。

484. 对于社会平衡来说，完整性变质的情感及完整性可以恢复的情感意义重大。一般说来，用什么方式恢复意义不大。

485. 通过某种神圣化，给予人类、动物、事物一种它们本身不具有的性质，最终获得想象的完整性的剩余物，最接近恢复完整性的剩余物。以致有时两种剩余物会相互混淆。这里，完整性在变质之后不再恢复，将不完善的东西完善化就创造出完整性。

486.（Ⅴ种 γ1 型）实在主体。

在人类那里，完整性情感存在于最强大的人们中间，并源于维持生命的本能；但它扩展极广。完整性的变质也往往被人本能地感受，并成为大量具体现象的起源。

487. 人们常说的“内疚”是完整性变质概念的一种表现。遵循某些规则者，当违犯这些规则时，仅为此事就感到很不舒服，仿佛自身存在以某种方式缩小。为从这种痛苦状态中解脱，他试图恢复其以前的完整性。为避免因违犯禁忌造成后果而采取的措施表明此现象具有十分简单的形式。

488.（Ⅴ种 γ2 型）想象主体或抽象主体。

在此类型中，存在以前各类型剩余物同集合体持久性剩余物的复合体。在某些情况下，这种持久性完全占统治地位；在其他情况下，它仅为显著部分。抽象的持久性（Ⅱ种 δ 型）使它拟人化，其完整性才能受到损害，每个深深感受到抽象的个体，同样感受到这种完整性受到的损害；它不仅作为自己的东西，还作为属于集体的东西；因此，在现在提及的此类型剩余物中要补充上Ⅳ种β型剩余物。

489. 在具体现象中，通常由如下要素构成：

（1）有集合体持久性剩余物，它们使抽象的或想象的主体被视为实在的主体。（2）需要存在一些实际或想象的事实，以使人相信，或使人设想，给定主体的完整性受到损害。（3）恢复完整性的剩余物进行干预，旨在驱使实施对确信的损害进行补偿的行为。（4）补充上反对破坏社会平衡的剩余物。派生物将想象主体与行为变为实在的，并在由剩余物表现的情感的位置上，放置那种逻辑的及伪实验的推演。

490. 这向我们解释了为何在许多民族那里，刑罚针对违犯占统治地位的宗教、习俗和各类抽象；还解释人们为何迷信灵魂在坟墓里的净化，等等。

491. （Ⅴ种δ型）用同损害完整性者有关的行动恢复完整性。

存在一种情感驱使动物或人反抗冒犯者，以牙还牙，以血还血。他的完整性被损害，如果他对侵犯者未采取某些行动，其完整性就不能回复到初始状态。这类情感的典型就是驱使人们去报复、去决斗等的情感。

492. （Ⅴ种δ1型）实在冒犯者。

这是最重要的类型，甚至是唯一值得考察的类型。有时即使反对集体中某一成员的冒犯，也是对整个集体的冒犯。因此在其成员中产生恢复完整性的需要，这种需要驱使他们反击冒犯者，在野蛮民族和半野蛮民族那里观察到的报复的责任、以血还血的权利就源于此。当代的文明政府以本国公民在国外受到侵犯为借口，以使他们获得补偿。这是一种逻辑行为。但许多人受昔日行使报复责任相同情感的驱使，赞同一种奢望，尽管它有强有力的论据支持。

493. 有人被排除在集体之外，仅仅因为这一点，其完整性蒙受变质，并且这种变质能被强烈地感受到，以致引起极端痛苦。即使没有达到被开除的程度，仅仅声明某人的完整性不再存在，也会造成不亚于暴力造成的痛苦。

494. 这就解释了为什么在某些原始法律中，存在没有任何制裁的判决，政府当局也没有监督这些判决的执行情况。可以间接地存在一种判决的制裁，而直接地并没有制裁，因为某人的完整性受到制裁的破坏，他就再不能同昔日平等的伙伴平等地打交道。但请注意这一后果是次要的，主要的事实是由某些权威人士宣布完整性的减少。

495. 大量的法令产生于企图用另一类似对完整性的破坏对抗对完整性的破坏这一情感，这些法令注重用以补偿的破坏的方式与程度。关于程度，从同等报复法这些最简单的规则，经过漫长的路程，直到扎纳戴利[①]法典那些理智的、同样可笑的“计量学”（恩里科·费里[②]如是说）法则。这里我们不讨论这些问题。现象是复杂的，存在被或多或少复杂派生物掩盖的不同剩余物的基质。

496. （V 种 δ2 型）想象或抽象冒犯者。

当人们同他们崇拜的偶像、圣徒、精神本体、上帝不和时，剩余物就清晰显现。如果它有效用，就可以在这方面找到大量例证。我们可以概述如下：（1）人们将想象的存在当实在的存在对待，赞美它或者斥责它，颂扬它或者诅咒它。如果能给他们带来好处，就同它议价洽谈，并许诺敬奉礼品。如果给他们招灾惹祸，就诅咒它。如果使他们高兴，就当偶像崇拜。如果使他们不悦，就对它不理不睬，或轻蔑地对待它，甚至伤害它。（2）这些简单的观念和随后的非逻辑行为可以用派生物加以解释和进行辩护。想象的本体可以被视为永远美好的。于是，契约可采用用礼物表示感谢这样简单许诺的形式。譬如，罗马人同宙斯的契约，为了宙斯保佑他们战无不胜。或如现代天主教徒许诺给帕多瓦的圣安东尼奥敬奉礼物，如果帮他们找回丢失的东西。想象的本体可视为时好时坏，但应竭力善待它。它可以被视为主要或完全坏，并应竭力善待以平息它或恶待以惩罚它。最终可认为它本质上坏，就像基督徒所说的魔鬼，它遭到恶待罪有应得。这样，就由简单的观念联合逐渐过渡到精巧缜密的神学；但从本质上看同样是由派生物掩盖的剩余物。

497. 帕乌萨尼亚[③]埋怨一座阿佛罗狄忒[④]雕像双脚被系于树桩，这涉及两个传说。根据第一个传说，廷达瑞俄斯[⑤]让人这样雕刻，寓意为妻子服从丈夫；根据第二个传说，他为了报复阿佛罗狄忒使海伦和克吕泰涅斯

---

① 扎纳戴利（1826～1903）意大利政治家与法学家。1889 年任司法大臣时，制定了以其姓名命名的刑法。——译注

② 恩里科·费里（1856～1929），意大利刑法学家、政治家，曾任社会党议员。——译注

③ 帕乌萨尼亚，公元 2 世纪的希腊作家，著有《希腊漫游》。——译注

④ 阿佛罗狄忒，希腊神话中的爱神与美神。——译注

⑤ 廷达瑞俄斯，希腊神话中的斯巴达王，海伦和克吕泰涅斯特拉是他的两个女儿。——译注

特拉的婚姻不幸。在帕乌萨尼亚看来，设想用这种方式报复一位女神是可笑的。阿里亚诺[①]提及（令我们难以置信），亚历山大大帝，[②] 对艾菲斯蒂奥内[③]的死悲痛万分，竟下令摧毁艾斯库拉庇奥[④]的神庙，因为此神未能挽救艾菲斯蒂奥内的生命而进行报复。[⑤] 斯维托尼奥[⑥]叙述道，杰玛尼柯[⑦]去世时，民众用石头击毁众神庙，推倒圣坛。[⑧] 这类情感显得怪异，但就在当代类似情感也仍然存在，不仅在平民中存在：他们咒骂圣杰纳罗[⑨]的凝血迟迟不沸，而且在有教养人士中也存在。

498. 第六种性剩余物。

简单的性欲望，尽管在人类种族中作用强烈，但我们关注它，不是因为它驱使我们接近性，而是因为它成为向我们提供对性结合深入思考机会的推理与理论的起源。在许多现象中可遇到此种剩余物，它往往是掩饰的，尤其在现代人那里更是如此。

499. 在古希腊和古罗马时代，人们将性行为视同吃、喝、装扮等，以满足某种需要。大家都对它冷漠观望，一般地谴责滥交，往往还抨击追求享受。大约在罗马帝国崩溃时，由于部分尚未明了的原因，在人们的头脑中，对性行为的尊崇过于强烈，剔除其宗教形式后，往往表现为一种对神明的敬畏。真是不可思议：今天在文明民族那里它简直成了最后的宗教，并得到俗权的支持。

500. 在我们种族三个节欲的禁忌历经数世纪，按强度从小到大依次为忌肉、忌酒、禁忌涉及性关系的一切。忌肉可以上溯到毕达哥拉斯[⑩]时代。

---

① 阿里亚诺（95～175），希腊历史学家。——译注

② 亚历山大大帝（公元前356～前323），马其顿国王，率军大败波斯，入侵埃及和中亚细亚，南下印度，建立了亚历山大帝国。——译注

③ 艾菲斯蒂奥内，亚历山大大帝的朋友，马其顿贵族，公元前324年战死。——译注

④ 艾斯库拉庇奥，罗马神活的药种。——译注

⑤ 阿里亚诺：《亚历山大远征记》第7卷第14页。

⑥ 斯维托尼奥（约70～140），拉丁历史学家及语法学家。——译注

⑦ 杰玛尼柯（公元前15～19），罗马贵族，19年大败日耳曼人，得此绰号。真名为朱里奥·恺撒（Giulio Cesare）。——译注

⑧ 斯维托尼奥：《卡里库拉大帝》第5页。

⑨ 圣杰纳罗，贝内文托大主教，在博佐利殉教，305年被罗马教会封为圣徒。从4世纪起成为那不勒斯保护神。据说当地人保存的凝血能奇迹般融化。——译注

⑩ 毕达哥拉斯（公元前571～前497），古希腊哲学家，毕达哥拉斯学派创始人。——译注

普鲁塔克[①]留给后人两篇劝人不要食肉的演说，波菲利[②]用一整篇论文论述忌肉的益处。基督徒告诫人们，并将忌肉演化为各种不同形式。终于，产生了现代素食者。在古代人们大谈饮酒要适度，但很少或根本未彻底忌酒。早期基督徒建议人们节制饮酒或完全忌酒，或作为苦修，或更多为了抑制淫欲之罪的刺激。这方面教父给我们不少教诲。另外，天主教会总是采取正确的中间立场，当它强制在几天内禁食肉食时，却允许饮酒，表明它比当代某些伪科学家和某些反饮酒团体自由得多，这些团体再创了原教狂热的丰功伟绩。人们发现，至少在理论上，早期基督徒对性爱之欢、一切间接提及这种欢乐的东西的禁绝，现在，仍在理论上，重新引发了对反常贞洁的狂热。

501. 这些现象的剩余物非常复杂，至少可分为三个部分：（1）组合剩余物，由于这种剩余物，一个派别被驱使寻找任何符号以示有别于平民。这是最不重要的部分。它往往要同个人完整性剩余物相结合，即高傲剩余物：人们不仅想出人头地，而且想受人景仰。（2）禁欲剩余物，附带对不配享受者的妒忌之情。（3）用外在行为表现自己禁欲信仰的需要（第三种）。

502. 对我们提到的三种禁忌，存在宗教狂热情况。人们在印度而不是在其他国家，可以看到忌肉的宗教形式；忌酒的情况在当代到处可见；从古至今对性的禁忌是个普遍现象。对肉和酒的禁忌，实际上在许多国家可大致观察到；即确实存在忌肉忌酒的集体。另外，忌酒有时是表面的，就像今日的土耳其。但对性禁忌来说，本质的区别极小，人们观察到的仅是明显的形式差异。在伊斯兰国家禁止卖淫，但这不仅由纳妾，而且由更为丑陋的行为代替。在道德风尚远不如今的时代，我们的街区也禁止过卖淫。这是情感之力使本体近乎保持不变、仅仅改变形式的众多情况之一。对立如此尖锐，以致人们不得不接受如下悖论：哪里道德和法律越猛烈抨击伤风败俗，哪里的伤风败俗越严重。许多事实使我们相信在一些美洲国家接连发生的事情；但我们不能从这些特殊情况得出普遍法则。

503. 性剩余物不仅存在于将性结合或对它令人愉快的回忆作为目的的观念里，还存在于对性结合表示鄙视、厌恶、憎恶的思想内。这似乎不可思议，但许多事实证明：贞洁的思想（它支配头脑）如何能拥有性剩余

① 普鲁塔克（46~120），古希腊传记作家。——译注

② 波菲利（233~305），古希腊哲学家，新柏拉图主义者。——译注

物，并且许多人沿着这条路遇到孤独的维纳斯。

504. 性剩余物可以存在于天真无邪的关系中。设想哪里有性剩余物，哪里就必然存在肉体上的性爱关系，将大错特错。大量例证表明，在强烈宗教狂热统治下的妇女，她们追求男友，深爱自己的情人，但绝无丝毫枕席之欢。人们在《加雷斯国家的觉醒》中可以读到这些。1904 年，艾万·罗贝兹在此书中提到妇女温柔的爱慕之情，而她们恰恰做到守身如玉。这类事实使我们不能掉以轻心，不要轻易相信对手就这一题材交替进行的指责。譬如，说玛蒂尔德伯爵夫人[①]对格列高利教皇[②]的感情是情妇大于女儿，就似乎不大可能。

505. 另一方面，性剩余物存在于清纯的演说与著作中，就像存在于淫秽的演说与著作中一样。这应引起我们注意，在激起性爱行为方面，二者可以有差别，也可以无差别。这要因人而异：有人容易受清纯演说与著作的影响而进行性爱行为，相反，有人容易受淫秽作品的刺激而发生两性关系。有种说法：《忠诚的牧人》[③] 比《十日谈》更能令妇女怀春，大概如此。

506. 在大部分文学中都可发现性剩余物；没有它，悲剧、喜剧、诗歌、小说很难写成。现代人将某些“道德”文学同“不道德”文学加以区分，但并不通晓使用什么标准。这往往仅是惧怕“不道德”的声名，而不是惧怕不道德行为的人们的虚伪态度：可行但不可言。无论如何，如若不是离开性爱就写不出小说、喜剧、悲剧并令人满意的话，那这样的作品也像白色的苍蝇纯属罕见，这显示了性剩余物的巨大力量，在文学作品中不能缺少它。众多的公众跑去旁听涉及性爱的审判，他们越是百听不厌，就越对淫秽之事津津乐道。这样的听众不乏男人，但更不缺少妇女，在其他场合，他们充当卫道士，猛烈抨击不道德行为。

507. 我们不得不多次强调指出：性剩余物如何通过称作宗教的类似现象显现，因此它们构成一个整体，在那种剩余物[④]中恰好占有自己的位置。我们还可作如下补充：性宗教，就像其他宗教，拥有自己的教义、信徒、异教徒和无神论者，我们已不止一次地提及这些；但由于这一观点同普遍

---

① 玛蒂尔德伯爵夫人（1046～1115），教皇格列高利七世之女，积极参加支持其父争夺教皇之位的斗争。——译注

② 格列高利教皇，即格列高利七世，1073～1085 年任教皇。——译注

③ 意大利诗人夸里尼（1538～1612）于 1595 年所著田园诗。——译注

④ 指宗教剩余物。——译注

接受的意见相左，给已提供的论据再补充其他论据就并非多余。

508. 在古代罗马人那里，几乎所有的生命的非逻辑行为，凭借集合体的持久性，促使概念的形成，之后它们像小神祇的概念一样显现。尤其存在关于人从受孕到死亡一切行为的概念。如果我们把它们按类排序，就会发现现代人不容忽视的间断性，相反古代罗马人认为有连续性。（1）负责婚礼做爱准备的神：即促成男女成婚或充任女傧相的朱诺（Juno）；主管夫妻结合的德乌斯·尤加蒂努斯（Deus Iugatinus）；负责运输嫁妆的阿菲兰达（Afferenda）；引导新娘到新郎家的道米杜库斯（Domiducus）；让新娘住新郎家的道米蒂乌斯（Domitius）；让她同新郎在一起的曼杜娜（Manturna）；负责为新娘做的门涂圣油的文克西娅（Unxia）；负责给新娘解腰带的琴克西娅（Cinxia）；负责新娘童贞的维吉涅西丝女神（Virginiensis dea）。所有这一切，现代人能自由讨论，甚至津津乐道。对这些行为来说，不再存在任何盲目崇拜的概念。但间断性在下类中显现出来。（2）主管婚礼做爱的神。就像其他类神祇一样，他们人数众多。对罗马人来说，对此类神的盲目崇拜和对其他类神的迷信毫无区别。相反，现代人只对这类神顶礼膜拜。间断性终结，我们就拥有其后各类神祇，现代人从头开始自由谈论他们。主管分娩的男女众神成为由此类神向其后各类神的过渡。（3）主管出生的神：朱诺·露契娜（Iuno Lucina），产妇的保护神；负责生产的迪斯彼泰尔（Diespiter）；康德利费拉（Candelifera）分管在分娩时点燃蜡烛；两位预言神：普罗莎（Prorsa）和波斯维塔（Postverta）；艾杰丽娅（Egeria）；努美丽娅（Numeria）。（4）婴儿需祈求的神。譬如：茵泰契道娜（Intercidona）；德乌斯·瓦吉塔努斯（Deus Vagitanus），负责让婴儿张嘴啼哭；库契娜（Cucina），专管摇篮。此类神共十位。（5）负责童年的神：波蒂娜（Potina）和艾杜卡（Educa）教孩子吃、喝，诸如此类，还有另外十一位。（6）主管少年的神共有二十六位。此外，还有无数男女众神主管人生各阶段、各方面，直至死亡时就出现利比蒂娜（Libitina）和奈尼娅（Nenia）。

509. 在教父们那里，间断性以纯宗教性显现，只要它保持这种特性，就会逃避想要滞留实验领域者的判断，因为他们只能外在地议论宗教现象，就像社会事实一样。

510. 恰恰在这方面需要指出：当反异教的圣战平息时，这种特性似乎从属于基督教；相反，在圣战进行时，性宗教反而强化基督教教义，并证明其真理性。圣奥古斯丁和其他圣徒明确表示如下看法："异教徒的宗教是假的，因为它淫秽。"这表明性宗教情感具有多大力量，如果这种情感可作为仲裁人受到召唤，再断言基督教把对贞洁的崇拜带给世界将多么荒谬；相反，正是这种崇拜（虔诚的或虚伪的）极大地促成基督教的胜利。只要读一下教父们写的东西，就可确定无疑地发现，为了捍卫他们的派生物，他们如何将反对性快感、拥护贞洁的情感变为基本原则，而这样的情感不仅在他们的信徒中，而且在异教徒中也存在。恰好利用它们，以渗透到还反对他们教义者的头脑中，并妄图劝诱后者皈依最好表达其情感的宗教。

在列举证明派生物在情感之后而不是之前，尽管它们能强化情感的无数例证之后，这种情况未给读者提供新东西。性情感被唤来判断宗教和教派不是个别情况，因此这种情况相当普遍。不同宗教和不同教派的信徒相互控告对方淫秽和不道德。早期基督徒的友好聚餐被异教徒指责为男女混杂、淫秽不堪，正统的基督徒对异教徒的集会以相同的指责回敬。新教徒使用有效武器反对天主教会，指控它淫欲无度、道德沦丧。所有基督徒一致攻击无神论者荒淫无耻、无德无行，曾有过这样的时代，自由党人和花花公子成了同义词。18 世纪的哲学家也坚持不懈地运用这一武器，现在它们仍然锋利无比，在法国和意大利，它若不是唯一的也是主要的反对天主教的斗争武器。

511. 这里不需要探究这些指控的真伪，而仅指出它被复制了多少版本，又延续了多少世纪。这无可辩驳地证明，这些情感在我们社会具有多大力量。另外，其他许多事实也证明了这点。

512. 在许多国家存在过对生殖器的崇拜。只要想到它属于一般拜物教，这里还未发生第 508 节中提到的间断性，就用不着大惊小怪。在古希腊和古罗马，我们发现对法罗[①]的崇拜，不仅在富于幻想的希腊，而且在雄伟庄严的罗马，在罗马它不是颓废没落的产物，而是作为一种幸免于难的拜物教（其他拜物教自行消亡）出现。胜利的基督教认为这种拜物教充满活力，还不能彻底消灭它，它甚至延续到整个中世纪，就是在基督教盛行时代，那些淫秽形象依然存在，它们被雕刻在大教堂里，描画在《圣经》的插图里。基督教圣徒也继承了生育神祇的职责，教会要消灭所有形

① Fallo，男性生殖器形象，是神性的宗教符号。——译注

形色色的淫秽，绝非轻而易举。

513. 一般说来，剩余物会持续存在，而派生物则变化不定。今天人们观察到的间断性，古罗马人认为有连续性，人们想用时髦的论题辩护，即用伪科学的论题辩护，这就把非逻辑行为变成逻辑行为。有人说：为了拥有朝气蓬勃的青年，对异教徒的迫害是必要的，他们拒不承认古罗马人眼中的连续性。但那难道不是征服整个地中海沿岸的古罗马青年吗？打败高卢人和庞培军团的恺撒士兵果真萎靡不振吗？莫非我们想说恺撒对战争还不如贝朗热精通吗？现在还有人大谈为拯救家庭美德必须迫害异教徒；当法罗的形象用以保护儿童、男人甚至胜利者免受诱惑时，这种美德在古罗马人那里似乎微乎其微。有人说对异教徒的迫害捍卫了妇女的贞洁，似乎生活在共和国最辉煌时代的古罗马贵妇，比弥漫着普遍的性虚伪的美利坚合众国的现代妇女更不贞洁。

514. 用想避免肮脏事物的形象为间断性辩护的论点朴实无华，但并不精彩。腐败的尸体爬满蛆虫，肮脏不堪。但对它自由地推理，而无须用拉丁语或希腊语的词语指示尸体、腐败、蛆虫。由此可见，为了产生间断性，不仅对肮脏的厌恶，而且其他情感也起作用。

515. 古罗马人心平气和地阅读贺拉斯[①]的诗篇，那些诗篇给妇女身体的各个部位都起了特殊名称。但他们对卖国主义毫不宽容，对反黩武主义也不能容忍。多数现代人可以宽容这样的情感，并且大声疾呼：惩罚如贺拉斯那样写作的人使他们绝望沮丧。大司祭盖法感到耶稣触犯了他们的宗教情感，就撕裂自己的衣服，并说道："你说了亵渎的话。"我们德高望重的大司祭贝朗热效法盖法，一想到巴德特王后在大庭广众中袒胸露臂，就火冒三丈。穆斯林厌恶猪肉，在任何情况下都不食猪肉，其后却对性交侃侃而谈、津津乐道。我们的道德君子惧怕，或至少假装惧怕谈论性交，其后他们却津津有味地大嚼猪肉。

516. 对某个事物的崇拜和憎恶，可以表现为以同一事物作为对象的宗教，只有冷漠（第 372 节）除外。由此可见，上文提到的间断性主要是形式而不是实体。对物神不敬的黑人和亵渎圣徒的天主教徒，证明存在一种无人信仰的宗教，其物神和圣徒都对人冷漠。

517. 基督教圣徒的性欲望往往导致对性行为和妇女的憎恨，对此我们

① 贺拉斯（公元前 65 ~ 前 8），古罗马著名诗人。——译注

不应大惊小怪。在他们通常的斥骂中，伴随单纯的禁欲主义情感，显现出性需要未获满足的情感。后种情感可以变得非常强烈，以致产生幻觉；基督徒相信自己受魔鬼诱惑才犯下淫秽之罪。这个魔鬼实际上存在于人的头脑中；但与其说它由驱魔者驱逐，不如说它靠妇女的拥抱驱逐。

518. 显而易见，就像基督教，主要像天主教，一方面谴责性爱之欢，另一方面又从这些欢乐中提取许多隐喻，在其宗教游行中使用。让基督的新娘——教会自行其是吧，不用理会对赞美诗的色情解释，根据这些解释，一首粗俗不堪的情歌成了教会——基督新娘的祝婚诗。但修女也被称作天主的新娘，她们向天主奉献童贞，为他燃起爱恋之火，这里既有天国之爱，也有尘世之爱。还不仅如此：教父们若不提及爱情（哪怕隐喻地提及），就不会稍许长点地发表议论。妇女的幻象妨碍了他们的思维，它在此处被逐，彼处重现。

519. 可以将他们的著作同色诺芬[①]的《回忆苏格拉底》进行比较。对那个希腊人来说，妇女的爱情，就像其他需要一样，是身体的一种需要，享用这一爱情无可非议，只有纵欲才使人伤神损寿。作者[②]对此种需要并未特别关注，正如对其他需要一样，它也未妨碍其思维。相反，教父们感到它像噩梦一样压抑思维，它引起类似久渴难耐的但丁在想到渴望已久的水时的情感。

520. 一个民族，如果绝对禁止两性结合，会很快灭绝；若不洗心革面，只有像艾塞尼教派那样靠其他民族的教徒才得以延续。因此，一种想扩展成为世界性的宗教，若不旨在消灭其信徒和整个人类，就必须允许两性结合，只限于用纪律约束之。圣保罗[③]似乎并未这样思考，他建议人们结婚，仅为了免犯十恶不赦的私通罪。当教会已成为一种重要的社会权力，并奢望成为人类社会的最高主宰时，其对婚姻的立场同圣保罗的立场如出一辙。弱小的异教教派能够再次废止使徒的特许，绝对谴责婚姻和一切性交易。为了更为保险，某些人甚至能劝诱或规定实施阉割。而天主教会会采取正确的中间立场，它颁布训条：婚姻应受到赞美，尽管童贞更值得赞美。其后对于再婚出现意见分歧：允许但不赞美，谴责，禁止。对离

① 色诺芬，古希腊诗人、哲学家，爱利亚学派的先驱。活动盛期在公元前540年左右。——译注

② 指色诺芬。——译注

③ 圣保罗，《圣经》中人物，耶稣的十二大使徒之一。——译注

婚和其他许多论题，不同意见也大致如此。但这里不是讨论这些问题的地方。

521. 但一切基督徒（少数人除外）和异教教派（不十分确定）赞同圣保罗关于猥亵言行属十恶不赦的大罪的意见。某些不虔诚信徒和现代无神论者也持相同看法。在这种看法中，明显显现出性剩余物，尽管掩饰此剩余物的宗教派生物变化不定，它[①]却得以延续。

522. 其后对性犯罪的谴责能有效阻止其具体发生吗？只要我们不带偏见地阅读史书，从中探寻发生的事实，而不是探寻希望发生的事实，对此就很值得怀疑。从早期基督教时代至当代，人们听到的只限于对基督徒伤风败俗的抱怨。尽管我们设想古罗马监察官发现实在的邪恶，对他们的严厉仍要大打折扣。但所有这些记载不可能都缺少具体根据。另外，除了记述，还有事实。我们设想其中一部分是虚构的，但怎么可能全部都虚构呢？要接受这点，就不得不对所有公认确实的历史事实质疑。希尔维亚诺[②]将野蛮人的美德同罗马人的恶习作了对比。如果他说得真实，那我们就应确信这种美德持续不长，因为在希尔维亚诺之后一百年，陶里人[③]圣格列高利[④]的历史向我们展示了嗜血、贪财、好色的野蛮人。当代的中世纪赞美者不想以任何方式承认那时伤风败俗盛行，并且发明了形形色色的诡辩术，以否定明显的事实。

523. 除文学作品外，残留下的编年史断简残篇和其他文献，使我们确定无疑地断言，中世纪并不比我们时代更纯洁。相反，似乎更腐败。一些人拒不接受那时神职人员伤风败俗的证据，他们把这归罪于宗教，归罪于“天主教偶像崇拜”，归罪于“罗马教廷”，正如宗教改革领袖所言。但这是向事实挑战的另一种诡辩术。神职人员的伤风败俗并不比普遍的伤风败俗更严重，反而稍许轻些，如果许多主教像许多封建领主腐败透顶，其他众人做出的洁身自好的榜样很难在世俗中寻觅。当古代编年史记录下神职人员伤风败俗的事实时，往往可清楚地发现：它们是作为世俗的日常事物才载入史册，仅因为教士犯下劣迹，人们才疾恶如仇。如果想将证明中世纪伤风败俗言行的大量事实尽可能缩小，我们仍不得不发表长篇大论，再

① 指性剩余物。——译注

② 希尔维亚诺，公元5世纪的基督教作家。——译注

③ 现代克里米亚南部沿海山区最早的居民。——译注

④ 圣格列高利（约535～604），即教皇格列高利一世。——译注

记起因教派狂热而忘却的众所周知的事物，用处将不大。主教会议、各国君主、各市政府和各类当局采取相同措施反对伤风败俗，证明其存在；因为他们不会不厌其烦地禁止并不存在的东西。在许多地区对妓女征税，说明妓女人数不少，否则从征税中受益不多或根本不受益。我们得到不少审判兽行的消息，为此许多百姓像无言的羔羊被活活烧死。十字军的卑鄙行径罄竹难书。这即使有些夸大，但不可能完全虚构。

524. 在现今性宗教教义中有一条规定卖淫是绝对的“恶”，并不容置疑。正如其他宗教教义不容讨论一样。但从实验角度看，尚待了解卖淫是否为最符合某些妇女气质的职业，在一定限度内卖淫是否对整个社会有用。这种宗教的信徒未做任何尝试，哪怕按他们期待的方向解决问题，必须相信他们的断言，比如过去曾有过尽善尽美的宙斯。许多民族那里都存在过神圣的卖淫。在所有文明民族和各个时代都存在庸俗的卖淫。在上帝挑选的犹太民族那里有，在异教徒那里也不缺少。古希腊人和古罗马人认为名妓从事一种低下但不可缺少的职业。希腊、罗马时代之后，基督教未能消灭卖淫，它一直延续至今，恐怕将来也不会绝迹，我们时代某些在理论上比实践上更贞洁的正人君子的义愤也无济于事。

525. 我们从圣哲罗姆[①]那里知道，他那时代的修士就像18世纪的神父一样风流，许多妇女就像我们的“贞妇节女”，仅仅为了追求美德，从未停止过学习卖淫。《狄奥多西法典》[②] 的一条法律规定禁止教士和那些自封的“谦谦君子”以宗教为借口，去寡妇和少女家接受她们慷慨大方的接待。另一条法令禁止他们扣留妇女同居，制造丑闻。在其他法规中，在查理大帝[③]法典中，都有类似规定。接着，不需要在这里援引证据：在中世纪，教皇们发动了讨伐犯通奸罪教士的长期战争。如果认为享用妇女是基督教的腐败，那么这种罪恶源远流长。早在3世纪，契良诺[④]写信给彭博尼奥[⑤]：“最亲爱的兄弟，你让我们的兄弟帕柯米奥[⑥]带来的信，我们拜读了。你要求并期望我们回答对那些处女有何看法：她们决定保持童贞，并坚定不移地信守节欲，但其后发现她们在自己的闺床上同男子同居，你讲

① 圣哲罗姆（342～420），古代基督教拉丁教父、圣经学者。——译注
② 该法典由东罗马帝国皇帝狄奥多西二世监督编纂，于438年出版。——译注
③ 查理大帝（742～814），神圣罗马帝国皇帝。——译注
④ 契良诺，圣徒，被称作教父。249年任其家乡大主教。——译注
⑤ 彭博尼奥，古罗马法学家。——译注
⑥ 帕柯米奥（约292～346），圣徒，埃及隐修士。——译注

其中还有一位教堂执事。尽管她们公开承认同男人同床共枕，却仍断言自己贞洁如初。”[①] 圣徒契良诺又援引《圣经》作为根据，找到了这种风俗：“不能容忍处女同男子同居，我不只说在一起睡觉，还指在一起生活……最终，我们看到多少人在这里身败名裂，我们非常痛心地发现多少处女因这种非法、危险的结合而腐化堕落……如果她们真的不想或不能洁身自好，最好结婚，它远胜过因犯下罪孽而遭受火刑。”[②] 已婚妇女或寡妇并未采纳这一良策，她们同教士们来往甚密。[③] 反驳说这些斥责并不符合事实也于事无补，因为她们效法坏事是为了获得好处；契良诺怎么可能虚构他要回答的彭博尼奥的来信？确证妇女同教士同居的主教会议记录和其他大量文献也都是虚构的？为了捍卫此观点，用不着指责证据虚假，只要观察足矣：教士们的德行并不更糟，似乎比当时一般人的德行还要强些。当然有的教皇在性道德上很轻率；但肯定也有教皇想利用其种种权力强迫人们接受性道德。最终，费尽心机可能阻止丑闻公之于世；但若看实质，所获成效甚微。

请用头脑思考：教会使用的精神、道德、物质的武器威力无比，而获得成效甚微。人们立即就会发现性剩余物具有何种伟力，而今天那些神经错乱的侏儒却梦想压制它，又是多么可笑！

① 契良诺：《致彭博尼奥，论贞洁》。

② 契良诺：《致彭博尼奥，论贞洁》。

③ 哲罗姆：《致奥斯托海姆，论保护贞洁》第1卷第12章。

第七章　派生物

526. 每当我们考察人们用以掩饰、改变、解释他们某些行为的真实特征的方式时，就会发现派生物。由于这些派生物蕴涵某些理论得以形成并被接受的原因，对它们的研究将涉及第 12 节指出的理论的主观方面。

人们主要听任情感（剩余物）说服；因此派生物主要从情感而不是从逻辑—实验论题中汲取力量。在派生物中，一个或数个剩余物构成核，在其周围聚集其他次要剩余物。集合体一经形成，就靠一种强大力量维系，即由 Ⅰ 种 ε 型剩余物表现出的、人们对于逻辑或伪逻辑发展的需要。

一般来说，派生物起源于与其他剩余物相结合的此种剩余物。

527. 人们可以考察派生物：

a）关于逻辑（属逻辑学论文研究范围）；

b）关于实验实在（第三、四、五章）；

c）关于社会效用（第九章）；

d）在主观方面，注意它们的说服力量。

这里注意到派生物对某些行为、某些思想所做解释的主观性质以及它们的说服力量，根据它们的性质，我们就能获取对其进行分类的标准。不存在解释的地方，同样缺少派生物；但人们立即求助解释，或企图求助解释，于是派生物产生了。动物没有派生物，它们不进行推理并仅有本能行为（第 350 节）。相反，人感到需要推理并掩饰其本能与情感，至少拥有派生物的萌芽，正如从不缺少剩余物。在研究并非纯逻辑—实验的理论或推理时，总会遇到剩余物和派生物。于是，在第三章（第 110 节）我们遇到最简单类型的派生物，即没有动因或证明的纯粹教规。在如下同义反复中，儿童和无知者使用了这种类型派生物——“这样做，因为这样做”，社会性剩余物通过同义反复得以表现；因为实际上想要说“我这样做，或他人这样做，因为在我们集体习惯于这样做”。旨在揭示做法原因的派生物颇为复杂——“这样做，因为应该这样做”。这是简单的肯定，构成第一种派生物。但已在最后一种派生物中显露出一个不确定和神秘的实体——责任，它最先提示派生物得以扩展的普遍方式。这些派生物恰恰通过以不同的名义，乞灵于性质各异的情感才得以扩展。不仅如此，人们不满足于这些单纯的名义，想要更为具体的东西，并想以某种方式解释采用这些名义的原因。这种责任是什么？从平民百姓幼稚可笑的回答到高深莫测的回答，从逻辑—实验角度看，再没有比形而上学理论更精彩的了。当求助于集体中称作潮流的权威、人们的权威，就迈出第一步，并通过新的补充，超自然存在物权威或像人一样感受和运作的拟人化权威得以展现。于是，我们拥有第二种派生物。当让情感、抽象实体的解释，超自然物意志的解释干预时，推理就得到发展，变得强词夺理和神乎其神。这可导致很长系列逻辑的或伪逻辑的推演，并可产生具有科学外观的理论，比如形而上学和神学理论。这样，我们有了第三种派生物。还剩下一种主要拥有口头证据的派生物、第四种派生物：那里充斥纯形式的解释，但却试图像实质的解释。稍后（第 536 节）我们将看到这几种派生物要划分为类型，并将对它们进行专门研究。但首先需要对派生物再谈一些一般认识。

528. 社会学科中的具体理论由剩余物和派生物组成。剩余物表现情感，派生物包括逻辑推理、诡辩、用以推断的情感表达，并且表现人们感受到的推理需要。如果这种需要仅对逻辑—实验推理满意，那就不会有派生物，而有逻辑—实验理论。相反它还以其他方式得到满足，用伪实验推理，用激起情感的话语，用喋喋不休的空谈，于是产生了派生物。在两个极端缺少派生物：在纯本能的行为中，在严格意义上的逻辑—实验科学中。在中间状态，我们遇到派生物。

529. 接受或拒绝派生物者都认为这样做是由于逻辑—实验动因，他们没有发现：恰恰相反，通常自己受情感的驱使，两派生物的一致或相左即剩余物的一致与相左。其后，谁若开始研究社会现象，就会在活动的表现，即派生物前止步，未能上溯到活动的原因，即剩余物。于是，社会制度的历史变成派生物的历史，甚至往往成了单纯空谈的历史；他撰写神学史，却自以为是宗教史；他撰写伦理学史，却自以为是道德史；他撰写政治理论史，却自以为是政治制度史。另外，由于形而上学预见了绝对因素的全部理论，自认为靠纯逻辑就能从这些因素中得出并非不绝对的结论，这些理论的历史就变成派生物的历史，从作者头脑中现存的观念类型就能具体地观察派生物。我们时代的某些人已直觉到这条道路背离实在，为了重返实在，他们用对“起源”的研究代替这类推理。他们没有发觉：这样往往用一种形而上学简单地代替另一种形而上学，因为用鲜为人知的东西解释众所周知的东西，用想象解释可直接观察的事实，以致提及悠远的时代，又因缺乏证据，就需补充完全置于经验之外的原则，比如唯一进化的原则。

530. 一般来说，人们赋予派生物内在价值，并且认为它们的直接作用决定社会平衡。相反，我们只赋予它们其他力量的表现与标志的价值，正是这些力量实际起作用决定社会平衡。迄今社会科学通常是由剩余物和派生物构成的理论，它们的实际目的是使人确信其行为应对社会有益。相反本书仅试图将这些科学置于逻辑—实验领域，它没有任何直接、实际效用的目的，唯一意图是认识社会事实的一致性（第 60 节）。旨在规劝人们以某种方式活动而著书立说的人应求助于派生物，因为它们构成得以抵达人们情感的语言，因此能改变人们的活动。相反，仅致力于逻辑—实验研究者应小心谨慎、避免使用派生物，对他来说，派生物是研究的对象，从不是说服的手段。

531. 派生物的目的几乎总是出现在试图证明者的意识中，而接受其结论者往往对这一目的毫无觉察。当目的为有待辩护的法则时，人们就竭力将某些剩余物同这一目的相结合：如果注重满足应被说服者的逻辑发展的需要，运用或多或少的逻辑推理；如果主要试图对情感发生作用，则同其他剩余物相结合。

532. 根据其重要性，这些活动可依次排列如下：（1）目的。（2）据以运动的剩余物。（3）派生物。图 12 可使我们更好地理解此现象。B 是目的，为达此目的，借助派生物 R′rB、R′tB、R′vB……从剩余物 R′、R″、R‴……运动。譬如，在道德理论中，目的是禁止杀人的教规。我们可以用非常简单的派生物达到此目的。血的禁忌。我们可以从拟人化的上帝运动，并运用大量各种派生物达到目的。我们可以从形而上学剩余物运动，或社会利益的，或个人利益的，或其他类似剩余物。

533. 这些考察使我们得出十分重要的结论，它们属于在第 188 节提及的情感的逻辑。

（1）当摧毁派生物据以运动的主要剩余物时，即使它未被其他剩余物代替，目的依然消逝（第 651 节及其后）。一般说来，当人们根据实验前提进行逻辑推理，或在科学推理中，才发生此种情况。另外，在这种情况

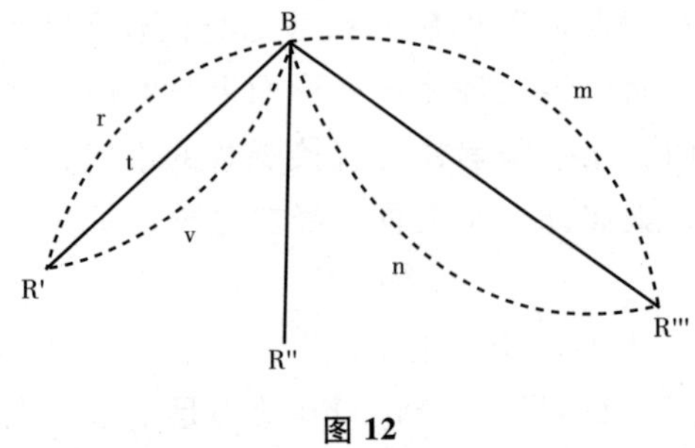

图 12

下，当错误的前提被代替，结论仍能延续。相反，在非科学推理中，一般情况是：被弃前提由其他前提代替，剩余物由其他剩余物代替；特殊情况是：没有发生这样的代替。在两种极端状态中间，有些中介状态：摧毁派生物据以运动的剩余物，并未使目的完全消逝，仅使它衰弱无力；它仍存在，但不再受到热烈欢迎。譬如，人们发现改变宗教信仰的印第安土著人抛弃其古老宗教的道德，并未确立新宗教的道德（第 655 节）。

（2）在科学推理中，如果证明结论在逻辑上不符合前提，这一结论就不成立；相反，在非科学推理中，某种形式的派生物被破坏，立即出现别种形式的派生物；如果徒劳地声明推理将剩余物同结论（目的）相结合，多数情况仅产生新派生物代替被摧毁的派生物这一结果。发生这种情况，因为剩余物和目的是主要的，而派生物往往是次要的。譬如，基督教的不同教派都拥有关于善行和灵魂归宿预定的学说，从逻辑方面看截然不同，有时甚至对立、矛盾；但在道德实践中无丝毫差别。中国人、穆斯林、加尔文教徒、天主教徒、康德主义者、黑格尔主义者、唯物主义者一致力戒偷盗，但每人对自己行为所作的解释各异：派生物把大家都拥有的剩余物同大家都接受的结论联系起来。当发明一种新派生物或破坏一种现存的派生物时，实际上一切依旧，结论仍是原来的。

（3）在科学推理中，从其经验确证尽可能完美的前提，进行严密的逻辑推演，就可得出强有力的结论。在非科学推理中，强有力的结论由一个强大的剩余物构成，没有派生物。其后，按派生物方式，将其他并非很弱的剩余物对一强大剩余物进行补充，也得出结论。剩余物同结论的距离越远，并且逻辑推理代替剩余物，结论的力量就越微弱，这只对少数学者除外。平民百姓被基督教说教说服，而不是被精深的神学研究说服。后者的效果是间接的：因其深奥费解而受人欣赏，并赋予权威，它们又将这种权威扩展到结论。今天，马克思的《资本论》就发生此种情况。极少德国社会主义者阅读过此著作，能读懂这本书的人更是寥若晨星。但这部巨著博大精深和隐晦费解的探究还是受到外部欣赏，并因此赢得权威。这种欣赏决定派生物的形式，而不是剩余物，也不是结论。在这本书问世之前，剩余物业已存在，当这本书被人遗忘时，还将继续存在，它们对于马克思主义者和非马克思主义者毫无二致。

（4）从逻辑角度看，两个矛盾的命题不可能共存；从非科学派生物角度看，两个似乎矛盾的命题可以在同一人的头脑中共存。譬如，如下命题似乎是矛盾的："不应杀人；应杀人。不应占有他人财产；占有他人财产合法。应原谅冒犯；不应原谅冒犯。"但凭借解释和为此矛盾辩解的差异，它们能同时被同一人接受。同样，从逻辑角度看，如果 A 等于 B，严格地得出 B 等于 A。但在派生物的推理中这一结论不是必然的。

534. 除由一组主要剩余物和另一组用以派生的次要剩余物构成的派生物外，我们还有众多剩余物或众多组的简单结合，它们仅构成一组新的剩余物。另外，我们还有对个人利益或集体利益考察的逻辑结论，或认为的逻辑结论，它们属于科学推演类别，这里我们不予讨论。

535. 对派生物的证明往往同其受欢迎的理由不同。有时它们可以一致；譬如，一个教规可用权威的论据加以证明，并因权威的剩余物而被接受。有时它们可以截然不同；譬如，有人利用某个含义暧昧的词语论证某事物，他不说，"由于词语含义暧昧使人受骗，我的证明才有效"；相反，接受派生物者毫无觉察就陷入口头推理的骗局中。

536. 我们对派生物进行分类：

第一种，断言（第 537 节至第 548 节）。

（Ⅰ种 α 类）实验事实或想象事实（第 538 节至第 542 节）。

（Ⅰ种 β 类）情感（第 543 节至第 547 节）。

（Ⅰ种 γ 类）事实与情感的混合物（第 548 节）。

第二种，权威（第 549 节至第 562 节）。

（Ⅱ种 α 类）一人或多人的权威（第 550 节至第 551 节）。

（Ⅱ种 β 类）传统与风俗习惯的权威（第 552 节至第 557 节）。

（Ⅱ种 γ 类）神存在物或拟人化的权威（第 558 节至第 562 节）。

第三种，情感同原则的一致（第 563 节至第 596 节）。

（Ⅲ种 α 类）情感（第 564 节至第 569 节）。

（Ⅲ种 β 类）个人利益（第 570 节至第 580 节）。

（Ⅲ种 γ 类）集体利益（第 581 节至第 582 节）。

（Ⅲ种 δ 类）法律实体（第 583 节）。

（Ⅲ种 ε 类）形而上学实体（第 584 节至第 589 节）。

（Ⅲ种 ζ 类）超自然实体（第 590 节至第 596 节）。

第四种，口头证据（第 597 节至第 631 节）。

（Ⅳ种 α 类）用以指示某实在事物的不确定词语和同某词语相符的不确定事物（第 603 节至第 605 节）。

（Ⅳ种 β 类）指示某事物并激起附带情感的词语，或得以选择某词语的附带情感（第 606 节至第 607 节）。

（Ⅳ种 γ 类）多义词和仅用一词说明的不同事物（第 608 节至第 620 节）。

（Ⅳ种 δ 类）隐喻、寓意、比拟（第 621 节至第 630 节）。

（Ⅳ种 ε 类）同具体事物不一致的暧昧的、不确定的词语（第 631 节）。

537. 第一种，断言。

这种派生物包括简单的叙述、对某事件的肯定、同情感一致的断言（但不是作为情感，而是以绝对、公理、学说的方式表达）。断言可以是简单的叙述，或可指示实验一致性。但如果它们只指示实验事实，或表现情感，或二者兼有之，如此表达的内容不明确。在多数情况下，人们可以大致地发现它们如何构成。让我们以希罗[①]的一组格言为例。前四个格言属于Ⅰ种 α 类："我们人类离死亡一样近。——善有善报，恶有恶报。——用泪水熄灭情人的怒火。——谁同缺席者竞争，就是同醉汉争吵。"紧随其后的是Ⅰ种 β 类的格言："受凌辱胜过凌辱。"在四个Ⅰ种 α 类格言之后，又冒出一个Ⅰ种 β 类格言："奸夫是粗暴爱妻者。"最后是Ⅰ种 γ 类格言："我们大家都问：他富有吗？无人问：他善良吧？"这里有对某事实（Ⅰ种 α 类）和对此事实谴责（Ⅰ种 β 类）的断言。我们再看看米南德[②]的格言："及时收获令人愉快"是Ⅰ种 α 类格言；"勿行勿学卑鄙龌龊"是Ⅰ种 β 类格言；"沉默是妇女的荣耀"是Ⅰ种 γ 类格言。

538. （Ⅰ种 α 类）实验事实或想象事实。

---

① 希罗（约 420 年卒），热那亚大主教、圣徒。——译注

② 米南德（公元前 343 ~ 前 292），古希腊喜剧家。——译注

断言可以服从实验，此时它是逻辑—实验科学的，并在派生物中没有位置。但它可以靠自己的优质，靠独立于经验的内在力量存在，此时它是派生物。

539. 当从一个或数个事实中提取一致性的表现时，自然事实中关系恒定性剩余物（第 414 节）是辅助派生物的剩余物。只要想到如此获取的一致性不具丝毫绝对性，它就是一种科学方法；当将绝对性赋予自然“法则”恒定性剩余物，或以任何其他方式使断言超越经验，它就是Ⅰ种 β 类的非科学派生物。

540. 简单的肯定很少或根本没有证明力量，但有时具有很强的说服力量。因此，我们在这里发现它，正如我们在探究将非逻辑行为变为逻辑行为的方式（第三章）时早已发现它一样，相反在研究证明（第四章）时它没有出现。另外，纯粹并简单的断言寥寥无几，在文明民族那里更为罕见，几乎总要补充某些派生物或派生物的萌芽。

541. 相反，强化的断言常见，在感叹的形式下，它总要添加其他派生物。在《圣经》中，上帝通过摩西[①]给他的人民下达命令，好像为了加强这些命令的力量，他不时地补充说：“我是主，你们的上帝。”我们时代这类断言也屡见不鲜：某项措施符合进步、民主原则，是为使人类更美好而采取的，它是充分人道的。这样的断言与其说是派生物，不如说是祈灵于某些情感的方式；但因不断重复使自身力量增强，成为活动的动因，就具有派生物的性质。

542. 在已提及（第 108 节）的没有刑罚的禁忌中也存在简单的肯定，在许多组合的派生物中也可观察到它，甚至一个具体派生物极少缺少它。一般说来，当随意肯定为自己窃取给予其他命题（它置于这些命题中）的认同时，它就在经验肯定中占据位置，或渗透和掩饰在推理中。

543. （Ⅰ种 β 类）情感。

肯定可以是某些情感的间接表达方式，并被具有这些情感者作为“解释”接受。因此它只是构成派生物的次要剩余物的表现。

544. 当从个人情感中提取一致性或教规时，辅助派生物的剩余物就是变主观事实为客观事实的情感（Ⅱ种 ζ 型剩余物）。随后往往给它补充上社会性剩余物（第三种）。某人读诗并喊道：“真美啊！”如果他说“我觉

① 摩西，公元前 13 世纪希伯来人领袖。根据犹太教传说，他是最伟大的先知和导师。——译注

得美”，那就肯定了一个主观事实；相反他说“真美啊”，这样就将主观事实变成客观事实。另外，倾听者有一种想法：人们说美的东西应该给自己以美的印象，这里社会性剩余物进行干预了。恰恰由于这点，人们通常具有他们生活其中的集体的趣味。

545. 由于断言对其倾听者激起各种情感，这些情感又具有“解释”的外观，断言一被接受，就赢得信誉。它具有价值，因为它以学说、格言方式表达，既有很大确定性，又有精心选择的文学形式，韵文胜过散文，印刷胜过手写，结集出版胜过刊于报纸，刊于报纸胜过口头表达，诸如此类，不一而足（第 451 节）。

546. 按断言价值的原因，我们可以分为三类：（1）存在一种模糊不清的情感：按这些方式表达者应该有道理。派生物减少到最低限度，并且属于我们正在考察的此类。（2）有一种观念：这些被选择的方式具有权威性。派生物稍许发展，并且属于第二种（第 549 节及其后）。（3）存在一种或多或少不确定的观念：这种权威是合法的。派生物仍然属于第二种（第 550 节），甚至可发展到产生逻辑推理。为了避免重复相同东西，这里我们讨论这三类。

可以抽象地设想：第三类情感是第二类情感的起源，第二类情感是第一类情感的起源；即首先证明某些形势造就权威，然后权威被普遍接受，最终甚至独立于权威，人们感受到对表达方式的崇敬。有时会发生此种情况，但实际上这三类是各自独立的，都有自己的生命，当存在第二类同第三类的关系时，这种关系同我们刚刚提到的恰好相反。在多数情况下，谁欢迎以指示形式表达的断言，就不会进行大量推理。譬如，他说“在报纸上我读到这点”，他认为这足以作为事物实在的证据。这是此类派生物之一。仅当对印刷或书写东西的尊崇情感明确地用以解释、辩护这些东西受到的认同时，它才存在。相反，如果这种情感得以表现，又未从中得出结论，譬如当印刷或书写的东西被视为神物、护身符、崇拜的对象时，就仅有剩余物，对此我们已论证过（第 451 节）。这种观察带有普遍性：情感用剩余物表达。其后，如果剩余物用以解释、辩护、证明，就产生派生物。还请注意：当一个人将报纸上读到的意见变为自己意见时，存在许多派生物（除现在这种派生物外）和剩余物，包括社会性剩余物。由于报纸表达，或人们确信表达读者所在集体的意见。在其他情况下，补充或未补充到前一概念的权威概念（第 451 节）起作用。最终，在极少情况下，还补充为权威辩护的情感（第 547 节）。但通常人们首先有权威的情感，然后再探寻如何为它辩护。

547. 从逻辑—实验角度看，用以表达断言的巨大确实性可以是个征兆，即使遥遥无期，也不容置疑。断言用拉丁文表达，如果不是鹦鹉学舌，将证实作者的某些研究，它们能够赢得合法权威。一般说来，用非普通方式表达的断言表明，虽然常常出错，它更多地出自不善于认识事物实在的人们之口。在新闻、报纸、书籍方面，可以发现，以公开方式所做的断言被认为比口头传播的地下断言更易批驳。因此，如果辟谣断言未尾随其后，那么第一个断言比第二个断言有更大的或然性。但是人们极少受此类判断驱动，不是逻辑—实验推理，而是情感驱使人们确信以上述方式所做的断言。

548. （Ⅰ种 γ 类）事实与情感的混合物。

Ⅰ种 α 类和Ⅰ种 β 类派生物抽象地分离，但它们几乎总是具体地结合，于是产生了此类派生物。援引某个解释者可以不具有为做出该解释所需要的情感，虽然此种情况极为稀见。但通常接受此解释者具有此种情感，否则，他不会认同。因此，第一种具体派生物大部分属于Ⅰ种 γ 类，并且事实和情感的表达在此类派生物中结合得如此紧密，以致很难将它们分开。往往还要补充上权威情感和类似情感。

549. 第二种，权威。

这里有一种论证方式和一种说服方式。关于前者我们已经探讨过（第 245 节及其后），现在我们讨论后者。属于此种的派生物各不相同，除前一种派生物外，它们是最简单的派生物。正如在许多其他派生物中，集合体持久性剩余物是用以派生的剩余物。对于变情感为客观实在的剩余物（Ⅱ种 ζ 型），还要补充其他类剩余物，譬如先父或祖先权威的剩余物（Ⅱ种 β 型），传统剩余物（Ⅱ种 α 型），一致性持久性剩余物（Ⅱ种 ε 型）等。另外，一般说来，第一种剩余物扩展并且使派生物更为复杂。

550. （Ⅱ种 α 类）一人或多人的权威。

纯粹逻辑派生物是种特例。显然，对于给定事物，专家意见比无知者或实践不足者意见更有可能被经验证实。这里我们不讨论这种逻辑—实验的考察。但在其他类派生物中，个人能力不是实验的；它由虚假的征兆推演出，或者它完全是想象的。当权威由可能真实或虚假的征兆（第 547 节），以或大或小的可能性推测出，当凭借集合体的持久性，能力扩大至超越经验地有效的界限，我们离开逻辑—实验话题不太远。适用于各个时代的格言是：“Ne sutor ultra crepidam。”[①]

崇拜剩余物（第450节）往往益于加重所断言内容的分量。它可以具有多种程度：可仅欣赏，也可达到奉若神明的地步。它的任何形式都可应用到派生物。但在最高程度，它往往变成（或口头的或书写的）权威或传统形式。

551. 权威剩余物还出现在为破坏它而实施的计谋中，正如人们在永无休止的关于神学、道德、政治的辩论中可见到的那样。

从逻辑—实验方面看，A是B命题的真理性并不取决于阐明该命题者的道德水准。如果发现欧几里得[②]是杀人犯、窃贼、空前绝后的恶棍，这不会使他的几何证明无效。

相反，从权威角度看，如果命题A是B被人接受，仅由阐明该命题者的权威所致，当这一权威削弱时，必然有损于A是B的证明。辩论者的险恶用心就是将逻辑—实验领域的命题移至权威领域。

552. （Ⅱ种β类）传统与风俗习惯的权威。

这种权威可以是口头的、书写的、匿名的、实际人物或想象人物的。在此类派生物中，拥有大量集合体持久性剩余物，由于它们，过去“先辈的智慧”，今日“政党的传统”，都成了独立自主的存在。

传统权威派生物数不胜数。没有一个国家、民族、特殊社会不拥有传统。因此，传统对于任何社会生活都至关重要。用传统解释事实轻而易举，因为在现有的或需要时可创造的众多传说中，由于或多或少的近似，由于同情感或明或暗的一致，可以毫不费力地找到适合“解释”事实的传说。

553. 有时风俗习惯同传统混为一谈，在许多情况下，某人追随一种习俗，又找不出其他理由，就说：“大家都这样做。”

554. 传统可以构成独立的剩余物，如果这些剩余物足够强大，就会使社会僵化，以致使它几乎拒斥任何新生事物。但往往传统是派生物，在此情况下，社会可或多或少地革新，即使同传统的主旨对立，也能维持形式上的一致。许多基督教教派常发生此类现象。

555. 正如我们往往看到的那样，派生物通常是灵活多变的；传统派生

① 拉丁文，鞋匠的谈论别超出靴子。——译注

② 欧几里得，活动于公元前300年的古希腊数学家。——译注

物的这一特点尤为突出。譬如，从一部讲授传统的著作中，可以随心所欲地挖掘一切。希腊人在荷马那里，拉丁人在维吉尔那里发现各种事物，意大利人在但丁那里找到许多东西。从《圣经》及其《福音书》中产生的形形色色的相互矛盾的理论对它们都能发表长篇大论。自然，每一教派都确信把握“真实”的解释，并义愤填膺地摈弃其他解释。但这种“真理”同实验真理毫无共同之处。为了知道谁有道理，缺少任何标准。这是一场充斥律师，却没有法官的诉讼（第 14 节）。

556. 只要传统仅用来派生，除去特殊情况，批判它对社会平衡作用很小，即使不是零，肯定也不大。

557. 受人崇拜的著作往往最终具有某种神秘的力量，并能用以预测未来，正像发生在《圣经》、维吉尔和他人的情况一样。

558. （Ⅱ种 γ 类）神存在物或拟人化的权威。

此类派生物看其实质，似乎应放在前类，因为只有凭借人们和传统，神存在物或拟人化的意愿才能尽人皆知。但若看形式，超自然物的干预对于产生单独一类至关重要。神性的干预可以产生三类不同的派生物：（1）假设神性的意愿人所共知，人们因简单崇敬可服从这一意愿，不注重细枝末节，仅使神意作为自己行为的动因，或者再考虑应该尊重这一意愿，于是此类产生了。（2）由于惧怕降临到触犯者身上的惩罚，人们可以服从这一意愿。这里个人利益在起作用，行为是前提的逻辑结论。这些派生物属于Ⅲ种 β 类；如果集体利益代替个人利益或对其进行补充，它们就属于Ⅲ种 γ 类。（3）人们出于对神性的爱，为了同神性的假设情感取得一致，可以使自己的行为符合神意，因为这样做是善的，值得赞誉的，既尽职尽责，又独立于结论。于是，产生了Ⅲ种 ζ 类派生物。

559. 正如我们通常所说，我们通过分析在抽象物中区分同具体综合有关的东西。显现超自然本体的实际派生物往往将上述前两类结合起来，这样甚至很难将它们分开。它们[①]往往补充第三类，但此类是通向形而上学的过渡，尤其存在于推理者处。许多个体对超自然存在物怀有一种崇敬、惧怕、热爱的复杂情感，他们本人也不会将此情感区分为较简单的因素。天主教会关于诚心忏悔和畏罪忏悔的辩论同我们业已区分的派生物的类型有关。

---

① 指显现超自然本体的派生物。——译注

560. 在此三类中，还应注意人们用以确信认识神意或者同神存在物假设情感一致的方式。虽然存在某些例外，在前两类中，它们十分简单。在第三类中，要复杂得多。古代占卜的一个分支就涉及认识诸神的意愿。

561. 有时抽象实体可以产生自己的神性派生物。凭借集合体持久性剩余物，当它越来越接近神性时：可以说，它是形式上的神性。

562. 符合超自然存在物的剩余物越是强大，祈灵于超自然存在物假设的意志或情感的派生物就越有说服力。人们用以想象认识超自然存在物意愿的方式是次要的，为使它[1]符合祈灵者最关注的东西，并不缺少权宜之计。人们往往认为自己的行为遵从超自然存在物的意愿，相反是因为他们那样行动，他们才设想了这一意愿。十字军骑士们狂呼，“上帝要这样做”，实际上他们受类似古日耳曼人迁移本能的驱使，他们崇尚冒险，追求新奇，渴望摆脱清规戒律的痛苦生活，妄想贪婪地攫取财物。如果燕子会思维，它们同样可以说，它们每年改变两次家园，是遵从神意。在我们的时代，为了遵从“进步”“科学”“真理”的法则，某些人将他人财产据为己有，或者为那些夺人财产者张目；实际上驱使他们行动的是占有那些财产或支持夺人财产者的极其自然的愿望。在“进步”的神圣殿堂里，一位新女神占据自己的位置，她被称作“根本利益”，并且制约国际关系。在野蛮时代，一个民族向另一个民族开战，掠夺、榨取钱财，没有那么多的高谈阔论。在我们的时代，人们却仅以“根本利益”的名义，继续这样做，可以说有过之而无不及。在对这方面知识并不陌生的人眼里，欧洲国家在中国的强盗行径决不比阿提拉[2]在罗马帝国的暴行逊色；但是学者在派生物的决疑法中立即发现二者之间的巨大差别。现在，私人强盗不再祈灵于“根本利益”，他们满足于一位更为谦卑的女神，说什么想“维持他们的生命”，为自己的行为辩解。

563. 第三种，同情感或原则的一致。

通常只存在同创造或欢迎派生物者情感的一致，但说成同所有人、多数人、正直者等的情感一致。这些情感后来脱离其感受主体并构成原则。

564. （Ⅲ种 α 类）情感。

同少数人或多数人情感的一致。此类派生物，尤其同实验实在有关系

① 指超自然存在物意愿。——译注

② 阿提拉（约 406 ~ 453），匈奴帝国国王，425 年率大军侵入意大利北部，焚掠阿奎里亚等地。——译注

的那些，我们已经讨论过（第 250 节及其后），留待我们考察它们具有的形式。

565. 可以三种方式表现同情感的一致，类似已阐明的遵从权威的那些方式。(1) 由于单纯尊重多数人或学者们（抽象头脑的代理者）的意见，人们可使自己的行为同人类或抽象头脑的真实或假设情感一致。这样，就产生了Ⅲ种 α 类派生物。(2) 因惧害对自己及他人带来灾难性后果，人们也能这样活动，就产生了Ⅲ种 β 类、Ⅲ种 γ 类、Ⅲ种 δ 类派生物。(3) 最后，人们受一种神秘力量的驱使，使自己的行为同上述情感一致，在极端情况下，受本身具有神秘效力的“绝对命令”[①] 的驱使。于是，就构成了Ⅲ种 ε 类、Ⅲ种 ζ 类派生物。在用以派生的剩余物中，社会性的剩余物（第四种）占有重要部分。

566. 和派生物作者的情感一致也属于Ⅲ种 α 类，这位作者不是客观地，而是通过广泛应用组合本能剩余物（第一种）达到同情感的简单一致进行推理。只要 A 稍许或想象同 B 类似，通过不确定情感的不分明的一致，足以用 A“解释”B。当某种确定性介入，并且情感以形而上学形式表现，就产生了Ⅲ种 ε 类派生物。同情感一致的派生物往往仅具有口头形式，由某些词语激起的情感之间取得一致；于是，它们恰好处于第四种。

567. 具体情况往往包括第 565 节指出的三类派生物；但第二类对于神的拟人化至关重要，此类往往在情感一致派生物中，尤其在形而上学中，隐约可见完全消逝。在许多情感一致派生物中，可以发现一组源于社会性的第四种剩余物，即个体对集体的崇敬情感，模仿及类似愿望。恰恰在这强大的集合体中，存在驱使人们接受基于多数人或所有人认同的推理（第 250 节及其后）的力量。这里我们应该关注人们设想Ⅲ种 α 类依靠自身能力实现情感一致这一主要形式。

568. 同情感的一致往往停滞于自身，相对于客观实在，没有精确的形式。要由形而上学探寻这种精确形式，往往当肯定思想一致和思想对应对象一致的同一性（第 252、253 节）时，该形式就得以表现。当说“在所有人，或多数人，或一抽象存在物的头脑中存在一个概念，它必然符合客观实在”，就阐明该同一性；它往往被省略，没有赋予它符合的Ⅱ种 ζ 型剩余物以口头形式；有时它用不同形式表现，好像它公理自明、显而易

① 康德用以表达普遍道德规律和最高行为原则的术语。——译注

见，这恰是形而上学家的方式；有时人们还企图证明它，因此扩大了派生物：譬如，有人说，存在于一切人头脑中的东西都是由上帝安排的，因此它应该必然符合客观实在，这恰是神学家的方式，虽然其他人也采用。此外还存在不朽灵魂对理念回忆的精彩理论，也不缺少诸如此类的形而上学，包括 H. 斯宾塞的实证主义形而上学。

569. 在几乎所有具体派生物中，都可发现多数人、君子、贤人、人类精神、正确理性、谨慎者等普遍认同派生物。它往往是不言明的，往往掩饰在不同的形式下，譬如以无人称式表达："人们确信""人们理解""人们认为"，等等；或者记起一个名称："这事物如此称呼"，即赋予此事物一个符合派生物作者某些情感的名称。还有广为引证的谚语、格言、俗语，通常掩饰多数人的真正或设想的认同。

570.（Ⅲ种 β 类）个人利益。

如果想诱使某人干事情 A，而他又不情愿干，可以采取各种不同的手段，其中某些手段属于派生物。

571. 以下手段不属于派生物：（1）某人不知道干事情 A 对他有利，那就教给他。这是经验、技术、科学的功能。譬如，经验教导人们在丰收之年节俭备荒；技术教人们炼铁铸犁；科学指导人们如何实现确定的目的。（2）外部实在的力量，通过有效制裁，强使某人去干事情 A。民法和刑法恰恰规定了这些有效制裁。单纯风俗、习惯也拥有制裁：习俗的违犯者会招致集体的谴责和敌视。（3）某人受本人秉性的驱使去干事情 A，以致不干就感到内疚和痛苦。

572. 相反，以下手段属于派生物：（4）仅断言干事情 A 对某人有利、不干有害，尽管事实并非如此。这一手段符合第一种手段，但推演是非逻辑—实验的。它产生拥有自发、内在制裁的禁忌。用于第一种（断言）和第二种（权威）派生物的剩余物主要产生于应用到这些派生物的剩余物中。（5）由外部力量，通过制裁，迫使某人干事情 A 或禁止他干，而外力或制裁，或二者都是非实在的。当外力和制裁是实在的时，此手段符合第二种手段。（6）根本不能证明，就断言由于干事情 A 或者不干事情 A，个体将会感到内疚和痛苦。此手段符合第三种手段。所有这些派生物，在人类社会中都具有十分重大的意义，鉴于在人类社会中主要关注消除个人利益与集体利益之间的可能冲突。为达到此目的应用最多的方式之一是，借助派生物，将两种利益混为一谈，断言二者同一，以致个人为集体造福，也就为自己造福（第 733 节至 766 节）。适才提及的利益的同一性，凭借第四种或第六种手段可自发地获得，或者通过第五种手段，即借助一种非实在力量的干预获取。

573. 在第三章（第 110 节及其后），我们已将教规和制裁进行了分类，这涉及将非逻辑行为变为逻辑行为（第 527 节）。我们发现这两种分类的一致。第三章中的类别我们用（a）、（b）、（c）、（d）表示。在（a）中不存在证明，因此（a）不在派生物之列，而在剩余物之中。在（b）中存在证明，但它被取消。如果恢复证明，只能是伪实验证明，（b）属于派生物；在此情况下，它符合第四种手段，或还符合第六种手段。如果证明是逻辑—实验的，（b）符合第一种、第三种手段。在（c）中存在由实在力量强施的实在制裁；因此我们处于第二种手段这一境况。在（d）中，或力量，或制裁，或二者都是非实在的；因此它符合第五种手段。现在，我们分别考察第四种、第五种、第六种手段。

574. 第四种手段：伪实验证明。

其典型是带制裁的禁忌。我们已经讨论过（第 107 节及其后）不带制裁的禁忌。可以肯定地说，违犯禁忌招致严重后果，类似不听劝告、痛饮毒液所致的后果。在前后两种情况下，都有避免严重后果的补救办法。对于禁忌来说，后果和补救办法都是伪实验的（第四种手段）。相反关于毒液的劝告，后果和补救办法都是实验的（第一种手段）。

575. 赖纳赫认为，《圣经》关于孝敬父母的教规是一种禁忌，从实质上看，从远古时代就有："不要骂（不要打，诸如此类）你的父母，否则你就会死去。"[①] 这是行为的自发结果。赖纳赫还认为，触摸主的石棺自发招致死亡。当乌察因触摸石棺而死亡，"并不是上帝惩罚无辜的乌察，而是乌察犯了不谨慎的错误，如同某人触摸电源开关被电死"。[②]

576. 一方面，这种禁忌非常强大，因为没有欺诈诡辩，它就使组合剩余物（第 533 节〈3〉）直接作用。实际上不仅在古代，而且在现代都可以观察到类似禁忌的存在。另一方面，这类禁忌的精确制裁总被观察否定。伴随逻辑的运用，观察逐渐扩展，那些禁忌被迫变化，首先使制裁的存在变得不确定，因此也就不易被否定。其次它一分为二，一方面将制裁抛回超自然世界，这对平民和学者都有用，另一方面用形而上学的迷雾笼罩制

① 赖纳赫：《崇拜，神话和宗教》第 1 卷，第 6 页。

② 赖纳赫：《崇拜，神话和宗教》，第 4 页。

裁，使它高深莫测，以致难以批驳，因为任何人都不能否定不知物的存在。

577. 这里，我们不应讨论带有超自然制裁的禁忌和教规，也不应讨论那些理论，它们用口头诡辩或其他诡辩使个人利益实际消逝，而人们说想考察这些利益（第 728 节及其后）。现在我们只研究那些派生物，它们具有将似乎不由个人利益原则决定的行为简化为这些原则的显著特征。

578. 在许多派生物中，都能发现一种典型的推理方式，可以称作分配的诡辩术。如果属于集体成员的个体干事情 A 损害集体。人们企图证明，由于关注他的个人利益，他不干此事对自己有利。因此人们观察到：由于个体是集体的成员，他将拥有整体承受损害的份额，结论是行为 A 使他受害，如他实施此行为，只因他愚昧无知。由此得出另一原则：人们在善行上的过失是万恶之源。

579. 诡辩在于：（1）取消对利或害的量的考察，假设所有人以这种或那种方式活动；相反，可能的情况是，部分人按这种方式活动，部分人按那种方式活动。（2）由于忽略上述考察，发展到极端，就会只注意利或害。我们还设想，如果所有人都不干事情 A，每个人作为集体的部分，都会获得某些利。现在，如果除一人外，大家都不干 A，集体的利可减少甚微；相反，那个干 A 者获得的利远远超过他作为集体成员而感受的损失。这种诡辩不易立即识破，因为通常有一剩余物不言明地干预，并且促使诡辩术第一部分的产生。即设想（没有说出）所有人都像被考察的个体那样活动。在此种情况下，分配的害得以保留，而直接的利消逝或至少大部分消逝。答案是干 A 者决不希望他人也这样做；但为了不触犯平等剩余物，这也不可能。譬如，有一个盗贼，我们想说服他，说偷盗损害其个人利益；因此，我们使他注意盗窃行为通常给社会造成的危害及盗贼本人承受的部分。警察局要花钱，法官、监狱等也要花钱，还有不安全等危害。当然，如果无人偷盗，社会将受益，其每个成员终归也会受益。但盗贼可以反驳说：（1）他因偷盗的直接受益大于作为社会成员承受的间接损害，其后尤其考虑到即使他本人不偷，并不能使他人洗手不干。（2）如果所有人或许多人确实都偷盗，很可能在多数情况下，间接损害超过直接受益。但他决不希望大家都偷，甚至他期望别人都做正人君子，以使他一人当盗贼。

580. 过去用以捍卫团结的派生物同此派生物类似。说一切人都相互依存。为使这一论点更具说服力，甚至强调所有存在物的相互依存：动物源于植物，植物源于矿物；结论是由于每个人依存于他人，不可能自己获利而不使他人获利。不胜枚举。除了 A 获利同时又使 B、C……获利这种性质的依存外，还有另一种性质的依存，A 获利的同时使 B、C……受害。譬如，狼吃羊，主人剥削奴隶。推理如此幼稚可笑，未能让人接受，但上当受骗确信无疑者除外。

581.（Ⅲ种 γ 类）集体利益。

如果集体利益是实在的，个体为获取它而逻辑地实施行为，不存在派生物，而只存在为达到某种目的的逻辑行为。某些剩余物（第四种）驱使他去实施此行为。但往往客观目的不同于主观目的（第 63 节），于是就有了用派生物进行辩护的非逻辑行为。这类派生物被那些想获取某些东西的人广泛应用，他们装作不是为自己，而是为集体索要这些东西。为数不少的政客妄图将他们为党、地区、祖国争取的东西窃为己有；某些工人想要改善他们的境况，就要求为“无产者”、为“工人阶级”改善条件；某些企业家想要政府优惠自己的企业，就为一般工业、为劳动阶级要求这些优惠政策。半个多世纪以来，“投机者”（第 953 节）精明审慎地从政府权力那里获得不断扩大的利益，他们以劳动阶级利益或以“公共利益”的名义要求自己的利益。

582. 此类派生物如此著名，几乎所有其他类派生物都一致简化为它。人们言明地或不言明地设想，推理糟糕者信仰动摇，如果某人信仰坚定，其推理必正确。从本章列举的大量重要的，甚至非常重要的派生物中，可以清楚地看到这不符合事实。

583.（Ⅲ种 δ 类）法律实体。

人生活在文明社会，熟悉某些道德的或法律的关系，它们总塑造其生活方式，渗透其头脑，最终成为其思想存在的一部分。其后，由于集合体的持久性，由于将绝对性赋予相对物的倾向，他将它们扩展、超越能具有价值的界限；从它们适应的某些情况和形势，扩展到任何情况和形势，就产生了绝对道德和绝对法的概念。因此设想这些在社会中产生并发展的关系，在社会存在之前就有，并且是社会的原则，这样就创造“公约”“社会契约”“团结”等理论，并附带“社会责任”“和平依赖法律”诸如此类的东西。另外，沿着另一条路，将在人们中间存在的法律和道德关系扩展到动物、一般生物，甚至无生命物，以致认为演说对人们有时起的作用也适用于事物。从中产生神奇颂歌概念，话语成为作用于事物的强大手段，甚至能推动和阻止星球的运动。在这些现象中有一部分Ⅰ种β1型剩余物，凭借它们，某些真正的或设想的比拟驱使我们将某物的特征和属性扩展到他物。实体由集合体的持久性给予；形式由可使非逻辑行为显现为逻辑行为的派生物赋予。其次，一般说来，在具体现象中，存在各种非逻辑行为、派生物和旨在从现有非逻辑行为中获利的逻辑行为的混合体。由于集合体的持久性，人们将司法关系扩展到与其毫不相干的情况，有人利用它①以达到自己的目的。如果这种持久性不存在，显然他不能这样做。狡诈之徒运用碰巧遇到的手段，在中世纪采用起诉死者和动物，今天运用呼吁“团结”的慷慨激昂的演说，明天也不缺少其他计策。

584.（Ⅲ种ε类）形而上学实体。

在此类派生物中，寻求同某些外在于实验领域实体的一致。从实质看，情感间的一致，剩余物的组合在起作用；但形式是由并非超自然的经验之外的那些实体的干预才形成的。为了派生，主要应用Ⅱ种δ型、Ⅱ种ε型、Ⅱ种θ型剩余物，一般说来，在各种特殊情况下，对它们还要补充其他剩余物。从逻辑—实验的角度看，这类派生物同实施拟人化神性的派生物很少或没有差别。

585. 有教养的人特别享用形而上学派生物。平民百姓，至少在我们国家，都倾向于从这种抽象回归拟人化。如果相信某个当代人将团结想象为美女，如同雅典人的雅典娜女神，实属荒谬。对我们的平民百姓来说，团结、进步、人道、民主尚未同几何平面、化学亲和力、发光以太这些简单抽象处于同一层次；但在颇为发达地区它们②得以留存，并且是给人类造福的强大实体。

586. 在所有呼吁理性、正确理性、自然、人的目的或类似目的、善、至善、正义、真、仁，现在尤其呼吁科学、民主、团结、人道等的推理中，存在此类派生物。所有这些名称仅仅指示不分明和不连贯的情感。

587. 形而上学实体可以递减至刚被感觉；在某些情感的一致中，它们显得很弱，仅为给这些情感涂抹点思想的油彩。在对风俗习惯的解释中，往往可发现它们。譬如，人们尊敬太阳、崇拜太阳，因为它是地球上生命的起源。人们曾经确信杀死儿童可以益寿延年，仿佛生命是种从此到彼的

① 指集合体的持久性。——译注

② 指团结、进步、人道、民主。——译注

流质。根据相同的观念，老翁睡在妙龄女郎身旁妄图返老还童。往往是想象的类似变成形而上学实体并用以解释事实；更普遍地用来证明组合本能剩余物（第一种）是逻辑的。

588. 形而上学概念可被省略，于是产生近似于情感一致派生物（第568节）的派生物，以致同情感一致派生物相混。那些用自己的原则反对逻辑—实验科学（否定这些原则）的形而上学家提供了触目惊心的实例：他们不惜一切代价，妄图在自己一再声明为相对的推理中找到绝对的东西。谁不跟随他们在梦幻世界漫游，他们就说他“缺乏”教育。的确他们的“知识”没有“缺陷”，因为整个实验科学就是“缺陷”。他们需要一个超验的原则，作为旨在得出必要结论的、无可辩驳的论据，以反对实验科学。似乎不可能有头脑如此愚钝的人，竟仍不理解实验科学没有、不探寻、不期待必然的结论（第386节），它厌恶由必然这一概念表达的绝对的东西，它只探寻在时空的确定限度内有效的结论。现在，这些杰出人物又有另一伟大发现，他们像形形色色的鹦鹉声嘶力竭、喋喋不休。他们反对从一定数量的事实中得出的实验推演，他们发现并没有考察全部事实，因此或多或少言明地得出结论，实验推演不必要，或者无普遍性。他们攻破已打开的门，因为这恰是实验科学的追随者所断言的。实验科学处于不断的变化之中，恰恰因为每天都会发现新的事实，因此每天都有应当变更或完全抛弃从当时认识的事实中得出的结论。这就是迄今一切实验科学的进程，也没有迹象将会改变。

589. 还不仅如此。今天我们还不能得出带普遍性的推演，因为还存在未知的事实Q、R，明天将被发现；可能我们并不想获得事实A、B、C……P（这些事实众所周知）的一般推演，我们想把这些事实划分为不同范畴，从范畴A、B、C中获得部分推演，从范畴D、E、F中获得另一部分推演，依此类推，不一而足。这种一般进程就是科学分类的起源。

在选择事实A、B、C并将它们放置一起之后，因为它们具有共性X，如果我们阐述命题：这些事实显现出那种性质，我们就进行了一次简单的循环推理。但如下命题恰为公理：“存在一定数量的事实，其中可发现性质X。存在性质X的地方，也存在性质Y。”譬如，我们选择一些用自己乳汁哺育后代的动物，并把它们称作哺乳动物。其后，进行循环推理，说“哺乳动物用自己乳汁哺育后代”。但如下为公理：“存在大量动物用自己的乳汁哺育后代；用自己的乳汁哺育后代的动物血液是热的。”这一切是那么简明易懂，仅由于一种至少不言明地存在绝对原则的派生物，并受符合这一原则的情感的制约，人们忘记、忽视、不懂得这一切。惯于以某种方式推理的形而上学家变得不能理解性质截然不同的推理，他们把用感到既陌生又未知的实验科学语言表达的事实变形，再将它们[①]译成自己的语言。相反，这些可怜虫却认为实验学说的追随者不懂得形而上学的夸夸其谈。

590. （Ⅲ种 ζ 类）超自然实体。

在理论的阐述中，在包含理论的著作中，可以有对实验事实或多或少的叙述。但理论本身存在于从这些实在的或想象的前提中得出的结论，它是否为逻辑—实验的，客观上不存在量的大小问题。我们不了解实验领域之外发生的事情，因此客观上不存在认识一种理论距离实验领域远近的问题。但涉及情感可以提出这一问题，即可以探究根据情感某些理论距离实验实在远近。不同人会做出不同的回答。首先，我们可以把它们分为两类：

（A）在探究时应用严格的逻辑—实验方法的回答。（B）在探究时很少或根本不用严格的逻辑—实验方法的回答。另外需要记住某些学科仅具有同一类解释；这里我们只讨论那些具有实验的和非实验的不同性质的解释。

（A）我们并不讨论此类回答，留待少数科学家清晰地区分实验的与非实验的。对于他们来说，涉及实验内容的理论顺序简述如下：（1）逻辑—实验理论。（2）并非如此的理论。

（B）根据应用逻辑—实验方法的广泛、透彻、巧妙程度，此类还应细分：

（a）今天（过去不太明显），有教养者或多或少应用逻辑—实验方法，其他人受他们权威制约，认为拟人化比抽象离实验领域更远。人们自发地或故意地将这些抽象和实验原则相混淆，进而拥护这种看法。因此实验内容似乎按如下顺序递减：（1）实验事实。（2）伪实验原则。（3）情感的或形而上学的抽象。（4）拟人化、神化。其后，产生了赘生物，譬如，黑格尔主义者的赘疣，他们将一切都简化为第三种范畴。但那种学说的追随者从来就少，甚至极少，也未被多数人所理解。形而上学的神秘同其他任

① 指事实。——译注

何宗教神秘相比毫不逊色。

(b) 有教养者的权威并未影响无知者，在后者看来，拟人化似乎比任何抽象都更接近实在。无须巨大的想象力就可将我们在人们那里通常观察到的愿望与思想移到其他存在物。米涅耳瓦[①]比抽象的智慧更好理解，发布十诫的上帝比绝对命令更易领会。因此实验内容的顺序颠倒：(1) 实验事实。(2) 伪实验原则。(3) 拟人化、神化。(4) 情感的或形而上学的抽象。这里同样产生赘生物，比如神秘主义者、神学家之流将所有引人注目的部分都简化为神性部分。这类学说的追随者远远超过纯粹的形而上学家。另外，在文明民族那里，他们在总人口中仍占少数。

(c) 最后，对于神学的、形而上学的、科学的迷信无动于衷的人们，他们有意或无意地对它们一无所知，无论如何对它们视而不见，对他们来说，只剩下：(1) 实验事实。(2) 伪实验原则。这两类融为均匀的一体，譬如，实验补救与巫术补救结合在一起。这里也有赘生物，比如宿命论及诸如此类的东西。多数人、大多数人过去和现在都能将这类思想变为自己的思想，而不再指明那些思想来源的学说名称。

591. 我们知道进化并不沿唯一路线运行，因此如下假设是不实在的：一个民族从状态 (c) 过渡到状态 (b)，其后又过渡到 (a)。但为了抵达实在现象，我们可以从这一假设运作，然后补充上使我们接近实在的认识。因此，如果一个民族按假设方式连续过渡到 (c)、(b)、(a) 三个状态，根据前述得出结论：大量的非逻辑行为 (c) 及其初步解释，通过拟人化每次产生一点解释，其后通过抽象每次产生一点形而上学解释。如果想要考察整个民族，到此我们应该止步；因为迄今从未考察过整个民族，而只是其中的显要部分，为了抵达状态 (A)，做出纯粹逻辑—实验解释，预见从不会发生的事情是不允许的。相反，我们考察有限的，甚至极其有限的有教养者，可以说在我们时代某些人接近这一状态 (A)。虽然现在还缺乏证明方法，但很可能在将来多数人完全达到这一状态。

上述考察的另一结论是：为了多数人的相互理解，即使是多数有教养者的相互理解，需要讲一种适合状态 (a)、(b) 的语言，相反那种语言恰恰不是状态 (A) 的，因此也就不能理解。

592. 描绘的假设现象主要在如下几点远离实在：(1) 我们没有将导致

---

① 米涅耳瓦，罗马神话中的智慧女神。——译注

形形色色解释的学科同没有导致这些解释的学科区分开。实际上它们浑然一体，通过不易察觉的级差，从一个极端过渡到另一极端。(2) 在指示状态（a）、(b)、(c) 时，我们用不连续的变动代替连续变动。实际上存在无限的中间状态。另外，这并不很坏，因为当不能应用数学时，几乎总要坚持这条道路。(3) 将民族视为同质的错误至关重要，相反民族是异质的。尽管某一阶级的状态对另一阶级的状态产生影响，但不能因此肯定它们必然趋于统一。将人分为智者和愚者的做法十分拙劣，实际上有待考察的阶级数不胜数。为给与讨论明确的形式，A、B、C、D 为一个民族的不同阶层（图 13）。某种进化使阶层 A 到达点 m；除进化的一般活动外，这对 B 产生影响，使此阶层到达点 n；B 的抵抗反作用于 A，致使位置 m 不仅由进化的一般方向决定，还由 B 的抵抗决定。同样可观察到民族不是只有已指出的两个阶层，而是拥有 A、B、C……多个阶层。最终，民族的状态由过点 m、n、p、q……的线段 mnpq……表示，不同阶层由于进化的一般活动，由于它们相互间的作用与反作用，分别到达上述各点。如果不是考察众多阶层，而是仅考察一个阶层，譬如 A，进化的一般结果，民族的一般状态，由线段 mx 表示，它可同实际状态 m、n、p……相差甚远。(4) 将进化视为唯一的，且匀速单向发展的错误更为严重，实际上存在多种进化，一般说来是波浪式的。(5) 最后，勿将社会一般进化同派生物进化混淆，否则遗祸非浅。社会的一般进化，除了派生物进化外，还包括逻辑—实验科学的进化，剩余物、情感活动和利益等的进化。虽然这里只讨论派生物，此类错误也不能不使人担惊受怕，未将逻辑行为同非逻辑行为区分开者极易重蹈覆辙。

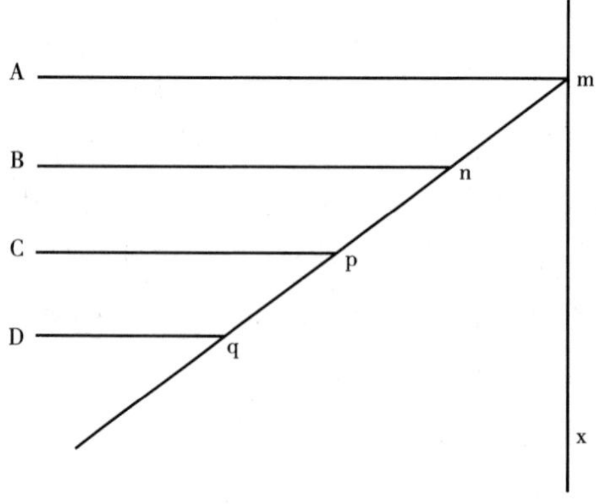

图 13

593. 另一严重的普遍错误，尤其在我们时代，在于设想拟人化的派生物比形而上学的派生物离实验实在更远，相反它们只具有不同的形式。荷马说“按宙斯的意愿行动”,[①] 或许多现代人说“按进步要求那样行动”，实质上表达了同一观念。进步、团结、理想、人道等拟人化与否，从实验本质的角度看无关紧要。

594. 涉及派生物的形式，拟人化远比形而上学抽象突出，当设想凭借启示、传统，或其他类似伪实验手段表现其意愿时，就构成Ⅱ种 γ 类派生物。相反当探寻这两类派生物同某些实在的一致时，此类趋向和彼类融为一体。这类派生物大部分是神学和形而上学。

595. 用以认识应该协调人们行为的神意的方法引人注目：设想上帝应像远见卓识者那样活动，并且上帝应想远见卓识者之所想。总之，神意从结论中消逝，真正的或设想的远见卓识者的意愿得以存留。于是，又出现了推理的一般方法这一新情况，在这种推理中某个非实验的 X 被剔除（第 188 节）。还有当使用《圣经》中的启示时，如果解释不够宽泛，又不善用寓意等，那种解释最终被消灭，实际上只发生同解释者情感的一致。在这种情况下，人们强烈地感到需要一种派生物，而不是一种简单的断言。从逻辑—实验角度看，这种简单断言恰恰具有相同价值，甚至往往更有价值，因为它不可反驳。但这里逻辑的或伪逻辑的发展的需要剩余物（Ⅰ种 ε 型）在起作用。

596. 一般来说，对于类似派生物，人们总能同样鲜明地表示拥护或反对的态度。上帝像远见卓识者那样活动的原则既可用以证明《圣经》的“真理性”，又可用以证明其“虚假性”。不言而喻：从逻辑—实验角度看，无论前种还是后种证明都不具有丝毫价值。从纯逻辑角度看，撇开任何经验，不能将无所不晓的上帝同能判断上帝行为的人这两个概念协调起来。如果无知者不能理解科学家在实验室里所做的实验，如果某些人并不比无知者强多少，那么他们用可怜的知识去判断学识渊博者的行为的企图必将落空。涉及拟人化的这类判断拥有不可缺少的前提：拟人化，至少在思想上，是由创造它们的人所想象成的。

597. 第四种，口头证据。

由于应用了不确定的、充满疑义的、暧昧的、不符合实在的词语才产

① 《伊利亚特》卷 1。

生的口头派生物构成此种。从更宽泛的意义上看，它可以涵盖几乎所有派生物，但最好把它局限于那些口头特征明显突出的派生物。在此种派生物中，限于纯形式部分，逻辑诡辩术占有适当位置，此部分用以满足人们逻辑推理的需要（Ⅰ种 ε 型剩余物）。但这部分几乎总是次要的，并不决定接受派生物者的判断；相反他受至关重要的另一部分，即由推理启示的情感所驱使。一般说来，这些逻辑诡辩术只欺骗那些心甘情愿被欺骗的人。更确切地说，不存在欺骗，推理的作者和接受推理者通过情感的相互一致而互相理解，逻辑诡辩术的外观是多余的。

598. 在口头证据中，用以派生的多数剩余物为Ⅱ种 ε 型剩余物，它们将实在赋予具名的抽象，并且反向设想一事物必然符合一名称。其后，第二种其他类型剩余物也起作用，往往还有Ⅰ种 γ 型剩余物将名称同事物神秘地联系起来，最后，其他剩余物根据特殊情况也起作用。剩余物指示达到某目的的愿望，只有凭借不同的计谋，才能实现这一愿望，而语言极易使这些计谋得逞。

599. 正如我们曾多次指出，普通语言的词语，一般同十分确定的事物并不相符，因此应用这些词语进行的推理有沦为口头派生物的危险。对于科学推理来说，这种危险的可能性很小，因为这种推理时刻不忘事物，使用的词语单纯指示这些事物，就像标签一样。对于剔除词语此特性的派生物来说，上述危险的可能性增大，甚至沦为形而上学派生物，它们几乎从不缺乏口头派生物的特性。

600. 在三段论法中使用的一个多义词可使它拥有三个以上的项，因此它是虚假的。往往由于中项的不确定，造成三段论法的虚假。恰恰因为中项的暧昧不明或不确定，产生了轻率的文字游戏和貌似深刻的推理这另一极端。我们假设如下推理："A 是 X，X 是 B，因此 A 是 B。"如果 X 有两个含义，它们又不能混淆，譬如人的发卷和动物的卷毛，[①] 就会造成纯粹的玩笑。如果 X 指示不确定情感的巨大集合体，在命题 A 是 X 中，某些情感占上风，在命题 X 是 B 中，其他情感占上风。因此 X 在实在中是模棱两可的。但人们对此尚未察觉，并对此推理赞赏不已（第 616 节）。譬如，如果 X 是自然、正确理性、善或类似实体，几乎可以肯定地说（最好不说绝对肯定），推理就是这种性质的。譬如："顺应自然，生活幸福；自然不

① 意大利语 riccio 有发卷、卷毛等含义。——译注

接受财产；故没有财产，生活幸福。”在第一个命题里，从词语“自然”表达的情感的混杂集合体中，产生区分顺应我们倾向（对我们来说，是自然的）东西和我们被迫接受的东西的情感，还产生命题“顺应自然，生活幸福”认可的情感。在第二个命题里，产生区分人为的事物（人工的东西）和人的行为之外独立存在的东西（自然的东西）的情感，因此受情感支配者承认：财产不是自然的产物，自然不接受财产。从这两个命题必然得出逻辑结论：没有财产，生活幸福。如果此命题为倾听推理者的情感所接受，它被视为在各个方面都完美无缺。这恰恰由于它满足倾听推理者的一切愿望，包括要求逻辑外观和某些派生物（第 383 节、第 615 节）。

601. 在具体情况下，我们将要进行分类的第四种派生物被一起使用，往往还要补充上其他种派生物。千万不要忘记，只有通过抽象，才能把具体派生物分解为简单派生物。

602. 第四种各类派生物具有两种形式：第一种形式是从事物到词语，第二种形式是从词语到实在的或想象的事物。实际上，这两种形式的派生物经常混为一体，在从事物到词语之后，又从词语返回到另一事物。这就是无数推理的实质。正如在第 44 节所说，无论使用符合逻辑—实验领域之外本体的词语，还是使用极不符合实验实体、不确定的词语，都会脱离逻辑—实验领域；因此在派生物中发现它们的用处。在第五章里，我们已经看到许多口头派生物；在第 282 节，我们指出如何从事物到名称和从名称到事物。在随后的段落中，我们又指出由此引发的错误，即派生物同实在的分歧。运用词源学可从事物的名称推演出事物特性的理论（第 290 节），恰恰是从名称到事物的口头派生物。词源学的逆向运动补充了其正向运动，为此仅由于名称就将某些性质赋予事物。

603. （Ⅳ种 α 类）用以指示某实在事物的不确定词语和同某词语相符的不确定事物。

此类派生物被广泛应用，以致在具体派生物中很少缺少它。为此，我们已经经常讨论它，将来还要经常讨论它。这里，我们仅限于讨论一种典型情况。

604. 一个称为连锁法的著名诡辩，让许多逻辑学者绞尽脑汁。你有一粒小麦，添加另一粒小麦，你没有一堆小麦；再添加一粒小麦，你们没有一堆；你这样无限地添加并得出结论：无论麦粒有多少，也不是一堆。诡辩论往往以相反方式表达：一堆小麦，每次减少一粒，于是证明剩下的最后一粒即一堆。这类诡辩还有：一根一根去掉某人的全部头发，只要他头上还剩一根，就不能说他是秃头。西塞罗清楚地懂得此类诡辩可变得更为普遍："它不仅限于麦堆，只是从麦堆得名（连锁法），它适用于任何其他事物，譬如富与穷，明与暗，多与少，大与小，长与短，宽与窄，一切涉及难以觉察的增加或减少，我们被问及又回答不出的东西。"[①]

605. 未能发现这一诡辩谬误的哲学家受到形而上学推理习惯的羁绊，未能识别这种推理的错误，同时也不承认他们的任何推理都是错误的。实际上，连锁法的错误在于使用了激起不确定情感的词语，这些词语同客观的、精确的东西，比如多与少、大与小、重与轻等毫不相符。如果一位形而上学家冒险认可这一点，就会反对自己那些精彩的推理，因为好与坏、美与丑、正直与卑鄙、正义与邪恶、道德与不道德等词语（第 384 节）和上述词语同属一类。对连锁法的回答如下："你先界定词语'堆'的含义是什么，我再回答你。譬如，如果你说堆是由千粒组成，达到 999 粒时，若再添加一粒，我将说：这就是一堆！但如果你不想对推理中喜欢运用的词语进行严格界定，我也就不高兴回答。应由提问者解释清自己的问题。"今天我们应以相同方式回答探寻价值原因的经济学家们："善良的人们，请告诉我们，价值确切地说是什么东西；请让我们了解为何和如何应有原因，然后我们再回答你们。"自然，在通俗语言中，词语"价值"，正如"堆"一样，具有明显的含义。不幸，那些含义都同样地不确定，因此在科学推理中不能应用。不用钻牛角尖，普通语言也同样认为可能存在价值的唯一原因。应用这种语言时，可以观察到价值不只有一个"原因"，而是有无数个。说得更确切些：它同无数事实相依存。

606. （Ⅳ种 β 类）指示某事物并激起附带情感的词语，或得以产生某词语的附带情感。

在司法辩论和政治中，此类派生物占大部分。它具有非常有效的说服力，以致由词语提示的情感不知不觉地渗透到倾听者心中。譬如，忠于自己的信仰，如信仰是正统，则说成是忠贞不渝；如信仰是异端，则说成是顽固不化。在 1908 年，俄国政府的朋友将该政府处决革命者的行为说成正法；将革命者杀死政府官员的行为说成屠杀。俄国政府的敌人调换了词语：前者为屠杀，后者为正法。类似的互换在词语"没收"和"窃取"中

① 西塞罗：《学术问题》第 2 卷。

也有。在1912年的意土战争中，那些把土阿方面的情报带给意大利人的阿拉伯人被称作情报员；那些将意大利方面情报带给土耳其人、阿拉伯人的人们被称作间谍。今天，谁要想拥护某事，就应称它为现代的、民主的、人道的，称作充分人道、普遍进步更好。很少有人经受得住这些炮火的轰击。

607. 词语“自由”的情况相当可笑。现在它的含义往往同50年前截然相反；而它激起的情感却完全相同，即指示一种对其应用者或接受者有利的事物状态。如果张三要束缚李四，李四就呼吁自由以冲破这种羁绊；但其后他反过来要束缚张三，他仍呼吁自由以强化这种羁绊。在这两种情况下，自由这个词语对李四提示了令人愉快的情感。

在法国和意大利，过去时代的“自由党人”坚持不懈地要求个人有权根据自己的意愿劳动，猛烈抨击国王和教士们的暴政——强迫个人在节日里无所事事。现在，一切都改变了。“自由”的学说要强制星期日休息，为了让反教权者心满意足，称之为一周的休息。极端自由党人要求设立国家视察员制度，以禁止公民禁锢在自己的住所里劳动。为此举措辩护，要求助于Ⅳ种 β_2 类派生物，说什么允许某人在某些天劳动触犯不想在那些天劳动的人们的自由，因此以自由的名义强制他懒惰。形而上学家补充道：这样“国家就创造了自由”。在此类派生物中使用的词语“自由”具有三种含义：（1）抽象拟人化的不确切含义。（2）劳动能力或无劳动能力的确切含义。这一含义还可分为如下两种：①确定个人具有的能力；②有别于确定个人的其他个体所具有的能力。往往这两种能力互相对立，因此保护前者的措施，必触犯后者。派生物利用这三重含义，将仅对后两种含义之一有效的东西引导到第一种含义。有时为掩饰语意上的模棱两可，给第一种含义的自由补充某些修饰语（第609节）。我们现在考察的派生物将对第三种含义有效的东西归于第一种含义，并说采取的措施保护自由。按相同理由，可将对第二种含义有效的东西引导到第一种含义，然后说该措施侵犯自由。实际冲突凭借这个或那个派生物根本解决不了。如果只考察它为了某一确定目的，促使第二种含义胜过第三种含义，或正好相反。伴随上述认识，就从派生物过渡到逻辑—实验推理。

608. （Ⅳ种 γ 类）多义词和仅用一词说明的不同事物。

人们应用此类派生物，或直接为赋予一命题以意义，其后此命题又在另一意义上被使用，或间接为避免两命题间的矛盾，将它们的一词或数词一分为二。另外，它被采用可以相当延长简单的断言（第 537 节及其后），从而使议论具有逻辑推理的外观。不简明扼要地说 A 是 B，而说 A 是 X；其后凭借情感的一致不言而喻，或言明地肯定 X 是 B；这样“证明”了 A 是 B。从逻辑上看，这条延长的道路一点不比捷径好（第 314 节）。但多走路尊重了情感，因为满足了伪逻辑发展的需要。

在此类派生物中存在许多诡辩，其中项具有两种含义，一分为二。还有数量相当可观的其他诡辩，其中一个词语连续具有两种含义，因此循环论证就应运而生。如下是最常用的类型：断言所有 A 都具有意见 B。这里 A 具有不确定的、一般的含义，此含义同倾听者的情感一致，因此一般不会再问其他。但如果提问：“请你们给 A 下个定义。”答案或多或少变得繁杂、含蓄，说到底实际上断言 A 是具有意见 B 的人们，就这样赋予 A 一种新的含义。于是，推理简化为说具有意见 B 的人就具有意见 B。我们已经提供了许多这种做法的例证（第 250 节及其后）。

609. 将词语一分为二的最常用手段是给它们添加某些修饰语，譬如真正、正直、崇高、善良，等等。这样就将真正的 A 同简单的 A 区分开，甚至可使它们截然相反。譬如，用此种方法可使上述（第 607 节）词语“自由”的矛盾消逝：“真正的自由”同简单的自由区分开，有时前者恰为后者的反义词。自己乐于劳动是简单的自由，他人乐于劳动才是真正的自由。自己想喝酒是简单的自由，沙皇给予芬兰人这种自由。但禁止喝一滴酒是真正的自由，若沙皇专制政治不阻止这种自由的话，芬兰自由议会也会把它施舍给自己的臣民。

同样有人断言理性导致某种结论 B，譬如，上帝或者团结的存在。无神论者或者反团结论者回答：“我认为理性并未导致这样的结论。”断言者可针锋相对地反问：“为什么你们不运用正确理性?”但怎样区分正确理性与非正确理性呢？方法极简单：正确理性信仰上帝或团结。

古代教权主义者这样说过，今天自由主义者又在学舌：应该承认“善的自由”，而不是“恶的自由”；“真”的自由，而不是“假”的自由。不言而喻：“善”与“真”是一些人的，“恶”与“假”是另些人的。词语“真理”“谬误”就像林立的政党一样，具有多种含义。只有凭借Ⅳ种 β 类派生物，人们才更喜欢它们而不是如下同义词：我相信的东西，我不相信的东西。

610. Ⅳ种 γ 类派生物一般能让第二种剩余物发挥作用。当给某一确定词语添加一个修饰词时，由它产生的概念、情感继续存在，甚至通过选择合适的修饰词，它们可以得到强化。

611. 在理论派生物中，名词“真理”的含义往往在两个极端之间游动。一方面，它意味着同事实一致的和称为“实验真理”“历史真理”的东西；另一方面，它意味着同某些情感一致的、获得信仰认同的东西。在这两个极端之间，存在无数中间含义。同事实的一致可以是观察和科学实验、历史批评研究的结果，或仅是事实对一个或多个头脑产生印象（第277节）、激起情感的结果。这里，我们也发现了中间各级：一方面，科学或历史怀疑论凭借其他印象纠正某些印象，设法使它们尽可能符合事实；另一方面，信仰如此虔诚，以致不可能被事实以任何方式动摇，信仰总是改变事实的印象，需要事实同信仰一致。

612. 词语“至善”或简单的“善”有无数含义，每个哲学家都按自己方式给它下定义。在不快情感实际上或仅被认为消除之后，通常存在的愉快情感的核未受影响。起初，在一个极端，我们有真正的短暂的性欢愉；接着补充上对未来快乐或痛苦的思考；进而是同个体有关的他人对其采取的行为；其后个体用由某些剩余物，尤其是第二种、第四种剩余物引发的快乐或痛苦反对性欢愉；然后这些快乐或痛苦居主导地位，性欢愉退居二位；之后性欢愉几乎完全或彻底消逝；最终抵达另一极端：在这里任何愉快的情感都准备在来世，总之在某种超越实验领域的东西内消灭感觉。

613. 至此，我们是从外部考察个体；但他本人发自内心从未以此种方式看待事物。首先请注意：一般说来，由于类似情感，在我们探寻精确理论的地方，无论对于平民还是学者，甚至博学多才之士，只存在极不确定的思想的复合体，或思想的确定性是口头的。因此，如果评论家们一意孤行地关注某作者的概念，又未能找到它，也用不着大惊小怪，或许埋怨他们无能，因为他们往往是在探寻不存在的东西（第221节，Ⅰ）。其次，正如我们多次指出，想赋予自己情感以精确的逻辑形式的个体，一般倾向于给予相对东西以绝对价值，偏好把主观的东西变为客观的东西。因此，谁自身拥有我们描述过的无数情感集合体中的一个，就不会简单地表达它的状态，而是以绝对与客观的方式表达。他不说“我认为，对我来说，这似乎是‘至善’”，而说“这是‘至善’”，还应用派生物加以证明。

614. 符合形而上学家和神学家赋予词语“真”不同含义的情感核，主要由使用指示那些含义的名词之一的个人头脑中互不冲突的概念构成。因此自发产生善与真的等值关系，因为它们恰为这些词语使用者头脑中并不相左的情感集合体。由于类似原因，这种等值关系还可扩展到人们称之为美的东西。如果一个人发现善与真的东西，怎能不发现它美呢？因为在此人头脑中存在的东西，特别是在他身为形而上学家或神学家时，应该存在于所有人的头脑中，不幸不赞成形而上学家和神学家思想的人自然不配称作人，结论随即产生：所有人都同他一致，他的卓越的理论威力无穷、遐迩闻名。其后，如果这些超人意见不和，在过去时代中他们就会自相残杀，将对手投入监狱，有时甚至放到柴堆上活活烧死，而今天事情变得温和得多，他们只满足于相互谩骂。

615. 另外还有一个名叫自然的漂亮实体，它及其派生形容词“自然的”、某种自然状态，在派生物中占大部分。即使这些不确定的词语的使用者也不知道它们表达什么。在日常生活中，人们遇到不少敌对事物，或招灾惹祸，或令人生厌，某些情况被认为是人为的，比如强盗的武器，盗贼的阴谋，富豪与权贵的专横等。排除上述情况后，还存在一个核，因同被消除的计谋相反，我们称作自然的核，它必然是绝好的，因为我们恰恰舍弃了那些坏的东西（第 600 节）。请认真观察：实际上，所有形而上学或神学的作者们，或自然批判主义者、卢梭及类似梦想家的追随者们正是这样推理。他们不再说“这就是我们称之为自然的一种状态，研究者靠观察可认识它的某些性质”。相反，他们从现在的状态运作，消灭那些自认为坏的东西，称存留的东西为自然的。即使至今仍受到许多人顶礼膜拜的卢梭，也坦率地承认他并不注重事实。那位教父①也不比卢梭好些，他赞美上帝将美好秩序赋予自然，向我们陈述自然界中所有小动物都相安无事、和睦相处。难道他从未见过蜘蛛吃苍蝇，飞鸟吃蜘蛛，蜂群弃蜂房？他也没读过维吉尔的诗篇？② 另外，那些嘲笑“天主教迷信”却欢迎卢梭信徒的迷信的人们，其推理方式的滑稽可笑简直无以复加。

616. 如下是这类派生物的典型。人们想要证明 A 等于 B，开始证明 A 等于 X，因为由 A 和 X 激起的情感一致，并且注意选择极不确定的 X，以使由它激起的情感既同由 A 又同由 B 激起的情感一致。这样，就确立了 X 与 B 的等值关系。但由于人们业已发现 A 等于 X，因此得出结论：A 也等

① 克雷芒：《科林斯信札》第 1 卷，第 20 页。

② 《农事诗集》第 4 卷，第 67 ~ 70 页。

于 B，正如人们所要证明的那样。这种推理类似已经考察过的另一种推理（第 188 节及其后），凭借它可证明 A 等于 B，同时在实验领域之外消灭本体 X。正如在其他情况下，一个极不符合实在事物、不确定词语的干预结果，类似一个符合实验领域之外本体的词语的干预结果（第 44 节，第 600 节）。团结的例子再好不过了，其中 X（团结—事实），按推理作者的说法，恰为 B（团结—责任）的对立面。但命题 A 是 X（团结—事实存在于人们之中）却用以证明 A 是 B（在人们中间需要存在团结—责任）。

从形式逻辑方面看，用不确定的 X 进行推理是超过三个词项的三段论，中项 X 因其不确定性而变成多个，往往不能确定它到底有多少种精确含义。其后，如果 X 脱离实验领域，除去已指出的几乎永远存在的错误的原因外，还存在或多或少毫无意义的三段论，因为它们将实验事实和非实验本体联系起来。

617. Ⅳ种 γ 类派生物有一种极端情况，这里可以观察到简单的口头一致。譬如，在 1148 年兰斯主教会议上，“一位布列塔尼绅士被引见，他名叫艾奥·德·莱托伊莱，近乎目不识丁，但自称是上帝之子、生者与死者的法官。这一切都由其名字同拉丁语词语‘eum’[①] 的可笑相似所致，驱魔咒的结尾有‘Per eum qui indicaturus est’，[②] 祈祷词的最后是‘Per eumdem’。[③] 这种想象的理性，尽管荒谬绝伦，总能迷惑法国边远地区如布列塔尼和瓜斯科尼亚地区的愚昧无知者”。[④] 词语与命题的模棱两可是解释神谕和预言的最佳手段，当给它们补充隐喻（Ⅳ种 δ 类派生物）和寓意（Ⅳ种 ε 类派生物）时，就可从中得到所期望的一切。这种自以为严格进行的推理，几乎每次都传为笑柄，正如对提出在敌人那里能否安全这一问题者的回答：“Domine stes securus”，[⑤] 也可按相反意思理解：“Domine stes securus”。[⑥]

618. 对词语“魔鬼”的种种解释，向我们提供了借助此类派生物（Ⅳ种 γ 类）可从事物到词语和从词语到事物双向运作的最令人信服的例证。

① 拉丁文，意为“他”。——译注

② 拉丁文，意为“这里就是指他”。——译注

③ 拉丁文，意为“依靠他”。——译注

④ 弗莱乌利，《教会史》第 69 卷第 14 册第 619 ~ 620 页。

⑤ 拉丁文，意为“君主很安全”。——译注

⑥ 拉丁文，意为“在家不安全”。——译注

619.（1）从事物到词语。

希腊人用词语 δαίμονες[①]指示随时间和作者变化不定的想象事物。在荷马那里，δαίμων[②] 往往同概念 θεός[③]相混，说得更确切些，同此神的行为概念相混。人们说过，恶行常如此表示，却对此存有疑虑。在赫西俄德那里，这 δαίμονες是一切善良的神祇和凡人之间的中介自然。接着，这种中介自然将好魔鬼和坏魔鬼区分开。哲学家先生们对此颇有微词并对其伦理含义怒不可遏，因为人民宗教让神祇既有善行又有恶行，为了消除对恶行的厌恶之情，他们想好将恶行作为礼物赠给魔鬼。[④] 一个类似派生物将正确理性同简单理性相区分，前者一切皆好，后者偶有失误。不少作者已将恶行这个题目展开，他们创造出恶贯满盈的魔鬼，简直达到无以复加的程度。

620.（2）从词语到事物。

在使用 δαίμονες这词的过程中，基督徒发现其古义与新义，并诚心地或故意地将这两种含义相混淆，进而得出结论：根据异教徒的忏悔，他们的神祇全是恶魔。于是，派生物达到了基督徒期待的目的，他们在敌人的战地找到自己神学的证据。卓越的柏拉图在《会饮篇》中叙述了关于魔鬼的愚蠢寓言；米努齐奥·费利切[⑤]珍视这笔宝贵遗产，并且利用柏拉图的权威以证明魔鬼将生命赋予神祇雕像。拉丹齐奥也将异教徒的神祇视为魔鬼，他针对异教徒说："如果他们不相信我们，请相信荷马：那至高无上的宙斯与魔鬼同流合污。但也请相信其他诗人和哲学家：有时称它们为魔鬼，有时称它们为神祇，它们的名字有真有假。"[⑥] 塔齐亚诺[⑦]使宙斯变成魔鬼的首领。[⑧] 可能他有道理，但由于我们对魔鬼和宙斯同样一无所知，缺少实验科学方法用以判断塔齐亚诺的说法是否正确。

621.（Ⅳ种 δ 类）隐喻、寓意、比拟。

作为简单解释，作为把握未知物的概念的手段，为从已知物认识未知

---

① 希腊文，意为"神灵的"。——译注

② 希腊文，意为"神灵"。——译注

③ 希腊文，意为"神"。——译注

④ 普卢塔克：《演说家》第 15 卷，第 417 页。

⑤ 米努齐奥·费利切（公元 2～3 世纪），原籍非洲的拉丁基督教作家。——译注

⑥ 拉丹齐奥：《神的训示》第 4 卷，《论真正的智慧》，第 27 页。

⑦ 塔齐亚诺（公元 2 世纪），基督教辩护士。——译注

⑧ 塔齐亚诺：《致希腊人》，第 8 页。

物，可以科学地应用隐喻和比拟；但作为证明，它们没有丝毫科学价值。因为一事物 A 在某些点上同另一事物 B 类似、相像，但绝得不出具有 A 的一切性质 B 的结论，也不能说某性质就是造成相似的原因。

622. 隐喻和比拟有直接用法和间接用法。直接用法可以摘取如下示例：A 和 B 都具有性质 P，为此 A 与 B 相似，并借助隐喻说它们相同。但 B 还具有性质 Q，而 A 不具有；从 A 与 B 的等值关系可得出 A 也具有性质 Q。这是比拟推理最通常的用法，因为谬误很少被发现，只要注意千万别把 P 同 Q 分开，别让人发现只是由于共性 P，才说 A 等于 B。关于间接用法，如下示例可说明问题：A 与 B 相似，因为它们都具有性质 P；同样 B 与 C 相似，因为它们都具有性质 Q，而 A 不具有 Q。推理这样进行：A 等于 B，B 等于 C，于是 A 等于 C。因为人们直觉到诡辩，此种用法不常采用。为掩饰这诡辩，需要尽可能去掉逻辑推理的任何形式，相反应用借助由某些词语提示的次要情感进行说服的派生物（Ⅳ种 β 类）。

形而上学家和神学家经常运用借助隐喻、寓意、比拟的派生物。

623. 为了探索隐喻解释是否和如何可上溯到事实，我们对它们进行了首要的研究并设想了它们的起源（第五章）。现在主要把它们作为达到某些预期结论的手段进行考察。每个民族都有一本受到崇拜的圣书，比如希腊人的《荷马史诗》，穆斯林的《古兰经》，犹太教徒和基督教徒的《圣经》，这本书可广为传诵，但迟早人们企望发现除文字之外的其他意义。可对它进行客观研究，正如博学多才之士有时做的那样，但一般都有确定的目的，即书中所云同先验认识的概念协调一致。换句话说，人们探寻一种解释、一种派生物，以协调两个同样确定的事物：文本和有待辩护的概念（第 532 节、第 552 节）。

624. 如果存在任何规则以确定何种象征、何种比拟可以明确表现 A，那象征或比拟解释可能不真，或不符合事实，但至少它们本身是确定的。相反，没有这样的规则，解释者随心所欲地选择象征与比拟，往往由于类似牵强附会、幼稚可笑、荒谬绝伦，因此解释变得武断专横和飘忽不定。譬如，对《荷马史诗》所做的种种寓意解释，这种特点相当突出，今天已无人严肃地看待它们。但驱使人们接受某些派生物的情感力量如此之大，以致当今现代主义信徒在对《福音书》解释时又使它们东山再起，并发现新的欣赏者。

一般说来，我们并不反对某人因信仰而确信某种解释。只有当他涉足我们的领域，用逻辑—实验的证据证明这种解释，我们才用逻辑—实验科学的法则对他做出评价。

同样，我们也不讨论从形式逻辑和经验看来是荒谬绝伦的某些解释可能具有的社会效用，这是在个别情况下有待考察的事物，我们将在第九章专门讨论。一些寓意和隐喻可同其他寓意和隐喻相对立，一些非科学推理往往胜利地阻碍其他非科学推理。从逻辑—实验角度看，这纯属唇枪舌剑，旨在宣扬一种学说时，能借助它激起的情感产生巨大效应。

625. 正如某些作家为叙述修辞的需要，往往使寓意在笔下不知不觉自然涌流。但更多情况下，为了某个目的，为使理论同理论、理论同事实协调才应用寓意。

626. 人们需要展示自己的逻辑和推理能力（Ⅰ种 ε 类派生物），以致当他们关注任何词语 T 时，妄图对它进行解释，即期待从它得出一个或多或少逻辑的派生物。一位作者从 T 抵达 A——想象事物；另一位作者抵达 B，也是想象事物；其他人还应用其他派生物。从 T 得出的事物 A、B 有时相似，甚至可极相似。只认识 A 和 B，我们仍疑惑不解：B 是否因 A 的作用形成（或相反），是 A 的部分复制（或相反）。或者 A 和 B 是独立的，它们都有共同起源 T。这两种现象的例证都有，因此不能先验地决定，需要求助于对事实的观察，并找到道路 AT、TB、AB 中的一条。有时它们还可能同时存在。在研究作者的原始材料时可遇到此类现象、今天人们有点太倾向于猜测，而许多这类研究没有可靠根据。

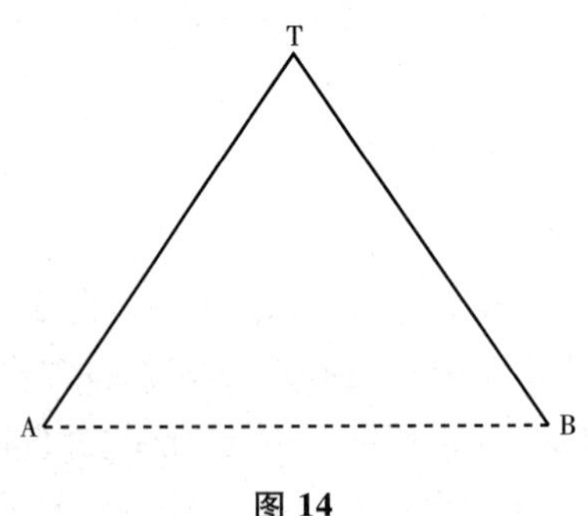

图 14

627. 如果 A 在时间上先于 B，无疑许多作者承认 B 模仿 A。在某些情况下（第 307 节及其后），这种推演可能完全错误；因此为确定 B 对 A 的依赖性，除 A 的居先性外，还需要其他事实，其他的观察。

628. 种种寓意是人类想象力的产物，因此当它们属于整个种族或文明种族，有时甚至所有种族的人们时，彼此很相似。譬如，不同民族的创世说大同小异，因为人们根据肉眼所见的万物生长的模式进行想象。阴阳形象和阴阳原则相结合生天下万物，因此这些创世说各自自然形成，不是相互抄袭。人们往往情愿世界和万物从一个蛋诞生。让天下万物和不同原则去相互争斗，去爱，去恨，去享受幸福，去遭受苦难。在某种情况下，一种创世说可能至少部分摹写另一种创世说，但也可能发现它们相似而没有模仿。

信徒们可能断言，这种相似性再现唯一事实，以不同方式流传下来，这很可能。只是这一问题已超越实验领域，因此我们也缺少解决它的方法。

629. 一般来说，在传说的形成中，都有一部分寓意和隐喻。但据此做如下推演就错了：传说必然是简单的寓意，更不能说传说恰是我们觉得想象真实的那种寓意。除寓意和隐喻外，传说还包括历史因素，或伪历史、传奇因素，有时也不缺少模仿和对往事的回忆。

630. 这种企图将一切被认作超实在的叙述都译成寓意的狂热没有实验根据；相反，大量例证表明，许多作者在叙述奇迹时，真诚地认为提及实在事实。在叙述中可发现的隐喻，是作者不知不觉写进去的，不是故意而为，即使有意如此，有时隐喻被补充到事实上，也丝毫没有改变事实的真正的或想象的实在性。

631. （Ⅳ种 ε 类）同具体事物不一致的暧昧的、不确定的词语。

这是口头派生物的极限，它们简直成了词语的简单乐曲。少数派生物供平民百姓使用，他们听到这些稀奇古怪的词语瞠目结舌、呆若木鸡，设想只有天神才能懂得那玄奥的语言。多数派生物供形而上学家使用和消受，他们持续沉浸其中，最终把它们想象为实在事物。在他们的著作中，读者可发现大量例证，从古至今那些毫无意义、不合语法的辞藻汇成江河。有时它波涛滚滚，有时它沿着河道平缓流淌。总之，它存在着，可以见出它就像歌曲、诗篇和话语一样满足人类需要。每一时代都有自己时兴的词语。譬如，在今日意大利，人们滥用词语“超越”及其派生词“超越者”和“超出”。他们不知道它们的确切含义，但肯定是妙不可言的东西，因为对手一听到它们，就吓得脸色发白、目瞪口呆。实际如何回答“你的理论已被超越”这一论敌的批评？你若不看好这些大空话，那是因为你所受教育有“缺陷”。可怜的伽利略的文化“令人失望”，而优秀的路德维科·德莱·科伦贝的科学（其他人可能称作愚昧）很完整。安东尼奥·罗科的科学享誉不小，伽利略[①]对他说：“你提出数学语言的复合概念，尽管我以研究数学语言为职业，并懂得欧几里得、阿波罗尼奥斯[②]、阿基米德[③]、托勒密[④]和其他许多著名作者所写的内容，但仍不能从您那些概念中发现任何意义。”[⑤] 看伽利略的知识有多大“缺陷”！形而上学的上帝也不愿勾股定理被超越，否则我们将同欧几里得几何学永别了！流行的褒义词有“生动的”“充满活力的”“精神的”，同“死亡的”“呆滞的”“机械的”等贬义词相对立。根据大胆的新词义，从中创造出动词“机械化”。反对你的人说你的历史是“死的”，而他的历史是“活的”；或说你把他的“生机勃勃”的内容搞得“机械僵化”。你能反驳他吗？如果你远未理解，还有待懂得著名的诗句：

像驶离港口的航船，
——迈着苏格兰人的步伐蹒跚，
——雇佣死者毫无二致，
——以便月末付他工钱。

阿里斯托芬在他的喜剧《蛙》中，为了嘲弄欧里庇得斯[⑥]，设想在后者的每个动作上几乎都能添加结论式的“他丢失了小木球”。于是，那些缺少具体含义的词语可适用于任何推理。

---

① 伽利略（1564 ~ 1642），意大利物理学家、天文学家，经典力学和实验物理学的先驱者。——译注

② 阿波罗尼奥斯（约公元前 262 ~ 前 190），古希腊数学家，其专著《圆锥曲线》为古代科学巨著之一。——译注

③ 阿基米德（公元前 287 ~ 前 212），古希腊学者，曾发现杠杆定律和阿基米德定律。——译注

④ 托勒密（约 90 ~ 168），古希腊天文学家、数学家、地理学家和地图学家。——译注

⑤ 伽利略对安东尼奥·罗科习作的批注。——译注

⑥ 欧里庇得斯（公元前 480 ~ 前 406），伟大的希腊悲剧作家。——译注

第八章 剩余物与派生物的特性

632. 某些剩余物和派生物给定后，就产生两个性质不同的问题：（1）这些剩余物与派生物如何活动。（2）这种活动同社会效用是什么关系。庸俗经验主义未能区分这两个问题，或区分不清，科学分析将它们区分开。

633. 要尽可能将构成派生物的两部分，即定理或伪定理（它在先）和证明或伪证明区分开，这对进一步研究十分有益。前者我们称之为表现，后者我们称作派生物本身。

在分析派生物本身时，人们会发现逻辑发展需要是基础，进而发现满足这一需要的第一种剩余物，最后发现作为说服手段被采用的所有其他各种剩余物。在分析表现时，人们发现剩余物是基础。这些剩余物却要披上逻辑外衣，补充上逻辑派生物和形形色色的推理。另外，在具体情况中，在一个主要剩余物周围，排列着其他次要剩余物。

634. 需要着重指出：由于偏爱简明，我们往往还把由剩余物所表现的情感简单地称作剩余物。当我们说“剩余物是决定社会平衡的因素之一”，我们想要说“由剩余物表现的情感是同社会平衡处于相互确定关系的因素之一”，但不需要将客观存在性（第 61 节）赋予剩余物或情感。实际上，我们只观察处于由称为情感的东西所表示的状态下的人们。因此可以说：“情感表示人们的状态，剩余物表现情感。”但这种说法仍不严密准确：“人们的状态”或“心理状态”及诸如此类的抽象隐藏什么东西？于是我们应该说：“人们的行为是同社会平衡处于相互确定关系的因素之一。在这些行为中，存在我们称之为剩余物的某些表现，它们又同其他行为紧密相连，以致在某些情况下，认识了剩余物，同样可以认识行为，因此我们说剩余物是同社会平衡处于相互确定关系的因素之一。”一旦确定这些词语的含义，为了不显得学究气，我们将按上述方式简化论述。

派生物也表现情感，既直接表现那些符合剩余物（派生物源于它们）

的情感，又间接表现用以派生的剩余物。但提及派生物，不提它们表现的剩余物，就会导致谬误，每当涉及命题意义可能发生疑问时，我们应避免这样做。

由于这一论题非常重要，做进一步说明十分有益。譬如，我们看到母鸡在各种不同情况下都保护自己的小鸡，我们将对以往事实的观察、未来的预见、一致性概念进行概括，说“母鸡保护自己的小鸡”，并说一种情感驱使它这样做，还说这种保护是某种心理状态的产物。同样，我们看到人们在不同场合为祖国牺牲，我们将对以往事实的观察、未来的预见、扩展到众多个体的一致性概念概括起来，说“人们或某些人为祖国而牺牲”，并说某种情感驱使他们这样做，还说牺牲是某种心理状态的产物。这类命题应用极广，它们具有自己的语法形式。意大利语用直陈式[①]表达，希腊语用不定过去时[②]表达。在人们那里，我们还注意到运用语言决定某些事实，因而在动物那里观察不到。譬如，当人们为祖国而牺牲时，他们说“dulce et decorum est pro patria mori”。[③] 我们断言这样表达某种情感，某种心理状态等，但这一断言很不严密，因为我们认为如此表达一种情感（更准确地说，一种情感整体）、一种心理状态等的格言形形色色、数不胜数。当我们将格言中的不变部分同可变部分区分开时，就会发现剩余物与派生物，并说剩余物表现这种情感、这种心理状态等。然而，这样我们就给事实添加了某些东西：实验观察只向我们显示人们为国捐躯及他们使用某些格言这些并存的事实。让我们用如下命题，从最接近实在的命题，直至离实在最远的命题来描述它：（1）人们同时观察到为国捐躯行为和赞成并颂扬这些行为的格言。这些格言具有相同的部分，我们称作剩余物。（2）人们为国捐躯，他们具有一种情感（由剩余物表现）以驱使他们这样做。由于含义不确切的情感一词，同实在有了距离；此外，还由于无条件陈述的一致性；最终，由于总设想情感是行为的驱动者，这可能引起异议。（3）不说“他们具有一种情感等”，而说“为什么他们具有一种情感等”。“为什么”一词远离实在，它指示一种因果关系，我们不能确切知道其是否存在。（4）人们确信为国捐躯责无旁贷，因此他们实施牺牲行为。这里派生物巨大，认为行为是信仰的结果，并用逻辑行为代替非逻辑行为。这

① 意大利语七个语式之一。——译注

② 希腊语七个时态之一。——译注

③ 拉丁文，意为“为国捐躯无上光荣”。——译注

最后一种表达方式很普遍，也极易导致谬误，即使认为它仅是第一种的一种表达方式。第二种方式可以采用，但要十分小心，需要永远提及第一种。我们已经并将继续广泛应用它，尤其在将行为与剩余物联系起来的形式下。第三种方式也可应用，它也应永远谨慎地提及第一种，千万不要从“为什么”一词得出逻辑结论。在社会学中，情感、剩余物等词语使用方便，正如力在力学中一样。但为了不导致偏见，必须永远牢记它们与之符合的实在。

635. 一般剩余物。

迄今我们凭借抽象把剩余物同它们从属的具体存在物区分开，不考虑它们表现的情感的强度和具有这些情感的人数，独立地考察它们。需要铭记这一点。

强度需加以区分：剩余物自身强度，还是它源于个体对活力或大或小偏爱的强度。具有组合本能但懒惰成性者，比此本能较弱但积极活跃者实际做出的组合要少。

636. 关于剩余物的分布，我们应当考察，静态：（1）在某一确定社会中剩余物的分布。（2）它们在此社会不同阶层中的分布。动态方面：（1）剩余物在时间上大致怎样变化，无论在同一社会阶层的各个个体中，还是对于各个社会阶层的混合来说。（2）这两种现象的每种如何发生。

637. 请观察（第 1015 节）：在所有社会事实中，几乎不变的现象不是由直线 mn 表示，而是由波浪曲线 svt 表示。强度增强的现象不是由直线 ab 表示，而是由波浪曲线 rpq 表示。直线表示现象的平均进程，即我们现在要研究的进程（第 643 节）。

638. 在某社会整体内的分布与变化。

无论决定某社会特性的原因是什么：种族、气候、地理位置、土壤肥力、可能经济生产率等，这里我们仅仅关注作为事实的历史社会，而不想探究它们的起源。在这些历史社会中，我们观察那些实质变化很小、形式变化很大的现象：譬如，各种宗教、政府的形式、巫术与伪科学迷信等。依我看，从古至今，实验科学所取得的巨大发展似乎扩大全部第一种剩余物的数量，并将第二种剩余物驱赶到后面。这种扩大确实存在，但其程度比感觉的要小。实验科学的组合占领经验主义、巫术、神学、形而上学的组合的大部分世袭领地。但外在于科学经验的简单组合远未在社会生活中消逝，它们甚至在政治和社会体制领域经久不衰、繁荣昌盛。因此，大部

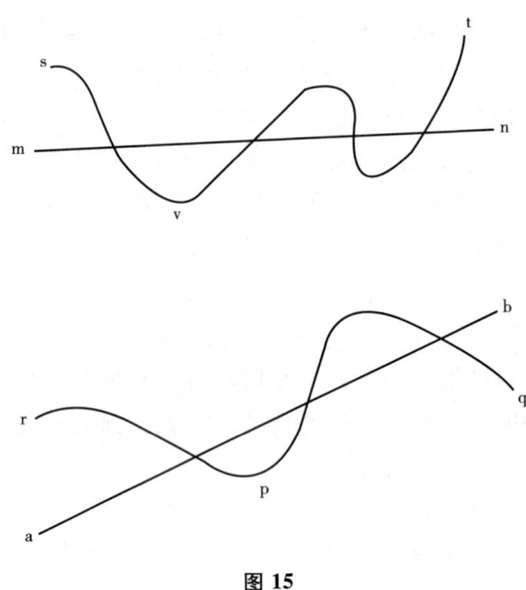

图 15

分与之相符的Ⅰ种 δ 型剩余物变化很小。第一种剩余物的总数与构成的两部分相比变化极小。

639. 在第二种剩余物中，Ⅱ种 β 型剩余物从古至今减少甚多，但这里由其他类型剩余物的扩大作为补偿。先是希腊—拉丁多神教的神祇，其后为基督教的圣徒与神性，接着是由新教扩大的“宗教虔诚”，最后是 19 世纪互相竞争的各种宗教：实证主义、人道主义、社会主义、自由、基督教“自由”、托尔斯泰主义、招魂术等。当第二种剩余物的不同类型发生巨大变化时，其整体变化很小或没有变化。

640. 在第三种剩余物中，如果在某些现代民族那里，基督教崇拜行为减弱，那它们大部分被众多新的社会圣徒崇拜，尤其被人民和国家崇拜所代替。“集会”与“游行”代替宗教列队游行，因兴趣各异，形形色色的狂热代替对先知的痴迷。

实际上，这里也是形式变化大，实质变化极小，尤其是就其整体而言。

641. 关于第四种剩余物，可以确信有巨大增长，同第五种剩余物的急剧减少并行不悖。但只是形式发生变化。过去表现为下层阶级对上层阶级的服从情感；今天表现为下层阶级对党派、工会的首领以及各个种族的“组织者”的服从情感，上层阶级对“人民”的服从。政客们、工会的封建制是对古代封建制的部分复制，尤其涉及特权。过去宗教需要一致性，今天经济的、社会的、人道主义的、性的诸理论需要一致性。

如果用封建绅士同当代富豪相比，个人完整性的情感大大减弱。但作为补偿，在某些平民阶级中，此种情感增强了，人们甚至不愿意它在罪犯那里受到触犯。因此第五种剩余物也增加了。

642. 第六种剩余物可能属于极少变化之列。用以掩饰的伪装在改变，起源于伪装的虚伪也在变化，但人们发现此种剩余物实质上并未明显减弱（第 522 节）。

643. 总之，对于某一确定社会，可以确定从第一类到最后一类变化递增的阶梯：（1）各种剩余物。（2）这些种的各类型剩余物。（3）派生物。用示意图表示能更好地理解剩余物的种与类型之间的关系。波浪曲线 MNP 代表一种剩余物在时间上的进程；波浪曲线 mnpq、rsvt 代表剩余物的某些类型。种的波浪比许多类型的波浪小得多。种的平均进程，譬如不断扩大的进程，由 AB 表示。至于各个类型，一部分不断扩大，一部分不断减小，用 ab、xy 表示。由 AB 表示的种的变化大大小于由 ab、xy 表示的某些类型的变化。这些类型之间在整体上存在某种补偿，于是类型的变化也变弱。对种来说，以致由 AB 表示的变化就如同曲线 MNP 的波浪幅度。

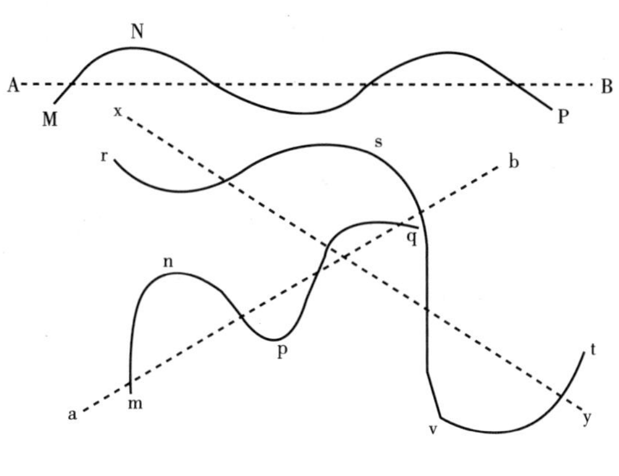

图 16

一般说来，社会现象的这种波浪式进程会招致困难，当人们想要了解从偶然的、暂时的、次要的变化产生的抽象如何进展时，这种困难可能非常之大。譬如，有人将方位 r 同方位 s 相比较，从中推演出现象在不断强化。相反线段 xy 显示，平均说来，现象在逐渐减弱。同样用方位 s 同方位

v 相比较，会发现现象在逐渐减弱，其速度远比线段 xy 显示的实际发生的平均、一般速度快。当现象可以度量并观察相当长一段时间时，弥补这一缺陷并非十分困难，用内插法可确定现象围绕其上下波动的线段 xy，并因此认识其平均、一般的进程。当不能拥有，或实际上不拥有度量现象的精确尺度，那就困难得多。我们不得不用多少随意的、情感的，甚至幻想的估计代替精确的数学测定。因此，对这些估计需要进行严格的批判，不要忽视任何可能的核实。

644. 如果在某段时间内，同一社会的各种剩余物很少或根本没变化，并不排除它们对不同社会差异极大。我们在第二章已研究过其中一种情况。

645. 为不使现在的研究提前，以前所用术语完全不同。在第 83 节我们曾指出："通过其他感觉 P、Q、R 等建立并维持感觉与事实之间的一定联系，是一种非常重要的心理状态。"现在我们说维持这种联系是一种集合体的持久性，正如我们在第六章里所看到的那样。在第 85 节，我们提到将感觉 P、Q、R 联系起来的力 X。现在我们说这是一种维系集合体、度量集合体持久性强度的力。推动革新的力 Y（第 85 节）符合第一种剩余物（组合的本能）。

对斯巴达、雅典、罗马、英国、法国不同社会间差异的研究，仅仅是对在这些社会中可观察到的符合第一种剩余物的情感强度和符合第二种剩余物的情感强度之间差异的研究。显然，我们运用剩余物理论得出的结论，早由对事实的研究向我们直接提供，而没有依赖任何一般理论。

646. 现在我们已经拥有这种一般理论，我们可以旧话重提并以更一般的形式表述这些结论。譬如，在第二章我们写道（第 85 节）："我们设想对两个国家的人民来说，力 Y 相同，而力 X 不同。在一国力 X 微弱，为了革新，那里的人民将联系 P、Q、R 等一扫而光，并用其他关系取而代之；在另一国力 X 强烈，那里的人民尽一切可能保留这些关系并改变 P、Q、R 的意义。"现在我们说："我们设想对两个国家的人民来说，第一种剩余物（组合的本能）力量相同，第二种剩余物（集合体的持久性）力量不同。为了革新，第二种剩余物力量较弱的那国人民将集合体 P、Q、R 从实体到名称一扫而光，用其他集合体和其他名称取而代之；相反，第二种剩余物力量较强的那国人民改变集合体 P、Q、R 的实体，但尽可能保留其名称，同时适当改变派生物并为异物同名辩解，甚至以诡辩方式辩解。"还需补充：发生这种情况，恰恰因为派生物一般比剩余物更易变化，正如运动通常朝着抵抗最小的方向运行。

647. 剩余物在同一社会不同阶层内的分布与变化。

在同一社会的不同阶层内，剩余物的分布不同，力量也不同。往往在下层阶级中显示出迷信和新恐惧症。显然，恰恰为此，在罗马社会中，正是他们长久信奉称作异教的宗教。第二种、第三种剩余物在他们那里分布广泛、力量强大，而第五种剩余物力量不强。

将社会分为上层与下层两个阶层，很接近将社会视为同质的观念。当我们把社会划分为更多阶层，就更接近上述观念（第 791 节及其后）。

648. 剩余物与生活条件的关系。

根据人们的不同职业可对剩余物进行有益的划分。这些职业早在古代就为人们所认识，各个时代都对农民、商人、军人、法官等进行过观察。总的来说，人们承认情感随着职业的类型变化。所谓的经济唯物主义理论也支持这一观点，只是不取决于经济状况，主要是相互依存，应该给因果唯一关系补充上交织在一起的其他许多关系。

我们可以将围绕土地条件、气候，甚至营养（巴克尔认为）对决定人们性格的作用所做的观察同上述观察联系起来。

我们不想断言，在某个特定阶级内生活在每个个体那里产生特定剩余物，或存在于特定个体的某些剩余物驱使他们形成一个特定的阶级，或这两种结果同时产生。在下一章我们将考察这些内容。现在我们仅限于描述剩余物在不同社会阶级中分布显现的一致性。

649. 尽管事实不特别精确，我们仍可以以某种可能性对不同社会阶层适用第 643 节所提到的阶梯，即：（1）各种剩余物。（2）这些种的各类型剩余物。（3）派生物。但社会阶层远比整个社会多变，因为对于社会来说，不同阶层之间存在补偿。另外，由少数个体构成的某些社会等级有时发生巨变和突变，而由多数个体构成的社会等级变化缓慢微小。上层阶级比下层阶级更易改变服装式样、情感和表达情感的方式，这些变化从未超越自己的界限，因为它们在有机会抵达下层阶级之前就消逝了。

650. 很不幸，历史使我们认识上层阶层少数人，而不是多数人的精神状态、情感、风俗，将少数人的状况扩展到所有人是错误的。还需注意，向上层阶级的循环必然较快地引起各阶级间个体的变化，不应将个体的这种变化同他们情感的变化混为一谈。譬如，在一个封闭的阶级 X 中，情感及其表达方式可以改变；但如果 X 是开放的阶级，上述变化还要伴随其阶级构成的变化。这种变化取决于循环速度的快慢。

651. 剩余物与派生物的相互作用。

剩余物可以作用于：a）其他剩余物；b）派生物。派生物可以作用于：c）剩余物；d）其他派生物。现在我们考察内在的效果，而不探究它们同个体及社会的效用有什么关系。

至于剩余物对派生物的作用（b），我们已说过前者对后者的作用巨大，而后者对前者的反作用微弱。派生物的波动同剩余物的波动一致，我们将在后文（第1015节）讨论这种特殊情况。

652. （a）剩余物对剩余物的作用。

剩余物a、b、c符合相同情感整体P，相互协调，不特别不和谐，不处于明显矛盾之中。相反，它们同符合另一情感整体Q的剩余物m、n、r不和谐，并且相矛盾。用以表现它们的派生物，可以不特别不和谐，或完全不和谐。其他不和谐派生物可以起源于不同剩余物对不同人士所起作用的效用。同一人为了剥夺某些人的私人财产，可呼吁“反对个人的社会权利”。为保护罪犯，他又呼吁反对“社会”的“个人权利”。

653. 不和谐剩余物及其派生物。

我们分组考察剩余物，每组都符合某些情感整体。我们将发现，当各组剩余物不和谐时，对所有人来说，它们的相互作用一般很小或根本没有，只表现在有教养者那里，他们企图用诡辩方式协调源于它们的派生物，而无教养者对此毫不介意。

654. 一般说来，个人并不想方设法使不和谐的派生物相一致，而满足于同符合自己情感的剩余物相一致。只有少数人感到需要逻辑，他们绞尽脑汁要让派生物相互和谐。因此，当人们探寻某位作者、某位国务活动家的“思想”时，就会发现这种唯一“思想”并不存在，存在相互矛盾的观念。

655. 符合同一情感整体的剩余物的作用。

这种作用以有待区分的三种方式产生。P是符合剩余物a、b、c、d表现的情感整体的心理状态。这些情感可以具有不同强度，或表述得简约些，剩余物的强度不同（第634节）。

（1）如果共同来源P的强度增强或减弱，剩余物a、b、c的强度也增强或减弱。一组剩余物a的增强或减弱会作用于P，使它的强度增强或减弱。同样a的增强或减弱会使b、c各组增强或减弱。对于成员众多的集体来说，这种效果往往相当缓慢、很不显著，因为正如我们所见，一种剩余

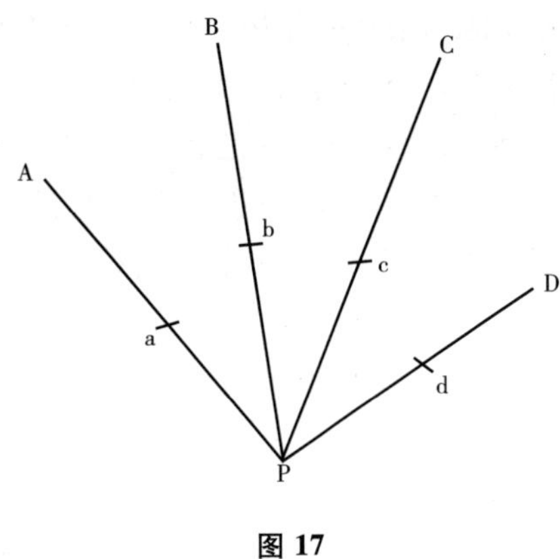

图 17

物整体上变化缓慢或微小。对于每个个体，这种效果迅猛。譬如，人们观察到，在印第安领地，印第安人皈依基督教后，抛弃古代宗教道德，并未确立新宗教道德。在他们那里，某些剩余物 a 遭到破坏，接着 b、c、d 整类也被削弱。

（2）借助同种其他组剩余物，一组剩余物可增加，因此 P 未变化，剩余物 a、b、c 也可重新分布。组合本能即这样的例证，这种本能趋向任何性质的组合。

（1）和（2）的效果结合起来，可以获得各种可能性。譬如，a 增加，这使 P 增加，进而 b、c 也增加。但借助 b、c 可使 a 增加，因此最终 b 可增加，因为通过 P 的增加所获得的东西大于通过 a 增加所丧失的东西，而另一组 c 可减少，因为在失与得之间没有补偿。

（3）a 可对 b、c 发生直接作用，用不着通过 P。并非总容易发现这种作用，往往把它解释为第一种方式的作用。但一些事实清楚地证明，剩余物 a、b、c 存在相互依存关系，譬如，最典型的情况为虔诚天主教徒当强盗，其他教徒也有类似情况。我们仅局限于某些可能性，当存在直接作用，可以说它主要表现在同类型剩余物之间。譬如，相信许多童话的人很容易再相信一个童话。这仿佛是直接作用，虽然相信很多童话能表现为一种心理状态，它很容易将一新童话视为真实。

656.（c）派生物对剩余物的作用。

派生物也是情感的表现，因此它们对剩余物的作用类似第三种剩余物[①]

① 逻辑发展需要剩余物。——译注

和Ⅰ种ε型剩余物[①]对其他剩余物的作用。仅仅由于这种作用，派生物对决定社会平衡才具有显著功效。相反它们很少或没有满足人们对逻辑的需要。

657. 一般说来，一种派生物受到欢迎，首先因为它清楚地表达人们已经搞得混乱不堪的概念；其次，它还强化了那些情感，从而它们找到表现自己的途径。同第一种现象相比，这种现象是次要的。

658. 从逻辑实验角度看，为推翻论断A，证明其虚假性是唯一手段。对于逻辑行为来说，凭借逻辑和观察可做到这点。但从情感方面看，对于非逻辑行为来说，推理和实验观察毫无作为，当一种情感反对另一种情感时，一种荒谬的派生物可以推翻另一种荒谬的派生物。

659. 沉默也可使论断A失去力量，只要能使个体处于蒙昧状态。因为思想关注的情感比其他被忽视的情感扩展迅猛。因此，在逻辑—实验方面成功地批驳一种派生物，如果它同强烈情感一致，这能使它受益而不是受损。同样，不厌其烦地重复一种不具丝毫逻辑—实验价值的派生物，往往比严密的逻辑—实验证明更有价值。这种基于理性的活动，至多能改变对情感效果微小的派生物。而主要基于情感的活动能改变剩余物。

660. 正如批驳与迫害，沉默还具有另一间接效果。如果它扩展到一类不可胜数的重要事实和强烈情感，因这些情感，它不能使符合第三种和Ⅰ种ε型剩余物的情感满意，相反自身节制却能使满足它们的需要增强。由于我们已发现（第657节）派生物存在的两方面效果，会发生这种情况。被强制沉默的各个个体积聚了情感，一遇机会就会宣泄，产生某些派生物恰恰为这样的机会。这些派生物大受欢迎，并且一旦被接受，又赋予情感新的力量与生机。

661. 这样我们有了直接效果和间接效果（第687节），确定它们的合量是个量的问题。从一个极端，直接效果大大超过间接效果；接着，后者逐渐增强，前者逐渐减弱；终于抵达另一极端，间接效果远远超过直接效果。在第一个极端里存在种种措施，它们触及少量事实，没有激起强烈情感；在另一极端恰好相反，稍后，我们将关注能达到某一目的的措施，即将研究潜在运动（第678节及其后）及对不同社会阶层的效果（第791节及其后）。

662. 当代报纸产生的效果提供了派生物作用的极好例证。普通观察即

① 用外在行为表现情感需要剩余物。——译注

可发现它们具有很大的权力。但这种权力并不源于将它们的推理强加于人的力量，也不源于这些往往很幼稚的推理的逻辑—实验价值；而主要源于它们通过派生物对剩余物产生作用的巧妙手段。一般剩余物应先于报纸存在，这就限定了报纸的权限，为实现自己的目的，它只能利用剩余物，而不能同它们相抵触。作为长时间出现的特例，某些新剩余物可以被创造，某些似乎销声匿迹的人物可以重新出现。

663. 我们往往设想派生物变成剩余物，但发生了相反现象，即剩余物用派生物来表现（第 657 节、第 660 节）。如下事实促成这一错误：人们通过文学认识了许多社会现象，就认为某些概念起源于文学。有时可能是这样，但通常不是这样，即人们拥有的情感使文学得以产生、发展和繁荣。如果我们受权威剩余物（Ⅳ种 ε2 型）驱使，倾向于确信著名文学家作品的内容，就不去思考：在多数情况下，那些作者不是公众情感的创造者，而这些情感才是他们声誉的创造者。

应将它理解为（第 657 节）现象的主要部分，因为作者的行为也获得某些效果，但同第一种效果相比似乎不甚重要。

664. 造成认为派生物在决定社会平衡方面起重要作用这一错误的另一原因，在于将客观存在性赋予某些概念、原则、教条，然后设想它们不依赖剩余物，而靠自己的力量活动。为了产生这种幻觉，集合体持久性剩余物（第二种）起强烈作用。正如过去人们用神祇的干预解释历史，今天人们用原则与理论解释历史。

665. （d）派生物对派生物的作用。

在讨论派生物时，我们已经提及这种作用，并注意到当一种类型派生物流行时，此类型派生物数量剧增。这里社会性剩余物在起作用。另外，在特殊情况下，由于情感的强烈，某人未曾发现一种推理的弊病，那在尚未摆脱情感力量的其他情况下，他仍轻而易举地忽略这一弊病。这便于同在所说特殊情况下应用的派生物相类似的派生物的生产。接着还要补充，由于模仿比创造容易，许多人习惯于重复他人使用过的句子、公式、推理。

666. 我们已经看到（第 653 ~ 654 节）有教养者习惯于应用缜密而冗长的推理，企图消除派生物之间可能存在的对立。当一种派生物被接受，就有人从中得出逻辑结论，这些结论离派生物的剩余物越来越远，因而离实在也越来越远。譬如，如果 A 指示某些情感或剩余物，S 指示符合它们的派生物，当这种一致性未变化时，S 是某个实在事实的表达方式，并且仅在形式上背离这种事实。但从 S 得出的逻辑推演 C 还可在实质上远离 A（第 835 节）。这一事实以不同形式显现（1）精确性的缺陷。S 不具丝毫精确性，它以不确定的方式同某些情感一致，因此它不能做任何严密逻辑推理的前提（第 333 节）。（2）一致性的缺陷。S 与 A 之间的一致性，当存在时，从不是完美无缺的，因此从 S 得出的推演对 A 毫无价值。（3）情感的复杂性。A 是一组从未清晰限定的情感，因此不仅在 A 与 S 的核心，即限定部分之间的一致性不完美，而且 A 与 S 的未限定部分根本没有一致性。（4）情感组合的相互依存。组 A 并不独立于其他组 M、P、Q 而存在。它们以某种和谐存在于个体之中，这种和谐又被逻辑结论破坏。譬如，在许多信奉基督教的先生们那里，情感 A——宽恕凌辱很活跃，情感 M——捍卫名誉并渴望报复也很活跃。当从 A 或 M 得出逻辑结论时，这种和谐就被粉碎。（5）理论与社会事实之间的一致。如果对每个个体来说，A 与 S 之间的一致完美无缺，那对类似集体也会如此，并且可从 S 逻辑地推演出集体的行为。显然，未能发生这种情况，上述推理使我们或多或少远离实在。过错不在推理上，而在使我们远离实在的前提上。根据从中获得的推演同实在的一致性，判断此剩余物的社会重要性，也是一个错误，其实其重要性首先在于它同其表达的情感的一致性。

同第五种形式相连的问题属于一个普遍问题的一部分，现在我们想讨论这一问题。

667. 剩余物与派生物同其他社会事实的关系。

如果剩余物是事实的表述，正如实验科学的原则，如果派生物具有严密的逻辑性，结论同经验的一致就应肯定而完美。如果剩余物和派生物是偶然选择的，这种一致极为罕见。情况并非如此，因为在社会生活中仅使用它们，全部社会将被破坏、被消灭。因此，剩余物和派生物应在两个极端之间居中间位置。请注意远离实在的剩余物可由远离逻辑的派生物加以纠正。这之所以发生，因为人们受本能的驱动，实施非逻辑行为，并恰恰接近这些实验事实（第 674 节）。

668. 这里出现如何确定生物和社会的形式问题。它们当然不是偶然产生的，而取决于生物和社会存在的条件。但我们未能精确知道这种决定关系是怎样的。显然，这些形式和这些剩余物不可能同它们得以产生的条件公开抵触，达尔文学说证实了这一点（第 335 节，第 885 节）。单鳃动物不可能生活在干燥的空气中，具有离群本能的人们不可能生活在社会中。

另外，在形式与生活条件之间存在某种适应，达尔文学说希望这种适应完美无缺，恰在这里犯了错误。动物和植物的形式部分地适应，有时奇妙地适应它们生活的类型。同样，各个民族都大致具有适应他们生活方式的本能。但这仅是两事物之间的联系，丝毫没有肯定此是彼的结果。狮子靠猎物生存并长有利爪以捕获猎物；但我们不能说它靠猎物生存，因为它长有利爪；或说它长有利爪，因为它靠猎物生存。同样，好战的民族具有好战的本能；但我们不能说它好战，因为它具有好战本能；或说它具有好战本能，因为它好战。

669. 现在，大致解决了我们的问题。社会推理显示离实在并不太远，因为剩余物离实在很近，无论是派生物起源的剩余物，还是用以派生的剩余物。如果前种剩余物接近实在，派生物又颇具逻辑性，那么得出的结论也不会离实在太远；如果前种剩余物并非如此，后种剩余物会建议使用诡辩派生物并纠正它们以接近实在。

670. 关于剩余物与其他社会事实之间的一致性，我们可以重复就派生物同一问题所发的议论（第 666 节）：（1）某些剩余物和决定社会体制的事实之间极少一致性，它们同从这些事实中得出的逻辑—实验原则不能一致。（2）即使剩余物同决定社会体制的事实勉强一致，近似符合从这些事实中得出的逻辑—实验原则，它们完全缺少这些原则所要求的精确性，不具有完美无缺的一致性。

至于派生物，我们观察到它们一般沿着自己指示的方向能抵达实在，但很少至此驻足。之所以发生这种情况：（1）因为情感倾向于抵达极端，派生物趋向变为理想、神话。（2）因为，为使一种派生物被人们所接受并铭记在心，常用少量词语（没有限制）陈述更接近实在的例外。（3）因为，为了驱使人们行动，派生物需要简明的原则，它们往往超越实在。我们考察“不可杀人”“爱邻如爱已”等准则，会发现许多突出的特性。为从派生物回复到实在，几乎总要做些去伪存真的工作。

如果人们按派生物活动接近实在，则需要以某种方式纠正实在与派生物之间的分歧。通过社会中存在的许多派生物的对立与协调（第 839 节）可以达到这一目的。最简单但不常用的方式是协调 A 与 B 两个派生物，一方面它们超越实在，另一方面它们结合起来比独自更接近实在。A 可以是派生物“爱邻如爱已”，B 是派生物“报复义不容辞”。更为复杂更为常见的方式 A、B、C 多种派生物的组合，它们并不直接对立，可以产生一个接近实在的结果。譬如，在所有文明民族那里，都可观察到关于人权的、爱国利己主义的、正义的独立性、国家理性的派生物。

671. 剩余物与逻辑—实验原则之间的分歧对结论如何起作用。

我们设想以某种剩余物（a）作为前提，用逻辑—实验方法进行推理，于是得出结论（c）。如果以同样方式、根据严密的实验原则（A）进行推理，我们得出结论（C）。为了了解结论（c）同结论（C）处于什么关系，需要知道剩余物（a）同原则（A）处于什么关系。我们设想（a）或表现（a）的命题，仅在一定限度内同（A）相吻合，如果限度众所周知，从（a）得出的结论在一定限度内是真实的。如果限度鲜为人知，只有推理不太远离那些命题得以为真的状态，结论才同事实一致。这种情况极为罕见，但总比没有强。

哪里还缺乏科学，哪里就有经验主义援救；现在和将来很长一段时间内，经验主义在社会学科中居重要地位，并且经常纠正前提的缺陷（第667节）。让剩余物与派生物牵着鼻子走的实际活动家往往获得距离经验不远的结果。

672. 那些不是作为实验原则的经验的简单纲要的命题习惯用“虚假”这一名称分类。如果这样表示一个不符合事实的命题，无疑以它做前提，其逻辑结论也将是虚假的，同事实不符的。但用相同词语还可表示对一个实在事实的虚假解释；在此种情况下，在一定限度内，可以得出真实的结论，即符合事实的结论。譬如，从“自然界厌恶虚空”的虚假解释可以得出由经验确证的结论。

673. 如果粗枝大叶地推理，我们可以说从某个社会存在的那些派生物可以得出将被经验确证的结论，只要：（1）对这些派生物要进行去粗取精，通常它们超越力求达到的目的（第670节）。（2）推理离这一社会的状况不太远。（3）不要把符合这些派生物的剩余物作为前提的推理驱至逻辑极限，或换句话说，根据派生物的推理仅是表面如此，实际上主要受剩余物的情感而不受简单逻辑左右。

674. 在逻辑—实验科学中，如果表现符合事实，那么作为它们结论的原则也将如此。相反，在运用派生物的推理中，作为表现的逻辑结论的原则可能完全不符合事实。

因此我们可以断言：在类似情况下，严密的逻辑推理可导致不符合事实的结论，它甚至比逻辑上有严重弊病、赤裸裸诡辩的推理还要糟。

675. 任何时代的任何人都将理论同实践对立起来，包括在某些学科内的纯技术人员在其他学科内承认实践的效用、必要性。类似命题是表现如下事实的派生物：（1）若理论从严密科学命题出发，它就把同其他现象具体地关联的现象抽象地分开。（2）若理论在一定限度内从真正经验主义命题出发，在推理时我们就要超越这些限度，对此却没有丝毫觉察。（3）若理论从派生物出发，由于这些派生物通常缺少精确性，它们不能作为严密推理的前提。（4）同样，我们很少或根本不知道那些限度，超越它们，派生物就不再真实，即使尚未完全虚假。现在，我们指出的所有困难及其他类似困难，往往让受剩余物指导的实践家得出符合事实的结论，远胜过凭借逻辑进行推理的纯理论家。

676. 这里知与行之间的对立现象显得特别突出。要认识，仅有逻辑—实验科学有价值；要行动，听凭情感的引导更为重要。另一情况也值得注意，即为了消除这种对立，将一个集体划分为两部分很有效。一部分支配和指导另一部分，在前一部分认识居主导地位，在后一部分情感占优势，以便在结论中行为更直接和强烈。这样的结论对社会学来说至关重要。

实践家往往倾向于为自己的行为提供理论，这种理论通常具有很少价值或毫无价值。他们会行动，不会解释为什么行动。这些人的理论几乎总是同逻辑—实验理论毫无关系的派生物。

实践与理论的对立有时具有绝对否定理论的形式。有时人们断言需要位于“正确的中间”，或戒律（派生物）应根据“精神”而不是文字进行解释。另外这往往意味着应按观察者喜欢的含义解释。

677. 未确定派生物及它们如何适应某些目的。

派生物一般超越实在的界限。如果它们涉及神话，人们对此并不关注。但如果它们是伪实验派生物，人们就想方设法使它们按不同方式同实在一致。在这些方式中，应用最广也最有效的当属表达派生物词语的不确定性。当诡辩式地解释派生物时，就轻而易举地使它符合实在。对圣方济各现象、[①] 托尔斯泰主义、[②] 和平主义、人道主义、道德主义的研究，提供

① 圣方济各（1181～1226），天主教方济各会和方济各女修会的创始人，出生于意大利的阿西西，父亲为呢绒商人，后放弃财产和家庭，到阿西西城外的山林过清贫生活，进行隐修。从1207年开始决心终身传教，忏悔修行和持守神贫。——译注

② 托尔斯泰（1828～1910），俄国伟大作家、思想家。他主张促使人类达到没有阶级和国家状态的进步运动，有赖于每一个人通过奉行至高无上的爱之法律，摒弃任何形式的暴力，从而使自己在道德上日趋完善。——译注

了人们运用哪些方式竭力避开某些原则的逻辑结论的典型例证。

678. 为达到某一目的的措施。

以上考察涉及实际运动。现在我们研究关于潜在运动的问题，探寻若剩余物和派生物都变化将发生哪些现象。现在我们分别考察几组剩余物与派生物，这样我们只认识现象的部分。而在下一章将用影响社会的所有因素深入考察它，并达到完全理解它的目的。我们从业已完成的关于剩余物与派生物相互作用的研究（第 651 节至第 666 节）出发，设法了解这种作用为何必然达到的某一目的。

679. 我们考察情感整体 P；剩余物，或说得更确切些，剩余物组合（a）、（b）、（c）起源于该整体。从剩余物组合（a），借助证明或自己的派生物（第 633 节）m、n、p，可以得到表现（第 633 节）或学说 r、s、t，其他组合（b）、（c）也同样如此。实际上，我们应考察大量情感整体，它们的效果有时显著，有时同某些剩余物组合相结合，但这种综合研究能通过这里指出的因素完成。

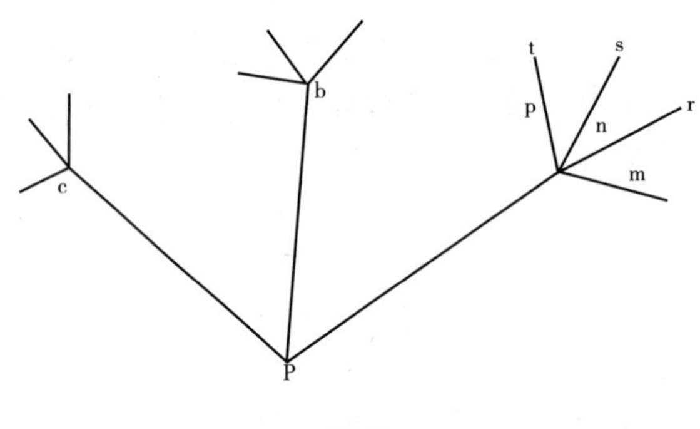

图 18

680. 我们可以区分如下潜在运动的情况：（1）（a）被消灭，这最容易不过。于是，消灭（a）导致对表现 r、s、t 的消灭。但如果（a）有类似同伴，类似表现则得以存留。另外，组合（a）的削弱与消逝可以通过同种其他剩余物的产生与强化得以补偿，正如我们曾强调（第 655 节）认识一种剩余物完全变化，其各个类型的变化不大。

681. （2）如果破坏或改变派生物本身 m、n、p 中的一个或数个，现象的实质并未改变。这样的派生物极易产生，除掉一个，立即出现另一个。首先，我们曾大致强调，派生物，无论是派生物本身，还是表现，同剩余物相比，其作用是次要的，有时很短暂。但它们的作用并不等于零，应探求其近似值。如果我们能长时间地讨论此题目，我们会这样做的。

682. （3）如果表现 r、s 中的一个或数个被改变或破坏，我们应考察现象的两方面。根据我们关于剩余物和表现的相互作用的议论，剩余物（a）对表现 r、s 的作用是主要作用，整整一种（第三种）剩余物都促使此行为的完成，对 r 的镇压只产生使 r 消逝的效果。相反，如果权威迫使完成 r，这一行为仅会使 r 出现。

683. 这显然是现象的主要方面。事实上具有宗教信仰的人感受到需要完成崇拜行为。但相反强迫没有宗教情感的人完成崇拜行为，并不能使这些情感在他心中萌生。

684. 现象的另一方面，尽管是次要的，是 r 对（a）的反作用：某些情感的自发表现用以强化这些情感（第 657 节）。我们之所以补充上“自发的”，因为当它们并非如此时，虽然也有类似作用，但极其微弱。尤其在某些情况下，这种反作用很显著，它产生于对个体遭受暴力的反抗。因此，如果某些表现 r 被自发地消除，符合（a）的情感也会随之削弱。在某些情况下使用笑柄也能获得相同结果，笑柄往往是削弱集合体持久性剩余物的有效武器。相反当表现被强力消灭，这些表现与之符合的情感如果强烈，它们一般会在随后的反抗中获得新的活力。如果它们微弱，可能处于长期的削弱过程（第 661 节）。一般说来，为阻止嘲笑某些表现而使用强力，总比为强迫接受它们而使用强力更有价值；间接保护某些第二种剩余物，不让他们受到损害，比直接保护它们（第 695 节）更有益。

685. 强烈情感得以强化的动因在于事实上表现 r 并未消除，而仅去除那公开的表现，而妨碍表现倾诉的障碍反而强化它。如果这种消除是实在的，它还波及个人深层的思维，那么（a）或多或少总要削弱。

686. 这样，我们解释了记起的一些个别事实（第 658 节至第 661 节）。如果在逻辑—实验科学中，人们有效地驳倒论断 A，就证明其虚假性（第 658 节），之所以发生此种情况，因为缺少由论断构成的表现，强烈情感（a）同它并不一致。如果一位科学家由于自爱或其他性质的情感，而不是由于实验价值接受 A，那上述现象就不会发生。因为在具有非逻辑行为和情感成分的学科中，批驳 r 并未剥夺其力量，也未削弱由 r 表现的情感，反而使这些情感强化（第 659 节）。

687. 我们已说过，批驳与迫害（第 660 节）的间接作用恰恰为反对表现。这种表现包括两部分（第 657 节），即情感的表现或符合（a）的现存概念的表现和派生物的自身作用（第 660 节）。

688. 全民族或整个社会阶级可以内在地具有所谓强烈情感：或者因由众多事实激起，或者恰恰因众多个体所具有。所谓微弱情感则恰恰相反。因此在第 661 节不仅注意到情感的内在力量，还要考虑到事实和个体的较大数量，由于它们某些措施才有效。

689. 当外在消灭 r 强化（a）时，结果也强化了 s、t。即在某些情况下，破坏或削弱 r，使 s、t 增强。这类似于剩余物各个组合之间的补偿的效果，甚至人们观察到这两种效果交织在一起。

690. 从前面观察得出的关于潜在运动的结论非常重要。

α）如果想要消灭一组剩余物（a），如果可能的话，需要消灭存在这些剩余物的全部个体。在西班牙宗教裁判所正是这样做的，罗马帝国迫害基督教未成功。

691. 消灭剩余物（a）可以是自发的，但那就不是潜在的运动，而是实际的运动。给某个民族留下深刻印象的事件，强烈地改变当代人的情感；但后继的世代仅通过传统认识发生的事件，接受较为轻微的印象，这样可以说存在（a）的各个个体消逝了。

692. 当具有这样情感的个体出现而不是消逝时，也会发生类似现象。在罗马时代可以观察到这种现象，受奴役的各个民族曾具有自己的情感和自己的派生物。

693. 许多人确信，改变教育就足以消灭（a）。如果实施终身教育的话可能如此，否则效果甚微或毫无效果。我们并不是说教育事业等于零，而只是说它乃是其结果靠人的作用而产生的多种多样行为的一部分。

694. β）为作用于（a），一般要作用于表现 r、s，与其说由于某种逻辑推理，不如说由那些表现激起的情感的非逻辑作用所致。通常采用的派生物如下：“用 r 表现危害社会的情感，因此我将消灭 r。”不用补充：“由于 r 被消灭，我将破坏如此表现的情感。”因为这是推理不具说服力的部分。

695. 一系列伟大事件证明，想通过作用于表现对剩余物施加影响效果甚微。我们只想想俾斯麦[①]对社会主义者和德国天主教徒（kulturkampf）[②]

① 俾斯麦（1815～1898），普鲁士的“铁血宰相”。——译注

② 德文，意为“文化斗争”，指 1871～1887 年间俾斯麦与天主教会的斗争。——译注

所作的无谓斗争，想想“功德无量的多明我会修士”那些徒劳无益的壮举，他们在消灭表现时，都企图粉碎剩余物。

696. 受刑法惩罚的众多行为就是强调指出的这种表现。盗窃与杀人已不是理论的表现，但也不是与情感无关、不表达情感的表现。恰因如此，它们才显现出以上描述的某些性质。

（1）由于具有非逻辑行为方面，它们逃避推理。因此，刑罚的威胁在阻止人们不犯严重罪行或所谓为情欲驱使而犯下的罪行方面效果甚微。因为除去某些例外，这些罪行起源于驱使实施非逻辑行为的强烈情感。在较轻的犯罪行为中，情感可能少些，因此逻辑行为部分变得大些：用刑罚威胁在制止违法方面远比制止杀人有效。

（2）犯罪的主要原因，总要除去某些例外，就在于存在某些情感（a）。天生犯罪理论补充说这些情感是个体生来就有的。该理论似乎部分真实；但在所有情况下很难接受它，由于时间、地点和个体所处其他环境复杂，个体至少要改变某些与生俱来的情感。先天犯罪理论反对“责任”理论，后者将一切都简化为逻辑行为，前者似乎成了反对谬误的真理。

（3）在社会科学的最少疑义的事实中，有这样一个事实：迄今用刑罚使罪犯，尤其使轻罪罪犯悔过自新所起作用极小，正如通常发生的那样，当然也未使他们变得更坏。这符合用强力消灭一组情感的表现，往往很少或没有减弱其强度，有时甚至增强其强度的一般规律。许多企图弥补刑法这一缺陷的尝试均未取得较大成功。但取得的一点成功，更确切地说，很少一点成功，恰恰是通过对情感（a）的作用所致。

697. （4）业已证明减少犯罪行为的唯一有效手段就是消灭罪犯，即类似于在 α 点（第 690 节）指出的那种手段。

（5）另外，一个民族情感的总体状态肯定会影响犯罪行为；存在盗贼民族、骗子民族、杀人犯民族等。这意味着情感组合（a）、（b）依民族、地域、时代的不同而不同，往往不同类型之间有补偿。

698. （6）因此所有那些推理全错了，它们由刑罚的无效性，从逻辑行为角度，推演出其一般无效性。譬如，这样说就错了：“死刑无效，因为它没有直接地、逻辑地制止某人杀人。”它的有效性是另一回事。首先，肯定要消灭杀人犯，至少使社会免受有杀人倾向者的危害。其次，通过间接作用，强化对罪行的恐惧感。这点难以否定，请想想所谓荣誉准则的有效性，它们没有直接的刑罚，却产生这样一种事物的条件，凭借与其一致的情感，大部分人避免触犯它。于是西西里人很少违犯严守秘密的法律，因为他们生来具有符合此法律的情感，对违犯者的惩处维持并强化这样的情感。

（7）总之，神学、形而上学道德和诸如此类东西，由于是简单派生物或派生物的表现，对犯罪行为具有很小功效或毫无功效。由于它们表达情感，显得具有某种功效，它大部分归于情感。因此，除去现在提及的间接作用，从关于它们的作用中所获甚少或一无所获。它们所能提供的很少一点作用，是由于派生物对其起源的情感的反作用及随后情感对犯罪罪行的作用才得以产生的。这里，我们拥有在剩余物与派生物作用中发现的一般规律的一种特殊情况。

699. γ）当我们研究（a）的变化产生的功效时，还会拥有一种特殊情况：同同一情感整体一致的剩余物的作用（第 655 节）。各国政府以各种不同方式作用于（a），没有发现还作用于同种的其他剩余物。有时它们知道这一点，并恰因国家的原因保卫一种确定的宗教。为了替这一行为辩护，它们除用逻辑行为代替非逻辑行为外，还运用一种推理，证明在保护一类剩余物时，如何对由某些情感整体决定的所有其他类剩余物也有益。普通派生物的典型是："宗教信徒具有我期待的正直公民的情感，因此我应该促使所有人都信仰宗教 X，该宗教由我确立并受我保护。"我们不用理会此类保护的有效性问题，通常它施于宗教的表现上，因为刚才我们已讨论过。现在我们假设它存在，让我们继续前进。

符合现在强调的派生物的逻辑—实验推理是："宗教信徒具有我期待的正直公民的情感；但只有具有某一确定宗教的情感，才可成为宗教信徒；因此我将竭力使公民们都具有这一宗教情感。"这一三段论的中项完全被经验否定。

700. δ）最终可以企图去掉某表现 r，而保留其他表现 s、t；或者企图设立 r，而无须 s、t 存在。几乎总难以做到这点，往往不可能做到。为使人们实际上实施持续行为 r，需要符合剩余物（a）的情感，而 r 正是剩余物（a）的结果。如果存在这样的剩余物，t、s 同 r 一起显现。如果不存在这样的剩余物，r 就不存在，s、t 也不会出现。

701. 我们假设想要取消对各种宗教异端的刑罚 r，而保留对盗窃和杀人的严厉刑罚 s、t，这并非不可能，正如古罗马的例证所显示的那样，但相当困难，因为在欧洲所谓文明民族那里，许多世纪内都未发生此类现象。人们实际观察到，在这些文明民族中间，哪里 r 完全或几乎消逝，哪里 s、t 也被大大削弱。之所以产生这种结果，因为决定刑罚的剩余物（a）组合已经变化，它增强对社会行为准则违犯者同情的情感。另外，对抗某些宗教的利益得以发展，这解释了对宗教异端的刑罚比对其他罪行的刑罚大大减少。譬如，在法兰西第二帝国崩溃后，共和党人的利益同天主教徒的利益冲突，于是触犯天主教罪行的刑罚取消了，接着又扩展到新教。帝国口头上充当性宗教的卫道士，于是共和国在这一领域也扩大了自由。其后，帝国的行径被人遗忘，随之发生小小的反动。

702. 人们还能在空间中观察到强调在时间上发生的类似结果。在法国触犯基督教的罪行完全免除刑罚；而在英国仍有惩处违犯基督教教义者的余波，英国对性异端的追查与刑罚比法国厉害得多。人们还可观察到类似差别：法国比英国对待普通罪行要宽容得多。这些事实是人们推理方式的产物，他们已经不再运用逻辑—实验科学方法，而主要运用情感进行推理（第 333 节）。

703. 确立法规的障碍。

首先需要发现法规，不仅为解决现在提出的特殊问题（第 678 节），而且为解决另一涉及措施间接效果的普遍问题，即社会力量的构成（第 839 节）。为了完成这一任务，还要假设立法者按逻辑—实验科学方式推理，现在还缺少证据；可能有一天，不断进步的社会学能提供证据。

704. 为使该法规实施，只要能对利益与情感产生影响，并能应用同冷静的逻辑—实验推理截然不同的派生物。但需注意，为达到某一确定目的而改变利益与情感时，还能收到人们始料不及的其他效果；因此需要整体考察一切，最终发现什么是总体社会效用。

705. 为了获得驱使人们活动的效果，超越实在的派生物、社会学说，更确切地说，由它们表现的情感具有神话形式。[①] 当然，正如我们早已说过，这些学说或它们表达的情感的社会价值，不是由这种形式度量（它只是它们行为的手段），而是由完成的行为度量。

706. 我们用示意图解释概念，虽然它很粗糙（图 19）。我们暂不管这

① G・索列尔：《对暴力的反思》，第 164～167 页。

种情况：人们以为从一边出发，而从另一边出发（第 709 节）；我们考察那些情况：人们至少部分地朝期待方向前进。我们假设处于 h 点的个体，在此享受某种益处 ph，人们想促使他到 m，那里他将享受更大益处 qm。为使他运动，在他前面置一点 T，它是曲线 hm 的切线 hT 上的远点，在此他享受纯然想象的巨大益处 rT。于是发生质点受切线力 hT 沿曲线 hm 运动的情况：个体要达到的目标是 T，但受实践制约而滞后，未沿切线 hT 而沿曲线 hm 运动，最终位于 m，在此若不受切线力 hT 的推动的话，他根本不能运动。

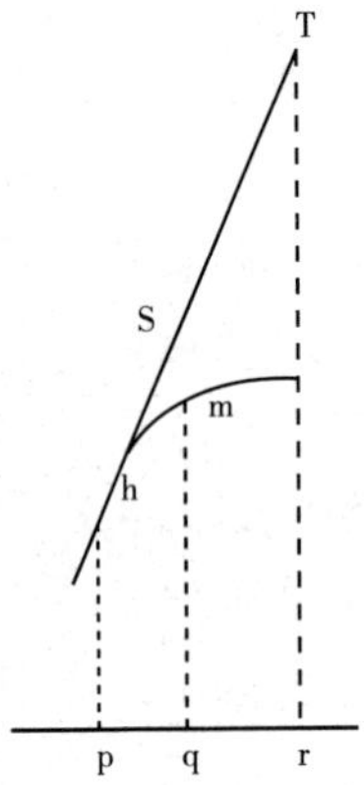

图 19

707. 显然，为了认识处于 m 的个体的条件，不应关注 T。指数 rT 是绝对随意、想象的，它无关紧要；相反 mq 是具体、实在的。它们之间的唯一关系是：为了朝 T 和 m 运动，前面的指数 ph 扩大。

708. 只实施非逻辑行为的某存在物从 h 被驱至 m，本身对此毫无觉察。受本能、利益或类似原因驱使的人沿轨迹 hm 运动，因为他是逻辑动物，想要知道为什么沿 hm 方向运动，就发挥想象力虚构出某目的 T。其后，由于集合体的持久性，想象 T 在他那里获得情感价值，除其他原因之外，它也驱使他沿轨迹 hm 运动。另外，它也作用于在生活其中的社会发现这些情感的人们沿上述轨迹运动，他们没有其他动因，或者有也微不足道。作为满足或多或少逻辑推理愿望的解释，T 为驱使人们行动起很小作用或不起作用，且具有每种派生物的有限价值，即具有同实在一致的有限价值，仅仅由于曲线线段 hm 能同切线线段 hs 大致吻合。

709. 有时现象以异于描述的方式发生。个体为扩大享用的益处，个体想沿 hT 运动，相反从 h 向 f 运动，这里指数 fv 小于 ph。当派生物完全不符合实在，即当 hT 同 hf 没有一点线段近似吻合时，发生此种情况。

其次，驱使向 T 运动往往导致实际向另一方向运动。投影顶点 h（图 21）受力 hT 的直接作用，但它遇到某些障碍（偏见、情感、利益等）促使其沿轨迹 ehfg 运动，因此，在力 hT 的作用下，它未向 T 运动，而是抵达 f。以后我们将研究类似现象（第 889 节）。

710. 我们已看到可能发生的现象，有待知道通常实际发生的现象。根据已观察到的事实，人类社会应提供大量例证，说明现象按第 706 节

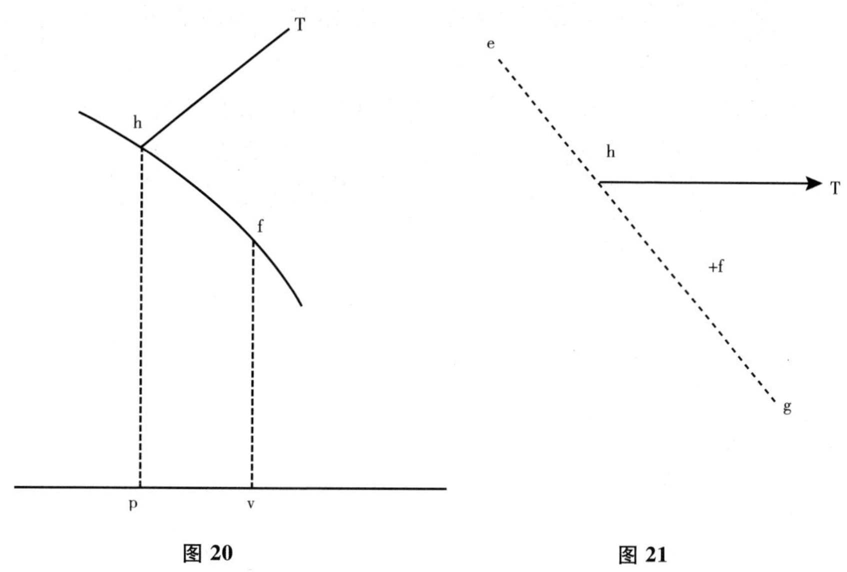

图 20　　　　图 21

图 19 所示类似方式发生，即因为向 T 运动，T 由神学、形而上学及诸如此类派生物所表述，人们应当为自己及其社会谋取财富与繁荣，并抵达 m。因为，如果几乎所有情况都如第 709 节图 20 所示，各个个体因所受损害抵达 f，人类社会将永远没落。这种情况没有发生，因此排除这种假设。

711. 如果人们力求达到一个想象的目的，他们会达到另一赞成的目的，并不是说永远发生此种情况。尚未解决鉴于考察现象时时间、地点等不同情况，认识何时和哪些限度内这些目的相吻合的问题。我们也不知道何时何处用想象目的代替实际目的有益。现在我们关注性质更广泛的题目。

712. 理想目的及其同其他社会事实的关系。

我们假设有一个社会，在此社会中，各个个体部分地为达到某些理想原则 T 而活动，他们遵循某些理想准则，或者实施非逻辑行为，这些行为在观察者眼中仿佛那些原则与准则的结果；我们将研究以此种方式进行的活动，它们的效果及其同不同效用的关系（第 862 节及其后）。有待解决的问题是：（1）实际上事实怎样。（2）关注这些事实的人们，首先是理论及学说作者如何看待它们。对这些人来说，问题的解决，至少大部分是言明的；但对多数人来说，往往是不言明的，即人们没有陈述它们，其行为仿佛听凭它们指导；更确切地说，为避免将逻辑行为同非逻辑行为混淆，有人企图发现由人们的行为推测出的一种逻辑原则，它导致上文提及的解决之一。但这是一种从人们行为观察者的行为推演出的原则，不是行为者从中逻辑地获取其行为方式的这样一种原则。(3）社会等对个体如何有益（第 862 节及其后），怎样看待事实。将对事实的迷信视为目的 T，此问题同第一个问题一致。(4）人们尤其是作者们如何看待益处与人们用以解释事实的方式的关系。

我们首先考察第一、第二两个问题，将有如下研究题目：

Ⅰ. 目的 T（第 713 节）；

Ⅰ1. 第一个问题（第 713 节）；

Ⅰ2. 第二个问题（第 713 节）；

Ⅱ. T 与 m 的关系（第 714 节至第 722 节）；

Ⅱ1. 第一个问题（第 714 节至第 716 节）；

Ⅱ2. 第二个问题（第 717 节至第 722 节）；

Ⅱ2（a）. T 与 m 相互混淆，或至少使它们很接近（第 717 节至第 718 节）；

Ⅱ2（b）. 目的 T 与效用 m 被完全、先验地区分开（第 719 节至第 722 节）；

Ⅱ2（bα）. 只考察某些目的 T（第 720 节）；

Ⅱ2（bβ）. 将想象目的 T 同效用 m 直接对立起来（第 721 节）；

Ⅱ2（bγ）. 中介情况（第 722 节）；

Ⅲ. 作为结果，T 以何种方式同某些原因相联系（第 723 节至第 724 节）；

Ⅲ1. 第一个问题（第 723 节）；

Ⅲ2. 第二个问题（第 724 节）；

Ⅳ. 通向目的 T 的途径的特性（第 725 节至第 726 节）；

Ⅳ1. 第一个问题（第 725 节）；

Ⅳ2. 第二个问题（第 726 节）。

713. 目的 T。

由于它置于经验之外，用科学与技术可抵达的逻辑—实验目的将不在研究之列。

Ⅰ1. 对动物来说，T 似乎为简单的本能；对人们来说，在少数情况下也是如此，但通常至少以剩余物或派生物一表现（第 633 节）的形式表达，以满足推理的需要。此外，还需区分目的 T（α）和目的 T（β），前者是某人自发具有的，后者是他人竭力促使他具有的，这是自己的益处同他人或集体益处之间的对立。

Ⅰ2. 关注目的 T 的人们一般将它们视为绝对原则，至少视为实验原则，这样就将实在形式赋予想象原则。之所以发生此种情况，因为构成 T 的集合体持久性剩余物倾向于具有绝对形式，还因为绝对的东西或假设的实在强化原则的说服力的实际效用。这两个动因仍然存在，由于科学的进步赋予实在极大的权威，甚至第二个动因得以强化。可以预见具有绝对性的 T 与想象的 T 将继续存在，并且显示为实在的。如果众所周知的键不改变，没有这些目的，社会就不能存在（第 886 节）。

714. Ⅱ. 目的 T 与点 m 的关系，各个个体实际上抵达此点并拥有不同的效用。

Ⅱ. 简言之，说为达到实在的目的 m，力求达到想象目的 T，可以解决客观问题。为了达到实际目的，这往往是不可缺少的手段，但又是总不完美的手段。如果真有人断言用一实验目的代替一想象目的 T，就要除掉一些力量并因此扩大社会效用；但为使此可能发生，需要去除某些在实际情况中并不缺少的键（第 51 节）。

715. 一般来说，想用实在目的代替想象目的的人也不明确地接受上述观点，但通常他们把这些键简化为一种：无知。但并非无知者，如在自然科学领域成绩卓著的许多科学家，在此领域他们完全或几乎运用逻辑—实验原则，但在讨论社会科学时却将它们忘得一干二净。至于大多数人，可以观察到神学与形而上学的交替影响远超过这类现象整体的减少（第 1015 节）。

716. 因此，力求达到某些想象目的 T，过去、现在、至少不远的将来都对人类社会有益（第 741 节）；但这并未否定趋向神学或形而上学的想象目的，过去、现在、将来都对社会有害（第 709 节，图 20）。往往发生这种情况：某些目的 T、T′、T″，从派生物角度看存在差异，但从社会效用角度看它们完全或近乎相同（第 655 节，第 699 节）。但为了讨论上述问题，需要区分开讨论的是哪些目的，看它们同其他社会事实处于什么关系；这应从定性与定量两方面去做（第 885 节及其后）。此外还需探究在对想象目的的关注和对逻辑—实验目的的关注（对后者的关注更有益于社会效用）之间是否存在某种比例。最后，正如我们在后文所见，因为社会是异质的，需要了解不同社会阶级。

717. Ⅱ2. 我们现在讨论将 T 与 m 联系起来的学说的实质，将对形式的研究推迟到后文。

Ⅱ2（a），T 和 m 相互混淆，或至少它们很接近。这以两种方式发生：（A）人们确信趋向理想目的是为自己和他人谋得益处的最好方式：力求达到 T 而抵达 m。（B）人们确信力求达到一理想目的，而实质上探寻自己或他人的益处：力求达到 m 而呼吁 T。我们将看到一种特殊情况（第 728 节及其后），似乎所有这一切都未确定。

（A）这样的学说比其他学说数量多而又重要，并且试图说服个体确立一个导致他人或社会益处的目的。我们用 T1 表示导致个人益处 m1 的自私目的，用 T2 表示导致他人或社会益处 m2 的利他目的：许多伦理学说旨在将 T1、T2、m1、m2 混为一谈。“功利道德论”企图说服未忘却自己益处 m1 的个人通过力求达到 T2 和抵达 m2 来实现 m1。其他神学和形而上学道德论将 T2 放在首位，并往往同 T1 相混，以使 m1 和 m2 向它们靠近：前种理论为使 T2 同 m1 相混，使用超自然存在物的制裁；后种理论运用绝对命令（第 720 节，第 746 节），但成效甚小。

718. （B）利己主义者力求达到 m 而呼吁 T，他们自觉地行动；而许多虔诚信徒竭力将自己的利益同社会性剩余物（第四种）协调起来，并显出为他人谋利益，掩盖理想[①]的利己主义。

---

① 在 19 世纪，这类派生物真是硕果累累，它们产生于劳动者与“资本家”的对立，实际上后者是“企业家”。从实质看，现象是经济性质缔约双方通常的争执：每一方都竭力使自己那部分（目的 m）大些。从表面看，人们说，多数人也认为力求达到理想目的 T。企业家未进行缜密的推理：他们呼吁关心工人们的福利，给运用组合艺术使企业繁荣，经济自由产生效益的人以“合理”报酬（在确定工资时，记住了这种经济自由；在确定产品价格时，忘记了它）。在工人这方面，由“知识分子”创立的高妙理论浩如烟海，工人们盲目信仰接受，根本未很好理解。从社会主义空想到马克思主义，民主的或社会主义的激进主义，一切学说都给如下简单观念披上五彩缤纷的外衣：“我们想要得到经济生产中的大部分”。但这样说无疑将减弱要求者从目的的理想性汲取的力量，并得不到受 T 的美吸引的人的帮助。在派生物中，通常对情感发出呼吁。工人们的要求被称作“要求正当权益”，旨在启示他们要求只属于并对第五种剩余物活动感到满意的东西。使用Ⅰ种 ε 型剩余物也将获益，因此产生关于“劳动的全部产品”“剩余价值”“世界上多一点正义”的必要性及诸如此类的理论；它们越是长篇大论和深奥晦涩，给予有待达到的目的的理想性就越多。在 19 世纪，工人们依靠它们大大改善了自己的命运。至于整个民族，这一行为是否有益这一问题极难解决。似乎很大可能是有益，但为了证明这点，需要综合考察经济与社会进化问题。在下一章我们才能完成此任务。

另外，人们凭借着理想 T 的美，竭力谋取对目的 m 很少关注或根本不关注的人的帮助。其后，许多杰出人物，神学家、伦理学家、社会理论家以多少漠不关心的态度提供适合目的的理论。

719. Ⅱ2（b），目的 T 与效用 m 被完全地和“先验地”区分开。

表面上人们在谈论目的 T，相反只看到个别目的 T。

720. Ⅱ2（bα），只考察某些目的 T。

作者对效用 m 没有考虑或注意不够。于是产生神学的、形而上学的、苦修的道德论，它们以绝对方式规定人们应该做什么，而根本不顾及效用。有时还存在一种想象效用 m，但不能同Ⅰ种相混，因为在此种中 m 是实在的。

721. Ⅱ2（bβ），将想象目的 T 同效用 m 直接对立起来。

在此类中存在纯粹苦修学说，它们本身就是目的，摈弃任何效用、甚至人间以外的效用；也存在否定幸福的悲观主义学说。作者们表述时像在议论所有想象目的，实质上他们只关注某些目的，想用其他想象目的取而代之。

722. Ⅱ2（bγ），中介情况。

T 和 m 不能先验地区分，把它们看作可具有关系的单独现象。如果这些关系是实验的，可正确地发现逻辑—实验答案，即有Ⅱ1 答案。如果这些关系超越经验或先验地确定，就存在不同的派生物。在这些学说中，试图将相像目的 T 划分为两种的学说最为著名：（Th）总有用并同作者的宗教一致；（TK）有害。作者们不接受这种划分，对他们来说只有（Th）类型是真实的、实在的，而（TK）类型是不存在的、虚假的，因此（Th）占据 T 的位置并往往同前述情况相混。无论何种宗教想要相互代替时，即可观察到这类现象：在异教同基督教的斗争中，在唯物主义、实证主义和“进步”反对形形色色“宗教”的斗争中。

723. Ⅲ，T 作为结果，以何种方式同某些原因相联系。

我们已经发现这种方式之一：人们妄图在目的与效用之间造成混淆，但这不是唯一方式，即因为目的与利益可用有异于混淆的其他方式联系起来，还因为除利益外，人们可以将目的同激情、情感相联系。为将目的同其他事实相联系，作为手段，从简单的流言蜚语到深奥的辩证法，从社会敌视到刑法强制，说服和强迫都很有效。说服力并不存在于派生物之中，正如我们多次指出，而存在于剩余物中及派生物实施的利益中。集合体持久性剩余物和社会性剩余物非常强大，它们独自或同其他剩余物一起，塑造许多社会的、形而上学的、神的奥林匹斯山本体，其后这些本体又同目的 T 相结合。在神学的、形而上学的道德中，在那些基于对传统、先人的才智、“进步”的高超等尊崇的道德中，都可观察到上述现象。Ⅳ种 ξ 型社会性剩余物在苦修道德中占有突出部分。实际上，许多表现生活准则的目的 T，由于是人们在其中观察的社会的产物，就其实质而不就其形式而言，它们是给定物，而不是理论研究的结果。因此不再研究 T，而研究给定物 T 和何事物如何联系（第 271 节）。企图说服个体力求达到的目的在时间上很少变化，与之相连的剩余物则变化稍大，而派生物和伪科学推理变化很大。

724. Ⅲ2，总之，在学说中，当目的并非绝对自在时，人们就认为它们是神学、形而上学原则或利益的结果。于是形形色色的道德产生了，在研究 T 与 m 的关系（第 113 节）时，我们已经发现了它们的雏形。至于结合的方式，人们认为无疑是逻辑—实验的，于是目的 T 的表述似乎成了定理的陈述。他们惊喜地发现，在探寻定理者的意识中，在其所属的集体意见中早已存在此目的。相反，如果证实某目的 T 不是实验原则或“理性”原则的逻辑结论，人们就认为证实此目的是有害的。这里，目的也不能让道德主义者满意，或者同其所属集体的伦理学冲突的目的也同经验或理性对立。

725. Ⅳ，通向目的 T 的途径的特性。

Ⅳ1，我们对派生物所做的研究恰恰就是这样。当我们力求达到目的 T 时，首先发现（第 99 节及其后）将完成的非逻辑行为显示为逻辑行为的途径。人们有意、更多是无意地通过将 T 同 m 相混淆做到这点：逻辑行为通往 m，如果它们也通往 T，由于逻辑是唯一的，T 就不能同 m 分开。在研究作为一般事实的个别情况的派生物时，其他途径就出现了。稍后（第 732 节）我们将考察其他类似情况。

726. Ⅳ2，我们不应专门考察各种学说如何看待这些途径，因为我们多次强调：派生物和伪科学推理被视为逻辑—实验的，而从科学角度看这是假的，尽管如此，仍能取得社会效用。我们已讨论过这一题目，还将继续讨论。

727. 现在我们讨论在第 712 节提及的第三、第四两个问题。

（3）事实被观察，对个体、社会等如何有用。我们应主要考察第 712

节的Ⅱ1问题，再次强调这一问题的解决有待于我们全部研究的结束。在下一章我们将长时间地讨论它，现在只限于提出它。它应理解为枝蔓，不是认为脱离公开信仰各种学说的各个个体的自在的学说，而同这些个体及他们在社会中发挥的作用有关系。经验主义者在各个时代都直觉到这点，但今天却被“平等”神学先验地否定。运用毫不精确、故极易导致谬误的普通语汇，我们说在使人们确信错误学说符合真理方面可能用处极大。当使用较精确的表述，并说确信不符合经验、实在的学说符合它们[①]可能有用时，我们离实在更近一些。这种看法同多数人的意见相左，但符合事实。

（4）人们尤其是作者们如何看待效用与人们用以解释事实的方式的关系。我们曾指出，有时经验主义者隐约发现一种近似刚才提及的逻辑—实验科学的解答。极少数理论家对此有所耳闻，大多数人欢迎符合Ⅱ2（a）的那些解答。当断言人们按其真实面貌看待事实对自己和集体永远有用时，“真理”和“效用”已混为一谈。如果将“真理”理解为符合经验，这样的命题就是错误的，正如经验主义者清楚地认识到的那样；相反，正如通常所发生那样，如果理解为同作者含糊不清的观念一致，根据这些含糊不清的观念的效用接近或背离经验，命题可能接近或完全背离经验（第671节及其后）。人们还可以给“真理”补充上其他目的，这些目的同效用相混，其中最常见的是“正义”。譬如，人们断言真实、正确、道德的东西才有用。另外，现已成为进步神学一部分的“平等”神学，十分恐惧地否定如下效用：个体根据自己的社会作用，拥有不同的学说，倾向于不同的目的。

我们没必要讨论其他微不足道的解答，我们还缺少对不同效用（第862节及其后）的精确认识，在下一章我们将重提这一题目。与此同时，为了更好地理解对社会学至关重要的一般理论，最好考察一种特殊情况。

728. 遵守教规与道德准则和获得自身幸福的关系。

在任何时代人们都在研究，个人或集体遵循这些准则是否会赢得幸福。这一问题比前面的问题内容狭窄。首先，因为没有探究一般关系，只探究是否赢得自身幸福。于是排除Ⅱ2（b）（第712节）的神学或形而上学的解答，这样的解答重视责任、忽视效用，却自认为注意到某种实在的

---

① 指经验、实在。——译注

或想象的效用。其次，因为比现在研究的更为宽泛的问题中的目的 T，不仅包括遵守教规与道德准则，它们通常还是信仰或强烈情感建议、命令的东西；于是也包括在社会中通行的其他准则，这些准则源于传统之类和情感、理想、神话及诸如此类的目的。最后，这里效用显现为幸福这一特殊形式。

729. 为解决提出的个别问题，需要将特别精确性给予陈述内容。我们可以忽视宗教、道德这些词语的不确定性，因为它们对问题来说是非本质的，只要讨论遵守某些准则，随便称它们什么都行，问题仍保持不变。但在陈述内容中，多变的两部分非常重要，不容忽视。一部分是词语“幸福”“不幸”的含义，我们将发现企图在某种意义上解决问题（第 734 节）的人恰恰利用了含义的不确切性。另一部分是幸福或不幸的施加者和承受者。这里也需要加以区分。

Ⅰ. 可认为行为与结果集于一人或一类人，即可问：“如果某人严格遵守道德和宗教的准则，是否他必然幸福；如果他违犯这些准则，是否就必然不幸？”或者问：“是否一个集体的成员遵守或违犯这些准则，他们必然幸福或不幸？”

Ⅱ. 遵守或违犯准则者和幸福或不幸者可以完全不同。主要由实际例证提供了如下情况：某人遵守或违犯某些准则，他的后代或同胞，或更一般的、同一集体的其他成员，承受那人行为的结果，享福或受苦。

730. 一般说来，对如下问题做出肯定回答对社会有益：探究当人们遵守宗教、道德、传统的准则时，他们是否幸福，或是否使奖励他们的人幸福。这类观察将我们引致第三个问题（第 712 节），为了严格科学地推理，需要将它同我们致力研究的第一、第二两问题严格区分。主要基于同情感一致的庸俗推理未做这样的区分，因此肯定性解答多于否定性解答，并被认为值得赞誉，而否定性解答或仅怀疑性解答理应受到谴责。

731. 请观察：对第 729 节第一种情况的问题做出绝对肯定性回答，必然对第二种情况的问题至少做出部分否定性回答，反之亦然。实际上，如果某人只因自己的行为，即视其遵守或违犯某些教规而享福或受苦，就不能因他人的行为而享福或受苦。仅从逻辑出发，就不能理解千真万确的事实如何被人遗忘或忽视；但情感驱逐逻辑，它不允许人们认识那些原则，其行为正是这些情感的逻辑结果。只有局外观察家承认这些原则，它们对行为者来说是不言明的（第 712 节）。

732. 首先，我们对着重指出问题的解答进行分类：

肯定性解答（第733节至第766节）。

一般理论Ⅱ2（a）的特殊情况：

（A）口头解答（第733节至第738节）。

（A1）预期理由（第734节）。

（A2）教规或准则的含义从客观向主观的变化（第735节至第736节）。

（A3）决疑法。对教规和准则的解释（第737节至第738节）。

（B）客观解答。在通俗意义上理解的幸福与不幸（第739节至第742节）。

（B1）完美一致的断言（第743节至第748节）。

为了消除例外：

（B2）在空间与时间中被摈斥的幸福与不幸（第749节至第758节）。

一般理论Ⅱ2（bα）的特殊情况：

（B3）摈斥在实在世界之外的幸福与不幸（第759节至第762节）。

（B4）未能找到解释：天主之路未被认识（第763节至第766节）。

否定性解答（第767节至第769节）。

一般理论Ⅱ2（bβ）的特殊情况：

（C）绝对否定。悲观主义（第767节和第768节）。

一般理论Ⅰ1和一般理论Ⅱ2（bγ）的特殊情况：

（D）有条件否定。存在两种不同的现象，它们可能具有某些共同点（第769节）。

解答（B1）和（C）源于仅把自己视为一组剩余物；解答（A）、（B2）、（B3）、（B4）源于协调产生于不同组剩余物相互矛盾的派生物之愿望；除前几种的中介解答外，（D）种包括旨在单纯探寻一致性的科学解答。现在我们分别考察它们。

733. （A）口头解答。

它们属于口头派生物这一大种，我们在第七章已讨论过此种派生物，因此它们是一般现象的特殊情况。

734. （A1）预期理由。

为赋予词语“幸福”以从遵守某些原则产生的状态这种含义，人们从普通语言语汇的不确定性中获取动因。这种含义一经确立，显然，如果幸福者即为遵守某些原则的人，那么谁遵守这些原则，谁就幸福。对集体、国家也可如此。

735. （A2）教规或准则的含义从客观向主观的变化。

在此种中，同义反复产生于教规含义的改变。的确，如果仅重视个人喜欢遵守的准则，可以肯定地断言，此人在遵守这些准则时，感到心旷神怡。譬如，一般说来，客观上酷刑对承受者是一种不幸；但主观上认为它可考验基督教殉教者的意志，为自己信仰遭受酷刑折磨，他感到无比幸福。

当指出多行不义者必不幸，因为他内疚于心，这就不言自明地假设他能感到负疚；但多数人负疚感很微弱或根本没有负疚感，因此对他们不存在或几乎不存在刑罚的威胁。实际上，大部分人想要改造社会，他们设想社会成员都具有取悦于自己的情感与观念，并且认为只有这些条件才能使人们幸福。

736. 在特定社会和特定时代，教规的力量首先取决于它们为多数人所接受和违犯者忧心忡忡、痛苦不堪这一事实。这样的教规仅仅不太确切地表现社会中存在的剩余物，因此，一般说来，探究对于构成社会的大多数人来说，遵守教规是否带来欢乐，违犯教规是否招致不幸就毫无意义：如果并非如此，它们就不表现在多数人那里存在的剩余物，也就不会在那特定社会里通行。有待解决的是另一问题。从个人幸福（满足欲望能力）角度，需探究教规对于缺乏被它们表现的剩余物的人具有何种功效，怎样能使持异议者以间接方式感到幸福或不幸。从效用角度，我们应探究遵守这些教规是否有益于个人、集体、民族，在人们想要赋予词语“效用”的含义上理解，譬如，在物质繁荣的含义上，如果这种繁荣被视为有益的话。阻止一只动物按其本能活动，它会感到很不舒服；但最终其物质财富可增加。如果一个政治家违犯其生活于其中的社会通行的准则，可能感到不适并且最终其行为可能危害社会；但也可能造福社会。这些情况值得考察。

737. （A3）决疑法。对教规与准则的解释。

恰恰为了避免这些不适的情感，为了用遵守教规而产生的幸福情感代替前述情感，同时因违犯教规而获得效用，要求助于决疑法和解释。这还为满足某些情感和不背离派生物的逻辑结论（至少显得如此）所必需。还需获得或大或小的好处，既是存在的又是显现的，也就是使自己舒适又显示于人，有时人们让诡辩迷惑，而不问它是否为说服他人的借口，正像志士仁人、正人君子所为，因此理应受到公众的赞誉。这可以靠诡计来实现，有时则靠虔诚的信仰。通过政府和国家为自己某些行为辩护而采用的决疑法，往往隐约表明“salus populi suprema lex esto”。[①] 毫无疑问，如果肯定这点，它就是一个极好的逻辑动因，我们将拥有一个解答 D；但由于人们不想同肯定性解答的信徒发生冲突，竭力将不可调和的东西协调起来，将这种解答同解答 D 相混。另一方面，控告并指责政府和国家违犯某些准则的人们，极少清楚地表示他们欢迎哪种问题的解答：即如果他们否定人民的幸福在于违犯准则，恰恰做出肯定性解答；或者如果他们接受解答 D 并摈弃人民的幸福，还甘冒风险、甚至灭顶之灾，接受一种形而上学或神学的解答（第 7 节、第 8 节），遵守准则；或者如果他们摈弃解答 D，主张人民的幸福在于遵循某些解答，比如解答（A2）、（B2）、（B3）。他们企图凭借情感间简单和不清晰的一致说服他人。

凭借决疑法和解释的有效帮助，可以断言遵循某些教规和准则总会给个人、集体、国家、人类带来物质繁荣。譬如，布道一般总强调应严守诺言；其后，在个别情况下未履行诺言反而受益，为逃避这种责任也不缺少绝妙的借口。

738. 从诚心诚意做出解释的那些情况，依次递减，直至毫无诚意解释的情况。后种情况数不胜数，我们最好考察古人而不是现代人，可能仅仅因为古人不似现代人这般虚伪。

739. （B）客观解答。

部分修辞学和哲学的空谈成了奢侈品，实际生活需要其他看法，人们首先想要知道应如何行动为自己赢得幸福，在物质繁荣这一通俗含义内的幸福，因此他们需要的是对这种物质客观问题的回答。平民百姓不大理会准则的来源，对他们来说，准则在社会中存在并被人接受、由人遵守足矣。在反对违犯这些准则时，反对破坏社会平衡的情感（Ⅳ种 α 型剩余物）突出表现出来；其次表现出最古老《圣经》文献中的情感，在任何文明起源时，通常各自独立地形成违犯禁忌必然招致有害后果的共识。在正确即合法的观念中也可发现这种共识；实质上，它意味着应自觉遵守合法的东西，不要破坏现有的社会平衡。捍卫通行准则的情感力量和这些准则

① 拉丁文，意为“人民的幸福是最高的法律”。——译注

的社会效用阻碍推理的展开。于是推理脱离逻辑与经验，转向诡辩论，这样它置于情感之上又没有过于伤害情感。由此产生的混合物是异质的，在如此推理中从不缺少的奇特矛盾就源于此。当我们研究派生物时（第576节及其后）就处理过这些矛盾。另外，在这个内核的周围，还排列着其他剩余物，如Ⅱ种ξ型和Ⅱ种η型剩余物。

740. 上述客观解答，恰恰由于如此，极易招致事实的批驳。对理论不大重视的平民百姓，还欢迎自相矛盾的客观解答，并对此不加思考。运用逻辑研究的人们，思想家、理论家，想要知道人们遵守的准则的来源，通常并未忽视提供自己想象的起源。另外，他们对理论与事实之间或各种理论之间的冲突感到不适、厌恶和痛苦，因此尽一切可能消除、避开、掩饰这些冲突。一般说来，他们没有完全抛弃客观解答，尤其是乐观主义解答；但探求用合适解释去除或至少说明不可否定的例外。这是运用派生物的一种特殊情况，我们已经讨论过这种情况（第653节，第654节）。于是产生（B2）、（B3）、（B4）类型，它们从实验领域出发，最终完全脱离此领域。可以使我们预见发现大部分剩余物有利于某一稳定社会保存的动因，同样使我们预见在此社会中主要应用我们问题的断言解答，它们比其他解答传播更广、更易被接受；而感受到逻辑发展或伪逻辑发展的人们，用精湛艺术、用幼稚可笑的诡辩论，千方百计探索消除它们同经验之间显而易见的矛盾。事实上恰恰发生这种情况。我们已经看到在派生物中人们如何竭力在个人幸福与集体幸福之间制造混乱，以驱使个人为集体谋取幸福，而使他确信在为自己谋取幸福，虽然并非如此。在这类情况下，那些实验上错误的东西对于社会同样有用。

741. 这里提及在第727节一般地指出的第三、第四问题的解答非常适宜。一个社会数量最大且十分有效的剩余物不可能是那些完全反对其保存的剩余物，因为若这样的话，社会就会解体并最终不复存在，需要有利于其保存，至少部分地做到，恰如观察所证实的那样。因此，这些剩余物及在其中表现出的教规（派生物）未被触犯或未遭破坏将有益于社会；但如果个人遵守这些教规，接受这些派生物时，认为、确信、想象为自己谋取利益对社会更为有益。因此，排除大量可能的例外，一般地、粗枝大叶地进行推理，可以说有益于社会解决第三个问题，至少在大多数非领导阶级的个体的头脑中如此，意思是说事实有目共睹，但它们实际并非如此，而是按照理想目的看法设想的那样。因此，从一般情况过渡到现在个别情况，提及的个体自发地接受、遵守、尊重、热爱他们生活其中社会内存在的教规有益于社会，其中包括那些所谓高级的“道德”和“宗教”的教规（即使说法不确切），更确切地说，那些“诸多宗教”的教规，这样命名，除通常命名的集合体持久性外，还想指许多其他类似东西。为争取社会的福利，道德和宗教两股力量的巨大作用与威力就源于此。以致若缺少它们，任何社会都不能存在，它们的衰亡一般伴随着社会的衰亡。从悠远的时代，人们赋予通常存在的“道德”和“宗教”巨大重要性就搞错了；相反极少数远见卓识者将这种重要性扩展到“所有道德”和“诸多宗教”，因此接近实在，正是实在赋予某些集合体持久性及其不言明或言明的结论——非逻辑行为重要性。但恰恰由于他们或多或少远离实在，不能说他们在评价“所有道德”和“诸多宗教”时（比评价一种道德和宗教还要糟），有时并未超越真实，他们的目的在于社会福祉，相反却给社会带来损害。他们总是自欺欺人，当他们企图为自己欢迎的第四个问题解答辩解时，就求助于虚假的动因，通常是想象、幻想的动因，最终是微不足道的单纯理论谬误。因为，无论是什么动因，结果都一样。相反，将诸多道德和宗教同个别道德和宗教混为一谈的错误危害严重，且贻害无穷，它将本属于剩余物的价值赋予派生物。当这类理论的创造者感到能自由行事时，为了获取微小或毫无意义的效果，上述错误造成精力的巨大浪费，使人们遭受巨大痛苦而未获一利。当这类理论的创造者后来遇到抵抗，他们的论敌也产生错误的观念：本来批判有人妄图将起源于某些集合体持久性的确定派生物强加于人无可非议，却错误地将批判扩展到各种集合体持久性、各种非逻辑行为。如果对社会有益的某种集合体持久性 Q，用派生物 A、B、C、D 表现，如果企图强制接受一种确定派生物 A，排除其他派生物 B、C，通常会危害社会；相反，人们欢迎自己最喜欢的派生物，这些派生物在他们那里显现为剩余物 Q——唯一（或近乎）重要的东西，将对社会有益。

742. 否定解答往往是悲观主义的随意表现，是人生战场上受伤害者和失败者的倾诉，他们难以采用通俗形式。不表现情感而产生于对事实观察的科学解答十分罕见。当它们产生时，极少数人能正确理解，正如对我们的马基雅维利[①]推理的科学部分所发生的情况那样（第 748 节）。乐观主义

① 马基雅维利（1469～1527），意大利思想家，现代政治学鼻祖，其代表作为《君主论》和《佛罗伦萨史》。——译注

解答和悲观主义解答可以共存，正如我们多次看到的那样，因为自相矛盾的剩余物可以同时或进而在同一人身上发现。平民百姓不重视矛盾，有教养者竭力消除矛盾，我们形形色色的解答就源于此。

743. （B1）完美一致的断言。

我们不知道运用所有结论、所有据此进行的推演能否明确地断言某种完美的一致。这种一致含蓄地出现在功利道德中。其他学说作为一种抽象理论，一般地断言这种一致，其后没有认真细致地探究其必然的结论。这些学说往往是强烈情感的表现，无论为了个人福祉还是社会福祉，这些情感又转换为对实在物的欲求，它们或者是对实验领域之外的本体或原则笃信的表现。它们的形式往往、几乎总缺乏任何精确性；而从字面上理解，似乎肯定断言某些东西；词语的暧昧不清、众多的例外、不同的解释方式使教规及遵守教规者必幸福的断言丧失本质意义。

从古代到当代，存在许多肯定性理论，它们断言违犯道德或宗教的准则会招致尘世的不幸，遵守这些准则会带来人间的幸福。称作功利道德的突出特征在于它断言道德是对利益正确计算的表现，而不道德行为是对利益作出错误判断的结果。由于三段论的结论同前提存在严密的逻辑一致，再不会有比道德和利益更加完美的一致了。这类只具科学外观的理论是由我们曾经讨论过的派生物（第 577 节及其后）构成的。当他们力求使人类生活完全理性化并为此频频出现于理性、科学、进步的神学中时，就备受青睐。

744. 在其他神学并且一般在未摈弃理想部分的学说中，存在同前述截然不同的理论；它们没有消除却往往主要接受形而上学和神学的特性。若只关注这类理论的主要共性，一般有以下几点：（1）对违犯者的刑罚往往居主要地位，对遵守者的奖赏似乎不重要。这可能因为在人类生活中恶多于善，人民更多地感受到恶。（2）人们通常将第 729 节提及的两种性质不同的问题相提并论。本来可以十分确切地断言，遵循道德和宗教准则者为自己赢得幸福，但决不危害对其关心或与其有关系的人们；但很少有人这样讲，它通常被省略，处于一种不明确、暧昧的形式中。人们往往说及惩罚或奖励，却未声明是对从事恶行或善行的个人所言还是扩展到他人。对个人而言，也未忘记使用将其行为的后果推延至不确定时期这一权宜之计，即未表明是否愿意求助于组合（B2）的那些例外。（3）需要注意：确切地说，在将完成的事实和一段时期之后的惩罚或奖励分配给同一个人时也发生混淆。这样就不明确地承认个人是以后时期的某人。从物质上看并非如此，但若承认称作灵魂或他物的形而上学统一性，肉体改变而它得以保存，就可允许个人的统一性。在不同情况下，为了精确地推理，需要指出这种统一性是何种含义。（4）我们现在讨论的理论通常具有十分酷似第740节提及的矛盾。它们陈述命题，随后即肯定逆命题，或表述或省略。它们断言每人恰因自己的行为受苦或享福，稍后似乎认为其受苦或享福是因他人行为所致。它们还不止一次这样明确地表述，但无人注意这一矛盾。实际上，正如将不同时代的个体视为同一，同样将家庭、某个集体、民族、人类看作一个单独事物，因为集合体持久性剩余物将它们简化为统一性。在悠远的时代，许多人未提出家庭是否应视为一个整体承受惩罚和刑罚这一问题；即使今天多数人也提不出此类问题：为了同一目的，称作个体的物质集合体在时间上是否应视为同一（第752节）。

745. 在我们考察的理论中，许多理论忽视这类问题，在断言每人因自己行为受苦或享福时，致使“每人”这个词语的含义极不确切。其后，当人们试图确定其含义时，在（B2）类和随后各类中发现的理论产生了。这些理论在精确性与逻辑性方面存在严重弊病。正如我们多次指出，由于同一个体存在的剩余物的矛盾，由于企图消除（至少表面上）这一矛盾，这一点就不难理解。

746. 因行为而受到惩罚或奖励的观念，除伪实验形式外，还具有其他两种形式：形而上学形式和宗教形式，它们往往相互结合。在形而上学形式中，今天通常掩饰在伪实验外衣下，行为之后必有惩罚或奖励，说真话，并不知道为什么。而在宗教形式中，这一切都因神性的意愿发生。但这种干预为神性的恣意妄为开辟道路，它不满足于一般充当卫道士，而为自己的利益采取行动，对其冒犯和忽视的报复往往比对违犯道德的惩罚还厉害。

747. 当宗教情感强烈时，人们就找不到值得斥责的东西；当它变得微弱时，他们对于同类的仁爱之情增强了，竭力减少、有时甚至消除神的行为的残余部分。于是人们说宗教越“进步、完美”，神性越关注道德并忽视其他；但要注意，按这种方式发展，宗教最终消逝而同形而上学混为一体（第717节）。

748. 当有待讨论第729节提及的第二个题目时，即准则的遵守者与违犯者并不因自己的行为受益或受害，有时作者们完全忽视个人行为同个人幸福与不幸的一致问题，或者只是轻描淡写地提及一种不明确的解答。在我们时代，尤其涉及统治者与被统治者关系时发生此种情况，一般人们大致接受如下两种观点之一：（1）统治者应遵循现存的准则，用不着关注其他东西，也无须解决结果问题。（2）统治者为赢得公众福祉，可以违犯这些准则，人们未经认真讨论就承认它，有时甚至同时肯定逆命题。人们以这种或那种方式回避解决行为与后果关系的必要性。谁若客观地看待事实，就不愿故意紧闭双眼，并应承认并不是因为统治者是谨小慎微的谦谦君子，他们才使民族昌盛。此人更喜欢沉默，或为承认的东西请求原谅，把过失归于风俗"败坏"。但这样招致不道德的恶名，正像对马基雅维利所发生的那样，仅仅由于他表述了历史上被所有人确证的一致性（第1047节）。人们还指责他抄袭亚里士多德及其他人，相反他纯粹同那些描绘实在者巧遇。这说明对人来说进行科学分析有多么艰难。多数人不会将截然不同的两种研究区分开：（1）对实际运动的研究，即对事实及其相互关系的研究。马基雅维利叙述的事实是否真实？他发现的事实间的关系是否真实？攻击他或捍卫他的大部分作者对此很少关注；他们的全部注意力都转向随后部分。（2）对潜在运动的研究，也就是对为达到某目的所采取措施的研究。马基雅维利的攻击者指责他宣扬暴政原则，其辩护者反驳说他只揭示如何才能达到目的，并未赞誉该目的。指控与辩护可以同时成立，但它们都脱离事实在假设情况下如何接续这一认识问题。请注意马基雅维利是个实践家，他想处理一个具体情况，于是它变成一般问题的个别情况。他撰写了《君主论》，他可按相同模式撰写《国家篇》，[①] 甚至在《论李维的前十书》[②] 中已部分地这样做了，如果他能活到今天，也能展开关于《代议制政体》的研究。他探索了君主维持政权的最佳手段，考察了新生君主与世袭君主这两种可能情况；同样他也能对其他政体进行类似分析，并扩展了关于目的的研究，探究哪些手段最适宜赢得经济、军事、政治等霸权。于是，他所研究过的个别具体情况上升为潜在运动的一般问题，而此问题正是今天社会学要考察的。在他那个时代不可能研究这一问题，在他唯一的伟大先驱亚里士多德的时代也不行，因为社会科学尚未产生。由此可见，亚里士多德的天才有如神助，马基雅维利更是空前绝后，他们靠

① 古希腊哲学家柏拉图最重要的一篇对话。又译《理想国》或《共和国》，共10卷。——译注

② 马基雅维利1513年至1519年完成的理论巨著。——译注

当时极不完备的知识，攀登得相当高。某些当代人的愚昧无知尤其让人难以置信，他们根本不理解马基雅维利研究过的问题的重要性，用伦理的空谈和毫无意义的情感反对他，却非常可笑地吹嘘自己在研究政治学和社会科学。

749.（B2）在时间与空间中被摈斥的幸福与不幸。

个体完成行为M，人们断言随之应发生事实P。这事实也可是偶然的结果，并显然在M发生之后，为产生P所需时间越长，由于纯粹的偶然，P发生的概率就越大。甚至，如果时期特别长，产生P的可能性极大，以致可以说确定无疑。如果人们猜测彩票中彩号码，不告诉他们抽彩的确定时间，而是要等一个世纪，那他们猜测的号码几乎中彩，甚至可以说肯定中彩，他们的预言得以证实。同样，如果预言应被证实的时间遥遥无期，又不想冒辟谣的风险，就断言一个民族行恶，迟早受惩罚；如果行善，迟早受奖赏。任何一个民族不可能在数十年或数百年的漫长时期内，完全拥有好事件或坏事件，由此可知，谁要不限定时间，总能发现他期待的惩罚或奖赏。

如下方法值得注意：在时空中摈弃好事件或坏事件对人们产生的后果。即断言，如果一位君子遭到不幸，这反而对他有益，因为可纠正其恶习或缺点，或驱使他人改过自新；如果一个恶棍遇到某些福事（此种情况更为罕见），这反而对他有害，因为使他盲目地走向毁灭，或使世人鄙视尘世的幸福以不与之同流合污。

750. 相对于民族而言，人生的短促致使找到行为及其后果在时间上的一致性更为困难；但让某人在世时一切顺利或不顺同样困难，因此他也具有人们探求的某一个行为与对此行为的惩罚或奖赏之间的一致性。于是，我们拥有大量对同一人来说相互对立的理论，一些理论在时间上摈斥赎罪，另一些理论断言某人的不幸是对他的惩罚，过一段时间后，会给他带来幸福。今天有人说："请等待将来看罪恶是否受到惩罚，善举是否受到奖赏。"今天他不能接受经验对判断的否定，因为未来对他对我们都是未知数。但如果阐述的理论是一般性的，通常对过去具有价值。今天我们应该认识熟悉的人们所受的惩罚或奖赏，甚至包括死亡。当如此进展时，就根本看不到由经验确证的理论。那些听任情感支配的人们并未注意到这点。这种情况类似于：有人确信酒徒的女性后裔丧失哺乳能力，如果真是这样的话，在盛产美酒的国度就再也找不到一位哺乳的妇女。

751. 如果我们扩大研究范围，从一人扩展到他人，就更易发现某一确定行为总会伴随不幸或幸福。强大的剩余物促使人们将家庭视为一个整体，这样我们能够发现某人的后裔中谁接受其行为造成的惩罚或奖赏。研究肯定获巨大成功：在数世纪的漫长岁月里，某人的后裔怎么能永远吉星高照或厄运缠身呢？

752. 罪行的“责任”，正如美德的“酬报”，不仅传给后裔，还扩展到或大或小的集体。在古人那里，某人的罪责落在其全体同胞身上的观念很普遍：罗马还会从某些执政官的恶行中获取好处，但并未形成这方面的理论。那个时代的作者们毫不犹豫地承认儿子应承受父亲的刑罚，因为他们把家庭看作由家长集中代表的统一整体；同样，当他们谈论一座受到一位公民恶行侵扰的城市时，就把这座城市看成一个整体；在这两种情况中，因局部的过失惩罚整体是“正确的”，就像某人的手犯下罪却惩罚其整个肉体一样“正确”。主要剩余物（集合体持久性）就在于此，仅仅附带地把它们当作派生物使用，这些派生物竭力将集合体的惩罚或奖赏同个人的功与过相结合。另外，我们称之为“过失”的东西至少部分类似于破坏个人、其家庭、其所属集体完整性的污点。因此自发产生不仅通过个人，还要通过家庭和各个集体来恢复完整性这样的观念（第 476 节）。

753. 在我们提及的各种派生物中，有一种重要派生物断言城市理应受到袭击，因为当罪犯受到惩处时，人们可避免受到惩罚。许多事实揭示此种派生物的计谋。往往当城市或集体尚未知道谁是罪犯和犯有何罪时，惩罚已降临它们头上；因此当它们不能直接惩罚罪犯时，或许能以某种方式赎罪。

754. 如果国君的倒行逆施危害民族的话，那么国君的仁政德行定会大得民心。赫西俄德描述过[①]明君治下臣民的幸福和昏君治下臣民的不幸。他把国君的行为受到民族的惩罚或奖励的观念，同臣民处境的好坏取决于政府好坏的实验观念混为一谈。

755. 集体因其成员的过错而备受磨难被多少随意地理解。单是恶人的偶然陪伴就会招灾惹祸。在实验领域，多种情况下会是如此。譬如，有人在火药库弄险，就会让那里的所有人见阎王。我们设想没有实验证明的其他情况下也是如此。一艘航船遇到暴风雨，船上人就指责迪亚戈拉[②]造成大家的不幸。他指出其他航船也在危险之中，并且反问其指控者是否认为

---

① 赫西俄德：《工作与时日》第 260～261 行。

② 迪亚戈拉，米洛斯岛的诗人与哲学家，被称为“无神论者”，公元前 441 年被指责有渎神行为而逃出雅典。——译注

他也在那些船上。对多数人来说，可信服的答案不是这样。如果迪亚戈拉的无神论能伤害其旅行的伙伴，同样会损害靠近他的其他航船上的人们。这仅是空间扩大或缩小的问题，在此空间范围内迪亚戈拉亵渎神灵的行为招致暴风雨。

756. 不允许某人终生幸福的神祇的嫉妒，扩展到其后代或其集体。很独特的是：由于普鲁塔克相信这种嫉妒而抄袭[1]希罗多德时，他本人在保罗·埃米利奥[2]的传记中又提供了一个例证。[3] 这里，正如在类似情况下，第二种剩余物起作用。保罗·埃米利奥及其子女被视为一个集合体，此集合体不应整体幸福，其一部分要受到刑罚。

757. 现代理论家指责古人的偏见：父亲的恶习在儿子身上变本加厉。他们没有发现，在我们社会存在类似现象，意思是说父亲的恶习使儿子受益并为他开脱罪责。对现代罪犯来说，其祖先或亲属中有一个疯子或酒鬼真是幸运之至，为此他可以在法庭上获得极大的宽容，有时还可免于刑罚。既然根据形而上学论证，因父亲的恶习而处罚其子，那另一形而上学论证同样有效，按相同理由使其赦免。今天人们还采用将罪恶行径的“过错”归罪于社会的权宜之计，因为社会未能使罪犯心满意足。然而社会并未受到应得的惩罚，而是其一个偶然挑选的成员受到惩罚，或是罪行的不幸受害者付出代价，无人关注这些可怜虫。

758. 根据团结的观念，好人要分担坏人的刑罚。此观念在古代似乎无所不在，在天主教教义中它非常重要。伯吕纳吉埃尔[4]执意坚持这一点，以便同社会连带主义者和社会主义者竞赛。

759. （B3）排斥在实在世界之外的幸福与不幸。

在形式逻辑方面，这种解答不容置疑。正如我们一再强调的那样，实验科学不以任何方式关注超越实验领域的东西。在此领域之外，它毫无作为。

760. 只有此时我们才提醒，为什么纯粹实验学科不能支撑如下论断：超自然的刑罚和奖赏是由妄图使用它们遏制他人的人们杜撰出来的。这些刑罚和奖赏的概念并不取决于某些预先的构思，它们属于集合体持久性剩

---

① 普鲁塔克：《希罗多德的恶意》第 15 章，第 858 页。

② 保罗·埃米利奥，公元前 219 年任罗马执政官，公元前 216 年在卡内抗击汉尼拔军队时牺牲。——译注

③ 普鲁塔克：《埃米利奥·保罗》第 36 节。

④ 伯吕纳吉埃尔（1849～1906），法国批评家、文学史家。——译注

余物的一部分，对这些剩余物来说，人的个性在死后依然存在。其后实践者也应用它们，正如应用社会中的其他情感一样。理论家应用它们用以解决自己的问题；但若能赋予它们文学的、形而上学的、伪科学的形式，那就形成业已存在的学科，即使如实践者那样为自己的目的应用它们，也再不用杜撰了。

761. 其他类似解释将行为的结果不是驱至想象的世界，而仅仅驱至可能的领域。譬如，有人说："此人幸福，但他可能更幸福；彼人不幸，但免除了更大的不幸。"可能的领域是不确定的，因此可随心所欲地表现。任何时代都不缺少此题材的美文华章。

762. 我们时代也不缺少。当人们向禁酒者指出，常饮葡萄酒和其他酒精饮料者不乏老寿星，或体力充沛、思维敏捷。后者回答说，如果不饮酒，他们会活得更长，体力和智力会更出色。一位出色的"功德无量的多明我修士"在一次讨论会上发言："人们引证斯塔提乌斯[①]的人杰和并非圣洁的船长，尽管他们不圣洁，仍不失为能征善战的武士。这样很好，但他们若圣洁，会所向无敌。"类似的夸夸其谈者忘记断言者肩负着证明的重任，也忘记了只要乞灵于可能的东西，将萤火虫变为大灯笼也轻而易举。

763.（B4）不能找到一种解释：天主之路不可认识。可以简单地断言：我们不可能知道，因为一个行为可以有数个结果，其后并不关注这些结果是"公正的"或是"不公正的"。迈蒙尼德[②]认为,[③] 这似乎是《约伯记》[④] 和艾什尔里[⑤]学派学说的结论。某个人什么也未断言，也就无须反驳他了。于是，有人声言不认识天主之路，其后只要使其学说在逻辑上成立，也没什么要我们批驳的。但往往情况并非如此。开始作者表示对"天主之路"了如指掌，仅当被反对者逼迫太紧时，为摆脱困境才说"天主之路"不可认识。圣奥古斯丁的推理[⑥]提供了典型例证，在神学家和其他思

① 斯塔提乌斯（约 45～96），拉丁文学白银时代罗马史诗的主要作者和抒情诗人之一，主要作品有《诗草集》和 12 卷《底比斯战记》。——译注

② 迈蒙尼德（1135～1204），犹太教法学家、哲学家、科学家，尝试将犹太教教义同亚里士多德学说协调起来。——译注

③ 迈蒙尼德：《迷途指津》第 3 部第 17 章第 3 册，第 121 页，穆克译。

④ 为《旧约全书》的一部分。——译注

⑤ 艾什尔里（873～935），伊斯兰教教义学家，他强调《古兰经》和逊奈为伊斯兰教义的唯一根源。——译注

⑥ 奥古斯丁：《驳法律和预言的反对者》，1，21，45；《上帝之城》××，2 等。

想家那里经常会遇到这种情况。

764. 通常人们并未察觉断言者的自相矛盾：他要别人认识的东西，自己却不认识，因为情感左右着人们。实质上，人们这样推理："A 应该是 B，如果观察不到，我不会说明原因；但未动摇我的信仰，A 应该是 B。"但往往形式不同，至少是不言明的，它很接近如下类型："A 是 B，如果观察不到，那是一种幻觉，因为实际上，以我不了解的某种方式，A 是 B。"这里 A 与 B 置于经验领域，此命题属于逻辑—实验科学，如果观察到 A 不是 B，该科学不承认 A 是 B，它不注重了解能否认识事实的原因。

765. 在此种情况下，也不是理论家杜撰出不可认识的"天主之路"；而是他们在民众中发现此种情感，该情感又取决于第二种剩余物，他们运用这些剩余物，将自己喜欢的形式赋予该情感的表现。

766. 形而上学解答很接近此类型，譬如康德的绝对命令，他提出责任概念，但未指出拒绝履行并嘲笑责任者的后果。这里不缺少通常的矛盾，因为作者陈述自己喜欢强加于人的东西，缄口不谈易受人诘难的内容。这是典型的推理："应该从事 A，因为它是 B 的结果。""为什么应该从事 B?""因为它是 C 的结果。"这样接续甚至可问："为什么应该从事 P?"于是用某种绝对命令加以回答。理论家一般应用这些形而上学解答，实践者和平民百姓对此很少关注。

767. （C）绝对否定。悲观主义。

这种解答对社会平衡意义甚小，因为从未做到家喻户晓，只是在文学家和哲学家那里流行。作为某些个体心理状态的表现，它们也具有价值。在沮丧失望的时刻，不少人重复布鲁图[①]的格言："美德，多少人假汝之名以行！"许多人还喜欢吟诵莱奥帕尔迪[②]悲观主义的作品，好似喜欢看一出震撼人心的悲剧，但该剧对他们的行为并未产生明显作用。

768. 悲观主义往往促使人们追求物质享受，许多文学家表达了这样的观念："人生在世须尽欢，莫到九泉受熬煎。"日俄战争结束后，在俄罗斯曾出现过憧憬美好未来的革命运动，后运动失败、希望破灭，万马齐喑的时期来临，人们沉溺于物质享乐。

769. （D）有条件的否定。存在两种截然不同的现象，它们可以具有

---

① 布鲁图（公元前 85 ~ 前 42），刺死罗马独裁者恺撒的密谋集团领袖。他还是一位学者，但留存至今的只有同西塞罗相互通信的 9 卷本《书信集》中的两卷。——译注

② 莱奥帕尔迪（1798 ~ 1837），意大利著名诗人。——译注

某些共同点。

如果读者思考已引述的事实，对它们又可补充上其他许多事实，就会发现第728节提出的问题已有科学的解答。关于第一个问题，严格遵循集体中业已存在的准则，对集体、个人或二者产生有利结果和不利结果（第866节及其后）。通常有利结果比不利结果更重要。无论前者还是后者，只有通过对各自个别情况的研究才能认识。关于第二个问题，确信遵循集体中业已存在的准则总有利于个人和集体部分受益，对此不容置疑且无可争辩；同样部分受损，但通常有利结果超过有害结果，为了认识它们，需要分析每一个别情况。

我们回到第728节提出的更一般的问题，我们可以重复已说过的东西，仅用集体中业已存在的剩余物及其结果代替准则。然后注意神学和形而上学对这些问题做出的不同解答。关于第一个问题，所谓积极宗教的神学和形而上学习惯承认按它们接受的现存剩余物及其结果行动，只能有“好的、公正的、有用的”效果；相反神圣理性神学和进步神学宣布，按照它们称作“偏见”的剩余物及其结果行动，只能有坏的和有害的效果。通常逻辑—实验科学既不接受前种教条主义断言，也不接受后种教条主义断言，而是用经验检验各种情况，只有经验能使我们认识某些行为方式的利与害。

770. 业已完成的研究向我们提供某些学说同它们的巨大社会效用缺乏实验联系的绝好例证。两千多年以来，道德主义者探求严格遵循道德规范同个人、集体幸福或不幸后果的关系，一无所获，不仅没有发现符合事实的理论，甚至未能运用未超越实验领域的词语、以准确的形式陈述。他们不厌其烦地重复相同的东西。一种理论消逝，随后重新出现，接着又消逝，循环往复，永无休止（第258节）。直至今天，历史学家和其他社会科学家试图对人们的行为做出“道德”判断时，缄口不谈他们接受哪种涉及问题的解答，仿佛必须如此。他们让解答被情感的迷雾所笼罩，使它暧昧不明，当方便时，就改变它，往往应用两个或更多互相矛盾的解答。不难理解以这种方式从不言明、不确定、无事实根据、暧昧不清的前提中得出的结论能有多少逻辑—实验价值。人们不为别的、仅因同情感一致接受这些结论。围绕这些结论的争论是单纯的舌战。人们若将亚里士多德的伦理学同现代伦理学相比，会立即发现二者差别比亚里士多德的物理学同现代物理学的差别小得多。为什么会这样？不是由于从事自然科学和伦理学的人们天赋上的差异，因为往往是同一人，正像亚里士多德，既论述自然科学又论述伦理学；也不是由于内在的难度，因为物理学、化学、地质学和其他自然科学可能比伦理学更好研究；相反苏格拉底认为自然科学难度更大并真正批评靠情感推理。如何解释约至15世纪物理学、化学和其他类似科学尚未比伦理学更先进？为什么那时人们设想的自然科学研究的较小难度并未显现出？只要它们采用同样的神学、形而上学或情感的方法，若不比伦理学落后，也应同伦理学齐头并进。仅当它们采用同伦理学不同的实验方法时，才同伦理学拉大距离并取得突飞猛进的发展。为什么说是方法的差异呢？这种差异可偶然产生。但为什么数世纪来持续存在？雅典人既反对阿那克萨戈拉，[①] 他说太阳是一块炽热的石头；也反对苏格拉底，他宣扬令人生厌的道德。在距我们并不悠远的时代，伽利略再现的哥白尼"谬误"和异教徒的道德"过失"同样受到谴责。为什么现在前类"谬误"有了自由空间，而后类"过失"至少受到舆论的谴责，并部分地受到政府权力的谴责？显然不同的结果也是不同力量的标志。在这些力量中，前者中显现的是实验研究的效用，尽管平民欢迎并从事这种研究；而在伦理学中研究几乎总变为损害并动摇社会生活的基础。于是，当实验真理同社会效用吻合或矛盾时，我们可以检验和复查随之产生的结果。

771. 剩余物的传播。

如果在集体的确定个体那里某些剩余物发生变化，那么可以直接通过模仿传播这种变化。但此种情况同另一种情况很难区分，即由于某些形势的变化。以间接方式传播，这些形势开始改变某些人的剩余物，接着逐渐改变其他人的剩余物。不难确认第二种情况比第一种情况发生频繁，因为人们发现剩余物的变化同经济、政治及其他形势的变化相一致。

772. 派生物的传播。

这里也有类似东西，由于在主要情况下是剩余物决定派生物，可以有如下三种传播形式：（1）通过模仿或其他直接途径传播。（2）通过改变和派生物一致的剩余物来传播。（3）通过作用于集体的其他情境来传播。

需要注意同一剩余物A可有许多派生物S、S′、S″（第838节），可以因不同原因对它们加以选择，甚至微不足道的原因，比如突发奇想、追求时尚及类似原因。这对某些剩余物和某些情感的各种表现也同样适用：譬

① 阿那克萨戈拉（约公元前500～前428），古希腊哲学家，原子唯物论的思想先驱。——译注

如，众所周知某些自杀形式时常变得很流行，人们用此形式表达厌世的情感。

773. 根据上述可知，同剩余物发生情况相反，在传播派生物的形式和剩余物的某些其他表现时，模仿占有重要部分。所有说着相同语言的人们，使用通常类似的语汇表达相同的情感。同样生活在同一环境中的人们，都承受此环境的多种多样的作用，被驱使应用大部分相似的形式表达相同的情感。这种相似扩展到派生物或不同剩余物的表现。我们假设派生物 S、S′、S″符合剩余物 A，派生物 T、T′、T″符合剩余物 B，派生物 U、U′、U″符合剩余物 C，依此类推。另外，我们假设性质相同的 S、T、U 以某种方式相似，S′、T′、U′和 S″、T″、U″等也是如此。如果由于某些微不足道的情况，选择 S 以表现剩余物 A，选择 T 以容易地表现 B，选择 U 以表现 C，即选择 S、T、U 相似系列的大量语汇。在其他情况下，在其他时代，人们将选择 S′、T′、U′相似系列的语汇。对其他相似系列也是如此。在现实中人们恰恰发现：在某个时代神学派生物 S、T、U 时兴，在另一时代形而上学派生物 S′、T′、U′代替神学派生物。就在不久以前，人们用实证主义派生物系列，或者达尔文主义派生物系列解释一切现象。具体现象十分复杂；它们之中模仿所占部分或大或小，它们还显现出众多其他情况（第 665 节）。

马克思主义向我们提供了无数相似派生物 S″、T″、U″，它们用“资本主义”解释各种社会现象。这里模仿十分明显。这些派生物表现主要由经济和社会形势决定的某些剩余物；但其他派生物也可以很好地表现，主要由于模仿才选择了 S″、T″、U″。

774. 从派生物上溯到剩余物时尤其注意这点。存在巨大社会潮流使派生物发生根本变化，而剩余物保持不变。我们已经提供了不少这类现象的例证。某世纪可拥有派生物 S、T、U，另一世纪可拥有派生物 S′、T′、U′，表面上它们之间存在巨大差别，它们恰为不同的文明时代；而实质上它们是如此不同的时代：用不同的形式表现相同或近乎相同的剩余物。

775. 这类现象是另一类更一般现象的特例，当宗教、伦理、形而上学、神秘的派生物适应生活的必然性时，即可观察到后类现象。理论不能完全脱离实践，二者之间需要某种适应，通过连续的作用与反作用可实现这种适应。正如我们看到的那样，与平民意见，更与伦理学家、文学家、伪科学家在社会学科中的看法相左，实践对理论的作用比理论对实践的作用大得多：不是实践适应理论，确切地说是理论适应实践。需要强调指出，我们已多次重复，我们并不否认理论对实践的作用。我们断言通常它比实践对理论的作用小得多，这完全是另一回事。因此，只重视实践对理论的作用，往往能初步把握具体现象；而只重视理论对实践的作用，则不会这样。所以，许多政治或社会现象研究著作和某些经济学著作的空洞无物似乎就源于此。

776. 利益。

个体和集体受本能和理性的驱使，占有有用的或仅使生活舒适的物质财富，并追求声望与名誉。这些行为推动力的总和可以称之为利益，在决定社会平衡方面，利益起着举足轻重的作用。

777. 经济现象。

对这种总和研究的最重要部分已由经济学完成，即使这门科学尚未产生重要著作，现在我们也不得不讨论它，留待后面再提那些著作。这里仅限于初步探讨经济学同社会学其他部分的关系。

778. 纯粹经济学。

正如纯粹法学得出某些原则结论一样，纯粹经济学得出某些假设结论。无论是法学还是经济学，所做假设在具体现象中占的比重越大，它们对这些现象的价值越大。

779. 人们根据自己的愿望或趣味设想某些存在物，为了满足愿望和趣味，它们会遇到某些障碍，接着发生什么事？纯粹经济学回答这一问题。恰恰由于趣味应有尽有、障碍层出不穷，这是一门宽泛的科学。它实现的结果构成社会学的至关重要的完整部分，但仅仅是一部分；在某些情况下此部分微不足道、被人忽视，无论如何需同其他部分结合以描述具体现象。

780. 应用经济学。

补充上对具体现象的思考，就从理论力学过渡到应用力学。从纯粹经济学过渡到应用经济学也大致如此。譬如，理论力学提供理想杠杆原理，应用力学教授如何制造具体的杠杆。纯粹经济学使人认识货币在经济现象中的作用，应用经济学提供现在、过去货币制度及其演变的知识。这样我们更接近具体的东西，但尚未抵达。应用力学教授蒸汽机的各个部件如何运动，但要由热力学揭示蒸汽的运动，进而还应求助于许多其他考察，包括经济学考察，以指导我们选购火车头。应用经济学提供关于货币制度性质与历史的广泛知识；但为了解它们如何和为什么存在过，需要借助其他考察。我们不用理会地质学和冶金学，它们应教我们如何提供贵金属；但我们只限于考察社会力量，还有待了解如何和为什么某些政府伪造货币而其他政府未这样做，如何和为什么同时存在英国金单本位制、法国有缺陷的金银复本位制、中国银单本位制、意大利和其他国家的纸币流通；为什么某些货币理论产生、消亡、再生，循环往复，以至无穷。请注意我们特意选择一种经济部分占绝对优势的现象，而其他现象中理论与实践的脱离非常明显。纯粹经济学告知我们，关税壁垒“直接”造成（请注意这种限制）财富的破坏，应用经济学确证了这种推演；但这两门科学都未能告诉我们，为什么英国的自由贸易，美国、德国及其他许多国家在程度和方式上各不相同的贸易保护同时存在。更为糟糕的是，我们不理解为什么英国靠自由贸易、德国靠贸易保护都取得经济繁荣（第938节及其后）。

781. 一方面，人们倾听经济学理论论证贸易保护主义造成财富的破坏；另一方面，又看到奉行贸易保护主义的国家经济繁荣。他们困惑不解，并且不能认识这种矛盾的实际原因，就杜撰出想象的原因：说经济理论错误者自己未能理解它们；过激者宣判一切社会理论皆空话连篇、荒谬绝伦，只有自己的理论除外；仿效堂吉诃德炮制医治骑士创伤而对侍从无效的神奇药膏的人也创造出某种民族经济学，既自我欣赏又取悦于朋友；未发现曾存在物原因的人梦想曾应存在物；离开靠不住的经济领域的人立即陷入伦理学和形而上学泥潭中；沿其他道路漫游的人离目的地越来越远，因为只有通过对作用于并改变经济现象的种种社会现象的实验研究，才能达到目的。

782. 古典经济学家走过的道路只用三言两语就能说明、至少部分说明，科学不仅致力于研究曾存在物，也研究曾应存在物：说教部分代替对事实的客观研究。这种著作倾向于宗教，而未保持纯实验性。对于早期经济学家还情有可原：在亚当·斯密[①]和萨伊[②]时代只得这样做。那时仿佛一切文明都承受物质与精神的革新：过去充斥贫困、愚昧、偏见；将来皆为繁荣、知识、理性活动；一种新宗教使人心醉神迷，神圣的科学把非逻辑行为打入地狱，让逻辑和无比神圣的理性驻留奥林匹斯山上。其他个别动因还要对一般性质的动因加以补充。因为经济科学突然取得突飞猛进的发

① 亚当·斯密（1723~1790），古典政治经济学的杰出代表和理论体系的建立者。——译注

② 萨伊（1767~1832），法国资产阶级庸俗政治经济学的创始人。——译注

展，可同物理学和化学的进步相比，因此进行如下类比就很自然：面对新的理论，只有无知才能维护经济学、物理学、化学的古老的天方夜谭；面对新学说，过去的经济学说应当消逝。正如发炎理论让位给平衡理论。因此经济学家的主要作用是消灭这种无知，讲授并宣扬真理。科布登①的同盟的辉煌成就似乎为这种观念提供了极好的、有说服力的实验证据。这不，可以说所做的预见得以证实：科布登及其朋友们高超的演说术驱散愚昧的乌云，战胜并摧毁贸易保护主义，建立自由贸易，为此英国获得令人难以置信的繁荣。哪里出现效法科布登同盟的团体，似乎那里的一切经济秩序应按经济学家所期待的方向革新。但没有一个团体取得一丁点儿科布登同盟的成就。差一点儿人们希望用教育无知者所遇到的困难解释这一事实。但此借口毕竟于事无补，显然这些无知者不学习，因为他们不想学习。人们还指责政客们用阴谋诡计欺骗无知者，这大致符合事实。但需要解释如何和为什么政客们具有这种能力。这主要是社会学问题而不是经济学问题。

783. 古典经济学家将他们的头脑转向应存在物，从少数原则出发，用逻辑加以确定，由于逻辑和这些原则对整个地球有效，他们就发现了同样有效的规律。但由于他们的结论同事实不符，需要发现错误之所在。通常他们认为存在于前提与理论中，他们宣布前提和理论是虚假的，而它们只是不完整；他们想完全摈弃之，而只有待于充实完整。

784. 我们假设一位几何学家发现勾股定理，他根据推理得出结论：如果直角三角形的两个直角边长分别为 3 米和 4 米，那么斜边长为 5 米。其后他想将理论结果付诸实践，说：“以任何方法度量这三条直线，总会发现上述数字。”在巴黎，一位观察家想要证实这点。他手持一根绳子，没有把它拉紧，测量了两个直角边：一边为 3 米，另一边为 4 米。然后再将它尽可能拉紧，发现斜边为 4.6 米。在伦敦，另一位观察家采用另一种方法测量，直角边分别为 3 米和 4 米，却发现斜边为 5.4 米。理论的结论同事实不符，为了恢复这种一致，对几何理论只需单纯补充上对测量直角边方法的思考。这样的思考可以产生各种不同的理论，这种思考和几何理论一起能够解释并预见巴黎和伦敦发生的事实。

785. 相反，突然涌现出某些人士，为了恢复同事实的一致，甚至否定几何学的存在，拒绝勾股定理，因为此定理凭借对演绎法的滥用得出，未

① 科布登（1804～1865），英格兰 19 世纪初期的政治家，国际自由贸易的倡导者。他建立的反谷物法同盟在 1839 年成为全国性组织。——译注

对伦理学给予必要的重视，伦理学对人们至关重要。即使存在某些类似定理，他们也附带否定在巴黎和伦敦能保持不差毫厘，宣布用不同国家间千差万别的“民族”几何学代替“普遍”几何学，并得出结论：用不着关注几何理论，只需撰写实际测量直角三角形的“历史”。如果有位少年，在度量一个直角三角形时，擤了擤鼻子并算错了厘米数，他们会立即撰写出关于擤鼻子“伦理学”的精彩论文，长篇大论地描述这位少年，要人们了解他长着红头发还是黑头发，并提供不少诸如此类赏心悦目的消息。这是政治经济学“历史学派”众多著作的较为真实的面貌。

786. 由于与逻辑—实验科学无关的动因，它也曾辉煌一时。

这是民族主义情感对世界主义情感的反抗，一般说来，是集合体持久性（第二种）对组合本能（第一种）的反抗。其伦理学部分产生讲坛社会主义，以满足某些资产阶级民族主义者的愿望，他们不想达到马克思世界主义学说的高度。虽然置于逻辑—实验科学之外，它对该科学仍起作用：它用另一种错误反对古典经济学的错误，使二者都得以承认。直接地看，由于其伦理学倾向，它比古典学派更少实验性；间接地看，通过对历史的研究，等于摧毁准备超越经验的庞大体系，并在形而上学领域重新建立这一体系。

787. 马克思也重视接近具体的东西，他否定价值论，用另一种更不完备的理论代替当时流行的很不完备的理论。实际上，他的理论是对大卫·李嘉图理论的拙劣复制，比原作糟糕。他还用剩余价值论对与伦理学毫无关系的地方补充上道德思考；但他的社会学著作很精彩。他对摧毁资产阶级古典经济学伦理—人道主义体系做出贡献，而“阶级斗争”概念表明绝对必要用新概念补充经济学概念，以便能够认识具体现象。马克思的伦理学有别于资产阶级伦理学，但并不比后者优越。这足以使我们踏上认识二者错误的征途。

788. 为了接近具体的东西，以许多其他方式表明需要对某些经济理论思想补充上新思考，这里要加以叙述将特别冗长。其中最突出的当属通过词语“价值”不确切的含义引入那些思考的方式。这里错的是手段而不是目的。手段如此间接，它通往一条相当漫长、布满荆棘、为悬崖阻断的道路，走这条路不可能到达目的地。这类似于某人准备学习全部拉丁语语法，但从连词“et”① 开始；条条大路通罗马，但这是条艰难曲折、不易

① 拉丁文，意为“和”。——译注

通行的路。

某些经济学家发现自己的科学产生或多或少远离具体现象的结果，直觉到必须使之完善，但他们选错为达到此目的的道路。他们执意试图从自己的科学中获取为接近具体现象所需的东西；相反需要求助于其他科学，并且在涉及经济问题时，必须严肃认真地而不是附带地根据它们进行推理。他们不是想补充而是想改变、有时想摧毁，因此像在金属丝编织的鼓状物上不停跳跃的松鼠，喋喋不休地讨论着价值、资本、资本的收益等，成百次地重复那些已家喻户晓的东西，为创造“更好”的经济学而探寻某个新“原则”。非常不幸，他们中只有少数人想在同事实一致的意义上完善经济学，相反多数人想说同自己的情感更加一致。另外，在第一种假设中，研究是空泛的，至少现在如此。只要科学尚未十分先进，人们对经济原则的关注远超过对经济学结果同其他社会科学结果错综复杂关系的关注。多数人对这些并不注意，因为这是长期、艰难的研究，要求对事实的广泛认识；相反关于“原则”的议论，凭借点想象，有纸、笔、墨水就可撰写。

789. 为了解决诸如第 780 节提的问题，除经济现象外，需要考察所有社会现象，经济现象只是其中一部分。一个国家的总状况 X 可明显地分解为二：经济状况 A 与非经济状况 B。我们假设经济状况 A 变为 A′，如果这种认识足以了解随之变化的社会总状况 X′，据此我们承认 A 与 B 是各自独立的，可使 A 变化而不必使 B 变化，反之亦然；相反，如果我们不承认这点，也就不能承认认识 A′足以全面认识 X′：还需要了解 B 变化后的东西，即 B′，如果不认识 A 与 B 的相互依存，也就不会了解 B′。

某些经济学家不是通过分析而是根据具体物进行推理，似乎 A 与 B 是各自独立的，他们确信不用理睬 B 也可研究 A。不能把这种过错算在构建科学者身上，因为需要一次研究一个问题，对 A 部分著作的研究是对 A 与 B 整体著作研究的必要准备。对历史进行唯物主义解释的首创者发现 A 与 B 的依赖性，做出巨大功绩；但当他们把这种依赖确定为 A 是 B 的原因的关系时就犯了错误。在找到 A 与 B 依赖的实在形式之前，这里也需要拥有它们的存在概念。现在，科学的进步已清晰地揭示 A 与 B 的依赖性，坚持将实际并不存在的形式赋予它[1]的经济学家再不能原谅。这里我们应研究

[1] 指 A 与 B 的依赖性。——译注

社会的基本现象，在实在形式中把握 A 与 B 的相互依存，在下一章我们将讨论这些形式。

790. 关于经济现象的研究，已经谈了不少，我们将充分利用这种研究以认识社会现象的这一特殊部分，并将此部分看作同其他部分分离。在使用所谓经济科学的著作时，最好去掉那些直接或间接涉及伦理学的内容，只因为作者们并未严肃认真地处理此论题，他们接受并使用不确定的表述，正如我们所见，他们从中挖掘自己想要的东西。同样，我们也将剔除一切驱使人们采取某些实际行动的声音，诸如建议、警告、布道，由于它们是外在于科学的东西，如果人们想要避免坠入谬误的深渊，就应让科学同它们分离。

791. 社会的异质性与各部分间的循环。

我们越是频繁遇到这种异质性，在研究社会平衡条件时就越应关注；因此需要为它铺平道路，现在就对它进行严肃认真的讨论。

社会的异质性和各部分间的循环可以分开处理，但由于在现实中它们同对应的现象相关联，为避免重复，同时考察这些现象将是有益的。无论理论家喜欢与否，事实上人类社会是不同质的，人们在身体、道德、智力上千差万别。这里我们想研究实在的现象，因此我们应牢记这一事实。我们还应考察另一事实：社会阶级并不完全分离，即使存在种姓的地方也是如此。在现代文明民族那里，社会阶级间的循环频繁发生。不可能深入展开众多社会集团差异性这一题目和它们相互融合的不可胜数的方式。因此，通常由于不能把握大量社会集团，我们应满足于把握少量社会集团，将问题简化以便于处理。这是我们迈出的第一步，他人可沿此道路继续前进。我们只同社会平衡联系起来考察此问题，竭力减少集团的数目和循环的方式，为证明社会现象以某种方式相似将它们放置一起。

792. 国民选择的阶级及它们的循环。

首先我们给此现象下一个尽可能确切的理论定义，然后我们将发现对此现象近似的实际说明，以代替此定义。现在，我们根本不考察人们素质的不同性质：好或坏、有利或有害、值得赞誉或应受诅咒，只注意它们具有的程度：轻微、一般、强烈，更确切地说，对每人素质的高低口头上能打多少分。

因此，我们假设，在每一项人类活动中，对每人的能力都能打一个类似考试时得的分数。譬如，给最优秀的专业人员打 10 分；对门可罗雀者打

1分，给笨蛋可打0分。对无论如何能挣得数百万里拉者，我们打10分；给挣得几千里拉者打6分；对数米而炊、一贫如洗者给打1分；给病魔缠身、常住医院者打0分。颇有政治才干的女人，诸如伯里克利[①]的阿斯帕西娅[②]、路易十四[③]的曼特农夫人[④]、路易十五[⑤]的蓬巴杜夫人[⑥]，她们善于赢得执掌大权的男人的宠爱并干预朝政，我们给她们打个高分，比如8或9分；对以色事人、只满足统治者肉欲而对政权未施加丝毫影响的婊子，我们给0分。根据受骗上当者和诈骗钱财的多少，我们给大诈骗犯分别打8分、9分和10分；只骗得餐馆老板一副餐具就被宪兵捕获的可怜的小骗子，我们给打1分。给像卡尔杜齐[⑦]这样的大诗人，根据鉴赏力，我们打8分或9分；给刚一开口朗诵自己作品、听众纷纷离场的蹩脚诗人，我们打0分。根据棋手在哪些比赛获胜及获胜次数，我们可给他们打精确分数。依此类推，对各项人类活动都是如此。

我们注意此时讨论的是事实状态，而不是潜在状态。如果某人在参加英语考试时说："只要我愿意，英语可学得非常好；由于我不想学，所以我不会。"主考者回答："您不会的原因，我不感兴趣；您不会，我给您0分。"同样，有人说："此人未偷，不是因为他不会，而因为他是君子。"我们回答："很好，我们很赞赏他这点，但作为小偷，我们给他0分。"

有人崇拜拿破仑一世，把他视为上帝；也有人对他深恶痛绝，视同恶贯满盈的坏蛋。谁有理呢？我们不想解决这个内容完全不同的问题。不管善恶与否，拿破仑一世肯定不是蠢材，也不是微不足道的常人，这样的常人有数百万之众。他具有超凡的品质，这足以让我们将他列入精英之列，但决不想妨害关于这些品质的伦理学问题以及社会效用问题的解决。

总之，这里我们通常运用科学分析，将论题区分开并分别加以研究。还需要用级差大的间断变化代替不易觉察的微小变化，比如在考试中区分

---

① 伯里克利（约公元前495～前429），古雅典民主政治家，公元前444年后历任首席将军，成为雅典国家的实际统治者。——译注

② 阿斯帕西娅（公元前5世纪），交际花，古雅典政治家伯里克利的情妇。——译注

③ 路易十四（1638～1715），法国国王。——译注

④ 曼特农夫人（1635～1719），法国作家斯卡隆（Scarron）的妻子。1660年夫亡寡居，1683年同路易十四结婚，创办西尔修道院。——译注

⑤ 路易十五（1710～1774），法国国王。——译注

⑥ 蓬巴杜夫人（1721～1764），法王路易十五的情妇。——译注

⑦ 卡尔杜齐（1835～1907），意大利著名诗人，1906年获诺贝尔文学奖。——译注

开及格者与不及格者，关于年龄分为幼年、青年、老年。

为此，我们将在自己活动领域内拥有高分的人们形成一个阶级，并称之为“精英阶级”（精英）。显然将此阶级同其他民众分开的界限不精确，也不可能精确，它不似将青年同成年区分的界限，这一点并未消除考察事物分类的效用。

793. 将该阶级一分为二，对我们即将开始的社会平衡研究十分有益，即我们将直接或间接在政府中居主导部分并构成执政的精英阶级的人们区分开来，其余者为不执政的精英部分。

譬如，一位著名棋手肯定属于精英阶级，但无疑他作为棋手的功绩并未为其开拓通向政界之路。因此，如果不是由于其他品质从政的话，他不属于执政的精英阶级。至高无上君主的情妇往往属于精英阶级，一方面由于天生丽质，另一方面由于聪明才智；但只有某些情妇极富政治天赋，在政府中占有一席之地。

因此，我们将民众分为两个阶层，即：（1）下层阶层，非精英阶级，现在我们不探讨他们在政府中能起的作用。（2）上层阶层，精英阶级，可一分为二：（a）执政的精英阶级；（b）不执政的精英阶级。

794. 实际上，不存在为每个人在这些不同阶级中定位的考查，用其他手段加以弥补，用某些名分勉强达到此目的。存在考查的地方也有类似名分。譬如，律师的名分指示某人应当通晓法律，并且往往真正通晓；但有时也不尽然。与此类似，在执政的精英阶级中，拥有不低公务名分的人，譬如部长、参议员、众议员、各部局长、上诉法院院长、将军、上校等，竟然有一定比例的名不副实者。

这种例外远比律师、医生、工程师，或靠自己的智谋发财致富者，或富有音乐、文学天赋者大得多；另外，因为在人类活动的各个领域，名分是由个人直接获取的；而对精英阶级来说，部分名分是世袭的，譬如像富有的名分。在以往时代，执政精英阶级中也有世袭职衔，今天只保留君主的名衔；但世袭若直接地消逝，那间接地它仍很强大。一笔巨额遗产的继承者，在某些国家极易被任命为参议员，或被选为众议员，只要他贿赂选民，如果需要，还标榜自己是彻底的民主主义者、社会主义者、无政府主义者，以取悦于选民。在其他许多情况下，财富、亲缘、关系都会使人受益，使不称职者获取一般精英阶级的名分，或特殊执政的精英阶级的名分。

795. 凡社会单位是家庭的地方，家长名分对家庭成员有用。

在罗马，成为皇帝者一般会把其被释奴[1]提升到上层阶级，甚至往往把他们升至执政的精英阶级。另外，或多或少掌权的被释奴素质可高可低，有待用自己的德行证明凭借恺撒的帮助才获得的名分受之无愧。在我们的时代，社会单位是个人；但个人在社会中的地位同样使妻子、儿女、亲朋好友受益。

796. 如果所有这类派生物微不足道，人们就可以不予考虑，正如实际上人们忽视在某些情况下担任公职者需有毕业文凭的规定一样。他们知道有些人有毕业文凭并未担任公职，但最终经验表明，从总体上可以不考虑它。还可以，至少在某些方面，忽视这些派生物，如果它们几乎不变化，即只要拥有名分但不具有相称素质者在整个阶级中所占比例不变。相反，在我们社会有待考察的实际情况同这两种情况大相径庭。派生物并非数量极少以致可以被忽略，它们的数量变动不定，对社会平衡至关重要的现象就源于此，因此需要认真研究这些派生物。另外，需要指明民众的不同集团是如何混合的。从某集团过渡到另一集团者，一般总要把原集团所具有的某些倾向、情感、才能带来；我们应当牢记这一情况。在个别情况下，只考察两个集团：精英阶级和非精英阶级，这种现象称之为“精英阶级的循环”（circulationdesélites）。[2]

797. 总之，我们首先应注意：（1）在同一集团内，名义上属于该集团但实际上又不具备应有素质者占整个集团的比例。（2）在不同的集团之间，从某集团向另一集团过渡的方式和这一运动的强度，或循环的速度。

798. 这种循环的速度，不仅需绝对地考察，还要同某些因素的要求与供给联系起来考察。譬如，一个长期处于和平状态的国家，在统治阶级中需有少数武士，并可能供大于求。当该国处于长期战争状态，需要大量武士，尽管他们的数量保持原有水平，可能供不应求。我们很快发现，这是许多贵族瓦解的原因之一。

799. 不应将权利状态与事实状态相提并论，后种状态独自或近乎独自对社会平衡具有重大意义。存在不可胜数的例证：在法律上封闭的种姓中，事实上往往发生大量的渗透。另一方面，如果缺少获准进入的实际条件，一个法律上开放的种姓又有何益处？如果任何人只要发财致富，就能

---

① 指获得自由的奴隶。——译注。

② 法文，意为“精英阶级的循环”。——译注

成为统治阶级一员，而无人发财致富，那该阶级就似乎是封闭的；如果只有少数人发财致富，法律似乎为进入该阶级设置重重障碍。在罗马帝国的末期，就可看到这类现象：发财致富者进入元老院；但只有极少数人能发财。

理论上我们可考察许多集团，实际上我们只应限于考察最重要的集团。我们将从简单到复杂，不断接近地进行考察。

800. 上层阶层和下层阶层。

我们能做的最简单的事是将社会划分为两个阶层：上层阶层，通常统治者在此阶层；下层阶层，被统治者在此阶层。这一事实如此明显，以致在任何时代就连最缺乏经验的观察家也不能忽视，两阶层间个体的循环事实亦然。甚至柏拉图也感受到这点，试图人为地规范它；不少人议论“新人”“新贵”，还有大量研究文献论及他们。现在我们将更精确的形式赋予不甚分明的思考。我们已经提及（第 647 节及其后）剩余物在不同社会集团、主要在上层阶层和下层阶层的不同分布。这种社会异质性是任何微小观察足以认识的事实。

801. 在社会阶层中，第一种、第二种剩余物发生的变化，对于决定平衡具有十分重大的意义。从一种特殊形式，即从上层阶层中所谓“宗教”情感变化形式的角度，一般观察即可发现上述变化。显然在某些时代“宗教”情感逐渐减弱，在另一些时代逐渐增强，并且这种波浪式变化曲线和显著社会变化相一致。可以更准确地描述这一现象，说在上层阶层中第二种剩余物每次减少些许，以致它们在下层阶层不断增强、形成高潮。

802. 临近罗马共和国末期，上层阶层的宗教情感十分微弱。下层阶层人士、外国人、被释奴以及罗马帝国引进的其他人，为了上升到上层阶层，宗教情感明显增强。在罗马帝国末期，当政权掌握在出身下层阶层的官僚和平民武士手中时，宗教情感重新增强。这是第二种剩余物占优势的时代，表现为文学、艺术和科学的衰落和东方宗教，尤其是基督教的入侵。

803. 16 世纪的新教改革、克伦威尔时代的英国革命、1789 年法国大革命，都是产生于下层阶层吞没上层阶层的怀疑论的宗教狂潮。在我们时代，美利坚合众国，那里使下层阶层升迁的运动迅猛异常，向我们展示了一个第二种剩余物威力无穷的民族。在此民族中产生大量邪教，并同所有科学情感相矛盾，比如《基督教科学》还制定了许多虚伪的法律以约束道德，它们类似欧洲中世纪那些法律。

804. 在社会的上层阶层，在精英阶级中，名义上存在某些集合体，有时并未完全确定，而人们称之为贵族。在某些情况下，大部分这些贵族成员实际具有留驻其中的素质；相反，在另一些情况下，数目可观的成员不具备这样的素质。他们在执政的精英阶级中可起着比较大的作用，或者被排除在此阶级之外。

805. 起初，武士、教士、商人贵族、富豪集团，除少数我们不予考虑的例外，肯定属于精英阶级，有时构成整个精英阶级。百战百胜的武士、事业发达的商人、财源茂盛的富豪，恰恰在各自领域胜过常人。于是，名分符合实际素质；但随着时间的推移，其后出现名实分离，往往很明显，有时非常严重。同时，另一方面，某些起初在执政的精英阶级中居主导地位的贵族，最终沦为该阶级中无足轻重的因素，正如主要发生在武士阶级中的那样。

806. 贵族并非永为贵族，无论何种原因，一定时期之后贵族销声匿迹是无可争辩的事实。历史是埋葬贵族的坟墓。雅典人对外国移民和奴隶来说是贵族：他们没有留下后代就消逝得无影无踪。形形色色的罗马贵族消逝了，野蛮人的贵族也消逝了：在法国，法兰克征服者的后裔在哪儿？英国贵族的家谱排序精确：极少数家族可上溯到征服者威廉[①]的部属。在德国，现在的贵族大部分出身于古代绅士的陪臣。几百年来，欧洲各国人口增长迅猛；但显然、毫无疑义，贵族并未按相同比例增长。

807. 某些贵族不仅从数量上锐减，而且从素质上衰退，他们的魄力越来越小，益于他们掌握和维持政权的剩余物的比例也在变化。我们将在后文（第 917 节及其后）讨论这一内容。统治阶级不仅在数量上，而且更为重要的是在素质上由下层阶层的家庭重新构建，他们给统治阶级带来活力与朝气，以及为维护政权所需的相应的剩余物。统治阶级丧失其最衰败的成员，才能恢复元气。

808. 如果这些运动中的一个停止，甚至更为糟糕，两种运动都停止，统治阶级开始走向毁灭，往往还会引起整个民族的崩溃。在下层阶层中优秀分子的聚集，或相反在上层阶层中低劣分子的聚集，是破坏社会平衡的重大动因。如果人类的贵族像经过精选的动物良种，能长时期繁殖具有近

---

① 威廉（1027～1087），即英王威廉一世。——译注

乎相同品质的后代，人类的历史就会截然不同。

809. 由于精英阶级循环，执政的精英阶级像一条流淌的河流，处于一种连续和缓慢的变动状态，今天的执政的精英阶级已不是昨天的那个。有时人们发现这种动荡就像洪水泛滥、迅猛异常；其后新生执政精英阶级重新开始缓慢地变化：河水已归入河道，重新开始正常流淌。

810. 伴随精英阶级缓慢的循环或其他原因，革命爆发了，因为在上层阶层中低劣分子聚集，他们不再拥有用以维护政权的剩余物，并放弃使用暴力；相反在下层阶层中优秀分子增加，他们拥有用以执政的剩余物，并且准备使用暴力。

811. 总之，在革命中，下层阶层的人们由上层阶层某些人士指挥，因为后者具有运筹帷幄的聪明才智，但缺少由下层阶层人们提供的剩余物。

812. 巨大变化突然发生，因此原因并未直接产生结果。当统治阶级或民族用暴力长期维持并越来越富，他们不用暴力，却用黄金购买或靠牺牲荣誉与尊严从敌人手中换取和平，也可苟延残喘于一时，只要当时所享有的荣誉和尊严仍成为某种资本的话。起初，政权靠让步得以维持，就产生错觉：似乎可以永远如此。于是，衰败的罗马帝国用金钱和荣誉从野蛮人手中换取和平。法王路易十六在不到一季的时间内就将祖传对君主政体的挚爱、崇敬和近乎宗教般的崇拜耗尽，他一再退让，简直可称为革命的国王。英国贵族同样将自己的政权延续到19世纪后半叶，直至20世纪初议会法案①的通过标志着其走向没落。

① 原文为英文：Parliament Bill，1909年当英国上议院否决由财政大臣乔治所准备的预算时，首相解散议会，向选民求援。他相信全国支持他，开始准备一个削弱上议院势力的提案。由于上议院害怕上议院里拥进自由党的贵族，让他们在那里占上风，这个叫作1911年议会法案的议案最终通过。它标志着议会中由民众选出的下议院从此成为英国真正的立法机构。——译注

第九章　社会的一般形式

813. 要素。

我们可以分为如下几类：（1）土地、气候、植物群、动物群、地理位置、矿产资源等。（2）一个社会对其他社会的作用，或超越空间，或时间超前。（3）内在要素，诸如种族、剩余物（即它们表现的情感）、倾向、兴趣、推理和观察的天赋、知识状况等。

814. 大部分要素相互依存。它们之中需要指出反对社会解体的力量。因此当某个社会由其他要素确定，以一定形式构成，反过来它又作用于其他要素，在此意义上，还应认为这些要素同此社会相互依存。于是，机构的形式决定生活的性质，生活性质反过来又作用于机构（第 841 节）。

815. 因此完全确定社会形式，必须首先认识全部不可胜数的要素，然后了解它们如何定量地起作用，即给每个要素及其作用打分，认识它们之间的依存关系，最终确定决定社会形式的所有条件，用方程中的量表示它们。方程数量应该同未知数数量相同，方程完全限定未知数。实际解这些方程困难重重，如果想从所有方面考察此问题，甚至可以说障碍不可逾越。在《手册》[①] 第三章第 217 ~ 218 节，我们已经指出经济现象仅是社会现象的一小部分这一事实。因此，从对平衡状态和其他类似问题的完全彻底解决的角度看，认识这些方程毫无益处；相反，对其他个别问题却非常有用，比如在纯粹经济学中就是如此。对这些方程极不完备的认识，至少使我们对解决如下问题具有某些看法：（1）认识社会系统的某些特性，正如我们已能认识的经济系统的某些特性。（2）认识接近一个实在点的某些要素的变化，通过此点可大致认识这些方程。总之，这是我们准备在本章解决的问题，并且我们用对方程特性以及它们在社会系统各要素间建立的关系的认识（我们可以做到）代替对方程的精确认识（我们做不到）。

---

① 指帕累托 1906 年发表的《政治经济学手册》。——译注

816. 要对社会形式做彻底研究，至少应当考察决定这些形式的主要要素，忽略那些其作用可视为次要的要素。现在还不可能做到这点，幸好某些要素作用于人们的倾向与情感，因此在考察剩余物时，可间接地认识它们。

817. 在第 813 节指出的第一类要素，即土地、气候等的作用，当然非常重要；但至今关于此问题所做的研究没有取得丰硕成果。因此，我们放弃对它的直接研究，而是间接地认识它，把剩余物、人们在此种作用下的倾向和利益作为资料。

818. 同样，我们将论述仅仅限于地中海沿岸和欧洲各民族，将尚未解决的种族问题搁置。但我们并不忽视其他民族对上述民族之一的作用，因为我们考察地区的居民并未与世隔绝。用以表现出这些作用的军事、政治、文化、经济等实力，取决于情感、利益、认识等要素；因此，可以从这些要素中挖掘，至少能部分地做到。

819. 无论我们考察的要素数量多少，我们设想它们构成一个系统，并称为“社会系统”，我们将研究它们的特性。这种系统随时间的推移改变形式和性质，因此当给社会系统命名时，我们理解为它不仅要在某一确定时刻，而且要在某一确定时期内发生的连续变化中考察。正如给太阳系命名时，想要在某一确定时刻内以及构成或长或短时期的连续时刻内考察这一天体系统。

820. 平衡状态。

首先，我们若想稍微严密地进行推理，就应当确定一种状态，在此状态中我们考察社会系统，此系统的形式无时无刻不变化。系统的实在状态，静态或动态，由其条件确定。我们假设人为地改变其形式（第 52 节），立即产生一种反作用，要将变化了的形式还原为初始状态，更确切地说，恢复到将引起实在变化的状态。如果不是这样，这种形式及其变化就不是确定的，而是飘忽不定的。

821. 我们可以利用这一特性以界定我们想要考察的状态，现在我们用字母 X 指示这种状态。我们说，此种状态是这样的：如果人为地促使其发生某些不同于实际发生的变化，就会立即产生使其恢复到实在状态的反作用。这样，我们就给状态 X 下了一个严格的定义。

822. 它每一瞬间都在变化，我们不可能也不想每时每刻地注视着它。譬如，为了解田地的土壤肥力，我们不必每分钟、每小时、每天甚至每月考察小麦在地里的长势，我们只关注此麦地的单产。为了解爱国主义要素，我们不可能追踪每个士兵的全部活动，从应征入伍直至英勇牺牲，指出一定数量的志士牺牲的完整事实足矣。这类似于，我们忽略钟表秒针跳动的情况，仿佛它用永不间歇的运动显示时间。因此，我们考察连续状态 X_1、X_2、X_3，还需确定它们在一定时间段内呈现，并且能使每个要素在它们之中完成我们想要观察的作用。

我们以纯粹经济学为最简单的例子。假设某人在单位时间内，比如每天，用面包换葡萄酒：起初葡萄酒为零，当他拥有一定数量就停止交换（图 22）。

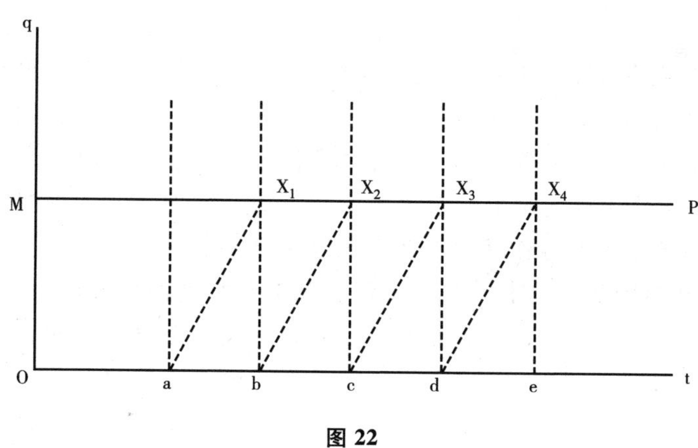

图 22

时间轴为 Ot；ab = bc = cd = de = ……是表示时间单位的线段。葡萄酒数量轴为 Oq。在第一个单位时间的起点，某人拥有葡萄酒量为零，他居 a 点；在其终点，他拥有葡萄酒量为 bX_1，居 X_1 点。某人每天重复相同的活动，并且在每天或每单位时间的终点，他处于 X_1、X_2、X_3 各点。所有这些点都在一条线段 MP 上，此线段同 Ot 平行，两线段间的距离等于某人每天从交换中获取的葡萄酒量。线段 MP 被称为平衡线，通常是由纯粹经济学方程确定的线段。它也可以不同轴 Ot 平行，因为无须每天重复相同的活动。譬如，可以是曲线段 MP（图 23），ab = bc = cd = ……它们总是单位时间，但在这些单位时间的起点，某人处于 a、s、r、d、u 各点，在其终点处于 X_1、X_2、X_3、X_4、X_5 各点。此曲线段 MP 仍称作平衡线。当我们说纯粹经济学产生经济平衡理论，是说它教授如何从位置 a、s、r、d、u 过渡到最终位置 X_1、X_2、X_3、X_4、X_5，仅此而已。

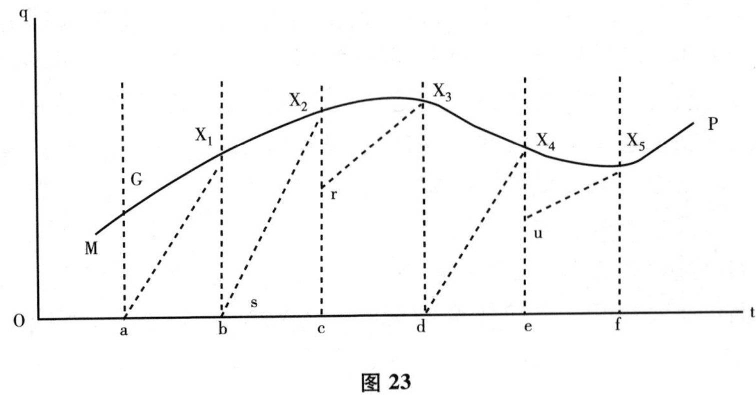

图 23

现在我们考察更一般的情况。在图 23 中，ab、bc、cd 不再相等，它们表示不同的时间段。我们采用不同的时间段，是为了研究它们终点时的现象。在这些终点，一个要素恰好完成我们所要考察的作用。a、s、r、d、u 各点表示此作用开始时个人的状态，X_1、X_2、X_3 是作用完成时个人的状态。线段 MX_1、X_2P 称作状态 X 线段（第 829 节）。

823. 在不同的形式下，此定义同第 821 节给定的定义同一。实际上，我们若先从状态 X_1 的给定定义出发，就会发现各个要素完成作用后，社会本身不能具有不同于 X_1 的形式，如果人为地使它偏离，它应立即趋于恢复原来形式，因为否则其形式就不完全由考察的要素所确定，像人们设想的那样。

总之，如果社会沿着轨迹 aX_1 达到点 X_1（图 24），在 X_1 使我们想要考察的要素的作用完成，如果我们人为地使它脱离 X_1，这只能引起：

（1）将它带至诸如 l、n 各点，它们均在线段 aX_1 之外。（2）将它带至 aX_1 上的点 m。在前种情况下，社会应趋向恢复到 X_1，否则其状态就不完全由考察的要素确定，像人们设想的那样。在后种情况下，假设同要素的作用已完成这一即有设想相矛盾；因为只有在 X_1 才如此，相反在 m 其作用未完成。在此点上，考察的要素仍起作用并将社会从 m 带至 X_1。其后从第 821 节的定义出发，可发现如果相反，人为地使社会脱离状态 X_1，它就趋向恢复原状。这表明：或者像前述第一种情况，社会被带至 l、n 各点，它们不同于考察的要素确定的各点；或者带至 m 点，在此点这些要素的作用尚未完成。如果系统不是相继抵达 X_1、X_2、X_3 各点，而是连续不断地经过线段 X_1、X_2、X_3，那么已给定的定义无须丝毫改变。我们只应

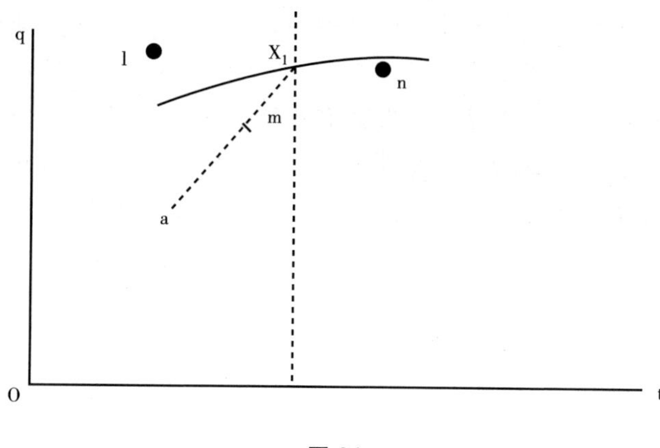

图 24

说，如果使系统人为地偏离线段 X_1、X_2，它立即趋向恢复原状；如果诸要素完成自己的作用，就会使系统沿该线段运行；如果系统未在考察的线段上，上述的作用就未完成。

824. 于是，我们拥有要考察的状态的准确、严格的定义，在第 50 节我们曾说想援引此定义。为了更好地认识它，我们看一下类比法。正如为了了解地球的形状，需看一个球。我们从同一个具体现象的类比开始。我们考察的状态 X 同一条河流的状态相仿，而状态 X_1、X_2 同上述河流每天的状态相仿。河流不会静止不动，它流淌不息，其形式和流淌方式上任何微小变化，都会引起趋向恢复原状的反作用。

825. 接着，我们看一下第 50 节提及的抽象类比。我们考察的状态 X 类似物质系统力平衡状态。状态 X_1、X_2 类似此系统平衡的相继位置。还可观察到状态 X 类似生命有机体的平衡状态。

826. 让我们到自己熟悉的领域去寻找类比。状态 X_1、X_2、X_3 类似纯粹经济学考察经济系统的那些状态。它们是如此相似，以致经济系统的状态可视为社会系统一般状态的特殊情况。

827. 如果我们想深入讨论此题目，还存在不容忽视的另一种类比。状态 X 类似在瓦斯动力学理论统计平衡状态。为了理解这一点，我们考察一种特殊情况：在一个特定国家某种质量的雪茄消费量。作为假设，状态 X_1、X_2、X_3 代表这些雪茄的年消费量。开始我们假设它们近乎相等，我们就说雪茄的消费量不变。但我们并不因此断言每位吸雪茄者的消费量不变；相反，我们清楚地知道它们千变万化；但所有变化近似相互抵消，因此结果为零。当然不排除这种情况：为使结果只近乎为零，许多变化按同一方向发生；但此种情况的概率很小，不值得我们考察。当我们说消费量不变，恰恰表述了这种情况。如果我们观察到围绕消费恒量的波动，这些波动符合概率定律，那此种情况的概率就不小。做些必要的修改，我们就可以重复观察过的东西。我们假设每位吸雪茄者的消费量并不增长。相反，我们清楚地知道它们变化不定；但我们讨论一种统计平衡，在此种平衡中它们的变化相互抵消，结果使总消费量增长。此种情况的概率可能很大，以致观察不到取决于概率的波动，或者概率不大，产生波动。最终，由于对这些特殊情况研究的训练，将很容易理解消费量变化无常的 X_1、X_2、X_3 的一般意义。

828. 将对某种质量的雪茄消费者系统所做考察扩展到整个社会体系，就会对我们关于状态 X_1、X_2、X_3 所做的类比有更为清晰的认识。

829. 我们可以相继用字母 X_1、X_2、X_3 指示想要考察的社会状态（第 48 节），但可能读者更喜欢用名词代替那些字母。为了同力学类比，我们把状态 X_1、X_2、X_3 称作“平衡状态”；但请记住这个术语的含义应从第 821 节和第 822 节给定的定义中获取，并注意到在第 827 节讨论的那些内容。

830. 这样，我们用考察相继状态代替考察永无止境的变化及它们引起的难以觉察的变化，就将我们的问题简化。我们还应该尝试将对相互依存和要素的考察简化。

831. 社会系统的体制。

经济系统由那些受偏好驱动并受反对获取经济财富的障碍键制约的分子构成。社会系统更为复杂，尽可能使它简化又不陷入严重谬误的泥潭，至少应把它视为某些分子的化合物，其中有剩余物、派生物、利益、倾向等，这些分子受到无数键的制约，它们实施逻辑行为和非逻辑行为。在经济系统中，在兴趣中完全摈弃非逻辑部分，此部分被忽略，因为人们设想兴趣是给定的。可以要求对社会系统采取同样做法，即将剩余物看作实际的给定物，剩余物拒绝非逻辑部分，研究源于剩余物的逻辑行为。这样，类似纯粹经济学或许还类似应用经济学的科学得以产生。但很不幸，一涉及符合实在，这种相似就不复存在。假设人们为了满足自己的兴趣从事经济活动，它们平均可视为逻辑行为，这种假设离实在还不太远；因此这种假设的结论提供现象的一般形式，此形式偏离实在次数不多、程度不大。

某些情况例外，其中包括意义重大的储蓄情况。相反，假设人们从剩余物得出逻辑结论并根据它们行动则离实在甚远，它们在此类活动中更常使用派生物而不是严密的逻辑推理。因此，谁要根据逻辑推理预见他们的行为，就会完全背离实在。剩余物不仅作为兴趣成为行为的起源，它们还作用于从起源发生的行为，代替逻辑推理的派生物恰恰使我们认识这点。因此，建立在从某些给定剩余物中可得出逻辑结论这一假设基础之上的科学，提供同实在毫不吻合的现象一般形式，它大约成了类似非欧几何学或四维空间几何学那样的学说。为了滞留在实在中，我们应向经验求教，它使我们不仅认识某些基本剩余物，还使人们认识它们为确定人们的行为而作用的方式。

832. 让我们认真思考社会系统的分子，即个体，在个体中存在由剩余物表现的情感，为了简明扼要，我们只用剩余物这一名称指示。我们可以说在个体中存在剩余物组合混合物，类似于自然界常遇到的化学化合物的混合物；而剩余物组合类似于化学化合物。在前一章我们已经研究这些混合物和这些组合的性质，并且注意到一部分似乎独立，另一部分则是依存的，以致一个增长以其他减少作为代价，反之亦然。稍后我们将发现新类型的依存（第 840 节）。这些混合物和这些组合，无论是独立的还是依存的，现在都应把它们视为社会平衡的要素。

833. 剩余物用派生物来表现，派生物又是作用于社会分子的力量的标志。我们把派生物分为两类（第 633 节和第 679 节）：派生物本身和它们引起的表现。这里，为了获得一个完整认识，我们一起考察它们。

834. 同在决定社会形式方面看重派生物和我们称作派生物本身，即理论的普遍意见相反，我们用长期大量的研究发现，它们为达到此目的所起直接作用很小，而人们没有发现这点，因为他们将派生物表现的剩余物的作用归于它们。为了取得显著的效果，派生物应首先变为情感（第 656 节），另外这样做并非轻而易举。

835. 在派生物论题中，如下事实最为重要：它们同其起源的剩余物并不完全符合（第 666 节及其后，第 674 节及其后）。我们为构建社会科学所遇到的主要困难就源于此事实；由于只有派生物众所周知，有时并不一定从它们上溯到其起源的剩余物。只有派生物具有逻辑—实验科学性质时，上述情况才不会发生（第 667 节和第 774 节）。还应补充：在派生物中，许多原则不被言明地援引，它们保持不言明，恰恰由于此点，它们在精确性上存在严重缺陷（第 770 节）。这种不确定性，派生物本身比表现还要严重，但表现也不是不存在。为了弥补这一缺陷，需要将属同一题目的大量派生物聚集起来，探寻它们的不变部分，并将它同可变部分分开。

836. 当派生物与剩余物之间存在一致、至少近似一致时，通常派生物超越剩余物的含义和超越实在（第 670 节），它表明剩余物在此保留的极限，并往往包括想象的部分，此部分指示的目的远远超过严格表述剩余物时具有的目的（第 706 节）。其后，如果想象部分扩展，就产生神话、宗教、道德、神学、形而上学、社会理论。尤其当符合这些派生物的情感强烈时，就会发生上述情况，情感越强烈，发生越容易。

837. 因此，要描述事物的性质，可以说人们受这些派生物的驱使实施强烈行为，从字面上理解，这一命题背离真理，应用另一命题代替：人们受这些派生物表达的情感驱使实施强烈行为（第 705 节）。在多数情况下，前后两命题被毫无差别地使用，尤其当行为同派生物明显一致时：如果在行为和派生物揭示的事物间存在一致，那么在行为与派生物之间同样存在一致，反之亦然。在其他情况下，用第一个命题代替第二个命题可造成严重谬误，主要在于认为改变派生物就可达到改变行为的目的：改变标记，丝毫没有改变行为与之符合的事物本身，也未改变行为（第 694 节）。

838. 当想要从派生物上溯到剩余物时，需要切记同一剩余物 B 可拥有数个派生物 T、T′、T″（第 772 节），它们相互代替容易方便；因此，（1）如果某个社会存在 T，另一社会存在 T′，不能得出结论：这两个社会具有截然不同的剩余物，因为可能具有相同剩余物 B（第 772 节）。（2）T 代替 T′对改变社会形式效果很小或毫无效果，因为此种代替并未使剩余物 B 变化，剩余物在决定社会形式方面远比派生物重要得多（第 694 节）。（3）但如下事实具有效果：应当行动者认为这种代替重要与否，不是由于意见本身，而是由于它们表现的情感（第 698 节）。（4）在派生物 T、T′、T″之间，可以存在矛盾的东西。两个相互矛盾的命题会不攻自破；但两个相互矛盾的派生物不会如此，它们可以共存并相互强化。为了消除矛盾和确立一致，往往其他派生物要进行干预。这一现象无关紧要，由于人们非常容易地找到如此构成的诡辩派生物并使它们协调一致。他们对逻辑有某种需要，但用伪逻辑命题就可轻易满足这种需要。因此，派生物 T、T′、T″的内在逻辑—实验价值通常同它们对平衡的作用效果关系不大。

839. 剩余物与派生物的组合。

我们已分别考察剩余物组合，现在看它们怎样一起作用。我们设想一个社会，某些情感对它发生作用，这些情感符合剩余物组合 A、B、C，剩余物组合 A、B、C 又由派生物 a、b、c 表现，α、β、γ 是各个组合作用强度的指数，S、T、U 是对应的派生物、理论、神话等。鉴于种种阻碍，在近似指向派生物 S、T、U 方向的力量 α、β、γ 的作用下，社会系统处于平衡状态。

840. 我们陈述如下命题：(1) 正如通常所为，不能将每一剩余物组合的作用同每一组合的强度变化分开判断。如果这种强度变化，为了维持平衡，一般需要其他剩余物组合也变化。此种依存的性质不同于第 832 节提及的性质；因此我们给予不同的名称，将不同剩余物组合之间的直接依存称作“第一种性质的依存”，将源于平衡得以维持的条件或其他类似东西的间接依存称作“第二种性质的依存”。(2) 实际运动根据力量 α、β、γ 的结果发生，此结果并不符合派生物 S、T、U 的想象结果，假若后种结果存在的话。(3) 这些派生物使人们认识某些运动（第 839 节）趋向的方向，但这一方向一般不是派生物严格解释的方向，仿佛它是一个逻辑—实验命题。实际上，我们发现互相矛盾的派生物可以同时共存，譬如，A 等于 B，B 不等于 A，它小于 A。而在逻辑上它们是矛盾的，就像不同派生物表达相同事物，即 A 想统治 B 并使用第一种形式以削弱那些虽不同情 B 但也不愿其受奴役的人们的反抗，使用第二种形式以驱使拥护 A 的人们采取行动。(4) 通常，如果社会系统没有沿着剩余物 A 指示的方向运动（力量 α 符合剩余物 A），不是由于直接冲突，也不是因为对应的派生物 S 被驳倒；而是因为在剩余物 B、C 作用下，按 A 的运动偏离方向。除注意每个剩余物的作用外，更应注意每种剩余物的作用，因为它们的性质几乎保持不变（第 889 节及其后）。

841. 为了更好地理解第一种性质的相互依存和第二种性质的相互依存之间的差别，我们应注意一个特定的社会。它的存在已是一个事实，另外随之发生的还有其他事实。如果我们一起考察这两种事实，将说它们都是相互依存的（第 923 节）。如果把它们区分开，我们将说后种事实之间相互依存（第一种性质的相互依存），后种事实同前种事实相互依存（第二种性质的相互依存）。此外，我们还可以说社会的存在这一事实由在社会中观察到的那些事实显现，即那些事实决定社会平衡；还有如果社会的存在这一事实是给定的，在此社会发生的事实就不完全为任意的，但需要满足某些条件，即因平衡是给定的，决定平衡的事实不全是任意的。

我们看一些实例。罗马人在实际生活中对形式主义的偏好发生作用，使得这种形式主义在宗教、法律、政治中产生、巩固和发展，反之亦然。这里存在第一种性质的相互依存。罗马人借助政治形式主义（它避免了无政府主义危险）能保持对独立的偏爱这一事实，提供了第二种性质相互依存的实例。直至罗马共和国末期，实际上就是发生的这种情况。那时，对政治形式主义的偏爱已经减弱（主要因为其他民族代替了罗马人），对独立的偏爱也减弱，帝国的专制主义被认可为最小的恶。只要这种偏爱没有减弱，罗马社会就不会解体，或因内部骚动，或因异族征服，正如由于此种原因在波兰发生的那样。这里不存在第二种剩余物（对政治形式主义的偏爱）和第五种剩余物（对独立的偏爱）之间的直接相互依存，这似乎为第一种性质的相互依存；但存在一种间接相互依存，它由如下事实显现：在那个时代和那种状况下，对罗马集体来说，对独立偏爱（个人完整性剩余物）的程度不变，而对政治形式主义的偏爱（集合体持久性剩余物）减弱的形势，不是平衡形势。这是第二种性质的相互依存。

842. 从第二种性质的相互依存作用的方式本身可发现，它的作用往往不得不比第一种性质的相互依存的作用慢得多；因为首先需要发生对平衡的破坏，然后这种破坏反映到其他剩余物。另外，由于相同的动因，在有节奏的社会运动（第 643 节）中，第二种性质的相互依存所占比重大于第一种性质的相互依存。

843. 可以区分牢记相互依存的不同方法：（1）只考察因果关系而完全忽视这种相互依存。（2）相反牢记这种相互依存。（2a）还可考察因果关系，但注意到作用与反作用及其他方式，竭力牢记相互依存。（2b）在相互依存的假设中直接推理。为了采用最好的方法，即（2b）方法，需要将指数赋予每个相互依存的事物，然后使用数学逻辑，用方程系统确定这些指数。对于纯粹经济学可以这样做，但对社会学不能这样做，至少现在不行，为此我们被迫使用尚欠完美的方法（第 923 节及其后）。

844. 由于这里我们使用了通俗语言，而不是数学语言，那么援引一个（2a）方法的最简单实例并揭示它同（2b）方法的关系，可能并非无用。它们是处于相互依存状态中的两个量 x 和 y。如果使用数学语言，沿用（2b）方法，我们说存在两个变量 x 和 y 之间的方程，再无须多说。使用通俗语言，我们应沿用（2a）方法，将说 x 完全由 y 确定，然后又反作用于 y，以便使 y 也依存于 x。请注意我们可以颠倒词序，并说 y 完全由 x 确定，然后又反作用于 x，以便使 x 也依存在于 y。在方程中也应用此种方法，有时得出（2b）方法的相同结果，有时则不；因此当用（2a）方法代替（2b）方法时，一般应小心谨慎，无论如何要认真考查这样代替的后果。

845. 我们只以假设方式提出：能将某些指数 x_1、x_2 给予情感，某些指数 y_1、y_2 给予经济条件，某些指数 z_1、z_2 给予习俗、法律、宗教，还有其他指数 u_1、u_2 给予智力条件、科学进步、技术知识，诸如此类。使用数学语言，我们将说在第 821 节界定的状态 X 由同未知数 x_1、x_2、y_1、y_2、z_1、z_2、u_1、u_2 等相同数量的方程确定。与此类似，我们将说在第 822 节界定的状态 x_1、x_2、x_3 也是确定的。

846. 另外，如果我们考察系统的动态发展，将说运动也是确定的，只要由方程的参数指示的形势未变，所说的系统被运动相继带至位置 x_1、x_2、x_3。如果形势变化，运动也变化，系统的相继位置将是 x_1、x_2、x_3（图 25）。

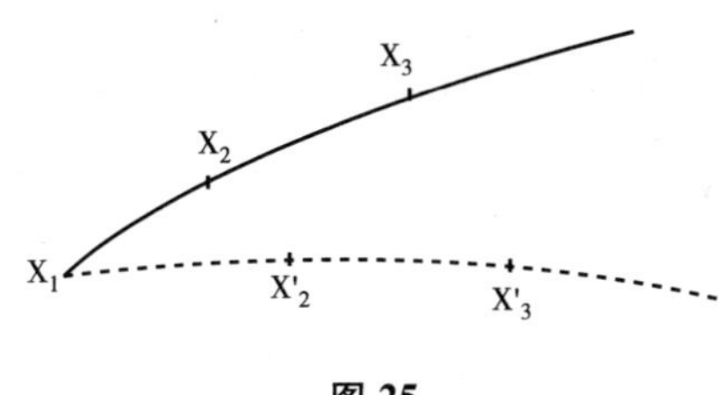

图 25

847. 我们可以假设确定一定数量的未知数，只要取消相同数量的方程。譬如，我们可以给定某些情感，它们同指数 x_1、x_2 相符，于是，如果这些情感保持不变而发生的运动，就会抵达位置 x_1、x_2、x_3；只要情感发生变化，运动就会抵达位置 x_1、x'_2、x'_3。

848. 如果我们取消确定平衡运动的某些系统的方程，而相同数量的未知数将不确定，我们可以看作潜在的运动；即我们可以使某些指数变化并确定其他指数。各要素间的相互依存将表现于此。

849. 我们用通俗语言说：所有被考察的要素都确定平衡状态（第 823 节），还说存在某些键（第 51 节），假设我们取消某些键，就能够考察假设的社会运动（潜在运动）。为了更好地理解相互依存（用数学语言可立即发现相互依存），我们将补充说情感取决于经济条件，正如经济条件取决于情感，其他要素也存在类似依存。

850. 对事实的考察使人们超越这些一般思考。应用数学语言，我们将说变量在所有方程中并不以同一方式显现，更确切地说，可近似假设它们不以相同方式在所有方程中显现。

851. 人们首先观察到存在变化截然不同的组合。一个组合变化甚微，以至于近似地并在不太长的时期内，可看作不变（地理、气候、土地等条件）。在此组合中出现的量可以近似地放入恒量的组合中。另一组合变化较小（譬如各种剩余物），可以假设短时期内不变，其后需牢记长时期内则变化。另一组合变化很大（譬如思想文化）。还有的组合变化极大（譬如派生物）。

852. 进而需要观察，决定平衡的方程总能大致地分为性质不同的组，以至同其他组的相互依存可忽略。在纯粹经济学中，拥有一些这种现象的绝好例证。可以存在只出现两个变量的方程，在此情况下，可以说一个变量决定另一个变量。

853. 使用通俗语言，我们说在决定平衡时，某些要素可视为在相当长时期内不变，另一些要素在较长时期内不变，还有些要素变化不定等。我们还要补充，当设想要素的不同组合是独立的话，只能至少近似地、大略地认为相互依存存在于某些组合中。当一种组合简化为两个要素，其中之一几乎不变，可以说这一要素是原因，另一要素是结果。

854. 譬如，如果假设雅典的地理位置和伯里克利时代商业的繁荣脱离其他要素，可以说第一个要素是原因，第二个要素是结果。但这种组合是我们随意构建的。如果这两个要素密不可分，由于前一要素不变化，后一要素也不应变化；但如果后一要素变化，意味着它并不完全取决于前一要素，即它不是这种原因的结果。

855. 另一个例证。如果我们为古罗马用习俗和政治、经济繁荣构建一个组合，作为假设，如果承认布匿战争[①]时代的习俗远胜过共和国末期，如果还接受另一假设，与繁荣部分相比，习俗是不变部分，我们就可以同许多作者说，良好的习俗是罗马繁荣的原因。但上述作者或其他作者也可

① 古罗马同迦太基争夺地中海西部统治权的战争。共分三次，第一次从公元前 264 年至公元前 241 年进行，第二次从公元前 208 年至公元前 201 年进行，第三次从公元前 149 年至公元前 146 年进行。——译注

以说罗马的繁荣是伤风败俗的原因。在人们给予原因这一词语的通俗含义上理解，后一命题同前一命题相矛盾。如果去掉因果关系，只讨论相互依存，它们可以同时存在。在这种形式下，一个民族的习俗与繁荣的关系可以陈述为良好习俗促进繁荣，繁荣又反作用于习俗并败坏习俗。无论是此命题，还是上述两命题都不符合事实。这里，我们不想讨论它们。

856. 很容易理解，如果不是考察拥有两个要素的一个组合，而是能够考察大量、形形色色、拥有多种要素的组合。为了获得近似的解答，这是我们现在准备采用的唯一方法，这一解答将随着考察的要素和组合的数量的增加而不断完善（第 927 节及其后）。

857. 社会系统的性质。

一个社会系统所能具有、任何时代都可直觉到的性质之一，是所谓效用或繁荣，如果我们想将它导入对社会平衡的确定，需要严格界定此表述并无论如何使它同具有数量指数的事物一致。

858. 如果我们认真思考一个国家称作经济、道德、文化繁荣、军事、政治实力的东西，或繁荣实体或国力（它是对它们的概括），就能懂得它们是极易增长或减少的东西；虽然我们缺少给符合它们的状态精确打分的方法，我们毕竟拥有关于此现象的概念，且离真理并不远。

859. 为了获取更大的精确性，需要声明依据哪些准则（部分是随意的），理解确定想要界定的实体。纯粹经济学已经能做到这点，它这样满足个体作为准则，个体是该准则的唯一法官。经济效用，或满足欲望能力就是这样界定的。但如果我们想要探寻对个体更有益的东西，就要剥夺他的决定权，需要找到其他人并交给他们这种权力。

860. 效用。

因此，有必要确定准则，根据它们我们乐于确定一种临界状态，可设想个体或集体接近这种状态。由于将同一指数给予不同状态，它们或多或少接近这一指数，以至于最接近状态的指数大于最远离状态的指数，我们将说这些指数为状态 X 的。为了给 X 命名，我们转向类似现象。当人们知道或自认为知道，什么东西“有益”于个体或集体，就说得到这一东西“有益”，并且认为效用越大，就越接近得到这一东西。因此，通过类比，我们将上面界定的实体 X 称作效用。

861. 请注意效用 X 有时同通俗语言的效用一致，但也可相左。譬如，如果我们把物质繁荣定为临界状态，两个实体差异很小；但如果我们把彻头彻尾的禁欲主义定为临界状态，我们的效用就同实践者趋向的效用大相径庭。为了更清楚起见，最好创造一个新术语，但我们千万不要滥用它。

862. 还有当考察形形色色的效用之一，譬如涉及目的、同物质繁荣有关联的效用，根据对个人或集体的思考，产生各种不同的效用，直接效用和间接地获得的效用。因此，仅限于不可缺少的区分，需要牢记如下种类：

（a）个人效用：

（a_1）直接效用；

（a_2）间接效用，因是集体成员而获得；

（a_3）同他人效用相关联的个人效用。

（b）某确定集体的效用：

（b1）直接效用，将该集体视为同其他集体分离；

（b2）间接效用，因其他集体的作用获得；

（b3）同其他集体相关联的某集体的效用。

这些效用远非协调一致，它们往往公开对抗；但许多人因不同的动因，有时明确地、通常暧昧地惯于将所有效用简化为一种。

863. 滞留在逻辑—实验领域，可以用两种方式考察不同效用：（1）作为集体的一个成员想象它们。（2）作为一个局外人或竭力做出客观评价的集体一个成员看待它们。譬如，更多地感受到直接效用（a_1）而很少或没有感受到间接效用（a_2）的人，单纯图自己舒服，而毫不关心他的同胞；相反，客观地判断此人行为的人，将发现他为自己的私利牺牲了集体。

864. 在第862节指出的每种效用都可按时间考察：在现在或在将来。这些不同效用之间的冲突并不小于以前的效用，受情感支配者和客观地判断效用者之间的差别很大。

865. 复合效用。

牢记第862节指出的对个人或对集体的三类效用，只要能把握各类效用的指数，从它们的总和中获取复合效用或个人总效用或集体总效用。

866. 个人或集体效用的最大值。

由于我们提及的效用拥有一个指数，就可能发生：在某种状态下，它比邻近状态指数大，即它具有最大值。人们实际直觉到这类问题，尽管含糊不清地直觉到。我们已经涉及其中一个问题，当个人遵循社会中存在的准则（第728节），或更一般地追求某些理想目的（第712节）时，探寻他所能享有的效用。

867. 当考察每个特定种类的效用时，对个人来说，存在各个分效用指数，还有他在特定形势下享有的总效用指数。如果形势变化，总效用指数在起初增长之后，最终减少，存在一个点，在此点指数值最大。这样，定性提出的问题（第 712 节、第 728 节）变成定量问题，并产生最大值问题。譬如，我们不研究个人遵循某些准则是否为自己赢得幸福，我们应该研究他的满足欲望能力如果增长，增长多少，它如何、何时变为最大值。

868. 如果个人状态取决于某些形势，对这些形势可以给予不同的指数，如果根据每个这样的指数可以认识个人的（或如同个人被考察的集体的）总效用指数，我们就可以知道此人采取什么立场，这种效用达到最大值。

869. 如果对所有决定社会平衡的形势都重复这一活动，当给定键时，我们将有众多指数，其中可以选择一个最大指数，所有指数都同它接近，并且由于它注意到上述所有形势，同效用最大值相符。

870. 每个个人的效用不同质，以至于不能比较和相加，其总和也不指示由他们构成的集体的效用。因此需要找到把它们联系起来的方法。

871. 在政治经济学中，对集体而言的满足欲望能力最大值。

这一问题在政治经济学中已经解决。在这门科学中，可用个人得到满足欲望能力最大值的条件确定平衡。键可以这样给定，以使平衡完美地确定。我们假设当取消某些键时，这种完美确定即停止，于是在无限的点上可以实现平衡，通过这些点，个人满足欲望能力均达到最大值。在第一种情况下，只有引至确定平衡点的运动可能发生；在第二种情况下，其他运动也可能发生。这是两种性质不同的情况：在 P 类中，运动有利于某些人而有害于其他人；在 Q 类中，对所有人有利或有害。P 类各点确定为，由异质的满足欲望能力决定的同质的量总和为零。①

872. 从经济的角度看，当集体处于 Q 点，可以离开 Q 点，这对所有个体都有益，最好继续远离此点，直至对大家都有利。抵达 P 点，这里上述情况不会发生，最好停步并求助于非经济的，如伦理的、社会效用及类似的考察，为了知道牺牲他人，应对哪些人有利。由此可见，这个 P 点类似于获取个人满足欲望能力最大值那一点；因此称作：对集体而言的满足欲

① 帕累托：《在社会学中集体效用的最大值》，《经济家学报》1917 年 4 月，第 33 页。

望能力最大值点。

873. 我们考察由两个个体A和B构成的集体。我们可以远离某个P点，抵达S点，这里给A的满足欲望能力加5，给B的满足欲望能力减2；或者抵达T点，这里A的满足欲望能力增加2，B的满足欲望能力减少1。我们不知道到底在S点还是T点，集体的满足欲望能力大些或小些，只要尚未确定比较A和B的满足欲望能力的方法。恰恰因为它们是异质的量，不存在集体的满足欲望能力最大值；相反，可以存在对集体而言的满足欲望能力最大值，它不取决于不同个体的满足欲望能力之间的比较。

874. 在社会学中对集体而言的效用最大值。

每个逻辑地活动的个人，都竭力获取个人效用最大值（第867节）。我们假设政府权力强加的部分键被取消，而不是被其他键代替，由于具备上述个人效用最大值的条件，平衡的无数状况成为可能。政府权力进行干预，强加一些状况，排斥另一些状况。我们假设它逻辑地活动，为了获取某种效用，应用某些标准，在各种不同的效用之间进行比较，譬如，当它把小偷投入监狱时，就将强加于小偷的痛苦同绅士们因此获取的效用进行比较，并且认为这种效用补偿了痛苦。它[①]粗枝大叶地实施许多行为（这是纯粹经济学严密精确地进行的操作），并用某些协同因素将异质的量变为同质。做完这一切，就可以将产生的同质的量相加并确定P类各点。

875. 用不确定和不精确的表达方式，所有这一切习惯如此陈述：哪里的政府权力不再带给整个集体“利益”，它就应中止行使权力，不应使集体遭受“无谓的”痛苦，不应因蝇头微利或类似东西强加巨大牺牲。

876. 在纯粹经济学中，不能将一个集体看作一个人；在社会学中，如果不能看作一个人，至少可看作一个单位。一个集体的满足欲望能力不存在，一个集体的效用可以勉强考察。因此在纯粹经济学中，主要是对一个集体而言的满足欲望能力的最大值，而在社会学中需要将对集体而言的效用最大值同集体效用最大值加以区分。

877. 譬如，我们考察人口的增长。如果注意集体的效用，尤其指其军事和政治实力，那么将驱使国民达到一个极高的极限，超过这个极限，民族就要贫穷，种族就要退化。但如果我们把头脑转向对集体而言的效用最大值，将发现非常低的极限。有待研究不同社会阶级以什么比例享用军事

① 指政府权力。——译注

与政治实力增长的效用，它们又以什么不同的比例为换取实力而作出自己的牺牲。当无产者说他们不想要子女，他们的子女只能扩大统治阶级的权力与财富，他们思考的是对集体而言的效用最大值问题。他们使用的派生物无关紧要，无论是社会主义宗教派生物，还是和平主义派生物，需要观察里面是什么。统治阶级回答时往往将集体最大值问题同对集体而言的最大值问题混为一谈。他们还竭力把问题引向对个人效用最大值的追求，妄图使被统治阶级相信存在一种间接效用，只要对它给予应有的重视，这种效用就能将要求被统治阶级所作的牺牲变为益处。有时可实际发生此种情况，但决不是永远如此。在许多情况下，尽管十分关注间接效用，对被统治阶级从未出现益处，而只是牺牲。实际上，在这些情况下，只有非逻辑行为能使被统治阶级忘记个人效用最大值，使他们接近集体的或仅是统治阶级的效用最大值。统治阶级往往直觉到这点。

878. 我们假设一个集体处于如下状况：只有一种选择，要么其成员收入悬殊而集体致富，要么其成员收入近乎平等而集体贫穷。对集体效用最大值的追求可能接近第一种状态，对集体而言的效用最大值的追求可能接近第二种状态。我们说可能，因为结果取决于协同因素，应用它们才使不同社会阶级的异质效用变为同质。“超人”的欣赏者给予下层阶级的效用一个几乎为零的协同因素，并将获得极接近第一种状态的平衡点；平等的爱好者给予下层阶级效用一个数值很高的协同因素，并获得很接近第二种状态的平衡点。我们只有为二者择一的情感这一标准。

879. 有一种理论，现在我们不探求它在什么程度上符合事实，它认为奴隶制是社会进步的必要条件，说因为只有让一定数量的人生活悠闲，他们才能从事知识探索。只要承认这点，想要解决一种效用最大值问题并只关注一种效用的人，将宣布奴隶制曾经“有益”；想要解决同一问题者，只关注奴隶的效用，将宣判奴隶制有害，将间接效果暂时放置一旁。不能提问谁对谁错，因为这些词语没有意义，只要尚未选择好对这两种意见进行比较的标准。

880. 据此我们应得出结论，同时解决涉及各种异质效用的问题不是不可能，而是为了处理这些问题。需要应用某些假设，使这些效用能进行比较。当不能这样做时，正如通常所发生的那样，对这些问题的讨论都是空洞无物和毫无结果的；这是用以掩饰某些情感的一种简单派生物，因此我们只关注情感，而不大注重它们具有的外观。

881. 还有当个人效用同集体效用并不冲突时，前者最大值各点同后者最大值各点通常并不吻合。我们暂时回到第 728 节及其后研究的个别情况。对特定个人来说，A 代表严格遵循社会中存在的各种教规的极点，B 代表违犯公认并非必不可少的教规的另一极点，mnp 为表示个人效用的曲线，开始他在 A 处受一害，接着得一利并在 n 处变最大值，继续发展利减弱，在 B 处变为害。与此类似，srv 是因被考察的个人较好遵循教规这一事实对社会产生效用的曲线。这种效用在 r 处具有最大值。在介于 A 与 B 之间的 q 点，对个人而言效用 qn 值最大；在仍介于 A 与 B 之间的 t 点，拥有集体效用最大值，它因被考察的个人的事实而获取。

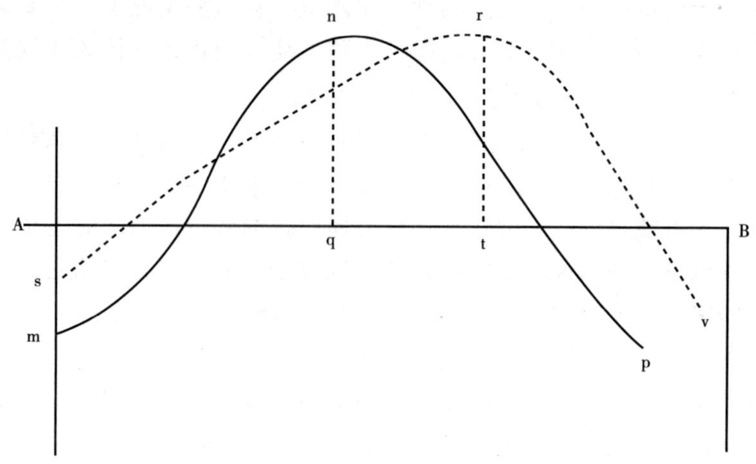

图 26

882. 如果我们能考察一些人而不是一个人，他们大致拥有同一效用曲线 mnp，那么集体（他们只是其中一部分）效用曲线 srv 将是假设这些人活动获取的。我们不是考察对社会现行准则的单纯违犯，而是考察准则的变化和在社会中发生的变革。在许多情况下，t 比 q 离 B 更近，即对于某些人，变革比给予他们效用最大值更有益于社会。譬如，已经富有的强人，在发生变革时往往所得甚少，而社会从他们的变革中受益匪浅。还有，对于喜好生活平静的个人来说，t 比 q 更接近 B，即对于他们来说，每次变革即使对社会有益，结果总是令人不快、难以接受。相反，对于“投机者”来说，t 比 q 更远离 B，即他们对变革的偏好远胜过对社会效用的需求。如果这样考察各种不同的个体，可理解在他们的行为之间可存在某种补偿，因此每一个人按自己角色活动，结果处于一处接近 t 的位置，在 t 处拥有社会效用最大值。

883. 同效用有关的剩余物与派生物。

我们抽象地考察了（第 868 节）能对社会平衡产生影响的某些事物，现在我们详细说明，主要考查剩余物和派生物。当研究为达某目的而采取的措施（第 678 节）时，就定性地接触到类似题目，潜在运动同总目的联系起来进行研究，只有按第二方案才同效用联系起来进行研究；现在我们首先从事后一种研究。

884. 我们假设拥有抽象社会的两个极端的类型：（1）只有情感发生作用而无推理的社会。（2）只有逻辑—实验理性发生作用的社会。借助第 706 节图 19，我们将说在第一种情况下，个人因本能从 n 抵 m，并未关注某个目的 T，因此没有切线 ht；在第二种情况下，个人因仅有推理从 h 抵 m，切线变为弧线 hm。

885. 在第二种情况下，如果给定情感和社会所处的外部环境，社会的形式就得以确定；或者，先有环境，然后再通过环境确定情感。

886. 在第二种情况下，给定外部环境之后，社会的形式尚未确定，还需指示因何原因采取逻辑—实验方法。尽管人道主义者和实证主义者很不情愿，只由“理性”统治的社会并不存在，也不可能存在，因为缺少想用逻辑—实验推理解决的问题的资料（第 713 节，第 714 节至第 716 节）。这里重新显现出效用概念未确定（第 860 节）：不同个体对自己福利和他人福利的看法本质上是异质的，也没有将这些不同看法协调统一的方法。

887. 人类社会处于上述两个类型之间。社会形式除了由外部环境、情感、利益决定外，还由强化情感和利益的派生物决定。当目的给定之后，人们探求为实现此目的的合适手段时，逻辑—实验推理具有巨大价值，正像在艺术、手艺、科学中所发生的那样。在政治中，它们被采用是作为个别人统治的艺术，而不是为了构建社会，因为目的尚未确定，或者即使确定也不分明；因此在使社会有序时，它们起的作用很小，让情感战胜推理。一部分人很会利用这种情况牟取私利，他们一次又一次地成功地采用缺乏逻辑的推理和半逻辑—实验推理。

888. 几乎在社会学科中使用的所有推理均为派生物。这些推理的主要部分往往或多或少是不言明的（第 712 节）。探寻此部分，即探究结论可为哪些原则的结果，在多数情况下，可以最终认识使人们接受结论的情感和利益，这些结论是由派生物产生的。

889. 效用、剩余物、派生物的构成。

我们继续在第 839 节叙述的内容，那里整体考察了剩余物与派生物的作用，为了更好地理解抽象推理，我们使用示意图（图 27）。我们假设某人的状态可用平面上一点 h 表示，它在水平面上的纵标表示此人享用的满足最大欲望的指数。在水平投影中，个人状态于是由 h 点表示，并且过 h 点作一竖截面，产生直线 gl，它是投影水平面的截线；曲线 τσ 是平面上的截线，纵标 hp 是个人享用的效用的指数（第 706 节）。h 点受 A、B 方向，大小为 α、β 的力的作用，正如我们在第 839 节所声明的那样，它总应在我们假设的并且由键确定的平面上。

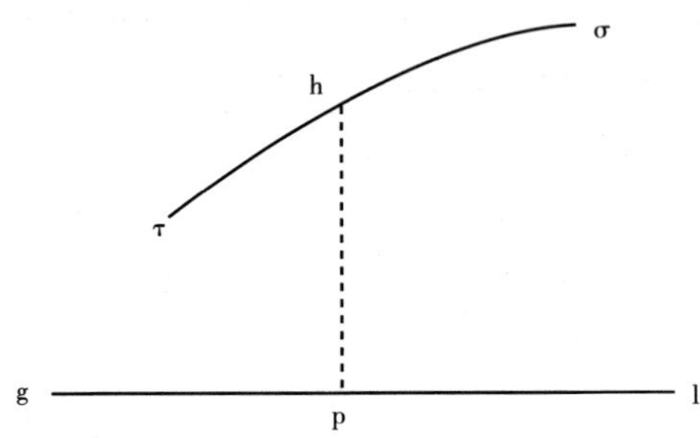

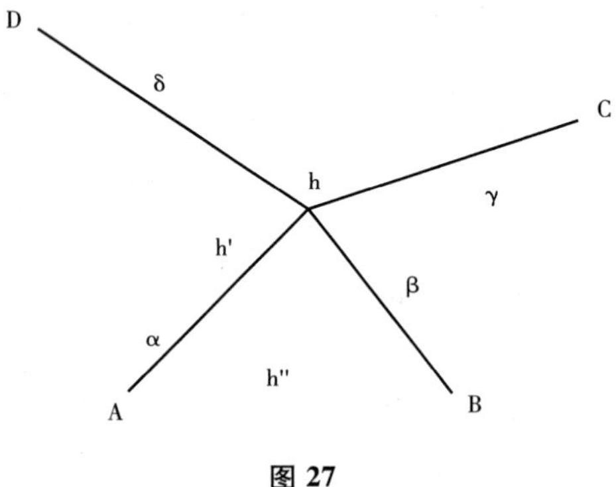

图 27

890. 我们将个人的满足欲望能力放置一旁，现在讨论集体的效用，并假设图 27 对它适用，其 h 点处于这样一个位置：这里拥有集体效用最大值。在直线 hA 上可能有一点 h′点，在此点上集体效用值比在 h 点大，从而自发地产生为将集体带到 h′点，增强 α 将受益匪浅的观念。

891. 但如果在 h′处平衡可能发生，那么假设 h 点集体效用值最大就不能成立。根据这种假设，在临近 h 的其他任何一点平衡都不可能，在 h 拥有集体效用最大值，因此在 h′点也不可能，使 α 增强也不会将平衡点带到 h′点。但在另外一点，比如 h″，集体效用很小。发生这一切，因为 α 的增强必将引起 β、γ 的变化，这里出现剩余物第二种性质的相互依存（第 840 节）。这种推理可以抽象地重复，并且适用于由剩余物决定的效用的一般情况。

892. 我们考察派生物，一般继续第 706 节的关于特殊情况的推理。我们将第 889 节图 27 加以修改，补充上派生物 S、T、U、V，它们驱使人们朝着 A、B、C、D 方向活动，受到力 α、β、γ、δ 的启动。假设竖截面沿 hBT 形成（图 28）。沿 hB 方向的力 β 源于人们对想象目的 T 的追求，如果它单独作用，会将个人带至 m 点；但如果在 h 点达到平衡，力 β 的作用被其他力的作用代替、破坏。如果 h 为效用最大值那点，或任何一个平衡点，这一切更易发生。

893. 在开始对效用的讨论时，我们重复在第 840 节所做的观察：（1）如果存在动因使人相信，B 单独作用，可使效用扩大，为此绝不会发生：当它的作用同其他剩余物冲突并受键的制约，结果效用仍会扩大。（2）效用的变化取决于由剩余物表现的力量的合量的作用，不取决于派生物想象合量的作用，如果后种合量存在的话。实际合量截然不同：它指示个人在社会中活动的方向，被考察的派生物存在于此社会中，并且朝着这一方向前进远比单独考察过的派生物所提及的东西（第 670 节）离实在更近；对效用来说也大致如此。这一切实际发生在这样的社会中：人们的行为更多地朝着实在物而不是想象物运行，向着繁荣昌盛之地运行。（3）如下事实不值得关注：派生物超越实在的界限，提及想象的目的并因此可正确地认为它有害。派生物只指示运动趋向运行的方向，而不是运动将个人带至的极限。抵达这一极限，效用能够扩大；而其后效用减少并变为损害，只要个人被驱使沿派生物方向超越极限。（4）A、B、C 是某些第一种剩余物，P、Q、R 是某些第二种剩余物；X 仍是第一种剩余物 A、B、C 的合量，Y 是第二种剩余物的合量。依此类推，最终 Ω 是所有力 X、Y 的总和量，Ω 决定实际运动并进而决定效用。如果不存在效用或损害，它们可能源于单独考察的剩余物 A，这一切不会发生，因为 A 不起作用，主要不是由于符合 A 的派生物被驳得体无完肤，而是由于 B、C、P、Q 的对立。另外，由于 A、B 同种剩余物的性质几乎保持不变，因此 A 可大大削减，甚至消逝，而 X 变化不大，从而总和量 Ω 以及由它产生的效用没有较大变化。当人们关注 X、Y 的变化，而不是 A、B、P、Q 的个别剩余物的变化，就能更好地把握 Ω 和效用的变化（图 29）。

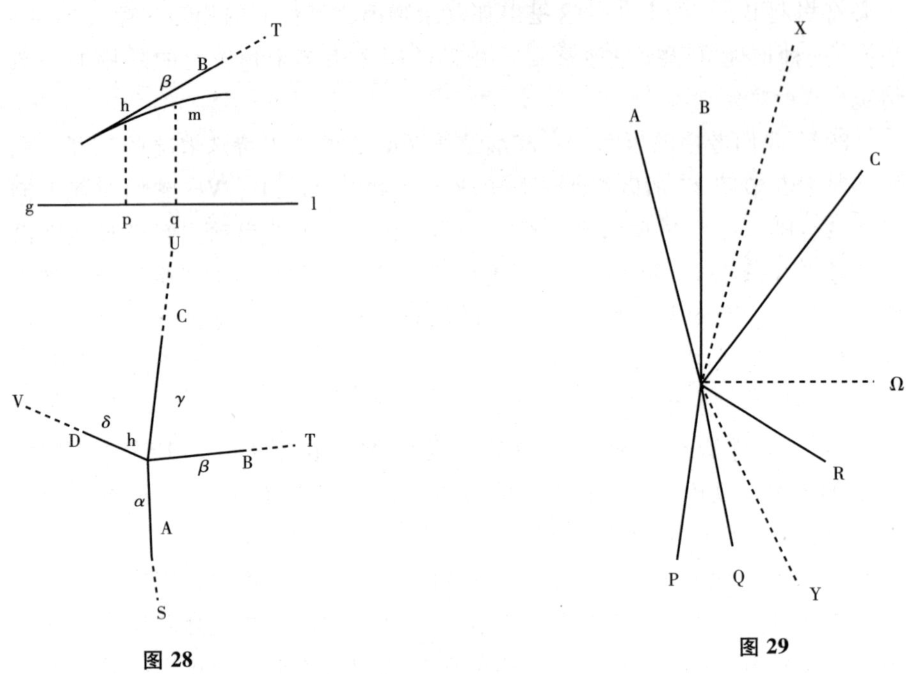

图 28

图 29

894. 我们能够用类似方式将第 838 节围绕符合同一剩余物 B 的不同派生物 T、T′、T″所做的观察转向效用这一论题。（1）由于剩余物主要作用于平衡，从不同派生物 T、T′、T″之一的存在，很少得出或根本不能得出关于效用的结论。（2）T′代替 T，对改变效用作用很小或根本不起作用。（3）但如下事实可能有益：应当行动者却认为自己接受的派生物 T 非常有用，其他派生物都有害；更确切地说，如此表现的情感可能有用。事实上，除去某些苦行者，要人们被迫将效用同他们认为“好”的东西分开十分困难；因此，如果他们认为派生物 T“好”，也将认为它“有益”，如果未发生此种情况，那标志着他们对此种派生物并不相信。在这种信仰中存在的想象和有害的东西，其后被社会中存在的其他信仰所纠正（第 670 节、第 893 节）。（4）如果从逻辑—实验角度内在地看，一种派生物显得比其他派生物更能促使效用的扩大，并不能据此得出结论，事实上正是如此。很可能这种派生物符合的情感还不如另一种内在地显得无用的派生物符合的情感有益。现在陈述的所有命题都同通俗意见相左，但经验表明它们符合事实。

895. 从我们不断陈述的内容可以见出，效用问题是个定量的而不是定性的问题，不像人们通常认为的那样。需要研究某个派生物 S（图 28）的或由它产生的原则的各个结果，同其他派生物 T、U、V 的结果结合，以什么比例能对社会有益，这已经不是 S 对社会有益还是有害这样毫无意义的问题，像人们习惯所做的那样。派生物一般并不关注这些定量考察，由于我们多次提及的动因，使它们只注意绝对的东西（第 670 节）。并且当一种派生物开始捍卫某个原则，几乎总是不言明地断言：应当绝对地关注此原则，不要受量或其他东西的限制。

在陈述一般命题时，补充上特殊情况的实例将受益匪浅。

896. 在社会中应用暴力。

一般说来，社会得以存在，因为在其大部分成员中符合社会性剩余物（第四种）的情感活跃而强烈；但也不缺少这样的个体，他们的这种情感至少部分减弱，甚至可能完全消逝。两种引人注目、表面上又相互对立的结果就起源于此：预示社会解体，促使文明进步。从实质上看，总归是一个运动，但可朝不同方向运行。

897. 显然，如果每个人对一致性（Ⅳ种 β 型）的需要如此强烈，以至阻止任何人以任何方式脱离生活其中的社会存在的一致性，这种一致性就不会是社会解体的内在原因；但也不是社会变化的内在原因，无论个人或集体的效用扩大还是减少。相反，如果缺少对这种一致性的需要，社会就不会存在，并且每人都各行其是，就像猛兽、猛禽和其他动物那样。因此，社会介于两个极端状态之间，持续存在并不断变化。

898. 可以设想一个同质社会，此社会的全体成员对一致性的需要完全相同，这种需要符合我们指出的中介状态，但观察表示这种状态不符合人类社会。它们本质上是异质的，而所谓中介状态之所以存在，就因为在某些个体那里对一致性的需要极大，在另一些人那里需要一般，还有人需要很小，某些人几乎完全没有，这种需要的平均值并不存在于每个个体那里，而存在于全部个体的集体中。还可以补充说，正像事实如此，对一致性需要的人数远超过符合社会中间状态的人数，更超过对这种需要很小的人数，更大大超过完全缺少这种需要的人数。

899. 对于跟随我们至此的读者来说，再做如下的补充似乎多余：在指出一致性情感力量或大或小的作用之后，可立即预见两种神学将会产生——一种将一致性（实在的或想象的）的静止性神圣化；另一种将朝某个方向的运动神圣化。它们真得这样产生了。这样，社会的中介状态通常为多种力量合量的结果，在这些力量中，显现出两种已经提及的趋向不同的想象目的并符合不同种剩余物的力量（第 892 节及其后）。

900. 在社会中使用暴力是否应该、是否有益这一问题毫无意义，因为不仅想要维护一致性者使用暴力，而且妄图违犯一致性者也使用它。

901. 为强加存在的一致性使用暴力，或为违犯一致性使用暴力是否有益于社会这一问题同样毫无意义；因为有必要将形形色色的一致性加以区分，再看哪些对社会有益，哪些对社会有害。这还不够，还需考察一致性的效用是否大得足以抵偿为强加给它而使用暴力造成的损害；或者一致性的损害如此巨大，以致超过为破坏它使用暴力所造成的损害（第 921 节）。在后种损害中，不应忽视无政府主义的严重危害，它是为消灭现存的全部一致性而频繁使用暴力的结果；它作为一种维护有害一致性的效用，应假设赋予社会体制活力与稳定性。因此，为解决使用暴力的问题，解决某些体制的一般效用问题远远不够；而需要并主要对一切效用和损害，无论是直接的还是间接的，进行计算。这条道路导致对一个科学问题的解决；但不能、实际往往没有导致对社会效用扩大问题的解决。因此，那些只应解决科学问题的人们沿着此路前进，或者领导阶级中的某些人沿此路只走半程，都将获益匪浅。相反，对社会效用来说，属被领导阶级并应当行动的人们，根据情况接受一种神学，即强令维护现存一致性的神学，或劝诱人们应改变现存一致性的神学，往往有益。

902. 这样的考察，除去理论的困难外，成功地解释为什么解决提及的一般问题的方法同实在很少一致，有时甚至毫无共同之处。对个别问题的解决更接近实在，由于它们置于确定的地点和时间，所遇理论困难最小，因为经验主义不言明地考虑到许多情况，只要理论不十分先进，就不能对这些情况做出明确的估量。这里不是研究从古至今使用暴力的地方，也不是考察非常特殊问题的地方。我们只局限于现在并力求发现（非常近似地）一个公式，为所观察的事实提供一个概貌。如果我们讨论近代，就应当将对精神一致性准则的违犯同对物质秩序准则的违犯放在一起。就在不太久远的时代，这两种违犯被等量齐观，或认为第一种违犯比第二种违犯更不可饶恕。但今天，除去某些例外，这种关系是颠倒的，政府权力注重强加的精神一致性准则不多。因此需要把它们同物质秩序的准则区分开进行考察。因此，在现代文明民族那里考察对物质秩序准则的违犯，一般来说，这种违犯越是被视为为自己谋私利的个人反常行为，为镇压这种违犯使用暴力就越容易被人们所接受。这种违犯越是显现为为集体谋利益的集体行为，尤其当趋向用某些一般准则代替现行准则时，人们就越不易接受使用暴力。

903. 我们现在研究使用暴力的方式同其他社会事实的相互依存的关系：通常发生一系列的作用与反作用，这里使用暴力有时显现为原因，有时显现为结果。

904. 关于统治者，首先有待考察五种事实。(1) 少数公民，只要酷爱使用暴力，而统治者又不准备用同样的暴力击溃这种暴力，就能将自己的意志强加于统治者。如果统治者主要受人道主义情感驱使放弃使用暴力，少数公民期待的结果很容易实现；相反，如果他们不使用暴力，因为认为采用其他手段是更好的建议，上述结果往往发生。(2) 统治阶级为阻止暴力或抵抗暴力，使用阴谋诡计、贿赂、欺骗手段。从长远看，这种行为方式对挑选统治阶级产生强烈作用（第 947 节）。谁精通用贿赂削弱对手的艺术，擅长用欺诈手段夺回被暴力剥夺的东西，他就是统治者中的佼佼者。谁只善于奋起反击而不会适时适地地妥协，就是统治者中的蠢材。他们能留在统治阶级之列，只因能用其他显著优点补偿这一缺点。(3) 于是，在统治阶级中组合本能剩余物（第一种）增长，集合体持久性剩余物（第二种）减少，因为前种剩余物恰恰益于玩弄权术谋略，益于发现可代替公开抵抗的天才组合，而后种剩余物促使公开抵抗，并且集合体持久性的强烈情感去除柔韧性。(4) 统治阶级的设想在时间上从不超前。组合本能占优势，集合体持久性削弱，使统治阶级对现状更满意，对未来的思考更少。个人比家庭更有价值，每个公民比集体和民族更被重视。(5) 在国际关系中也可看到部分这类现象：战争本质上变为经济之战；人们竭力避免同强者交战，只同弱者决裂，人们将国际关系视同投机（第 1010 节）。一个国家往往不知不觉就发动了战争，当发生经济冲突时，人们并不希望它激化为武装冲突。武装冲突往往由那些发展落后的民族强加，这种发展导致第一种剩余物占优势。

905. 关于被统治阶级，有如下关系，其中一部分与同已陈述的关系相对应：（1）如果在被统治阶级中有一定数量的个体准备使用暴力，又有善于领导他们的领袖，统治阶级往往被废黜，被统治阶级取而代之。如果统治阶级主要受人道主义情感驱使，上述情况容易发生；如果它不善于吸收被统治阶级中的精英部分，就更容易发生：封闭的或稍微开放的人道主义贵族奉献了极不稳定性。（2）当统治阶级善于巧妙地玩弄阴谋、欺诈、贿赂等伎俩时，要推翻它比较困难；如果统治阶级善于最大限度地吸收被统治阶级中的精英分子，他们具有同样的天赋，善于玩弄相同的伎俩，从而将成为准备使用武力者的领袖，那么推翻统治阶级将非常困难。这样，被统治阶级没有导师，未掌握斗争艺术，缺乏严密的组织，几乎永远不能构建持续性的东西。（3）于是，在被统治阶级中组合本能剩余物减少一些，但此现象不能同统治阶级中此种剩余物的增长相比较。因为统治阶级只是少数人，即使有意识地改变其素质，无论是增添还是削减，人数毕竟有限；而这少数人将改变人数众多的全体。另外，在被统治阶级中还有不少人具有组合本能，但他们没有在政治和有关活动中应用这种本能，而只在并不源于此本能的艺术中发挥。这种形势使社会稳定；因为对于统治阶级来说，只要吸收极少数人就足以剥夺被统治阶级的领袖。此外，从长远看，两个阶级间的素质的差异在扩大：在统治阶级中组合本能倾向占优势，在被统治阶级中集合体持久性本能趋向占优势，当差异特别大时，就爆发革命。（4）革命往往把政权交给新生的统治阶级，在此阶级中集合体持久性本能在增长，从而在现在享乐的方案上补充在将来有待实现的理想方案，怀疑论向信仰部分让步。（5）这类考察应以某种方式扩展到国际关系。如果一个民族，其组合本能的增长同集合体持久性本能相比超过一个确定限度，那么该民族很容易在战争中被另一个民族击败，胜利的民族那里没有上述现象发生。无论在国内战争还是国际战争中，都可发现理想对于引导至胜利的巨大力量。丧失使用暴力习惯者惯于从商业角度判断一个行为，看它提供和拥有多少金钱，很容易下决心购买和平。如果单独考察此行为可能很不错，因为战争付出的代价远比购买和平所用金钱多得多。但经验证明，从长远看，同不可避免随之而来的其他行为联系起来看，它使这个民族开始走向毁灭。我们指出的组合本能占优势的现象，对整个民族来说极为罕见，一般仅能在上层阶层（少而又少）和下层阶层（多数）中观察到。因此，当战争爆发时，只重视上层阶层者对平民表现出的能量惊叹不已，并且毫无预见性。有时，正如在迦太基所发生的那样，这种能量不足以拯救祖国，因为国家的领导阶级既未充分备战又未成功指挥，相反敌人的领导阶级备战充分、指挥正确。[①] 有时，像法国大革命的战争中发生的那样，人民的能量足以拯救祖国，因为如果国家的领导阶级没有充分备战的话，那么敌人的领导阶级对战争的准备和指挥更为糟糕。这让社会下层阶层赢得时间，将其领导阶级赶下台，让另一个朝气蓬勃的领导阶级取而代之，在此阶级中集合体持久性本能的比例较大。有时，还像在德国耶拿溃败发生的那样，人民的力量影响了上层阶层并推动他们采取卓有成效的行动，因为它将英明领导同坚定信仰结合起来。

906. 我们现在指出的是主要现象，但还要补充许多其他次要现象。在这些次要现象中，发现这一点受益匪浅：如果统治阶级不会、不想、不能使用暴力以镇压私人生活中对一致性的违犯，被统治者的无政府主义行为就来填补空白。显而易见，历史上私人复仇的消逝或重现，取决于政府当局行使镇压罪行的职能还是放弃这种职能。还请观察，哪里政府当局的作用微弱，哪里就会在大等级内形成许多小等级，在大社会内形成许多小社会。类似情况还有，哪里公共司法没有起到作用，私人或宗派司法作用将取而代之，反之亦然。在国际关系中，人道主义和仁义道德动人演说的华丽辞藻后面掩藏着暴力。中国人被看作并且或许真的在文明方面超过日本人，但他们缺乏军事力量；由于日本人封建“残暴”的丰足充裕，而中国人没有这一缺陷。为此，不幸的中国人遭到欧洲乌合之众的侵略，后者在中国的行径，正如索列尔[②]精彩描述的那样，可同西班牙征服者在美洲的暴行媲美。在数不清的屠杀和抢劫之后，中国人看到自己的祖国被欧洲人践踏，还要被迫付赔款。相反，日本人在战胜俄国人[③]之后，却令大家敬畏。

907. 通常，所有这些事实似乎都由派生物揭示。一方面，有些理论在任何情况下都谴责被统治者使用暴力；另一方面，有些理论赞成被统治者使用暴力。

---

① 指第三次布匿战争，在公元前 149 至前 146 年进行。罗马人对迦太基城的最后攻击扩展到当地居民的庭院，一场血腥大屠杀发生，该城被夷为平地，该地成为罗马的一个行省。——译注

② 索列尔（1847～1922），法国社会主义者和革命工团主义者，发展了关于神话和暴力在历史过程中创造性作用的独特理论。——译注

③ 指 1904～1905 年的日俄战争：日本和沙皇俄国为重新分割中国东北和朝鲜而进行的帝国主义战争。——译注

908. 第一种理论，当感到并不急迫需要应用逻辑时，求助于对当权者的敬畏（通过对“国家”那种敬畏的抽象）的单纯情感和对唯恐天下不乱者或妄图颠覆现存秩序者的痛恶之情。其后，当认为满足人们的逻辑需要十分有用时，就竭力制造混乱：将为个人私利违犯社会中形成的一致性这种行为，同为集体利益或用另一一致性取而代之的违犯行为混为一谈。这样做的目的在于将一般对第一种行为的痛斥延伸到第二种行为。在我们时代，进行的推理都同进步神学有关系。我们的几届政府都起源于革命，它们怎么能不背叛革命，却谴责那些试图反对它们的革命呢？它们授予自己一种新的神权：反对以往的政府的起义是合法的，因为它们建立在暴力基础之上，而反对建立在“理性”基础之上的现代政府就不再合法。或者：反对国王和寡头统治的起义是合法的，而反对“人民”的起义就不合法。还有：哪里不存在普选制，就可发动起义；哪里已有这种灵丹妙药，就不能再暴动了。从头开始：在所有那些“人民”可以表达自己“意志”的国度里，起义都是无用的，因此都是罪恶的。最终，为了不使形而上学先生们扫兴：凡存在“法制国家”的地方，那里的起义就不能宽容。读者可能要批评我，为什么不给这美好的本体下定义。尽管我做了大量研究，对它仍是一无所知，我更情愿描述长着狮头、羊身、蛇尾的怪兽。

909. 通常，所有这些派生物总缺少精确含义。所有政府都使用暴力并且都断言它以理性为基础。事实上，无论有无普选制，总是寡头政治集团在统治，并且善于将自己期待的表述强加给“人民的意志”。

910. 从实质上看，这样的派生物主要表达掌权者的情感，他们想保持这些情感和更一般的情感：社会稳定极为有益。如果一个或大或小的集体，对社会（它是其部分）中确定的某些准则稍不满意，就付诸武力以破坏这些准则，这个社会就会土崩瓦解。社会稳定相当有益，为了维护它，值得求助于想象的目的（第 714 节，第 711 节）和形形色色的神学，其中可能有普选制神学，劝诱人们受到实际损害时要逆来顺受。为使破坏社会稳定有益，这些损害必须十分严重；而且人们不受怀疑论的科学推理的指导，而是受用理想表达的强烈情感的有效指引。同伪科学、“君权神授”论、寡头的、人民的、“大多数的”、议会和诸如此类的“神权”理论相比，这些理想在一定限度内可能有用，而且实际上也有益。

911. 赞成被统治者使用暴力的理论几乎总同谴责统治者使用暴力的理论相结合。少数梦想家一般地谴责使用暴力，但这类理论或毫无成效，或仅达到削弱统治者抵抗行为的效果，而留给被统治者使用暴力的自由空间；为此，我们只能限于一般地考察这种形式的现象。

912. 不需要很多理论就能驱使真正的和自称的被压迫者奋起反抗或使用暴力，因此派生物主要用以劝诱那些冲突中的中立者斥责统治者的抵抗，使它不够强烈，甚至劝阻统治者本人放弃抵抗。另外，今天它只能在人道主义骨癌患者身上获得巨大成功，因为他们的骨骼已坏死。有时会得到中立者的帮助并削弱统治者的抵抗，只要使用宗教派生物，无论是何种宗教，总归他们笃信。当借助派生物轻易地表明拥护或反对时，如果这种手段不是对利益的纯粹掩饰，那么它的效果有限。

913. 在我们时代，主要是经济冲突的时代，如果政府想要保护老板和工贼并反对罢工者的暴力，人们就指控政府干预一切经济争执。如果公众力量代理人不让自己被杀死又未使用武力，人们就指责他们缺乏深思熟虑的判断，是“好冲动的神经衰弱者”。法庭的判决作为“阶级的判决”被要求复审；但无论如何判决总是非常严厉。最终需要大赦抹去所有关于这些冲突的回忆。从工贼和老板那里可以期待着直接反对大赦的派生物，由于利益是冲突的；但这并未发生，或即便发生，也是非常徐缓平和的。原因在于：工贼一般没有理想作为精神支柱，几乎对自己的行为感到耻辱，干了坏事不敢声张；而大多数老板是“投机者”，他们希望凭借政府的帮助，把罢工造成的损失转嫁给消费者和纳税人。他们同罢工者的争吵是同谋者为瓜分战利品的争吵。作为人民一部分的罢工者拥有丰富的第二种剩余物，他们不仅有利益，而且有理想。老板——“投机者”属于靠组合发财致富的阶级，相反拥有大量第一种剩余物，因而主要有利益，没有或几乎没有理想。他们将时间投入有利可图的活动，绝对不从事构建理论的活动；他们中有一些腰缠万贯的政客煽风点火、蛊惑人心，极其擅长将同自己利益冲突的罢工转向对自己有利。

914. 其次，还有一般性考察，既适用于国内冲突也适用于国际冲突，它们集中概括在呼吁对使用暴力造成的痛苦表示同情的情感中，完全不顾及使用暴力的动因和使用它产生的效用或不使用它造成的损害。有时还补充上对“无产阶级”的崇敬，或至少同情的表述：他们从不会干坏事，或者无论怎样表现，都是可以原谅的。在以往时代，同类似情感一致的类似表述被用来支持王权、神权政治、贵族政权。

915. 显然，由于它符合派生物的情感的本质特性，在逻辑—实验方面最好的理由又被忽视了。譬如，在中世纪有一个绝妙的理由用以支持教会权力，当它同皇权或贵族权力争斗时，这一理由几乎成了那些政权的唯一平衡力，几乎成为抗衡愚昧野蛮力量，捍卫智慧、科学、文化的唯一保障。但人们很少或根本没有用这一理由大声呼救，他们更乐于信赖从启示学说和《圣经》中获取的派生物。今天仍然如此，享受经济保护的老板对罢工者深恶痛绝，因为后者想要消灭竞相破坏罢工的工贼，用不着问这些老板：为什么想阻止别人干自己干的事；为什么工人的自由竞争好，而老板的自由竞争坏。

916. 可以反驳说：保护老板利益的暴力是合法的，罢工者反对工贼的暴力是非法的。这样，问题就从暴力的效用过渡到行使暴力方式的效用，这是个非常重要的论题。合法暴力是社会现存准则的结果。一般说来，同旨在破坏这些准则而使用的私人暴力相比，使用合法暴力会产生更大效用和更小损害。请观察罢工者能够、有时实际使用非法暴力进行回击，因为通向合法暴力的道路被堵死。如果法律加上合法暴力迫使他人放弃所要求的东西，就没有必要再使用非法暴力。在其他许多情况下，都可重复这一点。使用非法暴力者最渴望将它变为合法。

917. 我们触及问题的中心，但论题并未穷尽。我们不管特殊情况，只进行一般推理。争论是在权术谋略和暴力两者之间展开，并且要在从未有过的意义上裁决这场争论：毫无例外，用暴力反对权术谋略是无益的；还有必要证明，仍然毫无例外，使用权术谋略总比使用暴力更有用（第 1006 节）。我们假设在一个国家内，统治阶级 A 吸收了全民中的卓越的谋略家。在此种形势下，统治阶级 B 极端缺乏这样的谋略家，因此要战胜 A 方希望渺茫或毫无希望，除非 B 方也用权术谋略进行战斗。如果权术谋略加暴力，A 方的统治将永恒："因为如果心灵的机能加上恶意和力量，人类就不能防御了。"（《地狱篇》第 31 歌第 55～57 行）① 只有少数人做到这点；对多数人来说，使用权术谋略者很少使用暴力，反之亦然。因此，如果在 A 方聚集善于用计的谋略家，必然在 B 方汇集擅长使用暴力的干将。运动如此运行，平衡趋向不平衡；由于 A 方求助于权术谋略，不想使用暴力也不拥有暴力；而 B 方既拥有暴力又想使用暴力，只是不通晓使用的艺术。之后，如果 B 方找到精通此术的领袖，历史教导我们，这些领袖通常来自

① 但丁：《神曲·地狱篇》第 31 歌，从田德望译文。——译注

A 方的持不同政见者，B 方就具备为夺取胜利并将 A 方赶下政坛所必需的能力。从悠远的时代直至现代，历史为我们提供了不可胜数的这样的实例。

918. 这里需要观察，一般说来，当统治阶级越来越倾向于人道主义，这种剧变对集体十分有益；当统治阶级由更倾向于组合而不是暴力的分子组成，尤其当这些组合造成（即使间接地）集体的物质繁荣时，剧变对集体益处不大。

919. 肤浅的判断者可能将思想集中在伴随剧变的屠杀和抢劫上，并未探究屠杀和抢劫是否为社会力量和相反十分有用的情感的表现，这些表现当然应受到谴责。谁要说屠杀和抢劫根本不应受谴责，它们是杀人越货者为社会效用应获得政权的标志，就表述了一个悖论，因为在罪恶和社会效用之间不存在因果关系，甚至也不存在紧密的不可缺少的相互依存关系；但在此悖论中有一丁点儿真理，由于屠杀和抢劫是用以表现残暴强壮者代替懦弱卑微者的外在标志。

920. 谁若想断言变革总造成损害，稳定是至善，就应感到有能力证明：人类社会永远处于野蛮状态有用；从野蛮状态过渡到现代文明状态已经发生，或可能（第 54 节）发生，而未爆发战争和革命。第二个断言同事实根本不符，正如历史让我们认识的那样，仅根据它推理十分荒谬；相反第一个断言可以自圆其说，只要赋予术语“效用”一种特殊的含义，并且依靠颂扬“自然状态”欢乐的理论。谁若不想到那儿去，就不能承认第一个命题，从而被事实和逻辑强迫承认有时战争和革命有用；另外，这不意味着永远如此。承认过去如此，但为证明将来未非如此，尚缺乏任何证据。

921. 通常，我们为进入逻辑—实验科学的量的领域，这样被逐出质的领域，派生物在此占统治地位。一般说来，不能断言稳定总有用，变革总无用；但需要认真观察所有个别情况，估价利与害，看是否利大于害，或害大于利。

922. 这里产生如下问题：为什么某些政府使用暴力，而其他政府不用暴力？显然，为了解释这些现象，应该在已迈出的第一步基础上继续前进。此外，说一个政府因未使用暴力而倒台不可能准确。因为，如果不使用暴力的事实取决于其他事实，那么这些事实恰恰是现象的原因，而前一事实只是表面的原因。也可能这些事实取决于，至少部分地取决于放弃使用暴力；因此，要将其他相互依存的关系补充因果关系。这还不够：如果观察到不善于或不能运用暴力的政府纷纷倒台，同样观察到没有一个政府仅靠暴力能长期维持（第 966 节）。根据上述显而易见，我们只考察了问题的一个方面，因此需要拓宽研究领域并且更一般地研究诸现象。我们现在就准备这样做。

923. 相互依存的循环。

现在我们考察决定社会平衡的要素整体，如果不是全部，至少也是最重要的类型（第 856 节和第 844 节），并且用第 843 节提及的相互依存的（2a）方式代替（2b）方式，同时注意第 844 节指出的危险。

924. 在第 841 节曾提及两种事实，即：（1）社会的存在的事实。（2）在上述社会中完成的事实，即决定社会的存在的要素。我们将第二种划分为几组，然后再将构成同一组的要素区分开，进而研究它们单独（直接作用）或同同类型要素一起（间接作用）对其他类型要素产生的作用。

925. 我们考察各种相互依存，为求简明，将用字母代表如下要素：（a）剩余物，（b）利益，（c）派生物，（d）异质性和社会循环。

926. 于是，我们说：Ⅰ）（a）作用于（b）、（c）、（d）；Ⅱ）（b）作用于（a）、（c）、（d）；Ⅲ）（c）作用于（a）、（b）、（d）；Ⅳ）（d）作用于（a）、（b）、（c）。组合Ⅰ是社会现象中最重要的部分，以伦理学作为社会基础或让“概念”支配事实的理论朦胧、大致地直觉到它。组合Ⅱ也很重要，它被“历史唯物主义”的追随者所发现，但他们用部分代替整体，犯了忽视其他组合的错误。组合Ⅲ通过文学为我们所熟悉，它享有的重要性远超过实际，在所有组合中价值最小。组合Ⅳ早由柏拉图和亚里士多德所阐明，即使今天仍很显著，它是非常重要的现象。

927. 作用与反作用永无休止地相继发生；因此当（a）变化时，由于组合Ⅰ，其他要素（b）、（c）、（d）也变化（我们将称作“直接作用”）。但是，由于其他组合，（b）、（c）、（d）的变化也会引起（a）的变化，因此（a）的这种变化反映到组合Ⅰ并重新引起（a）、（b）、（c）、（d）的变化（“间接作用”）。其后，多种组合的效果交织在一起，在后文（第 1029 节及其后）我们将看到这样的例子。在社会中观察到的具体平衡状态是全部要素全部作用与反作用的结果，因此不同于理论状态，后种状态不是通过考察（a）、（b）、（c）、（d）全部要素，而是考察其中一个或数个要素获取的。

928. 我们研究一种特殊情况：通过进口税对工业进行海关保护，属于（b）类。数量经济学即（b）类的科学，已证明一般保护造成财富的破坏。对许多经济学家来说，这都是一种“恶”。但要接受这一命题，还需探究海关保护的直接经济效果和社会效果。关于经济效果，在将一定数额的财富从集体的 A 部分转移到 B 部分时，破坏了数额为 q 的财富，如果通过财富的重新分配，生产的财富增长额未超过 q，那么海关保护对整个集体造成经济损失。但还应区分动态效果（在保护确立后短时间内发生）和静态效果（很长时间之后发生），此外还要区分因生产易增长（如一般工业）发生的效果和因生产难增长（如农业）发生的效果。

929. 动态效果对企业家远比对农民显著。当保护政策确立时，企业家已经拥有将受到保护的工厂和善于预见并达到目的的智囊，他们享有暂时的垄断，仅当新企业家来同他们竞争，这种垄断才被打破；往往需要不短的时间才能实现此事。相反，农民不应当惧怕新竞争者，对于他们来说，动态效果和静态效果差别不大。此外，保护政策能创造新工业，因此能扩大企业家的人数，如果尚未增加他们的收益的话。农业也可发生此种现象，但规模小得多，保护政策通常使一种农业代替另一种农业。与此相反，静态效果对企业家的收益不如农民的收益显著，农民的定期收益增加，而竞争抵消了企业家暂时垄断的定期收益。恰恰因为这一点，工业保护政策通常比农业保护政策破坏的财富更多。由于实行农业保护政策，从破坏的财富中拯救出新的定期收益，这些收益构成单纯的财富转移。

930. 我们观察对其他类的直接效果（第 927 节）。组合Ⅱ：对（d），即对社会异质性产生的效果最大。工业保护政策的动态效果不仅使具有技术天才的人致富，而且先使具有金融组合天资者或善玩手腕并受到政客庇护者发财。其中某些人天资过人，变得富有、强大并统治着国家。那些擅长适时出售保护政策好处的政客们也是如此。所有这些人都拥有很强的第一种剩余物，很弱的第二种剩余物。另一方面，性格完美超过技术、金融天资者，或者他们不擅长玩手腕、使诡计，就会沮丧颓唐，因为他们没有得到保护政策的任何好处，却要为它付出代价。工业保护政策的静态效果并不同一，而仅类似；如果它们使人们致富程度不大，由于已为上述人杰和枭雄开拓了大展宏图的道路，并且增加了工业人口，往往损害农业。最终，为求简明，当我们注意到第 792 节关于统治阶级构成所作的设想，就应给拥有既多又强的第一种剩余物并善于利用它们从保护政策中获利的人们打高分，给不善于适时地利用这既多又强的第一种剩余物或拥有此种剩余物既少又弱的人们打低分。这样，工业保护政策趋向在统治阶级中第一种剩余物的增加。此外，循环也变得更加频繁。生来就有组合本能天资者，在一个缺乏工业的国家里，比生在工业发达并不断涌现新工业的国家的人们，遇到施展自己这种才干的机会少得多。从保护政策获利的权术本身为具有组合本能天资者提供了广阔的活动天地，即使他们在工业中未直接施展这种才干。我们继续第 792 节指出的类比，可以说为承认谁拥有更多第一种剩余物可频繁举办考试，并有大量候选者踊跃参加考试。

931. 似乎不存在对（a）类——剩余物的强烈效果，还由于剩余物变化缓慢（第 1008 节）。相反，存在对（c）类——派生物的明显效果，并且可观察到捍卫保护主义的经济学理论空前繁荣，其中多数理论可同以往时代为获得庇护奉献给富豪、贵族的题词与颂诗媲美。

932. 组合Ⅲ：派生物对剩余物的作用很小或毫无作用，对利益的作用小，对社会异质性（d）的作用大一些，因为在每个社会正人君子在颂扬强者时都能被吸收到统治阶级中。如果施穆勒[①]是个自由派人士，他就不会被任命为普鲁士贵族议会议员。相反，英国自由派人士受到所谓“自由”政府的恩宠。这样，我们就拥有四类组合之外的间接效果。利益（b）作用于派生物（c），而派生物（c）又作用于社会异质性（d）。

933. 组合Ⅳ：这里我们再一次拥有非常重要的效果。我们发现异质性对剩余物的作用不如利益的作用大，通常由于剩余物变化很小。

934. 此外，一般地讨论组合Ⅳ，利益对剩余物的直接或间接的作用不应忽视。如果多年施加影响，甚至可能变得很显著。在一个只倾向于关注经济利益的民族中，符合组合的情感受到赞扬，符合集合体持久性的情感受到压抑，在这两种剩余物中类型在改变，尤其是剩余物得以表现的形式——派生物在变化。尽善尽美仿佛要等到将来，相反在过去它已被提出，进步上帝住在奥林匹斯山上；人道主义获得胜利，因为现在最好用欺诈而不是暴力牟取利益；围绕着障碍转圈，而不是用暴力超越它们，已变为共同的原则。由于这样的实践，长期发展下去，使性格变得十分脆弱，而权术谋略以其所有形式成为主宰。

935. 现在我们再回到保护政策的特殊情况，我们观察到，借助保护政

① 施穆勒（1838～1917），德国庸俗经济学家，新历史学派和讲坛社会主义的主要代表，上院议员。——译注

策，当利益将拥有大量第一种剩余物者推至统治阶级行列中时，他们又反作用于利益，并且促使全民族投身经济活动和工业化。这一现象如此明显，以致最肤浅的观察者和对错误理论竭力掩饰者都不能视而不见，它往往以现代社会“资本主义”的增长之名被描述。其次，按照“post hoc ergo propter hoc”① 的推理，就会误认为资本主义增长是道德情感（集合体持久性）衰弱的原因。

936. 在我们现已指出的现象中，存在一种间接效果，即利益对异质性的作用。异质性又反作用于利益，这样通过连续的作用与反作用，就确立一种平衡，在此平衡中经济生产日益加紧，精英部分循环变得频繁，统治阶级的构成发生深刻变化。

937. 经济生产的增长可非常巨大，以致可超过因保护政策破坏的财富，因此，推演出逻辑结论，保护政策可以产生效用，而不是造成财富的损失。于是可能发生，而不是必然发生：由于工业保护政策，可使一个国家经济繁荣。

938. 请观察这是一种间接效果，是由于工业保护政策是通过对社会异质性和精英阶级的循环的作用才产生的，然后精英阶级又反作用于经济现象。因此可去除这一链条的第一个环节，只要保留第二个环节，效果同样会产生。从而，如果保护政策以不同的方式作用于社会异质性和精英阶级的循环，那么也会产生不同的效果。一般说来，农业保护政策恰恰发生此种情况。于是，只要处于我们的循环的点上，就可说存在经济繁荣发展的间接效果，而不论采取工业保护政策，还是实行取消巨大的农业保护政策的自由贸易。这后种现象类似于科布登同盟时代英国所发生的现象。取消农业保护政策产生强烈效果；而取消工业保护政策产生的效果小得多，因为在那个时代英国的工业世界第一，因此效果主要是第一个措施产生的。还应补充：当时英国精英阶级的循环相当频繁，并采用各种政治手段促使加快。相反，当德国转向保护主义时，这种循环十分缓慢，并且主要由于经济之外的原因进行的。农业保护主义很少能对业已十分缓慢的循环产生影响，而工业保护主义奇迹般地促进了这一循环，因此效果主要是工业保护主义产生的。在英国还可观察到取决于农业保护政策消逝的效果，并且国家日益接近蛊惑人心的工业化状态，这种状态在德国不可能存在，只要

① 拉丁文，意为“此在彼后，彼为此因”。——译注

受到农业税保护的容克阶级仍充满活力。

在意大利，新王国建立以后，金融和公共企业的保护主义已经产生我们看到的工业保护政策所能产生的作用。因此，当工业保护政策混杂不少农业保护政策被确立后，其间接效果微不足道，在意大利北方可能更小；相反在南方几乎只有农业保护政策才产生效果。因而，间接效果就其整体而言毫无意义，只剩下破坏财富的经济效果，这样的效果可以非常清楚地看到，直至其后被繁荣期效果所掩盖，所有文明民族都是如此。

939. 单从政治经济学，不可能认识这些不同效果（即使是经济效果）的原因。需要将政治经济学研究同另一门更为一般的科学的研究相结合，这门科学教导我们不应重视派生物，因为它们构成了错误的理论，还告诉我们哪些真正的力量作用于现象、力量有多大，尽管这些现象表面上看是纯粹经济的，事实上取决于其他社会现象。

940. 迄今我们只大致勾画出现象的草图，要完善各个细部尚有大量工作要做；但这里不是研究它们的地方（第 951 节及其后，第 1000 节及其后）。我们更应该去消除另一缺陷，这是由我们滞留在循环的一个点上造成的，与此同时需要继续前进并且观察新的间接效果。

941. 如果没有任何力量反对，已指出的作用与反作用的循环永无休止地连续发生，经济保护政策及其效果应该不断扩大。在 19 世纪许多民族那里恰可观察到这种现象。但另一方面，反对这一运动的力量产生并发展。我们不再讨论保护政策的特殊情况，而是一般地、在精英阶级发生的变化和使上述循环运动可能发生的形势变化中发现这些力量（第 945 节）。当精英阶级中第一种和第二种剩余物的比例发生变化时，历史告诉我们：正向运动不是永无休止地连续发生，而是迟早被反向运动所代替。这种反向运动往往因战争作用而发生，正如由于罗马征服了希腊，在希腊存在大量的第一种剩余物，相反那时在罗马是第二种剩余物占优势。往往由于国内革命，在一个相当长的时期内连续发生同上述进程相反的运动：最明显的实例，莫过于罗马帝国代替罗马共和国了，这主要是一次社会革命，并在统治阶级内部极大地改变了剩余物的比例。我们将两种效果放在一起考察，一般可大致地说，哪里不发生前种效果，就发生后种效果。正如熟透的果实，或由人们用手摘取，或自己落地，无论如何它们也不会永远长在树上。现在提及的精英阶级变化的原因是决定现象具有波浪形式的重要原因之一，在后文我们再列举更好的实例（第 1001 节、第 1029 节及其后）。

942. 在许多民族那里，我们看到工业保护政策同农业保护政策相结合；甚至在现今欧洲似乎尚未出现其他情况。由于存在对立的效果，至少部分如此，请注意事实的功效如何促使经验主义者（近乎由于本能）走着某种中间道路。总之，工业保护政策和农业保护政策以不同程度结合，在统治者内部造成第一种和第二种剩余物的不同比例，伴随着由这种形势产生的效果（第 947 节）。

943. 上述看法可扩展到任何一种保护政策。譬如，当人们主要用战争获取财富、荣誉、权力时，就产生对好战阶级的保护政策，正如前述保护政策对社会异质性的作用，但是朝着另一方向，即在统治者中第二种剩余物增加。当具有好战本能的人数增加，尽管剩余物极少变化，他们仍倾向于提高第二种剩余物的强度，从而使循环加快。对派生物产生的效果非常显著，但比前述情况效果要小些。这些派生物对社会异质性的作用很小，对剩余物的作用大些。最后，在关注组合Ⅳ时，我们就会发现对好战者利益的保护政策驱使集体投身战争活动，因此这里也存在一种间接效果。

944. 在此种情况下还会产生反对考察过的循环力量的力量。一方面，频繁发生的战争将具有好战情绪者推入统治阶级；另一方面，又摧毁他们。推演出逻辑结论，统治阶级中可充斥或缺乏好战分子，因此能或多或少拥有某些剩余物。在现代，战争要求加速经济生产，备战使统治阶级中好战分子增加一点，同时也使工商企业家进入该阶级。

945. 关于可使考察的循环成为可能的形势（第 941 节），战争循环需要存在有待用征服剥夺的富裕民族。存在经济上落后的民族，以便用工业生产剥削它们，这种形势有益于工业循环。另外，要发展工业化，需要有人节约。一般说来，工业化还促使人们花掉全部收入（第 948 节）。通常在任何时代可发现战争循环的运动自身同工业循环运动存在巨大冲突。事实上，工业循环运动可自我满足，直到某个点，即财富的生产者充当消费者。当受剥削的贫穷民族繁荣昌盛时，他们的消费也提高了，因此工业化民族也从中受益；损害较晚将至，当贫穷民族接近富裕民族的水平时。至于促使人们节约的情感的削弱，效果并不迅速，因为剩余物变化缓慢。因此为发展工业必不可缺的有待利用的物质不会很快缺乏。相反，为战争循环所必需的富裕民族可以消逝，穷兵黩武的民族可这样同归于尽，除非不仅征服造成物质的繁荣，正如古罗马那样，而且还有商业和工业对这种繁荣做出贡献。

946. 一般说来，只进行一种循环的民族同只进行另一种循环的民族相遇，根据发展的程度，可能这个民族或那个民族被消灭。于是工业发展的现代民族战胜并统治在战争发展中仍落后的野蛮人和半野蛮人；相反，地中海沿岸经济比较发达的民族受罗马统治，而罗马帝国受蛮族统治。在现代文明民族中间，正在进行的循环中发展程度的差别很小；因此，尽管从发展的差异中产生的力量引人注目，但并不占优势。

947. 工商业利益主要占优势，导致充斥狡诈阴险之徒并拥有大量组合本能者的统治阶级富有，而使充斥性格刚烈、残暴并拥有大量集合体持久性本能者的统治阶级贫穷（第 904 节）。因为其他原因也可发生此种情况。当我们一般地考察第 926 节的组合Ⅳ时，将发现如果仅用技术、欺诈、组合进行统治，第一种剩余物占优势的阶级的政权可以长期维持。但为了统治还需要暴力（第 902 节），在统治者内部第一种剩余物逐渐增加，第二种剩余物日益减少，统治者变得很少使用暴力。因此，存在一种不稳定的平衡，并且爆发革命，正如新教革命反抗文艺复兴的人们，1789 年法国国民革命反抗其统治阶级。他们成功的原因部分类似粗鲁、无文化的罗马战胜文明的希腊的原因。威尼斯的例外证实了这一规律。威尼斯的政治体制延续很长时间，因为其贵族善于保持为使用暴力所需的集合体持久性情感。第二种剩余物占优势的民族，或通过渗透（精英阶级的循环），或通过革命突然地将此种剩余物带至统治阶级中（第 1029 节及其后）。

948. 在现代文明民族那里，工业循环的速度日益加快，需要大量的储蓄，还因为他们的政府用黄金，而不是暴力统治。但节俭的美德更符合第二种剩余物，而不是第一种剩余物。因此，富有冒险精神、不断追求新的组合又很少节俭的人们，需要气质不同、勤俭节约的人作为基础。法国统治阶级主要在本国妇女中发现这种人，在她们那里第二种剩余物仍占优势，她们创造法国为自己和他人提供的巨额储蓄（第 1002 节）。谁要是在本国找不到这种人，就应到国外去寻找，正像美利坚合众国所发生的那样，美国大量消耗欧洲的储蓄。

949. 第一种剩余物占优势，不仅为利益的优势，而且由于社会科学的状况，还为派生物、思想宗教、比经验主义者的非逻辑行为更远离实在的非科学推理占优势。当然，“知识分子”可以同政府保持疏远，那里的统治阶级中组合的剩余物占优势，正如在威尼斯发生的那样。但这纯属偶然，因为在此情况下统治阶级一般倾向利用他们的作用，而第二种剩余物

（即所谓的“偏见”）占优势的统治阶级则摈斥他们的作用。

950. 我们已经指出（第 792 节及其后）社会阶层的一般分类，我们还提及（第 805 节）它同贵族分类的关系。问题并未穷尽，还可引发许多其他思考，其中有一种非常重要的经济学。

951. 人们惯于在“资本家”的名称下将从自己财产和储蓄中获利者同企业家混为一谈。实际上，从经济角度和社会角度看，这是两个根本对立的范畴，绝不亚于所谓的“资产者”和“无产者”。从经济角度看，从资金持有者处借的储蓄和其他资本的利息低对企业家有益，相反，利息高对资金持有者有益。企业家生产的商品涨价对自己有益，而不大关注其他商品的涨价，如果能从自己生产的效用中得到补偿。相反，所有商品涨价都对纯储蓄持有者有害。对企业家来说，对其生产的商品征税害处不大，当他远离竞争时还有益；但对消费者永远有害，因为他的收入源于自己储蓄的收益。一般说来，企业家总能让消费者负担由严重赋税造成的过大的开支，而纯储蓄持有者永远做不到。与此类似，劳动力的涨价对企业家损害往往甚微，即只对执行的合同而言，相反对将来的合同而言，通过提高产品价格得以补偿；而纯储蓄持有者承受将来的合同，通常毫无补偿办法。因此，在此种情况下，企业家和他们的工人具有共同的利益，这种利益同纯储蓄持有者的利益相冲突。对企业家和享有海关保护的企业工人也是如此。农业海关保护政策往往产生相反效果，因此受到产业工人的抵制，他们极易冲动；相反它为企业家所接受，他们更加审慎，因为他们认为这是维护工业保护政策的一种手段。从社会角度看，冲突也不小。那些很好地发展组合本能（为获取职业巨大成功不可或缺）的人们不断占据企业家的席位，而第二种剩余物占优势者则永在纯储蓄持有者行列之内。因此，企业家一般富有冒险精神，无论在经济领域还是在社会领域，他们总追求新奇。他们对运动没有丝毫的不悦，期望从运动中获利。相反，纯储蓄持有者往往心境平和、胆小怕事，总像野兔那样竖起耳朵。他们没有奢望并极怕运动，知道要经受运动的严峻考验，几乎总要付出代价。倾向于过一种冒险而挥霍的生活，或倾向于过一种平静而节俭的生活，诸如勇敢、胆小、贪玩、好色、喜好体育锻炼或智力活动，这些倾向同样可由次要形势所改变。但无疑它们主要是个人的性格，推理对它们的作用甚微或根本不起作用。

952. 为得到更为精确的分类，我们将收入本质上变化不定并且审时度势发现收入来源的人划归 S 类，所有人都直接或间接地促使投机，并且善于天才地利用形势，千方百计地增加收入。总之，即包括：企业家、工商业公司股票持有者、有投机行为的房地产主，靠贷款给国家和工商业赚钱的交易所投机者、银行家，所有从投机中获利的雇员、律师、工程师、政客、工人、职员。我们把享有或近乎享有固定收入者划归 R 类，他们直接间接都不促使投机，不管他们能想出多少天才的组合，也不能使自己的收入增加。故包括：银行和基金会储蓄持有者或终身年金持有者，退休者、公债券或社会债据及类似有固定利息的债据持有者，没有投机行为的房地产主，不依附投机者的公民、工人、职员。

953. 为避免词语的使用不当，我们将 S 类的人们称作“投机者”，将 R 类的人们称作“定期收益享用者”。我们将发现他们之间经济与社会的冲突类似于纯储蓄持有者同企业家之间的冲突（第 951 节）。在 S 类中，第一种剩余物占优势；在 R 类中，第二种剩余物占优势。很容易理解为什么会这样：具有经济组合特殊才能者不满足于固定收入，他想挣更多的钱，如果发现有利形势，就会上升到第一类。这两类人在社会中发挥效用不同的功能。S 类主要是变化和经济、社会进步的原因；R 类是稳定的因素并剔除 S 类活动的危险。一个社会里 R 类个体占绝对多数，该社会必僵化停滞；如果 S 类个体占绝对优势，该社会缺乏稳定性，处于不稳定的平衡状态之中，此状态很容易被内部或外部的偶发事件打破。

954. S 类和 R 类在统治阶级中所占比例同文明的不同方式相符，并且是在社会异质性中有待考察的主要特点。鉴于适才考察过的循环（第 930 节），我们说在现代民主国家，工业保护政策提高 S 类在统治阶级中的比例。这种比例的提高又引起保护政策的扩展，于是循环往复以至无穷，如果没出现反对此运动的力量的话（第 941 节）。

955. 政治体制。

这一社会现象同统治阶级现象紧密相连，同其他社会现象是相互依存关系。

956. 通常存在截然相反的理论：重视形式忽视实质的政治理论，对形式和实质很少重视或完全忽视的经济理论。

957. 关注形式者重视解决如下问题：“政治体制的最佳形式是什么?”如果不补充它应适用于什么社会，用含义空泛的词语“最佳”想要指示什么效用、个人的和社会的效用（第 862 节），此问题就毫无意义。虽然有时人们直觉到这点，对政治体制的形式的考察仍永无休止地引起派生物的产生，它们又引起毫无价值的神话的产生，从逻辑—实验角度看，这些神话作为驱使人们活动的情感的表现具有重要内在意义。明显缺乏实验根据并不影响对效用的考察，因为在纯逻辑—实验命题中它并未被省略（第888节）。应由特殊社会学来探讨政治体制的形式问题，这里我们仅限于研究被派生物掩盖的实质，并且研究统治阶级的不同构成同其他社会现象的关系。

958. 像往常一样，我们又为词语的障碍所阻。术语“民主”的含义是什么？如果我们只限于研究它所掩盖的事实，将发现在现代文明民族那里，譬如，人们一般倾向于这样一种政府形式，将立法权大部分交给由或多或少公民选举的议会，人们还趋向扩大这种权力和议会选举人的数量。

959. 在所有文明民族那里，在近乎相同的形式下，实质存在很大差别，并且给不同的事物起相同的名称。譬如，选举产生的立法议会的权力从最大到最小，从法国的国民议会到俄罗斯的杜马或日本的制宪议会。

960. “人民代表机构”的功能暂放一边，我们只注重实质，除去少数持续时间很短的例外，到处存在一个人数不多的统治阶级，它部分靠暴力，部分靠人数众多的被统治阶级的认同维持政权。主要差别在于：关于实质，暴力和认同的比例；关于形式，使用暴力并获得认同的方式。

961. 如果认同是全民一致的，就无须使用暴力（第896节）。从未见过这种极端情况，却有许多相反的极端情况，即专制暴君用自己的军队对付敌对的国民以维持政权，或者借助外国政府来奴役不屈不挠的人民。第一个例子中的平衡比第二个例子中的平衡更不稳定，应到不同剩余物的存在中探求其原因。暴君的帮凶同被奴役的人民拥有的剩余物没有本质区别，因此他们同时缺乏支持和阻止使用暴力的信仰，就会如古罗马禁军、土耳其近卫军、古埃及马穆鲁克雇佣兵所作所为，肆无忌惮地行使权力，或者抛弃反对人民的暴君，不再充当鹰犬。相反，一般来说，统治民族同被奴役民族的风俗习惯不同，有时语言和宗教也不同，因此剩余物也不同，它并不缺乏使用暴力的信仰。在被奴役的民族中，也不缺少为反抗压迫所需的信仰，这就是随着时间的推移，平衡能被打破的原因所在。

962. 恰恰由于这一点，统治民族竭力同化被奴役的民族，当他们的目的达到时，肯定是保障自己政权的最佳方式。但他们往往以失败告终，因为他们想用暴力改变剩余物，而不是利用现存的剩余物。

963. 我们已经不止一次地指出，政府越是善于利用现存的剩余物（第695节），其活动越有效；它们对此越是一无所知，其活动成效就越小；一般说来，当它们企图用暴力方式改变现有剩余物时，其活动无效和毫无意义。几乎所有关于政府行为成功与否原因的讨论都源于这一原则。

964. 为了达到某个目的，利用社会中现存的情感，就其本身而言对社会既无益又无害，有益和有害取决于目的：如果这目的有益于社会，就有效用；如果有害于社会，就有损害。也不能说：当统治阶级倾向于为自己牟利的目的，对被奴役阶级的利益漠不关心，后一阶级必然蒙受损害。因为有许多情况表明，统治阶级只为自己牟利，另外也给被统治阶级带来好处。利用社会中现存的剩余物只是一种手段，这意味着它导致的结果颇具价值。

965. 作为统治的手段，需要给剩余物补充上利益，有时它们是为改变剩余物的唯一可能途径。但不被情感所遮掩的利益本身，肯定是影响第一种剩余物占优势者的强有力手段，因此对统治阶级的多数人作用很大；但对第二种剩余物占优势者，即被统治阶级的大多数作用很小。总之，大致可以说，如果统治阶级情感的面纱不很稠密，就比被统治阶级对自己的利益看得清楚，因为后者情感的面纱太稠密，影响了视力。从而统治阶级为自己牟利还能欺骗被统治阶级。此外，当统治阶级的利益不必然同被统治阶级的利益冲突，甚至往往相吻合时，这样的骗局还可对被统治阶级有利。

966. 在全部历史中，作为统治手段，认同和暴力总交织在一起，从远古时代的国王直至现代民主政体。

967. 正如派生物比它们表现的剩余物变化大，暴力和认同显现的形式也比它们起源的情感和利益变化大。使用暴力和认同的不同比例大部分取决于情感与利益的比例。政府形式也类似于派生物：它们对社会平衡的作用比它们起源的情感和利益小，但并非一点作用不起。

968. 到处都有统治阶级，即使在专制暴君那里也有，但以不同的形式显现。在专制政府中显现为君主，在所谓民主政府中只是议会，但在幕后总有人主要实施实际统治，如果有时他们不得不屈服于君主和议会的意志的话，其后靠他们卓有成效的行动变得坚韧不拔。在某些情况下，君主和议会并未发觉自己被诱使干的事情，享有主权的人民更未发觉，还自认为按自己的意志办，实际上是按其统治者的意志办。有时这益于社会生活的改善和国家防卫的适时准备，但往往只有利于统治者，他们只关注自己及其支持者的利益。在统治者企图显示自己政权的民族效用而采用的派生物中，人民能用以更好地判断一般问题而不是个别问题的派生物最引人注目。实际上恰恰相反，因为只要同缺乏教养者讨论片刻，就足以发现他们对个别问题（通常为具体问题）的理解远比一般问题（通常为抽象问题）深透。但抽象问题能有助于统治者获得自己期待的结果，而不管人民对这些问题做出什么样的回答。

969. 统治阶级不是同质的，它有一个政府、一个领袖、一个成员更少的阶层、一个委员会，实际实施统治。有时事实显而易见，比如斯巴达的民选五长官、威尼斯的十人委员会，是专制君主的拥护者、议会的主宰；有时事实若隐若现，比如英国的政党决策委员会、美国的党代表大会、在法国和意大利活跃的“投机者”。将抽象拟人化或赋予其客观实在性的倾向，致使多数人将统治阶级设想为一个人或至少一个具体个体，他用唯一意志和逻辑手段实现预想规划。实际上，正如其他集体，统治阶级也实施逻辑行为和非逻辑行为，与其说它们受成员的自觉意志驱使，不如说受体制的驱使，有时体制将它们拖入不情愿去的地方。“投机者”是只关注自己事务的人，拥有很强的第一种剩余物，如果他们能利用这种剩余物赚取丰厚的收入，是由于他们沿阻力最小的道路前进，正如所有人所做的那样。每个人都为自己的利益走这条路，似乎大家达成协议一样，虽然并非如此。但有时他们受体制（他们是其中一部分）力量驱使被迫走它所允许的道路。50 年前，“投机者”全然不知他们的行为将自己带至今天的状态。走过的道路是无数微小行为的总和，每个行为都由现时的收益决定，正如在所有社会现象中所发生的那样，它是在某些键和障碍中起作用的某些力量的合量。譬如，当我们说现在“投机者”总是靠增加军费准备战争，不想断言他们意识到这一切，完全不是这样。他们靠不断增加军费准备战争，为了挑起经济冲突，因为他们在这种冲突中发现直接收益。但这一原因，尽管很重要，并不是主要的，还有更为重要的原因，即利用国民中具有的爱国主义情感作为统治手段的那一原因。此外，不同国家的“投机者”相互竞争并使用武器装备迫使对手让步。还存在其他原因促使军备扩张，所有这些并未按预先设想发生。另一方面，第一种剩余物丰富者还直觉到，如果爆发一场大型恐怖战争，可能出现一种情况，他们不得不给第二种剩余物占优势者让位，因此他们在反对大型恐怖战争时，却乐于欢迎小型殖民战争，他们能驾驭这种战争而不冒任何风险。他们的行为根据这样的利益和情感发生，而不是由于事先确定的坚定意志，于是他们的行为最终能带至目的地，但也能带至从未想去的地方。还可能发生：一天，准备好但不期望的战争爆发了，这场战争是“投机者”过去行为的结果，但他们当时乃至永远都不希望它爆发。与此类似，古罗马的“投机者”准备了罗马共和国的崩溃和恺撒及屋大维的权力，他们不知道会走上这条道路，也丝毫不想达到此目的。这里，正如涉及社会体制的其他要素，还应注意区分伦理角度和社会效用角度。从社会效用角度看，“投机者”不应受到谴责，因为他们的行为受到通行的一种伦理学的确证。但从这些通行的伦理学的角度看，不应该为他们解脱罪责，因为它们[①]在社会中有用。还需提醒，为了认识和估价这种效用，我们应该解决一个量化而不是定性的问题，注意第二种剩余物强劲者在国民总体和统治阶级中所占比例。譬如，在我们时代，经济生产的巨大发展，文明向新兴国家的扩展，文明民族富裕程度的显著提高，大部分因“投机者”的行为所致；因为他们从第二种剩余物丰富者中崛起，才得以成就自己的事业。大可怀疑，甚至很少可能：类似恩惠能施于第二种剩余物急剧减少的民族或统治阶级身上（第947节和第948节）。

970. 统治阶级为维持政权使用被统治阶级分子，根据保障政权的两种主要方式（第966节），后者可分为两类：一类使用暴力（打手、士兵、警察等）；另一类玩弄权术（政治门客）。这两类人连绵不断，他们在比例上变化不定，并且表面比例有别于实际比例。禁军时代的古罗马是个极端，那里实际统治手段是武力，还不仅如此，表面的统治手段也是。美利坚合众国代表另一极端，那里实际统治工具是政治门客，表面上不似实际那样显著。对政治门客可以不同方式施加影响。主要方式并不明显：没有达成任何明显默契，政府按“投机者”的利益行事。其后还有更为明显的方式，从社会角度看不够重要，但从伦理角度看重要得多，比如对选民、当选者、统治者、记者等人的政治贿赂。这些手段各个时代都有，但恰恰是想靠权术统治国家的一个阶级政府的产物，因此所有制止玩弄权术的尝试都以失败告终。在法国、意大利、英国、美国，我们的民主越来越倾向于摇唇鼓舌、蛊惑人心的富豪统治集团，这样可能开始出现某些根本性变

---

① 指通行的伦理学。——译注

化，类似于在过去观察过的那些变化。

971. 使用这些手段需要费用，少数例外不算，譬如政府可以授予荣誉奖金。因此想使用这些手段还不够，还必须能够使用它们。这部分取决于财富生产，另一方面，财富生产并非与使用士兵和门客的方式无关。这样一来，问题变复杂了，并且应综合地考察这一问题（第 977 节）。分析时可以说在许多情况下士兵比门客廉价，但在其他情况下，门客有益于财富的生产，在综合时应牢记这一点（第 977 节）。

972. “民主”的发展同权术和门客统治手段的增长密切相关，增长是相对于暴力统治手段而言。在罗马共和国末期恰恰存在过这两种手段的冲突，伴随罗马帝国暴力取胜。今天，许多国家的“民主”政体，在许多方面可以界定为主要经济封建制，这里主要使用门客和权术作为统治的手段。相反中世纪的军事封建制主要使用陪臣的暴力。一个表达人民“意志”的政权，没有门客、派别集团、纷争，假设有一个这样的政权，仅为理论家的良好愿望，在现实中观察不到。

973. 许多人已发现这些现象，习惯把它们指作“民主的蜕化”，但无人会讲清是从什么完美或至少良好的实际状态蜕变的。可以说当民主在反对党一边时，还不像现在这样满身污点，但几乎所有反对党都具有这一特点。如果它们没有执政，不是不想掌权，而是干得不好。

974. 请注意不同政体的弊病可以各自不同，但总的来说，没有一种同其他种差异极大。

975. 政党惯于从伦理角度看待这些事实，此角度使国民深受感动，也可用以相互攻击。

976. 但我们居高临下观察事实，尽可能解脱政党、理想及类似羁绊，我们将发现无论政体采取什么形式，实质上统治者都倾向于使用他们的权力保住宝座，甚至滥用权力牟取特殊利益，有时它们同政党利益区分不清，几乎总与民族利益相混。从而引出：（1）政体的不同形式之间没有特别大的差别。实质差别存在于国民的情感中，哪里国民或多或少正直，就可发现一个或多或少正直的政府。（2）使用与滥用权力越充分，政府对私人事务干涉越多，可待剥削的物质就越多。（3）统治阶级竭力将他人财产据为己有，并不仅仅为了自己的利益，而且为了瓜分一部分给被统治阶级中用暴力或权术捍卫政权的人们。（4）多数情况下，无论是主人还是门客对自己违反社会中现行道德准则毫无察觉，即使察觉，也很容易为自己的行为辩解，借口最终别人也这样做，或用目的为手段辩护。对他们来说，维护政权是最好的目的。他们中的某些信仰虔诚者甚至将此目的同拯救祖国的目的混为一谈。还有人认为他们在捍卫正直、道德、公众利益，相反正是他们竭力掩饰追逐金钱者的丑恶伎俩。（5）政府机器以各种方式消耗一定数量的财富，这笔财富不仅同政府从干涉私人事务中攫取的财富总量有关，而且同统治阶级为维护政权所使用的手段有关，因此同第一种和第二种剩余物在统治者和被统治者中所占比例有关。

977. 现在我们考察统治阶级的政党。我们可以区分为三类：（A）坚定不移地追求理想目的、严守行为准则者。（B）主要追求自己和门客利益者。还可细分：（Bα）满足于权力和荣誉而将物质好处让给门客者。（Bβ）为自己和门客追求物质好处，一般为金钱者。（A）类人士被党内拥护者称作“正人君子”，被反对者称作“狂徒”“宗派主义者”。（Bα）类人士一般被朋友视为正直之士，但敌人以轻蔑的态度看待其正直；（Bβ）类人士被所有人称作“不道德者”，当他们的恶习被发现时，其朋友竭尽全力掩饰恶习以不被发现，并且善于抓住时机否定像太阳存在这样的事实。对国家来说，一般（Bα）类人士比（Bβ）类人士更宝贵，因为靠他们正直的外表，很容易剥夺他人财产供政治门客享用，有些人还竭力使家庭致富。已指出的这几类人的比例大部分取决于第一种和第二种剩余物的比例。在（A）类人士中第二种剩余物占优势，在（B）类人士中第一种剩余物占优势，因此他们更善于统治。当他们掌权时，（A）类人士成了他们的某种压舱物，用以给党涂上正直的色彩。但（Bα）类人士更为有用，他们不是供应充足的商品，因此被各个政党所追寻（第 991 节）。在门客中、在不执政的党派人士中、在选民中，第一种和第二种剩余物的比例并不同一，而是符合他们在统治阶级中、在司令部中的比例。只有第二种剩余物丰富的政党才能选定许多（A）类人士，但人们不知不觉也选上（B）类人士，因为后者精明狡诈，是组合艺术的大师，能轻而易举地让第二种剩余物丰富的天真选民受骗上当。

在我们的政治体制中需要把政党划分为两大类，即：（Ⅰ）轮流执政的政党。当一个政党执政时，其他政党为反对党。（Ⅱ）不执政的不妥协政党。从上所述，可以见出：在政党（Ⅰ）中有少量（A）类人士和大量（B）类人士，在政党（Ⅱ）中恰好相反。从本质上看，这一事实取决于现在的体制。除去少数例外，用金钱收买或给予或许诺丰厚的恩惠，就可当选议员。向议员许诺并保证为他们及其政治门客的利益服务，就可当上部长。不做正人君子还不够，还需用诡异的权术，在经济方面，找到经济保护政策、垄断、税收改革的组合，对银行和托拉斯优惠的组合等；在其他方面，注意对勋章的分配、对法庭的施压等。所有这些措施都对保障政权安全者有利。由此可见，现行体制越来越倾向于摇唇鼓舌、蛊惑人心的富豪集团。不同的政党往往交替地对不道德行为保持沉默。大家都有自己的（A）类人士和（B）类人士。当注意他们的比例时，肯定在有些情况下（A）类人士占优势，这样该党可称作“正直的”。但在多数情况下，恰恰不知道执政的各个政党在（A）类人士和（B）类人士的比例上是否存在巨大差别，只能说（A）类人士相当缺乏。在国民的下层阶级中，也存在大量的第二种剩余物；因此政府与政客，即使受物质利益驱使，也不得不装作致力于理想的目的，并用正直的伪装掩饰实际目的。如果一个贼在偷盗时被当场抓住，对手会大喊大叫以压倒敌人，尽管他们心里明白，自己掌权后，照干不误。被捉盗贼所在政党起初还保护他，以后若已不可能，就抛弃他，就像在暴风雨中航行的巨轮抛弃压舱物一样。国民深受感动，将完全正常的事情视为异常，并且全然不知事实是由体制强加、别无选择。

978. 如果我们想对一个政府的经济结果（第 971 节）有个看法的话，需要摆脱在这方面应用的所有派生物，主要是政府满足“集体需要”的派生物（Ⅳ和 γ 类派生物），并注意现象的复杂性，探寻其最重要的部分。其中包括对促进经济与社会繁荣的效果，抵御外来侵略、维持治安、提供公正有效的司法、某些公益事业和其他政府职能的效果，但同样重要，如果不是更重要，还有对精英阶级循环的效果，统治方式对国民经济的发展与萧条的间接作用。还需注意：统治者往往在追求某些效果时，结果却产生其他意想不到的效果。譬如，那些千方百计为自己的依附者牟利的人，制定了海关保护政策，却产生了利于精英阶级循环的意想不到的效果。从伦理角度，可以脱离其他措施对一个措施进行判断。但从效用角度，就不能这样做，需要从总体上看这一措施怎样改变平衡。从伦理角度应受谴责的措施，从社会效用角度可受到赞扬；相反，从伦理角度受到赞扬的措施，从社会效用角度可受到谴责。但从后一角度看有益：国民的被领导部分认为某个措施的伦理价值和社会效用同一。

979. 为了对这一长期而艰难的研究有一般认识，我们考察历史上出现的某些政府类型。（Ⅰ）主要使用物质力量和宗教情感力量或类似力量的政府。譬如，“暴政”时代的希腊城邦政府、斯巴达政府、奥古斯都和提比略时代的罗马政府、威尼斯共和国存在最后几百年的政府、18世纪许多欧洲国家政府。第二种剩余物同第一种剩余物相比占优势的统治阶级符合此种政府类型，而精英阶级的循环一般缓慢。这样的政府开支并不大，但并未促进经济生产，即由于其憎恶新生事物的本性，又因为它们并不重视通过精英阶级循环吸收更具有经济组合本能者。另外，如果这种本能在国民中持续存在，政府又不设置障碍，经济就会颇为繁荣（兴盛时期的罗马帝国）。但往往随着时间的推移，障碍就出现了，因为这种政府的理想是在其制度内形成一个僵化的民族（斯巴达、衰败时期的罗马帝国、衰落的威尼斯）。它们可以靠征服致富（斯巴达、罗马），但由于这样并不生产新财富，这种富有必然不稳定（斯巴达、罗马）。另外，可以发现过去这样的政府往往蜕化为腐败的军人政府（古罗马禁军、土耳其近卫军），只擅长大肆挥霍财富。

980.（Ⅱ）主要玩弄权术和谋略的政府。（Ⅱa）如果权术和谋略首先用以影响情感，可出现某些神权政府，现在在我们的城市里已完全绝迹。古希腊和古代意大利的国王可能接近这种政权，但他们的历史鲜为人知还不足以证明这点。（Ⅱb）如果权术和谋略主要作用于利益，此外这并不意味着完全忽视情感，就可产生如雅典的民众领袖政府、共和国不同时期的罗马贵族政府、许多中世纪共和国政府，最终我们时代的“投机者”政府这一最为重要的类型。

981. 在（Ⅱ）类政府中存在一个其第一种剩余物超过第二种剩余物的统治阶级；因为为了毫无顾忌地有效地运用权术和谋略，既作用于利益又作用于情感，需要具有高度组合本能。在（Ⅱa）类中精英阶级循环通常缓慢，但在（Ⅱb）类中这种循环快，有时还非常快，在当代的“投机者”政府中循环达到极高速度。（Ⅱa）类政府通常开支不大，但生产者也不多，它们比其他类政府更能使国民浑浑噩噩，并且对经济生产无任何促进。它们并不明显地使用暴力，也不能用被征服之地的生产弥补自己生产的不足；却很容易成为善于使用暴力的邻国的猎物。因此，或因邻国征服，或因内部腐败，这类政府消逝了。（Ⅱb）类政府的开支往往很大，但生产得往往也很多，因此生产往往超过消费以保障国家的空前繁荣；但在特定的条件和形势下，随着消费的增长，这种剩余还可减少并变为短缺。

这类政体可蜕化为狡诈的懦夫政府，它们可轻而易举地被来自内部或外部的暴力所推翻；古希腊城邦的许多民主政府就发生这种情况，罗马共和国和威尼斯共和国崩溃时也大致如此。

982. 在具体政府中可发现这些不同类型的组合，有时这类占优势，有时那类占优势。（Ⅰ）类占优势、又有相当比例的（Ⅱb）类的政府，可以长期存在，它们用暴力巩固政权，还会促进经济繁荣。盛期的罗马帝国就接近这种混合类型。它们还会遇到蜕化为（Ⅰ）类和急剧减少（Ⅱb）类所占比例的双重危险。具有少量（Ⅰ）类而又占显著比例的政府可长期存在，因为它们也有捍卫政权的暴力，还会促使经济空前繁荣。它们也会遇到蜕化为（Ⅱb）类和急剧减少（Ⅰ）类所占比例的双重危险，从而使它们置于外族入侵的危险境地（迦太基的毁灭，罗马对希腊的征服）。

983. 在对外关系中主要使用暴力、在内部关系中玩弄权术的政府是（Ⅰ）类和（Ⅱb）类的混合型政府。共和国强盛时期的罗马贵族政府接近此种政府。

984. 经济周期。

为发生可观察的各组要素的整体运动，一组要素的有节奏的运动会影响其他各组要素的运动。其中经济要素组和其他组之间发生的作用与反作用最为重要。

985. 一个国家的经济状态可由作者关于此国富裕还是贫穷发表的看法定量地评价。这种极不完美的方法是我们对过去所能使用的唯一方法。

986. 哪里存在对经济现象的统计（尽管很不完备），哪里就有用定量评价代替定性评价的方法。这总是一种进步，即使采用的方法很不完善，因为它开拓了用更好的统计和可能应用的更适宜的方法完善化的道路。

987. 为了认识一个国家的一般经济进程，人们探寻过经济指数的不同组合。但迄今收效甚微或毫无成效，只要科学没有取得突飞猛进的进步，仅依据那些简单复合指数将是有益的，正如在英国票据交换所或类似地方的补偿金额。

988. 为了改变一个国家的经济条件，此国货币金属的汇聚和黄金的生产具有重要意义；因为所有文明国家贸易交往十分广泛，而黄金已成为金属货币。

在过去时代与现代，可以发现货币的充裕与国家经济政治繁荣之间的一致，但往往未能很好区分出哪是原因哪是结果，认为货币金属的汇聚必然引起国家的繁荣是十分严重的错误。

989. 于是，再不应相信黄金生产的增长是经济繁荣的原因。毫无疑问，由于它对价格和精英阶级循环产生的效果，也对国家繁荣发生作用。现在，大部分黄金已不靠淘金获取，而主要如在加利福尼亚和澳大利亚发生的那样，而要从矿石中获取，这需要耗资巨大的地下劳动和价格昂贵的机械。因此现在黄金生产只有凭借巨额资本才有可能，所以它同样取决于经济繁荣。由此可见，经济繁荣在成为结果之后，又变成了原因。另外，请注意黄金生产使价格提高，而价格反作用于黄金生产，又使开采成本提高。现在有许多贫矿，用目前的劳动力和设备价格已不能开采，只有价格降低（哪怕一点）才可赢利，而只有当富矿逐渐采完才能降低现有价格。

990. 现在我们研究从 19 世纪初至今文明民族的经济和社会状况。第Ⅱ种和第Ⅳ种组合是非常重要的组合（第 926 节），甚至首先为观察现象的最为重要的部分，可大致考察一个有限周期，其中利益（b）作用于精英阶级的循环（d），精英阶级循环立即回敬、反作用于利益。将周期的两部分区分十分困难，似乎不可能，因此最好在整体上考察此周期。

991. 谁要想用三言两语指出法国大革命前社会状态 M 和现在社会状态 N 的差异，他应说主要在于经济利益的优势和精英阶级的频繁循环。现在各国的对外政策几乎完全成了经济政策（第 1014 节），甚至国内政治可概括为经济冲突。另一方面，除去德国和奥地利的少数限制，不仅所有精英阶级循环的障碍全部消逝，而且这种循环受经济繁荣的促进，变得十分频繁。现在，几乎所有第一种剩余物（组合的本能）丰富者，都善于在艺术、工业、农业、商业、建立金融机构（合法的不合法的）等方面发挥天才。他们欺骗善良的储蓄创造者，肆无忌惮地剥削不够机智的公民，借助政治、海关或其他保护政策、各种优惠，如果不是奇怪的厄运降临他们头上，肯定不仅使他们发财致富，而且还使他们赢得荣誉和权力，总之会成为统治阶级的一部分。这个阶级的首领，除去少数例外，如德国统治阶级的部分成员，都擅长利用本阶级的利益。他们有时直接伸手要钱，有时让人将钱间接地付给家属或朋友，有时他们只满足于政权和伴随而来的荣誉，而将金钱留给自己的士兵。

992. 目前精英阶级的循环将不少破坏财富者带至统治阶级中，还将更多创造财富者带至该阶级中。从文明民族的经济繁荣昌盛这一事实，可确凿证明后者的作用大于前者的作用。这里，我们不应探究节省下金融寄生虫、政治家和其他人花费的费用是否可同样地获得这一结果；我们讨论实际运动，而不讨论潜在运动；我们描述曾经发生和正在发生的一切，不想再前进一步。在后面的内容中应坚持这种观察。

993. 在经济飞速发展的时期（第 988 节）比经济停滞期更易于统治。人们通常观察到：过去歉收和饥荒造成臣民的不满，很容易迫使他们造反。就是在近代，歉收和饥荒也不是和法国革命的进程毫不相干。不可能认为大量的吻合都纯属偶然，在可观察到吻合的现象之间应存在某种关系。

994. 当社会条件改变时，这种关系显然可以变化。饥荒迫使民众造反，正如饥饿驱使狼群走出森林。但经济条件和民众情绪的关系，在经济飞速发展的民族中，比如现代民族中，非常复杂。

995. 对这些现代民族，正如我们所说（第 990 节），需要主要考察（b）作用于（d）及（d）作用于（b）的有限周期。简言之，可以说现代政府为了维持政权使用暴力越来越少，使用耗费巨大的权术越来越多，它们特别需要经济繁荣伴随自己的行为，并且越来越感受到经济繁荣的变化。当人人都感受到贫困这残酷的现实时，主要使用暴力的政府岌岌可危，因为由绝望产生的另一巨大暴力对抗政府的暴力。但是政府还可维持，只要变化的经济条件尚未达到这一极限。与此相反，哪怕经济条件微小的变化，往往就可动摇主要依靠比经济措施代价昂贵的权术的政府的变化不定的庞杂体制。要驱使臣民造反，必须使经济痛苦远远超过反对政府的选举能造成的痛苦。因此，很容易理解，如果经济周期尚未达到贫困的极限，如果它们[①]在主要依靠暴力的政府下运行，同后者一致的社会和政治状况，同在广泛求助经济组合的政府下实际观察到的社会和政治状况差异不大。

996. 现代政府恰恰为了供给自己不可缺少的组合，惯于使现在的开支超过收入允许的限度，差额从明债、暗债中获取，正是通过借债保障今天享受开支的好处，而把开支的负担推给未来。这一未来越是遥遥无期，经济发展越迅速。由于通过经济繁荣可提高现有企业的产品数量，不用增加苛捐杂税，国家未来预算的节余可以、至少部分可以支付过去的亏空。我们的政府逐渐习惯于对自己既舒适又有益的事物的状态，终于为了现在的

① 指经济周期。——译注

消费，有规则地预料未来预算的增加。在许多国家以不同方式发生此种情况，这些方式中有待指出同日常一般预算同时设立的特别或临时预算，设想将新债的产品列入国家收入，确定某些国家机构作为自己开支数额的债务人并设想这些数额成为国家的信贷，结果国家既是债务人又是债权人，这样就使本应消极地消费变为积极地消费。其后，当运用各种各样的诡计，将实际的亏空变为虚构的盈余，再由被高价收买的记者负责向人们宣布财政繁荣的令人振奋的消息，如果有谁对这种财会评估表示怀疑，就指控他“诋毁国家”。

997. 在经济迅速增长时期，这种行为方式并未引起严重困难，预算收入的自然增长掩盖了过去的鬼把戏，把挽救现在的鬼把戏的任务交给未来。但在经济萧条时期就出现困难，如果经济紧缩期持续时间较长，困难会变得更大。现在的社会体制是这样的，可能没有一个政府在上述时期可平安无事，接着便出现可怕的灾难，那将是史无前例的最严重的灾难。

998. 我们不理会这些假设的可能性，只讨论实际运动，现在发现第993节指出的吻合的动因之一，即在经济萧条时期政府应要求被统治者做出巨大牺牲，而它给予被统治者和自己的支持者的恩惠却减少的原因。的确，一方面，它应支付过去的开支，这些开支分派给了增长的收入，而现在收入增长很难；另一方面，如果萧条期延长，再以将来作为偿还开支的保证，此时再超前消费则变得越来越困难。

999. 经济循环和精英阶级循环停滞，就缺少奖励那些擅长经济与政治组合天才者的手段，我们的政府就基于这些组合，奖励或作为现行体制的自然结果，或通过政府领导的人为活动来实现。对政府来说，安抚对手更为困难，因为缺少供给他们的烤饼，如果对其首领的烤饼还算充足，而追随者大失所望，就要吵吵嚷嚷并拒绝跟随领袖。

1000. 现在我们能够进行第951节及其后开始的研究。经济迅速增长期对“投机者”非常有益，他们会发财致富并上升为统治阶级，如果他们还没有成为该阶级成员的话。同时他们同“定期收益享用者”形成鲜明对照，后者日益衰落，或因价格的自然增长，或因在得到公众和政客的支持方面竞争不过投机者。在经济衰退期产生相反效果。所有这一切，要非常一般地、大致地理解，因为现象的某些细节可能截然相反。

1001. 由此可见，当经济迅速增长时期超过经济停滞期时，统治阶级内日益充斥“投机者”，他们渴望将第一种剩余物带至此阶级（第904节及其后)。“定期收益享用者”日益减少，他们一般具有较强的第二种剩余物。统治阶级构成中的这种变化促使各个民族日益转向经济企业，并使经济繁荣发展，只要新的力量尚未反对这一运动（第 941 节及其后）。当经济停滞期或更糟的经济衰退期占优势，就会发生这种反向运动。在现代文明民族那里都有第一种现象的实例。从罗马帝国衰退期一直到蛮族入侵和中世纪的地中海沿岸民族那里有第二种现象的实例。统治阶级构成产生的效果不仅在指出的经济繁荣期和停滞期可以观察到，稍后我们将讨论其他时期（第 1029 节及其后）。

1002. 在人类文明社会，储蓄的创造者起着非常重要的作用（第 948 节）。他们就像在蜂房中收集蜂蜜的蜜蜂，往往这样问他们时比喻更为贴切：“Sic vos non vobis mellificatis，apes”[①]。断言一个民族的文明同该民族拥有的储蓄额或可支配的数额有直接原因，离真理很近。如果经济繁荣增长，那么准备投入生产的储蓄额也增长；如果经济增长停滞，投入生产的储蓄额也减少。

1003. 为了继续研究，我们重提在第 951 节和第 952 节的分类，那里考察过（S）和（R）两类，只是为了表述的方便，我们称他们为“投机者”和“定期收益享用者”。储蓄的创造者只拥有生活费，大部分在（R）阶级、“定期收益享用者”阶级中。他们的性格同（S）阶级分子截然相反（第 953 节）。他们通常是闭塞、谨慎、胆小的人群，他们不敢冒风险，更不用说危险，稍微显得不够安全就望而生畏；他们非常容易被统治，也极容易被善于适时利用符合第二种剩余物情感者所剥夺，因为此种剩余物在他们那里很强。“投机者”一般生机勃勃，准备接受新事物和从事经济活动，他们在充满危险的经济冒险中得到享受，并且不断地追求冒险。从表面上看，他们总屈服于当权者，但他们在水下作业并善于抓住实权，而其他人只会抓住表面的小权。任何训斥都不能使他们垂头丧气，他们就像苍蝇一样，从一个地方被驱逐，又在另一个地方出现。如果天空雷声隆隆、暴风雨即将来临，他们纷纷低下头，但暴风雨刚过，他们立即抬起头来。他们靠坚韧不拔的意志和组合（第一种剩余物）的精湛艺术克服重重障碍。他们的看法在当时总对自己有益，昨天是保守主义者，今天是蛊惑人心的政客，明天又成了无政府主义者，几乎掌权的无政府主义者，但他们

① 拉丁文，意为：“蜜蜂，你们是为自己采蜜吗？”——译注

知道大家不应保持清一色，因为同稍微重要点的所有政党广交朋友受益匪浅。在前台人们看到形形色色的“投机者”在相互厮杀：天主教徒和犹太教徒，保皇党人和共和党人，自由主义者和社会主义者。然而在幕后他们握手言欢，达成协议使赚钱的企业投产。若有人倒台，敌手对他持怜悯态度，期待着当他们落难时，也受到类似对待。我们已讨论的这两类人，他们不善于使用暴力并且惧怕暴力，使用并且不惧怕暴力的人们构成第三类。他们能轻而易举地剥夺第一类，要剥夺第二类困难重重；第二类今天被战胜并解体，明天会东山再起并称雄一时。

1004. 定期收益享用者奴颜婢膝地和愚蠢地接受国家公债的兑换，足以证明他们缺乏精神力量。最初，他们对接受这种兑换是否合适还存有疑虑；最终，经过无数次的兑换，公债券一再贬值的教训之后，恰恰需要他们精神麻木不仁以期望新的不同兑换结果。只需他们中的部分人反对就足以使全盘计划归于失败，然而驱使一群绵羊去进攻雄狮，也比让这类人采取英勇的举动容易得多。在法国也是如此，在镇压宗教团体并没收他们财产前几年，毫无疑问他们知道迟早会走到这一步。这些财产的所有者不善于将任何组合付诸实施以避免大难临头，由于他们疯狂地购置不动产，即由于给予自己财富以便于没收的最佳形式，从而使灾难更为严重。从剖析德尔斐[①]神谕的时代直至今天，类似事件不断发生。

这一现象是另一现象的特例，在我们社会中，正如我们从悠久的历史时代认识的社会一样，后一现象显现为储蓄的创造者和持有者不断被自己节约的后果所剥夺。对如下事实的主要解释就在于此：对不太长的时期和国家财富不太小的部分来说，复合利益毫无价值。除去直接剥夺外，铸造伪币和发行纸币也是为了剥夺而大多采用的手段。

这一很正常的现象使人们相信：在我们的社会中，私有制的权利只有受到周期性的和持续不断的侵犯的考验才得以存在。这一论题可能对社会主义十分有利，它未被利用，正如我们多次观察所见，因为在社会学科中，用派生物代替逻辑—实验推理。

1005. 储蓄的创造者和持有者缺乏精神力量，致使他们的意志对经济现象的作用很小，经济现象取决于储蓄总额，而不取决于储蓄持有者对企

① 最重要的古希腊阿波罗神庙所在地。公元前582年重新组织起来的泛希腊竞技在此地每4年举行一次，那时它的神谕威信极高，人们不仅向它请示私事，也请示有关国家和殖民的大事。——译注

图剥夺他们的人们的反抗。类似于刚才打的比方，养蜂人获得蜂蜜的总量取决于蜜蜂采集的总量，而不取决于蜜蜂对偷蜜者所能进行的抵抗。

1006. 在经济停滞期可支配的储蓄额扩大，这样就为经济迅速发展期做了准备，在经济迅速发展期可支配的储蓄额缩小，就为新的经济停滞期做了准备；如此循环往复，以至无穷。

对这两类波动，还要补充第三类波动；它持续时间更长，一般以数世纪来度量。也就是发生：善于并想要使用暴力的分子（他们拥有强大的集合体持久性），摆脱“投机者”或精于组合艺术的其他人强加给他们的桎梏，于是就开始了一个新时期，在此时期，那些被战胜的各类人士一次次地反扑、重掌政权，然后从头开始再次夺权，如此循环往复，以至无穷（第 1017 节）。

1007. 在研究这些现象时还需注意：往往在同一个国家通常存在一个很大的阶层（其中可观察到上述演变）和一个较小或极小的阶层（其中经常使用暴力）。罗马帝国提供了这方面典型的实例。在文明民族中发生了令世人瞩目的剧变，但在一小撮罗马军团将军中没有发生这种剧变，他们用暴力捍卫帝国并为帝国提供领袖。在我们时代，程度极轻地在德意志帝国可发现类似现象。还需要注意：我们已划分的各类人士都拥有形形色色的朋友、门客、下属，后者有时同他们意见一致，有时同他们意见相左，为了判断后者的社会行为，必须牢记这一点。在我们时代，在这个方面，企业家和自己的工人之间、政客和官僚之间的关系及其他类似关系特别值得注意（第 1031 节）。

1008. 现在我们把在第 930 节及其后研究的小周期扩大了，在小周期内只考察了利益（b）和精英阶级的循环（d）。第二个要素的作用很容易认识，因为文学和众多事实已使它家喻户晓。第一个要素的作用并非如此，需要在其表现中发现。一般说来，将它的作用设想得比实际的还大就犯错了。譬如，几年以前，人们还能相信（b）（d）—（d）（b）周期大大改变了剩余物（a），意思是说未让理性主义和人道主义的情感在人们心中扎根。但现在理性主义重振雄风，尽管程度差些，但帝国主义和工联主义仍令人瞩目，而古老宗教、神秘主义和唯灵论、形而上学情感也空前繁荣，性宗教甚至达到一种极端可笑的狂热程度，还有对新老教条的信仰表现为形形色色的形式。这样，似乎已指出的周期真的对派生物的作用大于对剩余物的作用。

1009. 根据上述推演出（b）（d）—（d）（b）周期对剩余物（a）的作用为零是不能允许的，但只应得出结论：当在周期中可观察到有节奏的强烈变化、特征明显的不同阶段，此周期对剩余物（a）才有十分微弱的作用。

1010. 周期（b）（c）（d）—（d）（c）（b）非常重要。很容易理解派生物（c）如何适应精英阶级循环（d）变化的条件，它们反映（尽管程度不大）经济条件的变化。从这个角度，可以把它们看作这些原因的结果。在统治阶级中逐渐充斥组合本能占优势的分子，此阶级避免单纯使用暴力，派生物也适应这些认识。人道主义和和平主义产生并繁荣，人们纷纷议论仿佛世界可以靠逻辑和理性支撑，而所有传统都被视为陈腐的偏见。请看文献：在安东尼诺时代[①]的罗马；18 世纪末我们的城市，尤其在法国；其后，从 19 世纪后半叶开始，人们很容易发现这些特点。

1011. 有时可发现另一种并行不悖的文献，它主要关注统治阶级及其助手之间在报酬分配上的变化：在罗马，神父与平民之间，在元老院元老和骑士之间，瓜分战利品——外省的捐税；在我们的城市，政客与“投机者”之间，工业巨头与工人之间，瓜分经济保护政策的产品和对固定收入者、小股东、储蓄创造者抽取的捐税。有待瓜分的总额越是巨大，战斗越是激烈，源于它的文献越丰富。作者根据自己自发的偏爱或因被高价收买，用此种文献对某个阶级歌功颂德，对另一个阶级大张挞伐。某些知识分子和信仰崇高的人道主义者和思想单纯者，听到这些惊人的论证赞叹不已、呆若木鸡，他们梦想一个由这些论证规范的世界。“投机者”尽管也认识到这些论证的虚假，仍乐于接受，因为当他人对它们崇拜得昏昏然时，他们悄悄地从事对自己有利的活动。

1012. 在 19 世纪初，统治阶级既因为拥有比现在多得多的第二种剩余物，又因为未受到经验的指教（后来接受它的指导），并不认为这些派生物无害，更不认为它们有益，因此用法律迫害和消灭它们。以后，他们逐渐发现它们并不妨碍自己的收益，有时还往往促进收益。那时富有的金融家几乎人人成了保守主义者，现在他们支持革命知识分子、社会主义者，甚至无政府主义者，猛烈抨击“资本主义”的出版物靠“资产者”的资助才得以面世。说实话，无产者在任何政党里都没有对手，在书本、报纸

① 指 138～192 年，史称安东尼诺时代，因有四位姓安东尼诺（Antonino）的罗马皇帝在位。——译注

中、在戏剧表演和议会辩论中，所有富人都声明想为无产者谋福利。但是我们时代富有、安逸的整个资产阶级真的变得如此关心他人利益而不关心自己利益吗？一切皆有可能，但有些事物似乎不大可能。假象皆异于事实真相。当富人资助别人宣传应剥夺他们财产时，似乎神经错乱，相反他们的头脑非常清醒。当别人空谈时，他们在扩大自己的财富。同样，当"投机者"表示拥护累进税和颁布累进税制时，似乎他们头脑发昏，实际上他们头脑十分清醒：由于这一步棋，全盘棋皆活，他们能放开手脚大干一场，所获收益远超过累进税造成的损失。

1013. 企业家过去也曾认为，他们的工人每增加一次工资，企业的效用就相应减少，但现在经验教育了他们：并非如此，工人工资和企业效用可同步增长，因为增加的工资额由固定收入者、小股东和储蓄创造者支付。这首先被享受海关保护的企业家所发现。他们当然乐于独吞全部好处，但最终懂得同工人分享好处对自己的事业有利，还要付给那些政客——保护主义美味佳肴的施舍者报酬，尽管如此，他们的收益仍颇为丰厚。因此，现在比过去调解罢工要容易得多，尤其在享有海关保护或将产品卖给政府的企业里，甚至企业家都善于利用罢工并使之有利于自己（第931节）。谁要富有天才，就能找到方法将于己有害转化为于己有利。

1014. 在国际政治方面也显现出"投机者"的艺术天才。备战对他们有利，因为提供武器装备需要必要的经济活动，还由于在他们的竞争中可利用爱国主义情感。但停战将危及他们的统治，因为在战场上武士比"投机者"更宝贵，一想起凯旋的将军能剥夺他们的权力就心惊肉跳。因此，靠最忠诚的知识分子朋友的帮助，他们想方设法竭力说服文明民族：暴力王国已终结，因威力巨大的破坏手段，大战已变得不可能发生，只需将大量金钱用于扩充军备，其后不用发动战争。但涉及军费开支，他们会遇到其他预算吞噬者的竞争，后者希望这些军费转为"社会改革"或类似目的，他们不得不同后者妥协。通过报纸，强大的金融联合会有时宣扬和睦相处，并赞扬国际法的奇迹和"和平求助于法律"的好处，有时又挑起争端，鼓吹保护民族的"生存利益"，捍卫自己民族的"文明"和特别"权利"，这取决于什么更益于他们擅长的组合。国民或多或少支持这些举动，这是派生物的令人瞩目的实例，也是相同情感如何用于不同目的的重要实例。但呼唤暴风雨者并不总能按自己的意愿平息它，对"投机者"来说存在一种危险，它来自转向：挑起的争端越过他们预定的标记并引起令人生厌的战争的爆发。今天权术谋略占优势，并不意味着明天暴力不盛行，尽管仅为短暂时间。

1015. 同社会波动有关的派生物波动。

这种现象意义重大。作为思想和学说的表现，它显现于形形色色情感的、神学的、形而上学的派生物之间的冲突和这些派生物与逻辑—实验科学推理之间的冲突。撰写这一现象的历史就是撰写人类思想史。作为在社会中活动力量的表现，它显现于符合形形色色剩余物的情感之间的冲突，尤其是符合第一种剩余物的情感和符合第二种剩余物的情感之间的冲突，因而也显现于逻辑行为与非逻辑行为之间的冲突。因此此现象非常普遍，它以不同的形式支配人类社会的全部历史。于是，沿着归纳的道路，我们与它邂逅，完全用不着大惊小怪。随后的两种情况令人瞩目。首先，在讨论超验的学说时，我们曾发现出现如下问题：经验如何以不同方式在情感、神学、形而上学的派生物中和科学推理中发生作用（第 258 节及其后），概述对此问题的解决，在这一章中将深入研究。其后，在研究派生物时，我们还考察了某些从实验角度看虚假、空泛、荒谬的派生物如何和为什么流传下来，并且几百年来连绵不断、经久不衰。这一事实最有力地批驳了这些派生物具有确定性质：为什么人们长期未发现它们虚假、空泛和荒谬。于是，我们既不能完全忽视这一问题，绕过它去，也不能完全解决它，因为缺乏只有以后才能获得的知识；因此那时只应满足于提及它，以便现在研究它。与此同时，随着我们研究的深入，这一问题变得越来越宽泛，现在它具有相互依存的形式：剩余物的波动与派生物的波动的相互依存，还有这些社会事实与那些事实的相互依存，其中经济事实特别有待考察。当考察一个很长时期，第二种剩余物同第一种剩余物相比，比例能显著变化，尤其对社会的知识分子阶层来说更是如此，于是涉及派生物的非常重要的现象出现了。

1016. 提及的论题（用那些含义十分宽泛的术语提出）仅是更为一般的论题的特例，即社会现象的不同部分的波浪形式以及这些部分与这些波浪形式相互关系的论题。在任何时代，人们都感受到社会现象的有节奏、周期性、波动的形式，这一观念用他们使用过的语言，即经验的、神学的、形而上学的、实验的语言译出。与此类似，在任何时代，人们都具有关于地球和太阳相互位置的不同观念，并且以类似方式将这一观念译出。这两段翻译并非处于因果关系，它们的依存只在于拥有共同的起源，即某些现象对人的头脑产生的印象。社会波动的逻辑—实验理论不是经验主义的、神学的、形而上学的理论的结果，否则，比说牛顿的天文学是毕达哥拉斯或柏拉图的理论的结果更为荒谬。人的生命还证实某些状态的轮回，因此自然用它同社会生活相比较。曾出现过一些这样的理论，其中最重要的当属德拉佩尔的理论。这些理论也源于产生逻辑—实验理论的那些事实，但它们对这些事实的判断和应用截然不同。路德维科·德莱·科伦贝奋起反对伽利略的实验科学，他的愚昧无知使他臭名远扬。今天，在自然科学中他不再有追随者，但在社会科学中仍有追随者，而且连绵不绝、兴旺发达。

1017. 通常小波动不显现为依存，它们是转瞬即逝的表现，发现它们的一致性极端困难，甚至根本不可能。我们很容易发现大波动是依存的，它们是持续性的表现，有时能发现它们的规律（一致性），这既是对单独考察的现象而言，也是对处于相互依存状态的那些现象而言。很久就产生了关于这些一致性的概念，但它往往不甚分明，表述得也欠完整。譬如，当人们注意到一个国家的财富同其习俗的统一时，只强调波动的相互依存这种一致性，但通常它是超验的并且漫游到伦理学。

在对上述一致性的研究中，人们习惯犯一些错误。它们可以分为两类，即：（A）因忽视现象的波浪形式产生的错误。（B）因对这种波浪形式的解释产生的错误。

1018. （A1）波浪表现现象的可称为上升或下降的周期。如果周期不太长，对处于此周期的人来说，很容易产生这种看法：运动应按他所观察到的方向无限延续，或至少开始一种不变的状态，没有相继的反向运动（第 1032 节和第 1006 节）。

1019. （A2）当人们承认现象围绕一中轴线波动，但认为它同上升周期之一的曲线段相吻合，这类错误并未被克服，而只是程度减轻。它从未或几乎从未同下降周期曲线段相吻合。在后文（第 1031 节及其后），我们将就这个论题和上节的论题说明一种特殊情况。

1020. （B1）人们知道过去现象显现为波动形式，却不明确地承认正常的运行是有益于社会、财富不断增长的进程，或至少认为它不断前进永不后退。越来越不利的进程这种情况通常被排除。不可否定的波动被设想为不正常、次要和偶然的：每个波动都有能够并应当剔除的原因（第 54 节），由于此原因波动也就消逝了。具有这种一般形式的派生物不常用；

相反具有后面形式的派生物常用。这一事实的原因纯粹在于人们倾向于追求自己的利益和逃避损害。

1021.（B2）人们可将波动加以区分，保留有利波动，剔除不利波动，这也就排除不利波动的原因。几乎所有历史学家都承认，至少不明确地承认这一公理，他们指出要从事的伟大事业，以教导我们各民族应如何行动才能永远处于有利周期而不进入不利周期。还有为数不少的经济学家通晓并循循善诱地教导我们如何摆脱危机，用这一名词只指示波动的下降周期。在讨论社会的繁荣（第 1074 节及其后）时，所有这些派生物被频繁地应用，它们为许多作者珍视，当他们进行道德的、人道主义的、爱国主义的说教时，还天真地认为是在从事科学活动。

1022.（B3）仅仅为了提醒，因为已经对此讨论得过多，我们注意到现象的相互依存关系变为因果关系的错误。在我们看来，可假设某个现象的波动有自己的原因，并不取决于其他现象的波动。

1023.（B4）恰因忽视相互依存并奢望在某个现象的波动中找到某种原因时，就到神学中、形而上学中或表面为实验的漫谈中去寻找。犹太人的先知在上帝的愤怒中找到以色列繁荣的下降期的原因。罗马人被说服，他们的城市遭受的每次劫难都是由于对神祇崇拜的违犯：需要发现此原因，然后祭祀神祇洗刷罪恶，以重现繁荣。许多历史学家，包括现代历史学家探寻并发现了类似原因，其中有“伤风败俗”，“auri sacra fames”①，对道德、法、人道主义的准则的违犯，压迫人民的寡头统治集团的罪恶，贫富的两极分化和资本主义，依此类推，不一而足。类似派生物应有尽有，符合所有人的口味。

1024. 实际上，社会现象不同部分的波动同这些部分本身一样，也处于相互依存的关系，它们是这些部分的变化的单纯表现。如果恰恰想要使用“原因”这个骗人的术语，可说下降期是相继的上升期的原因，反之亦然。但这还应只理解为上升期同在它之前的下降期密不可分，反之亦然；因此通常：不同的周期仅为事物的唯一状态的表现，观察告诉我们此状态与彼状态的接续，以便连续性发生就是一种实验一致性。这些波动根据完成所需时间分为不同类型。时间可非常短暂、短暂、长久、非常长久。正如我们已观察到（第 1017 节），非常短暂的波动通常是偶然的，意思是说

① 拉丁文，意为“对黄金的神圣贪求”。——译注

它们表现转瞬即逝的力量，在相当长时间内完成的波动通常表现持续的力量，那些时间非常长久的波动，由于我们缺乏对遥远时代的认识和未来的不可预见性，可能丧失波动性，并且仿佛表现为永远朝一个方向运行的进程（第 1032 节）。

1025. 现在我们又返回到早已提出（第 1015 节）的个别问题。为了解决它，我们应该把头脑转向对社会现象各部分起作用的力量，并且探究它们的相互依存的关系。将这些力量划分为两类受益匪浅，即：(1) 产生于理论与实在的矛盾，理论同实在或多或少完美的符合的力量；它们在情感与经验结果的差异中表现出来。我们称问题的这个方面为“内在的”。(2) 为改变情感而起作用的力量，它们源于上述情感与其他事实，诸如经济状态、政治状态、精英阶级循环等所处的关系。我们将问题的这个方面称作“外在的”。

1026. (1) 内在方面。

我们早已开始这一研究（第 258 节及其后），前面由归纳法提出，现在我们继续。在一个时代，人们拥有的集合体持久性剩余物（第 258 节的事物 A）急剧减少，而组合本能剩余物重振雄风（我们在第 258 节说过，当实验科学取信于人时），从前一种剩余物得出的结论同实在的冲突更为严重，就会得出如下结论：这些剩余物是“陈腐的偏见”，应被组合本能剩余物代替。人们从实验真理和个人或社会效用的角度毫不留情地谴责非逻辑行为，他们想用逻辑行为取而代之。逻辑行为应由实验科学指导，但实际上它们往往接受伪科学的建议，并且由具有很少或毫无实验价值的派生物构成。通常这些结论用如下派生物或其他类似派生物表述：“理性应取代信仰、偏见。”人们还确信，用这些派生物表达的情感证实集合体持久性剩余物的“虚假”，组合本能剩余物的“真实”。在另一个时代，发生反向的运动，集合体持久性剩余物重新崛起，而组合本能剩余物一蹶不振，人们会观察到相反的现象。衰弱的集合体持久性可能对社会有益、有害或无关紧要。在第一种情况，用以排斥第二种剩余物的组合本能派生物，表现为同实践完全不一致。因为它们给予社会的形式不仅不适合社会，反而会造成社会的解体。这点更多地靠本能感受，而不是由推理证明，并且开始同确立第一种剩余物优势的运动方向相反的运动：摆向反方向摆动，并到达另一个极端。因为有时从第一种剩余物得出的结论同实在冲突，人们就说它们永远如此，由于“虚假”才存在，这一性质还扩展到实验推理的原则本身；而集合体持久性原则因其“真实”才存在，或至少为一种“超级真理”的原则。从这样的情感产生许多派生物，譬如：我们拥有观念、概念，它们统治着经验。“直觉”应当代替“理性”。“意识应向实证主义经验论要求自己的权利”。“唯心主义应取代经验主义、实证主义和科学”，这种唯心主义才是“真正的科学”。可以肯定地说，“真正的科学”由于绝对比总是偶然的实验科学更接近“实在”，甚至它就构成“实在”，并且实验科学若同第一种剩余物的派生物的伪科学同流合污，就沦为骗人和有害的东西。在以往时代，这样的意见统治着人类认识的各个分支，今天在物理科学中几乎销声匿迹，最后一个引人注目的实例是黑格尔的“自然哲学”，但在社会科学中它们依然存在。实验科学的进步把它们从物理科学中清除出去，因为它们毫无用处；在社会科学中它们继续存在，不仅因为在社会科学中的实验研究很不完美，主要因为它们具有巨大的社会效用。实际上，在许多情况下，通过“直觉”从集合体持久性剩余物得出的结论，比从组合本能中得出的结论更接近实在，后种结论构成伪科学派生物，在社会学科中，伪科学窃据实验科学的位置。另外，在许多其他情况下，这些派生物显得非常有害，以致社会若不想衰落或灭亡，就必须摈弃它们。第二种剩余物占绝对优势的结论，不仅对艺术和物理科学并非无害，这非常明显，而且对社会学科也有害，这里很容易发现没有组合本能和运用实验推理，不会取得任何微小进步。因此，停留在另一极端也不可能：这里第二种剩余物占统治地位，并从头开始新的波动，以恢复到另一极端，这里第一种剩余物占统治地位。于是，摆就永无止境地摆动。

1027. 这些相同的现象可以用其他方式描述，以表现它们引人注目的方面。如果我们只停留在表面，可以说在历史上发现一个信仰盛行时期，随后就是怀疑论盛行时期，这之后又是信仰盛行时期，另一个怀疑论盛行时期开始，循环往复，以至无穷。这样的描述并不坏，但如果术语“信仰”和“怀疑论”想指一种确定的宗教或一组宗教，那么它们可能陷入谬误的泥淖。我们更深入地研究此问题，可以说社会以集合体持久性作为基础；它们又由在逻辑—实验方面虚假、有时明显荒谬的剩余物表现。因此，当社会效用方面占优势（至少部分占优势），由于本能或其他原因，有利于集合体持久性的学说将大受欢迎；当逻辑—实验方面占优势，这样的学说将受到摈弃，它们将被表面上同逻辑—实验科学一致而实质上很少一致的学说代替。于是，人的思想就在两个极端之间波动，由于在这两个极端都不能停止，就发生永无止境的运动。很可能运动有终点，至少对部分知识精英阶级是如此，如果其成员试图说服他人：一种信仰能对社会有益，即使从实验角度看它是虚假的，甚至是荒谬的（第 770 节）。只观察社会现象或只思考他人信仰而非自己信仰的人们，可能具有这种看法；实际上在科学家那里我们发现了此看法的痕迹，在受经验论指导的国务活动家那里发现了这种看法，它或明或暗、或隐或现。但大多数人不是科学家，也不是英明的国务活动家，他们不是领导者而是被领导者，主要思考自己的信仰而非他人信仰，要他们具有这种看法可能非常困难，这既由于他们的无知，又由于某信仰驱使他们采取强烈行动，同时又认为它荒谬绝伦，存在明显的矛盾。不能绝对地排除它也可发生，但那是非常例外的情况。最后，如果我们想用三言两语概述展开的推理，我们说波动的“原因”不仅在于科学认识的缺陷，更在于将截然不同的两个事物混为一谈，即某种学说的社会效用和它同经验的一致。我们已经不止一次地告诫大家这种错误有多么严重，它对社会事实一致性研究贻害无穷。

1028. 对于逃避考察两极端之一的人来说，上述运动不会发生。大多数人生活平静，对自己的信仰心满意足，从未想过让它同逻辑—实验科学一致。少数人生活在形而上学或伪科学的层层迷雾中，从未思考过生活的实际必要性。多数人处于中间状态，并且或多或少参加波动的运动。

1029. 外在方面。

我们进行的考察都有缺陷，这种缺陷甚至可成为严重谬误的源泉。这些错误诱使不明确地设想人们在选择派生物时听凭逻辑指导，当我们说由于人们自身具有某些情感，就把某些派生物当作逻辑结论来接受，恰恰能这样理解。这一事实只对少数人如此，而多数人受情感的直接驱使而构建自己的剩余物和派生物。现在研究的外在方面对于学说的理论来说非常重要；但对社会运动的理论来说就没那么重要了。社会运动不是学说的结果，相反学说倒是社会运动的结果。因此，需要将信仰时期和怀疑论时期的交替同其他事实联系起来（第 1022 节和第 1023 节）。

1030. 我们开始时通常受归纳指导。现在要研究的现象类似经济波动现象（第 984 节及其后）。在此现象中可观察到各种强度的波动，我们忽略小波动而只关注大波动，甚至只关注特大波动，以便对事实有个稍微近似的概念。我们研究全体国民中剩余物的波动：因此知识分子、文学家、哲学家、伪科学家那里的波动只作为征兆才能有价值，它们本身毫无意义，因此这些波动必须受到国民的广泛欢迎以代表国民的情感。琉善的作品仿佛信仰汪洋大海中的一个怀疑论的孤岛，这一事实的价值近乎为零。相反伏尔泰的著作由于有着众多信徒，就像怀疑论的大陆，因此这一事实作为重要征兆值得重视。所有这些方法都很不完备，还不如当精确统计出现缺陷时，能用以估价经济波动的方法。但我们应对它们感到心满意足，因为我们不可能有更好的方法，至少现在如此。

1031. 如果我们居高临下俯视所有这类现象，发现它们如此规范地连续发生，并且从悠远的过去直至今天常变常新，就不能不接受如下观念：引人注目的波动就是准则，它们不会立即停止。我们不知道在遥远的将来将发生什么事；但很可能已发生的事件的特长进程在不久的将来不会立即改变。

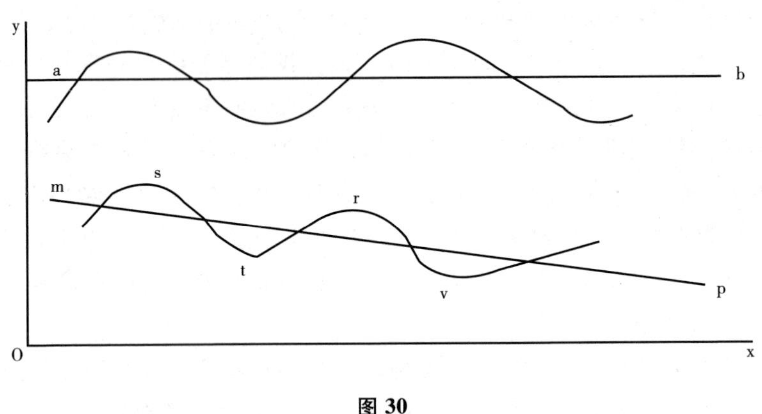

图 30

1032. 这丝毫不表明：那些波动围绕线段 ab 发生，此线段符合第二种剩余物对第一种剩余物的比例；更不围绕线段 mp 发生，此线段表示这种比例在减少；相反，许多事实引导我们相信后一线段 mp 表示现象的一般、平均进程。我们发现剩余物的各种变化缓慢，但不是不变的，因此由线段 mp 表示的进程同剩余物的性质毫无矛盾。另一方面，如果用我们社会的状况同古代希腊和罗马社会的状况进行比较，明显看出在人类活动的许多领域，诸如艺术、科学、经济生产，第一种剩余物和逻辑—实验科学的推演，肯定驱逐了第二种剩余物。在政治和社会活动中，这并不明显，或者这种效果很微弱，但这种活动只是人类活动的一部分，若在整体上考察这种活动，可肯定地得出结论：第一种剩余物和逻辑—实验科学的推演扩充了它们统治的领域，甚至我们社会同古代希腊和罗马社会的差异主要归因于这点。

1033. 因此，那种在人类活动中越来越重视“理性”的看法本质上并没错，甚至完全符合事实。但理性所占比例是不确定的，正如文学代替科学公理的所有比例，并且很容易导致一些错误，其中后文指出的错误最为突出。

1034. (1) 此比例只能涉及社会总体，对于这一总体的各个部分来说，其价值差异很大，若将在艺术、科学、经济生产中观察到的特征扩展到政治和社会活动中必错无疑。(2) 它代表一种平均进程，将它同实际进程 strv 混为一谈大错特错。由于人们对眼前事实印象最为深刻，譬如，身处曲线的下降部分 st 的人们设想它符合平均进程；想象曲线的其余部分就像下降部分 st 无限地下降，认为再不会上升，即未预见将发现上升部分 tr。相反，身处上升部分 tr 的人们也未预见到下降部分 rv。这种情况很少发生，即因为曲线 mp 的一般、平均进程同后一种意思相左，并且赞同前一种意见。还有更为重要的原因，又因为后一种意见同进步神学相抵触，而前一种意见却同它一致。(3) 同样性质的错误，但程度轻些，即让平均曲线代表那种接近所见波浪式进程的进程。于是，谁要身处下降部分 rv，就会相信平均曲线下降速度比实际快得多。(4) 最终，存在常见的错误：将绝对形式赋予经验的偶然现象，于是产生了后退、停滞、进步的神学和形而上学。吹嘘、颂扬过去的黄金时代，对祖先的智慧叹为观止。或者颂扬赞赏一种宗教教义、一种道德、一种政治和社会结构的平静的稳固性。或许还有神圣的进步、“进化”的恩惠、未来的黄金时代。几乎几百年来的所有作者都断言，他们同时代的人同悠远时代的巨人相比全是侏儒。今天为数不少的作者用道德代替体魄，他们杜撰了许多术语：即他们断言当代人同未来的道德巨人相比，全是道德侏儒，当恶狼成了羊羔的伙伴，世界上又多一点正义。这样，波浪线的实验部分 strv 变成了想象的、奇怪地变形的部分，有时最终同实在很少一致或根本不一致。这些想象的曲线段，至少一般说来，主要由曲线段 strv 确定，并且同它一致，在考察称作“内在方面”的东西时（第 1026 节及其后），我们恰恰研究了这些关系。但这些想象的曲线段代表的理论交替地起作用，在考察称作“内在方面”（第 1026 节及其后）的东西时，我们已经注意到这一点。

1035. 现在指出的逻辑—实验错误有时可对社会有益，但这里对已不厌其烦陈述的问题不再赘言。我们仅限于谈一下理论与事实之间的一致，观察对现象的科学研究如何旨在克服这些错误并用经验的结论代替想象的看法。想象的看法和经验的结论有时可有相同的部分，但谁要想更精确更深入地认识自然现象又不想冒上当受骗的危险，只能信赖经验的结论，新的观察每时每刻都在修正这些结论。

第十章　历史上的社会平衡

1036. 我们不止一次地指出，第一种剩余物与第二种剩余物在个体中的比例，是确定社会平衡的主要要素之一。这种比例可大致从三方面考察，即进行如下比较：（1）通常，在各个国家的国民之间；或者通常在同一国家不同时代的国民之间。（2）在社会阶级之间，主要是在统治阶级和被统治阶级之间。（3）同某国国民精英阶级循环的关系。

1037. 在展开论题之前，需要避免两个错误。第一个错误是将剩余物的比例视为原因，将社会现象看作结果。我们经常提醒读者注意克服用因果关系代替相互依存关系的错误，为此需耗费新的笔墨。

1038. 第二个错误是在依存关系中将一种剩余物比例的条件视为唯一条件，更为糟糕的是将这种条件（即使它也必要）同一种必要的、充分的条件相混淆。此外，为了简明扼要地大致把握现象，我们只限于讨论第一种和第二种剩余物，但显然还需要注意到其他剩余物。另外，社会性、个人完整性等剩余物在集合体持久性中有自己的对应物，因此在考察第二种剩余物时，也就间接地考虑到它们。

将各种剩余物的比例同其他社会现象联系起来，就如将在现代军队中火炮同其他武器的配置同获胜的可能性联系起来一样。首先，这种条件不是唯一的，还存在许多其他条件，军队不仅配备有食品和装备。其次，如果这一条件在某些情况下是必要的，但从不是充分的：光有火炮和其他武器的合适配置远远不够，还需要会使用它们。最后，正如除第一种和第二种剩余物外，还需考虑其他剩余物，也需注意到火炮需要牵引军马、训练有素的士兵、士官、军官、数量充足的装备等。在统治阶级中第一种和第二种剩余物比例适当远远不够，还需要它们适当地发生作用。显然，譬如，若组合本能不是应用于经济或军事活动，而是应用于巫术活动，恰恰毫无意义。若这种本能在沙龙式的阴谋诡计中耗尽，而不是运用于政治措施中，意义也不大。最终，若集合体持久性蜕化为禁欲的、人道主义的或类似的情感，那它们的功效可同装备木制大炮的炮兵的作用媲美。当在一支军队中士兵们均能巧妙准确地使用各种武器时，这些武器的合适配置才能长期有效。当各种剩余物更好地促进社会繁荣时，具有它们合适比例的政权才能持久，正如我们马上要证实的那样。

1039. 通常我们考察不同国家国民的比例。我们将这些国家的经济、军事、政治繁荣的指数置于 oz 轴上，将这些国家中存在的第一种和第二种剩余物的比例置于 ox 轴（还可以补充其他剩余物）。不难发现 p 类国家，其中这种比例很小，即第一种剩余物比第二种剩余物少得多。我们还将发现 q 类国家，其中第一种剩余物远远超过第二种剩余物。最终，我们会发现另一类国家 r，具有中间比例 or。在许多情况下，我们观察到繁荣指数 pa、qd 比繁荣指数 rb 小得多，据此我们得出结论：繁荣指数曲线很可能在比例 os 处具有最大值 sc，我们不能精确地确定此比例，但至少知道它是居于 op 和 oq 之间的中间比例。

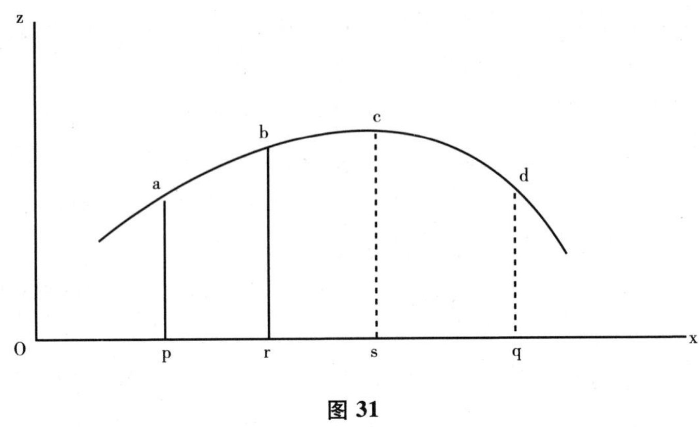

图 31

1040. 如果不是在不同国家之间进行比较，而是比较同一国家在时间上的不同状态，通常从对第一种剩余物与第二种剩余物的比例的考察中所获甚少，因为国民总体中剩余物的变化缓慢，因此不同比例的功效可能被其他多变的现象所掩盖。但如果我们考察统治阶级中剩余物的比例，由于这种比例有时变化相当迅速，我们可以将它们的功效与其他现象的功效区分开。

另外，由于这种变化同精英部分的循环紧密相连，所以往往只能认识复合功效，不能清晰地区分开属于这两个原因之一的部分。

1041. 另外，社会效用指数不仅取决于统治阶级中剩余物的比例，而且取决于被统治阶级中剩余物的比例，因此需要在三维空间中（图 32）描述现象。平面 xy 设想为水平的，它也是此图的平面；oz 轴设想为竖轴，因此在此图中没有标出，它将是效用指数轴；在水平面上，ox 轴为统治阶级中剩余物比例轴，oy 轴为被统治阶级剩余物比例轴。我们假设做不同竖截面 hh′、kk′、ll′，平行于面 oxz（图 33）。在每个这样的竖截面上，我们都将发现最大值点 c、c′、c″，并且在比较各个最大值 sc、s′c′、s″c″时，将发现 c″点高于其他各点，因此此点表示统治阶级中和被统治阶级中剩余物的最合适比例。

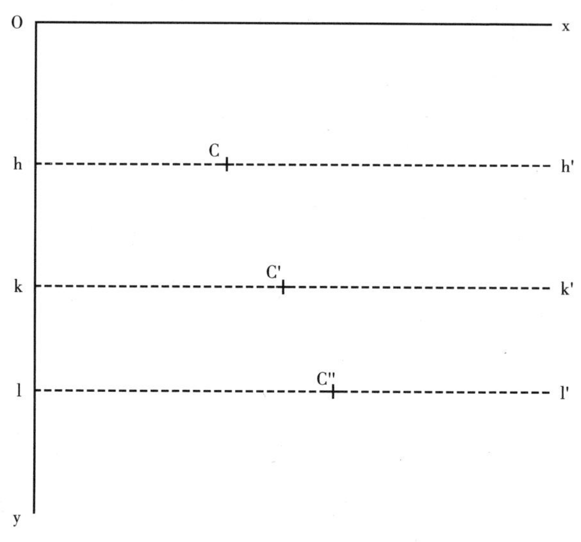

图 32

1042. 古希腊是社会与政治经济的实验室，这里可进行内容十分广泛的观察。当我们把注意力转向第 1039 节指出的现象时，头脑中立即浮现出斯巴达和雅典关于图 31 的指数 pa、qd 的实例。在斯巴达第二种剩余物占优势，在雅典第一种剩余物占优势，这两件事实特别明显，极易使我们围绕这个论题耗费过多笔墨，但指出它们是远离最大值 sc 的两个极端例证将受益匪浅。斯巴达不允许改革，因为其第二种剩余物特别强大。雅典迅速进行改革，但不善于从革新中获取效用，因为第一种剩余物特别强大。

1043. 有效对抗个人利益的有害倾向和激情的冲动，是集合体持久性情感的主要效用；驱使人们实施是它们的逻辑结果然而危害社会的行为，

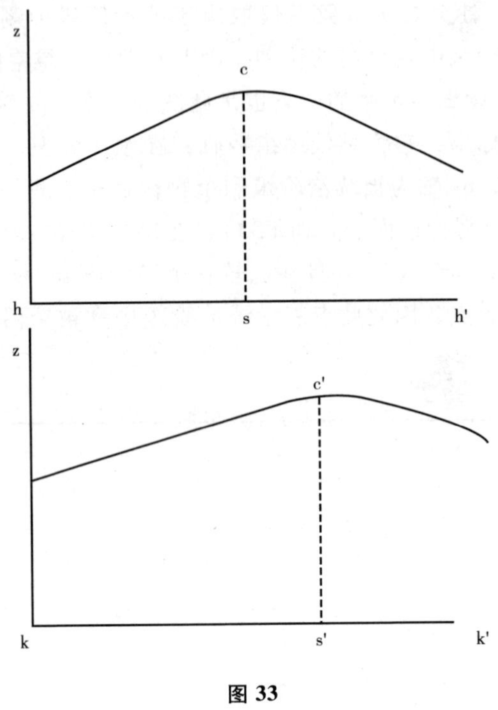

图 33

成为这些情感的主要损害。为了起到前种作用，这些情感必须具有强大无比的力量；当它们大大减弱时，就不能抗拒强大的利益和强烈的激情，并且只能产生危害社会的后种作用。

1044. 哪里集合体持久性情感不具有巨大力量，哪里的人们很容易被现时冲动所左右，极少关注未来，很容易受杂乱无序的欲望驱使，而忘却集体的巨大利益。马其顿人先对腓力二世①唯命是从，后对亚历山大大帝俯首听命。底比斯人按伊巴密浓达②的指示办，但他们却想起诉他，然而他胜诉了。雅典人很少关心他们的将军，却百般折磨他们、起诉并判刑，恰恰由于雅典人的过失，所剩的将军寥寥。过去的教训对将来毫无意义，因为同这些行为一致的集合体持久性情感不能持续。

1045. 当将第二帝国时代至今的德国同法国相比较，可观察到类似现象。在某种程度上，德国类似于马其顿或底比斯，而法国类似于雅典。集

① 腓力二世（公元前 382 ~ 前 336），马其顿国王。——译注

② 伊巴密浓达（约公元前 420 ~ 前 362），古希腊底比斯统帅。——译注

合体持久性的力量弥补逻辑—实验认识的不足，为此公民们能够理解，当集体效用牺牲超过一定限度，个人间接效用业已牺牲。准备科林斯①失败，或色当②投降的公民们，恰恰造成自己的损害。

1046. 往往仅关系到政府的民主、寡头政治、君主制的形式时才研究这些现象。有人曾想把雅典的一切罪恶归罪于雅典民主制，相反也有人想为雅典民主制开脱罪责。当然不能否认政府形式对社会现象的作用。但需要观察，政府形式首先（至少部分）是居民性格的结果，因此性格成了社会现象的最为重要的原因。其次，尽管政府形式相同，但可具有截然不同的现象，这明显说明还有比这些形式更重要的原因。

1047. 正如我们通常所说，过去与现在的事实均有助于我们探寻社会一致性。细节清晰的现在事实能使我们更好地理解过去事实；相反，当过去事实在某些关系方面类似于现在事实，就有益于进行将一致性价值赋予这些关系的归纳。

1048. 雅典的民主政体，不像某些人认为的那样，是雅典历史上严重弊病的原因，但严重弊病和民主政体都是雅典人的情感和他们所处全部环境的结果。在不同民族间、被考察的同一民族的不同时代和不同环境间进行比较，有益于揭示持续力量的功效，并将它们同偶然力量的功效区分开，在后种功效中主要是靠运气使其掌握国家政权的人们的性格决定的功效。法国向我们提供了三个引人注目的实例。首先，存在忽视国防的帝国，它不敢将国防所必需的牺牲强加于国家；接着，在 1870 年战争后不久，共和国将这种牺牲强加于国家，国家心甘情愿地承受了牺牲；最后，1900 年以后的共和国不敢也不能把牺牲强加给不愿承受的国家。如果只将此时的共和国同以前的保守主义共和国相比较，可将这归罪于民主的泛滥。但如果将比较扩展到帝国，推演就不再成立，因为帝国并非民主的，但像民主共和国一样行动。与此相类似，如果仅将帝国同保守主义共和国进行比较，正如许多人所做的那样，把战争的灾难完全归咎于皇帝的个人权力。但如果在帝国和民主共和国之间进行比较，这个结论就不能成立，因为在民主共和国不存在皇帝的个人权力，但仍未积极备战，从而导致

① 古希腊奴隶制城邦，位于伯罗奔尼撒半岛东北部，公元前 394 年斯巴达人在此大败底比斯人。——译注

② 法国东北部城市，1870 年普法战争中普鲁士军队在此战胜法国军队，拿破仑三世沦为战俘。——译注

1870年的惨败。如果想到第二种剩余物的力量，那么很容易解释这些现象。哪里这种剩余物强大无比并由英明的政府保持不变，这个政府还善于利用它们，哪里的国民就心甘情愿承受战争装备的重负。相反，哪里这种剩余物十分微弱或被只顾某些物质利益而无远见卓识的政府所削弱，哪里的人民就拒绝承担国防的重负。如果认真地研究历史，就会发现走向失败或毁灭的民族并非对这条危险之路毫无警觉，而目光短浅的政府也很少能察觉到这种危险。因此存在促使国民采取措施避免失败的力量，但此种力量起的作用的大小取决于其强度，而其强度主要取决于统治者中第二种剩余物的强度，根据被统治者中第二种剩余物强度大小，这种力量会遇到或大或小的抵抗。罗马人战胜希腊人和迦太基人，主要因为罗马人的集合体持久性情感比希腊人和迦太基人强烈，这种情感又以爱国心著称于世，其他情感又帮助、强化爱国心。在统治者中有丰富的第一种剩余物，凭借它们，可以恰如其分地使用被统治者中存在的第二种剩余物。在狭隘集体中也拥有许多第一种和第二种剩余物的组合的效用的实例。

1049. 但第一种剩余物居绝对优势的地方，这一切都不可能，那里投机、工业、银行、商业将所有聪明才智者和劳动者都据为己有。此外，我们要注意，不仅在统治阶级中而且在被统治阶级中，主要是第二种和第一种剩余物比例的大小问题，还请注意最强大的军事政权既不在这个极端，也不在那个极端。

1050. 在各民族的平衡之后，我们考察不同社会阶层的平衡，即研究精英阶级循环的实例。在研究统治阶级怎样通过消灭能将它们赶下宝座的分子时（第690节），预先声明研究潜在运动受益匪浅。消灭具有优秀品质并能威胁统治阶级统治的分子的手段本质上有如下几种：

1051. （1）死亡。

这是最保险的手段，但也是对精英阶级危害最大的手段。任何人类种族或动物物种都不能长期经受这种选择并消灭其优秀分子。

1052. （2）未达死刑的迫害：监禁、破产、撤职。

效果极小的手段。这样涌现出烈士，变为烈士往往比他们活着更为危险。这对统治阶级益处不大或毫无益处，但对考察的精英阶级整体（统治阶级和被统治阶级）损害不大。有时甚至能有益，因为迫害往往激发下层阶层的精神力量和坚强性格，而衰老的精英阶级恰恰缺乏这些品质，于是被迫害阶层最终夺取统治阶级的宝座。

1053. 现在指出的精英阶级两部分之间竞争的结果，是更为一般结果的特例，往往在统治阶级和被统治阶级的竞争中发现后种结果；即可说只有当统治阶级准备将抵抗推至极点，必要时肆无忌惮地使用武力，其抵抗才有效，否则不仅无效，还能对敌人有益，有时非常有益。最好的实例莫过于1789年的法国大革命，在此次大革命中王权的抵抗一直持续到益于扩大敌人的力量，正当可能战胜敌人时戛然而止。

1054. (3) 流放、放逐。

此类手段相当有效。在现代流放几乎成了给予政治犯的唯一刑罚，对于应用此类手段捍卫自己政权的人们来说，利远大于害。雅典的贝壳放逐法①既未带来巨大效用，也未造成巨大损害。此类手段对于精英阶级素质的提高很少损害或毫无损害。

1055. (4) 召唤每个对统治阶级构成威胁的分子加入统治阶级行列，只要他答应为统治阶级服务。

需要注意限制："只要答应为统治阶级服务。"如果去掉这个限制，将过于简单地描述精英阶级循环。循环之所以发生，恰恰当精英阶级外的分子成为此阶级成员，并把他们的意见、他们的性格、他们的美德、他们的偏见带到精英阶级中。但如果此类分子相反改变自己的本质所在，由敌人变为盟友或奴才，那情况就会截然相反，在此种情况下，循环的要素被消灭。

1056. 许多民族在各个时代都应用这类手段，今天几乎成了统治我们社会的蛊惑人心的富豪集团采用的唯一手段，业已证明它对维护政权非常有效。它对精英阶级有害，因为它使此阶级中偏执的性格更为突出，另外由于腐化——它形影不离的伴侣，使此阶级意志极度消沉，从而为善于及企图使用暴力者开拓了道路，以摆脱统治阶级的桎梏。

1057. 譬如，统治者拥有丰富的第二种剩余物，并且感受到缺乏第一种剩余物的痛苦，将需要具有相反比例的新分子，这些新分子可由自然循环提供。但相反统治阶级若只向应允采取类似行动者开放，甚至后者满怀新教徒的热忱，走过了头，此阶级就会使某些剩余物的有害比例更加恶化，并因此开始走向毁灭。相反，正如我们的富豪集团，严重缺乏第二种剩余物而拥有极大丰富的第一种剩余物的阶级，将需要吸收拥有少量第一种剩余物和大量第二种剩余物的分子。当富豪集团只向为私利而背叛信仰

① 由公民投票判决将某人放逐5年或10年，投票时将被放逐者的名字写在贝壳上，过半数有效。——译注

和良心者开放，并向效劳者广施恩惠时，所吸收的新人无助于振兴它最需要的东西。当然，除掉敌手的某些领袖，这使它受益匪浅，但它并未吸收新鲜血液以使自己朝气蓬勃。当它能运用权术谋略和贿赂时，很可能所向无敌，但它如果用武力和暴力干预，极易败北。在罗马帝国的衰落时代就发生过类似的情况。

1058. 当因某种原因长期分离的国家的各阶级突然融合，或更为一般，当停滞的精英阶级循环突然变得惊人地频繁，几乎总能发现这个国家文化、经济、政治获得令人瞩目的繁荣，于是从寡头政体向民主政体的过渡期往往就是繁荣期。

1059. 如果这一现象因政体的差异产生，那么只要新政体存在，它就应延续，但人们没有发现这种情况：它只持续一段时间，随后就改变。伯里克利的雅典迅速衰落，尽管政体仍为民主的：西庇阿时代的罗马繁荣持续很久，但在共和国末期衰落已初露端倪，伴随着帝制出现短暂繁荣，接着立即开始衰落。共和制和拿破仑一世的法国变成查理十世和路易·菲力普的法国。为具体描述此现象，可以设想存在两个分离的实体，合二而一则生气勃勃，分裂结束即面貌一新，但此状态不能永久持续。

1060. 在陈述这一切之后，对这一事实的解释变得轻而易举。在 ab 时间段精英阶级循环减弱，繁荣从指数 am 衰退到指数 bn，因为统治阶级衰败；在短暂时间段 bc 内，发生革命或任何使精英阶级循环增强的事件，繁荣指数突然从 bn 上升到 cp；但随后精英阶级重新衰败，繁荣指数从 cp 下降到 dq。

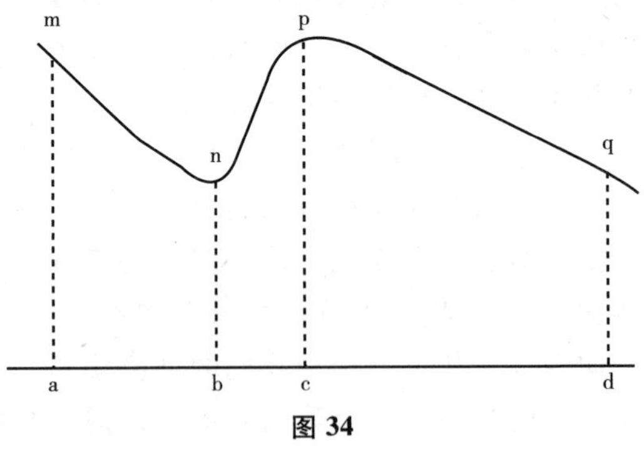

图 34

1061. 循环的减弱与增强既可定性也可定量。在雅典两个事实此起彼落，由于雅典公民组成一个封闭或几乎封闭的种姓，他们不允许长期定居的外国人进入此种姓，战功赫赫也不足以成为统治阶级成员。在罗马，被释奴在经过数代之后，使天生自由民阶级恢复生机，但在共和国末期，阴谋和贿赂成了权力的主要源泉。伴随帝国的建立，为进入统治阶级，优秀品质重新发挥作用，但就在此点显露出新的更为严重的衰落。现代富豪集团并未对循环设置障碍（譬如数量），因此由循环造成的繁荣持续很长时间，但它把精神力量和坚毅性格排除在构成统治阶级的品质之外，这可能成为繁荣曲线 pqr 变化的原因之一：现在沿曲线段 pq 上升，将来可能沿曲线段 sr 下降。

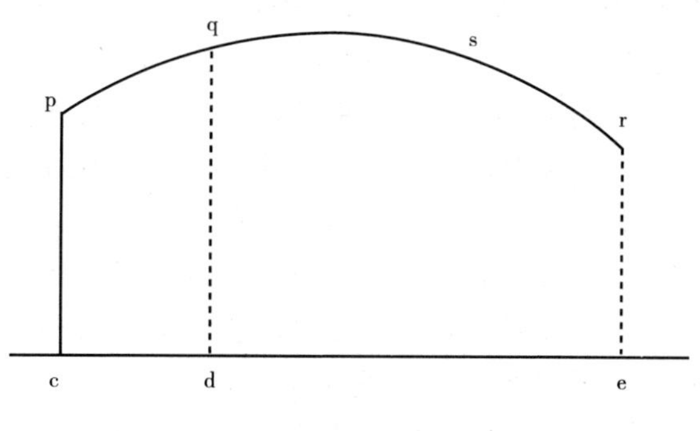

图 35

1062.《普通社会学总论》（第 2500 节及其后）全面阐述的威尼斯的实例，对于深刻理解现在的论题再好不过。它还促使我们考察一个一般问题：用丧失国家独立的代价，换取长达数百年的数代人的幸福，是否有益？人们发现不能解决这一问题，因为需要在两个同质效用之间进行比较。在任何时代，几乎向所有国家都提出类似问题，并且根据情感赋予现在效用和将来效用、今人的效用和来者的效用、个人效用和民族效用的价值，被这样解决或那样解决。人们可能发问：是否能避免两个极端，而走一条中间道路：将现在几代人的效用同未来几代人的效用协调起来？这一新问题并不比解决前一问题容易些。首先，有待发现在现在和未来的同质效用之间进行比较，困难显著减小，但并未消除。因为，为评估中间道路，还必须协调它们，并根据情感偏爱前种效用还是后种效用，中间道路更倾向于这方还是那方。其间，应注意新问题将我们驱至潜在运动的困难领域，为了解决此问题，需解决另一艰难的消除某些键、补充某些键的可能性问题（第 54 节）。一般说来，讨论社会、政治学科的人们并未察觉所有这些困难，因为他们已不再靠经验解决问题，而靠自己的和同他们一致的他人的情感解决问题。他们的推理同逻辑—实验科学极少或毫无共同之处，它们是接近情感单纯表现、形而上学理论、神学的派生物。作为这样的派生物，它们在我们已一般地研究的派生物中占有自己的位置，它们进而发生派生物的波动，就社会效用的外在方面，它们也拥有派生物的优点和缺点。此外，它们的波动在这方面类似于道德的波动，远不及单纯理论波动大，因为考察社会效用不允许它们远离那个极端：在这里宣扬为他人利益牺牲个人利益，为集体利益牺牲个人利益，为未来世代利益牺牲现在世代利益。通常它们表现的社会性情感（第五种剩余物）比它们的作者或拥护者实际拥有的此种情感强烈得多：它们就像人们穿上显得庄重威严的大衣。

1063. 当一个社会因人道主义和缺乏第二种剩余物而衰弱，由于缺少能使用暴力的精神力量，即使在社会的一小部分中，往往发生反抗；但显然这种反抗不倾向于扩大带给社会更多力量的剩余物，如果反抗是逻辑的话，本该如此，而主要表现为增强那些对社会保存益处不大或毫无益处的剩余物的力量，这样就证明其起源的非逻辑性。人们发现以此种方式力量变强的剩余物中，几乎总有性宗教剩余物，而性宗教恰恰对社会最无用，甚至可说毫无用处。这就很好解释：几乎所有人那里都以相当的强度存在此种剩余物。它们增强或减弱，在许多情况下成了判断其他种剩余物强度的晴雨表，其中包括对社会有用的剩余物。其后还发生：想给自己的非逻辑行为罩上逻辑外衣的人们把标记看作事物，并且设想他们作用于性宗教时，也作用于能用标记的剩余物。人们通常犯的错误发生于其他宗教而不是性宗教，这种错误类似于有人设想在冬天达到夏天的热度，就往温度计里注水银，以使它显示期待的温度。

1064. 需要注意在具有第一种和第二种剩余物不同比例的民族之间接触与使用暴力的偶然性。如果由于任何动因，没有发生使用暴力，那么其剩余物比例不能保持冲突中最强实力的民族，就不服从其比例近乎保证最强实力的民族的统治。对于不同的社会阶级也应重复这一点。平衡的形势根据使用暴力所占部分的大小而不同。

1065. 如果今天就第一种和第二种剩余物的比例，在法国南方和北方居民之间进行比较，就会发现某些类似（请注意是类似不是相同）阿尔比人战争[①]时代就存在的东西。由于现在暴力的使用不是发生在同一政治实

① 阿尔比，法国南部城市，曾为阿尔比根森教派的活跃中心，成为宗教异端的象征，因而于 1209 年爆发阿尔比根森宗教战争，为期 20 年的战争，使异教徒被英德十字军所消灭。——译注

体的两个派别之间，我们应该预见到现象同阿尔比人战争时代截然不同，将由南方（那里第一种剩余物远超过其他种剩余物）统治北方（相反那里第二种剩余物占优势）。人们恰恰观察到这些。人们多次指出，今天法国政府中大部分部长和政客都是南方人。哪里盛行权术谋略，第一种剩余物就具有价值；相反哪里盛行暴力，此种剩余物价值就大大减弱。而对于第二种剩余物则恰恰相反。

1066. 与此相反，长期受外国暴力压迫的中国靠极其微弱的第一种剩余物能继续存在，现在受日本榜样的驱使，走上革新之路，即扩大第一种剩余物的部分。

1067. 文艺复兴时代的意大利人的实例比阿尔比人更典型。早在中世纪末，意大利在人类活动的各个领域远远超过其他欧洲国家，难以置信它未能重现罗马帝国的辉煌，相反却遭受蛮族入侵。论财富，意大利远远超过其他任何国家：其银行家贷款给私人和君主，流传至当代的 Lombard street[①] 和 Boulevard des ltaliens[②] 的说法成了以往时代的化石和见证。意大利文学、艺术、科学空前繁荣，而在其他地方还很幼稚。意大利人漫游全球：马可·波罗游历了不为人知的亚洲地区；哥伦布发现了美洲，阿美利哥·韦斯普契[③]为它命名；威尼斯的外交当时世界第一；洛伦佐·德·梅迪契[④]的政治实践，马基雅维利的政治理论都是举世无双。法国国王弗兰西斯一世[⑤]和西班牙国王查理五世[⑥]竞相争夺安德列亚·多里亚[⑦]，以统率他们的海军。彼德罗·斯特罗契[⑧]当上了法国元帅，列昂纳和菲力浦·斯

---

① 英文，意为“伦巴弟街”。——译注

② 法文，意为“意大利人之路”。——译注

③ 阿美利哥·韦斯普契（1454～1512），佛罗伦萨航海家，他最早指出哥伦布所到的地方不是亚洲，而是新大陆。为此，新大陆以他的名字命名。——译注

④ 洛伦佐·德·梅迪契（1449～1492），佛罗伦萨政治家、统治者和文学艺术保护人。在其统治时期，佛罗伦萨的政治、经济、文化艺术空前繁荣。——译注

⑤ 弗兰西斯一世（1494～1547），法国国王，是查理五世称霸欧洲的主要障碍。1521 年两国交战，战争延续 7 年。1525 年，在帕维亚战役中被俘。——译注

⑥ 查理五世（1500～1558），神圣罗马帝国皇帝马克西米连一世之孙，1516 年成为西班牙国王，1520 年加冕为德意志国王，同时获神圣罗马帝国皇帝称号。他竭力争夺欧洲霸权。——译注

⑦ 安德列亚·多里亚（1466～1560），热那亚贵族、政治家。被查理五世任命为帝国舰队总司令，后为热那亚终身执政官。——译注

⑧ 彼德罗·斯特罗契，佛罗伦萨贵族。——译注

特罗契[1]在法国军队中光荣服役。

1068. 于是，为什么有着众多有利条件的意大利没有征服别国，反而被征服了呢？可以立即回答：因为它是分裂的。但为什么它分裂呢？法国和西班牙同样分裂，但能团结一致。为什么意大利没有发生这种情况？另外，由于相同的原因，意大利才拥有财富、文化繁荣、精湛的政治和军事艺术的众多优势。因为在意大利组合本能的重要性远远超过集合体的持久性本能。在其他国家这些本能的比例离保障最强实力的比例不远，如果它们同意大利交手，必然战胜并入侵意大利，正如古罗马同古希腊交手时所发生的那样。

1069. 马基雅维利发现（至少部分发现）意大利的不幸是因缺乏集合体持久性本能所致，他像雄鹰展翅高飞，而大多数伦理历史学家望尘莫及（第748节）。他的确为宗教命名，但在这个术语下，他理解为任何一种宗教；结合独立考察各宗教，而不顾及其神学内容可能的内在真理，正像波利比奥斯、[2] 斯特拉波[3]和其他人所做的那样，这清楚表明马基雅维利已经发现用那些派生物表现的本能，即第二种剩余物。像所有其他作者一样，他只是表述为人们的行为似乎全是逻辑的，并且是在他们那里观察到的剩余物的结果。但这一切并未损害对此种情况推理的实质，因为无论是派生物直接作用，还是标志着派生物起源的剩余物的作用，结论保持不变。

1070. 他论及意大利（《李维史论》Ⅰ，12）："因为某些人认为意大利事物的美好前景取决于罗马教会，我想谈论必不可缺的理由反对它，将援引两个极有说服力的理由，我认为它们不会引起反感。第一个理由是，由于教廷邪恶的榜样，这一行省已丧失任何虔诚和任何宗教，这引起数不胜数的骚乱，因为正如哪里有宗教，人们就预测到各种善的存在，哪里没有宗教，人们的预测相反。因此，由于教会和教士，我们意大利人第一个义务是要丧失宗教并变得道德败坏。但我们还有更大的义务，它是造成我们毁灭的原因：正是教会过去与现在使我们这个行省处于分裂状态。"

1071. 这里马基雅维利只停留在事物的表面。的确罗马教廷让意大利

① 菲力浦·斯特罗契（1428～1491），佛罗伦萨贵族。——译注

② 波利比奥斯（公元前205～前120），生活在罗马的古希腊历史学家，撰写过《历史》。——译注

③ 斯特拉波（公元前63～19），古希腊历史学家和地理学家。——译注

保持分裂。但为什么意大利容忍这一点呢？为什么教廷迁往阿维尼翁，[①]他们还如此称呼它，不让它待在那里，或不反对它返回骚扰他们？肯定不是由于他们没有宗教，而是因为教廷在罗马有利于他们的某些组合，因为在他们那里第一种剩余物比第二种剩余物占优势。

1072. 德国的宗教改革运动是第二种剩余物占优势者反对第一种剩余物占优势者的运动，是暴力和德意志宗教虔诚反对天赋、权术谋略、意大利理性的斗争。因为使用了暴力，前者获胜；如果没有使用暴力，后者能获胜。如果中世纪德意志帝国能持续至今并扩展到意大利，可能当代意大利人统治这个帝国，正如南部法国人现在统治法国一样。

1073. 罗马。

为了研究罗马的社会发展，通常需要在历史中掩饰它的派生物里探寻，无论是伦理的还是民主的、人道主义的和诸如此类派生物。我们把性神学放置一旁，关于它我们已谈论很多，如果它使人们写了不少蠢话，只应归罪于罗马史中的严重谬误。

1074. 在这种特殊情况下，我们再次发现已经一般地指出的错误（第1017节及其后）。所有这些派生物都有一个共同的原因：透过我们情感的有色玻璃观察事实。某些作者竭力做到公正无私，正如他们能做的那样，他们情感玻璃的色彩淡些。多数人使用色彩浓烈的情感玻璃，有时对于某些颜色他们故意这样做，其中包括已指出的宗教颜色和爱国主义颜色。某些德国作者及其他国家的模仿者认为，这后种颜色从不应该缺少。另外，这些人习惯将历史混同于对称之为国家的绝妙无双的形而上学实体发展的描述，这个在罗马诞生并很幼稚的实体，只是在现代德意志帝国才变得完美无缺（说这些徒劳无益）。另一种人们没有察觉的颜色，尽管很少缺乏，产生于不明确的确信：历史揭示给我们的任何“恶”都可用适当措施（第1020节、第1021节）避免。这样我们就接近如下看法：人类社会由于自己的美德，应该繁荣昌盛、充满幸福、完美无缺，只要正常进程未受到可能（第54节）避免的偶然动因的干扰的话。这种看法还类似另一种观点：在原罪中找到人类不幸的原因，但这种观点更缺乏逻辑性。因为，当原罪依然存在时，很容易理解作为原罪结果的那些恶的存在。相反，如果社会的所有恶都起源于可避免的（第54节）原因，就不能理解在具有清晰历

① 法国东南部城市，自1309～1377年，7位教皇主要迫于政治形势，不驻在罗马而驻在阿维尼翁，史称阿维尼翁教廷。1377年教皇格列高利十一世将教廷迁回罗马。——译注

史的众多社会中，竟然没有一个社会呈现持续不断的繁荣。可以这样说，如果可能使人长生不老，那么我们迄今认识的所有人都死亡就不可思议。实际上人类社会繁荣的正常状态呈波浪曲线状；而反常状态（恰因反常，人们从未发现）将呈直线状，象征持续发展或持续衰退的繁荣状态（第1024节）。

1075. 回顾历史，譬如当考察罗马共和国的衰落时，就会承认它应当有个原因（如同公理），有待到当时人们的措施中探寻这一原因，并且应同共和国繁荣的原因截然相反，这些对立状态必然应有相反原因。他们从未想过，彼此相续的状态，即使是对立的状态，可能具有共同的原因、同一来源（第1024节）。与此相类似，如果人们想要使用原因这一术语，谁考察个体，就可以说生命是死亡的原因，因为死亡肯定在生命之后发生。谁要考察人类，就可以说死亡是生命的原因，因为只要人类存在，在某些个体死亡之后，随之而来的是其他个体的生命。正如可以说出生既是生命又是死亡的原因和共同起源，可以说某些事实先是某个人类社会繁荣后是其衰落的原因和共同起源，反之亦然。这样的观察从未试图断言，对所有事件都如此发生，只断言某些事件如此发生，它的唯一目的是提醒需放弃对问题公理式的解答，只需在实验研究中探寻问题的解答（第1017节及其后）。

1076. 我们应提防的另一错误在于将非常复杂的事件看得简单。在这种一般形式下，这种错误往往被拟人化派生物掩饰，应用这些派生物，我们倾向于将具有形形色色、有时为对立的（第969节）利益和情感者整体视为具有简单利益和情感者个体。譬如，如果我们讨论罗马或马其顿的作用，当用这些名称仅指示在这些国家存在的不同力量的结果时，就没有犯错。当忘记这些力量的差异性，如果我们设想如一个人具有唯一意愿，在罗马或在马其顿也是这样，就开始犯错。我们知道公元前200年罗马对马其顿的战争[①]是某些罗马人所期待的，而其他人并不期待（第1090节）。我们可以说，只要仅关注表述这一事实，那时罗马并不想向马其顿发动战争。如果我们愿意（至少近似地）提及结果的组成部分，将补充说元老院提议这场战争，而人民拒绝这场战争。这样继续下去，还可提及其他组成部分，但不可能完全排除类似表达方式，不表现出令人难以忍受的、可笑

① 指第二次马其顿战争。——译注

的卖弄学问的迂腐态度。只关注那些名词揭示的事物，尚未犯错；当这些事物拟人化时，错误就开始了，随着拟人化的扩展，错误也发展，拟人化完成，错误变得最严重。不可能像一个个体具有唯一意愿，罗马对于马其顿战争不具有唯一意愿。元老院也不具有这种唯一意愿，倾向于这场战争的投机者也不具有，可以命名它们集体的各个部分也是如此。从整个罗马出发，我们逐渐扩大各个部分的数量，我们越来越接近实在，但永远不能抵达实在。它们只是各式各样的接近。使用它们不可或缺，只要它们各就各位，而不超越所能表达的东西，就不会陷入谬误。还需认真思考，当设想（尽管不明确地）同一名称在不同时代指示同一事物。譬如，议会和人民这些名称在罗马史上流传下来，但它们指示的事物完全变化。过去许多历史学家都犯过这种错误，并为其他历史学家所纠正，这并非十分可怕，因为它不如前种错误危险、隐秘，前种错误继续统治着当代大量文献，在这些文献中意大利、法国、英国等国家，仿佛单个人一样被议论。

1077. 但这里出现两个暗礁，可形象地说："Incidit in Scyllam cupiens vitare Charybdim。"[①] 近乎一个世纪前，人们倾向于忽视细节撰写历史，那些多少富有浪漫色彩的奇闻趣事除外，人们连篇累牍大写特写；相反，今天人们倾向于收集任何细枝末节并永无休止地讨论毫无价值的题目。这有益于准备材料，但无益于材料的加工；这一工作类似于石匠切割石头的劳动，但不是建筑师的建筑工作。谁要准备探寻一致性，就应把细节局部（无论是大是小）研究作为手段而不是目的。接着需要放弃正在形成的理论一蹴而就的奢望，深信只有通过坚持不懈的努力，才能够离雄心勃勃的目标越来越近。首先描绘现象的主要线条，然后注意次要线条，连续不断地画下去，将促使科学永恒的变化。

1078. 所有这些线条都是观念的，均可通过抽象获取，即我们研究具体现象的某些主要要素，尽管此现象由多种要素构成，但它只有一个名称。于是我们把多种化学物质构成的混合物称作陶土，把更多化学物质构成的混合物称作土壤。那些不厌其烦地讨论在罗马"共和制自由"和"帝制专制主义"之间斗争的作者们不考察这些；那些把神父和庶民的斗争仅视为贵族和平民的斗争的作者们也是如此，相反现在人们清楚地知道还包

① 拉丁文，意为"他希望避开卡律布狄斯，却碰上了斯库拉"。卡律布狄斯和斯库拉都是希腊神话中的怪物，是相对的险岩。它们居于意大利半岛和西西里岛之间的海湾里。——译注

括两个贵族阶层之间的斗争。在不太悠远的时代，[①] 上院议员与保皇党人之间的斗争，并不像许多人设想的那样，是简单的现象。提及如下事实就足以证明：上院议员和保皇党人受共同的利益驱使，团结一致反对农业法。

1079. 于是，我们发现对现象有初步的近似的认识，并由于我们首先承认在社会现象中人们获取生活必需品、舒适、财富、名誉、权力的方式，无论因利益还是因情感，都具有重大意义；把这些方式大致地划分为两类（第951节），在这方面将受益匪浅。我们发现如果走上这条道路，将会遇到某些一致性。如果是这样，我们将继续走下去，否则我们将返回。

1080. 为了研究不同的要素，首先要给它们分类。在罗马的精英阶级循环中，我们应注意这些要素：

（A）从某一阶级向另一阶级过渡的准则。

（A1）从某一阶级向另一阶级过渡的合法准则。在历史的初始时代存在过循环的合法的巨大障碍；庶民和神父之间的斗争竭力消除这些障碍；对于公民来说障碍已消逝，对被释奴来说障碍减少；其后，在罗马帝国末期各阶级又恢复封闭或近乎封闭。

（A2）从某一阶级向另一阶级过渡的实际运动。它们主要取决于以各种手段轻易致富，在共和国末期和帝国初期这种运动规模宏大。

（B）新生精英阶级的性格特点。

（B1）在人种方面。开始新精英分子是罗马人、拉丁人、意大利人，精英阶级不断更新而人种未变。最终，主要是东方人，完全改变精英阶级的人种特点。这样，还需要考察历史进程中不同的比例，城市和农村的居民根据这些比例为进入国家政府而竞争。贝洛特可能赋予这些比例太大的重要性，但在他的观察中确有部分真理。另外，他把标记当成事物。居住在城市或乡村这一物质性事实并不重要，相比由这一标记表现的形形色色情感和利益十分重要，因此我们应主要注意这些情感和这些利益。

（B2）在第一种和第二种剩余物方面。当精英阶级由于新生富翁而部分更新，当农业职业让位给金融或商业职业，在管理国家的一方里，第一种剩余物扩大，第二种剩余物减少。正是这样，罗马在共和国末期呈现如

① 指英王查理一世时代，他在位24年（1625～1649）。——译注

下状态：统治阶层富有第一种剩余物，缺乏第二种剩余物；相反在被统治阶层中，主要在远离城市生活的人们之中，有许多第二种剩余物。伴随帝国的建立，开始了反向运动，统治阶层中的第二种剩余物增长，以致最终同被统治阶层中的此种剩余物相等。

（B3）在使用暴力的天赋和使用暴力的关系方面。起初，区分不开士兵和老百姓，精英阶级在这方面是同质的，能够并善于使用暴力。随后，老百姓的素质逐渐同士兵的素质区分开；精英阶级一分为二：小部分主要靠暴力统治，大部分不能也不会使用暴力。

1081. 随时光流逝，现象连续发生，并逐渐变化。但为了描述这些现象，我们不得不将它们划分为几组，必须将一致和连续的东西区分开。因此为满足这种需要，我们考察如下时间段，仅仅为了陈述的方便，它们才有确定的界限。正如青年、成年、老年，人的一生逐渐演变：（Ⅰ）从第二次布匿战争时期至共和国末期。（Ⅱ）从奥古斯都元首政体至安东尼诺时代。（Ⅲ）从安东尼诺时代至加列努斯[①]时代。

人们永远不应忘记社会状态的各个部分，即在第 926 节命名的（a）、（b）、（c）、（d）各要素的相互依存。我们在另一地方已经不厌其烦地讨论了经济体制的演化，这使我们在这里只须再补充几句，而主要考察其他要素。

1082. （Ⅰ）从第二次布匿战争至共和国末期。

我们不去理会以前的时代，因为其历史不确定、其年代学更不确定。在我们现在指出的这一时期，罗马的政治、军事和财政实力不断增强并达到顶峰，聪明才智的表现亦然；经济自由显而易见。

（A1）首先考察的精英阶级循环的合法障碍，对市民说已减少为零，乡村人和市民倾向于平等。被释奴的二亲等后代、例外地还有一亲等后代取得生来自由民的身份，并能进入精英阶级。

（A2）实际上，战争、商业、最后征收捐税开辟、拓宽了财源；另外，循环加剧，又不特别快，至少一般如此。随着时间的推移，尽管准则出现各式各样的例外，但直至帝国崩溃它变化不大：一个家庭的社会地位不可能迅速提高，只能一点一点逐渐提高。一个人从奴隶变为被释奴，其二亲等后代成为生来自由民。如果他们获得法官的职位，就可进入骑士等级，

① 加列努斯（约 218 ~ 268），罗马皇帝。253 ~ 260 年与其父瓦莱里共同称帝，260 ~ 268 年独居帝位。——译注

然后他们的后代就可获得贵族身份。这个人若严守准则，就不能获得按规定顺序的法官职位。起初一般运动缓慢，到共和国末期加剧，这标志着在无政府主义时代人们很少遵守准则。

（B1）整个或几乎整个精英阶级都由本地人组成。但在共和国末期公民和精英阶级中的变化迅猛异常。众所周知，最终伴随承认古代意大利城市市民的罗马公民身份，社会战争结束了。

（B2）某些新公民是农村人，他们将第二种剩余物带给罗马人民；但多数新公民可能是机敏谨慎者，他们富有第一种剩余物，因为只有这种人才能在当时困难环境中应付自如，并从强者手中夺得公民权。对被释奴也需做类似观察，阿利卡尔那索斯的狄奥尼西奥斯[①]将古代的被释奴同他那个时代的被释奴进行比较，表明后者比前者第一种剩余物丰富。在接纳越来越多“投机者”的统治阶层中，同第二种剩余物相比，第一种剩余物也在扩大。需要将产生新公民的运动同改变精英阶级的运动区分开。在精英阶级中还需要区分不同部分。此阶级尚不缺少武士，正是他们在某些尝试失败之后，最终建成了帝国。“投机者”占精英阶级的大部分；他们见风使舵、左右逢源，在广场上煽风点火、大搞阴谋，在公民大会上一掷千金、收买选票，直至形势对自己有利。他们很容易改变策略并帮助武士，如果武士能给他们带来利益。我们主要在骑士中发现“投机者”，但在其他阶层中也有。最终，有谨小慎微者部分，他们往往是仁人志士，深信法律反对武力的效能，但他们的精力日益衰竭，并且自掘坟墓。人们发现历史上这种人主要出现在元老们中间，另外他们之中也有“投机者”（第1076节）。我们已经一般地观察到（第1024节）同样原因先引起繁荣后造成衰落。正如当一个小孩出生时，可大致预见他老年时的状况。当情况熟悉时也能预见：同其他民族隔绝的民族，如雅典人或中国人，或征服与投机向统治阶层提供新成员的民族，如古罗马人，其贵族的发展进程将是斯巴达式的还是威尼斯式的。弗洛鲁斯[②]三言两语就概括了共和国末期的现象[③]，他向我们描述了富豪统治发展造成的不幸。但起初不是不幸，对罗

① 阿利卡尔那索斯的狄奥尼西奥斯（公元前1世纪），古希腊历史学家，著《罗马古史》20卷，现仅存11卷，叙述从罗马起源至公元前264年的罗马史。——译注

② 弗洛鲁斯（1～2世纪），出生在非洲的罗马历史学家及诗人，著有《罗马简史》。——译注

③ 弗洛鲁斯：《战争编年史》第700卷，111、18。

马是幸福。波利比奥斯发现这些幸福，他熟悉罗马，恰恰是起初使国家强盛、繁荣的原因，后来使国家衰落。他被全体国民投身经济与金融事业这一事实所深深触动。这种现象同现代文明民族那里观察到的现象相比，其形式大相径庭，本质上基本相似。波利比奥斯尤其注意“（Ⅵ，17，4）有些人从监察官手里接过承包工程，有些人同他们结为死党，有些人做担保，有些人为他们抵押财产”。于是诞生了一个有一天人们称作富豪统治集团的实体。只要它很弱小，就保持温良恭俭让的态度；一旦强大，就要统治世界。在这两种状态之间，它为罗马挣得实力和繁荣。波利比奥斯看到的这些人曾经剥削、他们的后代将更残酷地剥削罗马征服之地、地中海沿岸所有国家及罗马统治尚未达到的国家。西塞罗谈及高卢的那些话能多少适用于这些人：“高卢充斥商人，充斥罗马公民。若无罗马公民在场，任何高卢人不得洽谈生意：若未在罗马公民的账簿上登记，一个小钱也不能在高卢流通。”[①] 确实当时经济和金融空前繁荣，一定程度上类似 20 世纪初现代文明民族的繁荣。那时正如今天所发生的一样，物价飞涨，奢侈之风盛行。显然，为数众多的“投机者”阶级的重大利益构成一股十分强大的力量，如果它未被另一股旗鼓相当的力量所扼制（第 839 节及其后），就会在国家中占上风。在波利比奥斯时代，只有权术谋略足矣。这位作者指出（Ⅵ，17，5）由监察官承包的所有事业都取决于元老院：“（6）的确在许多情况下，元老院能严重危害承包公共收入和公共事业的人们，或相反能支持他们。”于是，我们突然遇到一股力量，无论它有害还是有利，富豪统治阶级均不得等闲视之，那时他们的活动对共和国来说利大弊小。伴随而至的还有障碍，障碍一旦被扫除，贿赂和暴力就猖獗一时，直至另一股更加强大的力量，即军队来击退它们。谁能给他人带来大福或大灾，他必遭后者陷害：或被金钱收买，或被暴力镇压；在各个时代（第 974 节）都可观察到此种现象，现在与过去相互解释。执掌重权者也面临想要把他赶下台并取而代之的人们的挑战。另外，听命于前者或后者的人们迟早发现，最好不听命于任何人，于是富豪集团开始统治。因此人们能从直觉清晰地知道：元老院从未无可争议地拥有权力，根据掌权者的意志，贿赂和暴力变化着形式，与此同时伴随人们从贿赂和暴力期待并得到的奖赏的扩大，贿赂和暴力变得越来越肆无忌惮。波利比奥斯还观察到元老院维

① 西塞罗：《为丰特尤斯辩护》，Ⅳ。

护其权力的方式之一，即审判私人诉讼和公共诉讼的特权。因此人们能轻而易举地预见围绕此种特权展开斗争，众所周知实际上正是如此发生。

（B3）精英阶级的大部分为武士阶级，但军事职能与文职职能已开始脱离。另外，军队起初大部分由富有的公民构成，因此他们的第二种剩余物很强，后倾向于变为一支雇佣军，因此由作为首领的工具与帮凶的人们构成，它们富有第一种剩余物。

1083.（Ⅱ）从奥古斯都元首政体至安东尼诺时代。

我们仍接近前一时期强调指出的顶峰，但衰落已开始。使用暴力的政府代替了玩权术弄谋略的政府，再不需要贿赂公民大会，由于公民大会已软弱无能，很快便完全消逝。在公民大会的暴力之后，发生了禁军的暴力。但在奥古斯都和提比略时代，他们对皇帝还俯首听命，他们是统治的工具，还没有直接统治，“投机者”善于韬光养晦，事情总能干得漂亮，很少干糟。这一时期类似于他们被元老院权威和农村公民行为抑制的时期。但同样从这一政府体制中应出现繁荣期和随后的衰落期，从新时期应出现类似现象；正如前一时期表现出以权术谋略（第一种剩余物）作为主要统治手段的政府的好与坏，新时期将表现出主要建立在暴力（第二种剩余物）之上的政府的功与过。

（A1）僵化停滞的趋势开始。形成倾向于封闭的贵族：元老阶层和骑士阶层。这些现象同第二种剩余物的增长相互依存。公民的人数扩大，被释奴的子女取得生来自由民的身份。很自然的是，公民身份越是广泛授人，其价值就越来越小。

（A2）在帝国盛期，商业和工业继续享有共和国时期的自由，并且总为多数人提供致富方法；甚至要运用部分精神力量，而以前这种精神力量消耗在公民大会的争吵中。同样，在我们时代，德国的经济活动至少小部分地运用精神力量，而在其他国家这种精神在政治争吵中耗尽。精英阶级的实际循环越来越引人注目。

（B1）在共和国末期开始的外域人不仅对公民身份而且对精英阶级的渗透日益加剧，以致古老的罗马血液日渐稀薄，或许只有意大利人仍自称罗马人及其首领。这些外域人带来大量第二种剩余物。伴随东方宗教的入侵、对弥特拉斯[①]的崇拜、基督教的胜利，幼小树苗长成参天大树。

---

① 原为古印度波斯的光明、善良和智慧之神，后演化为太阳神。据普卢塔克记载，对弥特拉斯的崇拜是由庞培俘获的海盗带入罗马的，随后传遍整个罗马帝国。——译注

（B2）奴隶获得自由的方式变化不大，因此不断选择拥有第一种剩余物者，但这种选择是在第二种剩余物强大的集体中进行。如果在侏儒民族中挑选那些身材高大者，那么在身高正常的民族中就会挑选出身材矮小者，在巨人民族中挑选出侏儒。对精英阶级应重复上述考察。首先靠“投机”艺术和皇帝的支持进入精英阶级。这有助于此阶级中第一种剩余物增长，但种族出身却带来许多第二种剩余物，因此在总体上剩余物的比例变化很小，现在同过去相比几乎相等。随后逐渐变化，第二种剩余物占优势。统治阶级变为职员阶层，并像职员一样心胸狭隘、目光短浅。

（B3）文职职能与军事职能的分离扩大，尽管它们尚未完全分离。军人阶层通过皇帝进行统治，此阶层构成一股凶恶的力量，而不是一个精英阶级。精英阶级变得越来越文明，不能、不想并不会使用暴力。

1084.（Ⅲ）从安东尼诺时代至加列努斯时代。

第二种剩余物的巨大优势越来越显示出其效果。罗马的政治、军事、金融、文化的衰落日益严重；经济与政治体制日益僵化；蛮族正在入侵帝国。

（A1）社会不断僵化并停滞。亚历山大·塞维鲁[①]取缔了艺术与手艺行会。出任官员变为一种负担沉重的职责（第1140节）。罗马社会接近种姓社会。

（A2）实际循环日益减弱。行会的禁绝，帝国的贫困化，使涌现精英阶级新分子的源泉枯竭，精英阶级只接受为数不多的投机者和皇帝的宠幸者。划分为种姓既具体又合法。

（B1）现在精英阶级大部分由外域人组成；连皇帝也是如此。

（B2）由于“投机者”和类似者使精英阶级缺乏更新，在此阶级中第一种剩余物减少，而第二种剩余物急剧增长，因为少数新分子多为东方人和迷信的蛮族。

（B3）文职精英阶级同军事职能的脱离最终完成，精英阶级由一小撮懦夫组成，准备被蛮族征服。当中国被鞑靼人征服时可发现类似现象。

1085. 直至西罗马帝国的崩溃，所有这些特点日益突出。这时蛮族打破了社会的僵化状态，这是蛮族对社会所做的主要贡献。最迷信的民族征服他人，本已过量的第二种剩余物仍在增长，因此这种局面加速社会的解

---

① 亚历山大·塞维鲁（208～235年），罗马皇帝，222～235年在位。——译注

体。但由于他们的无知，打碎了帝国国家机器，虽然他们也想保留，但未能掌握。这样，他们播下将结出新文明之果的种子。事实上，随着时间的流逝，到处出现处于相互依存状态的点，这里第一种剩余物和商业活动都在扩大（第 1142 节）。雅典、罗马和其他古代希腊和意大利城市，在其他时代也有类似起因。环境的差异只赋予现象以形形色色的形式，但透过形式显露出类似实体。在一些国家，比如普罗旺斯和意大利，商业、艺术、工业使“投机者”发财致富并进入国民的精英部分，他们将第一种剩余物带至此部分，而此部分正严重缺乏此种剩余物，政治、军事、金融、文化繁荣重现，并进入公社时代。

1086. 需要反思类似现象的一般进程，它呈波浪曲线，我们已经看过许多实例，在此情况下还应重复在 1016 ~ 1025 节所做的考察。通常我们应重视理论，即重视派生物（c）（第 925 节）及相应的事实（a）、（b）、（d）。主要为了更好地理解，我们将它们整体称之为（s）。我们已经研究过（第 923 节及其后）（a）、（b）、（c）、（d）这些要素相互依存的一般现象和人们观察到的周期，现在我们转而考察随时间流逝显现出的波动以及波动证明的相互依存关系的个别现象。

对经济体制和社会体制连续状态的研究引导我们考察（b）和（d）两类的波动，如果愿意，还可补充上情感（a）的波动，另外我们知道如果在不太长的时间内波动并不明显。在做这些限定之后，我们可以说注意到整体（s）的波动。在通俗语言使用的“自由主义”或“保护主义”、“个人主义”或“国家主义”术语里，状态（s）和相应的理论（c）的概念似乎分辨不清。前两个术语具有颇为精确的含义并可在科学推理中勉强应用；后两个术语不确定，类似宗教和道德的术语，为能使用它们，至少需减少其不精确性。首先需要将理论同事实分开。谁认为所有行为都是逻辑的，就设想理论、派生物决定人的行为，就能将理论与事实混为一谈，并未造成巨大损失，并且未能将“个人主义”和“国家主义”的理论同相应的事实（a）、（b）、（d）区分开。知道非逻辑行为在社会现象中占多大比重者不这样做，如果他想用稍微严格一点的实验方式推理的话，就不允许将（c）和（a）、（b）、（d）整体〔我们还用（s）指示〕混淆。我们将（c）同（s）区分开，但这还不够。我们可以勉强认识一理论是“个人主义的”还是“国家主义的”，正如我们可以了解一理论更接近唯名论还是唯实论。但要知道所谓“个人主义”或“国家主义”事实符合那些事实

(s) 非常困难。想从它获得精确性毫无希望，正如想严格界定宗教、道德、法等术语一样，因此适宜走另一条为状态 (s) 分类的道路。当我们注意到规范个人行为的键的力量时，就能获得相当的精确性；如果这种力量微弱，我们就将接近所谓“个人主义”状态；如果强大，我们就接近所谓“国家主义”状态。其次，需要将经济键——属于 (b)，同精英阶级循环链——属于 (d) 区分开来。在罗马共和国末期和罗马帝国初期，这两类键可能都微弱；在帝国严重衰落时期，这两类键可能都强大；在蛮族入侵时期，第一类键可能微弱，第二类键可能强大；最终第一类键可能强大，第二类键可能非常微弱，正如在我们社会接近的状态里那样。类似于在 1025 节所做的考察，无论对于派生物 (c) 的波动来说，还是对于社会事实 (s) 的波动来说，都有“内在方面”和“外在方面”。当将 (c) 同 (s) 区分开，分别考察它们上升期对下降期的作用，然后下降期对随后上升期的作用，循环往复，就有了“内在方面”。当将 (c) 同 (s) 联系起来，考察它们波动的相互作用，就有了“外在方面”。于是我们应该研究如下方面：

(Ⅰ) 内在方面：

(Ⅰα) 派生物 (c)；

(Ⅰβ) 社会事实总体 (s)；

(Ⅱ) 外在方面：

(Ⅱα) (c) 对 (s) 的作用；

(Ⅱβ) (s) 对 (c) 的作用；

(Ⅱγ) (c) 的不同部分的作用；

(Ⅱδ) (s) 的不同部分的作用。

这里我们不应专门研究最后一类 (Ⅱδ)，因为它属于我们不断进行的对社会形式的一般研究。让我们考察其他各类吧。

1087. (Ⅰα) 派生物的内在方面。

迄今几乎所有社会学科理论的作用都受对某种理想信仰的驱使，因此只欢迎符合这一理想的事实，不再特别关注同此理想相悖的事实。这样的理论，即使有时具有实验的外观，总倾向于形而上学。“个人主义”和“国家主义”的派生物可置于唯名论和唯实论那类；“自由主义”和“保护主义”的派生物离此类也不太远，虽然极不相似。因此，我们现在研究的情况正是在此点上类似于在第 1026 节及其后讨论的情况，但这两种情况也存在明显差异，在现在情况下理论与实在的矛盾很少或根本不起作用，因此缺少在第 1026 节情况下将连续时期接合起来具有极大功效的原因。发生这一事实，因为在自然科学的学科中要想避免派生物同实验实在的冲突非常困难，几乎不可能；相反在社会“科学”各学科中很容易做到这点，在这些学科中，主要根据理论同情感或利益的一致，而不是根据同实验实在的一致评价它们。因此我们可得出结论：在现在情况下，（c）的内在方面无关紧要。

（Ⅰβ）社会事实总体的内在方面。

同前述情况相反，这一方面非常重要。“个人主义”时期（在此时期键微弱）为“国家主义”时期（在此时期键强大）做准备。在前一时期，私人主动性准备着僵化的国家体制将在后一时期应用的物质；而在后一时期，社会的停滞僵化造成的危害日益严重，孕育着衰落（第 1140 节及其后），只有恢复私人活动的自由与活力才能日新月异、不断发展（第 1048 节）。经验告诉我们，波动可具有不同的幅度、不同的持续时间，即使文明民族也不可能没有波动。因此存在波动完全消逝的社会状态的可能性极小，至少目前如此。富有第一种剩余物者在其中自由活动的社会会显得杂乱无章，另外一部分财富肯定被消耗在无益的努力之中，因此当社会刚开始僵化，不仅显得秩序井然，而且繁荣昌盛。在帝国衰落期的罗马社会的僵化不仅由政府强加，也是国民所期待的，他们从中发现自己状况的改善。将农民紧紧拴在土地上，手工工匠拴在职业上，地方官员拴在地方上，不仅使政府受益（这使社会秩序更好，从而对政府更有利），而且也使法学家、知识分子心满意足。他们十分欣赏良好秩序，这也为束缚农民的有产者所期望，为保障灵活机敏者（他们能将财富带往他处）活动的行会所期待，为剥削殖民地官员的公民所希望。当观察部分相似的当代事实时，能更好地理解此现象。我们城市的繁荣是自由的产物，尽管是相对的自由，在 19 世纪的部分时间内，正是由于这种自由，各要素在经济和社会方面得以运转。现在开始僵化，恰恰如同在罗马帝国；国民期待着僵化并且在许多情况下似乎日益繁荣。当然，我们距离工人被固定在自己的职业上的状态还很遥远，但工人工会、限制从一国向另一国的流动，将我们送上这条路。由移民构成的美利坚合众国的繁荣归因于移民，现在却竭力以各种方式排斥移民。其他国家，如澳大利亚，纷纷效法。工人工会倾向于禁止非工会会员劳动，另一方面远未达到接受所有人的程度。中央政府和市政府日益未能达到接受所有人的程度。中央政府和市政府日益介入经济事实，这种状况受到国民意愿驱使，往往表面上有益于国民。在意大利，国民期望颁布关于公共事业“市有化”的法律，以致政府承认它并当作竞选的武器。已显露出的其他类似，以后会更加明显。罗马衰落期的皇权追逐元老以让他们重新担任繁重的公职（第1140节）。我们社会的民主富豪集团政权如果尚未追逐生活安逸者，至少追逐他们的金钱：纳税者为逃避难以忍受的重负，把钱弄到国外，统治他们的政府大发雷霆并竭力以各种方式惩罚他们。因此，在法国和英国的民主富豪集团的政府之间存在紧密配合，可准确地说是剥削者的同谋，法国政府希望瑞士政府帮助驱逐纳税者，但至今枉费心机。在我们社会，多数人偏爱投票通过让他们不交纳捐税而让少数人交纳捐税的法令。关于剥削者，此种状况同罗马帝国的状况存在巨大差异，在罗马帝国皇权确定生活安逸者交纳捐税，但对于被剥削者来说差异小得多，他们并不关注自己的钱被皇帝的帮凶享用，还是由蛊惑人心的富豪享用。说真话，甚至亚历山大·塞维鲁的古罗马军团的花费远比劳埃德·乔治的党的选民少得多。另外前者至少保卫国家，而后者只捍卫自己的享乐。

总之，很容易发现我们沿着一条曲线运行，它类似于帝国成立后罗马社会运行的轨迹，并且在它显现出繁荣期后，延伸至衰退。历史从不重复，假如人们不想相信“黄祸”[①]，那么也不是没有丝毫可能：未来的新的繁荣期将源于另一次蛮族入侵，也有可能爆发的国内革命将政权交与富有第二种剩余物者，他们善于、能够、渴望使用暴力。但这些遥遥无期、极不确定的事件主要处于幻想的王国里，而不是在实验科学领域。

（Ⅱα）外在方面。（c）对（s）的作用。

不应排除这种作用，但它通常并不重要。应特别指出：起源于（s）的（c），后来反作用于这些现象并强化这些现象。一种精神状态的表现，增强了精神状态的强度与活力。完整性（第五种剩余物）情感的部分表现，将这种情感同社会性（第四种剩余物）情感相协调。利益的伪装，掩盖了利益并且在未分享利益者眼前掩饰利益。掩饰残酷事实的理论，为这

---

① 德皇威廉二世（1859～1941）鼓吹“黄祸”论，他宣称中国、日本等东方黄种民族的国家是威胁欧洲的祸害，为西方帝国主义对东方的奴役、掠夺制造舆论。帕累托在本书中一针见血地指出：“不幸的中国人遭到欧洲乌合之众的侵略，后者在中国的行径，可同西班牙征服者在美洲的暴行媲美。”由此可见，帕累托对“黄祸”论持批判态度。——译注

些事实“辩护”，当将它们同社会中存在的“道德”协调起来，并且一般地同社会中存在的集合体持久性（第二种剩余物）协调起来时。另外这种作用满足人们感受到的“解释”现象的需要（1 种 e 型剩余物），并使人们远离实验研究，这样的研究可用以引起（s）的某些变化，即使非常微小的变化。令人愉快的虚构，使赞美在理想和幻想的王国里遗忘现实的贫困与丑恶的人心满意足，从而除掉反对贫困与丑恶的敌手，这样有益于维护（s）的完整性。

（Ⅱβ）外在方面。（s）对（c）的作用。

很容易发现派生物（c）（即构成“自由主义”或“保护主义”理论的派生物和构成“个人主义”或“国家主义”的派生物）的波动很接近整体（s）的波动。这引导我们说（c）的波动同（s）的波动一致，因为（c）的波动源于（s）的波动，而不是相反：当自由贸易促使精英阶级循环并有利于其利益时，拥护自由贸易的理论才产生。对“个人主义”和“国家主义”的理论也可以这样讲（第 928 节及其后）。因此整体（s）的波动是主要现象，从实质上看，（c）的波动的价值几乎完全在于反映（s）波动的映像。

（Ⅱα）外在方面。（c）的不同部分的作用。

应用经验主义、实践、科学的逻辑—实验推理，对社会学科中产生的派生物的作用，如果不很大，至少也有一点，无论对个人还是集体都是如此。自然主义者亚里士多德对社会学科的考察远比形而上学家柏拉图更接近实在。马基雅维利应用经验政治学推理，距实在很近。由于同样原因，俾斯麦离实在也不太远，由于相反原因，一位名叫拿破仑三世的人道主义梦想家离实在特别远。涉及集体，亚当·斯密和萨伊的经济理论远比当时其他人的著作更接近实验实在，尽管尚未完全抵达实验实在，它们出现时正值自然科学取得突飞猛进的发展。相反，恰在国家至上神秘主义、病态的爱国主义取消窃取社会科学之名的此类文献同进步的自然科学的任何接触的地方，出现了离题万里、夸夸其谈的历史学派和对社会科学规律（一致性）的可笑否定。

1088. 至此我们勾画出在罗马由情感、利益、精英阶级循环构成的整体（s）发展的主线，忽略使人们能对整体综合把握的许多细节；现在最好转而考察某些细节，以求得更深入准确的认识现象。

罗马元老院的起源不甚了了，我们也不应在这里讨论这个题目。正如传说所期望的那样，可能起初由国王任命元老，其后才由执政官任命。在各历史时代，任命元老又交由监察官负责（约442年的罗马），当他们调查财产时，确证以前任命的元老并任命新元老。事实上，违法行为很少，由于某些法官按规定已成为元老，在财产调查时他们法官任期已满。在整个共和国时期，法官数量日益增加。直至元老院积极参政，即约至马略[①]和苏拉的时代，几乎可以认为统治阶级由元老阶级代表。那时军事职能与文职职能尚未分离（司法职能不是最后的例证），法官经由公民选举产生，还不领取报酬，加之当时的习俗，这一切促使统治阶级由富有军事天赋者构成，至少由聪明绝顶、精通管理、通晓法律、了解组合（用组合赢得民众的支持）并相当安逸、富有的人构成。因此，在这个阶层应存在第一种和第二种剩余物的某种比例。这个阶层在很大程度上类似于雅典的阿雷奥帕古斯[②]阶层或者反对拿破仑战争时代英国的上议院阶层和下议院阶层。其后如果考虑到还存在被统治阶层，其第二种剩余物强大，而第一种剩余物只够遵循统治阶级建议的组合，就很容易理解为什么恰恰从第二次布匿战争至征服希腊和亚细亚这一时期罗马空前繁荣。

1089. 从历史时期的起源开始，在罗马从不缺少财富和迷信的要素，它们间接地促使统治阶级的腾达，至少对新富豪的后代如此，但直至征服希腊和亚细亚的富庶地区之前，它们对此的直接作用不大。

1090. 公元前200年人民拒绝向马其顿国王宣战的建议引人注目。李维写道："被长期艰难战争拖得疲惫不堪的人们自发地这样做，他们已厌烦艰辛与危险：此外保民官贝比奥沿用古法，控告先辈一次次挑起战争，使百姓永无宁日。"透过这些文字，很容易发现在第953节指出的两个公民阶级之间的永恒冲突，即以其收入近乎固定作为特征的阶级和以其收入变化不定作为特征的阶级之间的永恒冲突。罗马的小所有者因战争破产，如果他们没有参加战争引发的投机活动的话；相反掠夺行省并参与投机活动者则大发横财。李维把这两类人的冲突描述成似乎是元老院和人民之间的斗争。他本人还提供了证据。在公元前171年第三次马其顿战争被提议时，拒绝这一建议的原因比已指出的还要重大；但人民毫无保留地接受了这一建议，男子纷纷踊跃报名参军。"因为他们发现参加第一次马其顿战

---

① 马略（公元前156～前86），罗马执政官。——译注

② 古代雅典卫城西北的一座小山，雅典初期贵族会议开会的场所。"阿雷奥帕古斯"一词也指贵族会议本身。——译注

争或在亚细亚反对安条克[1]战争的士兵都发财了。”

1091. 这样罗马国民的结构逐渐变化，从战争掠夺和投机中获取不同收入者的数量与实力急剧增长。无论是参与他们事业（或直接地或通过出售选票或其他方式）的城市平民，还是抛弃土地、投身有利可图的士兵生涯的部分农村平民，出于维护这一体制的共同利益，先是帮助他们，后因瓜分战利品发生争吵，但不缺少越来越多门客的帮助。与此同时，靠田间耕作为生的部分农村平民被累得筋疲力尽。不是“大庄园”丧失了意大利，而是“大庄园”得以形成的所有事实断送了意大利。罗马征服战争当时产生的效果就如同我们时代的效果：工业的迅速发展和对美洲、亚洲、非洲新兴国家的剥削。在我们的城市里，投机者的数量与实力持续增长。直接地或通过政治阴谋间接地参与他们事业的城市平民，受较好收入及较轻劳动的吸引，从荒弃的田野涌进城市的那部分农村平民，出于维护蛊惑人心的寡头集团的现行体制的共同利益，纷纷帮助他们，有时用罢工或其他方式同他们发生争执；他们并不缺少许多资产者的帮助，比如律师、公证人、工程师、医生等，这些人要投机者支付丰裕报酬，对后者来说那点钱微不足道，投机者效法古代的主人，对自己的门客慷慨解囊。与此同时，对抛弃农村的抱怨加剧，并且限制小所有者所占土地面积；如果还存在奴隶制或农奴，大庄园主就会增多。十分明显，现在远不用反对这一运动，社会主义平民呼吁这一运动，并以各种方式表现为小所有制的敌人，比对分益耕种制的态度还强硬。在罗马涅，[2] 为改变所有制体制，不仅举行罢工，还发生武装冲突，使所有制接近只剩下有产者和雇佣者的状态，这种状态类似于“大庄园”的状态。统治现代罗马的投机者就像在罗马共和国末期统治一样，为反对这种变化毫无作为，就像当时无所作为一样。甚至他们还促使这种变化，正如古代投机者需要平民选票时，也曾促使这种变化一样。这种当代现象有助于我们更好地理解古罗马的现象，并且告诉我们大庄园在多数情况下是诸多现象的结果，人们曾认为这些现象是原因，更准确地说，大庄园和这些现象是处于相互依存的状态。

1092. 伦理学作者大谈特谈“腐败”是罗马财富增长的“结果”，他

① 安条克（公元前 242～前 187），即安条克三世，塞琉西王国国王。——译注

② 意大利北部地区。——译注

们变换种种花样重复狄奥多罗·西库洛[①]的话。有人对一般财富口诛笔伐，有人猛烈抨击靠战争“罪行”和战后的强取豪夺而发的横财。总之，上述将昔日圣洁的贫穷和今日邪恶的富有进行对照的慷慨激昂的议论，掩盖了如下事实：收入近乎固定并富有第二种剩余物者同收入变化很大并富有第一种剩余物者的比例发生了变化。

1093. 某些作者归罪于财富的集中；有作者归咎于大庄园（第 1091 节）；有作者归罪于“资本主义”（第 718 节）；有作者归咎于罗马贵族的罪恶，他们压迫和榨取善良的人民；有作者归罪于奴隶制——那个时代的耻辱。一些作者还对罗马政治结构的弊病深恶痛绝，有人说如果它更民主，如果有一个代表被压迫人民的议会，还有人说如果它近似德意志帝国结构那样完美，可能会保证罗马长期的繁荣和永恒的霸权。这样的著作像大仲马历史小说一样引人入胜，但离实在甚远。

1094. 事实如此确凿，以致在作者用以掩盖它们的派生物下显现出来。譬如，迪律伊[②]写道：[③]“（第 283 页）一个世纪的战争、抢劫和腐败〔纯然为新财源引起的变化：（b）（d）—（d）（b）周期的区间（第 1008 节）〕吞噬了小所有者〔什么吞噬！他们只是变更了职业，从近乎固定收入者阶层过渡到投机者或其帮凶的阶层〕。罗马的力量与自由归功于此。”应该说这种繁荣归因于投机者阶层和近乎固定收入者阶层（第一种剩余物占优势）的有利比例，因此当这种比例不利时，繁荣也就中止。非常奇特，用不着过多研究，仅从他本人不久前所述就可得出这一结论：“（第 282 页）奇迹始终既多又古怪，即是说人民与士兵既粗鲁又轻信〔第二种剩余物占优势〕。将军们想大修神庙，像显普洛尼马斯·格拉古[④]一样，将颂扬他们功绩的诗篇铭刻其中，或把描绘胜利的图画画于四壁。他们在众多的牺牲壮举之前杀生祭神，但正如保罗·埃米莱那样，为迫使士兵具有忍耐力并等待有利时机，在行动之前，他们总要庄严地观望天象，即当公民大会的表决似乎反对元老院决议时，以保留解散公民大会的手段。”

---

① 狄奥多罗·西库洛（公元前 90 ~ 前 20），希腊历史学家，著有《历史文库》40 卷，流传下来 15 卷。——译注

② 迪律伊（1811 ~ 1894），法国学者、官吏。曾任教育部长；作为历史学家，他因其论述古希腊、罗马文化的著作而闻名。——译注

③ 迪律伊：《罗马人史》第 2 卷。

④ 显普洛尼马斯·格拉古，罗马政治家，公元前 187 年任保民官，公元前 177 年至公元前 163 年任执政官。——译注

1095. 其后，他说得更为精彩："（第293页）于是，需要每日剧增，至少对穷人来说，每天都有危险，从未获得征服的持续好处，令他们满意的手段越来越少。"这样，迪律伊称作穷人的人们，实际上是收入近乎固定者，他们被暴力驱至"投机者"或其帮凶阶级内。在当代也可发现相同现象。新贵和暴利在罗马产生的效果，对各个时代的各个民族来说大致相同。德洛乌梅关于征服地中海地区后和共和国灭亡前发生现象的叙述[①]很接近真实。那一时期同当代有许多相似之处。德洛乌梅效法基佐，[②] 同英国进行比较，完全符合事实，并且可一直延续到现在。在拿破仑战争时代，是 Squires、[③] 小地主拯救了国家。之后，他们在政府所占部分逐渐减少，而"投机者"部分日益扩大。众所周知，现在阿斯奎斯[④]的多数派中有不少这类百万富翁投机者，他们同样最为赞赏该党对"富翁"的抨击。他们同上下议院的斗争，同在罗马共和国末期可观察到的骑士和元老的斗争相像。

1096. 对地中海地区的征服为胜利者中的掌握高超的组合艺术者开拓了茂盛的财源。靠在罗马花费的大量金钱，他们获得剥削行省和靠巨大附加值补偿花费的权利。这是不折不扣的投机，正如我们时代的投机者，他们贿赂选民和法官得到保护性关税，又靠这种关税发财致富。

1097. 当时和今天的现象在某些点上相似，但也存在十分明显的差异，这种差异起作用才使罗马国家体制具有通过帝国宪法表现的特征。差异在于投机者的助手当时分为文职与军事两部分，其军事部分最终转而反对投机者，而现在他们的助手几乎全是文职的。

1098. 许多人未能抵达财富的源泉并且缺少此类组合所需的天赋，但他们并不缺少精力、勇敢和第二种剩余物。这些人为天才、英武、在相当长时期内走运的领袖效劳，马略、苏拉、恺撒、安东尼、屋大维的军队就由他们组成。如果只注意到农民，那时罗马的中产阶级减少，但职业军人代替了缺少的农民，其后希腊人和东方各族人代替了意大利人。

1099. 我们不止一次地观察到："投机者"政府的弱点在于缺乏勇敢精神和善于使用暴力的天赋。因此，这类政府通常被擅长使用暴力者推翻，

① 德洛乌梅：《罗马金融家》，第45页。

② 基佐（1787～1874），法国历史学家和国务活动家。——译注

③ 英文，意为"大地主"。——译注

④ 阿斯奎斯（1852～1928），英国自由党内阁首相（1908～1916）。——译注

无论后者是国内敌人还是国外敌人，它们在国内战争或国际战争之后屈膝投降。关于国内革命，需指出造反的尝试被镇压之后，最终的灾难就来临。

1100. 只让逻辑行为概念牵着鼻子走的人孤立地判断这些尝试，探寻每一次的原因与结果。他们在被压迫阶级的苦难中找到原因，并且由于从不缺少苦难，差别只限于程度大小，因此原因也不缺少。如果如下命题能成立：痛苦的程度越大，革命的尝试越频繁，胜利的可能性就越大，若考察这些苦难的程度，所发现的原因就具有价值，但实际上并不是这样发生的。[①] 从远古时代就可观察到当人民的条件改善时往往爆发起义，甚至古代政府的格言说，百姓越饱暖，心中越不平；直至某点这可能真实，但并不完全如此。一种相反的理论希望统治阶级仅通过为被统治阶级谋利益来维护自己的政权。此种理论也有部分真理，但仅仅为部分。这种理论的创造者可能不知不觉地接受在第 732 节及其后指出的断言解答之一，想要说明广施善事必受益，即使过去从未如此，希望将来如此发生。

1101. 关于起义尝试的结果，许多人武断地宣布任何被镇压的失败起义无疑对被压迫阶级有害，或至少无益。如果这一事实可同其他事实分开并作为逻辑行为进行考察，这种断言可能有理，因为无人能否定面临失败不是有害或至少无益。但实际上情况不同。人们应把起义不成功的尝试视为一种力量的表现，起初它比反对它的那些力量小，当最终灾难发生后，它终于超过它们。这些尝试可能削弱了这种力量，或者这些尝试对这种力量的作用不显著，但也可能提高这种力量的强度。这将取决于具体情况。最终可能，往往就是这样发生：起义的尝试是其表现的力量强度的结果，因此为了接近最终灾难，妄图提高这种强度，希望尝试不发生，都是徒劳的。

1102. 人们频繁地观察到：不是因为由起义尝试表现的力量增强，以致超过维持社会平衡的力量，才发生灾难，主要由于它的增强改变了其他力量，尤其是军队力量的作用，或因军队停止同革命分子对抗，或因同革命分子结盟，或因加入革命者队伍，从而决定了社会体制的变革。于是，社会体制是由起义尝试表现的力量间接而非直接的产物，但因此它永受这种力量的制约。

---

① 请阅《普通社会学总论》第 2566 节，关于法国扎克雷起义和 1789 年革命的比较。还可援引许多其他例证。说在 1789 年法国贵族因忽略“自己的职责”而被废黜，是伦理的而不是实验的认识。

1103. 那些主张应用合法性、权利、公正、伦理学、宗教的准则评价起义的尝试者比只考察逻辑行为者还要糟糕。我们已经讨论过类似派生物（第907节及其后），只需补充涉及目前特殊情况的少量思考。

1104. 关于合法性，显然它不仅受到每次革命行动或任何政变的损害，甚至还受到任何旨在颠覆现存体制的尝试的损害，因此专门就此争论毫无意义。但某种社会体制的捍卫者和变革者恰恰这样做了。捍卫者想利用情感将任何反对合法性的行为视为“罪过”，因此他们不懂或装作不懂：人们要变革的恰恰是此种合法性。颠覆者为了破坏社会体制，就想利用从体制本身产生的力量，并竭力证明（甚至不顾明显的事实）倾向于起义的行动也“合法”，因此现存社会体制的捍卫者不能也不应该镇压这些行动。

1105. 他们乞灵于权利、公正、伦理学、宗教的原则，因为当他们不想置身于逻辑—实验领域，就不会发现其他东西，还因为他们具有善于证明所思一切的特长。除尚盛行的民主宗教原则外，现在宗教原则已不再使用。那些权利、公正、伦理学的原则流传至今，它们既生动又新颖，不仅被用来评价国内冲突，还被用来评价国际冲突。

1106. 司法原则可以相当精确，甚至非常精确，因此能够提供符合实在或至少不远离实在（第670节及其后）的结论，如果这些原则在社会中通常受欢迎并因此表现社会的共同情感，能在此社会公民之间的争论中应用这些原则。当国民的一部分奋起反抗另一部分，缺少这种条件，因此这些原则同实在不一致，如果不想赋予这些原则超越实验领域的绝对价值的话，就再不能应用它们。关于它们在国际冲突中的应用也是如此。如果在认同这些原则并表现其共同情感的各民族中应用它们，它们能够提供同实在并不冲突的结论。如果缺少这种认同和共同情感，它们就不具有这种性质。如果他们在现在考察的情况下使用伦理学原则，只探究事实同他们情感的关系，而不探究事实同事实的关系（即经验一致性），这些伦理学原则就缺乏精确性。但完成前种活动比后种活动容易得多，并且产生易于平民百姓理解的著作；因此被普遍应用。

1107. 罗马共和国的衰亡史有着不少从基层或高层颠覆合法体制的例证。我们仅较详尽地谈及其中一个，因为它同当今的革命的、无政府主义的类似运动有着相似性。卡蒂利纳的叛乱在历史上遐迩闻名，撒路斯提乌斯[1]对这

[1] 撒路斯提乌斯（公元前86～前35），罗马政治家与历史学家。——译注

次叛乱的描述，仿佛露天剧场上演的戏剧中难以容忍的夸张那样滑稽可笑。他首先猛烈抨击对黄金的渴求和贪婪吝啬，接着对野心愤恨不已，并使我们知晓卡蒂利纳不是吝啬而是品行不端，因此对道德沦丧、伤风败俗痛心疾首。最终，在这段精彩的开场白之后，幸好他记起应讨论卡蒂利纳叛乱，于是清楚揭示其原因："在一座巨大、腐败的城市里，卡蒂利纳周围聚集了一群臭名昭著的歹徒恶棍，充当卫士，当时做到这点很容易。"

1108. 幸好我们还有其他叙述，其中包括阿庇安[①]的叙述，因其朴实无华，似乎更接近实在。卡蒂利纳品行不端，所有作者都这么讲，这似乎非常可能，但这个缺德者还好像天生缺乏雄才大略，那些擅权术通谋略的缺德者却发财致富并执掌重权，相反他有勇气不甘于受压迫。在他周围聚集了同类人。如果我们认为归根结底他们都是坏人（这样认为可能过于严厉），我们将说他们同统治阶级的斗争是使用暴力的盗贼同机敏狡猾的盗贼的战斗。这就解释了为什么恺撒对他们怀有恻隐之心，而通常这种情感只有同蔑视自己者争斗的人们才有。更准确地说，恺撒为了达到自己的目的，很少关注手段的正当与否，从那时起他就筹划利用使用暴力的盗贼反对机敏狡猾的盗贼，从而使他本人成为整个世界财富的主宰。

1109. 阿庇安告诉我们：卡蒂利纳要求当执政官，目的没达到，就尝试用阴谋诡计战斗，但又失败了，因为他本人不适宜搞这类活动。"这之后，他完全避免参加公众生活〔由于类似原因，我们时代的抗议议会的不妥协分子也这样做〕，因为这种生活未急剧地导致君主制，却充满争斗与仇恨。"[②] 此人决不是撒路斯提乌斯想让我们看到的白痴。西塞罗本人向我们讲述卡蒂利纳的陵墓被鲜花装点，这些鲜花简直成了祭礼。

1110. 想把历史变为小说的道德主义者认为自己有责任给卡蒂利纳定罪或开脱罪责。定其罪名者发现他是祖国的敌人，为其开脱者赞誉他是渴望挣脱"寡头统治"桎梏的"人民"之友。其次，并不缺少走中间道路的人，他们宣判卡蒂利纳期望的目的正确，而采取的手段罪恶。

1111. 事实远比这些绞尽脑汁产生的虚幻的东西复杂得多。卡蒂利纳似乎像个肆无忌惮的野心家，在这一点上他类似于马略、苏拉、克拉苏、庞培、恺撒、屋大维和其他众多毫无顾忌者。他探寻自己的路，正如通常发生的那样，在抵抗最小的方向找到这条路。如果他在政治谋略上再巧妙

① 阿庇安（约 95～165），罗马帝国早期杰出的历史学家，《罗马史》的作者。——译注

② 阿庇安：《内战史》第 2 卷，第 2 页。

些，他就会使用，他尝试过，但没有成功，发现面包不适合自己的牙齿。他有大无畏精神、凶残、有使用暴力的准备，可能他对此缺乏清晰认识，直觉到自己的路在另一边，并沿此路走下去。

1112. 他可能成为众多默默无闻的造反者之一，历史对他们轻描淡写一笔带过，但需要他们同他处于同样的环境，并且他们处于此种环境，恰恰因为“投机者”在统治阶级中占优势。这样，现象所具规模更广阔，在历史上更引人注目。苏拉的老兵向卡蒂利纳靠拢，他们因其出身，擅长使用暴力，对政客的神妙莫测的权术一窍不通。破产者、债务人等其他追随者也纷纷投奔他，他们想通过暴力改善自己的命运。他们之中有在任何革命中泛起的那些社会渣滓，但就像恺撒这样的人们也被怀疑同他们同流合污这一事实，证明还有另一种素质的人，即被政治投机者打败的人。这些人期待着另一次战役，那里主要需要暴力而不是谋略，需要坚定的意志，而不是以柔克刚的天赋，以使他们最终获胜雪耻。

1113. 尽管元老院许诺揭发阴谋者可赦免罪行并奖励二百银币，但却无一人背叛。这一事实证明他们意志坚定、坚不可摧。他们在费索莱战役中倒下的方式能更好地说明这一点，即所有士兵都是前面受伤倒下的，所有战士都牺牲在他们战斗的地方。

1114. 撒路斯提乌斯让他们说，他们拿起武器不是反对祖国，而是为了自卫——免受高利贷者的盘剥，后者剥夺了许多受人尊敬、家产丰足的同胞。另一方面，恰恰是“投机者”，即骑士捍卫西塞罗，保卫元老院，并且手持武器威胁恺撒——想象的卡蒂利纳的同谋。

1115. 当时的罗马，正如当代的整个欧洲，财富的增长使生活费上涨，因此谁要是对父亲的财产心满意足，很快他就失败，负债累累，最终破产。只有向政治和投机索取新收入者才能得救，甚至往往致富。现代失败者比罗马人更怯懦，他们部分地屈服。罗马的失败者比现代人更勇敢，他们在投降以前，还想试试在战斗中的运气，往往放弃任何不战的计谋，而不管这种计谋多么高妙。

1116. 普鲁塔克写道：“整个埃特鲁利亚[1]奋起造反，从阿尔卑斯山至这里的大部分高卢也是如此，由于财产的两极分化〔这是常犯的错误，现代人仍在重复，将其他原因的结果给予不平等〕，罗马面临全面变革的巨

① 古代意大利地区，包括现在的托斯卡纳大区、拉齐奥大区和波河平原一部分。——译注

大危险。与此同时，精神崇高、无上光荣的人士因在看戏、宴请、大兴土木和贿赂司法机关方面挥金如土而日益贫困〔他们是政治谋略及权术的低能儿，精通此道者靠剥削行省可大大补偿那些花费，或者靠投机发财致富，比如克拉苏〕，而所有财富却因此聚集在卑鄙无耻之徒手中〔狡诈的政客、几乎只拥有组合剩余物者〕。无论谁只要无所畏惧，都足以推翻共和国，因为它已病入膏肓。"① 谁敢于用暴力反击那种权术谋略，就有望获胜。卡蒂利纳失败了，恺撒差点获胜，奥古斯都取得决定性胜利。

1117. 拿破仑三世写道："西塞罗认为他摧毁了一个党。他错了，他只挫败了一个阴谋，并指出不谨慎导致失败的重要原因〔作者认为，是民主反对'寡头统治'的原因〕，谋反者不合法的死业已使他们恢复了名誉。"② 这样我们再次坠入伦理小说的说教之中。正如拿破仑三世所说，西塞罗的错误在于没有遵循合法性！恺撒和奥古斯都倒真得遵循合法性！如果人们想专门讨论西塞罗的错误，将发现主要在于他愚蠢地认为雄辩（或如人们所说，理性与道理）能代替暴力。

1118. 卡蒂利纳的阴谋只是众多造反尝试之一（这些尝试是最终灾难的前奏），标志着共和国灭亡的多次内战中的一个事件，这些内战部分为第一种剩余物占优势者同第二种剩余物占优势者之间的战斗。后者因奥古斯都而获胜，在胜利之后他致力于恢复古代的宗教、道德、习俗，但未能成功。由于奥古斯都高度重视军队，罗马帝国至少获得短暂的稳定。

1119. 此外，不仅依靠暴力才取得建立帝国的胜利。由于恺撒和奥古斯都除暴力外广泛地使用权术谋略，恺撒也不缺少富豪集团的巨大帮助。人们可观察到：当时就像今天一样，富豪集团总转向最有可能取得辉煌胜利的一方。在法国富豪集团先对政变的发动者拿破仑三世阿谀奉承。1870年以后，又把梯也尔奉若神明。今天则拜倒在激进的社会主义者脚下。只要有收益，他们才不在乎商品上覆盖的是什么旗帜。在罗马共和国末期，剥削行省的投机居主导地位，并且靠行省的赋税日益兴旺；但也不缺少现代方式的投机，即转向经济生产并同政治权术相勾结的投机。罗马帝国偶然放松羁绊，主要出现经济投机。

1120. 这种投机使发财者上升到上层阶级。于是，拥有组合本能者从基层进入统治阶级；由于这种本能同集合体持久性相结合需要费时，进入

① 普鲁塔克：《西塞罗传》。

② 拿破仑三世：《恺撒传》第1卷，第339页。

的速度缓慢。罗马帝国的体制是截然分开的社会阶级，根据遗产和循环，有的上升到上层阶级，有的下降至下层阶级。但除大部分归因于皇帝宠爱的例外，上升决非突然，而是逐级上升，这样为了达到高位，往往需要好几代。直至在事实上正如在法律上致富可进入上层阶级，直至新富翁进入的阶级成为政府的一部分、哪怕是一小部分，而不仅是个名誉阶级。罗马帝国经济繁荣，尽管统治阶级不断丧失战斗的英勇气概。当文职阶级生产财富时，军事阶级捍卫内部与外部的秩序。随后罗马帝国日暮途穷，因为在边界再没有靠武力可供剥削的富裕民族，还由于在国内，短暂的繁荣期后，经济体制的僵化，组织的进步，通常引起经济衰退。由于提到的（第1087节）当社会刚开始僵化时生产发展兴旺的原因，在社会解体时期之后，生产的规模巨大，用以维护内部稳定和保卫帝国疆界的费用很小，无论如何比蛊惑人心的富豪统治集团在共和国末年挥霍的金钱少。在提比略时代，保障和维护政府的禁军的花费同政客们为向人民贿买权力的耗资无法相比。但这种体制因自然发展，应转变为帝国衰落的体制（第1075节），上升时期同衰退时期紧密相连（第1024节）：这一体制的青春期的繁荣逐渐转变为老年期的贫困。社会的僵化，在促进生产发展之后，使生产下降（第1140节及其后），却使财富的浪费增长。当武将越来越凌驾于文官之上，并改变自己行为方式和性格时，他们就使政府不稳定（以前正是他们给予政府稳定性），从前服从领袖的命令，现在飞扬跋扈、不可一世。如此剥削的社会体制本来对自己有利，却造成财富的浪费（第1141节），最终导致军事力量的削弱和毁灭（第1139节）。

1121. 帝国的主要基础是军队，但统治阶级的大部分成员并不来源于军队。古罗马军团迅速创造一位皇帝，但未提供众多行政官员，只提供少量管理者，因此不是精英阶级更新的丰富源泉。统治阶级日趋成为职员阶级，它具有职员的优缺点并且尚武精神日益丧失。

1122. 奥勒良[①]去世后发生的事件在这方面最为突出。古罗马军团要求元老院推举一位皇帝，元老院不想推举，军方坚持，这样帝国有六个月没有皇帝，最终元老院近乎被迫地推举出皇帝。是谁？可能是位船长？至少是位精力充沛的人？做梦也不会想到是位75岁的老翁。[②] 从这点可以看出军方缺乏政治组合本能，元老院缺少尚武精神。前种缺陷可以弥补：让军

① 奥勒良（215～275），罗马帝国皇帝，270～275年在位。——译注

② 指马可·塔西佗。——译注

方推选出具有政治组合本能的皇帝，后种缺陷无法弥补，它部分地造成统治阶级的毁灭，接着导致整个帝国的崩溃。

1123. 关于选举马可·塔西佗[①]的叙述表明早在那个时代人道主义像瘟疫一样夺人性命，今天这种瘟疫在我们的城市重新流行。

1124. 受反对财富、奢华、"资本"伦理偏见的驱使，大部分作者在罗马史中只关注这些情况，相反，统治阶级情感（剩余物）的改变，对于社会平衡至关重要。

1125. 在帝国的早期并不缺少精英阶级循环的迹象，如果它们不像我们想了解得那样多，就应该在那些偏见中探寻原因，正是这些偏见使人相信很少符合庄严的历史的事实的叙述；因此我们只是偶然获得迹象的信息，正如塔西佗[②]叙述的路福斯的经历。另外这类迹象足以使我们了解现象。与此同时，在这位路福斯身上，新生精英阶级精明懦弱的性格表现得淋漓尽致，在其他例子中也可发现这种性格特征："关于路福斯的出身，有些人说他是角斗士的儿子，我不想说假话，对真相又耻于开口。在长大成人之后，他同阿非利加财务官过往很密。在阿特鲁梅都城，[③] 当他中午独自在柱廊下遇到一位超凡的妇女时，这位妇女对他说：'路福斯，你将来此地做副执政官。'他受这一预言的激励，返回罗马，并靠朋友的金钱和自己的精明灵活，当上了财务官。随后，靠提比略皇帝的支持，他同贵族、大法官展开竞争。提比略为掩饰他卑贱的出身，曾说：'我觉得路福斯是自己来到世上的。'此人寿命很长。他对上级阿谀逢迎，对下级盛气凌人，还令同级讨厌。他夺取了执政官最高权力，享有凯旋者的荣誉，最终统治了阿非利加。他在那里死去，预言得以证实。"[④]

1126. 彼特洛尼乌斯[⑤]在撰写其风俗讽刺诗时，描述了一个想象的典型，除色情部分外，肯定符合事实。如果用其他奢华代替吃喝的奢侈，简直像个现代外国亿万富翁的典型。请看特利玛乔尼怎样得到巨额遗产。他装了整整五船葡萄酒运往罗马，中途航船都触礁沉没，但他并未意志消

① 马可·塔西佗，275～276年任罗马帝国皇帝。——译注

② 塔西佗（约54～120），古罗马著名历史学家，主要作品有《编年史》、《历史》。——译注

③ 非洲北部一座海滨城市。——译注

④ 塔西佗：《编年史》XI，21。

⑤ 彼特洛尼乌斯，生活在克劳迪和尼禄时代的古罗马作家。——译注

沉，而把既大又好的货船重新装上葡萄酒、肥肉、蚕豆、卡普阿[①]香料和奴隶。这次很幸运，一次赚了 1000 万银币。随后大搞贸易，总获巨大成功，最终满足于向被释奴发放贷款。他甚至想放弃商业活动，只是由于一位星相学家劝阻了他，才未这样做。当特利玛乔尼向被邀客人高喊："请相信我，你有一个银币，你就值一个银币。你富有，就会受人尊敬。就是这样，你们的朋友，过去是青蛙，今天是国王。"我们难道不是听到当代的一位富豪在夸夸其谈吗？特利玛乔尼想谈论哲学和优美的文学，他所受教育很像当代的新富豪，他们认为只要有了钱，就无所不知。特利玛乔尼向被邀客人显示妻子的欢乐，并想让他们了解这种欢乐的确切分量。不少现代新富豪的行为也类似于他。

1127. 但特利玛乔尼的妻子，从经济角度看，远远超过我们富豪的夫人们。当她们富有时，或仅仅生活舒适时，就不屑于料理家务，她们成为纯粹的奢侈品，财富与收入的吞噬者。相反，善良的幸运女神十分关注家庭经济，她总把欢乐送给破产的丈夫。在这点上我们富豪的众多夫人们截然不同，当丈夫不能满足奢华的欲望时，立即同丈夫离婚。

1128. 特利玛乔尼不是唯一的暴发户。就是严肃的雕刻家或石匠阿比纳也送给妻子贵重的首饰。还有诉讼代理人费莱罗内从一贫如洗到家财万贯。一些被释奴、昔日特利玛乔尼的奴隶伙伴也发财致富了。于是，从特利玛乔尼的商业、阿比纳的手工业、费莱罗内的科学中产生出新富翁。人们嘲笑他们，但这种嘲笑本身证明他们的存在。马查莱嘲讽一位鞋匠在博洛尼亚[②]出资搞了一场角斗士表演，而一位裁缝在莫德纳[③]仍步其后尘。

1129. 乔维纳莱[④]还用他的讽刺诗抨击新富翁。他充分运用诗人的想象对对象进行了夸张，但认为乔维纳莱的叙述同在罗马众所周知、司空见惯的一切完全矛盾则难以置信。他抱怨自己的理发师发了大财。这一个别事实可能不真实，但这类典型肯定存在。

1130. 乔维纳莱还精彩地记录下外族人对罗马的侵入："（Ⅰ，110～111）不久前双脚沾满石膏者来到这座城市，他们的荣耀不亚于神圣的保民官。"关于来到罗马的希腊人，乔维纳莱写道："（Ⅲ，92～93）我们也

① 意大利南方主要城市。——译注

② 意大利北部大城市。——译注

③ 意大利北部中等城市。——译注

④ 乔维纳莱（约 60～135），古罗马讽刺诗人。——译注

可以这样赞誉，但他们令人心悦诚服。”稍后：“（119～120）哪里由普罗托杰内、狄菲洛或埃里马科统治，哪里就没有罗马人的位置。”“（130～131）这位自由民的儿子毕恭毕敬地陪伴一位发财的奴隶。”“(60～66）我不能忍受，库利蒂这座希腊城市：尽管希腊的渣滓为数不多。长期以来，它将叙利亚奥龙特斯河[①]水、语言、习俗……倾注于台伯河。”他还可补充上宗教。他肯定夸大了恶，当他说到剧场内为骑士设有专座时，这种恶也应具有真理的基础：“（153～158）他说：无法定财产者，如果还有点廉耻，就请出去并舍弃骑士等级。请降生在妓院的贩奴商的儿子这里就座。在角斗士华贵的儿子中间，在角斗士教师的儿子中间，让正直的公告宣读者的儿子在这里欢呼吧！”

在一个不认为如下讽刺诗愚蠢荒谬的社会中，还应存在从一无所有崛起的人们，这首诗写道：“（Ⅲ，29～39）让我们撤离祖国吧！这里已充斥各色人等，他们很容易找到工作：计件建筑工作，或清理河道、下水道、港口的工作，将尸体运到火葬场，到拍卖场卖奴隶。这些人曾是牛角号手、行省露天剧场的常客，他们因吹号发令而闻名，现在奉送角斗士表演。他们因家喻户晓当上平民首领，杀死大家深恶痛绝的人。后来，他们出来出租公共厕所。为什么没有发生这一切呢？实际上幸运女神并未让卑贱者飞黄腾达，难道不是每次都想同他们开开玩笑吗？”

1131. 皇帝的支持使某些被释奴脱贫，并带给他们最高荣誉。克劳迪一世[②]让自己受他们控制。但这种人数目总有限，并且多数因在帝国行政工作中的政绩和私人事业中的业绩晋升。塞涅卡[③]谈论过被释奴的财富，塔西佗指出他们渗透到整个统治阶级，天生自由民反抗也无济于事。在尼禄[④]时代，元老院讨论被释奴的诈骗行为（“他们要同主人平起平坐”），并且想弹压他们。“相反意见说：‘少数人犯罪，应惩罚肇事者，不应损害人多势众的整个阶层：大部分部族充斥被释奴，他们充任骑兵分队战士、首长的助手和祭司，罗马城卫戍部队士兵、数不清的骑士、相当多的元老都出身被释奴。若去掉被释奴后裔，天生自由民立现其少。’于是恺撒重新给元老院写信：‘法院只个别地审理主人指控自己的被释奴的案件：被

① 叙利亚主要河流，注入地中海，全长400公里。——译注

② 克劳迪一世（10～54），罗马皇帝和历史学家。——译注

③ 塞涅卡（约公元前4～65），古罗马雄辩家、悲剧作家、哲学家、政治家。——译注

④ 尼禄（37～68），罗马皇帝。——译注

释奴的自由权一般不能触犯。’后来，尼禄从其姑母多米齐娅手里夺走戏子帕利斯，这似乎符合民法规定，但尼禄还是受到指责，因此他发布文告证明帕利斯是天生自由民。”[①] 尼禄保护新人，斯维托尼奥告诉我们：尼禄只想同他们一起统治国家。[②]

1132. 另一方面，战争与贫困使贵族筋疲力尽。狄奥内·卡西奥指出奥古斯都为了维持牺牲，不得不创造新贵族，代替在内战中消逝的许多旧贵族。[③] 塔西佗还记得许多新人从自治市、从殖民地还从行省进入元老院。[④] 他同样叙述克劳迪如何让高卢人进入元老院，遭到元老们反对，但根本不起作用。[⑤] 于是，韦斯帕芗[⑥]不得不重新恢复元老院的秩序，因为元老的人数不足、素质欠佳。[⑦]

1133. 因此人们千真万确地发现循环，只是在罗马的下层阶级和上层阶级之间没有发生这种循环，但从整个帝国，甚至从境外的城市，奴隶们来到罗马。在这些奴隶中，那种拥有大量第一种剩余物者，尤其是希腊人和东方人，很容易获得自由。他们的后裔总是凭借第一种剩余物的优势，发财致富，提高社会地位，成为骑士和元老。这样统治阶级的拉丁和意大利血统消逝了，而这一阶级由于众多原因，变得越来越不适宜使用武力，显然奴隶出身和亚细亚人的懦弱不是最终的原因。

1134. 皇帝们也促使统治阶级变成这样，因为皇帝们惧怕这一阶级。狄奥内·卡西奥[⑧]在他的演说中提及这种意图（可能是他杜撰的）：就政府形式向奥古斯都建议，最好授意麦切纳斯[⑨]去讲。随后皇帝们注意到这点，最终加列努斯禁止元老进入军队营地。塞维鲁[⑩]已经停止从意大利、西班牙、马其顿和诺里库姆[⑪]选拔禁军，而是从帝国各地，甚至从最蛮荒的地

---

① 塔西佗：《编年史》XIII，27。

② 斯维托尼奥：《尼禄》，37。

③ 狄奥内·卡西奥，LII，42，p. 693。

④ 塔西佗：《编年史》，III，55。

⑤ 塔西佗：《编年史》，XI，23。

⑥ 韦斯帕芗（9～79），罗马皇帝。——译注

⑦ 斯维托尼奥：《韦斯帕芗》，9。

⑧ 狄奥内·卡西奥，LII，44 a 40，pp. 670—692。

⑨ 麦切纳斯（公元前69～前8），罗马贵族，奥古斯都的朋友和顾问，诗人和艺术家的保护者。——译注

⑩ 塞维鲁（？～307），罗马皇帝。——译注

⑪ 多瑙河南部地区，今奥地利境内。——译注

区选拔禁军。

进程可大致如此描述：在共和国时期，对于精英阶级分子来说，服兵役是真正的义务。在帝国时期，义务仅为形式，但并未禁止实际服役，后来完全脱离实际服役。

1135. 小普林尼[①]向我们提供了过渡时期青年骑士服兵役的实例。他在服兵役的同时，还从事会计工作。另一方面，图拉真[②]还赞誉他真正服了兵役。克劳迪“建立过一支虚假的军队，所谓编外部队，以便为缺席者提供称号”。[③]

1136. 奥古斯都严禁元老未经他允许离开意大利，西西里和东南高卢例外，“因为那里充斥手无寸铁的和平人士”。[④] 随后，禁止元老涉足埃及，再加上宗教制裁，这条禁令令人生畏。据博盖西所说，在亚历山大·塞维鲁时代，据库恩[⑤]说，在奥勒良时代，行省的政府一分为二：即存在一个行政长官和一位军事统帅。

1137. 军事阶级与行政阶级的分离日益加剧，行政阶级变得越来越怯懦并不能用武力自卫。当塞普提米乌斯·塞维鲁[⑥]的军团在意大利纵横驰骋时，各座城市都惊恐万状，“由于在意大利人们已长期对武器和战争感到生疏，他们只致力于和平和农业”。[⑦] 这样，他们面对蛮族入侵很少或根本未抵抗。

1138. 在加列努斯时代，蛮族入侵的严重危险迫在眉睫，似乎暂时激起国民的觉醒。“加列努斯皇帝翻越阿尔卑斯山，全力以赴投入反击日耳曼人的战争。罗马元老院由于发现极端危险，将城里所有军人武装起来，把武器发给国民中的勇敢者。这里会集了一支超过蛮族入侵者的军队，蛮族士兵害怕白天作战，从罗马撤退。”[⑧] 但剥削帝国的军事寡头们纷纷跑去避难，加列努斯害怕政权旁落显赫人物手中，禁止元老院行使军事职能，

---

① 小普林尼（约 62 ~ 114），罗马作家、行政官。——译注

② 图拉真（53 ~ 117），罗马皇帝。——译注

③ 斯维托尼奥：《克劳迪》，25。

④ 狄奥内·卡西奥，LI，42，pp. 694。

⑤ 库恩（1812 ~ 1881），德国语言学家兼民俗学家。代表作为《印欧人上古史论丛》。——译注

⑥ 塞普提米乌斯·塞维鲁（146 ~ 211），罗马皇帝。——译注

⑦ 埃罗狄阿诺，II，11

⑧ 佐西莫，I，37。

还禁止元老到军队中去。亚历山大·塞维鲁说："军人有军人的职责，文官有文官的职责，故大家都应各司其职。"[①] 阿里奥·米南德罗告诉我们："为法律未允许者当兵，这是严重的罪行，由于军人的地位与尊严，与其他罪行相比，这是更严重的事件。"

1139. 于是帝国军队最终沦为无足轻重的乌合之众，为拥有士兵最好求助于蛮族；这是真正的引狼入室。韦格提乌斯[②]精彩地描述了这种现象："如果军队对选拔新兵漫不经心，时间也不能使部队素质提高。我们从习俗与经验中清楚地认识这一点。我们屡战屡败、敌人节节胜利的根源就在这里。惨败应归因于长期的和平引起对挑选军人的粗疏与懈怠，归因于从优秀公民（honestiores[③]）中选拔文官，归因于由于招募新兵官员的恩宠或舞弊，军队从应提供兵源的有产者那里，只接受为主人所轻蔑的人。"[④]

1140. 罗马社会僵化，各种障碍阻挠了精英阶级的任何合法的和实际的循环。如果有时某些人因皇帝恩宠而克服了障碍，就会让滥竽充数者混入统治阶级中，亚历山大·塞维鲁建立了艺术和手工艺行会，可能给予部分存在的东西以合法形式；随后这种体制发展并繁荣，接近今天需要靠强制性工会才能确立的体制。逐渐地，工匠被束缚在自己的职业上，农民被拴在土地上，神庙的祭司被捆绑在自己的教团里，官员们被约束在元老院议事厅。所有人都试图挣脱和逃逸，但政府追捕逃逸者，如果皇帝或权贵的恩宠尚且不能拯救他们的话，他们及其后裔只得重操旧业并永远不能摆脱。

1141. 由于富人被迫承受重负，造成财富生产的减少和财富浪费的扩大。另一方面，高贵阶级不再是统治阶级，成为统治阶级成员主要赢得荣誉而不是权力。一支粗俗不堪、腐化堕落、缺少任何政治观念的军队创造出一个个皇帝。缺少非军人、市民的革命，正是这种革命将阶级界限打乱，引起新的精英阶级循环，并将第一种剩余物丰富者提升到高位。孟德斯鸠非常正确地将衰落的罗马帝国同当时的阿尔及尔摄政府进行比较，但需要补充阿尔及尔不具有像衰落的罗马帝国那样的官僚机构，它使个人活动与主动性的源泉枯竭。罗马社会在经济与文化上衰落，同时它还遭受愚

① 《奥古斯都传》，《亚历山大·塞维鲁》，45

② 韦格提乌斯（4～5世纪），罗马帝国军事专家。——译注

③ 拉丁文，意为"正直者"。——译注

④ 韦格提乌斯，I，7。

笨的军人种姓和怯懦、迷信的官僚的破坏。

1142. 在西方，蛮族入侵摧毁了这种僵化的社会（第 1085 节及其后），伴随而来的无政府主义给此社会带来某种灵活和自由。无疑，一个人从罗马帝国末期的行会，即从键非常强大的状态 ma，过渡至中世纪的行会，即键仍然非常强大的状态 pc，他所通过的线段 ac 同实际线段 abc 并不吻合，并且忽略了最小键 nb——蛮族入侵之后的无政府主义所致。将一个国家的实际状态同合法状态混为一谈，使这种错误加剧。哪里法律明确地不承认自由，可以设想哪里自由不存在，也不能存在。相反，或因缺少法律，或因现行法律没有执行或未很好执行（这种情况更为普遍），也能十分正确地得出这一结论。于是，一个国家的僵化程度往往比法律显示的程度要小，因为这些法律仅大致地表现实际状态。在许多情况下，贿赂公务官员是对法律重压的有效补救方法，而其他方法人们不能忍受。

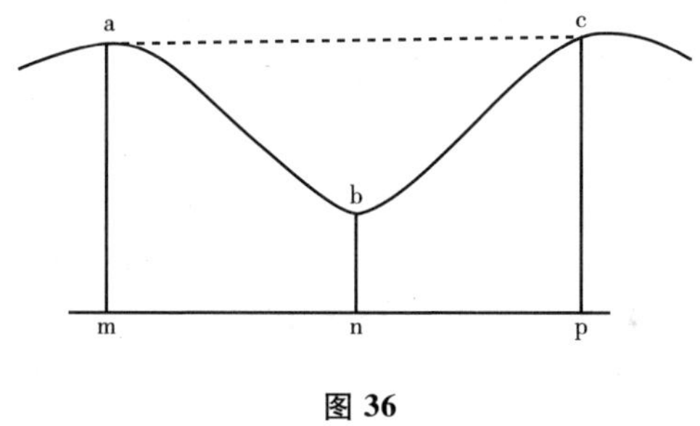

图 36

1143. 在东罗马帝国重现西罗马帝国被打破的僵化状态，并且可观察到达到极端的组织的作用。一件流传至今的逸事使我们能了解在阿提拉时代发生事件的生动情景。马西米诺是狄奥多西二世[①]派往阿提拉的特使，普利斯科做他的随从。普利斯科在匈奴人的土地上遇到一位希腊人，在当时的斯基泰人[②]中他也算富翁。这位希腊人向普利斯科讲述自己如何成为战俘，做了仅居阿提拉之后的斯基泰领袖奥内杰西欧的战利品，后来怎样恢复自由和发财致富。“其后，由于他同罗马人和阿哈伊亚人[③]勇敢地作战，并且将战利品全部上交蛮族主人，依据斯基泰人法律，他获得了自

① 狄奥多西二世（401 ~ 450），东罗马帝国皇帝。——译注

② 古老的中亚民族，又译西徐亚人。——译注

③ 古希腊部族，曾同罗马结盟，后被罗马人解散。在中世纪阿哈伊亚地区多次被瓜分和入侵。——译注

由。他同一位蛮族妇女结婚，妻子为他生儿育女。他成了奥内杰西欧宴会上的常客，感到现在生活得比过去好。因为生活在匈奴人中间的人们，战后过上安宁的生活，每人都享用自己的财产，没有受到任何人的任何方式的骚扰。相反，生活在罗马人中间的人们，在战争中很容易破败，他们不得不把拯救自己的希望寄托在他人身上，因为暴君不允许他们使用武器。统帅昏庸无能、难以驾驭战争，对使用武器的士兵来说十分危险。其次，和平时期的负担与痛苦比战争时期还要难以忍受，因为征收苛捐杂税，坏人横行霸道；还由于在法律面前并非人人平等。如果一个富人触犯刑律，用不着判罪；如果一个穷人对阴谋诡计一窍不通，犯法就要判罪。如果在判刑前他尚未丧生，那是由于法庭辩论时间过长和财产挥霍过多。相反，为获得超越法律之上的东西，其酬谢方式卑鄙龌龊；若不贿赂法官和书记的话，没有一个法庭允许纠正明显的不公正。”[①] 普利斯科作出回答并且极力赞美罗马政府；但他作为成员的使团恰恰证明了罗马政府的怯懦与腐败。马西米诺是位君子，是一位任何时代的政府都用以掩饰罪恶及卑劣行径（第977~991节）的人物。但他有埃德科内和彼吉拉做随从，这两位随从遵命策划谋杀阿提拉的阴谋。罗马帝国政府无事不能组织，也包括谋杀。但这一次它未成功。阿提拉挫败了阴谋，他派遣的使臣用粗暴的言辞咒骂罗马皇帝。阿提拉提醒，由于狄奥多西向他纳贡，已变成他的奴隶，他补充道：“一个人像邪恶的奴仆策划阴谋反对比他优秀又幸运的主人，其行为大逆不道。”[②]

1144. 在不可胜数的逸事中，指出一个就足以说明拜占庭组织统治的地方，人们如何上升到统治阶级。西内希奥[③]大约生活在前一逸事一世纪前的时代，他写信给自己的兄弟：“贩卖奴隶的商人吉拉不同于芸芸众生，他以诡计多端闻名于世，他的女奴——哑剧演员安德罗玛卡又是当代最漂亮的姑娘。他在豪华商店度过自己的青春之后，认为成年到军队去建功立业更易出名。不久，他从皇帝手中成功地获得指挥强悍的马科曼尼人[④]的权力。我以为，马科曼尼人这些昔日优秀的士兵，现在又有了一英明的统

① 普利斯科·帕尼泰：《希腊史片断》第4卷，第86~87页。

② 普利斯科·帕尼泰：《希腊史片断》，第97页。

③ 西内希奥（约370~413），新柏拉图主义哲学家。——译注

④ 一个强大的日耳曼部落。——译注

帅，他们的丰功伟绩将向世人证明自己的伟大与崇高。”① 这位吉拉怎样得到皇帝的恩宠呢？通过某个乔万尼或者安条克，他们似乎并不比他逊色。用类似方式构成统治阶级，就不难理解罗马帝国逐渐丧失各行省，最终丧失了首都。需要注意这现象并非拜占庭官僚所独有。它是普遍的，并且总是出现在官僚政治的老年。在中国、俄国和其他国家过去、现在都可观察到这种现象。这样的社会体制起初带来繁荣，最终导致毁灭（第 1120 节）。

1145. 正如我们不止一次地，甚至不久前观察到（第 1087 节），派生物的波动追随事实的波动。因此，大约一世纪前，当处于自由的上升期时，人们纷纷谴责拜占庭帝国僵化、封闭的体制。现在我们处在自由的下降时期和组织的上升时期，人们普遍欣赏、赞誉这种体制，并且宣布欧洲各族人民应万分感谢拜占庭帝国把他们从穆斯林的侵略中拯救出来，从而忘却西欧强悍的武士善于独立地一次次战胜并驱逐阿拉伯人和土耳其人，还忘记早在亚细亚人之前，他们就轻而易举地成为君士坦丁堡的主人。拜占庭向人们显现出我们社会正在经过的曲线能到达什么地方。谁要欣赏未来，必然欣赏过去，反之亦然。

① 西内希奥：《通信集》，在《希腊通信集》第 708 页，第 90 封信。

意汉术语对照表

A

Addomesticamento degli animali　驯养动物
Allegorie　隐喻
Altruismo　利他主义
Amuleti　护身符
Analisi　分析
Anarchici　无政府主义者
Animismo　泛灵论
Antimilitarismo　反黩武主义
Antipatriottismo　卖国主义
Antipodi　对跖地
Apoteosi　神化
Apparizioni dei morti　死者显现
Approssimazioni　近似法
Aristocrazie　贵族
Ascetismo　禁欲主义
Asciariti　艾什尔里学派
Assoluto　绝对
Astinenza　节制
Astratto　抽象
Astuzia　谋略，权术
Atti esterni　外在行为
Auto-osservazioni　自我观察
Autore　作者
Autorità　权威
Azioni concrete　具体行为
Azioni logiche　逻辑行为
Azioni non-logiche　非逻辑行为

B

Bello　美
Bene　善
Buono　仁

C

Capitale　资本
Capitalismo　资本主义
Capitalisti　资本家
Casistica　决疑法
Caste　种姓
Ceti sociali　社会阶层
Classe eletta　精英阶级
Classe eletta di governo　执政精英阶级
Classe eletta non di governo　不执政精英阶级
Classi sociali　社会阶级
Classificazioni　分类
Clientela　门客
Codice penale　刑法典
Collettività　集体
Combinazioni　组合

Composizioni 构成
Comunioni 教派
Concetti 概念
Concretto 具体
Confutazioni 反驳
Consenso 认同
Contraddittorie proposizioni 矛盾命题
Contratto sociale 社会契约
Contrizione e attrizione 诚心忏悔与畏罪忏悔
Corruzione 腐败，贿赂

D

Darwinismo 达尔文主义
Darwinismo sociale 社会达尔文主义
Definizione sperimentale 实验定义
Deificazioni 神化
Delienquanti 犯罪者
Delitto politico 政治罪行
Democrazia 民主
Demoni 魔鬼
Derivate 派生物，派生论
Derivazioni 派生物
Determinismo 决定论
Diluvio universale 大洪水
Dimostrazione e invenzione 论证与虚构
Diritto 法
Divinazione 占卜
Divinità 神性
Dovere 责任
Duello 决斗

E

Economia applicata 应用经济学
Economia classica 古典经济学
Economia logico-sperimentare 逻辑—实验经济学
Economia nazionale 民族经济学
Economia pura 纯粹经济学
Eguaglianza 平等
Elementi 要素
Eliminazione di un'entità non sperimentale o inderminata 消灭非实验或不确定实体
Empirismo 经验主义
Ente 本体
Entità giuridiche 法律实体
Entità metafisiche 形而上学实体
Entità non-sperimentali 非实验实体
Entità sperimentali 实验实体
Entità soprannaturali 超自然实体
Equilibrio sociale 社会平衡
Equilibrio economico 经济平衡
Eresie 异端
Esaltazione religiosa 宗教狂热
Esilio 流放，放逐
Esperienza 经验
Essenza delle cose 事物本质
Eterogeneita sociale 社会异质性
Etimologia 词源学
Evemerismo 艾维梅罗主义
Evoluzione 进化

F

Famiglia 家庭
Fascino 魅力
Fatti 事实
Fenomeno economico 经济现象
Feticismo 拜物教
Feudalità antica 古代封建性
Feudalità nuova 新封建性

Fine　目的
Fini dell' uomo　人的目的
Fini reali e fini immaginari　实在目的与想象目的
Forme sociali　社会形式
Forze　暴力，强力
Forze della natura　自然的力量、自然力
Forze personificate　拟人化力量

G

Genere　性质；类
Giornali　报纸
Giorni di buon augurio　吉日
Giorni di malaugurio　凶日
Giuramenti　起誓，发誓
Giustizia　正义
Giusto e ingiusto　正义与非正义
Governo　政府

H

Hegelianismo　黑格尔主义

I

Imitazione　模仿
Imperativo categorico　绝对命令
Implicita parte dei ragionamenti non logico-sperimentali　非逻辑—实验推理的不言明部分
Imprenditori　企业家
Indifferenza　冷漠
Inferiori e superiori　下等人与上等人
Integrità dell'individuo　个人完整性
Intellettuali　知识分子
Interdipendenza　相互依存
Interessi　利益
Interpretazioni　解释
Invidia deigli Dei　神祇的妒忌
Ipotesi　假设，假说
Istinto delle combinazioni　组合本能

L

Latifondia　大庄园
Legge naturale　自然法
Leggenda　传说
Leggi Scritte　成文法
Leggi sperimentali　实验规律
Legislazione　立法；法规
Libertà　自由
Liberti　被释奴
Linguaggio　语言
Linguaggio comune　普通语言
Linguaggio ordinario　日常语言
Linguaggio scientifico　科学语言
Linguaggio volgare　通俗语言
Logica　逻辑、逻辑学
Logica usuale　常用逻辑，普通逻辑
Logica dei sentimenti　情感逻辑
Lotta di classe　阶级斗争

M

Magia　巫术
Marxismo　马克思主义
Massimo di utilità　效用最大值
Materialismo economico　经济唯物主义
Materialismo storico　历史唯物主义
Medie　中项
Mente umana　人的头脑
Mente di persona astratta　抽象人的头脑
Metafisica　形而上学
Metafore　比喻
Metalli monetari　货币金属

Metempsicosi　轮回
Metodo storico　历史方法
Miracolo　神迹
Miti　神话
Moda　时尚
Modernisti　现代主义信徒
Morale　道德
Morti　死者
Movimenti reali　实际运动
Movimenti virtuali　潜在运动

N

Natura　自然；本性
Necessità　必然性
Neo-cristiani　新基督徒
Nessi non logici delle teorie　理论的非逻辑联系
Nomi　名称
Numeri perfetti　吉数，完美数字

O

Ofelimità　满足欲望能力；最优化原理
Offese　触犯，冒犯
Oggettivo e soggettivo　主观与客观
Onde　波动；波浪
Onesto　正直
Ordalie　神意裁判
Ordinamenti sociali　社会体制
Organizzazione　组织
Origine dei fenomeni sociali　社会现象的起源

P

Pace　和平
Pacifismo　和平主义
Parole　词语
Partiti　政党
Patria　祖国
Patriottismo　爱国主义
Peccato originale　原罪
Pena di morte　死刑
Penati　宅神（古罗马）
Perfetto　完美
Periodi delle derivazioni　派生物周期
Persistenza degli aggregati　集合体持久性
Personificazione　拟人化
Plutocrazia　富豪统治；富豪集团
Popoli　人民，国民，民族
Pratica　实践
Precetto　教规
Presagi　预兆，征兆
Prestito　借贷，贷款
Principi assoluti　绝对原则
Principi sperimentali　实验原则
Probabilità　或然性，可能性，概率
Prodigi　奇迹
Profezie　预言
Profitto　利润；益处，好处
Progresso　进步
Proposizioni　命题
Proprietà　财产；所有制；特性
Prosperità　繁荣
Prostituzione　卖淫
Protezione economica　经济保护
Protezionismo　保护主义
Purificazioni　净化

Q

Quantitativo e qualitativo　定量与定性

R

Ragionamento logico-sperimentale　逻辑—实验推理
Ragionamento metafisico　形而上学推理
Ragione　理性
Razze inferiori e superiori　下等与上等种族
Redenzione　赎救
Reggimento politico　政体
Religione　宗教
Reliquie　圣物
Residui　剩余物
Rimorso　内疚
Rinascimento　文艺复兴
Risparmiatori　储蓄者

S

Sanzione　制裁
Sciamanesimo　萨满教
Scienza metafisica　形而上学科学
Scienza sperimentale　实验科学
Sètte　教派
Sillogismo　三段论
Sintasi　综合
Sistema sociale　社会系统
Socialismo　社会主义
Socialità　社会性
Sociologia　社会学
Sofisma　诡辩
Solidarietà　团结
Solidarismo　社会连带主义
Sorite　连锁法
Sostanza e forma　实体与形式
Specuratori　投机者
Spese dei governi　政府开支
Spiegazioni　解释
Storia　历史
Stratto inferiore　下层阶层
Stratto superiore　上层阶层
Superstizioni　迷信

T

Tabù　禁忌
Tautologie　同义反复
Temporali　暴风雨
Teologie　神学
Teorie pseudo-scientifiche　伪科学理论
Teorie scientifiche　科学理论
Termini　术语
Totemismo　图腾崇拜
Tradizioni　传统
Trasgressioni alle norme di uniformità　违犯一致性准则

U

Umanitarismo　人道主义
Utilità　效用

V

Valore　价值
Vendetta　报复
Verità　真理，真理性
Vero　真
Vincoli　键；纽带
Virtù　美德
Volontà　意志
Volontà divina 神意

意汉人名对照表

A

Abinna　阿比纳
Afrodite　阿佛罗狄忒
Alessandro, Magno　亚历山大大帝
Anassagora　阿那克萨戈拉
Andromaca　安德罗玛卡
Annibale　汉尼拔
Annona　阿诺娜
Antioco　安条克三世
Antonino　安东尼诺
Antonio　安东尼
Apollonio　阿波罗尼奥斯
Appiano　阿庇安
Archimede　阿基米德
Aristofone　阿里斯托芬
Aristogitone　阿里斯托基托内
Aristotele　亚里士多德
Armodio　阿莫迪奥
Arriano　阿里亚诺
Asciari　艾什尔里
Aspasia　阿斯帕西娅
Asquith　阿斯奎斯
Astolfo　阿斯托尔福
Atena　雅典娜
Attila　阿提拉
Augusto　奥古斯都
Aulard　欧拉尔
Aureliano　奥勒良

B

Badet　巴德特
Bayet　巴叶特
Belot　贝洛特
Berenger　贝朗热
Bergson　柏格森
Bigila　彼吉拉
Bismarck　俾斯麦
Blanchard, Emilio　艾米利奥 · 布兰查德
Boccaccio　薄伽丘
Borea　波莱阿
Borghesi　博盖西
Bossuet　波舒哀
Brachet　博拉盖特
Brenno　布雷诺
Briareo　布里亚莱欧
Brunetiére　伯吕纳吉埃尔
Bruto　布鲁图
Buckle　巴克尔

C

Caifa　盖法

Carducci　卡尔杜齐
Carlo V　查理五世
Carlo X　查理十世
Carlo, Magno　查理大帝
Cassio, Dione　狄奥内·卡西奥
Catilina　卡蒂利纳
Catone, M. P　大加图
Cesare　恺撒
Chila　吉拉
Cicerone　西塞罗
Cipriano　契良诺
Circe　客耳刻
Claudio　克劳迪一世
Clemente　克雷芒
Cobden　科布登
Colombo　哥伦布
Comte, A　孔德
Copernico　哥白尼
Cotto　科托
Crasso　克拉苏
Cromwell　克伦威尔
Cronos　克罗诺斯

D

Dante　但丁
De Graef　德·格雷夫
Deloume　德洛乌梅
Diagora　迪亚戈拉
Difilo　狄菲洛
Dionisio d' Alicarnasso　阿利卡尔那索斯的狄奥尼西奥斯
Domizia　多米齐娅
Don Chisciotte　堂·吉诃德
Doria, Andrea　安德列亚·多里亚
Draper　德拉佩尔
Dreyfus　德雷福斯
Dumas　大仲马
Duruy　迪律伊

E

Ecate　艾卡泰
Edecone　埃德科内
Efestione　艾菲斯蒂奥内
Emile, Paul　保罗·埃米莱
Emilio, Paolo　保罗·埃米利奥
Eon de l' Etoile　艾奥·德·莱托伊莱
Epaminonda　伊巴密浓达
Epicuro　伊壁鸠鲁
Eretteo　艾莱泰奥
Erimarco　埃里马科
Erodiano　埃罗狄阿诺
Erodoto　希罗多德
Eronda　艾隆达
Esculapio　艾斯库拉庇奥
Esiodo　赫西俄德
Euclide　欧几里得
Euripide　欧里庇得斯
Eustochium　奥斯托海姆
Evemero　艾维梅罗

F

Fabre　法布尔
Felerone　费莱罗内
Felice, Minucio　米努齐奥·费利切
Ferri, Enrico　恩里科·费里
Filippo　腓力二世
Filippo, Luigi　路易·菲力浦
Fleury　弗莱乌利
Floro　弗洛鲁斯
Francesca　弗兰西斯卡
Francesco I　弗兰西斯一世
Frazer　弗雷泽

G

Galilei, Galileo　伽利略
Gallieno　加列努斯
George, Lloyd　劳埃德·乔治
Germanico　杰玛尼柯
Gesù　耶稣
Gige　吉杰
Giovanni　乔万尼
Giovenale　乔维纳莱
Gracchus, Sempronius　显普洛尼乌斯·格拉古
Gregorio Ⅶ　格列高利七世
Guglielmo I　威廉一世
Guizot　基佐

H

Hegel　黑格尔

I

Iahvè　雅赫维
Ipparco　伊帕柯
Isione　伊克西翁

J

Jensen　耶森
Jhering　杰赫林
Jupiter　朱庇特

K

Kant　康德
Kuh　n　库恩

L

Lagrange　拉格兰杰
Lattanzio　拉丹齐奥
Leone　列昂纳
Leopardi　莱奥帕尔迪
Letoumeau　勒图尔诺
Livio　李维
Lorenzo de'Medici　洛伦佐·德·梅迪契
Luciano　琉善
Lucrezio　卢克莱修
Ludovico delle Colombe　路德维科·德莱·科伦贝
Luigi ⅩⅣ　路易十四
Luigi ⅩⅤ　路易十五
Luigi ⅩⅥ　路易十六

M

Macenate　麦切纳斯
Machiavelli　马基雅维利
Mairnonide　迈蒙尼德
Maine, Summer　苏美尔·麦奈
Maintenon, la　曼特农夫人
Maometto　穆罕默德
Mario　马略
Marx　马克思
Marziale　马查莱
Massimino　马西米诺
Matilde, contessa　玛蒂尔德伯爵夫人
Matte　马德
Medea　美狄亚
Menandro　米南德
Menandro, Arrio　阿里奥·米南德罗
Minerva　米涅耳瓦
Mitra　弥特拉斯
Mommsen　蒙森
Montesquieu　孟德斯鸠
Mosè　摩西
Mulle, Max　马科斯·穆勒

N

Napoleone Ⅰ　拿破仑一世
Napoleone Ⅲ　拿破仑三世
Nerone　尼禄
Newton　牛顿

O

Onegesio　奥内杰西欧
Orasio　贺拉斯
Oritia　奥利齐娅
Ottavio　屋大维
Ovidio　奥维德

P

Pacomio　帕柯米奥
Palefate　帕莱法泰
Pareto　帕累托
Paris　帕利斯
Pausania　帕乌萨尼亚
Pericle　伯里克利
Perimede　贝利美德
Petronio　彼特洛尼乌斯
Pitagora　毕达哥拉斯
Platone　柏拉图
Plinio　大普林尼
Plinio il Giovane　小普林尼
Plutarco　普鲁塔克
Polibio　波利比奥斯
Polo, Marco　马可·波罗
Pompadour, la　蓬巴杜夫人
Pompeo　庞培
Pomponio　彭博尼奥
Porfitio　波菲利
Posidone　波塞冬
Prisco, Partite　帕尼泰·普利斯科
Protogene　普罗托杰内

Q

Quirino　基利诺

R

Reinach　赖纳赫
Roberts, Evan　艾万·罗贝兹
Rocco, Antonio　安东尼奥·罗科
Rousseau　卢梭
Rufo　路福斯

S

Sabatier　萨巴蒂艾尔
Sallustio　撒路斯提乌斯
San Antonio　圣安东尼奥
San Francesco　圣方济各
San Gennaro　圣杰纳罗
San Girolamo　圣哲罗姆
San Gregorio　圣格列高利
San Paolo　圣保罗
San Tommaso　圣托马斯
Sant' Agostino　圣奥古斯丁
Say, J. B.　萨伊
Schmoller　施穆勒
Scipione　西庇阿
Senaca　塞涅卡
Senofonte　色诺芬
Severo　塞维鲁
Severo, Alessandro　亚历山大·塞维鲁
Severo, Settimio　塞普提米乌斯·塞维鲁
Siculo, Diodoro　狄奥多罗·西库洛
Silviano　希尔维亚诺
Sinesio　西内希奥
Siro　希罗
Smith, Adam　亚当·斯密

Sorel　索列尔
Spencer　斯宾塞
State　斯塔提乌斯
Strabone　斯特拉波
Strozzi，Filippo　菲力浦·斯特罗契
Strozzi，Pietro　彼德罗·斯特罗契
Sulla　苏拉
Svetonio　斯维托尼奥

T

Tacito　塔西佗
Tacito，Marco　马可·塔西佗
Taziano　塔齐亚诺
Teocrito　忒奥克里托斯
Teodosio　狄奥多西二世
Thomson，James　詹姆斯·汤姆森
Tiberio　提比略
Tindaro　廷达瑞俄斯
Titani　泰坦诸神
Tolomeo　托勒密
Traiano　图拉真
Trimalcione　特利玛乔尼
Tucidide　修昔底德
Tylor　泰勒

U

Uzza　乌察

V

Vegezio　韦格提乌斯
Vespasiano　韦斯帕芗
Villani　韦拉尼
Virgilio　维吉尔
Voltaire　伏尔泰

Z

Zanardelli　扎纳戴利
Zeus　宙斯
Zosimo　佐西莫

汉意术语索引

A

艾维梅罗主义 Evemerismo 117，162
爱国主义 Patriottismo 154，155，188，190，193，311，351，365，368，387，400

B

拜物教 Feticismo 42，105，124，125，195，209
保护主义 Protezionismo 4，12，14，16，18，29，59，298，299，342～344，365，396，397，400
报复 Vendetta 203～205，262，263，287
报纸 Giornali 145，155，193，222，223，260，261，364，365
暴风雨 Temporali 31，38，42～44，104～106，177，290，291，355，361，365
暴力 Forze 3，22，26，32，33，35，54～56，59，61～71，76，192，195，203，265，267，271，308，331～340，342，346，349，350，352，353，356，357，359，362～366，381，382，384，385，387，391，393～395，399，404，407～409
被释奴 Liberti 51，52，55，305，306，382，390～392，394，412，413
本体 Ente 44，115，125，153，163，190，200，204，206，225，239，245，278，286，336
本性 Natura 10，19，20，115，160，352，356
比喻 Metafore 157，167，168，361
必然性 Necessità 42，84，138，296
波动 Onde 31，46，64，256，258，314，363，366～372，384，396～398，400，419
波浪 Onde 64，236，253，255，306，344，366，367，373，388，396

C

财产 Proprietà 29，144，188，219，226，239，258，265，347，353，354，362，365，393，401，408，413，418
超自然实体 Entità soprannaturali 220，234
成文法 Leggi Scritte 126，129，130，144
抽象 Astratto 5，10，21，26，29，30，

49, 80, 83, 95, 109, 112, 115, 133, 146 ~ 148, 150 ~ 152, 154, 159, 163, 164, 166, 180, 181, 186, 187, 189 ~ 191, 195, 199, 200, 202 ~ 204, 216, 222, 223, 225 ~ 227, 232, 234, 235, 237 ~ 239, 241, 251, 253, 255, 265, 286, 313, 327 ~ 329, 336, 351, 389

传说　Leggenda　45, 109, 110, 114, 118, 119, 142, 146, 148, 159 ~ 162, 164, 167, 168, 204, 221, 224, 249, 400

传统　Tradizioni　39, 45, 69, 96, 167, 189, 219, 223 ~ 225, 237, 268, 278, 280, 364

纯粹经济学　Economia pura　22, 83, 170, 297, 298, 309, 311, 313, 314, 318, 320, 321, 324

词语　Parole　42, 78, 82, 87, 113, 120, 125, 126, 128, 130 ~ 137, 144, 147, 156, 159, 161, 167, 168, 185, 194, 210, 219, 220, 227, 237 ~ 251, 253, 263 ~ 265, 280 ~ 282, 286, 287, 294, 300, 321, 325, 348, 349

词源学　Etimologia　87, 117, 162, 167, 178, 239

D

达尔文主义　Darwinismo　6, 26, 48, 171, 296

大庄园　Latifondia　402, 403

贷款　Prestito　30, 61, 348, 385, 412

道德　Morale　4, 5, 7, 13, 14, 16, 18, 21, 22, 30, 41, 42, 52, 65, 86, 96 ~ 98, 107, 115, 116, 120, 121, 126, 128, 129, 137, 153, 154, 156, 171, 176, 185, 189, 199, 201, 202, 206, 207, 209, 210, 214, 216 ~ 218, 224, 227, 231, 240, 259, 265, 270, 276 ~ 280, 285 ~ 288, 294, 295, 300, 302, 306, 316, 321, 335, 343, 353 ~ 355, 368, 373, 384, 386, 396, 397, 400, 407, 409

对跖地　Antipodi　131 ~ 133

F

法　Diritto　1 ~ 6, 8 ~ 23, 25, 26, 28, 29, 31 ~ 37, 39, 41 ~ 45, 49, 50, 52 ~ 54, 58, 61, 63, 64, 67, 71 ~ 81, 83 ~ 86, 89 ~ 96, 98, 102, 104, 105, 110, 111, 116, 117, 120 ~ 123, 126 ~ 131, 137, 139 ~ 148, 150 ~ 158, 160 ~ 162, 164 ~ 167, 169 ~ 174, 179, 182, 183, 185, 186, 188, 190, 192, 193, 195, 197, 198, 203 ~ 207, 209, 210, 212 ~ 215, 217, 219 ~ 223, 225, 226, 228 ~ 232, 234 ~ 243, 245 ~ 249, 251, 252, 256 ~ 258, 264 ~ 266, 269 ~ 271, 277, 279, 281 ~ 285, 289, 291, 292, 295 ~ 300, 303 ~ 309, 313, 314, 318, 319, 321, 323, 324, 327, 332, 335 ~ 338, 345 ~ 347, 349, 351, 352, 355, 357 ~ 359, 361, 362, 364, 365, 367 ~ 369, 371 ~ 374, 378, 379, 381, 382, 384 ~ 387, 389 ~ 392, 394, 395, 397 ~ 399, 401 ~ 406, 409 ~ 411, 413, 414, 416 ~ 418

法规　Legislazione　10, 11, 129, 213, 271, 414

法律实体　Entità giuridiche　220, 231

繁荣　Prosperità　14, 23, 31, 33, 55, 56, 59, 61, 66 ~ 69, 83, 253, 261, 273, 276, 282, 283, 298, 299, 320 ~

322，329，339，342～345，355～361，363，364，368，376，382，383，385～388，392～394，396，398，399，401，403，410，416，419

反驳　Confutazioni　125，131，136，151，214，230，237，250，288，292，338

反黩武主义　Antimilitarismo　210

犯罪者　Delienquanti　200

泛灵论　Animismo　163，164

放逐　Esilio　54，381

非逻辑行为　Azioni non-logiche　27，36～44，46，74，91～93，95～97，103～105，107～119，127，148，158，159，163，168，182，185，192，204，208，210，221，229，231，232，235，236，252，260，262，267，269，270，272～274，278，285，298，314，325，346，351，366，369，384，396

非实验实体　Entità non-sperimentali　47，130，131

分类　Classificazioni　25，29，41，44，46，57，73，75，80，89，91，109，112，113，126，146，147，156，166，178，179，215，219，229，233，239，264，281，290，304，346，347，361，390，397

分析　Analisi　4，5，14，15，21，23～25，30，40，43～45，47，50，51，57，71～76，82，89，125，139，170，174～176，178，179，182，225，251，288，294，301，303，353

腐败　Corruzione　7，8，13，14，17，26，54，66，210，212，213，356，402，403，407，418

富豪集团　Plutocrazia　62，69，307，355，381，383，393，399，409

富豪统治　Plutocrazia　54～56，71，352，392，393，410

G

概率　Probabilità　144，289，314

概念　Concetti　4，6，20，23，26，28，29，36，40，41，43，47，74～76，79，82，87，95，108，112，114～116，122，123，127，129～131，133～137，140，144，151，152，154，157，159，163，168，186，189，190，200～202，208，222，227，231～233，237，243，244，246，247，250，252，260，261，268，271，291，293，300，301，321，327，340，367，370，371，396，405

个人完整性　Integrita dell'individuo　60，176，206，255，318，375

构成　Composizioni　5，6，9，19，21，26，30，43，45，50，53～55，57，64，69，76，78～80，97，101，102，123～126，137，139，145，146，148，157，165，166，169，170，176～179，181，185～189，192，196，197，203，207，215，217～221，224，226，227，237，238，244，251，254，257，267，271，275，282，286，297，304，307，309，310，314，316，323，324，328，340，341，343，344，349，361，362，369，370，381，383，389，393～395，398，400，401，419

古典经济学　Economia classica　298～300

诡辩　Sofisma　26，43，80，169，212，216，229，230，238～240，242，

247，256，258，263～265，283，284，316
贵族　Aristocrazie　8，24，31，33，51～53，56，59，63，64，66，67，142，188，205，305，307，308，334，337，338，342，346，347，356，357，385，389，392，394，401，403，405，411，414
国民　Popoli　2，11，13，16，20，25，60，62，65，66，302，324，346，349，351～353，355，356，365，371，372，375，376，380，393，396，398，399，402，406，415

H

好处　Profitto　18，29，59，86，87，194，195，204，214，227，282，290，341，350，354，359，365，404
和平　Pace　8，18，30，31，48，51，52，172，191，194，231，265，293，305，306，308，325，334，364，365，389，415，416，418
和平主义　Pacifismo　48，172，191，194，265，325，364
黑格尔主义　Hegelianismo　133，218，234
护身符　Amuleti　184，222
贿赂　Corruzione　51，55，304，333，334，352，382，383，393，394，404，409，417，418
或然性　Probabilità　84，145，151，185，223
货币金属　Metalli monetari　357

J

吉日　Giorni di buon augurio　177，182
集合体持久性　Persistenza degli aggregati　52，55，59～63，70，95，185，186，202，203，223，224，226，256，261，267，275，277，285，287，290，291，300，318，333～335，342，343，346，363，369，370，375，377，378，380，386，400，409
集体　Collettività　10，12，25，27，29，48，79～81，100，128，141，172，181，188，189，192～198，200，203，206，215，216，219，220，222，225，227，228，230，231，258，262，265，275，278～280，282～284，287，290，291，294，295，297，318，321～326，328，329，331，333，336，339，341，345，351，355，378～380，384，389，395，400
家庭　Famiglia　3，15，51，79，94，180，188～190，194，197，200，210，265，287，290，305，307，333，354，391，412
价值　Valore　4，6，17，18，26，27，29，41，45，56，59，61，73，77，80，85，86，99，101，113，120，121，125，126，129，134，136，140，142，156，159，167，175，182，190，194，198，217，222，231，237，240，243，247，260～262，265，267，271，272，276，285，289，293，294，297，300，301，316，327，333，340，349，350，355，362，369，371～373，379，383，385，389，394，400，405，406
假设　Ipotesi　10，20～23，26，28，65，

78，83，89，95，97，98，103，115，118，128，136，151，157，165，167，173，182，188，201，225～227，230，235，238，270～273，275，282，288，296，297，299，301，302，310～315，318～320，323～329，332，338，353，360，368，377

假说 Ipotesi 83，84，116，139，144，145，159，179

键 Vincoli 53，88，89，189，275，314，319，323，324，328，329，351，383，397，398，417

教规 Precetto 109，111，113，114，128，129，136，215，217，219，221，229，230，279～286，326

教派 Comunioni 45，49，121，125，153，196，209，211～213，218，224，225，325，337，384

阶级斗争 Lotta di classe 26，27，56，171，300

节制 Astinenza 35，206，260

解释 Interpretazioni 4，6，20，26，30，42～48，56，82，84，86～88，95，100，101，103～105，107，108，110～115，117～119，121，125，126，139，143，146，148，149，155，156，158，160～163，167～169，171，176，177，179，182，184，187，188，190，203，204，211，215～219，221～225，227，232～237，240，245～248，259，261，264，265，267，271，272，274，279，281～284，286，292，295，296，299，301，317，332，339，362，367，380，382，384，393，400，407

进步 Progresso 4，6，9，11，13，15～18，26，41，46，49，59，63，94，105，110，115，147，152，154，165，171，191，193，221，226，232，237，241，265，271，275，277～279，286，287，294，299，301，319，325，331，336，342，348，357，370，373，400，410

进化 Evoluzione 6，23，79，121，147，166，217，235，236，276，373

禁忌 Tabù 111～114，116，122，125，148，176，184，192，202，205，206，217，221，228～230，283

禁欲主义 Ascetismo 175，181，196，197，211，322

经济保护 Protezione economica 338，344，355，364

经济平衡 Equilibrio economico 5，159，311

经济唯物主义 Materialismo economico 257

经济现象 Fenomeno economico 18，39，73，83，88，96，155，171，297，298，301，302，309，343，357，362

经验 Esperienza 5，6，11，18，19，23，28，31，35，39，41，42，47，48，73，78～86，88，92，94，100，110，111，121，126，130～132，134～139，143～154，156，159～166，169～171，175，182，183，185，190，217，218，221，223，224，228，232，237，248，251，253，262，264，265，270，274，277～279，284，289，293，294，300，305，306，315，331，332，334，345，346，364～367，369～371，373，374，383，398，400，406，416

经验主义　Empirismo　126，251，253，264，265，279，332，345，346，367，370，400

精英阶级　Classe eletta　25，29～32，50～56，60，63，64，66～68，304，305，307，308，343，344，346，355，356，358，360，363，364，369，371，375，380～382，390～392，394，395，397，400，410，411，415，416

净化　Purificazioni　176，199，201，203

具体　Concreto　13，29，38，46，47，55，60，67，72，78，80，82，85，87，100，116，121，128，136，146，148，156，160，168～170，176，179，182，187，197，201～203，212，216，220，221，223，225，227，228，232，239，249～251，253，265，272，288，296，297，300，301，313，340，351，357，382，389，395，405

决定论　Determinismo　58，88，89

决斗　Duello　8，203

决疑法　Casistica　226，281～283

绝对　Assoluto　25，29～31，48，49，51，63，72，82，85，87，94，98～100，104，112，115，128，131，138，140，142，150，153，154，171～173，211，213，216，220，221，227，231，233～235，238，243，265，272，275～278，280，281，293，298，300，305，331，337，348，370，371，373，380，406

绝对命令　Imperativo categorico　49，153，154，227，235，276，293

绝对原则　Principi assoluti　82，234，275

K

科学理论　Teorie scientifiche　36，43，46～48，80，131，136，137，140，156，157，169～171，174

科学语言　Linguaggio scientifico　28，234

可能性　Probabilitд　23，27，33，42，60，138，140，143，161，164，223，238，257，259，289，360，375，383，398，405

L

类　Genere　5，6，9～13，16，18，20，21，23～30，36～41，43～55，57～67，69，70，72～75，78～82，84，86，88～93，95～97，99，101，103～122，124～126，128～131，133～135，137，138，140～143，145～157，159～167，169，171，172，174～185，187～205，207，208，211，213，215～217，219～249，251，252，254，255，257，259～273，275～278，280，281，283～293，295，296，299，300，302～311，313～315，317，319～324，326，327，329～331，333～343，346～348，350，352～357，361～363，365～373，375，376，378～385，387～390，392～397，399～402，404，406，407，411，412，419

冷漠　Indifferenza　7，129，183，193，196，205，210

理性　Ragione　5，7，9，17，25，26，29，38，41，44～46，61，71，74，76，94，99，107，117，122，127，128，152，153，166，174，181，

183，193，194，209，224，228，232，237，238，242，245，246，260，264，278，286，294，297，298，327，336，363，364，369，370，373，387，409

历史　Storia　2，4，10，11，15，16，18，19，23，24，26，29，33，36，40，46，48，52 ~ 54，56 ~ 59，62 ~ 67，70，73，75，76，78，79，88，89，95，100，102，109，115 ~ 118，132，140 ~ 143，146，148，154，155，158 ~ 162，165，167，171，172，179，186，188，189，205，212，216，243，249，250，253，257，261，288，294，298，300，301，307，308，335，338 ~ 340，342，344，350，355，356，362，366，368，370，375，379，380，386 ~ 392，399 ~ 404，406 ~ 408，411，413

历史方法　Metodo storico　155

历史唯物主义　Materialismo storico　15，18，26，58，171，340

立法　Legislazione　8 ~ 10，33，126，188，271，308，349

利润　Profitto　13，37

利他主义　Altruismo　16，185

利益　Interessi　8，10，11，19，20，24，25，27，32，40，44，56 ~ 59，62，64 ~ 69，88，90，100，111，129，130，144，145，174 ~ 176，178，181，194，195，197 ~ 199，217，219，220，225，226，228 ~ 231，236，271，272，276 ~ 278，284，286，287，297，310，314，324，327，333，336 ~ 338，340，342，343，345 ~ 347，350 ~ 356，358，362，363，365，368，377，378，380，384，388，390，392，393，398 ~ 400，402，405

连锁法　Sorite　239，240

流放　Esilio　54，122，381

轮回　Metempsicosi　29，200，367

逻辑　Logica　4，5，17，23，24，26，27，29，36 ~ 47，74，78 ~ 84，86，87，91 ~ 97，99 ~ 101，103 ~ 105，107 ~ 121，123，125，127，128，130 ~ 137，146 ~ 149，151，152，155，157 ~ 160，163，166，168 ~ 172，174，175，180，182，183，185，188，190，192，193，196，200，201，203，204，208，210，215 ~ 219，221 ~ 225，228，229，231 ~ 239，241 ~ 243，245，247，248，251 ~ 253，258 ~ 275，277 ~ 280，282 ~ 287，291 ~ 294，298 ~ 300，314 ~ 318，322，324，325，327，330，336，337，339，343，345，346，349，351，362，364，366，367，369 ~ 372，374，377，379，383，384，386，387，396，400，405，406

逻辑—实验推理　Ragionamento logico-sperimentale　87，135，216，223，241，270，271，327，362，400

逻辑行为　Azioni logiche　27，36 ~ 44，46，74，91 ~ 97，103 ~ 105，107 ~ 119，127，148，157 ~ 159，163，168，182，185，192，193，200，203，204，208，210，221，229，231，232，235，236，252，260，262，267，269，270，272 ~ 274，278，285，298，314，325，346，351，366，369，384，396，405，406

逻辑学　Logica　95，123，149，215，239

M

马克思主义　Marxismo　1，14～16，26，73，110，219，276，296

卖国主义　Antipatriottismo　210

卖淫　Prostituzione　206，213

满足欲望能力　Ofelimità　20，21，159，282，321，323，324，328

矛盾命题　Contraddittorie proposizioni

冒犯　Offese　13，84，181，203，204，219，287

冒犯　Offese　13，84，181，203，204，219，287

美　Bello　2，4，7，9，18，37，41，51，52，54，59，61，63～65，67，73～75，78，83，100，104，112，115，118，125，127，135，136，148，152，155，166～168，173，175，185，189，196，204，206，208，210～213，218，221，222，232，239，240，244，262，263，275～277，281，286，287，289，290，292，293，298，306，318，323，335，336，341，342，346，351～353，357，365，369，370，376，381，385～387，398～400，402，403，412，418

美德　Virtù　7，54，104，115，175，196，210，212，213，290，293，346，381，387

魅力　Fascino　26

门客　Clientela　65，69，189，352～355，363，402

迷信　Superstizioni　4，39，43，46，91，96，103，105，107，125，133，148，156，159，177，180，182，183，185～187，203，208，235，244，253，257，274，395，401，417

民主　Democrazia　1，3，8，9，17，24，31，32，34，48，51，55，64，69，70，76，77，122，172，191，221，232，241，276，303，304，348～350，352，353，357，379，382，387，399，403，406，409

民族　Popoli　1～3，10，14，24，31，33，37，45，52～54，59，62，63，65～67，69，92，101，110，122，144，164，176，182～184，187～189，192，193，198，199，202，203，205，211，213，221，224，226，235，236，247，249，254，263，264，268，269，271，276，282，287～290，298，300，302，306～308，310，318，321，324，333，334，342～346，349，351～353，356，358，359，361，363，365，368，379～381，383，384，392，393，395，398，399，404，406，410，417

民族经济学　Economia nazionale　298

名称　Nomi　42，86，87，101，118，120，122，124，133，134，145，147，148，161，162，167，168，178，180，184～187，210，228，232，235，238，239，256，264，315，317，347，349，388，389

命题　Proposizioni　26，41，42，78～84，86，87，98，99，108，109，113，114，122，124，131，133～139，145，150，156，168，178，219，221，224，233，238，239，241，245，252，264，265，279，287，288，293，316，317，321，331，339，341，349，405

模仿　Imitazione　4，16，109，118，147，166，183，192，197，227，

248，249，261，295，296，387
魔鬼 Demoni 15，103，114，183，204，211，245，246
谋略 Astuzia 55，61，62，66，70，333，338，342，356，366，382，385，387，393，394，407～409
目的 Fine 7，9～13，15，16，18，23，25，32，34，37～41，48，54，55，65，72，83，89～92，94～96，100，111，119～122，126，128，131，132，139，152，158，159，167，171，176，177，182，187，192，196，198，199，201，206，217，218，228，231，232，235，238，241，246～248，260，261，263～266，271～280，284，285，287，288，292，298，300，301，304，315，316，322，327，329，332，336，341，349，350，352，354，355，363，365，370，372，379，382，388，389，407

N

内疚 Rimorso 128，202，228，282
拟人化 Personificazione 109，114，161，180，185，187，190，191，202，216，217，219，225，227，232，234，235，237，241，351，388，389
纽带 Vincoli 78，128，136，137

P

派生论 Derivate 178，179
派生物 Derivazioni 30，36，43，45，46，57～59，74，128，159，178，179，183～186，188～191，199，201～204，209，210，212，215～234，236～249，251，252，255～266，268，270～273，275～278，281，282，284～286，290，295，296，305，314～317，320，325，327～331，335～340，342，344～346，349～351，355，362～371，384，386～388，396～398，400，403，406，419
派生物 Derivate 30，36，43，45，46，57～59，74，128，159，178，179，183～186，188～191，199，201～204，209，210，212，215～234，236～249，251，252，255～266，268，270～273，275～278，281，282，284～286，290，295，296，305，314～317，320，325，327～331，335～340，342，344～346，349～351，355，362～371，384，386～388，396～398，400，403，406，419
平等 Eguaglianza 4，16，17，25，29，30，32，41，74，181，195，198，199，204，230，279，325，391，408，418
普通逻辑 Logica usuale 135
普通语言 Linguaggio comune 46，89，103，107，109，120，238，240，281

Q

奇迹 Prodigi 84，155，184，205，249，343，365，403
企业家 Imprenditori 8，11，13，14，37，39，50，63，69，96，231，276，341，345，347，348，363，365
起誓 Giuramenti 184，185
潜在运动 Movimenti virtuali 23，89，120，132，136，260，266，268，288，319，327，359，380，383
强力 Forze 267，269

情感逻辑 Logica dei sentimenti 135

权术 Astuzia 55, 61 ~ 63, 65 ~ 70, 333, 338, 342, 352, 353, 355 ~ 357, 359, 366, 382, 385, 387, 393, 394, 407 ~ 409

权威 Autorità 9, 10, 45, 85, 146, 148 ~ 150, 152, 155, 160, 175, 195, 204, 216, 218, 219, 222 ~ 225, 227, 228, 234, 235, 246, 261, 267, 275, 394

R

人道主义 Umanitarismo 25, 49, 59, 61, 79, 119, 125, 129, 153, 154, 156, 193, 254, 255, 265, 300, 327, 333 ~ 335, 337, 339, 342, 363, 364, 368, 375, 384, 387, 400, 411

人的目的 Fini dell'uomo 54, 232

人的头脑 Mente umana 84, 127, 147, 151, 155, 185, 193, 211, 219, 244, 367

人民 Popoli 2, 3, 8, 17, 18, 30, 31, 34, 39, 49, 56, 64, 65, 71, 76, 96, 99, 102, 103, 110, 114, 120, 129, 143, 144, 154, 221, 246, 254, 256, 283, 286, 335 ~ 337, 349 ~ 351, 353, 368, 380, 388, 389, 392, 401, 403, 405, 407, 410, 419

仁 Buono 30, 46, 142, 185, 193, 195, 197, 232, 283, 287, 290, 335, 362, 392

认同 Consenso 29, 33, 35, 64, 65, 76, 82, 127, 128, 146, 148 ~ 152, 167, 214, 221 ~ 223, 227, 228, 243, 349, 350, 406

S

萨满教 Sciamanesimo 191

三段论 Sillogismo 84, 132, 238, 245, 270, 286

善 Bene 4, 9 ~ 11, 15, 16, 19, 33, 39, 41, 47, 49, 50, 54, 59, 62, 63, 65 ~ 67, 70, 76, 89, 94, 96, 98, 104, 107, 109, 110, 115, 154, 162, 165, 166, 169 ~ 171, 184, 185, 189, 190, 194, 202, 204, 213, 218, 220, 223, 225, 230 ~ 232, 237, 238, 240, 242 ~ 244, 246, 265, 276, 286, 289, 292, 301, 303, 321, 333, 334, 336, 338 ~ 342, 344, 346, 348, 350, 354, 356 ~ 358, 361 ~ 363, 365, 368, 372, 377, 380, 381, 386, 391, 394, 398, 399, 403 ~ 406, 408, 412, 419

上层阶层 Stratto superiore 50, 64, 257, 304, 306 ~ 308, 334, 335

社会阶层 Ceti sociali 52, 64, 253, 257, 260, 306, 347, 380

社会阶级 Classi sociali 10, 60, 75, 175, 180, 189, 198, 257, 268, 276, 302, 324, 325, 375, 384, 410

社会连带主义 Solidarismo 49, 153, 291

社会平衡 Equilibrio sociale 36, 40, 50, 53, 57, 58, 60, 63, 64, 73, 77, 101, 141, 147, 168, 178, 186, 187, 197, 198, 202, 203, 217, 225, 251, 260, 261, 283, 293, 297, 302, 304, 305, 307, 315, 317, 321, 323, 327, 340, 350, 375, 405, 411

社会契约 Contratto sociale 231

社会体制　Ordinamenti sociali　23，57，176，195，253，263，332，352，360，396，405，406，410，419

社会系统　Sistema sociale　5，36，45，56，57，73，74，88，309，310，313~315，317，321

社会形式　Forme sociali　106，141，309，310，315，316，327，397

社会性　Socialità　30，44，60，127，180，192，194，196，197，215，221，222，227，261，276，278，331，375，384，399

社会学　Sociologia　1，6，10，15，22~24，26，28~31，34~37，39~41，44~46，48~51，53，57~59，70，71，73~76，78，79，82，83，88，104，108，120，126，129，131，137~141，143，153，155，159，165，167，171，172，179，194，216，253，264，265，271，279，288，296，297，299，300，318，323，324，327，349，362，370，383，397，400，405

社会异质性　Eterogeneità sociale　57~59，67，306，341~343，345，348

社会主义　Socialismo　1，4，7，13~19，22，25~27，29，30，34，35，51，59，72，73，76，77，110，129，154，191，219，254，268，276，291，300，304，325，335，342，362，364，402，409

神化　Apoteosi　117，179，187，191，234，235

神话　Miti　34，49，91，102，103，109，110，112，114，117~119，133，146，147，154，157，159~163，166~168，191，204，229，235，263，265，271，280，316，317，335，349，389

神祇的妒忌　Invidia deigli Dei　183

神性　Divinità　103，115，125，177，184，187，190，209，225，226，232，235，254，287

神学　Teologie　41，42，48，49，73，79，98，99，105，114，115，128，129，131，133，136，144，148，152~155，169，185，190，192，204，216，218，224，228，235，237，243，244，246，247，253，270，273，275~279，283，286，292，294~296，316，332，336，366~368，373，384，386，387

神意　Volontà divina　127，128，148，184，225，226，237

神意裁判　Ordalie　184

圣物　Reliquie　185，195

剩余物　Residui　36，43~46，52，53，55~67，69，70，75，127，159，174，178~207，210，212，214~219，221~224，226~233，236~238，242，243，251~271，275~278，281~287，290~296，306~310，314~318，320，327~334，337，340~352，354~356，358，360，361，363，364，366，369~372，375~377，380，381，384~387，390~392，394~396，398~401，403，404，409，411，414，416

时尚　Moda　192，295

实际运动　Movimenti reali　89，120，266，288，317，329，359，360，390

实践　Pratica　10，16，28，32，42，47，48，61，94，95，103，104，107，120，121，126，128~130，145，147，152，

153, 155, 156, 169, 176, 177, 185, 201, 213, 218, 223, 265, 272, 288, 292, 293, 296 ~ 299, 322, 342, 369, 385, 400

实验科学　Scienza sperimentale　40 ~ 42, 47, 73, 79, 81 ~ 83, 86, 87, 116, 122, 124, 131, 132, 134, 135, 137, 138, 140, 143, 150, 153, 158 ~ 160, 162, 165, 169, 175, 183, 185, 216, 221, 233, 236, 246, 248, 253, 262, 264, 265, 267, 271, 279, 291, 293, 294, 300, 315, 339, 366, 367, 369 ~ 372, 383, 399

实验实体　Entità sperimentali　47, 130, 131, 239

实验原则　Principi sperimentali　86, 157, 169, 170, 174, 234, 235, 263, 264, 275, 278

事实　Fatti　4, 11, 14, 16, 21, 23, 24, 27, 29, 30, 35, 37, 40 ~ 48, 52, 53, 55, 58, 64, 73, 75, 76, 78, 80, 82 ~ 86, 89, 91, 92, 94 ~ 96, 100 ~ 105, 107, 109 ~ 111, 115 ~ 117, 119 ~ 124, 126 ~ 130, 132, 133, 136 ~ 155, 157 ~ 160, 162 ~ 166, 168 ~ 172, 174, 176 ~ 179, 185, 187, 188, 190 ~ 192, 194, 197, 201, 203, 204, 206 ~ 209, 212, 214, 217, 219 ~ 224, 228, 231, 233 ~ 235, 240, 243 ~ 245, 247 ~ 249, 252, 253, 256, 257, 259 ~ 265, 267 ~ 269, 271 ~ 275, 277 ~ 280, 282, 284 ~ 286, 288 ~ 290, 293, 294, 298, 299, 301 ~ 303, 305 ~ 307, 309, 311, 315 ~ 318, 320, 321, 325, 326, 329 ~ 333, 335, 336, 339, 340, 344, 345, 349, 351, 353 ~ 355, 358, 362, 363, 365 ~ 369, 371 ~ 374, 377, 379, 382, 387, 388, 390, 393, 396 ~ 399, 401 ~ 408, 410 ~ 412, 419

事物本质　Essenza delle cose　41, 82, 138

赎救　Redenzione　200

术语　Termini　22, 23, 75, 86, 87, 120 ~ 124, 126, 131, 132, 153, 158 ~ 161, 163, 167, 173, 178, 198, 227, 256, 314, 322, 339, 349, 366, 368, 370, 373, 386, 388, 396, 397

死刑　Pena di morte　54, 269, 380

死者　Morti　112, 180, 189, 190, 194, 232, 245, 250

死者显现　Apparizioni dei morti　190

所有制　Proprietà　15, 352, 402

T

特性　Proprietà　29, 30, 36, 56, 57, 91, 104, 111, 112, 139, 161, 164, 166, 185, 208, 238, 239, 251, 253, 263, 274, 278, 286, 309, 310, 337

通俗语言　Linguaggio volgare　86, 87, 108, 114, 126, 132, 140, 240, 318 ~ 321, 396

同义反复　Tautologie　215, 282

投机者　Specuratori　64, 66, 69, 70, 231, 326, 337, 348, 351, 352, 356, 360 ~ 365, 389, 392 ~ 396, 402 ~ 404, 408

图腾崇拜　Totemismo　164

团结　Solidarietà　10, 24, 61, 115, 131, 175, 185, 194, 230 ~ 232, 237, 242, 245, 291, 386, 390

W

外在行为　Atti esterni　44, 180, 191,

193，206，259
完美 Perfetto 4，9，41，59，73，78，100，115，127，136，148，152，166，168，185，218，239，262，263，275，281，286，287，318，323，341，353，357，369，370，387，403
伪科学理论 Teorie pseudo-scientifiche 36，43，46，131，157
文艺复兴 Rinascimento 61，90，118，346，385
巫术 Magia 38，42，61，96，103～105，151，155，182～186，191，201，235，253，375
无政府主义者 Anarchici 8，51，195，304，361，364

X

下层阶层 Stratto inferiore 50，54，64，304，306～308，334，335，380
现代主义信徒 Modernisti 247
相互依存 Interdipendenza 18，21，23，31，49，57，58，60，64，74，78，83，153，155，171，176，178，188，230，231，257，259，262，301，302，309，314，317～321，329，333，339，340，348，366～369，375，391，394，396，402
效用 Utilità 21，40，41，46，48，50，54，71，72，77，80，81，85，86，124，126，153，171，175，197，198，201，204，215，217，248，251，258，265，271，273～275，277～280，282，284，294，295，303，304，321～332，337～339，343，347～352，355，365，369～371，377，379～381，383，384
效用最大值 Massimo di utilità 323～329
新基督徒 Neo-cristiani 115，148，150
刑法典 Codice penale 129
形而上学 Metafisica 16，25，26，40～42，48，49，73，79，82，85，86，105，109，115，121，125～128，131，133，134，136，138，139，144，148，150～155，157，159，162～164，172，185，187，190，191，202，216，217，220，225，227～229，232～235，237，238，240，241，243，244，247，249，250，253，270，273，275～279，283，286，287，291～296，298，300，316，336，363，366～368，371，373，384，387，397，400
形而上学实体 Entità metafisiche 109，115，220，232，233，387
形而上学推理 Ragionamento metafisico 73，86，131，240
性质 Genere 11，20，23，26，28，30，31，37，48，57，58，74，78，80，84，89，91，111，120，122，126，137，139，149，154，155，162，167，169，171，172，180，184，186，188，192，197，198，200，202，215，216，221，231，233，234，238，239，244，247，251，259，267，269，273，276，286，296～298，302，309，310，315～318，320，321，323，329，330，366，369，372，373，406
凶日 Giorni di malaugurio 177，182
驯养动物 Addomesticamento degli animali 182

Y

要素 Elementi 21，27，28，30，35，

45，54，57，58，60，72，73，89，130，136，141，148，203，309～315，319～321，340，352，357，363，375，381，389～391，396，398，401

异端　Eresie　129，193，196，240，270，271，384

益处　Profitto　54，68，81，100，206，272，274～276，305，309，325，339，380，384

意志　Volontà　5，9，22，34，53，54，61，64，76，83，114，122，129，163，199，216，226，282，333，336，350～353，361～363，381，385，387，393，403，408，411

隐喻　Allegorie　110，118，211，220，245～249

应用经济学　Economia applicata　83，297，298，314

语言　Linguaggio　8，26，28，29，42，46，65，73，86，87，89，95，103，104，107～109，114，118，120，123，126，132，140，143，161，188，189，217，234，235，238，240，249，250，252，281，296，318～321，349，366，396，413，415

预言　Profezie　72，103，146，148，155，156，192，208，245，289，292，411

预兆　Presagi　184，186

原罪　Peccato originale　176，200，387

Z

责任　Dovere　7，12，20，64，113，115，203，216，231，245，269，279，283，290，293，407

占卜　Divinazione　39，40，95，96，125，186，226

真　Vero　5～7，9，12，15，18，21～23，26～28，32，36，37，39～42，45，48，49，51，61～63，75，77～84，86，95，96，99，103，107，108，111～124，128，134，138，141～143，145，151，153～155，157，159～163，165，166，168，171～173，175，183～185，199，201，205，207，209，210，212，214，215，221～228，232，237，242～244，246，247，249，259，263～265，269，275～277，279，280，285～289，291，295，299～302，304，305，308，315，316，319，321，332，335，337，339，344，354，361，363，365，368～370，380，386，389，390，399，404，405，409，411～416

真理　Verità　5，6，12，18，27，28，40～42，45，49，78，79，86，99，122，151，153，154，168，171，185，225，226，242，243，269，279，295，299，316，321，339，361，369，370，386，390，405，413

真理性　Verità　117122，209，224，237

征兆　Presagi　35，223，371，372

正义　Giustizia　8～10，13，14，22，29，49，60，141，154，189，198，232，240，264，276，279，373

正直　Onesto　65，115，150，226，240，242，270，353～355，413，416

政党　Partiti　2，3，10，11，34，51，64，65，69，77，224，242，351，353～355，362，364

政府　Governo　2，3，8～13，15，18，23，24，30，32～35，43，48，51，58，

59，61，63 ~ 68，70，71，76，77，105，126，144，153，154，193，195，203，213，231，240，253，270，283，290，295，298，304，318，324，332，333，335 ~ 337，339，340，342，346，349 ~ 357，359 ~ 361，364，365，379，380，385，390，392，394，398，399，404 ~ 406，410，414 ~ 418

政府开支　Spese dei governi　13，66，68，356

政体　Reggimento politico　1，31，53，55，64，65，76，288，308，350，353，357，379，382，391，394

知识分子　Intellettuali　27，75，185，194，199，276，346，364 ~ 366，371，398

执政精英阶级　Classe eletta di governo　51，56，304，308

制裁　Sanzione　98，109，111 ~ 114，126，184，203，228 ~ 230，276，415

中项　Medie　132，238，242，245，270

种姓　Caste　52，55，189，190，302，305，382，395，417

资本　Capitale　13，14，17，20，26，27，34，51，62，63，72，73，159，219，276，296，301，308，343，347，358，364，368，403，411

资本家　Capitalisti　276，347

资本主义　Capitalismo　13，14，20，26，34，51，62，63，72，73，296，343，364，368，403

自然　Natura　4，6，9 ~ 14，16，20，21，26，29，31，32，41，48，57，68，69，79，82，84，86，114，115，121，126 ~ 128，130，133，147，153 ~ 155，165，168，182，187，188，190 ~ 192，201，216，220，221，225，226，229，230，232，234，238 ~ 240，244，246，248，249，264，275，276，291，294，295，299，315，339，360，367，370，374，381，394，398，400，410

自然法　Legge naturale　126 ~ 128，147

自然力　Forze della natura　187

自我观察　Auto-osservazioni　79，130，148，150，152，190

自由　Libertà　1，9，10，12 ~ 19，25，29，30，33 ~ 35，37，39，49，55，59，63，70，73，76，77，88，96，100，110，122 ~ 125，153，154，189，195，206，208 ~ 210，241，242，254，271，276，285，295，298，299，305，308，337，338，342，343，362，383，389，391，394 ~ 398，400，403，404，413，414，417，419

宗教　Religione　12，13，16，18，22，26，27，41，42，52，53，58，61，64 ~ 66，73，78 ~ 80，86，88，95，97 ~ 99，102，103，110 ~ 112，115 ~ 117，120 ~ 126，128，129，148，152，154 ~ 156，163 ~ 166，169，171，175，179，180，184，188 ~ 193，195 ~ 197，201，203，205 ~ 213，216，218，229，234，246，253 ~ 255，257，259，267，268，270，271，277，280，285 ~ 287，294，296，298，306，308，316，318，319，337，346，349，356，362，363，370，373，384，386，387，394，396，397，406，409，413，415

宗教狂热　Esaltazione religiosa　180，191，192，206，207

综合　Sintasi　23，44，47，73，78，

82，88，89，138，143，170，185，225，266，276，353，400

组合　Combinazioni　5，31，41，42，44，53，55，58～63，66～70，80，85，95，103，105，130，131，144，177～186，191，193，197，200～202，206，221，227，229，232，233，253，256，259，262，263，266，268，269，271，276，286，300，315，317，320，321，333，334，337，339～342，345～348，354～365，369，370，375，380，386，387，401，404，409～411

组合本能　Istinto delle combinazioni　44，53，55，61～63，66，67，69，70，181，182，197，227，233，253，259，300，333，334，342，346，347，356，364，369，370，375，386，409～411

组织　Organizzazione　2，3，10，15，16，20，22，25～27，34，43，45，49，72，74，75，95，153，254，299，334，362，410，417～419

祖国　Patria　3，11，17，18，189，231，252，335，354，407，408，413

最优化原理　Ofelimità　159

作者　Autore　20，28，29，78，79，83，94，107，112，127，130，131，133，140～142，149，157，159～161，164，165，167，169，170，172，189，211，216，223，227，228，238，243～246，248～250，258，261，273，274，277，279，287，288，290，292，293，302，320，357，364，368，373，384，386，387，389，393，402，403，407，409，411

汉意人名索引

A

阿比纳　Abinna　412
阿庇安　Appiano　407
阿波罗尼奥斯　Apollonio　250
阿佛罗狄忒　Afrodite　204
阿基米德　Archimede　250
阿里奥·米南德罗　Menandro, Arrio　416
阿里斯托芬　Aristofone　145, 250
阿里斯托基托内　Aristogitone　141
阿里亚诺　Arriano　205
阿利卡尔那索斯的狄奥尼西奥斯　Dionisio d'Alicarnasso　392
阿莫迪奥　Armodio　141
阿那克萨戈拉　Anassagora　295
阿诺娜　Annona　187, 189
阿斯奎斯　Asquith　404
阿斯帕西娅　Aspasia　303
阿提拉　Attila　8, 226, 417, 418
埃德科内　Edecone　418
埃里马科　Erimarco　413
埃罗狄阿诺　Erodiano　415
艾奥·德·莱托伊莱　Eon de l'Etoile　245
艾菲斯蒂奥内　Efestione　205
艾卡泰　Ecate　104
艾莱泰奥　Eretteo　110
艾隆达　Eronda　142, 145
艾米利奥·布兰查德　Blanchard, Emilio　93
艾什尔里　Asciari　292
艾斯库拉庇奥　Esculapio　205
艾万·罗贝兹　Roberts, Evan　207
艾维梅罗　Evemero　117, 162
安德列亚·多里亚　Doria, Andrea　61, 385
安德罗玛卡　Andromaca　418
安东尼　Antonio　73, 204, 250, 364, 391, 394, 395, 404
安东尼奥·罗科　Rocco, Antonio　250
安东尼诺　Antonino　364, 391, 394, 395
安条克三世　Antioco　401
奥古斯都　Augusto　33, 62, 66, 356, 391, 394, 409, 414～416
奥勒良　Aureliano　410, 415
奥利齐娅　Oritia　110
奥内杰西欧　Onegesio　417, 418
奥斯托海姆　Eustochium　214
奥维德　Ovidio　128

B

巴德特　Badet　210

巴克尔　Buckle　4，9，257
巴叶特　Bayet　165
柏格森　Bergson　49，153
柏拉图　Platone　59，110，162，205，246，288，306，340，367，400，418
保罗·埃米莱　Emile，Paul　403
保罗·埃米利奥　Emilio，Paolo　291
贝朗热　Berenger　210
贝利美德　Perimede　104
贝洛特　Belot　390
彼德罗·斯特罗契　Strozzi，Pietro　385
彼吉拉　Bigila　418
彼特洛尼乌斯　Petronio　411
俾斯麦　Bismarck　268，400
毕达哥拉斯　Pitagora　205，367
波菲利　Porfitio　205
波莱阿　Borea　110
波利比奥斯　Polibio　386，393
波塞冬　Posidone　37，38，91
波舒哀　Bossuet　4，79
伯里克利　Pericle　55，303，320，382
伯吕纳吉埃尔　Brunetiére　291
博盖西　Borghesi　415
博拉盖特　Brachet　117
薄伽丘　Boccaccio　90
布雷诺　Brenno　177
布里亚莱欧　Briareo　161
布鲁图　Bruto　293

C

查理大帝　Carlo，Magno　213
查理十世　Carlo X　382
查理五世　Carlo V　385

D

大加图　Catone，M. P　185
大普林尼　Plinio　182
大仲马　Dumas　403
但丁　Dante　6，45，49，70，118，162，211，225，338
德·格雷夫　De Graef　79
德拉佩尔　Draper　367
德雷福斯　Dreyfus　122
德洛乌梅　Deloume　404
狄奥多罗·西库洛　Siculo，Diodoro　402
狄奥多西二世　Teodosio　213，417
狄奥内·卡西奥　Cassio，Dione　414，415
狄菲洛　Difilo　413
迪律伊　Duruy　403，404
迪亚戈拉　Diagora　290，291
多米齐娅　Domizia　414

E

恩里科·费里　Ferri，Enrico　204

F

法布尔　Fabre　93，94
菲力浦·斯特罗契　Strozzi，Filippo　385
腓力二世　Filippo　378
费莱罗内　Felerone　412
弗莱乌利　Fleury　245
弗兰西斯卡　Francesca　118
弗兰西斯一世　Francesco I　385
弗雷泽　Frazer　164
弗洛鲁斯　Floro　392
伏尔泰　Voltaire　110，372

G

伽利略　Galilei，Galileo　6，250，295，367
盖法　Caifa　210

哥白尼　Copernico　295
哥伦布　Colombo　61，385
格列高利七世　Gregorio Ⅶ　207

H

汉尼拔　Annibale　184，291
贺拉斯　Orasio　210
赫西俄德　Esiodo　38，92，96，112，118，121，161，246，290
黑格尔　Hegel　49，133，136，153，218，234，370

J

基利诺　Quirino　162
基佐　Guizot　404
吉杰　Gige　161
吉拉　Chila　418，419
加列努斯　Gallieno　391，395，414，415
杰赫林　Jhering　169
杰玛尼柯　Germanico　205

K

卡蒂利纳　Catilina　33，62，70，142，184，406～409
卡尔杜齐　Carducci　303
恺撒　Cesare　62，205，210，293，305，352，404，407～409，413
康德　Kant　49，153，208，218，227，293
科布登　Cobden　299，343
科托　Cotto　161
克拉苏　Crasso　62，407，409
克劳迪一世　Claudio　413
克雷芒　Clemente　244
克伦威尔　Cromwell　52，306
克罗诺斯　Cronos　161
客耳刻　Circe　104
孔德　Comte，A　5，6，49，79，125，152，153
库恩　Kuhn　415

L

拉丹齐奥　Lattanzio　133，246
拉格兰杰　Lagrange　122～124，126，165
莱奥帕尔迪　Leopardi　31，293
赖纳赫　Reinach　111，112，116，122～126，164，229
劳埃德·乔治　George，Lloyd　399
勒图尔诺　Letoumeau　79
李维　Livio　288，386，401
列昂纳　Leone　385
琉善　Liuciano　104，110，372
卢克莱修　Lucrezio　130
卢梭　Rousseau　164，244
路德维科·德莱·科伦贝　Ludovico delle Colombe　367
路福斯　Rufo　411
路易·菲力浦　Filippo，Luigi
路易十六　Luigi XVI　53，308
路易十四　Luigi XIV　49，303
路易十五　Luigi XV　49，303
洛伦佐·德·梅迪契　Lorenzo de'Medici　385

M

马查莱　Marziale　412
马德　Matte　162
马基雅维利　Machiavelli　6，35，61，62，71，285，288，289，385，386，400
马科斯·穆勒　Mulle，Max　118，167
马可·波罗　Polo，Marco　61，385

马可·塔西佗 Tacito, Marco 410, 411
马克思 Marx 1, 14~16, 18, 26, 35, 59, 73, 110, 219, 276, 296, 300
马略 Mario 62, 401, 404, 407
马西米诺 Massimino 417, 418
玛蒂尔德伯爵夫人 Matilde, contessa 207
迈蒙尼德 Mairnonide 292
麦切纳斯 Macenate 414
曼特农夫人 Maintenon, la 49, 303
美狄亚 Medea 104
蒙森 Mommsen 95
孟德斯鸠 Montesquieu 416
弥特拉斯 Mitra 394
米南德 Menandro 220, 416
米涅耳瓦 Minerva 235
米努齐奥·费利切 Felice, Minucio 246
摩西 Mosè 221
穆罕默德 Maometto 148

N

拿破仑三世 Napoleone Ⅲ 35, 39, 96, 379, 400, 409
拿破仑一世 Napoleone Ⅰ 50, 89, 167, 303, 382
尼禄 Nerone 411, 413, 414
牛顿 Newton 145, 367

O

欧几里得 Euclide 4, 224, 250
欧拉尔 Aulard 165
欧里庇得斯 Euripide 250

P

帕柯米奥 Pacomio 213
帕莱法泰 Palefate 117, 161
帕累托 Pareto 1, 3~65, 67, 69~77, 104, 159, 309, 323, 399
帕利斯 Paris 414
帕乌萨尼亚 Pausania 204, 205
庞培 Pompeo 62, 210, 394, 407
彭博尼奥 Pomponio 213, 214
蓬巴杜夫人 Pompadour, la 49, 303
普鲁塔克 Plutarco 205, 291, 408, 409
普罗托杰内 Protogene 413

Q

契良诺 Cipriano 213, 214
乔万尼 Giovanni 419
乔维纳莱 Giovenale 412

S

撒路斯提乌斯 Sallustio 406~408
萨巴蒂艾尔 Sabatier 115
萨伊 Say, J. B. 298, 400
塞涅卡 Senaca 413
塞普提米乌斯·塞维鲁 Severo, Settimio 415
塞维鲁 Severo 395, 399, 414~416
色诺芬 Senofonte 211
圣安东尼奥 San Antonio 204
圣奥古斯丁 Sant'Agostino 132, 141, 209, 292
圣保罗 San Paolo 211, 212
圣方济各 San Francesco 265
圣格列高利 San Gregorio 212
圣杰纳罗 San Gennaro 205
圣托马斯 San Tommaso 131
圣哲罗姆 San Girolamo 213
施穆勒 Schmoller 59, 342
斯宾塞 Spencer 5, 6, 9, 10, 16,

48，49，57，71，79，152，153，156，162，171，172，179，228
斯塔提乌斯　State　292
斯特拉波　Strabone　386
斯维托尼奥　Svetonio　205，414，415
苏拉　Sulla　62，95，401，404，407，408
苏美尔·麦奈　Maine，Summer　173
索列尔　Sorel　22，35，71，271，335

T

塔齐亚诺　Taziano　246
塔西佗　Tacito　410，411，413，414
泰勒　Tylor　72，73，164
泰坦诸神　Titani　161
堂·吉诃德　Don Chisciotte
忒奥克里托斯　Teocrito　103，104
特利玛乔尼　Trimalcione　411，412
提比略　Tiberio　66，356，394，410，411
廷达瑞俄斯　Tindaro　204
图拉真　Traiano　415
托勒密　Tolomeo　250

W

威廉一世　Guglielmo I　39，96，307
韦格提乌斯　Vegezio　416
韦拉尼　Villani　164
韦斯帕芗　Vespasiano　414
维吉尔　Virgilio　45，149，225，244
乌察　Uzza　229
屋大维　Ottavio　33，62，66，352，404，407

X

西庇阿　Scipione　55，382
西内希奥　Sinesio　418
西塞罗　Cicerone　31，33，103，125，142，240，293，393，407～409
希尔维亚诺　Silviano　212
希罗　Siro　140，166，220，291
希罗多德　Erodoto　140，166，291
小普林尼　Plinio il Giovane　415
修昔底德　Tucidide　141

Y

雅典娜　Atena　232
雅赫维　Iahvè　49，154
亚当·斯密　Smith，Adam　298，400
亚里士多德　Aristotele　59，149，288，292，294，295，340，400
亚历山大·塞维鲁　Severo，Alessandro　395，399，415，416
亚历山大大帝　Alessandro，Magno　205，378
耶森　Jensen　167
耶稣　Gesù　210，211
伊巴密浓达　Epaminonda　378
伊壁鸠鲁　Epicuro　125，130
伊克西翁　Isione　167
伊帕柯　Ipparco　141

Z

扎纳戴利　Zanardelli　204
詹姆斯·汤姆森　Thomson，James　138
宙斯　Zeus　114，115，137，167，204，213，237，246
朱庇特　Jupiter　49，154
佐西莫　Zosimo　415

帕累托生平著作年表

1848 年

7 月 15 日，维尔弗雷多·帕累托在巴黎出生。其父拉斐莱·帕累托出身于热那亚的名门望族，因参加政治活动，被迫流亡法国。其母玛丽·麦泰涅是出身低微的法国公民。

1854 年

重返意大利。其父在热那亚皇家海军学校教授法语。

1859 年

全家迁居卡萨莱蒙菲拉托，其父在当地著名的技术学校农艺系任会计学和农学教师。年轻的帕累托在该校学习物理和数学，同时跟家庭教师学习古希腊文和拉丁文。

1860 年

帕累托饶有兴趣地、刻苦地学习算术、几何和物理，并取得优异成绩——年级第一，还跳一级，直升三年级。

1862 年

全家迁居都灵。他到皇家技术学校学习，成绩优异。

1864 年

7 月，他以各科满分的优异成绩通过中学毕业考试。随后，以总分 27 分（满分为 30 分）的好成绩考取都灵大学数学系。

1867 年

9 月 6 日，在都灵大学数学系获专科证书。11 月 19 日，到都灵大学应用工程系学习。

1868 年

在佛罗伦萨军区服兵役。

1870 年

1 月 14 日，不满 22 岁的他，顺利通过毕业论文《论固体弹性基本原理和关于决定固体平衡微分不等式的研究》，获都灵大学应用工程系毕业证书。2～4月，在国家铁路公司佛罗伦萨动力材料服务部任见习工程师，月薪150里拉。

1872 年

7月，参加关于铁路问题和比例代表制的讨论，捍卫普选制原则。

1873 年

1月8日，在热那亚主持比例选举制的讨论会。1月13日，赴维也纳解决意大利国家铁路公司同西格尔（Sigl）火车头工厂的纠纷。随后赴埃森参观克虏伯炼钢厂。还在马尔堡逗留几星期。2月11日，回国。7月16日，被派往国外学习预防烧褐煤的火车头起火的先进技术。

1874 年

升任国家铁路公司工程师。

1875 年

5月，升任国家铁路公司技术部主任。8月，赴瑞士和法国考察。

1879 年

1月7日，向铁路运营调查委员会作证，坚决捍卫经济自由主义观点。

1880 年

5月，在蒙泰瓦尔吉选区首次竞选参议员，结果落选。7月，赴法（巴黎）、英（伦敦、曼彻斯特）、比（布鲁塞尔）、德（斯图加特、慕尼黑）等国考察。8月29日，被任命为意大利铁路公司（总部设在佛罗伦萨）总经理。

1881 年

3月14日，在佛罗伦萨语文学俱乐部做报告——《论社会进化中的怀疑主义》。他认为“阅读哲学家的著作很好，但必须不是形而上学哲学家”。

1882 年

4月28日，其父拉斐莱·帕累托去世。8月31日，决定作为温和派候选人参加皮斯托亚－普拉托－圣马尔切罗选区的立法选举，仅获1957张选票，再次落选。

1883 年

8月12日，由工商大臣提名，意大利王国政府授予他意大利王冠骑士勋章。

1884 年

8 月 28 日，因管理理念难以实现，递交辞职书。10 月 2 至 14 日，意大利铁路公司行政委员会拒绝他辞职，让他继续留任总经理。

1885 年

1～6 月，撰写一系列文章、报告和建议，宣传并捍卫经济自由主义。8 月，用否定和悲观观点分析意大利政治、经济形势。

1886 年

9 月 22 日，他遭到卡尔洛·阿莱桑德利伯爵的恶毒攻击，伯爵到处散布他不属于热那亚的帕累托侯爵家族。为此，他要同伯爵决斗。后来，他承认一位民主主义者为贵族头衔决斗实在可笑。9 月 26 日，伯爵向他承认错误并道歉，决斗取消。

1887 年

9～10 月，开始同《经济学家报》合作，撰写关于意大利海关税的文章。11 月 21 日，在托斯卡纳大区建筑与装饰材料博览会期间，因其著作为传播技术做出贡献，佛罗伦萨建筑师与工程师协会授予他奖状。

1888 年

3 月，同杰欧戈菲利学院密切合作，为报刊撰写专稿，主张自由贸易和维护和平，反对军国主义。7 月，赴巴黎，应邀出席政治经济学协会会议，结识许多自由主义经济学家。

1889 年

5 月 12～16 日，在罗马举行的国际和平与仲裁委员会代表大会上做报告，报告题目为《作为改善政治关系并使之和平化的必要手段的海关同盟》。9 月 13 日，其母玛丽·麦泰涅在患病多年后去世。10 月 10 日，在杰欧戈菲利学院做报告——《论殖民及战争事业的收益》，强烈谴责意大利政府的殖民扩张政策。12 月 23 日，他（41 岁）在佛罗伦萨同著名无政府主义者巴枯宁之女、俄国姑娘阿莱桑德拉·巴枯宁（29 岁）结婚。

1890 年

1～3 月，结识意大利著名经济学家潘塔莱奥尼，这对他从事经济学研究产生深远影响，两人兄弟般的真挚友谊保持终生。6 月 16 日，在佛罗伦萨手工业联谊会组织系列讨论会，支持自由贸易和降低政府开支的政策。7 月 31 日，意大利铁路公司总部迁往罗马，他因不能前往，离开总经理职位，改任技术顾问。他感到如释重负。不久，迁往距佛罗伦萨 8 公里的幽静山区小镇菲索莱居住。8 月，经常参加佛罗伦萨文化沙龙聚会。开始认真研读古希腊和古罗马的经典著作，重新研读达尔文、贝恩、斯宾塞和孔德的著作。开始对数理经济学产生兴趣，重新研究经济学家瓦尔拉的著作。

1891 年

6 月，赴巴黎，同许多法国著名自由主义经济学家会见。9 月 17 日，在瑞士沃州拜见瓦尔拉，向他转交潘塔莱奥尼的一封信。10 月，重返菲索莱，大部分时间投入学习。10 月 15 日，撰文严厉批判意大利政府的经济政策，文章发表后引起轩然大波。

1892 年

4 月，开始同英国政治家 N. 格莱斯顿通信。5～10 月，积极参加游行示威，支持创建佛罗伦萨劳动联盟，主持佛罗伦萨印刷业联合会、手工业联谊会的集会。11 月 3 日，潘塔莱奥尼致信瓦尔拉，推荐他任洛桑大学政治经济学教授。11 月 21 日，赴巴黎；12 月 4 日，在法国经济研究协会作关于意大利经济和政治的报告；12 月 5 日，在法国政治经济学协会阐述数理经济学的现代理论。

1893 年

3 月，受“经济自由”组织和伦巴第争取和平协会委托，在米兰主持民主派和工人群众的和平集会。结识意大利社会党总书记屠拉蒂。4 月，结识英国自由派历史学家、格莱斯顿内阁的大臣——布赖斯。4 月 25 日，被任命为洛桑大学法律系的政治经济学教授。5 月 12 日，在洛桑大学法律系开始授课。7 月，开始用法文撰写《政治经济学教程》；收集统计材料，以不容置疑的文件为基础，构建收益分配理论。

1894 年

沃州州议会一致通过任命他为洛桑大学政治经济学教授。8 月，应邀出席法国争取科学进步协会大会，被选为大会副主席。8 月 11 日，在大会上作关于国际货币规则的报告。8 月 13 日，在全体会议上宣读关于外币汇率数学理论的论文。

1895 年

就财富分配曲线，同英国经济学家埃奇沃思（Edgeworth）展开论战。11 月，被任命为洛桑大学法律系教授委员会书记。

1896 年

7 月 13 日，当选洛桑大学法律系系主任。8 月中旬，开始同法国工团主义者索列尔通信。12 月 29 日，结识日内瓦大学语文与社会科学系系主任、逻辑学及科学分类教授阿德里安·纳维尔（Adrien Naville），两人的友谊保持终生。法文版《政治经济学教程》第 1 卷在洛桑出版。

1897 年

1 月 15 日，由日内瓦大学组织，他主持讨论会，反对在瑞士创建唯一的中央发行银行。4 月 14 日，在洛桑大学首次讲授社会学课程。10 月，意大利政府批准他为一个外国服务。法文版《政治经济学教程》第 2 卷在洛桑出版。

1898 年

3 月，赴热那亚接收巨额遗产，这是其叔叔多米尼克临终前留给他的。6 月，为抗议米兰事件发生，撰写《经济自由》的小册子。11 月，开始在洛桑大学讲授关于社会主义学说的课程。12 月，在斯泰拉学生会洛桑分会上，宣读《如何提出纯粹经济学问题》的学术论文，阐述如何避免因满足欲望能力无法计量造成的困难问题。

1899 年

4 月，重开社会主义体系课程，特别讲授社会主义理论体系。6 月 27 日，向洛桑大学申请放弃教学工作，以便全力以赴地投入《普通社会学总论》的写作。申请未获批准，但授课时间减少。

1900 年

7～8 月，就经济事实的性质，同意大利著名哲学家克罗齐展开论战。11 月 22 日，沃州州议会批准他每周只上一节课（一小时）。12 月，在日内瓦湖畔的切里尼购置一处别墅，并在此定居。

1901 年

2 月，同克罗齐的论战以未能达成共识而结束。10 月，《社会主义体系》完稿。11 月 7 日，应索列尔邀请赴巴黎，主讲数理经济学。趁他在巴黎讲学之际，其妻同管家一起逃往俄罗斯。

1902 年

2 月，邂逅 23 岁的巴黎姑娘雅娜·瑞丽。4 月，重返佛罗伦萨，起诉同妻子离婚。4 月 22 日，在都灵会见意大利经济学家埃诺迪。

1903 年

2 月，开始撰写《政治经济学手册》。12 月 2 日，佛罗伦萨法庭判处他同妻子离婚。

1904 年

1 月 10 日，开始同佛罗伦萨民族主义杂志《王国》合作。7 月，《政治经济学手册》完稿。9 月 7 日，在日内瓦举行的国际哲学大会做报告，论述社会科学中的“个体的”与“社会的”概念间的关系。12 月，修改《政治经济学手册》手稿。

1905 年

10 月，《政治经济学手册》在米兰出版。

1906 年

3 月 15 ~30 日，在博洛尼亚大学法律系讲授社会学。12 月，决定同雅娜·瑞丽共同生活，重返瑞士切里尼定居。向洛桑大学提交辞职报告。

1907 年

1 月 8 日，辞职报告未获批准。6 月，心脏病发作，开始隐居生活。

1908 年

3 月，将 4000 余册私人藏书捐赠洛桑大学。10 月，因健康原因申请退休；未获批准。11 月，同美国经济学家和社会学家熊彼特通信。撰写法文新版的《数理经济学》。

1909 年

1 月，《政治经济学手册》法文版出版。

1910 年

1 ~7 月，用法文撰写《崇尚美德的神话和不朽的文学》。9 月，合作起草洛桑大学社会科学教学改革计划。他力主商贸教学应同其他社会科学教学分开；其意见被校方采纳。

1911 年

3 月 13 日，因健康原因辞去在洛桑大学所任的一切职务。5 月，将切里尼的别墅和其他不动产的所有权转让给雅娜·瑞丽。

1912 年

11 月，开始修改《普通社会学总论》手稿。

1913 年

全力以赴投入《普通社会学总论》的修改定稿工作。

1914 年

4 月，《崇尚美德的神话和不朽的文学》意大利文版问世。大部分时间投入对《普通社会学总论》的修改工作。

1915 年

1～5 月，密切关注国际政治、经济事件。撰写系列文章，反对愚蠢的新闻检查制度。4 月，撰写《普通社会学总论》的最后段落。

1916 年

1～3 月，意大利巴尔贝拉出版社出版《普通社会学总论》。

1917 年

6 月 27 日，《普通社会学总论》法文版第 1 卷出版。7 月 6 日，洛桑大学集会庆贺意大利政府授予他意大利王冠大十字勋章；但他拒绝接受。

1918 年

1 月，密切关注国际政治、经济事件，为报刊撰写大量文章和评论。

1919 年

5 月，《普通社会学总论》法文版第 2 卷出版。8～9 月，猛烈抨击意大利新闻检查制度。《普通社会学总论》意大利文版告罄，巴尔贝拉出版社准备为大学生出个普及本——《普通社会学纲要》。佛罗伦萨考古博物馆馆员朱里奥·法利纳毛遂自荐任编者，用几个月时间编完书稿。11 月，他审阅书稿，对选本表示满意，只作几处次要修改和补充。

1920 年

1 月，将发表在《米兰杂志》上的文章集册出版，书名为《民主的改变》。5 月，将学术论文集册（由瓦莱吉出版社）出版，书名为《事实与理论》。9 月上旬，《普通社会学纲要》面世，很快销售一空，获得极大成功。

1921 年

6 月，他断言“只要法西斯主义还不拥有理想、神话和纲领，就不能变成政党”。他确信法西斯主义“曾经是并仍然是手段，而不是目的”。8 月，风湿病强烈发作，致使半身不遂。11 月 20 日，他预言“在意大利灾难已不遥远，无论是由疯狂的铁路，还是由法西斯主义者的左轮手枪引起”。

1922 年

8 月，意大利政府任命他为罗马林琴学院通讯院士，但他谢绝了这一任命。11 月 19 日，对墨索里尼抱有幻想：“我们希望墨索里尼革新意大利。他是杰出的国务活动家，但他有待战胜艰难无比的重重困难。”12 月 22 日，墨索里尼提议他出任意大利驻国联裁军委员会代表，他接受这一提议。后因健康原因未能赴任。

1923 年

3 月 1 日，意大利国王任命他为王国参议员，因他拒绝向参议院呈交所需文件，资格审查委员会未批准任命。他对法西斯滥用暴力有所觉察，建议法西斯当局“果断地使用权力，但要有节制。避免任何软弱，但也要防止任何过激”。他开始强调在国家政治生活中，议会民主和新闻自由的重要性和必要性。6 月 19 日，同雅娜·瑞丽结婚。8 月 19 日，13 时因病去世。21 日，没有举行葬礼，下葬切里尼小公墓。

初版译后记

早在1990年，我的学友苏国勋教授就建议我直接从意大利文译出帕累托的《普通社会学纲要》。当时我对帕累托一无所知，我尝试着译出该书头两章“导论”和“非逻辑行为”，刊载在《国外社会学》1990年第4期上，各方面反映还不错，这坚定了我的信心。但随后（1990年12月）我因去罗马工作，不得不中断翻译。

1994年7月回国后，我首先想偿还这多年的文债。苏国勋教授再次鼓励我译完全书，并应允在《国外社会学》上连载译文。于是，我从1995年1月开始，至1996年12月，用整整两年时间译完余下的八章。应该说，没有苏国勋教授的支持与鼓励，这部译著是不会问世的。

本书作者帕累托（1848～1923）是意大利著名经济学家和社会学家。他的主要经济学著作有《政治经济学教程》和《政治经济学手册》，他提出的“满足欲望能力”概念和最优化原理在西方经济学界产生过深远影响。由于他感到经济学研究的局限，从1897年开始致力于社会学的教学与研究工作。1916年完成社会学巨著《普通社会学总论》，这部巨著给他带来国际声誉：首创的“剩余物”“派生物”概念，关于精英阶级循环理论，研究社会学理论的现代技术方法等，使他成为西方社会学理论的代表人物之一。但《普通社会学总论》卷帙浩繁（共13章，2612节，数千个注释，长达数千页），不利于普及。为此，帕累托的追随者和朋友建议他搞个普及本。尽管帕累托赞同这个建议，但感到由自己删节非常困难。正巧，1919年《总论》告罄，贝尔贝拉出版社决定为大学生出个普及本。佛罗伦萨考古博物馆馆员，30岁的古埃及学学者朱利奥·法利纳（Giulio Farina）自荐任编者。他用了几个月时间编完书稿，于11月送交帕累托审阅；从12月至第二年3月，帕累托认真审稿，充分肯定编者的工作，只提了几点无关紧要的修改意见。1920年6月中旬书稿交出版社，9月上旬《普通社会学纲要》首批书面市。初版印行5000册，很快销售一空，获极大成功。

《纲要》全书10章，1145节，便于普及，但增加了翻译的难度。首先因删除例证、简化论证过程，使内容难以理解；其次涉及学术领域广泛、人物众多，又不加注释，这就逼得译者向百科词典和有关著作请教。尽管我信守“信、达、谐”三原则（恕我改动前辈一词，作为学术著作，“雅”难于上青天，但力争做到风格统一较为实际），尽管翻译时“如履薄冰”、谨小慎微，仍不免有疏漏之处，切望专家和读者不吝赐教。

在翻译过程中，叶秀山、王焕生、耿昇三位教授分别在希腊文、拉丁文、法文上给予我帮助。我也不会忘记北京外国语大学意大利语专家贾尼·肖拉（Gianni Sciola）教授用两个下午为我答疑。这里一并致谢。

田时纲

1997年4月于中国社会科学院哲学研究所

二版附记

2001年8月，《普通社会学纲要》出版后，受到读者欢迎。在2003年，该书又被评为中国社会科学院哲学研究所优秀科研成果一等奖。应当说，这个历时10年才出版的译本，得到广大读者和学术界的承认，令我感到欣慰。

与此同时，我又深感不安，因为我发现译本的缺陷。我想这定会影响读者的阅读和理解。为此，我想尽快纠错。二版为我提供了纠错的机会，我对照原文校改译文，纠正错误20余处：一、修改译文若干处。二、传统错别字：如“不只一次”，改为“不止一次”；“欠收”，改为“歉收”。三、电脑错别字：如“例处”，改为“例外”；“招待”，改为“招致”；“急端”，改为“争端”；“股役”，改为“服役”。显然，这类形似错别字是“五笔字形输入法”造成的（有别于“汉语拼音输入法”造成的同音错别字）。此外，修正标点符号多处。

二版还增加了“译序”“帕累托生平著作年表”“汉意术语索引”和“汉意人名索引”，这将便于读者阅读，有助于读者更好地理解帕累托的社会学及经济学的理论。

田时纲

2006年11月25日于北京

修订版新记

2001 年 8 月,《普通社会学纲要》由三联书店出版；2007 年 8 月，东方出版社出二版。两版共印 1.2 万册，现已告罄。

我要感谢社会科学文献出版社为我提供三版出版的机会。此版，除对译序和译文做多处修改外，还纠正个别人名译法。

田时纲

2015 年 10 月 15 日

社科文献精品译库书目

阿玛蒂亚·森/让·德雷兹

《印度：经济发展与社会机会》 35.00元

阿玛蒂亚·森/让·德雷兹

《饥饿与公共行为》 35.00元

阿玛蒂亚·森

《论经济不平等/不平等之再考察》 48.00元

阿玛蒂亚·森/玛莎·努斯鲍姆

《生活质量》 68.00元

曼纽尔·卡斯特

《网络社会的崛起》 59.00元

曼纽尔·卡斯特

《认同的力量》（第二版） 59.00元

曼纽尔·卡斯特

《千年终结》 45.00元

孙伟平　选编

《罗蒂文选》 53.00元

涂纪亮　编

《皮尔斯文选》 49.00元

涂纪亮　编

《杜威文选》 49.00元

万俊人　陈亚军　编

《詹姆斯文选》 59.00元

李国山　编

《刘易斯文选》 45.00元

伊曼纽尔·沃勒斯坦

《转型中的世界体系——沃勒斯坦评论集》 49.00 元

费尔南·布罗代尔

《地中海考古》 49.00 元

山口重克

《市场经济：历史·思想·现在》 35.00 元

莱斯特·M. 萨拉蒙等

《全球公民社会——非营利部门视界》 59.00 元

雷蒙·阿隆/丹尼尔·贝尔

《托克维尔与民主精神》 49.00 元

詹姆斯·M. 布坎南/罗杰·D. 康格尔顿

《原则政治，而非利益政治》 39.00 元

詹姆斯·S. 科尔曼

《社会理论的基础》（上、下） 125.00 元

速水佑次郎/神门善久

《发展经济学》（第三版） 59.00 元

理安·艾斯勒

《国家的真正财富：创建关怀经济学》 39.00 元

理安·艾斯勒

《圣杯与剑：我们的历史，我们的未来》 49.00 元

理安·艾斯勒

《神圣的欢爱：性、神话与女性肉体的政治学》 68.00 元

安东尼·吉登斯

《超越左与右——激进政治的未来》 39.00 元

露丝·本尼迪克特

《文化模式》 29.00 元

涂纪亮 编

《莫里斯文选》 58.00 元

杜丽燕 余灵灵 编

《布里奇曼文选》 49.00 元

李真 编

《普特南文选》 69.00 元

丁东红 编

《米德文选》 68.00 元

约翰·H. 杰克逊

《国家主权与 WTO——变化中的国际法基础》 59.00 元

卡尔·雅斯贝尔斯

《大哲学家》 98.00 元

H. 孟德拉斯

《农民的终结》 35.00 元

齐格蒙特·鲍曼/蒂姆·梅

《社会学之思》（第二版） 29.00 元

汤姆·R. 伯恩斯等

《经济与社会变迁的结构化》 59.00 元

尤尔根·哈贝马斯

《理论与实践》 49.00 元

马克斯·韦伯

《新教伦理与资本主义精神》（罗克斯伯里第三版） 45.00 元

克里斯托弗·戴尔

《转型的时代——中世纪晚期英国的经济与社会》 49.00 元

吉尔贝·李斯特

《发展的迷思——一个西方信仰的历史》 59.00 元

佩里·安德森

《思想的谱系——西方思潮左与右》 59.00 元

尤尔根·哈贝马斯

《重建历史唯物主义》 59.00 元

何伟亚

《英国的课业：19 世纪中国的帝国主义教程》 69.00 元

唐纳德·萨松

《欧洲社会主义百年史——二十世纪的西欧左翼》（上、下册）

189.00 元

柯文

《历史三调：作为事件、经历和神话的义和团》 89.00 元

卢卡奇

《审美特性》（上、下册） 289.00 元

图书在版编目（CIP）数据

普通社会学纲要/（意）帕累托（Pareto，V.）著；田时纲译.
—修订本.—北京：社会科学文献出版社，2016.3
（社科文献精品译库）
ISBN 978-7-5097-8533-1

Ⅰ.①普… Ⅱ.①帕… ②田… Ⅲ.①社会学 Ⅳ.①C91

中国版本图书馆 CIP 数据核字（2015）第 303398 号

·社科文献精品译库·
普通社会学纲要（修订版）

著　　者／［意］V. 帕累托（Vilfredo Pareto）
译　　者／田时纲

出 版 人／谢寿光
项目统筹／祝得彬
责任编辑／刘　娟　李建科

出　　版／社会科学文献出版社·当代世界出版分社（010）59367004
地址：北京市北三环中路甲 29 号院华龙大厦　邮编：100029
网址：www.ssap.com.cn
发　　行／市场营销中心（010）59367081　59367018
印　　装／北京季蜂印刷有限公司

规　　格／开 本：787mm×1092mm　1/16
印 张：29.75　字 数：502 千字
版　　次／2016 年 3 月第 1 版　2016 年 3 月第 1 次印刷
书　　号／ISBN 978-7-5097-8533-1
定　　价／98.00 元

本书如有印装质量问题，请与读者服务中心（010-59367028）联系